HEYNE BIOGRAPHIEN

In der Reihe »Heyne Biographien«
sind bereits erschienen:

1 Friedrich Sieburg, Napoleon
2 Wilfried Blunt, Ludwig II. König von Bayern
3 Robert Gutman, Richard Wagner
4 Antonia Fraser, Maria – Königin der Schotten
5 Egon Caesar Conte Corti, Die Rothschilds
6 Robert Lekachman, John Maynard Keynes
7 Gavin de Beer, Hannibal
8 H. F. Peters, Lou Andreas-Salomé
9 Erich Eyck, Bismarck und das Deutsche Reich
10 Edward Crankshaw, Maria Theresia
11 Friedrich Sieburg, Robespierre
12 G. P. Gooch, Friedrich der Große
13 Zoé Oldenbourg, Katharina die Große
14 Theodor Heuss, Robert Bosch
15 Werner Maser, Adolf Hitler
16 André Castelot, Maria Antoinette
17 Kurt Pahlen, Johann Strauß
18 Peter Brown, Der heilige Augustinus
19 Salvador de Madariaga, Kolumbus
20 Marcel Brion, Die Medici
21 Alfred Noyes, Voltaire
22 H. E. Jacob, Mozart
23 David Shub, Lenin
24 Friedrich Sieburg, Chateaubriand
25 Benoist-Méchin, Kleopatra
26 Virginia Cowles, Wilhelm II.
27 Fritz Hug, Schubert
28 Neville Williams, Elisabeth I. von England
29 Paul Guth, Mazarin
30 Ronald W. Clark, Albert Einstein
31 Bernard Fay, Ludwig XVI.

André Maurois

BALZAC

Eine menschliche Komödie

Wilhelm Heyne Verlag
München

Titel der französischen Originalausgabe
PROMETHEE OU LA VIE DE BALZAC
Deutsche Übersetzung von Ernst Sander und Bruno Berger

Genehmigte, erweiterte Taschenbuchausgabe

Printed in Germany 1976
Zeittafel und Bibliographie der Taschenbuchausgabe wurden erarbeitet
von Dr. Hubert Fritz
Umschlagfoto: Archiv für Kunst und Geschichte, Berlin
Bildnachweis: Archiv für Kunst und Geschichte, Berlin
Umschlaggestaltung: Atelier Heinrichs, München
Gesamtherstellung: Presse-Druck Augsburg

ISBN 3-453-55032-3

INHALTSVERZEICHNIS

Vierter Teil

SCHWANENGESANG

VORWORT

Dies ist eine Biographie Balzacs. Eine Biographie und kein kritischer Essay. Philippe Bertault hat alles über Balzac und die Religion gesagt; Curtius, Alain, Gaétan Picon über die Gedankenwelt Balzacs; Bernard Guyon, Donnard, Wurmser über Balzac und das soziale Leben; Jean Pommier, Maurice Bardèche und Pierre Laubriet über Balzac und das literarische Kunstwerk; Pierre Abraham, Félicien Marceau, Dr. Fernand Lotte über die Gestalten Balzacs; Roger Pierrot und Jean A. Ducorneau über die Briefwechsel Balzacs. Marcel Bouteron hat alles über alles gesagt. Eine Armee von bewunderswert kenntnisreichen Balzac-Forschern, von Marie-Jeanne Durry bis Pierre-Georges Castex, von Pierre Moreau bis Antoine Adam, von Maurice Regard bis Suzanne J. Bérard, von Madeleine Fargeaud bis Marie-Anne Meininger, ein Dutzend andere, die ich an gegebener Stelle zitiere, haben Vorworte zu den Romanen geschrieben oder Gebiete durchforscht, die vor ihnen wenig bekannt waren. Kein einziger Schriftsteller außer Shakespeare war Gegenstand eines solchen Kults; keiner hat ihn besser verdient. Man hat Balzac erforscht, und man wird ihn weiterhin wie eine Welt erforschen. Denn Balzac ist eine Welt.

Die Biographien Balzacs, die wir besitzen (und es gibt darunter so bemerkenswerte wie die von André Billy und Stefan Zweig), wurden vor der großen Blütezeit der Balzac-Wissenschaft geschrieben. Ich habe versucht, den Schlußpunkt zu setzen. Es wird eingewendet werden: »Wozu brauchen wir eine Lebensgeschichte Balzacs? Einzig das Werk zählt.« Diese schon sehr alte Streitfrage ist mir immer sinnlos erschienen. Wir wissen, wie unmöglich es wäre, das Kunstwerk durch eine Biographie zu erklären; wir wissen, daß die großen Ereignisse in einem schöpferischen Leben seine Werke sind. Die Existenz eines großen Mannes ist aber in sich ein Gegenstand des wundervollsten Interesses. Balzac selber, dessen wesentlichster Gedanke die Einheit der Welt war, hätte daran erinnert, daß »die geheimnisvollen Gesetze des Körperlichen und des Gefühls« Werk wie Leben lenken. Zwischen dem Demiurgen, der eine Welt hervorbringt, und dem dicken heiteren Mann, der an Wortspielen Spaß hat, eine Verbindung herzustellen, scheint schwierig. Und dennoch muß sie hergestellt werden. Durch unaufhörlichen gegenseitigen Austausch haben die Taten, die Gedanken und die Erlebnisse des Herrn Honoré de Balzac die »Menschliche Komödie«

genährt. Wir wollen versuchen, einige Seiten dieser geheimnisvollen Alchimie zu erahnen.

Balzac wollte der Sekretär der Gesellschaft sein; ich bin hier nur der Sekretär Balzacs. Daß ich nicht alle seine politischen und religiösen Ideen teile, ist selbstverständlich und spielt auch keine Rolle. Ob er, unter gewissen Umständen, recht oder unrecht gehabt hat, geht den Moralisten an. »Mit großen Autoren diskutieren wir nicht«, hat uns Alain gelehrt, »wir sind ihnen dankbar für alles, was sie uns geben.« Wie sollte auch über Proteus ein Urteil gefällt werden können? Balzac war, eins ums andere, ein Heiliger, ein Galeerensträfling, ein ehrenhafter Richter, ein korrupter Richter, ein Minister, ein Dandy, eine Kurtisane, eine Herzogin und immer ein Genie. Wir wollen ihn in den Augenblicken seiner schöpferischen Ekstase ebenso genau zeichnen wie in jenen, da er wie ein Matrose auf Landurlaub auf dem Hafenpflaster wieder Fuß faßt. »Das Gespinst unseres Lebens besteht aus gemischtem Garn, gutem und schlechtem.« Dies ist für Balzac wie für uns wahr.

Besondere Dankbarkeit schulde ich Madeleine Fargeaud, die bereitwillig mein Manuskript prüfte und mir zahlreiche unveröffentlichte Dokumente nachwies; ebenso André Chancerel; Roger Pierrot für seine ausgezeichneten biographischen Notizen, Maurice Bardèche, dessen vorzügliche Balzac-Ausgabe (veröffentlicht durch den »Club de l'Honnête Homme«) mir sehr wertvoll gewesen ist; meiner Frau, die mich während der ganzen Dauer dieser unermeßlichen Arbeit unterstützt hat und die sicherlich einen Platz unter den Balzac-Forschern verdient. Endlich lege ich Wert darauf, meine Achtung hier zwei Toten zu erweisen, ohne die dieses Buch niemals hätte geplant werden können: Marcel Bouteron, weil er als erster mich in die reichen Schätze der Sammlung Spoelberch de Lovenjoul einführte, und meinem Lehrer Alain, der mich in jener Zeit, da er mich die Welt und alle Dinge erkennen ließ, kopfüber in die »Menschliche Komödie« hineinwarf. Ich bin aus ihr nicht wieder herausgekommen. Mein Alter erlaubt mir nun keine weitgespannten Pläne und keine endlosen Untersuchungen mehr. Diese Biographie ist die letzte, die ich schreibe. Daß Balzac ihr Held ist, gereicht mir zur Freude.

André Maurois

Erster Teil

DER AUFSTIEG

Laßt uns ein bißchen über Balzac sprechen,
das tut wohl. *Gérard de Nerval*

I

BERNARD-FRANÇOIS BALZAC
oder
TOURS UNTER BONAPARTE

Es gibt keine zwei Familien wie die unsrige.
Balzac

Im Jahre 1799, als Honoré Balzac geboren wurde, wirkte Frankreich wie eine Genesende nach einer schweren Krankheit. Nach zehn fieberhaften Jahren war es angeekelt, beunruhigt und müde. Eine beinahe einmütige Volksabstimmung gab ihr Ja zur Konsularverfassung. Die Nation wurde nicht vergewaltigt, sie gab sich hin. Die Katholiken wünschten, ihre Religion in Frieden auszuüben; die wohlversorgten Jakobiner gaben, wenn auch nicht ohne sarkastische Bemerkungen, ihre Zustimmung zur Wiederherstellung des Kults unter der Bedingung, daß sie ihre Pfründen behalten dürften. In der reizend am schönen Flußufer liegenden Provinzhauptstadt Tours wurde die Befriedung wohlwollend aufgenommen. Bonaparte schickte 1801 als Präfekten den General de Pommereul hin, einen Artillerieoffizier des Ancien régime, der Mitarbeiter an der Enzyklopädie gewesen war; er sollte sich in Zukunft als sachverständiger Verwaltungsbeamter erweisen. Der erste Konsul bewahrte ihm Dankbarkeit dafür, daß der General ihm einst anläßlich seiner ersten militärischen Examen auf der Kriegsschule zu Brienne gute Zeugnisse erteilt hatte.

Als Präfekt mußte der General auf die Linie der Religionspolitik seiner Regierung einschwenken. Er öffnete die Kathedrale Saint-Gatien den Priestern, die hier als Danksagung ein Tedeum feiern wollten, und setzte danach einen Erzbischof ein, Monsignore de Boisgelin, dem er bei der Übergabe der Kirchenschlüssel eine patriotische Ansprache über das Konkordat hielt. Der Erzbischof begnügte sich, mit einigen diesem ernsten Thema nicht angemessenen Worten ziemlich kühl zu antworten.

Die beiden Herren sollten noch oft in Konflikt geraten. Der Erzbischof forderte seine vom Bürgermeisteramt beschlagnahmten Glocken zurück; er bat um Entfernung der auf die Türme gesetzten Freiheitsmützen und um ihre Ersetzung durch Kreuze. Der Präfekt befragte seinen Minister, und die Regierung, toleranter als die örtlichen Jakobiner, gab allen Gemeinden die Glocken zurück, denn überall war »der gleiche Verdruß«. Der Justizminister rüffelte Pommereul, weil er einen Pfarrer abgesetzt hatte: »Seine Haltung mußte bestraft werden; es wäre jedoch richtiger und angebrachter gewesen, ihn vor einem Einschreiten von seiten der Verwaltung dem Erzbischof von Tours zu überstellen, mit welchem aus Gründen guten Einvernehmens und günstiger Wirkung auf die öffentliche Meinung in ähnlichen Fällen zusammengearbeitet werden sollte.« Derlei Streitigkeiten sollten tiefgehende Einflüsse auf die Laufbahn von Bernard-François Balzac (dem Vater Honorés), dem Freund und Günstling des Präfekten, haben.

In reizender Weise enthüllt ein Ereignis die Geisteshaltung des Generals Pommereul. Es handelte sich um Agnes Sorel, die Mätresse Karls VII., deren einst im Chor einer Kirche von Loches stehendes Grabdenkmal nach dem Tode des Königs zuerst durch die Domherren in eine Kapelle verlegt, sodann während der Revolution teilweise zerstört worden war. Der Präfekt erließ die Verfügung, das Standbild der »Dame der Schönheit«[1] solle restauriert und in einem Turm des Schlosses von Loches wieder zu Ehren gebracht werden. Er selbst verfaßte eine Inschrift für den Sarkophag:

Die durch die Geschenke Agnes' reich gewordenen
Chorherren von Loches
erbaten von Ludwig XI.,
ihr Grabdenkmal aus dem Chor zu entfernen.
»Ich bin einverstanden«, sagte der König, »doch
gebt zuerst die Geschenke zurück.«
Das Grabdenkmal blieb.
Ein Erzbischof von Tours, weniger gerecht, ließ
es in eine Kapelle verlegen. Dort wurde es während
der Revolution zerstört.
Einsichtige Männer sammelten die sterblichen
Reste von Agnes, und General de Pommereul, Präfekt
des Département Indre-et-Loire, erbaute dies
Mausoleum der einzigen Mätresse unserer Könige,
die sich um das Vaterland dadurch
wohlverdient
gemacht hat, daß sie als Preis für ihre Gunst
die Vertreibung der Engländer
aus Frankreich verlangt hatte.

[1] So genannt nach ihrem Gut La Beauté.

In das Giebelfeld der Stirnseite ließ der General einsetzen:

Ich bin Agnes. Es lebe Frankreich und die Liebe!

In solchem Tonfall drückte sich der Präfekt Pommereul, der skeptische und freigeistige Soldat, aus; gleicher Art, aber mit weniger Stilempfinden, war der Tonfall seines Schützlings Bernard-François Balzac. Obwohl dieser eine Rabelais-Natur war, konnte er sich nicht als Sohn der Touraine bezeichnen. Sein wirklicher Name, *Balssa,* war der Name einer bäuerlichen Familie aus dem Flecken Nougayrié im Tarn. In der Langue d'oc[2] bedeutet die Wurzel *bals: zerklüfteter Fels.* In der Auvergne gibt es Familien Balsac, Balssa, Balsan. Bernard-François, der sich gerne hochtrabend äußerte, rühmte sich, von der besiegten Rasse der autochthonen Gallier abzustammen, die den Einwanderern widerstanden hatte und aus der die Balzac d'Entragues, eine sehr vornehme Familie, abstammten. Wahrscheinlicher ist es, daß die Leibeigenen des Dorfes Balsac bei Brioude unter dem Druck der Barbaren in den Tarn auswanderten. Die Ahnen Balzacs waren lederzähe Bauern, hartnäckig, mager; sie bearbeiteten ihr Roggenfeld mit einem primitiven Pflug. Kriegszüge schadeten ihnen oft; Kreuzzüge gegen die Albigenser, Straßenräuberhaufen, Engländer – alles mußten sie ertragen. Dennoch gelangten mehrere Familien aus der Sippe Balssa durch ihre wilde Willenskraft zur Blüte.

Der Großvater unseres Balzac, Bernard Balssa (1716–1778), erbte etwas Land in Nougayrié. Er besaß Wiesen und Weinberge, die Stück um Stück im Laufe der Zeit erworben wurden. Das Ehepaar zog elf Kinder groß; sie schliefen längs der Wände auf Roggenstreu. Der Älteste, Bernard-François, half dem Vater und hütete das Vieh. Abends wurde über die versteckten Taler, das Familiengeheimnis, und über die Freunde geplaudert; über den Pfarrer Vialar und den Notar Albar. Bernard-François, intelligent und ehrgeizig, sagte sich: Warum sollte nicht auch ich Priester oder Notar werden können? Der Pfarrer lehrte ihn Französisch lesen und schreiben; er begann als Laufbursche im Büro des Notars Albar in Canezac bei Monestiès. Hier machte er sich mit dem geltenden Gewohnheitsrecht, der Prozeßführung und mit der Abfassung von Akten vertraut. »Das so vielfältige, so bittere Spiel der sich überkreuzenden Interessen zeigte sich ihm nackt in seiner unbeugsamen Härte.« Gegen 1765 verschwindet seine Unterschrift aus den Akten des Notariatsbüros. Wohin ging er? Nach Rodez? Albi? Toulouse?

[2] Im Gegensatz zur Langue d'oil, dem im Norden gesprochenen Französisch, zusammenfassende Bezeichnung der südlich der Linie Lyon–Nantes im Mittelalter gesprochenen Dialekte.

Noch jung an Jahren ging er »nach Paris hinauf«, obwohl er nichts außer seinen genagelten Schuhen, einer Bauernjacke, einer geblümten Weste und drei groben Hemden besaß, doch war er von grenzenlosem Ehrgeiz und hatte Energie im Überfluß.

Er war Autodidakt, interessierte sich für Naturwissenschaften und Geschichte und hatte viel gelesen; überall konnte er sich durch seine Beschlagenheit im Prozeßverfahren nützlich machen. Es ist begreiflich, daß er auf seine Karriere stolz war. Wenn ein armer Bauernsohn ohne anderes Vermögen als sein Bündel auf dem Rücken nach Paris kommt, hier Gerichtsschreiber wird und schnell Stufe um Stufe, wenn auch in subalternen Stellungen, bis in den Königlichen Rat aufsteigt und hier unter dem Leiter der Bittschriftenabteilung die verschiedenartigsten Fälle zu bearbeiten hat, so ist dieser erstaunliche Erfolg ein Beweis für einen tüchtigen Kopf, für ausgebreitete Kenntnisse und einen unzähmbaren Willen. Der sonst etappenweise erfolgende Aufstieg einer Familie in eine höhere Klasse wurde hier durch einen einzigen Mann bewältigt.

Bernard-François half Joseph d'Albert, dem Vorstand der Bittschriftenabteilung, Berichte über die unterschiedlichsten Fälle aufzustellen, von der Liquidation der Ostindischen Kompanie bis zur Anwendung des Rechts der Auslieferung zwischen Frankreich und deutschen Fürsten. Es liegt eine Akte vor, durch welche »Seine Majestät den Sieur Balzac dazu bestellt, das Amt eines Protokollführers auszuüben«. Eine Zeitlang war er Privatsekretär des Marineministers Bertrand de Moleville. Aus diesem Umgang mit den Großen bewahrte er sein ganzes Leben lang einen mit Neid untermischten Respekt vor dem Adel. Er träumte von einer Adelspartikel, was ihn aber nicht daran hinderte, im Jahre 1791 die Witwe seines ehemaligen Vorgesetzten d'Albert mit dem Hochmut eines »aktiven Bürgers« zu behandeln. Als ihn später ein neuer Präfekt des Département Indre-et-Loire nach seinen Dienstverhältnissen befragte, antwortete er: »Sekretär im ehemaligen Staatsrat während sechzehn aufeinanderfolgenden Jahren; Sektionskommissar in Paris am 21. Juni 1791, dem Tag der Flucht des ehemaligen Königs; dann nacheinander ernannter Präsident der Sektion, Deputierter in der Gemeindeverwaltung, städtischer Offizier, Kommissar des Polizeigerichts und Präsident dieses Gerichtes, das damals die gesamte Polizei von Paris alleinig verwaltete.« Die schwierige Kurve der Revolution hatte er geschickt genommen.

Während der Zeit der Flucht nach Varennes scheint seine Loyalität allerdings bezeugt. Er war Opportunist aus Notwendigkeit und großherzig aus Temperament, und so soll er Royalisten, seine alten Gönner und Freunde, gerettet haben. Ein Mitglied des Konvents, das sich für den Bürger Balzac interessierte, riet ihm, zu verschwinden. Er suchte Zuflucht in Valenciennes und zog aus dieser schwierigen Lage seinen Vorteil. »Man brauchte damals«, schrieb er, »jemand unbedingt Zuverlässigen für die Sicherung der Vorräte und die Leitung der Versorgung der Nordarmee. Die Wahl fiel auf mich. Gleichzeitig wurde ich zum Direktor 1. der Lebensmittelabteilung, 2. der Futtermittelabteilung, 3. der Abteilung für Heizung und Beleuchtung, 4. der Versorgung von Paris, 5. der Versorgung des Armeequartiers ernannt. Als einziger Chef habe ich diese fünf Dienststellen bis zum Siege von Fleurus geleitet ... Keiner meiner Untergebenen ist gefangengenommen oder verhaftet worden, so umfassend, wach und gerecht war die Aufsicht ... Meine fünf Buchführungen wurden vorgelegt. Die gesetzlich vorgeschriebene Entlastung ist mir erteilt worden ...«

Donnerwetter! Was für ein Tausendsassa! Und welche Beteuerungen seiner Ehrenhaftigkeit! Es steht aber fest, daß er eine Rolle in der halbzivilen Verwaltung der Armee-Verpflegungsabteilung unter dem Befehl von Daniel Doumerc spielte, der »seine Hand in allen Versorgungsmärkten hatte«. Nach der Schlacht bei Fleurus (1794) hatte Bernard-François Balzac eine Stellung in Brest inne, dann eine in Tours, »einem bedeutsamen Punkt«, sagte er, »als dem einzigen Lager von Vorräten, die zur Kriegführung gegen die Chouans und die Vendée unbedingt notwendig waren«. 1797 also residierte er in Tours im Proviantamt, in angenehmen Verhältnissen, ohne reich zu sein; er wirkte gewinnend in seiner schönen, blauen, silbergestickten Uniform, deren hochstehende Kragenspitzen eine weiße Halsbinde einrahmten. Mit einundfünfzig Jahren war er noch immer Junggeselle, weshalb sein Vorgesetzter Doumerc sich vornahm, ihn mit einem sehr schönen Mädchen, zweiunddreißig Jahre jünger als er, zu verheiraten: mit Laure Sallambier.

Die Eltern Sallambier waren ein glückliches Ehepaar. Joseph Sallambier war vor Freude in Ohnmacht gefallen, als Sophie Chauvet, die »überaus gute Frau«, ihm gesagt hatte, sie nehme ihn als Gatten. Sallambier, Sekretär des Vicomte de Beaune, des königlichen Feld- und Armeemarschalls, der den Ehevertrag mitunterschrieben hatte, stammte von soliden Bürgern ab, von Leinwandhändlern und Tressenfabrikanten: *»Zum Goldenen Vlies, Rue Honoré bei der Rue Bourdonnais, Sallambier, Sticker, Posamentier und Leinwandhändler, hat vorrätig und liefert alles für Zivil- und Militäruniformen.«* Die Sallambiers gehörten zu einer im Marais, dem Pariser Stadtviertel der behäbigen Kaufleute, geachteten Familie. Einer von ihnen hatte in Elbeuf eine gewisse Marthe-Reine Lejeune geheiratet, die Tochter eines Leinwandfabrikanten. Ein anderer war Direktor im Bekleidungs- und Ausrüstungsamt des Heeres. Zahlreiche Ehen verbanden sie mit der Familie

Marchand, deren eine Tochter sich mit Charles Sédillot verheiratet hatte. Die glänzende Sippe Sédillot zählte unter ihren Mitgliedern Orientalisten, Chirurgen und einen dem Direktor des Schiffahrtamtes beigeordneten Astronomen. Das Marais machte Anstalten, sich mit dem Institut de France zu verbinden.

Madame Sallambier, eine unruhige und lebendige Frau, hatte für die Erziehung ihrer Tochter ein System engmaschiger Anweisungen ausgearbeitet:

»Ich lege meiner Tochter Laure ans Herz, beim Schreiben auf die Körperhaltung zu achten, die Finger ausgestreckt zu halten und sich peinlich genau zu bemühen, immer mit der ganzen Breite der Federspitze zu schreiben, damit sie eine füllige Schrift bekommt ... Ich will nicht davon sprechen, daß sie brav sein soll; sie hat mir versprochen, sanft gegenüber jedermann zu sein und besonders gegenüber *Ihrer Mutter.*« Die Majestätsmajuskeln stammen von Sophie Sallambier. Es folgte ein

STUNDENPLAN FÜR MEINE TOCHTER LAURE

Montag	*Zu beachten*
7 Uhr aufstehen Von 7 bis 8 Uhr: Sauberkeit! Von 8 bis 9 Uhr: Frühstück und Erholung Von 9 bis 10 Uhr: Schreiben Von 10 bis 12 Uhr: Nützl. Arbeiten	Zähne reinigen, Hände und Gesicht waschen, Zimmer aufräumen Unter »Nützliche Arbeiten« verstehe ich: Nähen, Stricken, Festonieren, Sticken; Puppen an- und ausziehen ist Erholung.

So ging es fort, Tag für Tag, Stunde für Stunde. »Am Sonntag, nach dem Frühstück, muß das Verhalten in der ganzen Woche durchgesprochen werden.« Wenn man sich in diese Strenge geschickt hatte, konnte Madame Sallambier »anbetungswürdig« sein; ihre Tochter Laure jedoch bekam dadurch reizbare Nerven.

Innerhalb der gesellschaftlichen Hierarchie betrachteten sich die Sallambiers Bernard-François Balzac deutlich überlegen. Aber warum gaben sie dann diesem Fünfziger ihre junge, reizende Tochter? Vielleicht, weil die Karriere von Bernard-François der von Joseph Sallambier glich. Beide hatten dem »Verpflegungs-Corps« angehört, und beide der Freimaurerei. Sie steckten also unter einer Decke. Die zukünftige Ehefrau erhielt als Mitgift das Bauerngut Volaille (»Pfarrei Gazeran, eine Meile von Rambouillet«), im Ehevertrag mit 30 000 Francs eingesetzt (um die Gebühren herabzusetzen); in Wirklichkeit aber war es 120 000 bis 130 000 Francs wert. Der zukünftige Ehemann garantierte ein Witwengeld von jährlich 1800 Francs.

In Wirklichkeit jedoch besaß Bernard-François wenig oder gar kein Vermögen – seine Bezüge, einige Zinsen und die Mitgliedschaft in der Leibrenten-Gemeinschaft Lafarge. Eine Leibrenten-Gemeinschaft war eine Vereinigung von Personen, deren jede lebenslänglich die Zinsen des eingezahlten Kapitals genießen konnte, das Gesamtkapital aber den Überlebenden vermachen mußte. Die Letzten sollten über ungeheure Summen verfügen können.

Bernard-François war überzeugt davon, hundert Jahre alt zu werden. Er dünkte sich aus so gutem Metall! Weil in seiner Erbmasse Gallisches, Römisches und Gotisches zusammentraf, glaubte er die Eigenschaften dieser drei Rassen zu besitzen: Gesundheit, Mut und Geduld. Als Schüler Rousseaus verlangte er von sich gesunde Genügsamkeit; er liebte Milch und Obstsäfte; Wandern war seine Leidenschaft. Er stand früh auf und ging früh zu Bett. Er rühmte sich, nie einen Arzt konsultiert und nie einem Apotheker zehn Sous zu verdienen gegeben zu haben. Hocherhobenen Hauptes schritt er wie ein Eroberer einher und sagte: »Ich bin schön wie eine Marmorstatue und stark wie ein Baum.«

Als der Loge von Tours angehörender Freimaurer und großer Bibelleser studierte er auch die Geschichte der Päpste, der Glaubensspaltungen und der Ketzer; außerdem befaßte er sich mit chinesischer Kultur. Seine Politik war die Politik Bonapartes. Er lehnte die Revolution nicht ab, war aber mit den sie begleitenden Wirrnissen und Racheakten nicht einverstanden.

»Mein Vater«, hat seine Tochter Laure geschrieben, »besaß durch seine Weltanschauung, sein originelles Wesen und seine Güte Züge von Montaigne, von Rabelais und von Onkel Toby. Wie Onkel Toby hegte er eine vorherrschende Idee, und diese Idee war bei ihm die Gesundheit. Er hatte sein Dasein so gut organisiert, daß er so lange wie möglich leben wollte. Entsprechend den Jahren, die ein Mensch benötigt, um den *Zustand der Vollkommenheit* zu erreichen, hatte er ausgerechnet, daß sein Leben hundert Jahre und noch länger währen könne. Außerordentliche Sorgfalt und unaufhörliche Wachsamkeit verwendete er darauf, jenen Zustand herbeizuführen, den er *das Gleichgewicht der Lebenskräfte* nannte.

Seine in Tours sprichwörtlich gewordene Originalität bekundete sich in seinen Reden wie in seinen Handlungen; nichts tat und äußerte er wie andere Menschen; E. Th. A. Hoffmann hätte aus ihm eine Gestalt seiner Phantastischen Erzählungen machen können. Oft spottete mein Vater über gewisse Leute und warf ihnen vor, unaufhörlich an ihrem Unglück zu arbeiten; er konnte nie auf ein von der Natur benachteiligtes Menschenwesen stoßen, ohne sich über dessen Eltern und besonders dessen Erzieher zu empören, da diese nicht ebensoviel Sorgfalt auf die Verbesserung der menschlichen Rasse wie auf die der Tiere verwandt hätten. Über dieses anstößige Thema hegte er eigenartige Theorien, und er leitete sie ebenso eigenartig ab.

›Wem zu Nutz aber sollte man diese Gedanken veröffentlichen?‹ sagte er, wenn er in seinem Hausrock aus lohfarbener Seide im Zimmer auf und ab ging, den Kopf in der dicken Halsbinde, die er aus der Mode der Directoirezeit übernommen hatte, starr aufgereckt. ›Man würde mich nur wieder ›ein Original‹ nennen (diese Bezeichnung machte ihn wütend), und es gäbe dennoch kein einziges sieches oder rachitisches Kind weniger . . .‹«

Durch seine Frau wurden seine Geduld und seine Lebensweisheit auf die Probe gestellt. Sie war schön, hatte regelmäßige Gesichtszüge, fein und spitz, war kokett, oft steif und kalt, insgesamt alles in allem eine tüchtige Frau, aber gemütsarm. Bei den Damen von Saint-Gervais in Paris hatte sie eine gute Erziehung genossen. Gleich ihrer Mutter glaubte sie an okkulte Wissenschaft, an Hexen und Wahrsager.

Die Balzacs lebten auf großem Fuß. Als eine Sammlungsliste für die Errichtung eines Lyzeums in Tours umging, zeichnete der Bürger Balzac 1300 Francs, der Präfekt 1000 Francs, der Erzbischof 600 Francs. Außer seinen Zinsen und den Gutserträgnissen seiner Frau bezog Bernard-François mehrere Einkommen. Pommereul, der ihn »bei Hofe und hinterm Pfluge« erlebt hatte, machte ihn zum Beigeordneten des Bürgermeisters von Tours und zum Spitalverwalter.

Das Ehepaar wohnte zuerst in der Rue de l'Armée-d'Italie in einem gemieteten Hause. Am 20. Mai 1798, fünfzehn Monate nach ihrer Eheschließung, gebar Laure Balzac einen Sohn, den sie nähren wollte, der aber nur dreiunddreißig Tage lebte. Dies war der Grund, daß die Balzacs ihr zweites Kind Honoré, geboren am 20. Mai 1799, gleich nach der Geburt einer Amme, der Frau eines Gendarmen in Saint-Cyr-sur-Loire, in Pflege gaben. Im nächsten Jahr folgte die Schwester Laure, die am 29. September 1800 zur Welt kam, ihm dorthin nach.

Honoré hat seiner Mutter niemals verziehen, sich auf diese Weise von ihm getrennt zu haben. »Welche körperliche oder seelische Mißbildung hat mir diese Kälte meiner Mutter zugezogen? War ich denn ein Sprößling der ehelichen Pflichten, dessen Geburt ein Ergebnis des Zufalls ist? Da ich auf dem Land, in Pflege gegeben, drei Jahre lang von meiner Familie vergessen war, galt ich so wenig, daß ich das Mitleid anderer Leute auf mich nehmen mußte . . .« Tatsächlich aber hatte Madame Balzac, die durch den Tod des kleinen, mit der eigenen Milch genährten Jungen verstört war, sich nur dem Brauch der Zeit angepaßt. Allerdings muß bemerkt werden, daß sie, obwohl sie den Kindern so nahe wohnte, sie nur selten besuchte.

Die Amme war eine brave Frau. Unglücklicherweise trank ihr Mann, und wenn er betrunken war, wurde er brutal. Honoré bewahrte trotzdem eine seltsam angenehme Erinnerung an den kleinen Hügel am Loireufer, an die langen Tage, da er mit Steinen und Schlamm Miniatur-Louvres aufbaute, und vor allem an seinen »Bauarbeiten-Adjunkten«, die kleine Schwester Laure, die »hübsch wie eine Madonna von Raffael war«. Das Fernbleiben der Eltern ließ die brüderliche Zuneigung vorteilhaft wachsen:

»Nur zwei Jahre war ich jünger als Honoré und gegenüber den Eltern in der gleichen Lage wie er; wir waren gemeinsam erzogen und liebten uns innig; die Erinnerungen an seine Zärtlichkeit gehen weit zurück. Nie habe ich vergessen, mit welcher Schnelligkeit er herbeigeeilt kam, wenn er verhindern wollte, daß ich die drei hohen, ungleichen und geländerlosen Stufen hinabkollerte, die vom Zimmer unserer Amme in den Garten führten. Seine rührende Beschirmung dauerte auch in der väterlichen Wohnung an, wo er sich, mehr als einmal, an meiner Statt bestrafen ließ, ohne mein Schuldigsein auszuplaudern. Kam ich aber rechtzeitig genug, um mich selbst zu beschuldigen, so sagte er: ›Ein anderes Mal brauchst du nichts zuzugeben: Ich werde gerne statt deiner ausgescholten‹ ...«

Mehrere Jahre verbrachte er in diesem Dorf, dessen weiße Häuser sich am Uferdamm der Loire reihten, »von prächtigen Pappeln umsäumt, deren Blätterrauschen stets vernehmlich war«. Das Kind war von dieser reizenden Landschaft entzückt, in der »nicht die grandiose Kühnheit, sondern die naive Schönheit der Natur herrschte«. Am Ufer gegenüber zogen sich die »samtigen Hügellinien hin, mit den weißen hingetupften Flecken« ihrer wie auf dem Tablett dargereichten Schlösser. »Unter deinem reinen Himmel sahen meine ersten Blicke die ersten Wolken dahinfliehen.« Diese Landschaften der Touraine sollten für ihn sein ganzes Leben lang das schöne Ideal bleiben, der Schmuck der mildesten Liebe.

Vier Jahre war er alt, als er nach Tours ins väterliche Haus zurückgebracht wurde. Seine Mutter verstand es nicht, Liebe zu erwecken. Honoré »war ein reizendes Kind; seine frohe Laune, sein hübsch gezeichneter, lächelnder Mund, die braunen funkelnden und doch sanften Augen, die hohe Stirn und der dichte schwarze Haarschopf ließen bei den Spaziergängen alle Blicke sich ihm zuwenden ...« Dieser hübsche kleine, naive und gefühlvolle Junge stand unter »dem versengenden Feuer eines strengen Auges«. Seiner Mutter waren »Zärtlichkeit, Küsse, schlichte Freude am Leben und an der Bemühung, für andere ein glückliches Heim zu schaffen, unbekannt«. Verlangen nach Luxus, der Wunsch, aufzutreten und ihre Stellung zu betonen, hatten ihren Charakter verdorben.

Eine zweite Tochter, Laurence, wurde am 18. April 1802 geboren, und anläßlich ihrer Taufe gestatteten sich die Balzacs, übrigens nur vorübergehend, die Adelspartikel »de«. Ihr Aufstieg schien schnell vonstatten zu gehen. Bernard-François genoß die Protektion des General-Präfekten und wurde zu einem der ersten Notabeln der Stadt; als Beigeordneter des Bürgermeisters war er es sich schuldig, in Tours Grundbesitzer zu werden. Nach Verkauf des Gutshofes Gazeran, des Besitzes seiner Frau, erwarb er in der Rue d'Indre-et-Loire – »einer kaiserlichen Straße, einer Straße mit zwei Bürgersteigen, einer gut gepflasterten, gut gebauten, gut gereinigten Straße, die blank wie ein Spiegel war; der Königin der Straßen, der einzigen Straße von Tours« – das Haus Nummer 29, ein schönes Gebäude mit alter Holztäfelung, mit Ställen und Garten; danach, acht Tage später, das Gut Saint-Lazare an der Straße von Tours nach Saint-Avertin. Dieses Landgut war Nationalbesitz aus ehemaligem Kirchengut, wodurch die Frommen als Käufer ausgeschaltet waren, was den Handel vorteilhaft machte.

Bernard-François war ehrgeiziger denn je und überzeugt, daß man durch heimliche Unterstützung zu allem gelangen kann; also fischte er im trüben und hatte kaum Zeit, sich mit seinen Kindern zu beschäftigen. Seine junge, allzu hübsche Frau »stürzte sich wie trunken in die Wirbel von Welt und Gesellschaft«; sie zwang die ländlichen Schloßherren der Umgebung und die damals unfreiwillig in Tours weilenden Engländer »unter ihren Zauber«.

Viel später, in hohem Alter, sagte sie zu ihrer Tochter: »Ein alter Gatte verlangte von mir, mich reserviert zu verhalten und immer jene Menschen in Distanz zu halten, die mich reizvoll fanden; meine etwas ernsten Züge trugen dazu bei, daß ich ungefällig und unliebenswürdig wirkte . . .« Vergebliche Vorsichtsmaßnahme. Die eifersüchtigen Damen der Stadt hielten »ihre Aufmachung für zu gesucht« und behaupteten, ihr Gatte mache zu gute Geschäfte. Durch ihre Erfolge und Eroberungen hatte sie sich alle tugendhaften Damen zu Feindinnen gemacht. »Dein Vater war seines Alters wegen zu zartfühlend, um etwas einzuwenden . . .« Er wandte noch weniger ein, als von einer Liaison seiner Frau mit M. de Margonne, dem Besitzer des Schlosses Saché, getuschelt wurde. Der Ehefrieden stellte in seinen Augen eine wesentliche Vorbedingung für Langlebigkeit dar.

Die Familie Margonne stand zwischen Bürgertum und niederem Adel. Jedermann billigte ihr die Adelspartikel zu, doch Jean de Margonne unterschrieb einfach »Margonne«, und so erschien sein Name auch in den Zivilstandsregistern. Er war im Jahre 1780 geboren und hatte als schöner junger Mann 1803 seine Cousine Anne de Savary geheiratet; sie war klein, gelb von Hautfarbe, bucklig und übellaunig; sie brachte ihm aber die Herrschaft Saché mit drei Herrenhäusern, zwei Pachthöfen und sechs Mühlen mit in die Ehe. Messire Henri-Joseph de Savary, Edelmann und ehemaliger Kavallerieoffizier, hatte 1791 in Vouvray ein Weingut gekauft, La Caillerie. Er trug eine Perücke, hielt sich eine Haushälterin als Mätresse und »tarnte tiefe bäuerliche Bedächtigkeit mit trügerischer Einfachheit«. Sein Schwiegersohn Margonne, elegant, kalt und viel zu sehr ein »Stadtjüngelchen«, um sich auf dem Land zu vergraben, lebte bis 1825 weit öfter in Tours als auf Saché. Er hatte sich einen ehrenhaften Vorwand verschafft, um in der Stadt weilen zu können: Er verpflichtete sich als Offizier in der Stadtmiliz, einer Elite-Abteilung der Nationalgarde. Sonntags führte er seine Grenadiere im Parademarsch über die Promenade, die Rue Royale. Vielleicht hat sich Laure Balzac, sofern man den Familienüberlieferungen und dem Anschein Glauben schenken darf, in ihn verliebt, als sie ihn in seiner schönen Uniform, ernst, kraftvoll und selbstzufrieden, vorbeiziehen sah. Jede Liaison nimmt den ganzen Menschen in Anspruch. Als Sohn und Tochter von Saint-Cyr-sur-Loire zurückgebracht worden waren, sah sie die Kinder allerhöchstens am Sonntag.

Honoré, Laure und Laurence waren einer schauderhaften Erzieherin anvertraut, einer Mademoiselle Delahaye, und sie lebten in stetem Schrecken teils vor dem starren, dunkelblauen Auge ihrer Mutter, teils vor den Lügen ihrer Erzieherin, die behauptete, Honoré verabscheue das Elternhaus und sei nicht dumm, wohl aber verschlagen. Sie verhöhnte ihn, weil er die Sterne mit leidenschaftlichem Interesse betrachtete. Schon als Kind improvisierte er kleine Komödien zur Belustigung seiner Schwestern. »Stundenlang kratzte er«, wie Laure schreibt, »die Saiten einer kleinen roten Violine, und sein strahlendes Gesicht bewies, daß er Melodien zu hören glaubte. Er war daher auch sehr erstaunt, als ich ihn anflehte, endlich mit dieser Musik aufzuhören. ›Hörst du denn nicht, wie hübsch das ist?‹ fragte er.« Honoré war es gegeben, in einer imaginären Welt zu leben und himmlische Akkorde zu vernehmen, die nur für ihn erklangen.

Das größte Erlebnis seiner frühen Jahre war eine kurze Reise nach Paris. Die Großeltern Sallambier hatten gewünscht, ihren Enkel kennenzulernen. Madame Balzac brachte ihn hin, und sie hatten unaussprechliche Freude an dem hübschen Jungen; sie überschütteten ihn mit Geschenken und Liebkosungen. Da er wenig daran gewöhnt war, so gehätschelt zu werden, gab er nach der Rückkehr seinen Schwestern tausendfachen Bericht über das Haus der Großeltern, über den schönen Garten und über Mouche, den Haushund. Madame Sallambier erzählte gern folgende kleine Szene:

»Sie hatten eines Abends für Honoré eine Laterna magica kommen lassen, und als er seinen Freund Mouche nicht unter den Zuschauern fand, sprang er auf und rief in gebieterischem Ton: Wartet! (Er wußte, daß er bei seinem Großvater herrisch auftreten durfte.) Er ging aus dem Wohnzimmer und kam mit dem Hund, den er hinter sich herzog, zurück; er sagte zu ihm: Setz dich hierher, Mouche, und schau zu; das kostet dich nichts, Großpapa zahlt . . .!«

Kinderworte sind ein naives Echo der Gespräche, von denen die Eltern meinen, sie seien nicht verstanden worden. Bei den Balzacs wurde viel zu viel von Geld und Erbschaften gesprochen. Einige Monate nach dieser Reise erlag Großpapa einem Schlaganfall. Für Honoré bedeutete dies einen großen Schmerz. Bald danach zog Großmama zu ihrer Tochter. Sie brachte in den Haushalt einen Zinsertrag von fünftausend Francs mit, machte aber den Fehler, das Kapital ihrem Schwiegersohn anzuvertrauen, der es in einem »blendenden« Geschäft aufs Spiel setzte; sie verlor dabei vierzigtausend Francs. Madame Sallambier hätte ihre Enkelkinder gern verwöhnt, doch die Strenge ihrer Tochter schaltete sich ein. Honoré zitterte buchstäblich, als seine Mutter davon sprach, sie wolle sich selber mit seinem Unterricht befassen. Dahingegen mochte er die ernsten Unterhaltungen und originellen Scherze seines Vaters gern, natürlich ohne sie zu verstehen. Madame Balzac schickte ihre Töchter in die Pension Vauquer, ihren Sohn in das Pensionat Le Guay, wo er für sechs Francs im Monat »Externer im Lesen« war. Religionsunterricht wurde vom Abbé de Laberge erteilt. Madame Balzac, bezahlende Inhaberin eines Kirchenstuhls in der Kathedrale Saint-Gatien, nahm ihren Sohn mit in die Gottesdienste. Je weniger sie sich unantastbar fühlte, desto konformistischer betrug sie sich.

Als Honoré acht Jahre alt war, beschloß sie, ihn in das Internat des Gymnasiums von Vendôme zu stecken. Es muß erwähnt werden, daß sie in dieser Zeit ein Kind erwartete, das die öffentliche Meinung Jean de Margonne zuschrieb. Honoré war unglücklich, seine gute Schwester, die Gefährtin »seines Elends und seiner Tränen«, verlassen zu müssen. Sicherlich übertrieb er in übersteigerter Sensibilität die Trübseligkeit ihrer Kindheit. Später sollte er sagen: »Ich habe niemals eine Mutter gehabt.« Das war maßlos und in zorniger Aufwallung niedergeschrieben. Aber Kinder können tiefen Schmerz empfinden, und was hat es zu bedeuten, ob ein Kummer falsch ist, wenn man selber ihn für echt hält? Es gibt Bastarde aus Einbildung, die, obwohl in der Ehe geboren, sich dennoch durch ihre Eltern verworfen fühlen, ohne daß sie dieses Mißgeschick begreifen könnten. Solche Kinder dürsten, um ihre innere Niedergeschlagenheit auszugleichen, mehr als andere nach Erfolg und Ruhm.

II

DER FRÜHREIFE PHILOSOPH

> Wie das Kind seinen eigenen Vornamen sagt, wenn es von sich spricht, so benennt der Romancier sich selber mit einer unendlichen Zahl dritter Personen.
>
> *Roland Barthes*

Das Gymnasium von Vendôme, in das der junge Balzac im Jahre 1807 mit acht Jahren eintrat, war eine der eigenartigsten Schulen Frankreichs. Es war von den Oratorianern gegründet worden, die sich, wie die Jesuiten, dem Erziehungswesen gewidmet hatten, und sie galten für liberal, was Bernard-François gefallen mußte. Tatsächlich hatten sich auch die beiden Männer, die zur Zeit Balzacs die Schule leiteten, Mareschal und Dessaignes, bereit gefunden, der Nation den Eid zu leisten; beide hatten überdies geheiratet. Doch diese verheirateten Priester hatten ihren katholischen Glauben bewahrt und sorgten im Gymnasium für fast klösterliche Disziplin. Die Kinder verließen die Anstalt erst am Ende ihrer Ausbildung. »Unsere Schüler gehen niemals in Ferien«, schrieben die Direktoren an den Rektor von Orléans. »Sie kommen nicht einmal in die Stadt. Die Eltern werden gebeten, die Kinder keinesfalls zu sich zu rufen ...« Ein Zensor öffnete alle Briefe, die ankommenden wie die abgehenden. Die Familien hatten abgedankt.

Die Oratorianer von Vendôme lehrten Respekt vor dem Kaiser, weil ihr Unternehmen sonst nicht hätte überleben können; doch leisteten sie dem in den Schulen des Kaiserreichs herrschenden militärischen Geist Widerstand. Die Glocke, nicht der Trommelschlegel, teilte die Arbeiten und die Tage ein. Das Reglement für die staatlichen Gymnasien schrieb laute Lesungen während der Mahlzeiten vor; es war dies eine Vorsichtsmaßnahme gegen aufwieglerische Geister. Die Oratorianer billigten jedoch Unterhaltungen im Refektorium. Wurde ihnen diese Lockerung tadelnd vorgeworfen, so antworteten sie: »Warum nicht? Als Entgelt für gutes Betragen, für Disziplin, für die Bewahrung des Guten das ganze Jahr hindurch genehmigen wir nicht einmal Ferien; wir berauben uns der Erholung, die Verschnaufpausen uns verschaffen würden, sowie der daraus entstehenden

Einsparungen. Und dann werden wir der Vergnügungen wegen, die wir den Schülern erlauben, mit Vorwürfen überhäuft!« Worin bestanden diese mageren Vergnügungen? »Ein paar Landpartien, folgendermaßen organisiert: ein Leiter, drei Lehrer und vierundzwanzig Schüler. Die Fortgeschrittenen brechen um vier Uhr morgens auf, legen vier Meilen zu Fuß zurück, um Schmiedewerke, eine Glasfabrik, ein Observatorium zu besichtigen; sie nehmen ein frugales Mahl im Freien ein und kommen recht ermüdet heim.« Es muß zugegeben werden: Diese Zerstreuungen wirken männlich und rustikal. Im Gymnasium herrschte strenge Zucht. In der Bibliothek des Gymnasiums von Vendôme wird eine Zeichnung aufbewahrt, die eine Mathematikklasse darstellt. Trotz einem armseligen Ofen unterrichtet der Professor mit bedecktem Kopf und hochgeschlagenem Rockkragen. Was die Frage der Schulstrafen betrifft: Sie bestanden in Schlägen auf die Finger der Schuldigen vermittels eines ledernen Bakels *(ultima ratio Patrum)*, der heftige Schmerzen verursachte; aus unzähligen Strafarbeiten, aus langem Nachsitzen in einer Art Zelle unter der Treppe, die von den Schülern »Alkoven« genannt wurde, oder in den »Holzhosen«, sechs Quadratfuß großen Zellen in jedem Schlafsaal für die Widerspenstigen.

Als Honoré in die unterste Klasse zu Vendôme eintrat, war er ein pausbäckiger Junge mit rotem Gesicht, melancholisch und schweigsam. An sein Familienleben hatte er nur traurige Erinnerungen. Lange Zeit noch sollte er schuldige Mütter schildern, die ein dem Ehebruch entstammendes Kind lieben und den legitimen Sohn schlecht behandeln. Er brachte das schmerzvolle Mißtrauen eines geprügelten Hundes ins Gymnasium mit. Er fühlte sich weder als freundlicher noch als kecker Junge.

»Wer sich die Isolierung dieses großen Collège mit seinen klosterartigen Baulichkeiten inmitten einer kleinen Stadt vorstellen kann, und die vier Pferche, in die wir in hierarchischer Ordnung (die Kleinsten, die Kleinen, die Mittleren, die Großen) eingegliedert waren, kann sich gewiß ein Bild davon machen, welches Interesse die Ankunft eines ›Neuen‹, eines echten auf einem Schiff auftauchenden Passagiers uns erwecken mußte ...«

Der kleine Balzac schien wenig dazu geschaffen, diesem Schulvolk Eindruck zu machen. Da er durch die Umsicht seiner Mutter fast ohne Taschengeld war, konnte er kaum an den Spielen und Einkäufen teilnehmen. Die Eltern der anderen Schüler kamen zur Preisverteilung nach Vendôme; die seinen nie. Sechs Jahre hindurch, von 1807 bis 1813, besuchte ihn seine Mutter, wie er sagt, nur zweimal, vielleicht um dem in der Schule herrschenden Geist zu entsprechen. Sein erster erhalten gebliebener Brief ist an Madame Bernard-François Balzac gerichtet:

»Vendôme, den 1. Mai [1807]

Meine liebe Mama,

ich denke, daß mein Papa sehr traurig gewesen ist, als er erfahren hat, daß ich im Alkoven gewesen bin. Ich bitte Dich, ihn zu trösten und zu sagen, daß ich eine ehrenvolle Erwähnung erhalten habe. Ich vergesse nicht, mir die Zähne mit meinem Taschentuch zu putzen. Ich habe mir ein Heft angelegt, in das ich meine anderen Hefte sauber übertrage, ich habe gute Punkte bekommen und auf diese Weise bin ich sicher, Dir Freude zu machen. Ich küsse Dich herzlich und die ganze Familie und die Herren meiner Bekanntschaft auch. Dies sind die Namen, die ich noch weiß, von denen die Preise bekommen haben und die aus Tours sind:

Boislecompte (sic)
Ich erinnere mich
nur an ihn.
Balzac Honoré
Dein
getreuer und zärtlicher
Sohn«

Die lobende Erwähnung im lateinischen Vortrag, die »Papa trösten« sollte, bestand aus einem kleinen, in braunes Schafleder gebundenen Band: *Histoire de Charles XII, roi de Suède*, mit einem Aufdruck in Goldbuchstaben: *Prix à Honoré Balzac 1808*.

Fand er bei seinen Lehrern die Zuneigung, die seine Eltern ihm nicht hatten zuteil werden lassen? Einer von ihnen, Pater Lefebvre, nahm großen Raum im Leben des Jungen ein. Dieser Professor zeigte, wie die Beurteilungen aus seiner Noviziatszeit ausweisen, »Talent, Geist, Gedächtnis, mehr Einbildungs- als Urteilskraft und Neigung zum Wunderbaren sowie für die Systematik«. Hierin stand er seinem absonderlichen Schüler nahe, der ebenfalls auf Wunder erpicht war. Da der junge Balzac sich hienieden wie verbannt vorkam, erwartete er ein Wunder vom Himmel. Eine der Pflichten Pater Lefebvres bestand darin, die außerordentlich umfangreiche Gymnasialbibliothek zu ordnen, deren Bestände sich zum guten Teil aus Plünderungsgut aus den Schlössern während der Revolution zusammensetzten. Honoré erhielt von ihm Nachhilfestunden in Mathematik, weil der Vater davon träumte, ihn eines Tages in die Ecole Polytechnique zu schikken; da der Pater aber mehr Poet als Mathematiker war, erlaubte er seinem Schüler gern, während der Nachhilfestunden zu lesen.

»Auf Grund eines zwischen uns beiden wortlos geschlossenen Abkommens bedauerte ich daher nicht, daß ich nichts lernte, und er schwieg über meine

Bücherentleihungen.« Es handelte sich um sehr umfangreiche Entleihungen, und der Pater prüfte kaum die Titel der von dem jungen Balzac ausgeliehenen Bücher nach; während der Erholungsstunden las der Junge unter einem Baum, indessen seine Kameraden spielten. Oft ließ er sich in Arrest stecken, um in Frieden lesen zu können. So entwickelte sich bei ihm eine wahre Schmökerwut; und er begann, eine beträchtliche Summe ungeordneter Kenntnisse zu erwerben, die aber gerade durch ihre Ungeordnetheit seinem Denken eine frühreife Originalität vermittelten. »Schon in früher Kindheit schlug ich mir an die Stirn und sagte wie André Chénier: *Hier drinnen ist etwas!* Ich glaubte, in meinem Innern zu fühlen, daß ein Gedanke ausgedrückt, ein System aufgebaut, eine Wissenschaft erläutert werden sollte ...« Er war, nebenbei gesagt, der einzige, der für sich selber einer großen Zukunft entgegensah. In den Augen seiner Lehrer und Kameraden war und blieb er ein recht durchschnittlicher Schüler, der nur durch seinen Appetit auf bedrucktes Papier und eine durch nichts zu rechtfertigende Selbstüberheblichkeit auffiel.

Ebenfalls wie André Chénier versuchte er, Verse zu schreiben.

»Von dieser zügellosen Leidenschaft hingerissen, vernachlässigte ich meine Schularbeiten und schrieb Gedichte, die sicherlich wenig Zukunftshoffnung erweckten, wenn ich nach dem zu langen Vers urteile, der unter meinen Kameraden berühmt wurde; er sollte der Beginn einer Epopöe über die Inkas sein:

O Inka! o roi infortuné et malheureux!
O Inka! o unglück-seliger König du!

Als Verhöhnung meiner Versuche erhielt ich den Spitznamen *Der Poet;* doch die Spötteleien besserten mich nicht. Ich reimte weiter drauflos, trotz des weisen Rates Monsieur Mareschals, unseres Direktors, der mich von einer unglücklicherweise tief verwurzelten Manie heilen wollte und mir gleichnishaft das Unglück einer Grasmücke vorhielt, die aus dem Nest gefallen war, weil sie hatte fliegen wollen, ehe ihr Flügel gewachsen waren. Ich fuhr mit Lesen fort, ich wurde der faulste und untätigste, aber auch freilich der nachdenklichste Schüler in der Abteilung der Kleinen, und infolgedessen der am häufigsten bestrafte ...«

Dies ist die Kennzeichnung eines seiner Helden, doch die Bezeugungen seiner Mitschüler weisen nach, daß die Gestalt und ihr Schöpfer sich gleichen. Den Vers mit den dreizehn Füßen über den Inka hatte der Gymnasiast Honoré Balzac geschrieben. Er war damals weder zur Poesie noch zur exakten Wissenschaft berufen, sondern auf der Suche nach einer okkulten, naiven Philosophie. Wund durch die Schläge und in seiner Liebe verletzt, »suchte er Zuflucht in den durch seine Gedanken erahnten Himmeln«. Vielleicht war er weniger frühreif als Louis Lambert, doch wie dieser las er schon in jungen Jahren Schriften der Mystiker, die »ihn an jene lebhaften Seelenreaktionen gewöhnten, deren Ekstase gleichzeitig Weg und Ziel symbolisiert«.

»Er wäre verzweifelt gewesen, hätte man ihn für einen gottseligen Schüler gehalten«; das Abendgebet war für ihn eine Gelegenheit, »von den Großtaten des Tages zu vernehmen oder zu erzählen«, und die sonntägliche Messe, das wenige ihm verbliebene Taschengeld an den »begehrten unterschiedlichsten im Laden des Internats feilgehaltenen Dingen zu messen«. Irreligiosität war unter den Schülern des Gymnasiums zu Vendôme mehr als eine Gewohnheit: sie war Gegenstand eines Wetteifers. Der Sohn des Voltairianers Bernard-François bezeigte nie die spontane Demut von Kindern, die mühelos und ohne Gewissenskämpfe zum Glauben finden. Er gab sich als Freigeist und diskutierte mit dem Hausgeistlichen.

»Als ich größer wurde und anläßlich meiner Erstkommunion den guten, uns katechisierenden alten Herrn fragte, wo Gott die Welt hergenommen habe, sagte er mir nicht gerade: ›unter einem Kohlkopf her‹, sondern zitierte mir die schönen Sätze aus dem Johannesevangelium: ›Im Anfang war das Wort, und das Wort war bei Gott.‹ Niemand in meinem Alter hätte den Sinn dieses Satzes verstehen können, auf den alle Philosophien sich gründen, und der sie vielleicht zusammenfaßt. Auch wollte ich, wie alle Ungläubigen, etwas Positives, keine Ideen, sondern Tatsachen. Ich fragte ihn also, woher jenes Wort komme. ›Von Gott‹, antwortete er mir. ›Wenn also alles von Gott herrührt‹, sagte ich, ›wie kann dann das Böse in diese Welt kommen?‹ Der gute Mann war nicht sehr beschlagen; er betrachtete Religion als ein Gefühl; ihr Dogma nahm er hin, ohne es erklären zu können. Ein Heiliger war er jedoch nicht; als er kein Süßholz mehr raspeln konnte, wurde er wütend und sorgte dafür, daß ich zu zwei Tagen Karzer verdonnert wurde, weil ich ihn während der Religionsstunde unterbrochen hätte ...«

Wenn nun aber die Rechtgläubigkeit des jungen Balzac fraglich war, wenn jeder dogmatische Zwang ihn bedrückte, so bekundete er doch zur Zeit seiner Erstkommunion ein »Verlangen nach dem Himmlischen«. Mager, mit schwarzglänzenden, schönen Augen »kniete er hingerissen und beglückt nieder, dankte Gott und fühlte sich selig, leicht, zufrieden. Abends hielt er sich des Umgangs mit Engeln würdig, weil er den Tag über weder in Worten noch in Taten noch in Gedanken gesündigt habe.« Trotz einer durch die Ideen des Vaters und durch die trockene Mutter recht wenig religiösen Erziehung hielt er sich in Vendôme für »einen innigen Umgang mit den himmlischen Geistern vorbestimmt«. Die Engel sollten noch einen überraschenden Platz in seinem Denken einnehmen.

Die Leiter des Gymnasiums waren nicht danach beschaffen, solch einen kindlichen, mit Überheblichkeit vermengten Mystizismus zu stärken. Jean-Philibert Dessaignes urteilte mehr als Naturwissenschaftler denn als Kirchenmann. »Als Kopf von enzyklopädischer Anlage«, schrieb über ihn sein Urenkel, »konnte er sich mühelos vom Unterricht in der Rhetorik und der Philosophie auf Naturkundeunterricht umstellen. Er hatte sich sogar an das Studium der Physiologie gemacht und darüber einen kleinen Elementar-Grundriß zum Gebrauch der Philosophieschüler verfaßt ...« Als Beobachter und Forscher, als Verfasser beachtlicher Arbeiten über Phosphoreszenz, hätte er darauf kommen können, mystische Überschwänge physiologisch zu erklären; er bereitete ein großes Werk über die Entstehung von Gefühlen und Leidenschaften in Verbindung mit körperlichen Veränderungen vor.

Dessaignes lehrte, die Beobachtung der Tatsachen und ihre Analyse sei wichtiger als jede Ideologie. Sein Schüler Balzac jedoch, der sich im Gegensatz zu seinem Lehrer mehr als systematischer Geist denn als methodischer Forscher zu erkennen gab, arbeitete im geheimen eine verschwommene Metaphysik aus. In den »Holzhosen« unter der Treppe gelangte der sehr junge Philosoph dazu, die *Einheit der Welt* in der Vorstellung zu suchen, Gedanke und Wille seien reale Substanzen, ein Fluidum analog der Elektrizität. Dessaignes hatte diese damals kühne und neue Theorie aufgestellt, alle diese unwägbaren Fluida – Wärme, Licht, Elektrizität, Magnetismus – seien nur Manifestationen ein und desselben ätherischen Fluidums und durch verschiedenartige Schwingung hervorgerufen. Ob er hierüber mit dem wißbegierigen Kind gesprochen hat? Hat er in dessen Gegenwart Äußerungen über die Physiologie des Denkens getan? Das ist möglich, denn Balzac weilte zur Erholung nach einer Krankheit in La Lézonnière, dem Landhaus der Leiter, mit denen er Pflanzen sammelte und botanisch bestimmte, aber es ist nicht wahrscheinlich. Dessaignes, ein zurückhaltender Gelehrter, hatte wenig Verbindung mit den Schülern. »Er lebte weit entfernt von uns«, schreibt Edouard de Vasson, »und diese Ferne vergrößerte das Prestige seiner Autorität.«

Schrieb der Schüler Balzac einen *Traité de la Volonté (Traktat über den Willen)*? Wurde dieses Manuskript durch den Pater Haugoult zerrissen? Diese Episode scheint durch Balzac romanhaft ausgeschmückt worden zu sein. Als er mit einem so intelligenten Kameraden wie Auguste-Hilaire Barchou de Penhoën im Karzer saß, unterhielten sich die beiden Jungen über philosophische Themen. Barchou de Penhoën neigte zur Skepsis; Balzac glaubte an die beinahe unbegrenzte Macht des Willens und an die physikalische Aktion des Gedankens. Vielleicht steigerte er aus der Rückschau seine frühreife Geistestätigkeit, doch besaß er schon seit jener Zeit unter dem noch unerweckten Äußeren eine erstaunliche Intelligenz und unersättlichen Ehrgeiz. »Ich werde einmal berühmt!« versicherte dieser mittelmäßige Schüler. Die Kameraden lachten nur über seinen Dünkel, und er lachte mit, denn er war ein guter Kerl.

Seit seiner Kindheit war Lesen für ihn zu einer Form von »Hunger geworden, den nichts stillen konnte: Er verschlang Bücher jeder Art und stopfte wahllos religiöse, geschichtliche, philosophische und physikalische Werke in sich hinein. Sein Blick überschaute sieben bis acht Zeilen gleichzeitig, und sein Geist faßte den Sinn so schnell auf wie sein Auge die Buchstaben; oft genügte ihm ein Wort aus einem Satz, um dessen wesentlichen Inhalt aufzunehmen. Mit gleicher Treue erinnerte er sich an die durch die Lektüre erworbenen wie an die durch Überlegung oder Gespräch in ihm erweckten Gedanken.«

»Seine Einbildungskraft wurde durch die unaufhörliche Anwendung seiner Fähigkeiten angeregt und hatte sich in seinem zwölften Lebensjahr so weit entwickelt, daß er von Gegenständen, die er nur durch Lektüre kennengelernt hatte, eine ganz exakte Anschauung besaß; das in seiner Seele eingeprägte Bild hätte nicht lebhafter sein können, wenn er sie tatsächlich erblickt hätte; gleichgültig ist dabei, ob er nun Analogieschlüsse zog, oder ob er mit einer Art zweiten Gesichts begabt war, die Natur zu erkennen ...«

Schon sehr früh nimmt er das Wort *Seher* in seinen Wortschatz auf. Ein Seher betrachtet in seinen Gedanken gleichzeitig Vergangenheit, Gegenwart und Zukunft. Warum sollte das unmöglich sein? In meinen Träumen reise ich, auf meinem Bett liegend, quer durch Raum und Zeit. Raum und Zeit sind also in meinem Gehirn in ihrer Ganzheit gegenwärtig. Wenn nun, weiterhin, der Geist derart reisen, wenn das Denken über weite Entfernungen hin wirken kann, dann ist auch ein Gedankenlesen möglich und ebenso ein zweites Gesicht, das durch seine Vorstellungskraft entfernte Objekte betrachten kann. Die Willenskraft kann sich stauen und kann über sich selbst hinaus projiziert werden; hierdurch wird ermöglicht, auf andere Menschen über große Distanz hin durch magnetische Kraft zu wirken, und er, Honoré Balzac im Gymnasium von Vendôme, besitzt diese Kraft.

Der Adjunkt des Vorstehers Dessaignes, Lazare-François Mareschal, hatte weniger originale Ideen als Dessaignes, wirkte aber durch Güte, was ihn seinen Schülern lieb machte. Er schrieb erotische und leichtgeschürzte Gedichte, die er aber vor den Gymnasiasten verbarg. Sie benützten allerdings eine von ihm verfaßte lateinische Grammatik, die recht merkwürdige Exempel aufwies: »O ihr Götter, gewährt dieser Frau die Gabe, zu gebären und nicht zu sündigen! *Di, facultatem concedite huic pariendi atque non peccandi.* – Ein Mädchen verbarg sich hinter Gebüsch. *Puella post carectes (sic) latebat.* – Venus mit nackten Füßen. *Venus, nuda pedes.*« In Chateaubriand wurden durch lateinische Gedichte seine ersten erotischen Begierden erweckt; Balzac rief mit seiner überaus lebendigen Einbildungsgabe zweifellos plastische heidnische Vorstellungen in sich wach, wenn er die seltsamen Grammatikbeispiele repetierte. »Sollte die Vermutung allzu gewagt erscheinen, daß sich aus den von dem Schüler Honoré Balzac benutzten einfachen klassischen Autoren die ersten Gestalten seiner Traumwelt herausgeschält haben?«

Mit solchen Eindrücken erreichte er die zweite Klasse. Unmäßige Lektüre, die dadurch in ihm geweckten Visionen und seine einsamen Stunden im Karzer hatten ihn in einen absonderlichen Zustand der Geistesabwesenheit, der *Absenz*, versetzt, in eine Art *Koma*, was seine Lehrer um so mehr beunruhigte, als sie keine Ursache dafür erkennen konnten. Er schien tatsächlich *absent*, weil sein Geist *anderswo* weilte, nämlich in der durch sein wahlloses Lesen erschaffenen Welt. In den Augen der Oratorianer von Vendôme war der junge Balzac ein fauler Schüler, der, da er so wenig arbeitete, keineswegs an Ermüdung des Gehirns leiden konnte. Honoré war mager und schmächtig geworden und ähnelte einem Schlafwandler mit offenen Augen. Die Mehrzahl der an ihn gerichteten Fragen vernahm er nicht und konnte keine Antwort geben, wenn er plötzlich gefragt wurde: »Woran denkst du? Wo bist du?«

Dieser überraschende Zustand, über den er selber sich erst viel später klarwurde, war sozusagen durch Gedanken-Stauung hervorgerufen. In den Pubertätsjahren, in denen die überschüssigen physischen Kräfte verbraucht werden sollten, lebte er nur durch den Geist und wirkte äußerlich stumpf. Der gute Mareschal bekam Angst und rief Madame Balzac herbei; am 22. April 1813, mitten während des Schuljahres, wurde der Gymnasiast zu seiner Familie nach Tours zurückgebracht. Der Vater und die Schwestern waren über den Zustand, in welchem er von Vendôme zurückkam, entsetzt.

»In solcher Verfassung also«, sagte die Großmutter Sallambier schmerzlich bewegt, »schickt uns das Gymnasium die hübschen kleinen Jungen zurück, die wir ihm übergeben haben!«

Bernard-François beruhigte sich schnell, als er feststellen konnte, daß Milieuwechsel, frische Luft und der Umgang mit der Familie Honoré wieder so lebhaft machten, wie es seinen jungen Jahren entsprach.

III

VON TOURS INS MARAIS

> Ein Kind gut erziehen zu wollen bedeutet, sich dazu zu zwingen, nur richtige Gedanken zu hegen. *Balzac*

Seltsame und starke Eindrücke werden erweckt, wenn ein junger Mensch nach einer Abwesenheit von sechs Jahren zu seiner Familie heimkehrt. Dinge und Menschen sieht er mit neuen Augen. Bernard-François hatte beträchtlichen Ärger. Sein Freund, der Präfekt General Pommereul, war nach Streitigkeiten mit zwei Erzbischöfen, Monsignore de Boisgelin und Monsignore de Barral, abgesetzt worden. Der Kaiser wollte keine Mißstimmung zwischen *seinen* Präfekten und *seinen* Bischöfen. Die Beamten mußten befehlsgemäß den Gottesdiensten beiwohnen. Da Napoleon aber Dankbarkeit für Pommereul, seinen ehemaligen Examinator in Brienne, empfand, ernannte er ihn zum Präfekten des Département Nord und später zum Generaldirektor für den Buchhandel. Es gibt Mißhelligkeiten, aus denen Vorteile erwachsen. Bernard-François und seine Kollegen in der Spitalverwaltung sahen, da sie ihren Gönner verloren hatten, sich bald durch den neuen Präfekten, Baron Lambert, verfolgt, der sich mit Monsignore de Barral verbündete. Sie wurden wegen Veruntreuungen in der Verwaltung des Spitals angeklagt; eine alte Assignatengeschichte, in der François-Bernard den Staat betrogen haben sollte, wurde wieder hervorgekramt. Bewiesen werden konnte nichts, doch die Atmosphäre wurde vergiftet, und die Stadt war in zwei Lager gespalten: Katholiken und Freimaurer; letztere waren in der Befürchtung, das Mißfallen des Kaisers zu erregen, vorsichtig geworden.

Der Präfekt Lambert überschüttete das Ministerium mit Denunziationen gegen die Spitalverwalter. Diese antworteten mit einem »Moralischen Rechenschaftsbericht«. »Der General und ich«, schrieb der Präfekt, »sind in diesem manifestartigen Schriftstück so dargestellt, als ob wir, wenn wir schon nicht den Willen zur Auslöschung der nützlichsten öffentlichen Einrichtung des Département hätten, so doch zumindest uns ohne ersichtlichen Grund weigerten, die nötigen Mittel zu bewilligen.« Er drängte den Minister, die ganze Spitalverwaltung neu zu bilden. Der Minister widerstand: »Ich teile in keiner Weise Ihre Meinung über die Notwendigkeit, die gesamte Kommission neu zu bilden. Ich glaube, Ihnen ins Gedächtnis rufen zu müssen, daß man sich zur gesunden Beurteilung der karitativen Verwalter in die Lage versetzen muß, in die sie durch die Umstände gebracht wurden ...« Kurz, Seine Exzellenz deckte den Sieur Balzac gegen seine örtlichen Feinde, die sein Stolz, seine Glaubenslosigkeit, der augenscheinliche Wohlstand und die Eleganz seiner Frau ihm verschafft hatten.

Bernard-François verlor nichts von seiner guten Panurge-Laune. Er unternahm geheimnisvolle Schritte, um Tours den Rücken kehren zu können, las endlos viel, schwatzte den lieben langen Tag und veröffentlichte in dem Verlag Mame hochtrabende Broschüren. Im Jahre 1807 warf er sich in einem *Mémoire sur les moyens de prévenir les vols et les assassinats (Memorandum über die Möglichkeiten, Diebstähle und Morde zu verhüten)* zum Verteidiger von entlassenen Gefangenen und Sträflingen auf. Bei ihrer Entlassung erhalten sie einen Zwangspaß, der ein Zeichen der Ehrlosigkeit darstellt. Wer soll sie jemals wieder anstellen? Sie sind dazu verdammt, von neuem zu stehlen, um leben zu können. Solche Rückfälle sollten durch Schaffung von Spezialwerkstätten für ehemalige Sträflinge verhindert werden. Hier seien sie ausreichend ernährt, passend gekleidet und bekämen Lohn. Ihre Arbeit könne außerdem den Behörden Einnahmen verschaffen, und die Landstreicherei nehme ab.

1808 erschien sein *Mémoire sur les scandaleux désordres causés par les jeunes filles trompées et abandonnées dans un absolu dénuement (Memorandum über die skandalösen Umstände verführter und dem Elend preisgegebener Mädchen).* Früher konnten deflorierte Jungfern Unterhaltsgelder verlangen. Der Code Napoléon untersagte die Nachforschung nach der Vaterschaft. Dieses neue Gesetz hatte aber, wie Bernard-François es in seinem blumigen und geschwollenen Stil ausdrückte, »nichts an dem gebieterischen Reiz der Fortpflanzung« geändert. Ein schwangeres Mädchen kann aber nirgendwo unterkommen. Welch Elend! Was für Zustände! Hier gilt es, zwanzigtausend Opfer zu retten. In allen Spitälern müßten Freiplätze für werdende ledige Mütter eingerichtet werden. Der Verfasser selber habe im Spital von Tours mit Erfolg schon damit begonnen.

Im Mai 1809: *De la grandeur des nations et comment elles transmettent à tous les siècles des témoignages indestructibles de leur puissance (Über die Größe der Nationen und wie sie für Jahrhunderte unzerstörbare Zeugnisse ihrer Macht hinterlassen könnten).* Der Gegenstand dieser Schrift nun war weniger altruistisch; die Absicht Bernard-François' war es, sich des kaiserlichen Wohlwollens in dem Augenblick zu versichern, da ihn gerade gefährliche Umstände bedrängten. Auf welche Weise könnte man kommenden Jahrhunderten unvergängliche Erinnerungszeichen an das im Jahre 1799 begonnene wundervolle Regime hinterlassen? Literarische Werke sind hinfällig; monumentale Denkmäler allein bleiben bestehen. Die chinesische Mauer, die Pyramiden Ägyptens wirken noch immer als Zeugnisse nach. Der Verfasser bringt zahlreiche weitere Beispiele, Früchte einer umfangreichen und verschrobenen Lektüre. Welches Monument also verdient ein Herrscher, der die Altäre wieder aufgerichtet, die Finanzen wieder hergestellt, ein einsichtsvolles Gesetzbuch herausgegeben, die Armee erneuert hat? Man muß ihm eine Kolossalstatue oder eine Pyramide, höher als die Ägyptens, errichten, entweder zwischen den Tuilerien und dem Louvre, oder an der Porte de Neuilly, oder etwa auf dem Marsfeld.

Der junge Honoré, der nach und nach seine dumpfe Benommenheit abgelegt hatte, lauschte 1813 mit Vergnügen solchen väterlichen Reden. Aus ihnen schöpfte er die Lust an weitläufigen Projekten, an pseudowissenschaftlichen Theorien und an rabelaisischenTiraden. Bücherschränke nahmen in diesem Hause einen bedeutenden Platz ein. Der Vater besaß die berühmten lateinischen und französischen Autoren, einige Philosophen, Historiker, Erzähler aus der Touraine und illustrierte Bücher über China; die Mutter sammelte Schriften der verschiedenartigsten Mystiker und Illuminaten. Der Sohn verkürzte »die langen Arbeitsstunden im Studiensaal, um ins Zimmer seines Vaters zu verschwinden und Voltaire, Rousseau oder Chateaubriand zu lesen«.

Schweigend, aufmerksam und spöttisch beobachtete Honoré die Familie. Großmama, die Großmutter Sallambier, floß von Lebenskraft über, fühlte sich aber immer krank, meistens ohne jeden Anlaß, und konsultierte deswegen zahllose Wahrsager und Hellseher. Großmama verachtete ihren Schwiegersohn, auf dessen Rat hin sie einen Teil ihres Vermögens in nebulosen Spekulationen verloren hatte (1813 mußte Bernard-François selber sein schönes Haus verkaufen). Trotz ihrer genau umrissenen Ideen über Mädchenerziehung hatte Madame Sallambier bei der eigenen Tochter keinen übermäßig großen Erfolg gehabt. Laure Balzac stieß in Tours die Prüden immer wieder vor den Kopf; allzu betont sprach sie von ihrem »alten Gatten«. Streng und hochmütig, wie sie war, zeigte sie sich zwar grenzenloser Hingabe an die Ihren fähig, doch konnte sie keine Zärtlichkeit aufbringen. Von den Eltern hatte sie das Wohlgefallen an unerläßlichen Lebensregeln geerbt, zum Beispiel am Zähneputzen. »So war mein guter Vater; er befahl und ließ es in kürzerer Zeit als andere ausführen.« Sie las die Schriften von Mesmer und übte den Magnetismus, eine andere Form der Machtanwendung, selber praktisch aus. Laure nannte die Mutter »Ti-mère«, was zweifellos eine kindliche Abkürzung von »Petite mère« war; sie hatte die Mutter gezähmt. Honoré aber lebte in großer Angst vor ihr; er wußte, daß sie Henry, das Kind der Liebe, bevorzugte, und er kannte zu gut den harten und starren Blick, den sie auf die Kinder warf, wenn diese sie reizten.

Laure und Honoré hatten einander sehr lieb. Einst hatte sich Honoré für sie bestrafen lassen; jetzt wurde sie der Liebling aller. Madame Balzac selber machte sie zu ihrer Vertrauten. War Laure auch nicht gerade hübsch, so gefiel sie doch durch die glanzvollen Augen, ihren Gesichtsausdruck und ein gleichbleibend lebhaftes Temperament. »Du bist schlau«, sagte Honoré zu ihr, »ich überlasse es dir, gut Wetter zu machen.« Laurence, die *Laurençot* und auch *die dicke Laurence* oder *Milady Plumpudding* genannt wurde, wirkte auf den ersten Blick viel weniger lebhaft als Laure, doch »wer sie besser kannte, stellte fest, daß sie natürlichen und urwüchsigen Geistes war«. Die ganze Familie sprühte wie ein Feuerwerk von Geschichtchen, Plänen, Kümmernissen und Tratsch. Alle waren tolldreist, schwungvoll, originell; alle waren stolz, zur Familie Balzac zu gehören. Zwischen den Kindern herrschte spöttelnde Geschwisterliebe und tiefe Neigung. Mit den Eltern hatten sie den Geschmack an Büchern und ein Familienvokabular gemeinsam, in dem Geplauder »tra-la-la« oder »ta-ra-ta-ta« hieß; Bösesein »das Brumm« und ein großspuriger Anfänger ein »kleines As«. Die ganze Sippe Balzac huldigte einem kritischen Geist; keiner verschonte den anderen, aber als Gruppe empfanden sie solidarisch.

Wäre François-Bernard Herr im Hause gewesen, dann hätte er Honoré 1813 gleich nach der Rückkehr aus Vendôme ins Gymnasium von Tours gesteckt. Madame Balzac aber »verlangte sittliche Garantien«. In kluger Weise glich sie die Glaubenslosigkeit ihres Gatten durch beharrlichen Kirchenbesuch aus. Sie nahm ihren ältesten Sohn mit, der auf diese Weise die alten Häuser um Saint-Gatien, die schönen, die Straße überspannenden Strebepfeiler und die Streitigkeiten der Pfarrer mit den alten Jungfern kennenlernte, bei denen sie zu Tisch waren. In Saint-Gatien atmete er »Himmelsduft« ein. Oft streunte er allein im Kloster La Psalette umher, »eingehüllt in feuchtes Dunkel und tiefes Schweigen«. Bei seinen Eltern wohnte Honoré im dritten Stock und besaß als Kleidung nur »seine elende Schultracht«. »Meine Mutter«, sagte Laure, »machte die Arbeit zur Basis jeder Erziehung und verstand sich wunderbar darauf, die Zeit einzuteilen; keinen Augenblick ließ sie ihren Sohn müßiggehen.«

Vielleicht schickte sie ihn für einige Monate als Internen der Privatschule Beuzelin und Ganser nach Paris; vielleicht holte sie ihn im März 1814 nach Tours zurück, aus Angst vor dem Einzug der Alliierten in Paris. Jedenfalls erhielt er im väterlichen Haus von März bis Juli Privatstunden und machte im Lateinischen einige Fortschritte.

Im April 1814 mußte der besiegte Napoleon abdanken und ins Exil auf die Insel Elba gehen. Für die Kinder Balzac war das ein schwerer Schlag, da sie in der Sonne des kaiserlichen Glanzes aufgewachsen waren. Jetzt hüllte Dunkelheit ihre Welt ein. Bald zog der Herzog von Angoulême unter »katastrophalem Enthusiasmus« in Tours ein. Noch nie hatten sich so viele Wetterfahnen so schnell gedreht. Der Generalstab der 22. Division (dem Bernard-François angehörte) veranstaltete für Seine Königliche Hoheit ein Bankett und einen Ball. Alle »ci-devants«, alle Ehemaligen, kamen von ihren Schlössern herbeigeeilt. Jean de Margonne, Leutnant der städtischen Miliz, leitete einen Teil des Ordnungsdienstes. Honoré, der fünfzehnjährige Junge, wurde von seiner Mutter zum Stellvertreter seines damals von Tours abwesenden Vaters bestimmt und erging sich voller Entzücken unter der Damenwelt, geblendet durch die festlichen Lichter, die roten Behänge, die Diamanten und besonders durch die weißen Schultern. Nie vergaß er diese Bilder, nie diesen *odeur de femme*, dieses Frauenarom.

Im Juli 1814 trat er als Externer ins Gymnasium von Tours, um die dritte Klasse zu wiederholen. Hier erhielt Honoré *de* Balzac als Auszeichnung die Décoration du Lys. Dies war weniger ein Beweis für ausgezeichnete Leistungen als für das dringende Verlangen der wiederhergestellten, aber noch umstrittenen Monarchie, die Jugend für sich zu gewinnen. Im Gymnasium von Tours litt Honoré wie in Vendôme unter der unbewußten Knauserei seiner Mutter, die bei großen Ausgaben verschwenderisch und bei kleinen schäbig war. Während seine Kameraden die wunderbaren, von der Familie mitgegebenen »Rilletes« (gehacktes und in Schmalz gebackenes Schweinefleisch) schmausten, aß der kleine Balzac sein trockenes Brot. »Hast du denn nichts drauf?« fragten ihn spöttisch die Kameraden. Erniedrigt und beleidigt schwor er sich, sie eines Tages durch seinen Ruhm zu verblüffen. Was für eine Form er wohl annehmen würde? Davon wußte er noch nichts, aber er verspürte übermenschliche Kraft in sich. Seine frühreifen Urteile erstaunten sogar seine Mutter. »Sicherlich verstehst du gar nicht, was du da sagst, Honoré!" schalt sie. Er lächelte fein und spöttisch, aber gutartig. Dieser stumme Protest brachte Madame Balzac in Harnisch. Sie ertrug es schlecht, diesen klarsichtigen jungen Burschen, der allzuviel beobachtete, um die Beine zu haben. Die Schwestern lachten, wenn er ihnen versicherte, »eines Tages werde dies kleine As Honoré die Welt in Erstaunen setzen«. Während er darauf wartete, sie zu verblüffen, studierte er sie.

Seinem auffallenden Gedächtnis prägten sich alle Ereignisse und Bilder tief ein. Die sanften Formen der Touraine-Landschaft, die schönen, laubreichen, von Pappeln umsäumten Täler, die auf die Hügel hingestreuten Dörfer, die majestätische Loire, auf der Segelschiffe dahinglitten, die gotischen Türme der Kathedrale Saint-Gatien, die alten Glasfenster, die Physiognomien der Priester, die Redeweise der Hausfreunde – sein Geist registrierte alles. Nicht allein erinnerte er sich an Dinge und Wesen, sondern er konnte sie willentlich herbeirufen, wie sie ihm einmal voller Farbe und Leben vor Augen gestanden hatten. »Er trug Steine zusammen, ohne noch zu wissen, zu welchem Bauwerk sie dienen sollten ...«

Sein Vater hatte die noch nicht klar umrissene Absicht, ihn später auf die Ecole Polytechnique zu schicken, und ließ ihm deswegen Nachhilfestunden in den naturwissenschaftlichen Fächern geben; so kam es, daß seine lebhafte Intelligenz schließlich eine erstaunliche Mischung von exakten Kenntnissen, väterlichen Paradoxien, großmütterlichem Aberglauben und den von seiner Mutter so geliebten Anschauungen der Illuminaten war. Am Ende der Ferien wurde er von Jean de Margonne auf Schloß Saché eingeladen. Schon verloren die Pappeln ihr Laub, und die Wälder färbten sich herbstlich. Hier traf er voller Aufregung wieder einige jener auf dem Ball zu Tours so sehr bewunderten jungen Damen. Er dürstete nach allem, nach Liebe wie nach Ruhm.

Unterdessen war aber in Bernard-François der Wunsch gewachsen, sobald wie möglich diese Stadt zu verlassen. Kurz nach der Abdankung des Kaisers hatte er eine Broschüre veröffentlicht: *Sur la statue équestre que les Français désirent ériger pour perpétuer la mémoire d'Henry IV (Über die Reiterstatue, die die Franzosen zur Verewigung des Gedächtnisses Heinrichs IV. zu errichten wünschen).* Die Königsstatue sollte augenscheinlich ein Gegenstück zur Kaiserpyramide werden. Anläßlich solcher Umwälzungen kennt der Opportunismus keine Grenzen; die Gedanken eines Armeelieferanten können sich nur auf Lieferungen beziehen. Wie sollte aber in Tours der erst kürzlich umgefärbte Royalismus eines Bonapartisten von gestern für waschecht gelten können? Zu Bernard-François' großem Glück war sein Freund Auguste Doumerc (der Sohn seines ersten Chefs) noch in einflußreicher Position und erwirkte ihm die Ernennung zum Intendanturrat der Ersten Division in Paris. Im November 1814 siedelte die ganze Familie, Großmama eingeschlossen, ins Marais-Viertel, die Wiege der Sallambiers, Nummer 40 der Rue du Temple über. Es war eine Rückkehr zu den Ursprüngen.

Honoré wurde als Interner in die Pension Lepitre gesteckt; es war das eine royalistische und katholische Privatschule, die ein dicker Hinkefuß leitete; er stützte sich auf einen Krückstock und glich Ludwig XVIII. Während des Terrors war Jacques-François Lepitre in ein royalistisches Komplott zur Rettung der Königin Marie-Antoinette aus dem Temple-Gefängnis verwickelt gewesen. Nach der Rückkehr der Bourbonen verhalf ihm das zu einem gewissen Prestige, und er erhielt die Ehrenlegion. Lepitre hatte sich also wie Bernard-François während der schwierigen Jahre durchgeschlängelt, so gut er konnte. Zum Unterricht gingen seine Schüler in das Lycée Charlemagne. Die Schule war in einem alten Adelspalais, Hôtel Joyeuse, Rue de Turenne 9, untergebracht. Der Schuldiener, ein echter »Schmugglertyp«, »begünstigte alle Streiche, schwieg beim Zuspätkommen und verlieh verbotene Bücher«. Er verkaufte Milchkaffee, der in der Napoleonischen Zeit infolge der hohen Kolonialzölle sehr teuer und dadurch zu einem aristokratischen Frühstück geworden war. Honoré machte, wenn er kein Taschengeld mehr besaß, bei diesem Manne manchmal Schulden. An den öffentlichen Harem im Palais Royal konnte er nur im Traum denken; reichere und mutigere Kameraden instruierten sich dort, »wo die jungfräulichsten Zweifel aufhörten«, über die Reize des Ewig-Weiblichen. Wenn man allerdings Michelet Glauben schenken kann, so hegten einige Zöglinge des Pensionats Lepitre eine ausgesprochene Vorliebe für »hübsche Halbwüchsige«.

Während der Hundert Tage 1815 hatte Lepitre die größte Mühe, Kundgebungen der monarchiefeindlichen Schüler zu unterbinden. Mit erhobenem Krückstock bedrohte er die Aufsässigen, konnte die fanatischen Anhänger des Kaisers jedoch nicht einschüchtern. Von diesen wurden viele beim »Neuen Trommelschlag« der Zweiten Restauration weggeschickt. Honoré Balzac verließ das Pensionat erst am 29. September mit kriegerischen Ehren und einem seine Arbeit und sein ehrenhaftes Betragen lobenden Zeugnis. Wahrscheinlich hat er wie seine Kameraden hoffnungsvoll und begeistert den letzten Feldzug Napoleons miterlebt. General de Pommereul wurde als allzu treuer Bonapartist bei der zweiten Rückkehr des Königs des Landes verwiesen. Bernard-François hatte sich klüger verhalten und überstand die Zeitwirren ohne Nachteil.

Nun wurde Honoré Pensionär des »gestrengen, aber väterlichen« Abbé Ganser, eines Priesters deutscher Abstammung; der wahrhaft fromme Mann leitete die Privatschule in der Rue de Thorigny seit dem Tod des Monsieur Beuzelin allein; seine Schüler gingen, wie die des Pensionats Lepitre, zum Unterricht in das Lycée Charlemagne. Hier blieb der junge Balzac ein Jahr in der Rhetorikklasse (der Oberprima). Für eine lateinische Übersetzung rückte er auf den zweiunddreißigsten Platz, was ihm einen Brandbrief seiner Mutter und ein Ausgangsverbot eintrug. An den Sonntagen wurde er »unter Aufsicht« zur Tanzstunde in die Rue du Temple gebracht. Madame Balzac hatte sich ein Genie als Sohn gewünscht, befürchtete aber, er sei ein Faulpelz und bedrängte ihn um so unnachsichtiger, als sie ihn auf ihre Art liebhatte. Honoré verstand sich mit Leichtigkeit schriftlich auszudrücken, und Laure bewahrte für das Familienarchiv einen seiner Aufsätze auf (ein Gespräch der Frau des Brutus mit ihrem Mann nach der Verurteilung ihrer

Söhne); es war eine emphatische, aber lobenswerte Primanerarbeit. Im Lycée Charlemagne hatte Balzac seinen besten Freund aus der Schulzeit in Vendôme, Barchou de Penhoën, wiedergetroffen und einen neuen Freund erworben: den dicken Auguste Sautelet. Sein Lehrer war während einiger Monate wahrscheinlich Villemain; dieser gab sich aber nur mit glänzenden Schülern wie Jules Michelet ab und nicht mit einem armen »Zweiunddreißigsten im lateinischen Aufsatz«, der in der Schar der mittelmäßigen Schüler unterging.

Im Jahre 1816 hatte er ohne Glanzleistungen seine Gymnasialjahre beendet und kehrte in das unveränderte Elternhaus zurück. Bernard-François war noch immer auf seine Gesundheit und sein »seelisches Selbstgenügen« bedacht; seine Frau »ging auf die Palme« wegen allem und nichts. Laure und Laurence lebten in einem Jungmädchen-Pensionat und trieben Englisch, Klavierspielen, Nähen, Sticken und Whistspielen; sie lernten außerdem ein paar große klassische Tiraden auswendig und bekamen »eine Ahnung von Chemie«. Der allzu geliebte Henry wechselte die Schule so oft wie das Hemd, arbeitete so schlecht wie möglich, wurde aber von seiner Mutter dennoch »toll verzärtelt«. Das Marais war immer noch das wohlanständigste Viertel von Paris; hier waren die Straßen finster, und um neun Uhr ging alles zu Bett; das aristokratische Viertel Saint-Germain machte die Nacht zum Tage. Hier im Marais brachten Auvergnaten das Wasser in Eimern, geheizt wurde mit Holz, als Beleuchtung dienten Talgkerzen und Öllampen. Die Miete wurde der Concierge bezahlt; diese allgewaltige Person hatte die Macht, einem alten Rentner mit schäbiger Perücke zu kündigen, wenn ihr seine politischen Ansichten nicht paßten.

Im Marais konnte man mit zehntausend Francs Einkünften behaglich leben. Über soviel ungefähr verfügten die Balzacs. Ganz in der Nähe wohnten Freunde aus der mittleren Bourgeoisie, Kaufleute und Rentner. Die ganze Sippe Sallambier, Leinwand- und Stickereihändler; die Familie Malus und die Sédillots; Väterchen Dablin, Junggeselle, ehemaliger Eisenwarenhändler mit dem Firmenschild »Zur goldenen Glocke«, reicher Sammler und unermüdlicher Bücherleser, der sich durch Rechtschaffenheit und Herzensgüte zahlreiche Freundschaften erworben hatte. Honoré mochte diese tüchtigen Leutchen. Später machte er sich wie alle Künstler seiner Zeit über diese »Bourgeois« lustig und schilderte die Laster dieser seiner eigenen Klasse, aber immer mit großer Herzenswärme und geheimer Bewunderung. Der alte Doumerc war 1816 gestorben; die Balzacs waren mit seiner Tochter Joséphine Delannoy, der Frau eines großen und sehr einflußreichen Armeelieferanten (Lebensmittel, Fleisch), sehr befreundet. Ein anderer Freund war Jean-Baptiste Nacquart, der Hausarzt, der eine bemerkenswerte Schrift über die Gallsche Schädellehre, »Die neue Hirnphysiologie«, verfaßt hatte. Doktor Nacquart betonte die Notwendigkeit, Psychologie und Physiologie im Zusammenhang zu sehen. Die Seele, sagte er, entsteht aus der Wirkung physikalischer und chemischer Kräfte im Körper. Honoré las die in der Familie vorhandenen medizinischen Bücher und stellte daraus ein »System des einheitlichen Menschen« zusammen, worin die Moral auf eine wissenschaftliche Ergründung der Sitten zurückgeführt wurde.

Niemand in Balzacs Umkreis bekannte sich zu einer Partei. Die Stadtpalais des Marais, das der Familien Rambouillet oder Sévigné, waren nicht mehr von den Familien mit den großen Namen bewohnt. Es gab im Viertel zwar noch niederen Beamtenadel, doch das behäbige, respektable Bürgertum überwog. Allen diesen Kaufleuten und Beamten waren nach dem häufigen politischen Szenenwechsel die harmlosen Gemeinplätze lieber als große, immer kompromittierende Ideen. Sie hatten in ihrer Mehrzahl Ludwig XVI., die Revolution, den Kaiser steigen und fallen sehen, glaubten in der Politik nur noch an Vorsicht und verschafften sich für den nächsten Regierungswechsel ein gutes Gewissen. Fast alle gingen zum Zeitunglesen ins Kaffeehaus, denn ein Abonnement ordnete einen Menschen schon gefährlich in eine bestimmte Klasse ein. *La Quotidienne* oder *La Gazette de France* bezeichneten einen Royalisten; *Le Constitutionnel* oder *Les Débats* einen Liberalen. Wer sie allesamt las, konnte die Spuren verwischen.

Im gleichen Haus wie die Balzacs lebte ihr Notar, Maître Passez, und eine alte Freundin der Witwe Sallambier, Mademoiselle de Rougemont, eine geistreiche Dame des Ancien régime, die noch Beaumarchais gekannt hatte. Dessen funkelndes Leben von ihr erzählt zu hören, machte Honoré Spaß. Die Existenz Beaumarchais' erinnerte an eine Geschichte aus Tausendundeiner Nacht, und der junge Balzac hatte eine Schwäche für märchenhafte Geschichten. Warum sollte er selber nicht Dramatiker werden? Die Frau Mama freilich dachte über die Zukunft ihres Sohnes anders. Notar Passez hatte vorgeschlagen, ihn als Schreiber einzustellen und ihm später die Kanzlei zu verkaufen. Konnte man sich etwas besseres wünschen? Bernard-François hingegen, immer in originelle Pläne verliebt, überlegte, ob die Naturwissenschaften nicht bessere Erfolgsaussichten böten. Doch Madame Balzac entschied als Spezialistin für Zeitausnützung, der Sohn dürfe keinen Augenblick lang müßig gehen und müsse unverzüglich mit der juristischen Ausbildung, der Basoche, beginnen.

Am 4. November 1816 wurde er zum ersten Mal in der juristischen Fakultät eingeschrieben, damit er drei Jahre später sein Diplom als *bachelier en droit* (Bakkalaureus der Rechte) empfangen könne. Gleichzeitig sollte er Privatunterricht in naturwissenschaftlichen Fächern nehmen, an der Sorbonne Vorlesungen hören und »höhere literarische Studien« treiben. Die Professoren an der Sorbonne und dem Collège de France, Guizot und Cousin, waren berühmt. »Sie waren die gestaltgewordene Gegnerschaft der Ultras.« Vor allem der noch blutjunge Victor Cousin rief bei den Studenten leidenschaftliche Bewunderung hervor; mit seinen Schülern verband ihn brüderliches Vertrauen. Zwei einander entgegengesetzte Tendenzen beherrschten damals Balzacs Geist: Den traditionellen Spiritualismus, den des Christentums nämlich, konnte er nicht bejahen, weil er durch einen atheistischen und materialistischen Vater geformt worden war, für den jede Ideologie ein Kapitel der Zoologie darstellte; seit der Gymnasialzeit in Vendôme empfand er jedoch auch lebhaftes Widerstreben gegen den reinen Materialismus. Er war von einer fixen Idee besessen: der Einheit der Welt. Geist und Materie sind ineinander verflochten. Die Lehre Cousins, der Eklektizismus, bestand darin, die Wissenschaft der gegebenen Tatsachen, also Forschung und Beobachtung, mit der Wissenschaft des eigenen Ich, also mit unvermittelter Intuition, zu vereinen. Balzac lauschte und lernte, doch da er maßlos hochmütig war, fand er, »dieser Professor habe sich zwar einen großen Namen gemacht, doziere jedoch nur, was jeder durch das Studium einiger Wälzer ebenfalls wissen könnte«.

Da er auf alles neugierig war, ging er auch in das naturgeschichtliche Museum. Hier lehrte Geoffroy Saint-Hilaire, ein Zoologe und Anatom, der als Philosoph gelten wollte. Beobachten und Klassifizieren konnte nicht die einzige Aufgabe der Wissenschaft sein; vernünftig durchdenken und Schlüsse ziehen, das ist das Ziel. Er gründete die »Schule der Ideen« im Gegensatz zur »Schule der Tatsachen« seines Kollegen Cuvier. Balzac bewunderte zumal Cuvier; Geoffroy Saint-Hilaire jedoch hatte (nach Charles Bonnet) eine Doktrin der »Einheit des Aufbaus« formuliert, die geradezu gemacht schien, einen auf weitgespannte Spekulationen so erpichten Geist anzulocken. »Es scheint, daß die Natur sich gewisse Beschränkungen auferlegt und sämtliche Lebewesen nur nach einem einzigen Plan gebildet hat, der im Prinzip wesentlich immer der gleiche ist, den sie aber tausendfach variiert ...« Die Keime sämtlicher Organe existieren also in allen Arten; verschiedenartige Notwendigkeiten haben bei der einen Art zur Entfaltung gebracht, was sie bei den anderen unterdrückten. In einem berühmten *Mémoire sur les poissons (Memorandum über die Fische)* bewies Geoffroy Saint-Hilaire zum Beispiel, daß die Flossen den Gliedern der Wirbeltiere entsprächen. Im Prinzip der Analogie, dem Prinzip des Ausgleichs der Organe (da das Budget der Natur unveränderlich ist, muß eine zu große Ausgabe anderswo eingespart werden), liegt das Wesentliche dieser Einheitslehre beschlossen.

Da der junge Balzac für dergleichen geistreiche Hypothesen sehr empfänglich war, hegte er die verschwommene Vorstellung, es müsse möglich sein, solcherlei Grundsätze eines Tages auch auf Sozialwesen anzuwenden. Dieser Jüngling fühlte den unwiderstehlichen Drang nach Erkenntnis. Er brauchte Ursachen und Wirkungen. Sobald sein Nachdenken ihm etwas erhellt hatte, ahnte er schon ein erhabenes System. Was sollte er daraus machen? Eine philosophische Lehre? Kunstschöpfungen? Er wußte es noch nicht, doch an seinen Kräften konnte er nicht zweifeln. Ob Cousin und Geoffroy Saint-Hilaire recht hatten oder nicht, es war auf alle Fälle begeisternd, über solche großartige und schemenhafte Einfälle mit den Kameraden von der Jurisprudenz (zum Beispiel dem dicken Sautelet, dem er in dieser Fakultät abermals begegnet war) zu plaudern; vielleicht auch mit jungen Medizinstudenten, wenn sie zwischen zwei Vorlesungen für achtzehn Sous bei Flicoteaux zu Mittag aßen, dessen »Tempel des Hungers und der Armut« mit den kleinen Fensterscheiben an der Place de la Sorbonne lag. Spaß machte es auch, die Familie mit solchen Anschauungen zu verblüffen. War Honoré früher schüchtern gewesen, so war er jetzt so gesprächig wie sein Vater geworden. Die Familie hatte allerdings keine Lust, Honoré zu bewundern, und fand nur, er rede zu viel. Nach einem Monolog über den Magnetismus, den Okkultismus oder die Einheit der Welt konnte er sich wie ein Kind mit albernem Geschwätz amüsieren.

Seine Eltern hielten ihn unter strenger Aufsicht. Bernard-François war der Ansicht, das Studium des theoretischen Rechts, wie es an der Sorbonne gelehrt wurde, solle unverzüglich mit der Rechtspraxis verknüpft werden. Honoré mußte daher während seines dreijährigen Rechtsstudiums bei einem Anwalt und bei einem Notar arbeiten. Der gewählte Anwalt war ein Freund der Balzacs, Jean-Baptiste Guillonnet-Merville; er war ein ausgezeichneter Jurist und kultivierter Mann mit wissenschaftlichen Neigungen. Scribe hatte gerade die Kanzlei verlassen, und Jules Janin war dort Bürodiener zu der Zeit, da Balzac als Schreiber eintrat.

Diese Lehrjahre bei Guillonnet-Merville trugen reiche Früchte. Balzac lernte hier die starren Wege des Rechtsgangs kennen, der eine ungeheure, viel zu wenig erkannte Rolle im Leben der Menschen spielt. Er begann, in »vertraulichem Umgang mit dem Gesetzbuch und der Jurisprudenz zu leben«. Später machte er hieraus Werkzeuge seiner Gedankenwelt. »Mit Hilfe des Rechts wird sie sich einen Eingang in die Fülle des Daseins verschaffen ...« In einer Anwaltskanzlei werden die Knoten der häuslichen Tragödien geknüpft und gelöst. Hier erlebte er, daß eine Frau sich bemühte, ihren Mann, einen wie ein Gespenst aus Deutschland zurückkommenden Obersten des Kaiserreichs, entmündigen zu lassen, weil sie sich in seiner Abwesenheit wieder verheiratet hatte; hier sah er tausend gelebte Romane, in denen die gemeinsten und, seltener, die edelsten Seelenhaltungen der Gattung Mensch in Erscheinung treten. Er war mit den jungen Kanzleischreibern zusammen, armen, gierigen Unholden; sie behaupteten zwar, vor nichts Achtung zu haben, teilten aber oft ihre monatlichen hundert Francs mit einem im fünften Stock lebenden alten Mütterchen. Während diese Schreiber ihre Akten ausfertigten, zerrissen sie sich ihre Mäuler über ihre Mandanten. Ihr finsteres, staubiges Schreibzimmer enthielt außer einem schmutzigen Mobiliar und vollgestopften Aktenschränken nur vergilbte Plakate von Immobilienverkäufen. Es roch nach Käse, kalten Koteletts und Schokolade; mit dem Aktenstaub ergab das eine recht verstänkerte Luft. Eine Anwaltskanzlei war »die schauderhafteste Art aller Gemeinschaftsräume«, doch lernte der junge Balzac hier die schaurige Poesie des Lebens. Er betrug sich hier so ausgelassen (und so amüsant), daß er seine Kollegen oft störte. Der Kanzleivorsteher schickte ihm eines Tages eine Karte: »Monsieur Balzac wird gebeten, heute nicht zu kommen; es liegt nämlich viel Arbeit vor.«

Am Abend spielte er mit Großmama Boston oder Whist; sie war im Alter weicher geworden, hatte eine Schwäche für ihren Enkel und ließ ihn durch absichtliche Ungeschicklichkeiten kleine Summen gewinnen, die er zum Bücherkaufen brauchte. Er las mehr und mehr, vor allem seltene, schwierige und fremdartige Bücher; mehr denn je auch glaubte er, Ruhm, Reichtum und Liebe seien ihm vorherbestimmt, ohne daß diese Hoffnung im geringsten gerechtfertigt war. Wir wissen, falls das Zeugnis seiner Schwester zuverlässig ist, daß Balzac trotz seinem Geldmangel schon seit den Jünglingsjahren flüchtige Erfolge bei Frauen gehabt hatte. »Auch er wollte Gefallen erregen, und so begannen schon damals recht pikante Abenteuer; sie sind zu lebensnah, um berichtet zu werden. Ich kann nur versichern, daß nie ein Mensch mehr Recht gehabt hätte, schon am Anfang seines Lebens auf etwas eingebildet zu sein ...« In diesem Zusammenhang erzählt sie, daß Honoré mit seiner Großmutter gewettet habe, er werde die Gunst einer der hübschesten Frauen von Paris erringen; die alte Dame hatte sie unbesonnenerweise genannt im Glauben, daß sie den Einsatz von hundert Talern nicht verlieren werde. Trotz seinem ungekämmten Haar und dem großen, schon zahnlückigen Mund hatten ihm seine Zungenfertigkeit, die schönen, von Geist funkelnden Augen und vielleicht auch seine Jugend den Sieg eingetragen. Großmama war nicht prüde, und es wurden in der »heiligen Familie« drollige Spiele gespielt.

IV

LEHRJAHRE DES GENIES

> Wie Molière wollte er ein tiefgründiger Philosoph sein, bevor er sich ans Komödienschreiben machte. *Balzac*

Das Jahr 1819 brachte den Balzacs große Veränderungen. Graf Dejean, der Vorgesetzte Bernard-François', forderte ihn, der damals dreiundsiebzig Jahre alt war, unerwartet auf, sich pensionieren zu lassen. Er verlor sein schönes Einkommen von 7800 Francs; um eine höhere Pension zu erhalten, erbat er, bei der Berechnung seines Dienstalters die Tätigkeit als Sekretär des königlichen Rates zu berücksichtigen, erhielt aber trotz dieser Bemühungen jährlich nur 1695 Francs. Zu dieser niederen Summe traten nur die Einkünfte der Madame Balzac (ein Haus in Paris und der bei Tours gelegene Pachthof), einige ins Staatsschuldenbuch eingetragene Ersparnisse und die »Tontine Lafarge«, die Leibrente. Die Tontine stellte die Frage nach der Langlebigkeit, und hier hatte Bernard-François nichts zu fürchten. Er besaß hundert Rezepte, um alt zu werden, und er erinnerte gern an den Venezianer Cornero, der als Hundertjähriger starb, obwohl er mit vierzig Jahren seine Gesundheit ruiniert hatte. Über dieses Thema sprach er von morgens bis abends und machte sich über die sterbenden Teilhaber an der Gesellschaft lustig; er nannte sie nur Deserteure.

Bis nun das Leibrentenwunder eintrat, waren die Einkünfte der Familie sehr vermindert; es war ihnen nicht mehr möglich, als behäbige Bürger im Marais wohnen zu bleiben. Man hatte doch seine Würde! Ehe man das Gesicht verlor, war es besser, sich außerhalb von Paris niederzulassen; Miete, Nahrung, Dienstboten, alles wäre weniger teuer. Ein Vetter der Madame Balzac, Claude-Antoine Sallambier, konnte veranlaßt werden, in Villeparisis an der Straße nach Meaux ein Haus zu kaufen und es seinen Verwandten zu vermieten. In diesem Dorf von fünfhundert Einwohnern, halbwegs zwischen Paris und Meaux, reihten sich die einfach verputzten, schmucklosen Häuser längs der Hauptstraße, einem Teil der königlichen Straße von Paris nach Metz. Mehrere Eilpostlinien fuhren hier durch. Das Dorf wies daher auch sechs Gasthäuser mit Stallungen auf, in denen Fuhrleute, Geschäftsreisende und Hausierer abstiegen. Unablässiger Wagenlärm, Postillongeschrei und die Ausrufe durchziehender Schausteller mit abgerichteten Tieren erschollen in der Hauptstraße. Ein Landbriefträger brachte die Post aus der nächsten Stadt: Claye.

Die Notabeln des Ortes waren ein Graf d'Orvilliers, der ein recht bescheidenes »Schloß« dem Haus der Balzacs gegenüber bewohnte, die Familie Gabriel de Berny und einige nur im Sommer anwesende Pariser sowie ein pensionierter Oberst. Das Haus der Balzacs hatte nach der Straße fünf Fenster; zwei Stockwerke, eines als Mansardengeschoß; einen Garten, hinter dessen Gebüschen sich noch ein Obstgarten erstreckte. Im ersten Stock gab es drei heizbare Zimmer für Madame Sallambier, Madame Balzac und Laure. Der Veteran der »Tontine« begnügte sich als Mann von eiserner Konstitution mit einer Kammer ohne Kamin; die Kinder fürchteten die »Zugluft aus Papas Zimmer«. Laurence schlief in einem kleinen Raum neben Laures Zimmer. Wenn Honoré kam, mußte er im Mansardenstock hausen. Die Dienerschaft bestand aus einer etwas schwerhörigen Nachbarin, Marie-Françoise Pelletier, mit dem Spitznamen »Mutter Comin«, und einer Köchin, Louise Laurette, die bald den Gärtner, er hieß Pierre-Louis Brouette, heiratete.

Das Dorf nahm diese absonderliche Familie, in der »alle intelligent, kultiviert, gesprächig, schreiblustig, empfindlich und nervös waren«, gut auf. Bernard-François war noch wie zur Zeit des Directoire gekleidet, »platzte vor Gesundheit«, aß um fünf Uhr als Abendessen Obst (eines seiner Rezepte für ein langes Leben) und ging mit den Hühnern schlafen. Ein Bücherschrank zierte sein Zimmer; den Schlüssel trug er bei sich, und er las seit seiner Pensionierung den lieben langen Tag. Tacitus und Voltaire halfen ihm, die Nervenanfälle seiner Frau wie die kränkenden Bemerkungen seiner Schwiegermutter zu ertragen, die ihn einen »Hund von Gascogner« nannte und ihm seine Rüstigkeit neidete. Seine gute Laune verließ ihn kaum je, außer wenn trotz seiner Lebensführung die Theorien über Langlebigkeit zu versagen schienen. Wenn einer seiner Zähne schadhaft wurde, empfand er es als bösen Schicksalsschlag und wurde mißmutig. Aber er tröstete sich schnell. »Alles ist vergänglich«, sagte er, »doch die seelische Genügsamkeit ist unverletzlich.« Litt er an Gichtanfällen, so rühmte er »den alten Adel dieses Übels«, das auf den König David zurückgeht. Besonders bedauerte er, daß er sich nicht wie dieser inmitten von sechshundert jungen Frauen tummeln konnte.

Die Witwe Sallambier ging nach Paris, wo sie Ärzte und Wahrsager konsultierte; sie fürchtete, »schlapp zu machen«, das heißt, »in die Ewigkeit abzukippen«. Laurence verblieb noch einige Monate im Pensionat, mehr mit

Bällen als mit Schularbeiten beschäftigt. Laure übte Klavier, lernte Englisch und glich durch ihre fröhliche Gutartigkeit Familientragödien aus. Eine dieser von den Nachbarn glücklicherweise unbemerkten Tragödien war die durch das Schwurgericht von Tarn am 14. Juni 1819 über Louis Balssa, den Bruder Bernard-François', verhängte Todesstrafe; er war des Mordes an einer Bauerntochter, Cécile Soulié, angeklagt worden, die er verführt haben sollte. Dieses Dienstmädchen wurde während der Schwangerschaft erwürgt. Möglich ist, daß Louis Balssa an diesem Mord unschuldig war und daß der Notar Albar, ein Verwandter des Mannes, bei dem Bernard-François seine Laufbahn begonnen hatte, der Mörder gewesen ist. Louis Balssa wurde trotzdem am 16. August in Albi guillotiniert. Im Briefwechsel der Familie Balzac findet sich nicht die geringste Erwähnung dieser Tragödie. Schweigen kann sehr beredt sein. Der Bruder unternahm keinen einzigen Schritt, um den Verurteilten zu retten. Die Sorge um die bürgerliche Achtbarkeit war größer als jede Solidaritätspflicht, größer sogar als die Verpflichtung, um Gerechtigkeit zu kämpfen. Die Balzacs waren gute Bürger, doch ohne Übertreibung.

Honoré konnte und wollte Paris nicht verlassen. Im Januar 1819 hatte er sein Bakkalaureat der Jurisprudenz bestanden, und seine Eltern rechneten jetzt damit, daß er das Glück der Familie machen werde. Bernard-François genoß die »ungezügelte Lust an Ideen, in denen sein Sohn ihn leben ließ«. Notar Passez hatte, wie schon gesagt, das Angebot gemacht, daß er Honoré nach längerer Mitarbeit seine Kanzlei übergeben werde. Eine gute Heirat hätte ihm deren Bezahlung ermöglichen können. War der Sohn als Notar glänzend untergebracht und die Töchter mit Ingenieuren, womöglich solchen mit Adelspartikel, verheiratet, so war das in der Anschauung des Marais ein erreichtes Ziel. Honoré aber setzte solchen Plänen unüberwindlichen Widerstand entgegen. Auch er, der ebenso ehrgeizig wie anspruchsvoll war, wollte Erfolg haben, doch aufgrund literarischen Ruhms. Warum wohl? Vielleicht infolge der ausgedehnten Lektüre und der Gespräche über die blendende Karriere Beaumarchais', oder der Broschüren seines Vaters. Die ganze Familie schrieb gern. Doch wenn sie die Literatur auch soweit schätzte, daß sie sich einen Bücherschrank voller Klassiker hinstellte und sie auch las, so legte sie doch beträchtlicheren Wert auf Geld. Konnte einen die Literatur reich machen? Das war in den Augen der Madame Balzac die Frage. Eine lebhafte Diskussion entspann sich. Dablin, »Väterchen Dablin«, Eisenwarenhändler im Ruhestand und ein Orakel in diesen Kreisen, in denen er als vorbildlich geschmackvoll und kultiviert galt, erklärte, Honoré tauge nur zum Notariatsschreiber. Bernard-François kannte seinen Sohn besser. In Honoré setzte er seine größten Erwartungen, weil er dessen Intelligenz sehr hoch einschätzte. Wenn er vorgab, ein Genie zu sein, so sollte er es auch beweisen. Die Eltern wollten ihm eine Probezeit von zwei Jahren zubilligen und dafür jährlich fünfzehnhundert Francs aussetzen.

Die Großzügigkeit dieses Angebots muß nachdrücklich betont werden. Eine solche Summe war ein namhafter Teil ihrer eigenen Einkünfte, und sie stellten sie ihm nicht zur Fortführung berufsfördernder Studien, sondern zur Abfassung von Dramen oder Romanen zur Verfügung. Soviel naives Zutrauen ist rührend; Madame Balzacs schäbige Sparsamkeit an Schmalzbroten und ihre erzürnten Blicke können durch diesen Vertrauensbeweis verziehen werden. In der Nähe der Bibliothèque de l'Arsenal mietete sie in der Rue Lesdiguières 9 für jährlich sechzig Francs eine Mansarde unterm Dach eines alten Hauses. Hier sollte Honoré seine Probezeit ablegen. Da die Eltern allerdings die Freunde im Marais nicht gerne wissen lassen wollten, daß sie in Paris einen Sohn unterstützten, der »keinen Beruf ausübte«, einigten sie sich darauf, für die Leute wohne Honoré bei einem Vetter in Albi. Daher durfte er sich so wenig wie möglich sehen lassen und erst nach Einbruch der Dunkelheit ausgehen. Die Verbindung zwischen ihm und Villeparisis sollte durch »Mutter Comin« aufrechterhalten werden, die oft zu Einkäufen nach Paris fahren mußte. Honoré und seine Schwestern tauften diese Götterbotin »Iris«.

Wenn man Balzac Glauben schenken darf, dann war diese Mansarde im fünften Stockwerk »ein Loch wie eine der Bleikammern in Venedig«. Eine schmutzige, wackelige Treppe führte zu diesem dunkeln, niedern Verschlag. »Nichts Schrecklicheres gab es als diese Mansarde mit den gelben, schmutzigen Wänden; sie stank nach Armut ... Durch die klaffenden Ziegel konnte man den Himmel sehen ... Meine Kammer kostete mich täglich drei Sous; jede Nacht verbrannte ich Petroleum für drei Sous; ich machte das Zimmer selbst. Zwei Sous für Wäsche, zwei Sous für Kohlen; für unvorhergesehene Ausgaben blieben mir zwei Sous ...« Wenn diese Mansarde tatsächlich »nach Armut stank«, so handelte es sich um die durchaus künstlich bewirkte Armut eines jungen Bürgersohns aus wohlhabender Familie, der in Villeparisis ein behütetes Dasein hätte führen können.

Honoré kaufte seine Nahrungsmittel selber ein und kochte auch selber. In Erfüllung des mit den Eltern geschlossenen Paktes sah der in der Rue Lesdiguières freiwillig Eingesponnene niemand außer, allzuselten, »Väterchen Dablin«, den Balzac »Pylades Dablin« nannte; dieser stieg manchmal die fünf Stockwerke hinauf, gab seinem eingeschlossenen jungen Freund viele gute Ratschläge, brachte ihm ein Echo aus der verbotenen Welt und empfahl ihm als Studienobjekte die »Leute aus dem zweiten Stock« mit ihrer recht hübschen Tochter und die Hauseigentümer, die Vermieter der

Mansarde. Als Schutz vor dem durch Tür und Fenster ziehenden Wind bastelte Honoré sich aus blauem Papier für sechs Sous einen Wandschirm. Große Glücksfälle stellten die Besuche Iris', der Mutter Comin, dar; sie brachte Briefe von Laure, die drollig und liebevoll waren, manchmal allerdings auch schalten, denn die Schwester übermittelte dem verlorenen Sohn Mutters Tadel:

»Papa hat uns erzählt, eine deiner ersten freiheitlichen Unternehmungen habe darin bestanden, einen vergoldeten Spiegel und einen Kupferstich zum Schmuck Deiner Kammer zu kaufen; weder Mama noch Papa sind damit einverstanden. Lieber Bruder, Du bist Herr über Dein Geld, daher solltest Du es gut für Miete, Wäsche und Nahrung verwenden. Wenn wir daran denken, was eine Ausgabe von acht Francs bedeutet gemessen an dem, was Mama Dir in ihrer augenblicklichen Knappheit hat geben können, so ist sie bei dem Gedanken entsetzt, was Dir zum Leben übrigbleibt; sie läßt Dich wissen, daß Du mit Deinem ersten Einkauf nicht sehr geschickt gewesen bist, denn Du läßt sie merken, daß ihr Kauf überflüssig war, daß diese fünf Francs, die ihr schwerfielen, schlecht angewendet worden sind, und sie bittet Dich daher, einen Spiegel der Mutter Comin mitzugeben, da zweie in einer Kammer für Dich doch wohl überflüssig sind. Denke also daran, guter Honoré, daß Du nicht wieder einen solchen Fehler begehst; ich möchte und ich will Dir nur die liebevollsten Dinge schreiben, Dir höchstens Mamas Ratschläge übermitteln – mit diesem heutigen Auftrag bin ich nicht, aber auch ganz und gar nicht zufrieden ...«

Es ging natürlich darum, daß die sehr empfindliche Mama nicht zulassen konnte, ihr Sohn ziehe einen anderen Spiegel dem vor, den sie ausgesucht hatte. Laure berichtete außerdem Neuigkeiten aus Villeparisis:

»Die Ferien werden ihm Bewegung verschaffen. Du weißt, daß das auf dem Land notwendig ist! Man glaubt, Du seiest auf dem Weg nach Albi, und wir beten für die Wanderer ... Wir wissen nicht, ob die Damen de Bernis [sic] zu uns passen. Großmama hat uns drei genähte Strohhüte geschenkt, wie man sie jetzt trägt; sie sind wunderbar; Du kannst Dir vorstellen, wie stolz wir sind ... Die Umgebung von Villeparisis ist im großen ganzen reizend; die Wälder sind hübsch. Jeden Morgen übe ich von sechs bis acht Klavier, und da die Phantasie während der Tonleitern nichts zu tun hat, geht sie in die Rue Lesdiguières ...«

Dies anmutige Jungmädchengezwitscher bezauberte Honoré; er nahm sich Zeit für eine ausführliche Antwort. Der Bruder schrieb wie die Schwester, ohne lange Überlegung in einem Zug, »wie es ihm in den Sinn kam«. Es ist ein »Herzensgeplauder« aus frischer Quelle.

An Mademoiselle Laure, 12. August 1818: »Du willst, meine liebe

Schwester, nähere Einzelheiten über meinen Einzug und über meine Lebensweise. Hier hast Du sie! Mama habe ich direkt wegen der Käufe geantwortet; doch jetzt wird Dich schaudern, es ist viel schlimmer als ein Einkauf, ich habe einen Bedienten genommen!

›Einen Bedienten, lieber Bruder? Wirklich?‹

Der von Monsieur Nacquart heißt Tranquille (Ruhig), meiner heißt Moi-même (Ichselbst). Wenn ich aufwache, läute ich Ichselbst, und er macht mein Bett.

›Ichselbst!‹

›Ja, Monsieur?‹

›Ich bin heute Nacht gestochen worden; sehen Sie nach, ob Wanzen da sind.‹

›Monsieur, es sind wirklich keine Wanzen da.‹

›Gut.‹

Er macht sich ans Fegen, aber er ist nicht sehr geschickt. Alles in allem ist er ein guter Kerl; meine Wäsche hat er richtig, wie aufgetragen, in den Schrank neben dem Bücherschrank gepackt, und er hat den Schrank vorher mit weißem Papier ausgelegt; er hat sein eigenes Schloß angehängt. Aus Zuckerhutpapier (für 6 Sous) und einer geschenkten Borte hat er mir einen Wandschirm gemacht; vom Bücherschrank bis zum Kamin hat er die Wand geweißt.

Sollte er einmal nicht zufrieden sein, was bis jetzt noch nicht vorgekommen ist, schicke ich ihn nach Villeparisis Obst holen, oder besser nach Albi, fragen, wie es meinem Vetter geht ...«

Was die Arbeit betrifft, so gab es leider wenig darüber zu berichten. »Kannst Du glauben, daß ich eine ganze Woche mit Denken, Anordnen, Essen, Spazierengehen vertrödelt habe, ohne etwas Ordentliches zuwege zu bringen? *Coquecigrue*[1] scheint mir zu schwierig und geht über meine Kräfte. Ich tue nichts anderes als studieren und meinen Geschmack bilden.« Er las voller Begeisterung, Verse und Prosa, Franzosen und Ausländer, studierte Geschichtsphilosophie und überlegte, ob er nach den Umwälzungen durch die Revolution und vor allem durch den Code Napoléon nicht Montesquieus *Esprit des lois (Geist der Gesetze)* durch ein Werk »Geist der neuen Gesetze« fortsetzen sollte.

Laurence (nun siebzehn Jahre alt) schrieb wie Laure an ihren Bruder, hielt sich aber, sehr zu Unrecht, für blöde. »Ich mache Großmama ärgerlich, ich langweile jedermann, und jedermann hat recht ... Mama behandelt uns zwei Lauren mit der größten Gerechtigkeit; diese Gleichsetzung muß ihr sehr schwerfallen, denn meine Schwester ist sehr viel mehr wert als ich ...

[1] Geplanter Briefroman Balzacs.

Warum besitzt der eine so viel liebenswerte Eigenschaften und der andere so viel *bousarderie?*« Wieder ein Wort aus dem Vokabular der Sippe Balzac. Die Wörterbücher kennen keine *bousarderie*. Laurence sagte, sie sei auf das Klavier ihres Schwesterchens eifersüchtig. Laure und Laurence hatten einander auch wirklich lieb. Schwärmerisch ging Laurence in »ihren« Fliederhain, träumte dort von zukünftigen Ehemännern und hatte dabei schon sieben begraben, unter denen sich auch die »tanzenden Schäfer« befanden, die Vetter Sallambier, der Stickereihändler, ihr vorgeführt hatte; sie schämte sich seiner ein wenig, wenn er sie vor den Leuten »Kusinchen« nannte und von seinem Laden sprach.

Wie alle Balzacs war Laurence in ihren Reden voltairianisch und leichtfertig. Wurde sie in Paris ins Hochamt mitgenommen, so schrieb sie an Laure: »Nach der Predigt hätte sich jeder Beliebige bereits für verdammt und verbrannt angesehen; ich aber hatte so kalte Beine, daß ich allein daran schon feststellte, ich sei noch nicht in der Hölle; so siehst Du mich auch durchaus dazu aufgelegt, abermals Untaten zu begehen: ins Theater, zum Tanzen, ins Konzert zu gehen, in alle diese ›mondänen‹ und ›perversen‹ Örtlichkeiten, wo die Unschuld und das Schamgefühl – usw.-usw. ...«

Die Balzac-Kinder verhöhnten unnachsichtig alle Gemeinplätze der frommen Leute.

Von seinem Fenster aus schaute Honoré auf die Dächer von Paris, »die braunen, gräulichen, roten, die mit Schiefer und die mit Ziegeln gedeckten«. Er entdeckte »einzigartige Schönheiten: Lichtstreifen aus schlecht geschlossenen Fensterläden strahlend ... gelblicher, durch den Nebel schimmernder Schein der Straßenlaternen ... irgendeine Mädchengestalt im Rahmen einer Dachluke beim An- oder Ausziehen, wovon er nur einen hübschen weißen Arm erblicken konnte, der langes Haar emporhob ...« Er ließ die Poesie der Stadt Paris in sich eindringen und schlenderte abends, wenn er frische Luft schnappen wollte, in Richtung des Faubourg Saint-Antoine oder des Friedhofs Père-Lachaise. In der Vorstadt beobachtete er die Arbeiter, gesellte sich zu ihnen und ereiferte sich mit ihnen gegen ihre Meister. Manchmal folgte er einem Liebespaar und lauschte dessen Gesprächen; dann hatte er das Gefühl, mit diesem Mann und dieser Frau eins zu werden. In solchen Fällen übte er sich in der Gabe der inneren Schau:

»Da die Beobachtungsgabe bei mir schon ganz intuitiv geworden war, drang sie in die Seele ein, ohne den Körper außer acht zu lassen; oder sie erfaßte vielmehr die äußeren Details so scharf, daß sie unvermittelt darüber hinausgehen konnte; sie gab mir die Fähigkeit, das Leben eines anderen zu leben, an dem sie sich erprobte; sie ermöglichte mir, mich in ihn zu verwandeln, wie der Derwisch aus ›Tausendundeiner Nacht‹ Körper und Seele der

Gestalten annahm, über die er bestimmte Worte aussprach ... Wenn ich diesen Menschen lauschte, konnte ich mich ihrem Leben vermählen; ich fühlte ihre Lumpen auf meinem Rücken, meine Füße schritten in ihren durchlöcherten Schuhen einher; ihre Wünsche, ihre Bedürfnisse, alles ging in meine Seele über, oder meine Seele schlüpfte in die ihre. Es war der Wachtraum eines Menschen ...«

Welch eine Macht wohnte ihm inne? Er besaß sie seit seiner Kindheit.

Auf dem Friedhof Père-Lachaise stand er auf einer Anhöhe zwischen Gräbern und blickte auf Paris, das längs den Windungen der Seine sich unter bläulichen Rauchschleiern dehnte. Lichter begannen zu funkeln. Voller Begierde hingen seine Blicke an diesen vierzigtausend Häusern. Zwischen der Place Vendôme und dem Dôme des Invalides lebte eine schöne Menschenwelt, in die er eindringen wollte; dazu mußte er sich, wie er in seinen besten Tagen hoffte, den Eintritt mit einer Genieleistung erzwingen.

Die Familie hatte ihm zur Erweisung seines Talents zwei Jahre bewilligt. Was tun? Sein Wissensdrang trieb ihn zur Philosophie. Er suchte die Gesellschaft, die Welt, die Schicksale zu verstehen. Die jungen Menschen lasen damals die »Physiologie des Gehirns« von Franz-Joseph Gall, dem von Dr. Nacquart geschätzten Anatom. In Vendôme, in Tours, dann in Paris hatte Honoré weniger mechanistische Denker studiert: Descartes, Spinoza, Leibniz. Aus der Arsenalbibliothek, der »Bibliothèque de Monsieur« in der Nähe der Rue Lesdiguières, entlieh er Malebranches »Von der Suche nach der Wahrheit«. Er selber verhielt sich auf seiner Suche nach einer Metaphysik noch tastend. Es sind philosophische Notizen erhalten geblieben, die er zwischen 1817 und 1820 niedergekritzelt hatte. Sie zeigen den festen Willen, sich eine persönliche Doktrin zu schaffen, um »die letzten Schleier zu zerreißen«, und sie beweisen ein Übermaß an Lektüre, würdig seines Vaters Bernard-François. Wirr durcheinander stehen da Plato, Bayle, Diogenes, Aristoteles, der heilige Bernhard, Rabelais, das Lateran-Konzil, indische Philosophen, Lamarck, Hobbes usw. Eine solche Aufzählung großer Namen liebte er sein Leben lang.

Er nahm sich vor, einen *Traité sur l'immortalité de l'âme (Traktat über die Unsterblichkeit der Seele)* zu schreiben, an die er nicht glaubte: »Die Hinfälligkeit der seelischen Eigenschaften beweist, daß die Seele den Gesetzen des Körpers unterworfen ist; sie wird geboren, wächst, stirbt ... Kein Zweifel, daß das Erinnerungsvermögen verlorengeht, daß Geist und Mut verlöschen, obwohl der Mensch noch existiert ...«

Kurz, es war viel mehr ein Traktat über die Nicht-Unsterblichkeit: »Wir sind von der Existenz einer Seele noch nicht überzeugt. Wie sollen wir sie für unsterblich erklären, wenn wir nicht einmal wissen, ob sie existiert? Nichts

Unsterbliches gibt es an uns, außer dem Gedenken, das wir hinterlassen, und dies nur unter der Voraussetzung, die Welt sei ewig ...« Zudem hatte der Mansardentheologe entdeckt, das Dogma von der Unsterblichkeit der Seele stamme vom Lateran-Konzil. »Nicht von Christus kam es zu uns, sondern von Plato.«

Bedeutsam ist nicht so sehr die, übrigens wechselnde, Philosophie dieses jungen Menschen, sondern die von ihm gefühlte Notwendigkeit, eine Philosophie haben zu müssen. »Außergewöhnliches Talent konnte nach seiner Anschauung nicht ohne tiefe metaphysische Erkenntnisse bestehen ... Er machte sich daran, alle philosophischen Lehren aller Zeiten zu plündern, und er verwandelte sie sich an.« In späterer Zeit diktierte er einem gefälligen Freund ein autobiographisches Vorwort und erinnerte dabei an die Zeiten, da »Monsieur de Balzac in einer Dachkammer in der Nähe der Arsenalbibliothek pausenlos an der Arbeit saß, die von den Philosophen und Ärzten der Antike, des Mittelalters und der gerade vergangenen beiden Jahrhunderte hinterlassenen Werke über das menschliche Gehirn zu vergleichen, zu analysieren und zusammenfassend zu betrachten. Diese Neigung seines Geistes entstand aus tiefer Voreingenommenheit ...«

Das war durchaus keine Großsprecherei; Spuren dieser ungeheuren Arbeit sind noch im Übermaß vorhanden; die Philosophie der Balzacschen Romane war da, bevor sie geschrieben wurden. Zur Zeit seines Dachkammerdaseins legte er das Fundament, auf dem er später aufbaute.

Um die für seine geistige Suche notwendigen Werke zu bekommen, wandte er sich überallhin. Von Väterchen Dablin erbat er eine lateinische Bibel mit französischer Übersetzung; von Laure den Tacitus des Vaters: »Laure, o liebe Laure, geliebteste Laure, wie ist es möglich, daß Du den Tacitus nicht *démacquer* kannst? (*Démacquer* bedeutet im Sprachgebrauch der Sippe Balzac: entleihen, abluchsen, stiebitzen.) Wer hat denn den Schlüssel? Ist Papa immer in seinem Zimmer?« Während er auf den Tacitus wartete, las er andere Klassiker. An Théodore Dablin: »Ich plante, eine Catilinarische Rede in Ciceros Stil gegen Sie, Väterchen, zu schreiben. Was ist los? Einen ganzen Monat lang kommen Sie nicht, mit mir zu lesdiguiérisieren?« Bei alledem wußte er aber leider allzu genau, daß man von philosophischen Träumereien allein nicht leben kann. Das Theater bot mehr Verheißungen für die Gegenwart. Er bat das Väterchen um die »Sizilianische Vesper« von Casimir Delavigne, die »Maria Stuart« von Pierre Lebrun. Ein ehemaliger Schreiber des Anwalts Guillonnet-Merville, Eugène Scribe, war schon auf verschiedenen Bühnen gespielt worden. Doch dieser Scribe schrieb Singspiele, Vaudevilles; Balzac wollte höher hinaus. Warum nicht eine fünfaktige Verstragödie? Früher einmal hatte er einige Poeme geschrieben (einen »Heiligen Ludwig«, einen »Hiob«), über die sogar er sich jetzt lustig machte, denn sie bewiesen nur eins: daß er »wenig Anlage zum Verseschreiben besaß«. Er war tatsächlich auf eine fast unglaubhafte Weise ohne jedes Gefühl für den Rhythmus des Verses. Doch nachdem er die zwei Bände von Villemain, der Cromwell in Mode gebracht, gelesen hatte, entschloß er sich, den Lord-Protektor zum Helden einer Tragödie zu machen. Er machte zunächst einen Entwurf.

An Laure Balzac, 6. September 1819: »Nun aber schaudere, liebe Schwester! Ich brauche mindestens sieben bis acht Monate zum Reimen und Erfinden, und mehr noch zum Glätten.

Die Leitgedanken stehen schon auf dem Papier; einige Verse liegen da und dort herum, aber ich muß noch sieben- bis achtmal an den Fingernägeln kauen, bis ich mein erstes Monument errichtet habe. (Oh, wenn Du die Schwierigkeiten kenntest, die in solchen Werken liegen!) Es mag Dir die Nachricht genügen, daß der große Racine zwei Jahre zum Überarbeiten der Phoedre (sic), der Verzweiflung der Poeten, gebraucht hat. Doch zwei Jahre! Zwei Jahre! Kannst Du Dir das vorstellen, zwei Jahre!

Wenn ich mich nun (in Bälde tags und nachts) ans Schreiben mache, tut es mir einzigartig wohl, mein Arbeiten mit den Menschen in Beziehung zu setzen, die mir lieb sind; wenn der Himmel mich mit etwas Talent begabt hat, wird es mir, wie mir scheint, das größte Entzücken bereiten, den daraus entspringenden Ruhm auf Dich und unsere gute Mutter zurückstrahlen zu lassen; stelle Dir mein Glück vor, wenn ich den Namen Balzac berühmt machen könnte! Was für ein Gewinn, nicht in Vergessenheit zu geraten ... Wenn ich nun einen schönen Gedanken erhascht habe und ihn in einen klingenden Vers bringe, dann vermeine ich, Deine Stimme zu hören, die mir zuruft: Gut so, nur weiter! Ich vernehme die Töne Deines Klaviers und gehe mit neuem Eifer an die Arbeit ...«

Natürlich wünschte er nicht für den Tagesgeschmack zu arbeiten, sondern für die Nachwelt. Der Schriftstellerberuf scheint schwierig zu sein. Honoré stellte wunderliche statistische Berechnungen an. Eine Tragödie muß zweitausend Verse lang sein; das erfordert acht- bis zehntausend Überlegungen. »Ach, liebe Schwester, welche Strapazen erfordert die Kehrseite des Ruhms! Hoch die Grünkramhändler, zum Donnerwetter! Ach, was sind das für glückliche Leute! Doch sie verbringen ihr Leben zwischen Käse und Seife! ... Also nieder mit den Grünkramhändlern. Hoch die Schriftsteller!« Manchmal verschaffte er sich eine Erholung von seinem *Cromwell* und versuchte sich »an einem kleinen Roman im alten Stil ... Ich gehe selten aus, doch wenn meine Gedanken abschweifen wollen, gehe ich zur Erheiterung auf den Père-Lachaise, und auf der Suche nach den Toten begegne ich nur Lebenden.« Doch auch in der Rue Lesdiguières empfing er Lebende. Mama brachte Schweinernes, was die gewöhnliche Kost aufbesserte, und Väterchen Dablin kam weiterhin auf Besuch in die Mansarde. Honoré wartete auf ihn, damit er mit diesem klassisch gebildeten Eisenwarenhändler wieder einmal über Theater, Bücher und Politik sprechen konnte. »Treuloses Väterchen, sechzehn lange Tage habe ich Sie nicht gesehen. Das ist ausgesprochen schlecht, denn ich habe nur Sie als Trost ... Sie müssen wissen, daß ich seit acht Tagen wie im tiefsten Höllengrund lebe. Ich habe nichts gesehen, nichts gehört; ich habe keine Briefe bekommen; einzig und allein Mutter Comin war da, und von der nahm ich keine Notiz ...«

Seine englischen Königsmörder hatte er bereits satt, und doch zwang er sich Tag und Nacht, sie in französische Alexandriner zu bringen. »Ich bin fest entschlossen, auch wenn ich darüber krepieren sollte, mit *Cromwell* zu Ende zu kommen, bevor Mama von mir Rechenschaft über meine Zeit verlangt ...« Das Theaterstück sollte übrigens nur ein erster Schritt sein. An seine Vertraute Laure schrieb er, die Französische Revolution sei noch lange nicht beendet; man benötige in den politischen Kreisen Schriftsteller, weil sie das Menschenherz kennten; kurz, wenn er ein Blitzkerl wäre (und er hoffe, einer zu sein), dann könne er nicht nur literarischen Ruhm, sondern auch den eines großen Mitbürgers erwerben. »Das ist natürlich eine echte Milchmädchenrechnung ... Falls zufälligerweise jemand in Villeparisis Genie zu verkaufen hat, dann kauf mir so viel davon, wie Du bekommen kannst ...«

In seiner Mansarde hätte er gerne ein Klavier gehabt und sich zwischen zwei Bühnentiraden durch das Spiel seines Lieblingsstückes »Rousseaus Traum« von Cramer entspannt. Das Verbot, sich auf der Straße zu zeigen, lastete schwer auf ihm. *An Théodore Dablin, Oktober 1819:* »Ich habe noch kein einziges Stück meines alten Generals Corneille gesehen. Für einen jungen Soldaten ist das schlecht. Ich habe solche Lust, *Cinna* zu sehen, daß ich überlege, ob ich nicht in eine vergitterte Loge gehen könnte. Wer zum Teufel sollte mich vom Parterre aus unter der Zuschauerschar erkennen?« Er war damals mager, blaß, hohläugig, unrasiert und sah aus, als ob er »aus dem Krankenhaus oder aus einem Melodram käme«. Obwohl er rasende Zahnschmerzen hatte, wollte er sich nicht behandeln lassen; er meinte, »die Menschen sollten wie die Wölfe sein, die sich auch nie von Dentisten behandeln lassen«. Diese schöne, »seines Papas würdige« Überlegung führte dazu, daß er schon in jungen Jahren zahnlückig herumlief.

Seine Schwester war nach wie vor in Villeparisis. So leicht konnte man sich nicht von der heiligen Familie losreißen. Großmama, »recht krank mit ihren bösen Nerven«, zahlte insgeheim die Buchbinderrechnung Honorés.

Die Mutter Iris-Comin, auch Mutter Laternendocht genannt, brachte Briefe Laures, in denen »Schreibe, schreibe, schreibe!« stand. Er gehorchte und wunderte sich über die Bildung seiner Schwester, die Montesquieu zitierte: »Glücklich die Brüder, deren Schwestern wie Laura sind ...« Sie verspottete ihn wegen seiner Liebschaft mit dem Fräulein aus dem zweiten Stock, das er kaum kannte, und mit noch einem anderen Mädchen. »Diese Laure! Sie möchte mich wie einen Lovelace haben: und warum, wenn ich ein bißchen fragen darf? Wenn ich noch ein Adonis oder ein Seladon wäre, doch so eine chinesische Porzellangroteske wie ich gehört nicht in ein Frauenbett, sondern auf den Kaminsims ...« Er wünschte, sie solle sich ihn in seiner frostigen Mansarde in seiner nächtlichen Gewandung vorstellen, eingemummt in einen alten Kutschermantel und eine Wollweste, und sie solle ihm eine Mütze aus roter Wolle schicken, eine wattegefütterte, eben eine »à la Papa«. Über seine Lampe sei zu sagen, daß ihr Petroleumverbrauch ihn schaudern lasse. Etwas Besorgnis bezeigte er eines gewissen Surville wegen, über den Laure gar zu viel sprach. Das war ein junger, aus der Ecole Polytechnique hervorgegangener Straßenbaubeamter; er hielt sich wegen Reparaturarbeiten am Ourcq-Kanal in Villeparisis auf und wohnte in einem der Gasthäuser. Nachdem es ihm gelungen war, die Bekanntschaft der beiden Schwestern zu machen, strich er andauernd um sie herum.

»Du schreibst mir zuviel von Monsieur de Surville. Schieb ihn doch auf Laurence ab; es scheint, daß er Euch oft besucht. Seid liebenswürdig, haltet auf Euch, wie die Mädchen aus dem Marais im Chanson vom Boulevard du Temple; eine Eroberung zu machen ist immer gut. Setzt man nicht, wenn man Tauben fangen will, eine Taube neben die Falle? Nicht, daß ich Euch für eine Falle hielte, aber die Ehe! Ach, die Ehe! ...«

Eugène-Auguste-Louis, genannt de Surville, war geboren in Rouen am 5. Juni 1790 als unehelicher Sohn einer Catherine Allain, genannt Surville (Provinzschauspielerin, die unter diesem Pseudonym 1785 debütiert hatte), und eines »verstorbenen Vaters«. Am 22. Februar 1791 anerkannte der reiche Louis-Emmanuel Midi d'Andé aus Rouen, »ehemals Edelmann«, den kleinen Jungen »als aus den Betätigungen seines Bruders«, Auguste-Louis-Eugène Midi de la Greneraye, stammend, der am 9. Oktober 1789 verstorben sei. Der von drei Notaren aufgesetzte Vertrag bestimmte, daß »zur Versorgung des Kindes und in Anbetracht der von der Demoiselle Allain aufgewendeten Sorgfalt bei der Erziehung ihres Sohnes und schließlich als Entschädigung für das durch die Bekanntschaft mit Monsieur Midi d'Andé angetane Unrecht« als Schenkung zwischen Lebenden eine jährliche Rente von zwölfhundert Francs zugunsten der ledigen Mutter und des natürlichen Sohnes festgesetzt werden solle.

Ein Journalist aus Rouen, Jean-Gabriel Milcent, der sich aus persönlichen Gründen für die Mutter interessierte, wurde durch das Gericht von Rouen zum Vormund Eugènes eingesetzt; er beantragte für das Kind die Ermächtigung, den Namen des Vaters zu tragen, und erlangte eine Änderung der Eintragung in das Geburtsregister. Ein am 14. Ventôse des Jahres II[1] ergangenes Urteil anerkannte Eugène »als natürlichen Sohn des verstorbenen Auguste Midi de la Greneraye und für fähig, in solcher Eigenschaft die Erbschaft seines Vaters anzutreten«. Der junge Eugène nannte sich aber nichtsdestoweniger weiterhin »Allain dit Surville«, und unter diesem Namen wurde er am 20. November 1808 in die Ecole Polytechnique aufgenommen. Beim Aufnahmeexamen erhielt er den zwanzigsten, also einen sehr guten Platz. 1810 trat er in die *Ecole impériale des ponts et chaussées (Kaiserliche Hochschule für Straßen- und Brückenbau)* ein und nahm später am Feldzug von 1814 als Leutnant des Pionierkorps teil. 1817 wurde er den Arbeiten am Ourcq-Kanal zugeteilt und nahm Villeparisis als Wohnsitz. Er sollte sein ganzes Leben lang eine lebhafte, andauernde und leider unglückliche Liebe für das Kanalbauwesen bezeigen.

Anfänglich fand Laure, er sei ein zu geringfügiges Wild für sie. »Ich hegte damals noch hochgespannte Erwartungen: Wenn ich eines Tages reich wäre, wenn ich einen Mylord heiratete, wenn, wenn, wenn!« Es war vergebene Liebesmüh, daß Surville am 1. Januar Neujahrsbonbons brachte; seine kleinbürgerlichen Geschenke wurden mißachtet. Im Mai 1820 aber warf der Ingenieur sein Erbrecht am Namen Midi de la Greneraye und die väterliche Erbschaft in die Waagschale. Catherine Allain hatte dem Sohn das Geheimnis seiner Geburt enthüllt, als sie von seinen Eheplänen erfahren hatte. In einem an den Grafen de Becquey, Generaldirektor der Straßenbauverwaltung, gerichteten Schreiben erklärte Eugène, er habe sich, da seine Mutter das Urteil vollziehen zu lassen immer versäumt habe, nach Rouen begeben müssen, um seinen Personenstand in Ordnung zu bringen. Er beantragte, von nun an unter dem Namen Midi de la Greneraye, dit Surville, geführt zu werden. Dieser Name und die lebenslängliche Rente veränderte in den Augen der Eltern Balzac alles. Ein Polytechniker mit einer Adelspartikel wird nicht abgewiesen. Laure wurde unter Druck gesetzt. Surville mußte aus dienstlichen Gründen öfters nach Rouen reisen und war bereit, dem Bruder die Briefe der Schwestern zu überbringen. Diese Briefe waren sehr hübsch. Alle Balzacs schrieben viel besser, als sie selber wußten. Honoré, der als Dramatiker abscheulich schrieb, konnte ohne Mühe ein charmanter Briefschreiber sein. Der Stil Laurences sieht folgendermaßen aus:

[1] 5. März 1794.

»Gestern hat der König die Messe besucht. Falsch, Seine Majestät geht nie hin. Gestern hat der König den Ehevertrag von Mademoiselle unterschrieben – nein, er hat nichts unterschrieben, denn die Prinzessinnen, seine Töchter, verheiraten sich nicht. Gestern hat der König kalte Füße gehabt; das stimmt, denn sein Zimmer ist eiskalt, und die Türen lassen Zugluft durch.

Gestern hat die Königin starke Schmerzen in der Schulter gehabt; die Ärzte haben als Ursache festgestellt, der Wind blase durch ihre Wohnzimmerfenster; sie gaben der Hoffnung Ausdruck, die Heilung Ihrer Majestät werde schnell eintreten. In dieser Gegend gibt es viele Gänse; sie kommen alle in die Gosse vor dem Schloß, wodurch die Königin sehr belästigt wird; sie ist durch diese Individuen aufgeschreckt worden. Da kein Kapitol gerettet zu werden braucht, ist Ihre Majestät sehr böse, daß sie im Schlaf gestört worden ist.

22. *Oktober.* Geburtstag Ihrer Majestät der Königin Anne-Charlotte Laure Sallambier. Da Ihre Majestät andauernd das Glück ihrer Untertanen im Auge hat, wünschte sie sich Lustbarkeiten. Der König verlangte jedoch in Anbetracht des Staatswohles, der Jahrestag eines so schönen Festes solle in aller Stille vor sich gehen. Dies verursachte den Prinzessinnen viel Herzeleid; sie mußten ihre Sonntagsroben anlegen, um die Damen de Bernis (sic) einzuladen. Folgendermaßen verlief das Fest, das statthaben mußte; Sie sollen wenigstens einen Hauch davon verspüren: Prinzessin Laurette, der Familiengeist, hatte für den Vetter Sallambier eine Prosa gedrechselt, damit er den Strauß künstlicher Blumen in einen Fraß verwandle; genannter Verwandter hatte einen noch warmen Napfkuchen bei dem berühmten Carpentier geholt, savoyische Biskuits und geröstete Lyoner Kastanien; danach hätten noch einige tanzende Hirten gebracht werden sollen …

Die interessanten Prinzessinnen freuten sich also schon, noch etwas tänzeln zu können; unglücklicherweise fiel der Plan in die Seine-Nebel.

Auf alle Fälle wäre das Fest verpfuscht gewesen, denn der Vetter Sallambier, der bei Hofe eine große Rolle spielt, befand sich zu dieser Zeit in Elbeuf, wo er seine Leinwandwebereien inspizierte. So ist dieser glückliche Tag en famille verbracht worden, und nach dem Abendessen hat sich Prinzessin Laurence einen Augenblick unsichtbar gemacht, um einen Rest von Bordeaux-Wein zu holen: Sie stieg deswegen die außerordentlich steile Treppe in den Keller hinab. Beim Nachtisch wurde dann auf die Gesundheit der erhabenen Königin getrunken.

Monsieur de Surville kommt jeden Abend; er ist ein vornehmer junger

Herr von sehr guten Manieren; nach Anschauung der Königin denkt er in keiner Weise an die Prinzessinnen (um so besser, denn er hat Poesie im Leib); das wäre eine Partie, die Frankreich ausgezeichnet stünde ...«

Und der Stil Honorés:

»In meiner Unterkunft, Rue de Lesdiguières Nummer 9 im dritten Stock, ist Feuer im Kopf eines jungen Mannes ausgebrochen. Seit anderthalb Monaten ist die Feuerwehr da; unmöglich, zu löschen. Er ist in Leidenschaft zu einer hübschen Frau entflammt, die er nicht kennt. Ihr Name ist Ruhm.

Heute fühle ich, daß Reichtum nicht glücklich macht, und ich versichere Dir, die drei Jahre, die ich hier verbringe, werden für mich eine Quelle der Glückseligkeit und der Erinnerungen für den Rest meines Lebens sein. Im Bett gut schlafen, nach eigenem Wohlgefallen leben, arbeiten, wie es mir gefällt, nichts tun, wenn ich will, einschlafen in Gedanken an die Zukunft, als Gesellschaft nur geistreiche Leute haben, Väterchen inbegriffen, ihnen den Rücken kehren, wenn sie mich langweilen, die Dummköpfe im Vorbeigehen angucken und weitergehen, wenn es Dummköpfe sind, an Villeparisis nur denken, wenn man träumt, dort sei man glücklich; die Neue Heloïse als Mätresse, La Fontaine als Freund, Boileau als Kunstrichter, Racine als Vorbild und den Père-Lachaise, um dort spazieren zu gehen. Ach, könnt' es nur immer so bleiben!«

Der *Cromwell* nahm Gestalt an, so gut es eben ging. Der vollständige, ausführliche Entwurf wurde im November 1819 an Laure geschickt.

»Respekt, Mademoiselle, Sophokles spricht zu Ihnen! Urteile, liebe Schwester, an Hand der hübschen, drolligen Plänchen, die Du in Deinem hübschen, drolligen Köpfchen gefaßt hast, was Theaterwerke kosten, wo man die Drei Einheiten berücksichtigen muß, keine Unwahrscheinlichkeiten usw. usw. Falls Du einige schöne Gedanken hast, teile sie mir mit. Die hübschen behalte für Dich; ich brauche nur Erhabenes. Ich möchte, daß meine Tragödie ein Brevier für Könige sei, und für Völker, und ich will mit einem Meisterwerk anfangen oder mir den Hals umdrehen ...«

Was nun Laurence betraf, die durch ihr schnelles Wachsen an Entkräftung litt, so war sie mager und dürr geworden. Die »dicke Laurençot« war nicht mehr wiederzuerkennen. Die »Königin« hatte sie nach Paris gebracht, wo der Wunderdoktor Jean-Baptiste Nacquart sie wieder »auf die Beine brachte«. Sie führte weiterhin ihr »Hofjournal«:

»Prinzessin Laure ist immer reizend, liebenswürdig, heiter, sanft wie ein Engel; wir haben einander sehr lieb ... Ich bewundere sie; sie muß an einem Festtag erschaffen worden sein; ihr Herz ist aus den Händen der Natur in Vollkommenheit hervorgegangen. Ich will sie mir als Vorbild nehmen. Ich will ihr gleich werden, und müßte ich unter der Mühe sterben.

Monsieur de Surville besucht uns nach wie vor; er hat viel Geist und Urteilsgabe; bestimmt denkt er überhaupt nicht an uns. Er will keinen Herrn über sich haben; er ruft ›Es lebe die Freiheit!‹ und infolgedessen die Ehelosigkeit ...«

Unterdessen schlotterte Honoré in seinem Speicherloch vor Kälte, obwohl er seinen alten Kutschermantel um sich gewickelt und eine »danteske« Kappe aufgestülpt hatte; er erwog den Ankauf eines alten Bürosessels, der wenigstens »seinen Rücken vor Kälte und seinen Hintern vor Hämorrhoiden schützen« könne. Die Arbeit ging nur schleppend voran. »Ich hatte einen Versmonolog in der Art Chapelains gemacht; die Verse fand ich ausgezeichnet. Als ich sie wieder durchlas, stellte ich fest, daß fast alle falsch waren. Dieser Zeitverlust!« Anfang Dezember stieg Madame Balzac die dunkle, steile Treppe in der Rue Lesdiguières hinauf. Sie war entsetzt: »Wenn der, auf den ich bei der Festigung meiner Familie gerechnet habe, in wenigen Jahren fast alle Schätze, die ihm von der Natur so reichlich verliehen worden waren, eingebüßt hat, dann liegt der Grund darin, daß er nicht auf mich gehört hat!« Statt auf dem Weg des Erfolges voranzuschreiten, statt hinaufzustreben zu der gehobenen Stellung eines Bürovorstehers, berauschte sich Honoré am Theater und an Namen von Schauspielerinnen. Er war schwer gestraft, fand seine Mutter. Sämtliche Bürovorsteher bewegten sich auf der Straße zum Glück; sie konnten Minister oder General werden. Honoré, der doch begabter als alle anderen war, lebte von Brot und Milch in einer Dachkammer, die mit einem durchgesessenen Stuhl, einem wackligen Tisch und einem lumpigen Bett möbliert war. Das waren die Früchte seiner Verbohrtheit!

Unterdessen schritt der *Cromwell* unter großem Kaffeeverbrauch voran. Das Stück war ein Abklatsch der lateinischen Klassiker und der Tragödien von Corneille und Racine. Balzac hatte sich beispielsweise notiert: »Für die Verwünschungsrede am Ende des fünften Aktes muß ich die der Dido bei Vergil und die der Camille bei Corneille zu Rate ziehen.« Diese Anlehnung hinterließ allzu sichtbare Spuren. Wie Camille Rom verwünschte, so Henriette England:

»O Albion schauderbar, ich kann nur hassen dich!
Verzichten will ich gern, verraten hat man mich!
Französin werd' ich wieder; der Heimat ich vermache
die Kron' und meine Söhne, mein Recht und meine Rache!
O daß sich doch erhöbe ein Rächer aus meinen Landen,
damit das stolze England einst werde ganz zuschanden,
auf sich das Erbe nehm' von zwanzighundert Jahren
und wie Karthago einst mög' Romas Haß erfahren!«

Bossuet, die Heilige Schrift und Honoré hatten zusammengewirkt, folgenden Vers zustande zu bringen:

»Ihr Könige, lernet doch, die Völker zu regieren!«

Die Großmut Karls I. war nach der des Augustus in *Cinna* modelliert. Alles in allem betrachtet, war es die Arbeit eines Primaners mit geringer Begabung für die Verssprache, recht gebildet, und entstanden nur durch hartnäckige Bemühung an einem undankbaren Stoff. Dieser *Cromwell*, so wie er war, begeisterte die Frau Mama, als er aus der Mansarde ans Licht kam. Den Autor einer, wenn auch langweiligen, fünfaktigen Verstragödie zur Welt gebracht zu haben, schmeichelte ihrer Eitelkeit. Im Januar 1820 schrieb Laure dem Bruder: »Mama ist glücklich über Dich und begeistert über Deine Arbeit.« So sehr begeistert, daß sie es auf sich genommen hat, das ganze Manuskript des *Cromwell* mit ihrer schönen Handschrift abzuschreiben.

Zur Erholung von seinen Mühen ging Honoré für einige Tage nach L'Isle-Adam im reizenden Oise-Tal zu einem alten Freund seines Vaters, Louis-Philippe de Villers-La Faye. M. de Villers, Priester und Kanonikus ohne Überzeugung, hatte von 1782 bis 1790 die vorteilhafte Stellung eines *Maître de l'Oratoire* (einer Art Hauskaplan) des Grafen von Artois (des späteren Karl X.) innegehabt. Nach der Revolution hatte er das geistliche Gewand abgelegt und war wieder weltlich geworden, was er eigentlich immer schon gewesen war. Da er ein sehr vermögender Mann war, verbrachte er seinen Lebensabend unter dem gleichen Dach wie eine Freundin, »die ihm das Haus führte«: Aimée Amat de la Plaine, die Witwe eines Sieur de Nucy. Villers »bezeigte den Damen vielfältige Artigkeiten der Galanterie«. Den jungen Honoré hatte er immer gern gehabt und nahm ihn mit Vergnügen bei sich auf. Die Zuneigung war gegenseitig. Während seiner Mansardenzeit hatte Balzac an Laure geschrieben:

»Ich habe richtiggehende Gewissensbisse, daß wir Monsieur de Villers, der mich so sehr mag, nicht in unser Geheimnis mit einbezogen haben; er kennt niemand, an den er uns verraten könnte; er ist taktvoll, weil er immer in guten Verhältnissen gelebt hat; Du verstehst, daß ein arbeitsreicher Winter, wie ich ihn vor mir habe, vierzehn schöne Ruhetage verlangt. L'Isle-Adam ist, wie Du weißt, für mich ein irdisches Paradies, das großen Einfluß auf mich hat. Du wirst nicht annehmen, daß ich nur aus Lust, etwas anderes als mein notgeschlachtetes Kuhfleisch zu essen, hier so glücklich wie noch nie bin. Aber der arme Monsieur de Villers, der mich so gern hat! Schreib ihm doch, daß ich ihn immer gern haben werde. Nun, warten wir's ab!«

Der Einfluß des Expriesters Graf de Villers auf Honoré richtete sich gegen den Glauben und die Tugend. Nicht, daß er so geschmacklos gewesen wäre, eine Religion zu schmähen, der er so viel verdankte; doch allein sein galantes Wesen war an sich schon »eine Demonstration der Relativität jeder Sittenlehre«.

Nach der Rückkehr von L'Isle-Adam wurde Honoré vom Vater nach Villeparisis eingeladen; es sollten einige Freunde kommen, und Honoré sollte ihnen seine Tragödie vorlesen. Er rechnete mit einem Triumph und hatte auf das Dabeisein von Väterchen Dablin gedrängt, der einmal gemeint hatte, Honoré tauge mit genauer Not zum Büroschreiber. »Die Freunde treffen ein, die feierliche Prüfung beginnt. Die Begeisterung des Vorlesenden kühlt sich mehr und mehr ab, als er spürt, wie wenig Eindruck er macht und wie die Gesichter der Anwesenden eisig oder niedergeschlagen wirken.« Kaum ist die Vorlesung beendet, als der ungehobelte Eisenwarenhändler Dablin in seiner gewohnten Schroffheit ungeschminkt sein Urteil über den *Cromwell* ausspricht. »Honoré protestiert und lehnt den Beurteiler ab; doch die anderen Zuhörer finden ebenfalls, wenn auch in milderer Form, das Werk sei sehr unfertig.« Mama war in ihrer Eitelkeit verletzt, Laure und Laurence in ihrer geschwisterlichen Liebe. Bernard-François schmerzte es als braven Mann, seinen Lieblingssohn leiden zu sehen. Er schlug vor, *Cromwell* durch einen zuständigen und unparteiischen Fachkundigen prüfen zu lassen. Sogleich erbot sich Surville, weil er in die reizende Laure verliebt war, das Manuskript einem Mitglied der Akademie vorzulegen: Andrieux, einem Dramatiker, der sein Literaturprofessor in der Ecole Polytechnique gewesen war.

Honoré war einverstanden und schrieb eilig die einfältige Bemerkung auf das Manuskript: »Die vorkommenden sprachlichen Fehler beruhen auf Absicht.« Laure fertigte eine neue Abschrift an, und im August 1820 wurde der *Cromwell* zu dem großen Experten gebracht. Andrieux, ein braver Mann und »Klassiker in der Diminutivform«, war ein Verseschmied, über den sein Kollege Le Brun ein boshaftes Gedicht gemacht hatte:

»In seinen hübsch erzählten Geschichten,
die Andrieux leichter Hand schreibt,
kommt der Reim an der unrechten Stelle;
was an Prosa da übrig wohl bleibt?«

Er las das Werk des Anfängers sehr gewissenhaft. Madame Balzac suchte ihn mit Laure auf und bat ihn um sein Urteil. Andrieux war der Meinung, dieser junge Autor könne seine Zeit besser anwenden, als Tragödien oder Schauspiele zu schreiben. Er wolle, fügte er hinzu, einen jungen Menschen nicht entmutigen und sei gern bereit, ihm Hinweise zu geben, »wie das

Studium der schönen Literatur betrieben werden müsse«. Das Akademiemitglied hatte auf seinem Schreibtisch einen Zettel mit Notizen über den Eindruck seiner Lektüre liegen; Laure nahm ihn an sich und gab ihn Honoré. Das war ein noch viel strengeres Urteil:

»Der Verfasser soll sich beschäftigen, womit er will, *nur nicht mit Literatur.*« Honoré trifft dieses Urteil mitten ins Herz, aber er krümmt sich nicht zusammen und dreht sich auch nicht den Hals um, da er sich nicht für besiegt erklärt. »Tragödien sind nicht mein Fall; daran liegt es«, sagte er und griff wieder nach der Feder.

Zugunsten des unglücklichen *Cromwell* versuchte er einen letzten Schritt. Väterchen Dablin hatte als besten Freund einen Fabrikanten militärischen Zubehörs, Pépin-Lehalleur; er besaß ein Haus in der Rue de Richelieu 8, gegenüber dem Théâtre-Français, und kannte den Schauspieler Lafon, Sozietär der Comédie-Française, der bei ihm wohnte. Dablin versprach, Lafon das Stück zum Lesen zu geben, verlangte aber, daß Balzac das Urteil, wie es auch ausfallen möge, annehme. »Laßt eure Kinder durch Menschen beurteilen, die herzlich gern feststellen, sie seien hübsch, wenn sie es tatsächlich sind.« Der Rat wurde nicht befolgt. Nachdem Lafon das Stück schlecht gefunden hatte, sagte Balzac zu Pépin-Lehalleur, »Lafon sei ein Dummkopf und nicht befähigt, es zu beurteilen«. Im Grunde seines Herzens wußte er genau, daß der *Cromwell* erledigt sei und daß er selber, wenn er weiterhin schreiben wolle, eine andere Ader anzapfen müsse.

Man braucht nicht zu meinen, er sei durch diesen Mißerfolg niedergeschlagen gewesen. Sein Selbstvertrauen blieb unangetastet. Er würde schon irgendein Ausdrucksmittel finden. Romantische Verzweiflung war nie die Art der Balzac-Kinder gewesen. Sie lachten, sie schäkerten mit der Liebe; sie warteten auf Ruhm und Geld. Am 18. Mai 1820 hatte Laure in Paris in der Kirche Saint-Merry vor der versammelten Sippe Sallambier Monsieur Surville geheiratet. Im Ehevertrag wurde die Mutter Eugènes »Dame Catherine Allain Surville, Gattin des verstorbenen Midi de la Greneraye, jetzt seine Witwe« genannt. Der Bräutigam hatte als Trauzeugen seinen Vormund, »Jean-Gabriel Milsan, Schriftsteller«. Die angebliche Witwe und der Vormund schienen ehelich zusammenzuleben, da beide in der Rue Poisonnière 4 wohnten. Bei ihnen wohnte eine natürliche Tochter der Dame Catherine Allain, mit Namen Théodore; es könnte sein, daß Surville diese zweifache uneheliche Mutterschaft den Balzacs erst nach der Eheschließung mitgeteilt hat.

Nun, was liegt daran? »Das Gesicht blieb gewahrt, und Eugène Midi de la Greneraye Surville war als Schwiegersohn eine zufriedenstellende Persönlichkeit.« Persönlichkeit? Ja, bestimmt. Als Person allerdings zeigte er sich als weniger glänzend. Als er 1821 seine neue Stellung in Bayeux antrat, hatte der schlichte Ingenieur zweiter Klasse gerade nur sein Gehalt: zweihundertsechzig Franc monatlich. Das blieb weit hinter den Versprechungen des Ehevertrags und den Ansprüchen Laures zurück; doch sie war eine Balzac und malte sich mangels einer nach Wunsch geratenen Gegenwart eine glänzende Zukunft aus. Sie würde ihren Gatten schon antreiben, würde ihre Beziehungen spielen lassen und eine Konzession für sämtliche Kanäle Frankreichs erlangen. Die heilige Familie besaß in der Vorstellungswelt große Besitztümer.

In Erwartung einer unwahrscheinlichen Beförderung lud Laure alle Angehörigen nach Bayeux ein: »Für Großmama soll sehr gut gesorgt werden, falls sie kommt; ich habe ein Mädchen namens Euphrasie, die sie gut bedienen wird; für mich behalte ich die kleinen Aufmerksamkeiten vor, etwa ein Wärmeöfchen oder einen Teppich unter die Füße, einen Spaziergang mit ihr, wenn sie will, oder Musik und Handarbeiten... Wenn Papa kommt, hat er in seinem Zimmer völlige Freiheit, Musik, Zeitung nach Tisch usw. Und warum soll mein Bruder, statt in die Touraine zu reisen, nicht nach Bayeux kommen?« Und was die arme, grämliche Mutter angeht, so wird sie artig belehrt: »Wenn Du dies liest, wirst Du sagen: ‚O mein Töchterlein, man sieht, wie sehr Du ans Glück gewöhnt bist; Deine Lebensanschauung und Deine Heiterkeit sind noch nie durch Gewitterstürme beeinträchtigt worden; die Vergangenheit gibt Dir nur glückliche Träume für die Zukunft ein...‘ Ich kann Dir antworten, daß auch ich meinen Kummer gehabt habe, doch bei mir zieht die Wolke vorüber, und Du, mein gutes Mütterchen, drehst Dich um, damit Du sie noch einmal erblickst ...« Sie erwies sich als eine kluge Lebenskünstlerin, diese reizende Laure, und wenn sie trotz aller guten Laune ihren Mann gelegentlich etwas schwierig fand, so darum, weil er es war.

Laure war zu allen Keckheiten fähig und wagte der Mutter zu schreiben: »Du hast Vater fast aus Vernunft geheiratet, Du hängst in unverletzlicher Freundschaft an ihm, aber Du hast ihn vielleicht nicht geliebt.« Madame Mère[1] ihrerseits ermahnt die Tochter: »Ich muß mir noch einmal herausnehmen, Dir gegenüber die Mama, eine hohe und mächtige Dame zu sein, und Dich, mein liebes Kind, daran erinnern, auf guter Hut vor den Komplimenten zu sein, die Dir gemacht werden. Das Glück ist etwas sehr Seltenes; ein Hauch genügt, es zu verderben.« Hierin kann man Madame Balzac durchaus Glauben schenken; sie hatte ihr eigenes Glück verscherzt. Später, als Laure wohlweislich einen schmachtenden Verehrer ausgeschaltet

[1] »Madame Mère« war der offizielle Hoftitel der Mutter Napoleons I. Maurois legt ihn ironischerweise der Mutter Balzacs bei. (Anmerkung des Übersetzers)

und den argwöhnisch gewordenen Surville besänftigt hatte, schrieb sie: »Ich lobe Dich, mein schönes Kind, daß Du in Deiner Besorgnis ein Herz geschont hast, das nicht so eifersüchtig wäre, wenn es weniger Liebe empfände.« Honoré kann nach Villeparisis zurück; dort wird er Stoffe – und Modelle – vorfinden.

Seine weiteren Ziele haben sich nicht geändert: »Meine beiden einzigen, riesengroßen Wünsche, berühmt und geliebt zu werden – können sie jemals befriedigt werden?« Später wird er bei der Schilderung eines jungen Menschen sich daran erinnern, wie er selber mit zwanzig Jahren gewesen ist. »Wieviel Märchen aus Tausendundeiner Nacht gibt es für einen Jüngling? Wieviel Wunderlampen muß man in der Hand gehalten haben, bis man erkennt, daß die wahre Wunderlampe entweder im Zufall besteht, oder in der Arbeit, oder im Genie? Für manche Menschen dauert dieser durch den aufgeweckten Geist entstandene Traum nur kurze Zeit, doch meiner dauert noch immer an. In jenen Jahren schlief ich immer als Großherzog von Toscana ein – oder als Millionär – oder als Geliebter einer Prinzessin – oder als berühmter Mann.« Wird er jemals aufhören können, auch wenn seine Arbeit und sein Genie ihm die Prinzessin und den Ruhm beschert haben, sehnsüchtig an die Wunderlampe zu denken?

V

ERSTE ROMANE, ERSTE LIEBE

... Eine Frau, die sich aufopferte, mir die Klippen jedes Weges zu deuten ... und mir zu raten, ohne meinen Stolz zu reizen.
Balzac

Die Mansarde wurde noch vor Ende des Jahres 1820 aufgegeben. Die Eltern hatten den Wunsch, den verlorenen Sohn nach Villeparisis heimzuholen. Nach der Verheiratung Laures stand deren Zimmer zur Verfügung. Honoré resignierte. Und doch ... »Die Natur versieht die Rosen immer wieder mit Dornen, und die Freude der Menschen mit Kummer. Mama folgt dem Beispiel der Natur. Liebe Schwester, solange ich dort weile, werde ich tun wie Papa und nichts sagen ...« Heilmittel gegen die Langeweile fehlten nicht. Die Balzacs hatten noch ein Pied-à-terre im Marais; ihr Sohn konnte mit der Eilpost von Zeit zu Zeit nach Paris fahren und dort ein oder zwei Tage bleiben. Villers-La Faye lud ihn nach l'Isle-Adam ein, und mit Begeisterung genoß er die reizenden Tage, an denen er Buffon las, Tricktrack spielte und sich Geschichten aus alten Zeiten erzählen ließ. Monsieur de Savary, der Schwiegervater Jean de Margonnes, zeigte ebenfalls Neigung für einen so liebenswürdigen Gesellschafter und versuchte, ihn in die Touraine auf seinen Besitz La Caillerie in Vouvray zu locken. Das Leben war also erträglich, und Honoré liebte seinen Vater, der die Tage mit guter Laune ertrug. Zwar war er nicht unabhängig und hatte auch keine Stellung; seine Schwester Laurence sagte, er wohne in der Rue »Leere Westentasche«. »Glücklicherweise«, schrieb er an Laure Surville, »habe ich vor vierzehn Tagen den geistreichen Einfall gehabt, mir hunderttausend Taler von der Öffentlichkeit zusichern zu lassen, und ich werde sie in kleiner Münze im Austausch gegen einige Romane, die ich in Bayeux leicht absetzen kann, erhalten.«

Da die Tragödie sich ihm nicht willfährig gezeigt hatte, erwartete er nun durch den Roman das Glück. In dieser Form hatte er sich schon in jüngeren Jahren versucht. Wie erinnerlich, hatte er philosophische Einfälle gesammelt, die den atheistischen Rationalismus Bernard-François' widerspiegelten. Die Ideen Honorés waren jedoch verwickelter als die des Vaters. Wenn er nicht an die Vorsehung glaubte und nicht an einen Gott, der sich voller

Erbarmung zu den Menschen, diesen elenden, auf einem Schlammklümpchen im Universum ausgesetzten Maden, neigt, so gefiel Balzac doch die Vorstellung, gewisse Wesen könnten sich durch Willenskonzentration eine magische Gewalt über die Natur erwerben. Er war vom Wunsch nach Allmacht besessen, gleichgültig, ob sie aus Charakterstärke entstehe oder durch eine okkulte Wissenschaft wenigen Eingeweihten übertragen werde. Um 1820 erklärte er einem Schloßherrn von Blois: »In kurzer Zeit werde ich die Geheimnisse dieser mysteriösen Macht besitzen. Ich will alle Männer zwingen, mir zu gehorchen, und alle Frauen, mich zu lieben ...«

In der Skizze eines in Canossa im mittelalterlichen Italien spielenden Romans *Falthurne*, die öfters abgebrochen und wieder aufgenommen wurde, verkörperte er diese »Magie« in einem sehr schönen Mädchen von riesiger Gestalt und mit der Gabe übernatürlicher Kräfte, deren seltsamer Name »Tyrannei des Lichtes« bedeuten sollte. Wie in allen Büchern junger Menschen wimmelte es auch in diesem von Schulerinnerungen. Bossuet lieferte den vornehmen Bau der Sätze, Homer und Vergil die Bilder, und der *Telemach* Fénelons gab dem Stil die flachen und süßlichen Töne. Der Roman war einem imaginären Abbé Savonati zugeschrieben, einem großen Mann in der Nachfolge Walter Scotts und Rabelais', und einem Übersetzer, Monsieur Matricante, Schullehrer. Der Geistesheld Savonati hatte in Matricante, einer Art Sancho Pansa, seinen materialistischen Gegenspieler. Zwei Erscheinungsformen Balzacs.

Die in dieser Skizze übersteigert auftretenden Tendenzen, die Lust an Macht und ein Magnetismus der Willenskraft, enthüllten geheime und tiefsitzende Gedanken des literarischen Anfängers. Eine eindrucksvoll gezeichnete Nebenfigur, der ehemalige Mönch Bongarus, ist ein Beweis dafür, daß der junge Balzac die Lehren von Rabelais und Cervantes verstanden hatte. Etwas später begann er eine zweite Fassung der *Falthurne;* worin ein geheimnisvolles Mädchen, Minna, in einem hochgelegenen Gebirgstal einen aussätzigen Kreuzfahrer pflegt! *L'homme de désir* von Saint-Martin, eines der Bücher aus der Mystikerbibliothek Madame Balzacs, hatte ihm den Gedanken eingegeben, den Roman mit der Himmelfahrt Minnas, »die auf einer Wolke guter Taten schwebte«, enden zu lassen. Seit Vendôme schien eine Engelstheorie, die schlecht zu seinem Temperament paßte, Balzac zu faszinieren.

Nach dem *Cromwell* entwarf er von 1820 bis 1821 einen Briefroman *Sténie ou les erreurs philosophiques (Sténie oder die philosophischen Irrtümer).* Jacob del Ryès, ein junger Mann von zwanzig Jahren, kommt nach Tours zurück, wo eine Kindheitsfreundin, Sténie de Formosand, seine Milchschwester, lebte. Die Geschichte beginnt mit einer Rettungsaktion. Del Ryès rettet aus der Loire zwei Vettern Sténies vor dem Ertrinken. Während der Abwesenheit Jacobs hatten Sténies Eltern sie mit Monsieur de Plancksey aus der Vendée verheiratet. Als Del Ryès es erfuhr, glaubte er vor Schmerz sterben zu müssen; in den Armen Sténies kommt er zu sich. Ach, sie ist nicht mehr frei! Eine gemeinsam unternommene Wanderung nach Saint-Cyr-sur-Loire (dem Dorf, in dem Balzac selber, wie sein Held, bei einer Amme in Pflege war), von der Plancksey erfährt, führt zu einem Duell. »Die junge Frau ist verzweifelt, der Liebhaber unwiderstehlich, der Gatte brutal und zynisch.« Diese romantische Liebesgeschichte erinnert an *René*, *Werther* und *Delphine*. Del Ryès ist eine Verkörperung des jungen Balzac, so wie er gerne gewesen wäre: Die Frauen finden ihn schön; seine ersten Versuche versprechen künftigen Ruhm. Er liest Verse vor, und die ganze Touraine bewundert ihn; Sténie und einem Vertrauten schickt er philosophische Briefe über die Nichtexistenz Gottes, über Träume, über die Körperlichkeit der Gedanken. Kurz, *Sténie* war für Balzac eine Gelegenheit, sich in einer ihn interessierenden Form zu versuchen: ein durch hochfliegende Gedanken getragener Roman. Doch fehlte es ihm an technischer Erfahrung, um die so schwierige Verquickung romanhaften Erzählens mit ideologischen Abschweifungen durchführen zu können. *Sténie* wurde nie vollendet.

In Randbemerkungen hatte sich der Verfasser ausgiebig gute Ratschläge erteilt: »Umschmelzen! Verbessern!« Doch wenn man sich seines Alters erinnert, war das Werk vielversprechend. Sowie Balzac vom Loireufer und den Hügeln der Touraine, von den Wiesen und Pappelreihen und dem windungsreichen Fluß Cher sprach, konnte er dem Leser seine Begeisterung übermitteln. Liebevoll schilderte er die Pfade von Saint-Cyr, auf denen er seine Gehversuche gemacht, und vor allem die Plätze, wo er einst tagelang Miniatur-Louvres erbaut hatte. Alle diese Stätten schmückten sich für ihn mit dem Reiz der Erinnerungen. Jacob ruft sich auf seinen ehemaligen Spielplätzen voll melancholischer Lust »seine kleine Milchschwester, hübsch wie eine Amorette von Correggio« ins Gedächtnis, und Balzac dachte dabei weniger an Sténie als an seine eigene Schwester Laure. Diese Summe wirrer, unbewußter Gefühle verlieh den romantischen Ekstasen den Reiz der Echtheit. Lange hatte zwischen Laure und Honoré ein ähnliches geschwisterliches Schwärmen und gegenseitige Neigung, rein und unbezwingbar, bestanden. Balzac war aber noch nicht reif genug, um aus *Sténie* ein schönes Buch zu machen.

Inzwischen mußte er jedoch leben, die Besorgnisse seiner Familie beschwichtigen und einiges Geld verdienen. Nun war er in Paris bei dem dicken Sautelet, seinem treuen Kameraden, jungen, skrupellosen Schriftstellern begegnet, die sich in der Welt der Theater und der Buchverleger gut auskannten. Auguste Lepoitevin, genannt Le Poitevin de l'Egreville, Sohn eines recht bekannten Schauspielers, hatte schon in jungen Jahren mit eilfertig, aber geschickt zusammengeschmierten Romanen, die er unter den Namen »Viellerglé« herausgab, begonnen. »Wie ein Schulmeister mit seinem Bakel befehligte er ein Dutzend junger Leute, die er als ›kleine Trottel‹ behandelte. Er unterrichtete sie in der Kunst, den Geistesdolch zu schleifen und in die richtige Stelle hineinzustoßen.« Etienne Arago, der Bruder des berühmten Astronomen, arbeitete mit Le Poitevin zusammen. Dieser junge Balzac mit den Sternenaugen schien ihnen voller Pläne und Gedanken zu stecken; sie boten ihm einen Platz in ihrer Romanfabrik an.

Denn sie fabrizierten serienweise. Für sie war das nicht Kunst, sondern ein Handwerk mit seinen Kniffen und Rezepten. Sie imitierten den Moderoman im Stil des Empire und der Restauration, der seinerseits von englischen Autoren beeinflußt war: von den gefühlvollen Romanen der Miss Edgeworth oder der Miss Opie mit ihren aristokratischen Gestalten; von den Schauerromanen der Ann Radcliff, des genialen Maturin und des Monk Lewis, in denen sich Phantastik mit Schauder paart. Es mußte ein Opfer vorkommen, ein *Villain* (Schurke) und einer, der alles Unrecht zurechtbog, Rollen also, so alt wie die Menschheit. Ein unersättliches Publikum verschlang diese Riesenproduktion wie auch die heiteren Romane von Pigault-Lebrun oder Paul de Kock. Eine ganze Schar von Verlegern, im Palais Royal wie im Marais, suchte nach Autoren. Wortschwall war wichtiger als Talent. Für den jungen Balzac bedeutete es nach so hochfliegenden Plänen einen Abstieg, fast eine Niederlage; wie sollte aber ein junger Mensch durch die Welt hinter den Kulissen der kleinen Theater nicht verführt werden und ein mittelloser Bursche nicht durch substantielle Angebote?

Balzac machte das für jeden Künstler gefährliche Experiment, die Kunst zu verachten. Ein Wunder aber war es, daß die Parodie für ihn zur Lehrmeisterin des Wahren wurde. Durch alle Trivialitäten hindurch ist ein junger Mensch zu erahnen, der die durch Revolution und Kaiserreich bewirkten erstaunlichen Klassenumwälzungen genau beobachtet hat. Er hatte das Doppelspiel durchschaut, dem so viele Menschen seiner Zeit ihren Aufstieg verdankten. Für kurze Augenblicke erschien hinter der Maske des Lohnschreibers ein Seher.

Auguste Le Poitevin wurde Tischgast in Villeparisis. Balzac schrieb an Laure, Milady Plumpudding sei so naiv, zu glauben, er komme ihretwegen. Honoré gab sich die größte Mühe, Laurence klarzumachen, daß »alle Autoren ausgesprochen schlechte Partien seien, soweit es die Einnahmen betreffe natürlich«.

Balzac an Laure Surville, 2. Juni 1821: »Wenn Du einen regelrechten

Lagebericht wünschest, so schreibe in die erste Spalte Papa, der sofort nach der Zeitungslektüre im Zimmer auf und ab geht; die zweite Kolumne muß querüber ausgefüllt werden, denn Mama liegt zu Bett, krank; sie hat eine Art Brustentzündung, was sehr viel Unordnung in die folgenden zwei Kolumnen, nämlich die Laurences und Honorés, bringt, und zwar dadurch, daß wir Dir noch nicht geschrieben haben, um Dir gleichzeitig das Schlimme und das Bessere mitteilen zu können. Was die Spalte der Beobachtungen angeht, was den Kassenbestand, was die Zahl der Ehemänner und die der künftigen Ehefrauen, und was den Klatsch, so wäre wohl manches einzutragen, aber wir müßten auf ruhigere Zeiten warten ...

Wenn Du meinen Brief liest, so versuche, Dir Mamas Zimmer vorzustellen, den Garten Monsieur d'Orvilliers', ›des Unersättlichen‹, der mit seinem Sohn gießend hin- und hergeht, und Deinen lieben Bruder, der dem Kamin gegenüber auf dem kleinen Möbel schreibt, das einst Dein Schreibzeug trug; stelle Dir meine Stimme vor und unsere Albernheiten, denn heute ist Samstag, Vorabend des Sonntag. Bist Du soweit? Los, strenge Dich an! Na, endlich bist Du da! ...«

Und einige Tage später: *Laurence Balzac an Laure Surville, 10. Juni 1821:* »Honoré geht nun endgültig in die Touraine, vorher muß er aber einen Roman beenden, dessen erster Band recht drollig gelungen ist, mit viel Geist und Phantasie. Er muß außerdem mit seinem Freund das angefangene Werk in vier Bänden abschließen.

Bis jetzt läuft die Handlung gut, die Charaktere sind vorzüglich angelegt; die beiden haben sehr geschickt zwei sehr lustige Gestalten hineingebracht, wodurch die Tränen der allzu gefühlvollen Frauen gehemmt werden; sie können sie dann bei den wirklich dramatischen Szenen fließen lassen. Vielleicht sollte ich Dir kurzgefaßt die Handlung erzählen; doch da ich nicht daran zweifle, daß der Roman in ganz Europa verbreitet wird, wenn er nicht sogar die Runde um die ganze Welt macht, und sie für Frankreich in Bayeux beginnt, so ist es sicherlich besser, Dir die Überraschung nicht zu verderben. Sowie der Roman erschienen ist, werden wir Dir den Titel nennen, damit Du bei allen Buchhändlern, die ihn nicht vorrätig haben sollten, Alarm schlagen kannst. So etwas nennt man Diplomatie ...«

Das ganze Haus bedauerte Laure:

Balzac an Laure Surville, Juni 1821: »Du bist bekümmert, weil Du von Deiner Familie getrennt bist; könnten nicht auch wir bekümmert sein, weil Du nicht mehr unter uns weilst, um zu lachen, zu hüpfen, zu streiten, zu klatschen, zu spielen? ... Außerdem muß ich Dir sagen, daß ich durchaus nicht mag, wenn Du auf den Markt gehst. Der Grund: Gibt man sich in Bayeux einfach, so wird man es auch. Wenn man die Bräuche aller Orte annimmt, wird man schlapp wie ein seidener Lappen. Es genügt schon, sich den unausweichbaren Dingen anpassen zu müssen, wie die gleiche Luft atmen, Zider trinken und Brot von Bayeux essen...! Wirst Du denn auch noch in die Messe gehen und das Knie vor den Vorurteilen und Gipsfiguren in der Kirche beugen? Gerade gestern erst habe ich erlebt, wie hundert Heilige in die Gießform geworfen wurden, die nun von hunderttausend hinters Licht Geführten verehrt werden sollen. Oh, was ist dies bigotte Bayeux eine Stadt zum Ausbeuten; da muß ein toller Betrieb von Liebeshändeln und Intrigen sein, denn unter dem Zeichen der Bigotterie gedeiht das alles trefflich ...«

Laurence zeichnete für Laure ein Bild des Familienlebens in Villeparisis. »Wir leben nicht in wilder Ausgelassenheit, wir sind nicht traurig, wir sind gute Bürger und fallen in kein Extrem; am Abend Whist oder Boston, manchmal Ecarté, Jagd auf die Vettern, der Brei ... Einige geistreiche Eseleien von Honoré, und dann gehen wir schlafen.« Honoré bat Laure, für ihn in Bayeux irgendeine »Erbwitwe« aufzutreiben, die er heiraten könnte.

Balzac an Laure Surville, Juni 1821: »Oh, streiche mich heraus: Zweiundzwanzig Jahre, gut gebaut, netter Kerl, lebhafte Augen, Feuer, und überhaupt der beste Ehemanns-Teig, den der Himmel jemals geknetet hat. Ich gebe Dir 5 Prozent von der Mitgift, und Stecknadeln obendrein ...«

Gern wäre er aus Villeparisis verschwunden:

»Ich muß Dir, ganz im Vertrauen, sagen, daß die gute Mama bald wie Großmama sein wird, oder noch schlimmer. Ich hatte gehofft, daß ihre Jahre ihre ganze Maschinerie beeinflussen und ihren Charakter ändern könnten; daran ist nicht zu denken. Oh, Laure, habe acht auf Dich, wir müssen auf uns achthaben; wir sind nervös, und in der Jugend hegt man Illusionen; in eine solche Krankheit gerät man unversehens nach und nach. Was einzig mir daran noch Spaß macht, ist dies: asinus asinum fricat. Mama sagt immer: ›Oh, die arme Mutter, wie wirkt sie ermüdend‹ – ›Was für eine traurige Kankheit ...‹ usw., und erst gestern habe ich gehört, daß sie sich selber wie Großmama beklagte, genau wie Großmama über den Kanarienvogel unruhig war, nacheinander Laurence oder Honoré nicht ausstehen konnte, mit Blitzesschnelle ihre Gefühle änderte, und daß sie sich nur an das erinnert, was zu ihrer augenblicklichen Stimmung paßt. Und diese Übertreibungen! Die Angst, daß Mutter sich dahin entwickelt, beeinflußt vielleicht meine Darstellung. Auf alle Fälle wünsche ich genau das Gegenteil für sie und für uns. Am meisten bin ich durch diese bei uns herrschende Empfindlichkeit betroffen. Wir stellen zu dritt oder zu viert eine kleine Stadt dar; wir beobachten uns wie Montecuccoli und Turenne ... Oh, es gibt auf der Welt keine zwei Familien wie unsere, und wir sind, glaube ich, alle ganz einzig in unserer Art ...«

Er beendete den Brief jedoch in sprudelnder Laune:

»Schluß, adieu, Schwester. Steh von Deinem Sessel auf und bringe Deinen Bruder an die Tür Deines Wohnzimmers.

›Sieh mal, wie gut Deine Lampen wirken!‹

›Ja, nicht wahr?‹

›Ah, diese Stutzuhr ist sehr geschmackvoll!‹

›Du kommst also zum Abendessen wieder. Paß auf, daß Du Dich in Bayeux nicht verirrst!‹

›Na, Du kannst mich durch die Polizei austrommeln lassen!‹

›Um fünf Uhr also!‹

›Ja.‹

›Nanu‹, sagte Surville, dem ich begegne. ›Du gehst spazieren?‹

›Ja.‹

›Gut, warte, ich komme mit.‹

Goddam! Es ist nur ein Traum. – Adieu also, ich umarme Dich zärtlich und bin Dein Dich liebender Fladen von Bruder.«

In diesem lebendigen Briefstil, in diesen tiefschürfenden Bemerkungen über die Mutter, in dieser Vorstellungsgabe, die immer in einen Dialog auszubrechen bereit ist, hätte ein gebildeter Beobachter den Romancier ahnen können, der seine Kräfte erprobt.

Laurence bezeigte große Eile, sich zu verheiraten. Die Familie wurde ihr nicht gerecht. Die Frühreife, der Geist und Verstand von Laure stellten die jüngere Schwester in den Schatten. Denn auch sie »zeigte Geistesblitze und eine Urteilskraft, die eine Mutter stolz gemacht hätten, wäre es die einzige Tochter gewesen«. Ihre Briefe waren »reizvoll, frisch und ursprünglich«. Sie wagte sogar, keck den Doktor Nacquart, eine in den Augen der Familie geheiligte Persönlichkeit, aufs Korn zu nehmen:

»Dieser Monsieur Nacquart mit den großen Sprüchen, den großen Lachsalven, dem großen Gebaren, dem großen Dünkel, dem kleinen Talent und der großen Anhänglichkeit scheint mir ein Arzt zu sein wie jeder andere auch; er bekümmert sich sehr wenig um seine Kranken, und wenn er alle seine Redekünste erschöpft hat, schickt er einen aufs Land oder verordnet einem heimatliche Luft oder schließlich auch eine Reise – es läuft alles auf eines hinaus ...«

Nach der Verheiratung Laures hätte Laurence eine Chance haben müssen.

Balzac an Laure Surville, Juli 1821: »Überdies sollst Du wissen, daß Laurence zum Abmalen gut aussieht, daß sie die hübschesten Arme und die hübschesten Hände hat, die man sich vorstellen kann, daß ihre Haut sehr weiß ist und ihre Brüste wunderbar gut sitzen; daß sie im Umgang sehr viel Geist zeigt; daß man sehr bald feststellen kann, es sei natürlicher Geist, der nur noch nicht ganz entwickelt ist. Sie hat sehr schöne Augen; was ihren blassen Teint angeht, so gibt es eine Unzahl von Männern, die gerade einen solchen Teint lieben. Ich habe nicht den geringsten Zweifel, daß eine Heirat ihr sehr gut bekommt ...«

Der Vater ließ ihr weder Zeit, sich zu entfalten noch selber zu wählen. Am 18. Juli 1821 schrieb er an Laure, er habe »eine Heirat für Laurence abgesprochen«. Es war eine Eheschließung nach dem Herzen Bernard-François'. Der Kandidat nannte sich Armand-Désiré de Saint-Pierre de Montzaigle. Doppelte Adelspartikel, doppelter Stolz. Montzaigle stammte aus einer Familie von authentischem, wenn auch jüngerem Adel, die einst in Villeparisis ein Schloß und Pachthöfe besessen hatte. Allerdings gehörten ihr Pachthöfe und Schloß nicht mehr, doch war der Vater des jungen Herrn Bernard-François vom Königlichen Rat her und dann aus der Intendantur bekannt. Diese Freimaurerei schien ihm eine Garantie. Der dreiunddreißigjährige Bewerber war städtischer Steuerbeamter in Paris. »Was könnt Ihr mehr verlangen, wenn Ihr nicht gerade vom Teufel einen Weihwasserkessel wollt?«

Nicht zu bezweifeln war, daß die Vergangenheit des Zukünftigen einige Befürchtungen weckte. »Er ist einer von den jungen Parisern, die recht ausgiebig ihre Sprünge gemacht haben, allerdings nicht auf entehrende Weise.« Er hatte in Saus und Braus alles erlebt, was Vergnügungssucht sich in diesem stürmischen Alter nur wünschen kann, und gerade deswegen blieb ihm nichts anderes übrig, als ein guter Ehemann zu werden. War er ein Prahlhans? »Sicherlich«, bestätigte Madame Balzac, »weil er im Schießen und Fechten auf der Höhe ist. Hier liegen allerdings auch seine Fehler. Gebe Gott, daß das alles ist!« Honoré fühlte sich durch die Selbstsicherheit seines zukünftigen Schwagers, den er »Il Troubadouro« getauft hatte, gereizt; er beschrieb ihn voller Ironie: »Er macht Verse, er ist einer der besten Gewehrschützen, und auf der Jagd erlegt er mit zwanzig Schüssen sechsundzwanzig Stück Wild ... Er ist einer der Besten im Billardspiel; er tanzt, er schießt, er jagt, er kutschiert, er..., er..., er...« Laurence ging freudlos in diese aus Eitelkeit zustandegekommene Ehe, und es sah nicht so aus, als ob der Troubadour sie liebte. Das überrascht keineswegs. Ein Polizeibericht bezeichnete ihn als einen ausschweifenden jungen Mann, der Spielhäuser besuchte und mit Dirnen umging.

Bernard-François setzte in aller Eile den Ehevertrag auf; er fürchtete, dieser »Adler von Adlersberg« könne eine schmeichelhaftere Verbindung finden. Zwei verschieden formulierte Hochzeitsanzeigen wurden verschickt. Die eine kündigte an, daß Monsieur Balzac, ehemaliger Sekretär im Königlichen Rat, pensionierter Direktor des Verpflegungsamtes, und Madame Balzac ihre Tochter Laurence verheirateten; die andere, daß Monsieur *de* Balzac und Madame *de* Balzac Mitteilung von der Eheschließung ihrer Tochter Mademoiselle Laurence de Balzac mit Monsieur Armand-Désiré de Saint-Pierre de Montzaigle machten. Der Vertrag wurde am 12. August 1821 unterschrieben. Die Balzacs sicherten ihrer jüngeren Tochter eine Mitgift von dreißigtausend Francs zu. »Mama glaubt, ein Opfer an Geld sei höher zu werten als ein Jahrhundert guter Laune.« Anläßlich der Unterzeichnung des Vertrages wurde in Villeparisis eine große Soirée veranstaltet, »allwo es Eis, Verwandte, Freunde, sogar Bekannte, Kuchen, Nougat und andere Leckereien gab«. Bernard-François war weniger großspurig als sonst. Der Peitschenschlag eines ungeschickten Kutschers der Landpost hatte ihn ins Auge getroffen und die Hornhaut verletzt; ausgerechnet ihm mußte das passieren, der so sehr auf Augenlicht und Gesundheit achtete. »Nichts ist so herzzerreißend«, sagte sein Sohn voller Mitgefühl, »als die Schmerzen einer Frau und eines Greises.«

Unterdessen aber hegte Honoré die große Befürchtung, Doktor Nacquart könne ihm aus unüberlegter Gutmütigkeit eine Stellung verschaffen. Dann würde er

»... ein Angestellter werden, eine Maschine, ein Zirkuspferd, das seine dreißig oder vierzig Runden macht und zu vorgeschriebenen Zeiten säuft, frißt und schläft. Ich soll wie jeder beliebige andere leben! Kann man denn dieses Mühlsteindrehen, diese unaufhörliche Wiederkehr des immer Gleichen ›Leben‹ nennen? Wenn noch wenigstens irgend jemand auf eine solche kalte Existenz einen Zauber ausstreute! Von den Blumen des Lebens habe ich überhaupt noch nichts gehabt, und ich lebe doch in der einzigen Jahreszeit, da sie sich entfalten. Was brauche ich ein Vermögen und dessen Freuden, wenn ich sechzig Jahre alt bin? Brauchen wir denn noch Schauspielerkostüme, wenn wir nichts anderes mehr tun können, als dem Leben der anderen zuzusehen und unseren Platz zu bezahlen? Ein Greis ist ein Mann, der schon gegessen hat und denen zuschaut, die an der Reihe sind, zu speisen. Doch mein Teller ist leer, er ist nicht vergoldet, das Tischtuch ist glanzlos, die Gerichte munden nicht. Ich bin hungrig, und nichts zeigt sich für meine Gier. Was brauche ich? Einen gebratenen Ortolan, denn ich habe nur zwei Passionen, Liebe und Ruhm, und keiner ist bis jetzt noch Genüge getan, und keine wird jemals erfüllt werden können ...«

»Ich habe nur zwei Passionen, Liebe und Ruhm« – das ist sein Lieblingsausspruch. Fast alle großgearteten Jünglinge haben es so ausgedrückt, er aber fühlt sich unersättlich. Er dürstet nach Welt und Leben und fürchtet, zu kurz zu kommen. Seit Oktober fühlte er sich etwas beruhigter. Eine Anstellung würde ihm wohl erspart bleiben, denn die Zusammenarbeit mit

Le Poitevin wurde ertragreich. Ein Verleger aus den »Galeries de bois« im Palais Royal, Hubert, kaufte ihnen für achthundert Francs einen Roman ab, *L'Héritière de Birague (Die Erbin von Birague);* sie nannten sich: Vieillerglé und Lord Rhoone (Rhoone als Anagramm von Honoré). Balzac sagte, es sei »wirklich eine literarische Ferkelei« gewesen. Ein Verräter trachtete nach einer Erbschaft; ein Familiengeheimnis dräute; ein Retter griff ein. Doch zwei ehemalige Soldaten, Buffogestalten im Stil Walter Scotts, waren fast lebensecht. Der Roman scheint recht gut gegangen zu sein, denn schon für den folgenden, *Jean-Louis ou la Fille trouvée (Jean-Louis oder die Findeltochter),* wurden zwölfhundert Francs bezahlt. War es erniedrigend, Dreck zu veröffentlichen, so war es doch ein Hauptspaß, zur Familie sagen zu können: »Ich verdiene.« Schrieb er übrigens nur Dreck? Sein herkulischer Jean-Louis hing von Pantagruel ab; Balzacs Geschick, tollste Intrigen zu schürzen, erinnerte an Beaumarchais. Trotz vielen absurden Zügen bestachen das hurtige Tempo und die vielversprechende Fähigkeit, zu erzählen. Die Nachahmung fremder Stile begünstigte die Entfaltung eines geborenen Schriftstellers, der unwissentlich dem Werk seinen Stempel aufdrückt. Die quälenden Geldsorgen allerdings beeinträchtigten seine Anlagen durch den Zwang zu überstürzter Arbeit. Schon schwirrten in seinem Gehirn die Zahlen: »Wenn ich *Clotilde de Lusignan ou le beau juif (Clotilde von Lusignan oder Der schöne Jude),* was ich allein schreiben will, für zweitausend Francs verkaufe, und wenn ich jährlich vier Romane veröffentliche, werde ich reich.« Er hätte dann tatsächlich mehr verdient als sein Vater während seiner Direktionszeit in der Intendantur. Allein, es war nur eine Phantasierechnung.

Honoré schickte Laure traurige Nachrichten über das Ehepaar Montzaigle. Seit der Hochzeit war Laurence krank, hatte nervöse Anfälle, und das schöne schwarze Haar fiel ihr aus. Ihr Gatte ging auf die Jagd und ließ sie ständig allein. In ihrem großen, düster wirkenden Wohnzimmer las sie den »Esprit des lois« und litt unter der Trennung von ihrer Familie. Sehr schnell waren auch die Gläubiger Montzaigles aufgetaucht; sie begannen zu drängen, denn der Troubadour war bis über beide Ohren verschuldet. Laurence kam nach Villeparisis und beklagte sich unter Tränen. Die Großmutter Sallambier fand, der Adler aller Adler sei ein Halunke, ein rechter Schweinehund; er würde »sogar den Großmogul ruinieren«. Großmama liebte wie der Schwiegersohn und der Enkel die grandiosen und maßstablosen historischen Vergleiche. »Papa ist wie eine ägyptische Pyramide; er bleibt unveränderlich, selbst wenn der Erdball zusammenbricht, und er wird immer jünger.« Madame Balzac reiste bei sehr guter Gesundheit in »der feinen Kalesche« ihrer Nachbarin, Madame de Berny, nach Paris; sie »foppte« sie auf der ganzen langen Fahrt. »Und bringt alles in Ordnung!« schloß Honoré, den die liebenswürdige Nachbarin dauerte.

Denn die »Damen vom anderen Ende«, Madame de Berny und ihre Töchter, spielten jetzt eine große Rolle in den Gedanken der Familie Balzac. Die Bernys besaßen zwei Häuser in Villeparisis; eines neben dem der Balzacs; es war an einen Oberst vermietet; das andere hatten sie 1815 von den verarmten Montzaigles gekauft; es lag am Ende des Dorfes, woher der Ausdruck »die Damen vom anderen Ende« stammte. Dieses Haus, das letzte der Ortschaft, unterschied sich von anderen nur durch seine Größe und die zahlreichen Fenster mit kleinen Scheiben. Es machte durchaus keinen herrschaftlichen Eindruck, war aber weitläufig und bequem; es lag an einem Sandplatz, den Kübel mit Orangen- und Granatapfelbäumen umrandeten. Bernard-François hatte vor langer Zeit Gabriel de Berny kennengelernt; er war Rat am königlichen (und vorher kaiserlichen) Hof gewesen. Im Marais hatten die beiden Familien dicht beieinander gewohnt; es war aber in der Haltung der Damen Berny hinsichtlich der Madame Balzac etwas Herablassung, und in der Haltung der Damen Balzac eine Spur von Respekt festzustellen. Laure und Laurence zogen ihre Sonntagskleider an, wenn sie die Damen vom anderen Ende zu einer »Fresserei« einladen mußten. Die Adelspartikel der Berny war authentischer als die der Balzac, und ihre gesellschaftliche Stellung höher.

Gabriel de Berny hatte während der Schreckensherrschaft am 8. April 1793 Laure Hinner, die Tochter eines Harfenisten deutscher Abstammung und der Louise de Laborde, einer Kammerfrau der Marie-Antoinette, geheiratet. Die kleine Laure, in Versailles am 23. Mai 1777 geboren, hatte Ludwig XVI. als Paten und die Königin als Patin gehabt. Sie hieß deswegen Louise-Antoinette-Laure. Das brachte einen gewissen Glanz mit sich. Als Kind hatte sie im engsten Hofkreis gelebt; ihre vornehmen und anmutigen Manieren stammten aus jener Zeit. Nach dem Tode des Musikers Hinner hatte sich die Witwe mit dem Chevalier de Jarjayes verheiratet; er war einer der Getreuen der Marie-Antoinette und hatte versucht, die Befreiung der im Temple gefangenen Königin zu organisieren. Jarjayes hat Dumas-père als Modell für den Chevalier de Maison-Rouge gedient. In diesen tragischen Umständen war Laure Hinner, knapp sechzehn Jahre alt, mit dem Grafen de Berny verheiratet worden. Fast unmittelbar darauf wurden die Neuvermählten verhaftet, doch rettete der Sturz Robespierres ihnen das Leben. 1799 trat Gabriel de Berny in die Verwaltung des militärischen Verpflegungswesens (wodurch er ein Kollege Bernard-François' wurde), 1800 wurde er stellvertretender Personalvorstand im Ministerium des Inneren, dann 1811 Rat am Hof in Paris.

Das Ehepaar hatte neun Kinder gehabt; ein Sohn und eine Tochter waren früh gestorben. Die Ehe wackelte. Gabriel de Berny kränkelte und wirkte schon mit fünfzig Jahren wie ein Greis. Er wurde mürrisch, gallig und quengelte andauernd; seine Sehkraft ließ nach, und er überließ seiner Frau die uneingeschränkte Herrschaft; sie schaltete und waltete nach Belieben, doch ersparte er ihr weder Vorwürfe noch Klagen noch Zornanfälle. Eine eigenartige und bedauernswerte Geschichte verdüsterte die Vergangenheit des Ehepaares. Von 1800 bis 1805 hatten der Graf und seine Frau getrennt gelebt. Laure de Berny hatte sich damals »in einen grausamen Korsen verliebt, der ihre Jugend genoß«; dieser Liaison entsproß eine Tochter Julie. Nachdem der schreckliche Campi verschwunden war, hatten sich die Gatten versöhnt, und Berny duldete Julie Campi gelegentlich in Villeparisis, »eine hinreißende Schönheit, eine Rose aus Bengalen«.

Seit Honoré Balzac wieder in Villeparisis lebte, kam er oft mit Madame de Berny und ihren Kindern zusammen. »Diese Fräulein in Weiß und die Herren Berny in Schwarz« nahmen an dörflichen Festen und an der Taufe des Kindes der Balzacschen Köchin, Louise Brouette, teil. Die Damen vom anderen Ende spielten in Villeparisis die Rolle von Schloßherrinnen.

Balzac an Laure Surville, Februar 1822: »Ich muß Dir erzählen, daß Mademoiselle de Berny [1] bei einem Sturz beinahe in drei Teile zerbrochen wäre; daß Mademoiselle Elisa [2] nicht so blöde ist, wie wir sie uns vorgestellt hatten; daß sie Sinn für Malerei und besonders für Karikaturen hat, daß sie musikalisch ist ... daß Madame de Berny mit Hafer, Kleie, Weizen und Futterartikeln zu handeln beginnt, weil sie nach vierzigjähriger Überlegung festgestellt hat, daß Geld alles bedeutet. Monsieur de Berny sieht in diesem Jahr nicht besser als im vergangenen, und er hat seine Bratpfanne voll Kinder dadurch erleichtert, daß er zwei ins Internat gegeben hat (Monsieur Manuel [3] soll, wie es heißt, dabei den Pfannenstiel gehalten haben). Eines der beiden Kinder hat ein Stipendium bekommen. Madame Michelin [4] ist einer Micheline genesen, deren Titularvater Monsieur Michelin ist. Übrigens sind die Kinder der Madame de Berny die einzigen auf der Welt, die lachen, tanzen, essen, schlafen und sprechen können, wie es sich gehört, und die Mutter ist immer noch eine sehr liebenswerte und sehr auf Liebe erpichte Frau ...«

[1] Augustine-Jeanne-Antoinette, zweite Tochter der Madame de Berny.

[2] Louise-Emmanuelle, genannt Elisa, dritte überlebende Tochter der Madame de Berny. Jeanne-Auguste-Aimée war 1816 mit fünfzehn Jahren gestorben.

[3] Mieter und Freund der de Bernys.

[4] Emilie-Gabrielle, die älteste Tochter der Madame Berny, war am 20. Januar 1794 geboren worden, einen Monat vor der Verhaftung ihrer Mutter. Sie hatte am 23. November 1819 in Villeparisis Antoine-Victor Michelin geheiratet, der Richter am Tribunal zu Chartres war.

Dieser scherzhafte Ton sollte eine außerordentlich lebhafte Anteilnahme verhüllen. Honoré war in das »Haus am anderen Ende« gekommen, um den Kindern Berny Unterricht zu erteilen; er war in den Bann der Mutter geraten. Nicht, daß sie darauf ausgewesen wäre. Sie machte aus ihren fünfundvierzig Jahren kein Hehl, bekannte sich als Großmutter und hatte bestimmt nicht vor, einen jungen Mann von zweiundzwanzig Jahren zu verführen. Sie konnte sehr spöttisch, sogar bissig sein und machte sich in aller Fröhlichkeit über Honorés Manieren, seine Aufschneiderei und seine ehrgeizigen Ansprüche lustig. Sie erkannte jedoch in ihm die seltene Intelligenz, in seinen Improvisationen das Feuer und in allem etwas Leidenschaftliches, das über alles Übrige hinwegsehen ließ. Sie lauschte ihm, wenn er von seiner Kindheit erzählte und mit der »lodernden Sprache eines jungen Menschen, dessen Wunden noch bluten«, schilderte, wie seine Mutter ihn so lange allein gelassen habe. Er seinerseits wurde nicht müde, sie über die Welt des Ancien régime auszufragen; nur zu deutlich empfand er den Kontrast zwischen der Bourgeoisie des Marais, den Freunden seiner Eltern und dieser Patentochter einer Königin. Er war glücklich, wenn er ihre goldene Stimme vernahm. »Ihre Aussprache des ›ch‹ klang wie eine Liebkosung ... Ohne es zu wissen, verlieh sie allen Worten einen reicheren Sinn und erhob die Seele in eine überirdische Welt ...«

Nach und nach wagte er, sie zu begehren, denn sie war noch immer begehrenswert. Das Antlitz war zwar ohne ergreifende Schönheit, strahlte aber von geistiger Güte. Die Haut an Hals und Schultern glich der eines Mädchens. Vor allem ahnte er, daß diese Frau, und sie allein, ihm das beibringen könne, was ihm fehlte: Geschmack, Weltkenntnis und die Stillung seines Heißhungers nach Liebe, der durch sein Alter, seine Lektüre und die lockeren Reden seines Vaters noch mehr angefacht wurde. »Die Liebe hat ihre Ahnungen, wie das Genie seine Ahnungen hat.« Plötzlich liebte er, ohne viel von der Liebe zu wissen.

Für einen unbeholfenen jungen Mann scheint es etwas Unvorstellbares zu sein, den Weg vom Geplauder mit einer respektierten Dame zu ihrer Besitzergreifung zu finden. Jeden Tag fragte er sich beim Weggehen: »Ob ich sie wohl einmal besitze?« Doch sein Mut war nicht so groß wie sein Drang nach Zärtlichkeit; er schwieg. Er wußte, daß sie unglücklich war, und sah, daß sie unter den Wutanfällen ihres Gatten zu leiden hatte. Sieben Jahre vorher hatte sie einen Sohn verloren, der jetzt so alt wie Honoré gewesen wäre[1]. Das schuf eine sentimentale Bindung, und Erinnerung an Tote ist für Lebende wohltuend. Er wußte, daß sie einen Geliebten gehabt hatte; dadurch schien sie weniger unerreichbar zu sein. Vielleicht schon im Herbst

[1] Louis-Adrien-Jules de Berny (1799–1814).

1821, vielleicht aber auch erst im Frühjahr 1822 wagte er eine Erklärung: »Zuerst werden Sie darin Stoff für eine der besten Spöttereien der Welt finden – oder ein Amüsement, wie es nur Ihre Geistesart zuläßt ...«

Balzac an Madame de Berny, März (?) 1822: »Denken Sie bitte daran, Madame, daß weit von Ihnen entfernt ein Wesen existiert, dessen Seele vermöge eines wunderbaren Privilegs die trennenden Räume überquert, in den Lüften einen idealen Weg beschreitet und wie trunken eilt, unaufhörlich in Ihrer Nähe zu weilen; ein Wesen, das nur zu gern an Ihrem Leben, an Ihren Gefühlen teilnimmt; das manchmal Sie beklagt, manchmal Sie ersehnt, das Sie aber immer mit solcher Glut der Gefühle und solch unverbrauchter Liebe liebt, wie sie nur in jungen Jahren blühen kann. Es ist ein Wesen, dem Sie mehr als eine Freundin bedeuten, mehr als eine Schwester, beinahe eine Mutter, und sogar mehr als das alles zusammen: Sie sind in meinen Augen eine Art sichtbarer Gottheit, der es all sein Tun darbringt. Wahrhaftig, wenn ich von Größe und Ruhm träume, so soll das alles nur als Stufe dienen, die mich zu Ihnen führt, und wenn ich etwas Bedeutendes beginne, so in Ihrem Namen. Sie sind für mich, ohne daß Sie es wissen, wirklich eine Schirmherrin. Stellen Sie sich nun vor, was alles es an Zärtlichkeit, Zuneigung, Freundlichkeit und Mitteilsamkeit im Menschenherzen geben kann; ich glaube, ich habe es in meinem Herzen, wenn ich an Sie denke ...«

All das war wahr; ein sehr junger Mann glaubt fast immer an die Liebesbriefe, die er schreibt. Sie machte sich über ihn, seine Seufzer, seine Romane und seine Haltung lustig. Doch er blieb beharrlich: »Was kann denn eine großherzige Seele für ein Vergnügen daran finden, über einen Unglücklichen zu scherzen ...? Je weiter ich gehe und je mehr ich sehe, daß Sie mich nicht lieben, daß Sie mich niemals lieben werden – es ist wahrhaft wahnsinnig, auszuharren. Ich aber harre gleichwohl aus.« Sie antwortete ihm, er sehe sie immer nur im Beisein ihrer Kinder, sie sei fünfundvierzig Jahre alt, sie könne seine Mutter sein. Die Sache war nämlich die, daß Madame Balzac ein Jahr jünger war als die »Dame vom anderen Ende«. »Guter Gott! Wenn ich eine Frau wäre, und wenn ich fünfundvierzig Jahre alt wäre und noch hübsch dazu – oh, wie ganz anders als Sie hätte ich mich benommen. Ich hätte mich diesen Gefühlen hingegeben und hätte versucht, darin die Entzückungen der ersten Liebe, ihre unschuldigen Illusionen, ihre unbekümmerte Hingabe und alle ihre reizvollen Bevorzugungen zu erleben ...« Er weiß genau, daß er weder den Reiz noch die Kühnheit eines Liebhabers besitzt; doch »ich bin wie jene Mädchen, die linkisch, dumm, schüchtern, sanft scheinen und die doch unter diesem Schleier Feuersgluten verbergen ... die einmal den Herd, das Haus und überhaupt alles verzehren werden ...« Er vergleicht sich mit dem Rousseau der »Bekenntnisse«. Ist er nicht der gleiche Typ eines Liebenden auf der Suche nach einer Madame de Warens, die gleichzeitig Geliebte und Mutter ist? Heißt sie nicht Laure, wie Honorés Mutter und Lieblingsschwester? Die Schwester hat einen Platz nur in seinen Erinnerungen und in seinem Herzen. Um die neue Laure kreist »die schweifende Schar der Amoretten, das Erhoffen aller Lust«.

In Saint-Mandé saß unterdessen die arme Laurence mit ihrem verschuldeten Troubadour; sie war guter Hoffnung und lernte außerdem den Weg zum Leihhaus kennen, wo »ihre Diamanten und ihr schöner Kaschmirschal für immer verschwunden waren«. Montzaigle bat seinen Schwiegervater um Bürgschaft für ein Darlehen von fünftausend Francs. Bernard-François aber meinte, daß »der Vergeudung durch dieses neue Danaidenfaß Einhalt geboten werden« müsse, und weigerte sich rundheraus. Laurence quälten diese Streitigkeiten sehr, und sie hätte beinahe eine Fehlgeburt gehabt. Madame Balzac kam sich »wie in der Hölle« vor, weil ihre Tochter so schlecht betreut werde: »Eine junge Frau von achtzehn Jahren, ein Geburtshelfer von achtzig Jahren, der nie einen Namen gehabt hat; man braucht ihn nur zu sehen, dann vertraut man ihm nicht einmal eine Katze an.« Aber auch dieser Alarm ging vorbei, und im April 1822 reiste Madame Balzac nach Bayeux ab.

Honoré blieb allein mit seinem Vater und Großmama in Villeparisis. Da er jetzt weniger genau überwacht war, hätte er gern den ganzen Tag in dem Haus am anderen Ende verweilt. Er wurde dort nicht schlecht aufgenommen. Es verlangte ihn aber nach mehr als nur nach Freundschaft: »Schon als ich Sie zum erstenmal erblickte, erwachten meine Sinne ... Ihre fünfundvierzig Jahre existieren für mich nicht, oder wenn ich sie einen Augenblick lang spüre, sehe ich sie als einen Beweis für die Stärke meiner Leidenschaft an ... So wird Ihr Alter, das Sie in meinen Augen lächerlich machen könnte, wenn ich Sie nicht wirklich liebte, zu einem Band, zu einer pikanten Gegebenheit, die mich durch ihre Besonderheit und den Kontrast zu alltäglichen Anschauungen noch mehr fesselt ... Der einzige Beurteiler Ihrer Schönheit bin ich ...« Weist sie seine Huldigung zurück, bietet sie ihm Freundschaft an, so will er sie künftig nicht mehr sehen. Was fürchtet sie denn? »Die Moral, die Sitten, oder daß ich verächtlich werden könnte?« Er weiß, daß sie »philosophischen Prinzipien«, das heißt der Moral des 18. Jahrhunderts, anhängt. Wenn sie ehrlich an ihre Ideen glaubt, dann ist deren »Konsequenz, daß wir mit Haut und Haar sterben, daß es weder Laster noch Tugend gibt, weder Hölle noch Paradies, und daß einzig das Axiom uns leiten darf: Nimm dir soviel Liebesfreuden, wie du vermagst!« Wenn sie einander liebten, dann wäre nicht nur sie keineswegs entehrt, sondern sie beide wären aller Ehren teilhaftig.

Tag für Tag treffen leidenschaftliche, oft schöne Briefe ein. Jedesmal macht der junge Balzac einen oder zwei Entwürfe – und bewahrt sie nach der Abschrift auf. Er versucht, sie mit seinen philosophischen Träumereien zu unterhalten. Da er ihre Klugheit kennt, hofft er, sie durch eine Darlegung der Gedankenkette interessieren zu können, die, nach Leibniz' Lehre, von der Materie zum Menschen geht. »Er behauptet, daß die Bäume, da sie entstehen und wachsen, Ideen haben, jedoch außerordentlich verworrene.« Laure de Berny lauscht und lächelt, gebietet dem jungen Philosophen jedoch, nicht mehr von Liebe zu sprechen. Sonst wird sie ihn nicht mehr empfangen.

Balzac an Madame de Berny: »Ich glaube, ich verstehe Ihren Brief. Er ist ein Ultimatum. Adieu, ich bin in Verzweiflung und will lieber die Verbannung als Tantalusqualen erleiden. Ich nehme an, es ist Ihnen gleichgültig, was mit mir geschieht, da Sie nicht zu leiden brauchen. Könnten Sie doch annehmen, ich hätte Sie nie geliebt. Adieu!«

Natürlich will er nicht brechen. Wünscht sie es eigentlich? Ist es nicht schön, mit fünfundvierzig Jahren angebetet zu werden? Der junge Mann ist ein bißchen unbeholfen; die vulgären Eltern können einer Patentochter Marie-Antoinettes kaum gefallen. Doch was hat das zu bedeuten? »Eine Blume kann auf einem Misthaufen wachsen«, und sie hat doch zu viel Gespür, um nicht zu ahnen, der Verfasser solcher Briefe sei weit mehr als nur Durchschnitt. Er schreibt schlechte Romane. Sind sie so schlecht? Sie wird ihm helfen, die Gesellschaft und die Frauen kennenzulernen, und dadurch wird sie ihn inspirieren, andere Romane zu schreiben, seiner würdigere. Von beiden Seiten wird jeden Tag ein Scheinabschied inszeniert; wie die Liebespaare bei Molière kommen sie, einer von der Hofseite, eine von der Gartenseite, wieder auf die Bühne und lächeln einander an. Eines Abends, er hatte sich schon verabschiedet, kommt er wieder und findet sie in Nachdenken versunken; beide setzen sich im nachtdunkeln Garten angesichts der Sterne auf eine Bank. Sie erlaubt ihm den ersten Kuß.

Balzac an Madame de Berny: »Denken Sie so viel an mich, wie ich an Sie denke? Lieben Sie mich wirklich so, wie Sie sagten? –

Wie hübsch waren Sie gestern; oft habe ich Sie mir schon in meinen Träumen glänzend und reizend vorgestellt, aber ich muß gestehen, daß Sie gestern Ihre Rivalin, das Geschöpf meiner einsamen Träume, weit übertroffen haben; das süße Lächeln, das ich mir ausgemalt hatte, fehlte; aber Sie glänzten in aller idealen Schönheit, die ich Ihnen in so hohem Maße angedichtet hatte, weil ich zweifelte, Sie je so zu sehen. Reden Sie nicht mehr von Ihrem Alter; darüber müßte ich lachen, obwohl es ein schlechter Scherz wäre, und sogar mein hinkender Genosse würde mir versichern, daß Sie nicht einmal dreißig seien.

Geben Sie doch zu, daß es die Toilette war, die am Sonntag weggehängt worden ist, und daß Sie sie gestern nur angelegt hatten, weil sie mir nicht verhehlt werden konnte, und daß Sie mir damit Freude machen und den Ärger der Papilloten wegen ausgleichen wollten. Doch um ganz und gar glücklich zu sein, hätte die Begrüßung bei meinem Kommen so zärtlich sein müssen wie der Abschiedsgruß, der mir zuteil wurde.«

Einige Zeit zögerte sie die restlose Hingabe noch hinaus. Sie versprach immer wieder und zog sich immer wieder im letzten Augenblick zurück. »Nichts aber kann mich hindern«, schrieb er ihr, »um zehn am Gitter zu stehen und dort im Gedenken derer zu warten, die ich eigentlich finden müßte. Aber es wird schön sein, hier ohne Hoffnung zu warten.« Eines Abends kam er nach einem Scheinabschied wieder zurück, fand sie im Garten und sie gab nach.

Balzac an Madame de Berny, Anfang Mai 1822: »Oh, Laure, ich schreibe inmitten einer von Dir erfüllten Nacht, geborgen in ihrer Stille und getragen von der Erinnerung an Deine trunkenen Küsse! Und was für Gedanken könnte ich denn haben? Du hast sie alle mitgenommen. Ja, meine ganze Seele hat sich an Deine angeklammert, und von nun an kannst Du nur mit mir weiterwandeln.

Oh, ich bin von dem zart bezaubernden, magischen Reiz noch ganz umhüllt; ich sehe nur die Bank; ich fühle nur Deinen sanften Druck, und die vor mir stehenden Blumen, so verwelkt sie auch seien, bewahren für mich einen berauschenden Duft.

Du zeigtest Angst, und Du drücktest sie in einem mein Herz zerreißenden Klagelaut aus. Ach! Jetzt bin ich dessen, was ich schwor, ganz sicher, denn Deine Küsse haben nichts geändert. – O doch, ich bin verwandelt; ich liebe Dich bis zum Wahnsinn ...«

Besessen von der Erinnerung an Rousseau nennt er sie »meine arme Mama ...« Er hat die größte Mühe, sich von ihr loszureißen. Manchmal kommt er, wenn er sich abends von ihr verabschiedet hat, allein zu der »geliebten Bank« zurück und träumt hier verlassen und vergrämt. Kommt er heim zu seiner Familie, dünkt ihn alles matt und farblos. »Großmamas Lächeln hat mir mißfallen, meines Vaters Stimme wirkte unangenehm, und die Zeitung habe ich tränenden Auges gelesen.« Sogar wenn die gute Mutter Comin den *Jean-Louis* las, lauthals auflachen mußte und sagte: »Ach, dies Buch ist wirklich lustig!« konnte er sich nicht mehr freuen. Er schrieb an Laure: »Wollten doch die Götter, daß ich nie geboren wäre ...

Wenn wir allein sind, fühlen wir uns genauso unglücklich wie in Gesellschaft ...«

Jede Leidenschaft wird schnell unvorsichtig; er wurde allzu häufig bei den »Damen vom anderen Ende« gesehen. Die Kinder Berny merkten etwas, zogen ihre Schlüsse und sprachen ein Verdammungsurteil. »Ich glaube, wir müssen uns darüber klar sein, daß das durchdringende Auge der Mädchen unsere Liebe erraten hat. Ich weiß nicht, aber ich kann Deine E. [1] nicht ansehen, ohne daß sie rot wird. Bei A. [2] brechen jetzt Verachtung und eine ganze Menge anderer Gefühle durch. J. [3] hat uns schon lange durchschaut, und alle zusammen hegen eine Unsumme von Gefühlen, die sie nicht mehr verbergen können ...«

Jetzt verschieben sich die Haltungen: Madame de Berny nimmt fortan jedes Risiko auf sich, und ihr junger Geliebter fleht sie an, doch vorsichtig zu sein. Allerdings ist auch Madame Balzac von Bayeux zurückgekommen; sie ahnt alles und beobachtet mit sehr böser Miene die unzählbaren Besuche ihres Sohnes in dem Haus am anderen Ende, und vor allem seine nächtlichen Abwesenheiten. Junge Menschen sind wie aus Glas. Madame Balzac weiß, daß Honoré eine Altersgenossin seiner Mutter liebt, und daß er in seiner liebenden Besessenheit nicht mehr arbeitet. Schnell ist ihr Entschluß gefaßt: Sie schickt ihn einfach nach Bayeux zu den Survilles.

Wie sollte Honoré Einspruch erheben? Seine Mutter würde ihn nur mit ihren kalten, blauen Augen fixieren, und er würde erstarren. Außerdem ist er glücklich, seine Schwester wiederzusehen, Beyeux kennenzulernen und diese junge Ehe unter die Lupe zu nehmen; aber er ist traurig, daß er seine Geliebte verlassen muß. Wenigstens möchte er »die Bank wiedersehen«, zum letzten Mal, und vielleicht ... Er wagt, um noch mehr zu bitten: Sie soll nach Paris kommen. In dem Pied-à-terre seiner Eltern ist er allein. »Könntest Du nicht dorthin kommen?« *Kalender:* er »würde die Bank wiedersehen« am Mittwoch, dem 8. Mai; er verbrächte den Sonntag, den 12. Mai, mit ihr in Paris und führe am 14. Mai nach Bayeux ab.

Seine Eltern freuen sich, daß er fortgeht. *Bernard-François an Laure Surville am 18. Mai 1822:* »Wir schicken Honoré zu Euch ... Er gewinnt jeden Tag etwas für seine Weltkenntnis, aber er erwirbt sich nichts oder fast nichts für den ersten aller Glaubensartikel: die Gesundheit. Dieses Reglement aufzustellen hat er nicht verstanden. Wenn er gelegentlich aus Anlaß auffälliger Warnungen seiner Physis daran denkt, so verschiebt er, wie ich glaube, seine Entschlüsse immer auf morgen ...«

[1] Elisa de Berny, geb. 28. Juni 1806; sie war damals 16 Jahre alt.
[2] Alexandrine de Berny, geb. 1813; sie war 9 Jahre alt.
[3] Jeanne de Berny, geb. 10. April 1797; sie war 25 Jahre alt.

Tatsächlich gelang es Honoré doch noch, die Abreise bis ungefähr den 21. Mai hinauszuschieben. Madame de Berny hatte ihm für die Fahrt ein Fläschchen Eau de Portugal, »sein Amulett«, und Gedichte von Chénier, die sie zusammen gelesen hatten, geschenkt; er nahm ihr das Versprechen ab, ihm jede Woche einen »enggeschriebenen Brief ohne weiße Stelle« an »Monsieur Honoré, bei Monsieur Surville, Rue Teinture in Bayeux« zu schicken. Wie traurig, auf Reisen zu gehen! Alles muß aufgegeben werden: Geschäfte und Vergnügungen. Doch was gibt es für Möglichkeiten, die Reise aufzuschieben? »Die unglückselige Reise ist schon derart beschlossene Sache, daß meine Mutter davon so spricht, als sei ich schon unterwegs.« Ihrer Tochter Laure teilt Madame Balzac mit, »Honoré fahre in mitleiderregendem Zustand ab«, und daß sie sehr schlecht auseinandergegangen seien. Sie übertreibt. Louis Brouette, der Diener, war beauftragt, sich zu vergewissern, daß Honoré den Postwagen richtig erreicht habe; bei der Rückkehr berichtete er, sein junger Herr reise »mit einer sehr liebenswürdigen Gräfin« und habe schon im Losfahren mit ihr geplaudert. Na also! Wenn er schon unterwegs den Schwerenöter spielt, sitzt das Übel weniger tief, als die beunruhigten Eltern geglaubt hatten. Honoré liebt das Leben so sehr und kann es so leicht in sein ihm vorschwebendes Wunschbild verwandeln, daß es ihn nicht für längere Zeit unglücklich machen kann.

VI

ZWISCHENSPIEL IN BAYEUX

> Oftmals bin ich General gewesen, Kaiser; ich bin Byron gewesen, dann wieder nichts. Nachdem ich mich auf dem Gipfel aller Menschendinge getummelt hatte, bin ich mir bewußt geworden, daß alle Berge noch zu erklimmen blieben. *Balzac*

In Bayeux, der schönen normannischen Stadt, kam er bei dem Büro des Postwagenverkehrs an; es lag in der Nähe des Hafens. Sein Schwager geleitete ihn nach der Rue Teinture; der grüne Anstrich der Haustüre fiel in Schuppen ab. Ein junges Dienstmädchen mit Baumwollhaube öffnete und knickste leicht. Die Wohnung wirkte durch die polierte Nußbaumtäfelung düster; »mit Gobelinstoff bespannte Polsterstühle und antike Sessel standen in symmetrischer Reihe.« Drei Fenster gingen auf einen Provinzgarten hinaus. Alles, vom kräftig gewachsten Boden bis zu den grünkarierten Leinwandvorhängen, glänzte in klösterlicher Sauberkeit. Laure erwies sich als gute Hausfrau. Wie froh war er, seine kleine Ti-Laure, seine ihm geistig so nahe Lieblingsschwester, wieder zu sehen!

Sie nun war über diesen Besuch entzückt. Wie es sich für ein dem Marais entstammendes Mädchen geziemt, hing sie sehr an ihrem Mann. Für Bayeux hatte sie wenig Zeit übrig. Bei ihrer Ankunft hatte sie durch ihren feurigen Schwung und ihr sicheres Auftreten Aufsehen erregt. Surville aber, gewöhnlicher Brücken- und Straßenbauingenieur, verdiente, wie wir wissen, monatlich nur zweihundertsechzig Francs. Der Staat verwendete einen Absolventen der Ecole Polytechnique, Schotter oder Pflastersteine abzumessen, Abflußrinnen zu ziehen, die Fußsteige in Ordnung und die Abzugsgräben offen zu halten. Dieser schablonenhafte Kleinkram langweilte ihn, und soviel Mittelmäßigkeit enttäuschte seine Frau. Sie träumte von Luxus, er von großen Arbeiten, von Brücken, von Kanälen insbesondere. Ach ja, die Kanäle! Der »liebe« Ingenieur war aber nichtsdestoweniger dick und fett geworden und trällerte bei der Arbeit vor sich hin. Der Besuch eines von Plänen übersprudelnden Schwagers, der sich auch immer für die Pläne anderer Menschen begeistern konnte, brachte eine angenehme Abwechslung.

Mit Laure sprach Honoré über seine Bücher. Er behauptete, *L'Héritière de Birague* sei eine »Ferkelei«, doch *Clotilde de Lusignan*, die jetzt erscheinen sollte, sei ein Meisterwerk. Er hatte Arbeit mitgebracht; einen angefangenen Roman *Wann-Chlore* und den Entwurf eines anderen *Le Vicaire des Ardennes (Der Vikar aus den Ardennen)*. Laure selber hatte Überfluß an Ideen. Den *Vicaire* könnten sie gemeinsam zu dritt schreiben, und dann würde die ganze Familie reich werden; danach wollten sie sich an ein Theaterstück machen. Während des ganzen Aufenthalts wurde im Terzett unaufhörlich gelacht und geplaudert. Honoré lümmelte sich in kurzer Hose, ohne Strümpfe und Halsbinde auf der Ottomane. Bruder und Schwester plapperten unaufhörlich über Großmama, die Eltern, die arme Laurence, über *Clarisse Harlowe*, über *Julie*. Surville nahm Honoré mit nach Caen, nach Cherbourg. Laure zeigte ihm die Typen der Gegend. Der Romancier heimste seinen Honig ein, er registrierte in seinem Gedächtnis Landschaften, Städteansichten, das mysteriöse Kerzengeflimmer in der Kathedrale, eine vornehme, von ihrem Liebhaber verlassene Dame (die Gräfin d'Hauteville). Es ist behauptet worden, er habe versucht, diese aufgegebene Festung im Sturm zu erobern, doch habe der Feldzug mit einem kläglichen Rückzug geendet. Er ließ sich die verschiedenen Gesellschaftsklassen von Bayeux erläutern. Alles interessierte ihn. Seine erstaunliche Fähigkeit, wie ein Naturwissenschaftler die Gattungen zu unterscheiden, ermöglichte es ihm, in Bayeux gesellschaftliche Strukturen zu erkennen, die unter der Restauration in allen kleinen französischen Städten die gleichen waren: Eine einzige, quasi königliche Familie, von der fünfzig Meilen weiter niemand etwas wußte, die indessen mit den erlauchtesten Pariser Familien verwandt war; ein reicherer Clan von weniger altem Adel, ein paar alte Jungfern von Rang und Stand, und einige wenige Bürgerliche, denen, weil sie politisch richtig gesonnen waren, herablassend Zutritt zu diesem Faubourg Saint-Germain auf kleinem Fuß gewährt wurde.

Inzwischen war *Clotilde de Lusignan* erschienen, und eines Tages schlug wie eine Bombe ein Brief der Madame Mère ein:

Madame Balzac an Laure Surville, 5. August 1822: »Seit einigen Tagen, meine gute Laurette, bedrückt mich ein neuer Kummer. Es handelt sich um Honoré, den lieben, den vortrefflichen Honoré; ohne es zu beabsichtigen, hat er mir soeben heftige Dolchstöße versetzt. Du weißt noch nicht, Liebste, wie empfindlich und stark die Eigenliebe einer Mutter ist; sie entspringt sehr rasch durch den allen guten Müttern eigenen Wunsch, zu erleben, daß aus ihren Kindern etwas wird; so geht es mir mit meinem Honoré. Doch meine Wünsche sind wahrhaftig in keiner Weise erhört worden.

Du wirst sagen: worauf will unsere gute Mutter nur hinaus? Warum schreibt sie mir das alles? Ich will es Dir erklären. Ehe ich diesen Brief begann, von dem Du hoffentlich den von mir gewünschten Gebrauch machen wirst, hatte ich gewollt, daß Honoré das Werk vollende, das er bei Dir, wie er mir sagte, schreiben wolle; ich hoffe, Deine Bemerkungen werden von ihm besser aufgenommen werden als alles, was ich ihm über die unselige *Clotilde* zu sagen gehabt hatte ...«

Madame Balzac, die einst der Vorlesung *Clotildes* gelauscht und den Autor aufgefordert hatte, dieses Buch nochmals durchzusehen, mußte feststellen, daß Honoré ihre Einwände in keiner Weise berücksichtigt hatte. Der gedruckte Roman hatte sie entsetzt. Was hielten denn die Survilles von einem *rayon fluet*, einem »schmächtigen Strahl«, von *suave*, »labend«, was alle paar Augenblicke vorkomme, von *mouvements soyeux*, »seidigen Regungen«, von *humeurs séminales*, »samenhaften Launen«? Viele Fehler seien der Zuhörerschaft entgangen, weil Honoré mit Feuer und Seele gelesen habe. »Bei einer kalten Lektüre erst« hätten Honorés Eltern die schlimmen Fehler des Werkes entdeckt. Die Grundanlage sei gut, das Thema hübsch, doch wenn der Verfasser geistreich sein und den Leser ansprechen wolle, zeige er schlechten Geschmack. »Ich erwartete von allen Seiten Lobsprüche. Kein einziger ist erfolgt.« Nun war aber Madame Mère auf nichts so erpicht wie auf »Meinungsäußerungen«. Die Freunde gäben zwar zu, Honoré besitze eine schöne Phantasie, aber sie verhehlten auch nicht, er ermangele des sicheren Urteils. Rabelais habe ihm geschadet, Sterne noch mehr, und vor allem der Umgang mit jungen Leuten, die einander den Geschmack verdürben. »Kurzum, ich bin untröstlich, ich muß es immer wieder sagen.« Nun wage sie aber nicht, es ihrem Sohn selber zu sagen, weil er so schnell mutlos werde; »Honoré hält sich entweder für alles, oder er hält sich für nichts.« Sie erwarte also von den Survilles, daß sie ihm von sich aus, aber behutsam, Vorhaltungen machten.

»Du mußt mit Honoré auch über eine andere, ebenso ernste Sache sprechen, nämlich: Honoré bezeigt einen Dünkel über seine Kenntnisse, der jedermann verletzt. Monsieur Dablin, der ihn doch immerhin gern hat, tadelt seine grillenhaften Urteile ... Honoré hat sich unter den Menschen nicht in Gewalt; er führt eine Klinge mit dreifacher Schneide. Madame de Berny ist sehr für ihn eingenommen, weil ihr Sohn jetzt im gleichen Alter wäre[1]; sie sagte mir kürzlich, das Betragen Honorés in ihrem Hause ginge oft bis zur Lächerlichkeit und er sei nicht beliebt. ›Ich bin ihm zugetan‹, sagte sie zu mir, ›ich gäbe viel darum, wenn er mehr auf seine Worte, sein Gehaben und seine Ausdrucksweise achtete.‹«

[1] Louis-Adrien-Jules de Berny, gestorben mit 15 Jahren 1814.

Außerdem habe er sein Ehrenwort (gegenüber dem Verleger) verpfändet, beim Erscheinen der *Clotilde* sich um Artikel in Zeitungen zu bemühen. Er habe sich dabei, wie seine Mutter sagt, auf seine Freunde verlassen, »kleine Asse, die erst seit kurzem dabei sind« und überhaupt keinerlei Einfluß hätten. »Gönner ohne Zahl muß man haben.« Alle Gönner drückten sich aber, weil das Buch zu viele Fehler enthalte. Selbst der gute Doktor Nacquart habe gesagt: »Warum ist denn Honoré, der doch weiß, wie ich ihn mag, nicht zu mir gekommen und hat mir seinen Anfang vorgelesen? Schon auf der ersten Seite sind Fehler!«

Madame Mère wartete auch noch mit weiteren Kümmernissen auf. Sie habe geglaubt, recht zu tun, wenn sie zum sechsundsiebzigsten Geburtstag ihres Gatten (22. Juli 1822) für ihn das erste Exemplar der *Clotilde* kaufe. Das sei doch nett gewesen, nicht wahr? Doch Honoré habe ihr für diese Aufmerksamkeit nicht einmal gedankt! Das alles setze ihren Nerven bös zu. Nun hoffe sie also, daß die Survilles Honoré vor seiner Abreise tüchtig ins Gebet nehmen möchten – ohne ihn zu entmutigen selbstverständlich; sie sollten ihn in aller Freundschaft spüren lassen, wie not es ihm tue, auf sich achtzuhaben und sich für weniger bewandert und gebildet zu halten. Und vor allem dürfe er nicht vergessen, daß am 15. Großmamas Namenstag sei.

Laure entledigte sich taktvoll ihres Auftrags: »Arme kleine Mama, als ich Deinen Brief las, sind mir Tränen gekommen, und ich habe mir so etwa gesagt: Es ist doch ein bißchen traurig, Mutter zu sein.« Sie muß zugeben, daß die vier Balzac-Kinder ihrer *Ti-mère*, der »kleinen Mama«, viele Sorgen verursachen; es ist aber das Prinzip Laures, Optimistin zu sein, und so versucht sie, die Lage in rosigem Licht zu sehen. Zuerst einmal ist *Clotilde* kein so schlechtes Buch, viel besser sogar als *L'Héritière de Birague* und als *Jean-Louis*, die Laure »zu Boden geschmettert« hatten. Freilich finden sich darin Wortwiederholungen und Flüchtigkeiten; diese Fehler stammen daher, daß Honoré innerhalb zweier Monate vier Bände schreibt. Aber ganze Kapitel sind gut. Von einer solchen Phantasiegewalt läßt sich noch viel erhoffen. Honoré wird die Berechtigung der Kritiken bestimmt noch anerkennen. Statt diplomatisch vorzugehen, hat Laure zunächst ihm den ganzen Brief der Mutter vorgelesen, der doch »so maßvoll, weise und gerecht« gewesen sei. »Honoré hat nichts geantwortet außer, ›es sei richtig‹, und dann hat er ein recht gerührtes, recht melancholisches Gesicht gemacht; er hat sich auf die Automane (sic) gesetzt und mich Deinen Brief kommentieren lassen. Hätte ich ihn angesehen, dann hätte ich nicht weiter gesprochen, denn seine Augen waren traurig; ich hätte zu weinen angefangen und wäre davongelaufen...«

»Einzig beim Herzen kann man Honoré packen; mit Milde kann man ihn führen, wohin man will; und dann, Liebste, tadle ihn bitte nur in bezug auf große Dinge; laß ihm völlige Freiheit in den kleinen. Was hat es schon zu bedeuten, ob er so oder so angezogen ist, was bedeutet es, wenn er es an dieser oder jener Kleinigkeit hat fehlen lassen, sogar an dieser oder jener kleinen Pflicht? Bist Du seines Herzens nicht sicher? Gibt es einen Menschen, der ihm an Güte vergleichbar wäre? Honorés Stimmungen sind unausgeglichen, das stimmt, bald traurig, bald fröhlich, was tut's? Hat nicht jeder seine schwache Seite? Nimm keine Notiz von diesen Sprunghaftigkeiten; damit machst du ihn glücklich; Du selber wirst es noch mehr sein ...«

Übrigens sehe Ti-mère in dieser Angelegenheit allzu schwarz. Das Werk sei nicht mit dem Namen Balzac gezeichnet; die Familienehre sei nicht angetastet worden; vielleicht werde das Buch sich gut verkaufen. Sind überhaupt Romane jemals Meisterwerke, wenn sie zum Lebensunterhalt geschrieben werden, und wenn man mittels ihrer keinen Anspruch auf Ruhm erhebt? »Honoré hat nicht beabsichtigt, ein Richardson zu werden oder ein Fielding oder ein Walter Scott; das ist nicht seine Richtung ... Du hast diesem Werk mehr Wichtigkeit beigemessen, als er selber es tut.«

Dieser Satz trifft ins Schwarze. Es stimmt haargenau, daß Honoré damals beim Schreiben weniger an ein Meisterwerk dachte als daran, Geld zu verdienen. Er ahnt zwar die wahre Größe und hat ein Gefühl für stilistische Schönheit; aber da er nicht weiß, wie er zur Vollkommenheit gelangen soll, heuchelt er Nachlässigkeit. Es wird aus ihm ein Genie wider Willen werden.

Welcher Autor, fährt Laure fort, schreibe auf den ersten Anhieb gut? Es bedürfe dazu der Übung, und Honoré sei ja ständig besser geworden. Danach geht Laure zu anderen Fragen über: Survilles Wunsch, er möchte in größerer Nähe von Paris tätig sein. Daß Honoré am folgenden Tag (9. August 1822) abreisen müsse, sei für das Ehepaar das Allertraurigste: »Das Herz krampft sich uns zusammen ... Wir haben zwei so angenehme Monate hinter uns, und es wird uns ganz sonderbar vorkommen, wenn wir den reizenden Honoré, diesen guten Bruder, nicht mehr bei uns haben, aber vielleicht sehen wir uns bald wieder. Das tröstet mich ...«

Was wartete in Villeparisis seiner? Madame Balzac hatte ihren Neffen Edouard Malus, einen jungen Mann von zweiundzwanzig Jahren, bei sich aufgenommen; er war schwindsüchtig im letzten Stadium, sehr reich, Waise und völlig alleinstehend.[1] Er lebte mit dem letzten Rest seiner Lungen, nachts lag er im Zimmer Honorés, tags auf einem Feldbett vorn im Garten.

[1] Edouard Malus war der Sohn der Sophie Sallambier (der 1810 gestorbenen Schwester der Madame Balzac) und des Sébastien Malus, der 1816 gestorben war. Der einzige überlebende Sohn, Edouard, war am 12. März 1800 geboren worden und starb am 22. Oktober 1822 in Villeparisis bei seiner Tante, der er sein gesamtes Vermögen vermachte. Alles in allem hatte Madame Balzac also einen *Erbneffen* beherbergt.

Großmama, die liebevolle Bundesgenossin ihres Enkels, hatte während der Abwesenheit Honorés als geheime Mittlerin zwischen ihm und Madame de Berny gewaltet. »Wir sehen wie seit je unsere Nachbarinnen vom anderen Ende«, schrieb die Witwe; »diese Damen erweisen unserem jungen Kranken tausend Aufmerksamkeiten. Sie fragen voller Interesse nach Dir.« Die Dame vom anderen Ende brachte Butter von ihrem Bauernhof für den armen Edouard, was ein Vorwand war, um Nachrichten von Honoré zu erhalten. »Dein Brief ist ›ausgehändigt‹ worden«, schrieb die gefällige Ahne.

Vor der Abreise aus Bayeux hatte Honoré eine melancholische Epistel an Madame Berny geschrieben: »Ich wage Ihnen nicht zu sagen, wie traurig es mich stimmt, daß Sie Ihren Briefen keine Blumen mehr beilegen. Mein Eau de Portugal ist alle, und ohne meinen Chénier wäre ich ohne Amulett... Es gibt Menschen, die zu ihrem Unglück geboren sind; zu ihnen gehöre ich.« Dieser sonst so wohlgemute Knabe machte eine Wertherkrisis durch. Welch eine Fülle von verlorenen Illusionen über sich selber und seine Kunst! »Hätten die Götter doch gewollt, daß ich nie geboren wäre!« Vergebens versicherte ihm Madame de Berny, sie habe »ihren freien Willen wiedergefunden«, was in anderen Worten bedeutete, ihr Mann ließe ihr von nun an völlige Freiheit. »Ich verzichte freiwillig darauf, Sie zu besuchen«, schrieb Honoré bekümmert. Der Mißerfolg der *Clotilde* machte ihn mutlos.

Balzac an Madame de Berny, 30. Juli 1822: »Ich glaube, ich habe mich über mich selbst getäuscht; außerdem habe ich mich über das Leben getäuscht. Von nun an will ich froh sein, in Ihrem Herzen zu leben, wenn ich dort den gleichen Platz einnehme, den ich Ihnen in meinem Herzen einräume; ich will mich von Erinnerungen, Illusionen und Träumen nähren; mein Leben soll nun ganz und gar nur in der Phantasie bestehen, wie es das bislang ja schon zum Teil getan hat ...«

Madame Sallambier an Laure Surville: »Dein Bruder kommt nun also wieder zu uns. Gebe Gott, daß alle seine großen Pläne nicht wie gewohnt zu Schaum werden, denn er macht damit die beste aller Mütter nicht immer glücklich.«

Großmama begriff nicht, daß Honoré durch seine »großen Pläne« nur die Ungerechtigkeit des Schicksals ausgleichen und die ihm durch das wirkliche Leben zugefügten Enttäuschungen vergessen wollte. Tatsachen zerstören die Illusionen; die literarische Schöpfung macht sie wieder lebendig. Und »inmitten seiner Illusionen, eleganten Töchtern einer allzu beweglichen Phantasie«, schrieb er der Dame vom anderen Ende, »wird es einen beständig funkelnden Fixstern geben, der mir als Kompaß dienen soll. Das sind Sie, meine liebenswerte Freundin.« Würde er sich aber mit der vergeistigten Betrachtung seines Sternes begnügen müssen?

Balzac an Madame de Berny: »Wenn man ein Durchschnittsmensch ist, wenn man als einzigen Besitz eine Seele ohne Galle und Sauerteig besitzt, darf man sein Unrecht eingestehen; Mittelmäßigkeit der Mittel verschafft einem schwerlich große Genüsse; wenn einer diese Kraft nicht besitzt, bedeutende Gefühle auszuteilen und die Schätze des Ruhms, des Talents, der Größe zu verschenken, dann ist man verpflichtet, sein Herz vom Schauplatz abtreten zu lassen, denn man darf niemanden ködern. Es wäre genauso eine moralische Gaunerei, wie wenn einer ein zusammenbrechendes Haus anpreisen wollte. Die Vorteile des Genies und die Privilegien der großen Männer sind die einzigen Dinge, die unmöglich usurpiert werden können. Ein Zwerg ist außerstande, die Keule des Herkules zu schwingen.

Ich habe gesagt, ich werde an dem Tag vor Kummer sterben, da ich erkennen müßte, daß meine Hoffnungsträume unmöglich zu verwirklichen sind. Obwohl ich noch nichts geleistet habe, spüre ich diesen Tag näherkommen. Ich werde das Opfer meiner eigenen Phantasie sein. Daher beschwöre ich Sie, Laure, hängen Sie Ihr Herz nicht an mich; ich flehe Sie an: zerreißen Sie alle Bande!«

Sind das Skrupel eines Verliebten? Oder ist es das unklare Vorgefühl der Zerbrechlichkeit einer Liebe, die schicksalsmäßig doch von der Zeit zuschanden gemacht werden muß? Viel später wird er schreiben: »Die jähe Offenbarung der Poesie der Sinne bildet ein kraftvolles Band, durch das junge Männer sich an ältere Frauen geheftet fühlen; doch dieses Band ist der Kettenring des Sträflings; es hinterläßt in der Seele eine unauslöschliche Druckstelle; es flößt ihr von vornherein einen Widerwillen gegen junge, reine Liebschaften ein ...« In der Gegenwart allerdings wischte das Begehren alle Skrupel hinweg. Zehn Zeilen weiter stellte er tausend zärtliche Fragen: Ob sie auf die Wiese gegangen sei? In den Gemüsegarten? Ob sie auf »der Bank« gesessen habe? Ob sie über ihre normannische Hecke steige? Ob sie das Klavierspielen, das Singen aufgegeben habe? Neben ihm, indessen er seinen Brief schreibe, singe Surville *Que le jour me dure (Dauern soll mir der Tag).* Großer Gott, wie singe er falsch! Und wie kalt sei der Himmel der Normandie!

Auf der Heimfahrt wurde Balzac in Paris von dem Bürger Charles-Alexandre Follet, Verlagsbuchhändler, aufgehalten; er legte ihm einen Vertrag über zwei Romane zur Unterschrift vor: *Le Centenaire (Der Hundertjährige)* und *Le Vicaire des Ardennes;* jeder sollte in tausend Exemplaren erscheinen, und zwar gegen ein Honorar von zweitausend Francs, davon sechshundert in barer, gängiger Münze, der Rest in Wechseln auf acht Monate. Nicht alles ging also schief. Die beiden Werke mußten allerdings vor dem 1. Oktober abgeliefert werden. Nun hatte er aber das Manuskript des

Vicaire in Bayeux zurückgelassen, damit die Survilles, die nicht an ihrer Begabung zweifelten, daran weiterarbeiten sollten.

Balzac an Laure Surville, Villeparisis 14. August 1822: »Auf diese Weise haben wir also den Monat September, um den *Vicaire* zu machen. Es wird für Euch ziemlich unmöglich sein, glaube ich, daß jeder täglich zwei Kapitel schreibt, so daß ich den *Vicaire* am 15. September hier hätte; dabei hätte ich dann nur vierzehn Tage, um ihn umzuschmelzen. Besprecht Euch ... Habt Ihr etwas Mitleid mit mir, so schickt mir den verteufelten *Vicaire;* falls Ihr aber glaubt, ich mache Euch etwas vor, so schicke ich Euch den Vertrag von Follet, in dem eine Konventionalstrafe abgemacht ist, falls der *Vicaire* nicht im November gedruckt werden kann ... Diese Höllenarbeit ist für Dich unmöglich, Laure. Ich glaube nicht, daß Du täglich sechzig Romanseiten schreiben kannst. Wenn Ihr jedoch dazu imstande seid und wenn Ihr dafür einsteht, mir den Roman bis zum 15. September zu schicken, so tut es; doch im Hinblick auf die gemeine Strafe werde ich mich, wenn ich das Manuskript am 17. September nicht habe, selber daranmachen, und Ihr sollt erleben, daß ich für Follet in einem Monat einen ganzen Roman mache ...«

In Villeparisis bereitete die Familie den Umzug vor. Der Besitzer, Vetter Antoine Sallambier, hatte das Haus an seinen Bruder Charles Sallambier verkauft; dieser wollte die Miete auf fünfhundert Francs erhöhen. Die Balzacs waren entrüstet und beschlossen, sich wieder in Paris niederzulassen. Sie hatten in der Rue du Roi-Doré »ein Loch« mit einer Kammer für Honoré gefunden. Doch der todkranke Edouard Malus war nicht transportfähig. Der arme Teufel lernte auf seinem Marterbett noch sticken. Bernard-Francois war in ausgezeichneter Form; er brachte Honoré durch seine Witze zu schallendem Gelächter. Mama, immer tätig und in Bewegung, fuhr nach Paris, um eine einflußreiche Freundin (Madame Delannoy) »zu kitzeln«, damit sich diese für die Survilles um einen Posten in Montargis oder Pontoise, also in der Nähe von Paris, bemühe. Sie schalt Honoré ernstlich aus, weil er in Bayeux »ein Handtuch mit roten Streifen und ein Taschentuch« vergessen habe, ein unverzeihliches häusliches Verbrechen. Honoré las seinem Villeparisis-Auditorium den Anfang des in der Normandie geschriebenen Romans *Wann-Chlore* (oder *Jeanne la Pâle*) *(Die bleiche Johanna)* vor, der nicht mißfiel, obwohl er darin ein etwas lächerlich wirkendes Porträt seiner Mutter gezeichnet hatte. Er lief zu jedem ankommenden Postwagen, weil er auf den *Vicaire* wartete: »Ich umarme Surville von ganzem Herzen; doch auch Dich so stark ich kann, ohne uns wehe zu tun ... Edouard marschiert auf den Tod zu; Großmama auf ihre Krankheit; Mama auf Paris und die Übertreibungssucht; Papa auf die wahre Gesundheit; Louise auf die Türen; Louis auf die Dummheit; Henry auf Dummheiten; und ich, ich weiß nicht worauf ... *Der Vicaire! Der Vicaire! Der Vicaire!* Postwendend! Dann will ich daran arbeiten ...«

Was nun sein Verhältnis zu Laure de Berny angeht, so hatte die Wiederbegegnung den Anfall der Wertherkrankheit schnell verschwinden lassen und neue Bahn für die Liebe geschaffen.

Balzac an Madame de Berny, 4. Oktober 1822: »Je weiter wir gehen, desto mehr entdecke ich in Dir eine Fülle des Schönen ... Laure, ich muß Dir gestehen, daß die Weihe der Bank, dieses Fest einer dahinsiechenden Liebe, wie wir meinten, sie von neuem angefacht hat; dieser reizende Platz ist durchaus kein Grabmal, sondern er ist mir wie ein Altar erschienen.

Es würde eine gewisse Größe dazu gehören, wollten wir voreinander verbergen, wie sehr wir uns lieben. Noch mehr Größe wäre vonnöten, in unserer Liebe zu verharren. Dir, Du Allerliebste, überlasse ich die Entscheidung. Heute wie vor vier Monaten unterwerfe ich Dir mein ganzes Schicksal, mein ganzes Wesen, meine Seele, und ich bekenne Dir, daß ich durch die Verbindung mit Deiner Seele nur gewonnen habe ...«

Seit jetzt die unbefriedigte Begierde nicht mehr als ein Hemmnis zwischen ihnen stand, lernte er die tiefe Lebensklugheit seiner Geliebten besser kennen. Er aber verstand seine Leidenschaft schlecht zu verbergen, und Madame Balzac schrieb im Zorn darüber an Laure:

Madame Balzac an die Survilles, 12. Oktober 1822: »Ihr könnt Euch nicht vorstellen, wie schlecht es unserem Edouard geht, Ihr Lieben; seine Zunge ist dunkelbraun und hinten fast schwarz; sein Puls läßt von Stunde zu Stunde nach ... Er ißt nichts als seine sechs Austern und trinkt danach eine Tasse Milch ... Es kann nicht mehr lange dauern, scheint mir. *Für Laurette allein:* Honoré geht mittags weg und kommt um fünf Uhr wieder; er geht nach dem Zeitungslesen wieder weg und kommt um zehn Uhr abends heim. Obwohl es Edouard so schlecht geht, lassen mich diese Mannsbilder allein. Honoré sieht nicht, wie taktlos es ist, zweimal täglich in jenes Haus zu gehen. Er sieht nicht, daß mit ihm gespielt wird.

Ich möchte hundert Meilen von Villeparisis fort sein. Honoré schreibt keine einzige Zeile. Nur noch einige zwanzig Seiten fehlen am Ende des *Centenaire.* Er hat nur noch eine einzige Sache im Kopf und sieht nicht, daß er dieser Sache eines Tages müde sein wird, wenn er sich ihr allzu sehr hingibt; doch sein Benehmen wird es ihm unmöglich machen, in dieser Affäre vernünftig zu werden. Ich hatte ihm bewiesen, daß meine vorsichtige und zartfühlende Haltung notwendig gewesen ist. Schreibe ihm doch, auf Dich hört er vielleicht. Wenn ich morgen reise, schreibe ich Dir noch mehr Einzelheiten ...«

Edouard Malus starb am 25. Oktober 1822 in Villeparisis. Sein Nachlaß wurde von Notar Victor Passez geordnet; eine recht beträchtliche Summe (neunzigtausend Gold-Francs) fiel an Madame Balzac. Bei diesem Trauerfall machte sich die hingebungsvolle Pflege bezahlt; ihr gutbürgerlicher Verstand hatte aus Nächstenliebe ein Kapital geschaffen. Schon im November zog die Familie im Marais in die Rue du Roi-Doré 7 ein. Das Pied-à-terre in der Rue Portefoin wurde aufgegeben. Die neue Miete betrug jährlich siebenhundertdreißig Francs, Nebenausgaben inbegriffen. Zwischen Honoré und seinem Vater wurde am 1. November ein seltsamer Vertrag geschlossen. Der Sohn verpflichtete sich, dem Vater monatlich hundert Francs für Miete und Kost zu zahlen. »Monsieur Honoré trägt die Kosten für seine Beleuchtung, sein Holz und seine Wäsche; die Summe von jährlich zwölfhundert Francs dient nur für Beköstigung und Miete.« Der Stolz Honorés, nicht die Geldgier des Vaters, hatte diesen Vertrag diktiert.

VII

KÄRRNERARBEIT

Wir langten in Paris an und glaubten an Wohlstand und Glück. *Mme. B.-F. Balzac*

Madame Sallambier konnte sich nicht lange daran erfreuen, daß sie in ihren Lieblingsstadtteil zurückgekehrt war. Sie starb am 31. Januar 1823. Honoré verlor in ihr eine liebevolle Bundesgenossin. Ihre Kinder bereiteten ihr eine schöne, kostspielige Bestattung. Man muß eben seinen Rang aufrechterhalten. Sie hinterließ nur eine winzige Erbschaft, da sie zum Teil durch die Spekulationen ihres Schwiegersohns ruiniert worden war. Indessen kamen die Finanzen der Familie rasch wieder ins rechte Gleis. Zu dem Pachthof Saint-Lazare, zu dem von Edouard Malus Ererbten kam die Leibrente aus der »Tontine Lafargue«, die schnell immer größer wurde, da die Zahl der »Abtrünnigen« wuchs. Durch einen Gunstbeweis des Amtes für Straßen- und Brückenbau waren die Survilles in größere Nähe von Paris versetzt worden und siedelten nach Champrosay über; sie strebten mit allen Mitteln danach, den Posten des Ingenieurs für das Département Seine-et-Oise mit dem Wohnsitz Versailles zu bekommen. Laurence war immer übler dran; inmitten der Durchführung einer Pfändung schuldenhalber war sie niedergekommen. Sehnsüchtig träumte sie sich in ihr Jungmädchenleben zurück: »Ich wette, daß Ihr schönes Orangenkompott bereitet und im Feuer Maronen röstet ...« O schwermütige Süße der Familienerinnerungen eines armen, unglücklich verheirateten Mädchens! Was nun den wahrscheinlich von Monsieur de Margonne stammenden Sohn betraf, den allzu geliebten Henry, so bezeigte er sich verschwenderisch wie Honoré und leichtlebig wie Laurence, aber im Gegensatz zu den andern Balzacs völlig energielos.

Honoré selber arbeitete hart. Er vollendete den *Vicaire des Ardennes* für den Buchhändler Follet, *Wann-Chlore* für den Verleger Hubert. Seine Mutter bewunderte ihn, wie er sich »mit Feuereifer ins Zeug legte ... Er hat keine Minute für sich!« Aber ach! Kaum hatte der *Vicaire* die Druckerei verlassen, da wurde er auch schon beschlagnahmt. Diese Geschichte einer Marquise de Rosann, die sich in den neuen Vikar verliebt glaubt, den jungen Abbé de Saint-André, aber in Wahrheit Mutterliebe für ihn empfindet (denn der Vikar ist ihr Sohn, der Sproß ihrer Liebschaft mit einem Bischof), stieß eine gutgesinnte Regierung heftig vor den Kopf. Die Zensur untersagte den Verkauf des Buches.

Der Roman begann ziemlich gut, in einem an Sterne erinnernden Tonfall. einige originelle Porträts von Dorfbewohnern: ein auf Latein erpichter Schullehrer, ein Philister von Bürgermeister, ein guter alter Pfarrer, genauso fruchtbar an Sprichwörtern wie Sancho Pansa, nahmen Relief an, wenngleich ihre Lächerlichkeit übersteigert wurde und monoton wirkte. Dann aber wurde alles verdorben; man geriet in eine larmoyante Dramatik; ein Pirat à la Byron fiel in die Ardennen ein; der Vikar, obwohl Priester, vermählte sich und erfuhr dann, daß er die eigene Schwester geheiratet habe, worauf er schließlich entdeckte, daß jene Schwester gar nicht seine Schwester sei! Die Zensur hatte Horace de Saint-Aubin keinen schlechten Dienst erwiesen.

Vierzehn Tage nach dem *Vicaire* erschien *Le Centenaire ou les deux Beringheld (Der Hundertjährige oder die beiden Beringheld)*, ebenfalls unter dem Namen *Horace de Saint-Aubin, bachelier ès lettres*, und offenbar von Maturins *Melmoth* inspiriert, der 1821 übersetzt worden war und auf Balzac großen Eindruck gemacht hatte. Die Gestalt eines Hundertjährigen mußte ihn reizen. Seit seiner Kindheit hatte er den lieben langen Tag in einem fort von Langlebigkeit reden hören. Der alte Beringheld hat, wie Melmoth, einen Pakt mit dem Teufel geschlossen; er kann mehrere Leben leben, unter der Bedingung, daß er von Zeit zu Zeit ein junges Mädchen tötet und sich dessen Blut einflößt, um neue Jugendkraft zu gewinnen. Er ist ein alter, ungeheuerlicher Riese, dessen Stärke an ein Wunder grenzt. Aufeinanderfolgende Episoden, »die unter Mißachtung aller Chronologie kühn miteinander verknüpft« worden sind, erzählen von dem in gehörigen Abständen stattfindenden Erscheinen dieses Vampirs. Am Schluß entreißt der General Tullius Beringheld, der letzte Abkömmling der Familie, seine Verlobte dem fürchterlichen Hundertjährigen, der drauf und dran war, sie zu ermorden.

Balzac an Laure Surville: »Jetzt glaube ich meine Kräfte zu kennen und bedaure sehr, daß ich die Blüte meiner Ideen diesen Absurditäten opfern muß; ich spüre etwas in meinem Kopf, und wenn ich geruhsam auf einem Vermögen hockte, das heißt: wenn ich nicht Verpflichtungen zu erfüllen, wenn ich mein Futter und meine Hundehütte hätte, und dazu eine Armida, dann würde ich gediegenere Sachen arbeiten; aber wenn man das will, muß man sich von Welt und Gesellschaft abscheiden, und ich kehre mit jedem Schritt darein zurück ...«

Wie viele junge Menschen wurde er auf Hü und Hott von einander entgegengesetzten Kräften hin- und hergerissen. Er hatte Umgang mit einer Bande zynischer Journalisten, die sich über alles lustig machten, zumal über die großen Gefühle, und die ihre Feder an kleine Zeitungen verkauften, – an *Le Pilote*, an *Le Corsaire* –, Blätter, die versessen auf Lokalberichte und spöttisch-geistvolle Glossen waren; jene Journalisten bewegten sich stets halbwegs zwischen Satire und Erpressung und fertigten in aller Hast Melodramen oder Vaudevilles für leichte Schauspielerinnen an. Dort traf er den »berühmten« Auguste Le Poitevin wieder, sowie Etienne Arago, den jüngeren Bruder des bekannten Astronomen, einen *Carbonaro*, der sich rühmte, der »Blauen Venta« angehört zu haben, einer republikanischen Geheimgesellschaft, und ferner Horace Raisson, einen vierundzwanzigjährigen jungen Menschen, dessen Vater, wie Bernard-François Balzac, mühelos vom Royalismus zum Jakobinertum umgeschwenkt war, und umgekehrt. Raisson war mit dem Maler Eugène Delacroix bekannt, der von ihm gesagt hat: »Er ist ein Lügner und Wichtigtuer ... Er ist und bleibt in der Haut eines Einfaltspinsels der gaskognischste Gaskogner, den ich kenne ...« Henry Monnier erzählt, eines Tages habe er mit Raisson im Café Minerve gesessen, und da sei dieser mit den Worten aufgestanden: »Wir wollen lieber gehen! Da kommt der langweilige Saint-Aubin!« Monnier sah einen jungen Mann mit dem Gesicht eines Mönchs oder Bauern hereinkommen. Es war Balzac. Sollte die Geschichte wahr sein, so erweist sich Raisson nicht nur als ein Lügner und Wichtigtuer, sondern auch als undankbar und übelwollend.

Alle diese jungen Leute waren Mitarbeiter der bekanntesten Dramatiker. Balzac, der sich von der Bühne ein Vermögen erwartete, schrieb ein düsteres Melodram *Le Nègre (Der Neger)*. Die Gaîté lehnte es ab, wenngleich nicht ohne ein paar Lobesworte. Im Grunde *wußte* er, daß er seine Kräfte vergeudete. Seit er, dank Laure de Berny, ein tiefes Gefühl empfand, träumte er davon, einen authentischen Liebesroman zu schreiben. Seine Botin und Helfershelferin, die Großmutter Sallambier, hatte ihn schon 1822 mit rührender Ungeschicklichkeit dazu ermutigt: »Beeil Dich, mein guter Honoré, deine leidige Melancholie loszuwerden ... versuch, nicht immer nur düstere, traurige Geschichten zu schreiben, sondern behandle auf eine angenehme Weise die Liebe ... und ich verbürge mich für den Erfolg und Deine Heilung.« Die arme alte Dame hatte recht. In *La Dernière Fée ou la Nouvelle Lampe merveilleuse (Die letzte Fee oder die neue Wunderlampe)* unternahm es der Enkel, der bürgerlichen Lebensklugheit etwas schwärmerisch Poetisches entgegenzustellen. Leider war er nach wie vor außerstande, sich von seinen Nachahmereien frei zu machen; er mischte ein Vaudeville von Scribe mit einem Roman von Maturin durcheinander, und das Buch wurde abscheulich. Honoré Balzac, der Auguste Le Poitevin und Horace Raisson so hoch überragte, gelang es nicht, sich von deren Rotte und Verfahrensweise loszulösen.

Aber während er das Treiben dieser wüsten, gewissenlosen Bande mitmachte, litt er. Sein sehr empfindliches Herz rieb sich an der ihn umgebenden Härte wund. Er verspürte in sich genügend Kraft zum Vollbringen großer Dinge. Hier und dort schob sich in seine Handelsware von Romanen eine richtige, tiefe Bemerkung über die Korruption des Zeitalters ein, über die ständige »Beischlaferei«, den Triumph des Lasters. Seinem Vater verdankte er leidlich systematische und keineswegs dumme Ideen über die Beziehungen zwischen Physischem und Geistig-Seelischem. 1822 hatte er auf den Rat des Doktors Nacquart hin die Werke Lavaters gekauft und binden lassen (für ihn eine ins Gewicht fallende Geldausgabe). Dieser Schweizer Schriftsteller, den Goethe höchlichst bewundert hat, hatte eine *Physiognomik* geschrieben (die Kunst, die Menschen an ihren Gesichtszügen zu erkennen); er hat darin »mittels feiner, lichtvoller Beobachtungen« sechstausend menschliche Typen geschildert, ihre äußere Erscheinung und ihre Charaktertiefen.

Dieses Werk war für Balzac zu einer Art Bibel geworden. »Leute von Geist, Diplomaten, Frauen, die seltenen und eifrigen Schüler dieser berühmten Männer [Lavater und Gall], haben oftmals Gelegenheit gehabt, viele andere offensichtliche Merkmale festzustellen, an denen das menschliche Denken erkennbar ist; die Gepflogenheiten des Körpers, die Handschrift, der Stimmklang, das Gehaben usw. haben mehr als einmal der Frau, die liebt, dem Diplomaten, der täuscht, dem geschickten Verwaltungsbeamten und dem Herrscher (Napoleon) die Augen geöffnet, wenn sie gezwungen waren, sich über das Verdienst klarzuwerden ...« Darin lag, im Keim, die Skizze zu einer Studie über alle sozialen Gruppen. Balzac, der Schüler Buffons und Geoffroy Saint-Hilaires, bezeigte eine starke Neigung zu dergleichen erschöpfenden Klassifizierungen. Würde es nicht hundertmal interessanter sein, diese großen Ideen in Romane umzusetzen, anstatt Victor Ducange oder Pigault-Lebrun nachzuahmen? Je mehr er las, desto mehr dachte er an so etwas. Aber es fehlte ihm an Zeit, und das nebelhaft erschaute Werk, das zu schaffen es galt, verflüchtigte sich.

Bisweilen ersann er sich platonische Dialoge, in denen er sein System darlegen wollte; aber *Le Phédon d'aujourdhui (Der moderne Phaidon)* wurde nie zu Papier gebracht. Statt dessen existiert noch ein späterer Text *Les Martyrs ignorés (Die unbekannten Märtyrer*, 1843 veröffentlicht), der eine Vorstellung von den Unterhaltungen vermittelt, wie Balzac sie 1824 mit intelligenten Freunden im Café Voltaire beim Odéon vielleicht geführt hat. Die Hauptgestalt, Raphaël, läßt an Balzac selber denken, »ein von Gesundheit strotzendes Gesicht, dunkles Haar, Falkenaugen«. Die Gesprächspartner sind ein Ire, Théophile Osmond, ein fanatischer Anhänger Ballanches; der Deutsche Tschoërn, ein liberaler, blonder Poet; der Doktor Physidor, ein siebenundzwanzigjähriger Tourainer und junger Arzt, der sich mit Phrenologie befaßt; der Doktor Phantasma, ein dreiundsiebzigjähriger Dijoner und Schüler Mesmers; und der Mathematiker Grodninsky, ein Chemiker und Erfinder. Die Gelehrten spielen Domino an einem Tisch, den die Stammgäste des Cafés den »Philosophentisch« getauft haben.

»Doppel-Sechs! Ich setze aus!« sagt der Doktor Phantasma. Während des Spiels halten die Partner Reden, die über die Gedankenwelt des jungen Balzac aufklären. Physidor, der Wortführer des Autors, erzählt, ein alter Arzt, Adept der Geheimwissenschaften, habe ihm außerordentliche vertrauliche Enthüllungen gemacht: »Ich möchte Euch ein Geheimnis sagen. Hier ist es: Der Gedanke ist mächtiger als der Körper; er verzehrt ihn, er absorbiert und zerstört ihn ...« Ein Gedanke vermag zu töten. Der Reihe nach erzählen die Philosophen von tragischen Mystifikationen, bei denen die unbekannten Märtyrer an *imaginären* Vergiftungen sterben, an Krankheiten, *die sie nicht haben*, oder wie sie durch die Tyrannei *einer Idee* verrückt werden. Denn der Gedanke ist etwas Materielles. Die Toten können den Lebenden erscheinen, weil die Gedanken ein dauerhafteres Leben besitzen als der Körper. »Glaubt den Geheimwissenschaften ...!« Die Alchimisten dachten nicht daran, Gold machen zu wollen; sie suchten nach mehr und nach Besserem. Sie wollten »das« konstitutive Molekül finden; sie forschten nach der Bewegung in deren Prinzip, im unendlich Kleinen; sie wollten den Geheimnissen des universellen Lebens auf die Spur kommen ... »Das ist *Magismus,* die Religion der Magier, sie darf nicht mit der Magie, der *Zauberei,* verwechselt werden, und sie ist die höchste der Wissenschaften ...«

Dann wieder werden rein geistig-seelische Verbrechen gemutmaßt, die zu bestrafen unmöglich ist. Ein Unhold kann sein Opfer zum Wahnsinn treiben, in den Tod, und zwar durch mentale Quälereien, denen im Schoß der Familie, im tiefsten Geheimnis, zarte Seelen erliegen, wenn sie von harten Seelen verfolgt werden – diese spannen sie durch anzügliche Fragen auf die Folter. Aus solcherlei Unterhaltungen ging der junge Romancier um seltsame, neue Themen bereichert hervor.

Er las zahlreiche Bücher über diese Fragen. Die Mediziner teilten sich damals in drei Schulen: den Vitalismus, der lehrte, der Mensch besitze eine »vitale Kraft«, die gleichbedeutend mit der Seele sei; die mechanisch-chemische Schule, die alle Metaphysik verwarf und lediglich Organe sah, Aktionen und Reaktionen; und die eklektische Schule, die den Empirismus praktizierte. Ein Doktor Virey, ein Vitalist, hat eine Lehre verkündet, die den Ideen des jungen Balzac ziemlich nahesteht: Langlebigkeit läßt sich durch sparsame Betätigung der Lebenskräfte erreichen; diese nutzen sich genauso durch ausschweifendes Leben wie durch intellektuelle Arbeit ab; Keuschheit sammelt eine Energiemenge an, die, wenn sie sich im Denken konzentriert, physische Effekte hervorruft. Diesen Themen fügte Balzac dasjenige hinzu, das ihn von je geplagt hatte: Der Mensch besitzt die Macht, vermöge des Willens auf die eigene Lebenskraft einzuwirken und sie aus sich heraus zu projizieren. Daher stammt der Heilmagnetismus, den er, wie auch seine Mutter, durch Auflegen der Hände ausübte.

Schließlich steckte in Balzac noch ein dritter Mensch, aber ganz im geheimen. Sehr viel mehr als die jungen Leute der Bande Raisson schätzte er einen Freund, den er beim Rechtsstudium kennengelernt hatte, oder vielleicht schon früher: Jean Thomassy. Thomassy war Katholik und Legitimist und stand dem irreligiösen Liberalismus Bernard-François' ebenso fern wie der Schamlosigkeit der minderwertigen Schriftsteller in Flicoteaux' Kneipe. »Es bleibt ihm nur eins zu tun übrig«, schrieb Sautelet, »und das ist: die Kutte anzulegen. Ganz unter uns: ich glaube, so wird er auch enden.« Unter seinen Kameraden mochte Thomassy weder den dicken Sautelet noch den arroganten Le Poitevin; aber er liebte Balzacs stark ausgeprägte Großherzigkeit und ahnte seine hohe Intelligenz. Im Politischen gingen ihre Meinungen, so schien es, unvereinbar auseinander. Wie sein Vater war Balzac Monarchist aus Vernunftgründen, Opportunist aus Notwendigkeit, Bonapartist aus Bewunderung und Voltairianer aus Temperament. Einem seiner Romane, *Jean Louis*, war »aufrührerische Hitze« und Sympathie für die Revolution vorgeworfen worden. Im Grunde jedoch verachtete er zwar die Gesellschaft, aber wünschte nicht, sie zu zerstören. Eine andere hätte genauso wenig getaugt.

Er, der anfangs Atheist gewesen war, bekundete, seit er Swedenborg und Louis-Claude Saint-Martin gelesen hatte, einen Hang zum Illuminatenwesen. Die Weisen Indiens, die Einsiedler der Thebaïs hatten ihn von Kindheit an interessiert. Er malte sich die unendliche Seligkeit der Ekstasen aus, den Frieden des Ausgelöschtseins, das Glück der vollkommenen Liebe. Er war nicht katholisch eingestellt und neigte eher zum Glauben an ein ewiges, unzugängliches Prinzip, das den Dingen ihren Lauf läßt, als an eine göttliche Vorsehung. Jedenfalls aber öffnete der Mystizismus in seinem Innern einen Spalt, durch den ein christlicher Spiritualismus einsickern konnte. Der Mensch ist weder Engel noch Tier, aber wenn er es ablehnt, die Bestie zu spielen, kann er ein Engel werden, das heißt, den besseren Teil seines Ich retten: das innere Wesen, und dann Zutritt »zu den höher gelegenen Abgründen in der Tiefe des Unendlichen« erlangen.

Ist Balzac in den Martinismus eingeweiht worden? Manche behaupten es, doch das ist unmöglich, denn der Martinismus war mit keiner Einweihung verbunden; aber im Entwurf zu einem *Traité de la Prière (Traktat über das Gebet)* drückt er den Wunsch aus, verwundeten Seelen zu sagen, »wie wonnevoll meine Weihen gewesen sind, wie leicht mir das Weiterschreiten auf jenem Pfad wurde, sobald ich die ersten Hindernisse überwunden hatte, was für saftige Früchte meinen ausgedörrten Gaumen erfrischt haben ... Die dieses Buch lesen, werden gebeten, dem Werk die notwendige Ruhe entgegenzubringen, damit sie den Sinn des ›Wortes‹ wahrnehmen ...« Das ist der dunkle, himmelnde Stil Saint-Martins. Nach einer Begegnung mit Saint-Martin hat Chateaubriand den »Himmelspropheten«, der »in der Manier eines Erzengels sprach«, weidlich verspottet. Der Visionär irritierte den Katholiken Chateaubriand; Balzac glaubte in ihm einen Führer zu dem zu finden, was er als die Religion des heiligen Johannes bezeichnet, die mystische Kirche. Er dankt Saint-Martin und Swedenborg einen der Aspekte seiner Weltanschauung.

Schon 1823 unterrichtete er Thomassy über den *Traité de la Prière*, den er schreiben wollte. Thomassy, der zu jener Zeit Paris verlassen hatte und in Bourges Sekretär des Präfekten geworden war, riet ihm von diesem Vorhaben ab: »Schwerlich können Sie begreifen, wie Ihre Begabung wüchse, wenn sie durch moralische und religiöse Ideen befruchtet würde ... Aber weisen Sie den Gedanken weit von sich, daß ein *Traité sur la Prière* (sic) unter dem Joch der Sinne entstehen könne ...« Thomassy mißtraute zu Recht dem erotisch-mystischen Ton, in dem Balzac seine profanen Liebeserlebnisse schilderte.

Jean Thomassy an Balzac, 7. Juni 1824: »Berichten Sie mir von Ihrem *Traité de la Prière*. Um ihn zu schreiben, genügt es nicht, eine schöne Seele und eine üppige Phantasie zu haben; es gehören dazu auch religiöse Gewohnheiten, es gehört dazu ein langandauernder Umgang mit dem Göttlichen, und es gehört schließlich und endlich ein Spiritualismus voller Ausdehnungsdrang und Angerührtsein dazu ... Wenn Sie nie beim plötzlichen Vernehmen feierlichen Orgelspiels erbebt, wenn Sie nie erschüttert worden sind, als Sie einen jungen Priester über den Häuptern eines Brautpaars, das jung war wie er, den Gott Abrahams anrufen hörten ... dann lassen Sie Ihren *Traité de la Prière* liegen. Sogar Rousseau wäre daran gescheitert, weil er nicht die religiösen Gewohnheiten hatte, von denen ich spreche. Es ist zweierlei, in einem glücklichen Augenblick zehn oder dreißig Zeilen zu schreiben, oder einen ganzen Band durchzuhalten ...«

Während der Arbeit am *Traité de la Prière* hatte Balzac eine Broschüre *Le Droit d'aînesse (Das Recht der Erstgeburt)* und eine *Histoire impartiale des Jésuites (Unparteiische Geschichte der Jesuiten)* von höchst überraschender Orthodoxie veröffentlicht. Der kleinen Schrift *Le Droit d'aînesse* mangelt es nicht an Kraft. Er wies in dem Buch darauf hin, daß Rebberge und Wälder langer Bewirtschaftung bedürfen, also einer Beständigkeit des Besitzes; er wies auf die Gefahren der Gleichteilung der Vermögen zwischen mehreren Erben hin, wodurch »die ehrgeizigen Bestrebungen in einem Lande vervielfacht werden, das nicht, wie England, für seine Jugend weite Ausweichmöglichkeiten besitzt«. Aber sicherlich handelte es sich dabei bloß um einen Auftrag, den Raisson ihm aufgezwungen hatte; Raisson gehörte der Opposition an und suchte der Regierung reaktionäre Absichten zu unterstellen, Absichten, die noch schwärzer waren als ihre tatsächliche Politik. Was hätten diese jungen Wölfe nicht für ein bißchen »leibhaftiges Geld« gegeben, wie Balzac zu sagen pflegte; ihm war klingende Münze sehr viel lieber als die Wechsel der Verleger, die stets diskontiert oder verlängert werden mußten.

»Kinder«, rief Finot, »die liberale Partei ist genötigt, sich mit der Polemik wieder stärker ins Zeug zu legen, denn zur Zeit läßt sich nichts gegen die Regierung sagen, und so versteht ihr wohl, in welcher Verlegenheit sich die Opposition befindet. Wer von euch will eine Broschüre schreiben, in der *die Wiederherstellung des Erstgeburtsrechts* verlangt wird, damit wir gegen die geheimen Absichten des Hofes losziehen können? Die Broschüre soll gut bezahlt werden.«

»Ich«, sagte Hector Merlin, »das trifft sich mit meinen Ansichten.«

»Deine Partei wird sagen, du kompromittierst dich«, erwiderte Finot. »Übernimm du die Broschüre, Félicien. Dauriat wird sie verlegen, und wir wahren das Geheimnis.«

»Wieviel wird dafür bezahlt?« fragte Vernou.

»Sechstausend Francs. Du zeichnest ›Graf C...‹«

Balzac hatte seine Rolle als Advokat des Teufels talentvoll gespielt, und wer weiß, ob er nicht sogar zu jener Überzeugung gelangt war. Es fiel ihm ja so leicht, in die Haut eines Gegners zu schlüpfen! Natürlich hütete er sich, seine Broschüre *Le Droit d'aînesse* seinen Eltern zu schicken; aber er ließ sie anonym den Survilles zukommen. Nun aber befand sich Bernard-François an dem Tag, da sie eintraf, zufällig bei seinem Schwiegersohn. Er las, entrüstete sich über den rückständigen Autor und machte sich sogleich daran, eine Widerlegung zu schreiben. Laure, die genau wußte, daß der Text von Honoré sei, amüsierte sich diebisch. »Dies Duell mit Federhieben dünkte sie das Komischste von der Welt ...«

Am 24. Juni 1824 kauften die Balzacs, die Kapitalien anzulegen hatten, für zehntausend Francs dem Vetter Charles Sallambier das Haus in Villeparisis ab, in dem sie als Mieter gewohnt hatten. Es mißfiel Bernard-François durchaus nicht, auf dem Dorfe zu wohnen; er galt dort für eine bedeutendere Persönlichkeit als in Paris, wo er, wie er schrieb, »nur alte Wölfe sah, die in einem furchtbaren Schmutz einander in den Haaren lagen und bedrängten«. Er glaubte, Leben in freier Luft und Liebesfreuden wirkten sich günstig auf die Langlebigkeit aus, und so behielt er, der Achtundsiebzigjährige, seinen Hang zu flüchtigen Liebschaften mit Bauernmädchen bei. Madame Balzac hatte gehofft, Honoré werde seiner Familie nach Villeparisis folgen. Er lehnte das ab und mietete im fünften Stock der Rue de Tournon 2 eine kleine Behausung. »Das tut er, weil er arbeiten will«, plädierte die gute Laure. Die Mutter glaubte kein Wort davon. Sie meinte, Honoré wolle frei sein, um Madame de Berny bei sich empfangen zu können.

Madame Balzac an Laure Surville, 29. April 1824: »Jetzt wollen wir auf Honorés Abtrünnigwerden zu sprechen kommen. Wie Du, sage ich: Bravo! wenn es tatsächlich so ist, daß er arbeiten will, so daß man weiß, woran man sich zu halten hat; aber ich fürchte, daß dies Sichzurückziehen nur ein Vorwand ist, damit er sich ohne den mindesten Zwang seiner Leidenschaft hingeben kann, die ihn zu nichts Gutem führt. Er ist uns mit ihr davongelaufen; sie ist drei volle Tage in Paris gewesen; ich habe Honoré nicht zu sehen bekommen, dabei hat er gewußt, daß ich nur seinetwegen hingefahren war. Ich meine, sie haben sich gemeinsam auf die Wohnungssuche begeben, damit sie dort sozusagen als Verwandte auftreten konnte. Ich glaube, er ist mir aus dem Wege gegangen, um mir nicht sagen zu müssen, wo er zu finden sein werde; alle diese Erwägungen lassen mich glauben, daß er nur volle Freiheit haben wollte und weiter gar nichts. Gebe Gott, daß ich mich irre, und daß ihm endlich die Augen aufgehen ...!

Die Dame vom anderen Ende überschüttet mich mit Besuchen und Aufmerksamkeiten. Du kannst Dir denken, wie mir das schmeichelt. Man tut immer, als komme man nur eben mal durchs Dorf. Ich koche vor Wut! Heute ist man schon wieder erschienen, um mich zum Abendessen mitzunehmen, und ich habe so höflich wie möglich abgelehnt ...«

Honorés Eltern, schrieb sie, hätten ihm stets erlaubt, sich ihrer Börse zu bedienen.

Madame Balzac an Laure Surville, 4. September 1824: »Erst vor kurzem habe ich ihm abermals vorgeschlagen, ich wolle alle seine Schulden bezahlen, sofern das notwendig sei, um seinem Genie Auftrieb zu geben, und damit wir es endlich erlebten, daß er etwas zustande brächte, zu dem man sich bekennen könne. Das bißchen Mehr an Verpflichtung ist ihm peinlich gewesen; er hat abgelehnt. Ich habe ihm vorgeschlagen, ich wolle seinen Lebensunterhalt sicherstellen; allein, wir hätten das nicht tun sollen, auch wenn es zu seinem Besten gewesen wäre. Er hat es nicht annehmen wollen. All unsere Freundlichkeit hat er uns mit einer Ungebundenheit des Benehmens vergolten, die sich fast bis ins Innere unseres Hauses erstreckt hat. Er hat uns, obwohl wir es nicht hatten sehen wollen, er hat uns, sage ich, in die Unmöglichkeit versetzt, noch zu zweifeln! Unsere Situation gegenüber der Öffentlichkeit ist recht peinlich geworden. Eine sehr würdevolle Miene meinerseits, sogar ein strenger Blick haben und einem gewissen höhnischen Grinsen nicht wehren können, als ich mit ihr durchs Dorf ging ...«

Aber Laure möge nach dieser Anklagerede gegen Honoré ja nicht glauben, die Mutter sei dem Sohn böse. Arme und Börse ständen ihm stets offen. Wenn er Talent bezeige, so werde das für die Eltern eine große Freude sein. Wenn er seine Leidenschaft, wie es sein müsse, als einen Quell der Lust behandle und nicht als ein Hindernis für seine Arbeit, dann werde man sich freuen, daß sie wenigstens zu etwas nütze sei, aber es werde höchste Zeit, daß das endlich geschehe.

»Die Dame ist häufig in Paris, seit er nicht mehr hier ist. Sie bleibt immer zwei Tage dort, was mich befürchten läßt, daß ich richtig gesehen habe, und daß Honoré, als er seinem Vaterhaus den Rücken kehrte, nur mehr Freiheit hat haben wollen ...«

Madame Balzac sah nicht ohne Bitterkeit, daß eine Frau, die älter als sie war, ihr den Sohn wegnahm. Laure de Berny nun aber gab zu, daß sie mehr denn je verliebt sei.

Madame de Berny an Balzac: »Warum muß es sein, Liebster, daß wir, die wir einander so glücklich machen, so gestört werden durch die Menschen unserer Umgebung ...? O ja, ich liebe Dich! Du bist für mich mehr als die Luft für den Vogel; mehr als das Wasser für den Fisch, mehr als die Sonne für die Erde, mehr als die Natur für die Seele. Wenn ich meinem süßen Liebsten ganz schlicht immer wieder sage: *Liebster, ich liebe Dich, ich vergöttere Dich!*, so möchte ich dadurch seinem Ohr schmeicheln, obgleich ich kein Frühlingsvogel bin, und ihn bitten, seine Geliebte an sein Herz zu nehmen und mit ihr einen hübschen Spaziergang zu machen; ich möchte ihn an die schönsten Sommertage glauben lassen; aber diese Tröstung ist mir versagt, denn ich hätte Angst, daß mein Brief ihm ein paar armselige Redereien zuzöge und eben deswegen für ihn nur etwas Lästiges wäre, das seine Freude störte ... Deine Gaben sind unermeßlich, aber Deine Liebste weiß sie alle zu spüren, zu fassen. Oh, warum bin ich nicht tausendfältig, um Dir alles wiederzugeben, was ich möchte, und wie ich es möchte? Aber, Freund, wenn Dir mein ganzes Wesen in seinen Teilen und als Ganzes geschmückt mit allem, was die vollkommenste Liebe ihm hinzufügen kann, genügt, dann bin ich zufrieden, denn nichts an mir gehört mir ...!«

Madame de Berny hatte sich zu Beginn dieser Liaison mütterlich und spöttisch gezeigt; jetzt aber, nach vier Jahren, klammerte sie sich leidenschaftlich an einen jungen Menschen, dessen Genie sie als die erste erahnt hatte. Sie litt darunter, daß sie ihn zu den untergeordneten Betätigungen gezwungen sah, die Raisson ihm anbot, der Literatur-Makler, der Ausbeuter dieses bergstromhaften Schwunges. Balzac war nicht *nur* Journalist, er war *auch* ein großartiger Journalist. Fast jeden Tag ging er entweder ins Café Voltaire oder ins Café Minerve in der Nähe des Théâtre-Français; und er traf sich dort mit seinen Kameraden. Raisson war beim Beschwatzen der Buchhändler sehr viel geschickter als Balzac; er schlug ihnen *Codes* vor, wie sie damals in Mode waren: *Code civil (Kodex für Bürger), Code des gens honnêtes (Kodex für rechtschaffene Leute), Code du Commis Voyageur (Kodex für Handlungsreisende), Code du Littérateur et du Journaliste (Kodex für Literaten und Journalisten), Code galant (Liebes-Kodex),* lauter amüsantes und zynisches Geschwätz. Balzac, dieser Teufelskerl an Arbeit, hatte nicht seinesgleichen in der Fertigstellung einer Broschüre innerhalb einiger Nächte. Auf Lavater gestützt, konnte er einen *Code de la Toilette (Toiletten-Kodex)* schreiben, der zugleich oberflächlich, brillant und intelligent war.

Der *Code des gens honnêtes* erschien zuerst ohne Verfassernamen, dann unter dem Raissons. Der größte Teil stammt indessen von Balzac, und Raisson selber hat es zugegeben. Das Thema dieses Traktats war zugleich balzacisch und swiftisch. Die rechtschaffenen Leute wachsam machen gegenüber den Gefahren, die ihr liebes Geld läuft, da die Irokesen von Paris darauf lauern. Der Autor hat nichts gegen die Diebe. Der ganze Gesellschaftszustand beruht auf den Dieben; fehlten sie, so wäre das Leben eine Komödie ohne Crispins und Figaros. »Was würde aus uns werden? Wie sollten die Gendarmerie, die Richterschaft, die Polizei, die Schlosser, die Gerichtsdiener, die Gefängniswärter, die Advokaten leben?« Überdies stiehlt alle Welt. Ein Armeelieferant (in dieser Gattung kannte Balzac sich trefflich aus), ein Heeresproviantlieferer, der, wenn er dreißigtausend Mann zu verpflegen hat, die Beurlaubten mitzählt, das Mehl verfälscht, schlechtes Essen liefert, der stiehlt; ein anderer verbrennt ein Testament; dieser verdunkelt die Abrechnungen für ein Mündel; jener erfindet eine Tontine, eine Leibrentengesellschaft.

Und meisterlich bedient Balzac sich der in der Juristerei erworbenen Erfahrungen, um die Kniffe und Pfiffe der Advokaten und Notare anzuprangern, die Kunst der Anhäufung lästiger Aktenberge, die falschen Hypotheken. Er gibt den rechtschaffenen Leuten kluge Ratschläge: »Stellen wir als ersten Grundsatz fest, daß der schlechteste Vergleich besser ist als der beste

Prozeß ... Wenn Sie zu einer Klage gezwungen sind, so vermeiden Sie die kostspieligen Gesuche, die unnützen Vorladungen ... Traktieren Sie den Schreiber, anstatt sich mit dem Chef zu befassen; spendieren Sie Trüffeln, edlen Wein, und bedenken Sie, daß dreihundert auf diese Weise ausgegebene Francs Ihnen dreitausend Taler sparen.« Ein sarkastischer Zynismus durchtränkte das kleine Buch. Im allgemeinen verzichte ein Weltmann, zumal wenn er eine gewisse Erziehung erhalten habe, auf die Redlichkeit nur gegen hohe Summen, solche, durch die er für alle Zeit reich wird ... Das Werk ist zwar nur klein, hat aber seine Bedeutung. Es war ein Skizzenbuch. Es enthielt die Keime von Romanen, in denen das Gesetz und die Schikane die Szene beherrschen, und es offenbarte die amüsierte Nachsicht des Malers für seine übelsten Modelle.

Als dann die Mode von den *Codes* zu den *Physiologies* überwechselte, skizzierte er eine *Physiologie du Mariage (Physiologie der Ehe).* Seit langem hatte sein Vater ihm mit schockierenden Theorien über die körperliche Seite der Liebe und die Erbgesundheitspflege aufgewartet. Sein alter Freund Villers-La Faye hatte ihm viel von den Frauen erzählt und ihm deren Ränke, deren eheliche Diplomatie enthüllt. Horace Raisson und Philarète Chasles hatten ihn Stendhals *De l'amour (Über die Liebe)* lesen lassen; er bewunderte das Buch. Über den Ehebruch und dessen Gefahren stellte die Ehe seiner Eltern eine Belehrung dar. Die übertriebene Liebe der Madame Balzac für ihren Sohn Henry, diesen von ihr einer Familie, die ihn verleugnete, zugesellten Eindringling, war eins der großen Leiden in Honorés Jünglingsalter gewesen. Die Ehe de Berny, die Ehe Surville, die Ehe Montzaigle bildeten einen weiteren, ernst zu nehmenden Unterrichtsstoff. Kurzum, schon in sehr jungen Jahren wußte Balzac mancherlei über eheliche Schwierigkeiten und gedachte darüber zu schreiben. Er suchte einen Titel: *Code marital (Ehekodex), L'Art de rendre sa femme fidèle (Die Kunst, seine Frau zu behalten),* oder schließlich: *Physiologie du Mariage (Physiologie der Ehe).* Einer seiner Lieblingsautoren, Laurence Sterne, hatte die Tonart angeschlagen; »er tat, als behandele er die Ehe wie einen medizinischen Fall, der sich periodisch durch einen physiologischen Akt bekundet.« Die *Physiologie du Mariage* sollte erst später erscheinen; aber in den Jahren 1824/25 war eine frühe Fassung niedergeschrieben worden, vielleicht unter aktiver Mitarbeit von Bernard-François; es existiert nämlich ein Exemplar, das Honoré mit einer Broschüre seines Vaters, *Histoire de la Rage (Geschichte der Liebesraserei),* hat zusammenbinden lassen.

Alle diese kleinen Werke erforderten ausgiebige Vorstudien. Balzac durchschmökerte, suchte, las eingehend ausländische Autoren. Er entfaltete bei dieser Tätigkeit eine napoleonische Energie. Aber er hatte die Fünfundzwanzig überschritten, und der Erfolg hatte sich ihm versagt. Die Romane des Horace de Saint-Aubin? Er glaubte nicht daran, er hatte sie mit Ironie geschrieben, und manchmal voller Scham. Warum? Weil er wußte, daß er etwas anderes war: ein Philosoph, ein Denker. Er hatte einige Handfertigkeiten erlernt, das Knüpfen einiger Fäden; es drängte ihn, seine Netze höher zu spannen. Ein Raisson, ein Le Poitevin können literarische Handlanger bleiben, Allerweltsleute. Aber er? Alles trieb ihn zum Großen; alles warf ihn zurück ins Kleinste.

»Ich stand im Bann eines ungeheuren Ehrgeizes, ich glaubte mich zu großen Dingen bestimmt und fühlte mich im Nichts ... Wie alle großen Kinder strebte ich insgeheim nach schönen Liebschaften. Ich stieß unter den jungen Leuten meines Alters auf eine Sekte von Aufschneidern; sie gingen erhobenen Hauptes einher und schwatzten albernes Zeug, setzten sich, ohne zu erbeben, zu Frauen, die mich mit tiefster Ehrfurcht erfüllten, warteten ihnen mit Unverschämtheiten auf, kauten an den Knäufen ihrer Spazierstöcke herum, raspelten Süßholz, setzten die hübschesten jungen Damen vor sich selbst herab, legten ihren Kopf auf alle Kopfkissen oder behaupteten, es getan zu haben, setzten dabei eine Miene auf, als seien die Liebeswonnen ihnen gleichgültig, stellten die Tugendhaftesten und Keuschsten hin, als seien sie eine leichte Beute und könnten mit einem bloßen Wort, einer kühnen Geste, durch den ersten dreisten Blick erobert werden ...! Später habe ich erfahren, daß die Frauen nicht erbettelt werden wollen; ich habe viele aus der Ferne angebetet, habe ihnen ein bewährtes Herz ausgeliefert, eine Seele, die sie hätten zerfetzen können, eine Energie, die weder vor Opfern noch vor Martern zurückschreckte; sie jedoch haben sich Dummköpfen hingegeben, die ich nicht einmal als Portiers hätte haben mögen ...«

Aber man mußte schließlich leben. Er wohnte jetzt für sich allein in der Rue de Tournon. Die Nabelschnur war durchschnitten. Manchmal bezahlte die Mutter ihm heimlich die Miete. Man weiß, daß er 1824 erkrankte. Den Namen Balzac berühmt zu machen, blieb sein Traum. Bis jetzt freilich hatte er aus Mangel an Vertrauen zu seinem Tun nur unter Pseudonymen geschrieben. Zu Beginn seiner Laufbahn als Romancier hatten seine Eltern sich ein Wunder erhofft. Der wohlwollende, optimistische Bernard-François schrieb wiederholt an die Vettern: »Honoré beschäftigt sich unermüdlich mit Literarischem und bringt hübsche, interessante Dinge zustande, die sich gut verkaufen.« Honoré selber beurteilte sich streng: In seinem Selbstekel dachte er oft an Selbstmord. Wenigstens hat Etienne Arago das erzählt:

»Als Etienne Arago eines Abends über eine der Seinebrücken ging, erblickte er ihn, wie er reglos dastand, die Ellbogen auf das Geländer gestützt, und dem Fließen des Wassers zuschaute.

›Was treiben Sie da, lieber Freund? Spielen Sie die Hauptgestalt des »Misanthrope«? Spucken Sie ins Wasser, damit sich Ringe bilden?‹

›Ich sehe mir die Seine an‹, sagte Balzac, ›weil ich überlege, ob ich mich nicht in ihre feuchten Laken betten soll ...‹

›Was fällt Ihnen ein?‹ rief er. ›Selbstmord? Das ist doch Wahnsinn! Los, kommen Sie mit mir. Haben Sie zur Nacht gespeist? Das wollen wir jetzt gemeinsam tun.‹«

Es ist wenig wahrscheinlich, daß dieser amüsante, geliebte junge Mensch, der von Plänen überquoll, ernsthaft daran gedacht hat, in den Tod zu gehen; aber sollte er sein ganzes kurzes, einziges Leben lang im Stücklohn für die Verleger arbeiten?

VIII

TATMENSCH IM IMAGINÄREN

Man sollte die Menschen, die man liebt, niemals beurteilen. Eine Zuneigung, die nicht blind ist, gibt es nicht. *Balzac*

1825. In der Rue de Tournon kam Balzac täglich mit Madame de Berny zusammen; sie hatte ihr Haus in Villeparisis verkauft und sich in seiner Nähe eingemietet. Sie brachte ihm alles dar: die Anbetung einer erfahrenen, wollüstigen und zärtlichen Frau; die mütterliche Zuneigung einer reifenden Egeria für einen jungen Mann, dessen Augen »zwei schwarze Diamanten sind, die gelegentlich in reichen Goldreflexen aufleuchten; Augen eines Herrschers, eines Hellsehers, eines Tierbändigers«; Weltkenntnis und kluge Ratschläge über die Art und Weise, wie man sich in Welt und Gesellschaft zu verhalten habe; Berichte über das Ancien régime, die Revolution, über die aus dem Directoire hervorgegangene Gesellschaft des Kaiserreichs. Sie war durchdringenden Geistes, zugleich spottsüchtig und leidenschaftlich, ohne Illusionen über die Menschen und dabei frei von Bosheit, einer unendlichen Hingabe fähig, und so schilderte sie die Listen, die Begierden, die Komplotte. Sie erhellte das Leben.

Er selber beobachtete Leben und Gesellschaft seiner Zeit, die der Restauration. Die Energien, die sich während des Kaiserreichs in Heroismus vergeudet hatten, sammelten sich jetzt auf gefährliche Weise an. Balzac erkannte, wie ungeheuer interessant jene Zeitspanne sei, gleich allen Zeiten des Übergangs. Auf ihrem Gipfel vermischten sich zwei Gesellschaften. Auf der einen Seite die alte Aristokratie, die des noblen Faubourg; sie war durch die Schreckensherrschaft dezimiert worden, aber durch die Rückkehr des Königs aufs neue bedeutsam erstarkt und trachtete unklugerweise danach, ihren Vorrang, ihre Exklusivität und ihre Rachsucht zur Geltung zu bringen; auf der andern die Emporkömmlinge des Kaiserreichs und der Finanz, von denen viele dadurch oben geblieben waren, daß sie sich der Monarchie anschlossen, nach außen hin, nicht von Herzen. Für Honoré waren beide nahezu unzugänglich.

Unterhalb ihrer trug die Bourgeoisie einen Maulkorb, verhielt sich vorsichtig, verbarg ihre Ressentiments und fürchtete zum guten Teil den Verlust dessen, was sie durch die Revolution erworben oder erobert hatte. Der junge Bourgeois Balzac, Sohn eines Beamten des Kaiserreichs, konnte nicht anders: Er mußte die Ultras hassen. »Alles zeugt für uns von der bonapartistischen Glut, die sein Jünglingsherz geschwellt haben muß.« Er verstand die Zornesaufwallungen der jungen Liberalen und die Wut der zur Untätigkeit verdammten Helden, der Offiziere auf Halbsold; sie waren außerstande, sich dem Zivilleben anzupassen, spielten in den Cafés Billard und komplottierten gegen die Regierung.

Oberhalb ihrer der König: Ludwig XVIII., der klar und deutlich die Gefahr sieht, der diese Kluft zwischen zwei Gruppen von Franzosen zuschütten möchte und dessen Weisheit Balzac anerkennt: »Das letzte Haupt des Hauses Bourbon war ebenso darauf erpicht, dem Dritten Stand und den Leuten des Kaiserreichs, den Klerus inbegriffen, Genüge zu leisten, wie der erste Napoleon eifrig darauf bedacht gewesen war, die großen Herren an sich zu ziehen und die Kirche zu dotieren ...« Der junge Balzac war ein obskurer Zeuge, der die Restauration als Künstler und als Liebender beobachtet, »von unten, in der Menge, in Leiden und Kämpfen, in den ungeheuren Kämpfen des Talents und des Charakters, die dahin führen, daß die verbotenen Dinge tausendmal erahnt, imaginiert, gedanklich durchdrungen werden, ehe sie endlich besessen und erkannt worden sind.«

Die Pariser Gesellschaft, die er entdeckte, dünkte ihn unbarmherzig und sogar grausam. Es wurden darin aus purem Strebertum die perfidesten Machenschaften angezettelt. Der gutmütige Balzac mit der dem Erhabenen aufgetanen Seele war nicht genug vor den Haifischen auf der Hut, die rings um ihn her tauchten. In seiner eigenen Familie hatte er eheliche Kümmernisse kennengelernt, bittere Geldstreitigkeiten; er hatte die unverschämten Paradoxe seiner literarischen Freunde angehört; er hatte die Gerüche aus der Sudelküche der verdächtigen Journalisten und der hungergeplagten Verleger eingeschnuppert. Vorerst indessen gab er seinem naiven Vertrauen nach.

Da er die Hoffnung aufzugeben begann, zu literarischer Berühmtheit zu gelangen, und sogar die, von seiner Feder leben zu können (denn die Buchhändler versprachen zwar Wunder, aber ihre Wechsel blieben häufig uneingelöst), riet ihm ein Freund seines Vaters, Jean-Louis Dassonvillez de Rougemont, Schloßherr auf Montglas (Seine-et-Oise), es mit einer andern Laufbahn zu versuchen: der kaufmännischen. Auch Jean Thomassy, sein Gewissensrat, sagte ihm: »Fangen Sie etwas Nützliches an und machen Sie *überdies* Literatur. Ehe wir ans Dessert denken, wollen wir uns zweier möglichst ausgiebiger Gänge versichern; das ist das Mittel, friedlich und ruhigen

Gewissens zu schlafen; die Literatur als Mittel zum Vorwärtskommen ist ein Apparat ohne Triebfeder, der oftmals dem Kühnen, der sich seiner bedienen will, Verletzungen zufügt; übrigens ist dem Literaten im eigentlichen Sinn stets der Neid auf den Fersen; falls man dagegen nur zum Zeitvertreib Schriftsteller ist, dann hat man stets genug Geist und Erfolg.« Warum also nicht das Kaufmännische und die Literatur miteinander verbinden?

Honoré hatte mit Bernard-François den Hang zu tollkühnen Unternehmungen gemeinsam. Als Tatmensch im Imaginären entflammte er sich leicht für jedes neue Projekt. Beim Erblicken der ersten Daguerreotypien war er sich sofort über die ungeheure Zukunft dieser Erfindung klar und untröstlich gewesen, daß er sie nicht ausbeuten konnte. Aber sein ungeduldiger Genius flog geradewegs auf den Erfolg zu und vernachlässigte die Mittel zu dessen Herbeiführung als zu zeitraubend. Nun aber erfuhr er bei einem Buchhändler Urbain Canel, Place Saint-André-des-Arts, zu dem er durch Raisson in Verbindung getreten war und der *Wann-Chlore* veröffentlichen sollte, daß Canel mit seinem Kollegen Delongchamps sich anschickte, die Werke La Fontaines und Molières zu verlegen: jeden Autor vollständig in einem einzigen Band, sehr klein gedruckt, zweispaltig. Der Gedanke begeisterte Balzac. Gewiß würden unzählige gebildete Leser sich wünschen, die Klassiker in so handlicher Gestalt zu besitzen. Wenn er sich an diesem Unternehmen beteiligte, würde er mit geringem Arbeitsaufwand zu Vermögen gelangen und über nahezu seine gesamte Zeit zum Schreiben verfügen können.

Er schloß einen Vertrag mit Urbain Canel; dieser verpflichtete sich, mit ihm die Einnahmen, Herstellungskosten und das Risiko des einbändigen *Molière* zu teilen. Um die Herstellungskosten sicherzustellen, war Geld erforderlich. Dassonvillez de Rougemont lieh sechstausend Francs, danach dreitausend, zu hohen Zinsen; Madame de Berny trug spontan mit neuntausendzweihundertfünfzig zum *La Fontaine* bei; sie billigte das Vorhaben und wünschte inständig, daß ihr junger Freund sich von der Familie unabhängig mache; auch diese zollte Beifall. Voller Hoffnungen hatte sie auf einen literarischen Erfolg gewartet; aber Honoré war jetzt sechsundzwanzig und hatte kein Publikum. Sollte er sich also im Kaufmännischen betätigen!

Die einzige, die Vorsicht anempfahl, war die arme Laurence; sie siechte hin, ihre schweren Sorgen höhlten sie aus. Ihr Taugenichts von Mann hatte ihre Unterschrift verlangt, um sie ausplündern zu können; Madame Mère hatte ihr verboten, sie zu geben. Gegen Ende einer neuen Schwangerschaft hatte die schwindsüchtige Laurence Zuflucht in der Wohnung ihrer Eltern, Rue du Roi-Doré 7, suchen müssen, wo Madame Balzac sie durch verletzende

Redensarten quälte: »Ich werde für meine Tochter stets alles Gute tun, das ich vermag«, schrieb sie, »aber ich bringe es nicht mehr über mich, sie liebzuhaben.«

Laurence de Montzaigle an Balzac, 4. April 1825: »Deine drei oder vier geschäftlichen Unternehmungen, mein lieber Honoré, gehen mir im Kopf herum; ein Autor hat wohl genug von seiner Muse. Wie kann Dir, dem der Literatur Verfallenen, diese einzige Beschäftigung, die das ganze Dasein der berühmten Männer, die geschrieben haben, beansprucht hat, Zeit lassen, einen neuen Beruf zu ergreifen und Dich ins Kaufmännische zu stürzen, in dem Du Dich kein bißchen auskennst ...? Wenn man in diesem Fach mit nichts anfängt, muß man, um es darin zu Vermögen zu bringen, ein Schafskopf sein, der vom Augenblick des Aufwachens bis zur Stunde des Zubettgehens nur *einen* Gedanken hat: zu allen Leuten liebenswürdig zu sein, seine Ware anzupreisen, und sie mit Gewinn zu verkaufen. Aber diese Voraussetzungen erfüllst Du nicht ... Du hast es mit Leuten zu tun, die Dich die Dinge auf die vorteilhafteste Weise der Welt sehen lassen werden. Deine Phantasie wird mit Dir durchgehen; Du wirst Dir vorkommen, als habest Du dreißigtausend Francs Einkünfte; und wenn der Geist ins Feld rückt und tausend Pläne schmiedet, geraten dadurch Urteilskraft und Vernunft ins Hintertreffen. Du bist gütig und rechtlich, und das wird Dich nie gegen die Schurkereien der andern wappnen ... Die Anteilnahme, die ich Dir entgegenbringe, läßt mich diese Erwägungen anstellen, mein lieber Honoré, und ich sähe Dich lieber an der Arbeit über vielen Manuskripten, ernsthaften Werken, mit keinem roten Heller in der Tasche, im vierten Stock, in einer Künstlerkammer, als daß ich Dich vermögend und mit schönen kaufmännischen Unternehmungen beschäftigt sähe ... Damit verabschiede ich mich von Ihnen, Herr Unternehmer. Geben Sie gut acht auf Ihre Unternehmungen, wenn Sie nicht wollen, daß mit Ihnen selbst etwas unternommen wird. Sollten Sie es zu Vermögen bringen, dann heiraten Sie nicht, denn Sie haben zwei hübsche Neffen und eine Nichte. Dies alles, lieber Bruder, im Scherz. Ich mache es Dir zur Pflicht, daß Du über alledem Deine Muse nicht gar zu lange schlafen läßt; mich verlangt danach, Deine Werke zu sehen, sie zu lesen ...«

Die arme Laurence sah klar, aber Honoré hatte sich nun einmal ganz und gar in dieses Abenteuer gestürzt. Zur Illustrierung seiner Klassiker suchte Urbain Canel einen Stecher mit bescheidenen Ansprüchen. Den gab es, und er war Buchhändler in Alençon: Pierre-François Godard. Balzac bestieg die Postkutsche und traf Godard in einem pittoresken Haufen alter Giebelhäuser mit Türmchen und kleinen Kramläden an; seine Augen und sein Gedächtnis, beide unfehlbar, verleibten sich das alles auf der Stelle ein. Der

Vertrag wurde am 17. April 1825 in Godards Laden unterzeichnet. Balzac war im Hôtel du Maure abgestiegen, einem traditionellen normannischen Gasthaus mit dem Stall hinten im Hof und der Küche vorn unter dem Gewölbe. Ein weiteres Bild, das er sofort einheimste.

Nach der Rückkehr mußte er die Vorreden zum *Molière* und zum *La Fontaine* schreiben, seinen Roman *Wann-Chlore* (oder *Jeanne la Pâle*) abschließen und Schritte zur Erlangung von Zeitungsartikeln unternehmen. die dem Stapellauf des *Molière* förderlich wären. Er rechnete mit Philarète Chasles, einem Freund Raissons, einem intelligenten, betriebsamen Kritiker. Die Väter der beiden jungen Leute, das Konventsmitglied Chasles und der Jakobiner Raisson, waren Kampfgenossen gewesen. Nach einem zweijährigen Aufenthalt in England hatte Philarète in den Zeitungen und Zeitschriften Karriere gemacht. Balzac bat ihn um seine Unterstützung. Madame de Berny und Dassonvillez hatten einen Wechsel auf seine Zukunft gezogen; der mußte honoriert werden, also durfte der Erfolg nicht ausbleiben.

Surville hatte den begehrten Posten erhalten: Er war Ingenieur des Département Seine-et-Oise mit dem Wohnsitz Versailles geworden. Balzac fuhr häufig hin und besuchte seine Schwester. Camille Delannoy (die Tochter der besten Freundin der Familie) hatte sich in der Pension intim mit einer ihrer Kameradinnen angefreundet, die »schön wie ein Engel« war: mit Joséphine d'Abrantès; deren Mutter war Laure Permon, die Witwe des Generals Junot, des Herzogs von Abrantès. Durch ihre Freunde, die Delannoys, hatte Laure Surville die berühmte Herzogin kennengelernt; sie wohnte in Versailles. Laure d'Abrantès war früher feurig und leichtlebig gewesen und hatte zahlreiche Liebschaften gehabt, darunter eine mit dem Fürsten Metternich, dem österreichischen Staatskanzler, der Seele der Heiligen Allianz. 1825 gestand sie einundvierzig Jahre ein.

Unter der Restauration bekannte sie sich, wie so viele andere, zu monarchistischen Gefühlen. Napoleon, ehedem ihr Held, wurde zu einem »Scheusal von Usurpator«. Nach Waterloo hatte sie versucht, »ihre kleinen Diners« wieder aufzunehmen; aber die Passiva der Hinterlassenschaft Junots beliefen sich auf etwa eine Million. Die Witwe war ruiniert; sie mußte ihre Juwelen, ihr Mobiliar und ihren Keller feilbieten; Pauline Borghese aber, die nach wie vor sehr reich war, ließ sich die Saphire und die spanischen Weine ihrer ehemaligen Freundin nicht entgehen.

Als ihre Pension nur noch sechstausend Francs betrug, richtete sich Laure d'Abrantès bescheiden in einem kleinen Gartenhaus in der Rue de Montreuil zu Versailles ein. Um ihren mageren Einkünften Autorenhonorare hinzuzufügen, träumte sie davon, zu schreiben. Sie war noch immer schön, appetitlich, hatte lebhafte Augen, einen frischen Mund, pechschwarzes Haar.

Honoré war hingerissen. Eine Herzogin, wenn auch nur eine des Kaiserreichs, schmeichelte seiner Eitelkeit. Laure d'Abrantès hatte in den Tuilerien gelebt. »Diese Frau hat Napoleon gekannt, als er noch ein unbekannter junger Mann war; sie hat mitangesehen, wie er sich mit den Alltagsdingen herumschlug; dann hat sie ihn groß werden, aufsteigen und die Welt mit seinem Namen überdecken sehen! Sie ist für mich wie ein seliger Geist, der sich zu mir setzen könnte, nachdem er im Himmel in Gottes Nähe geweilt hat ...«

Die Herzogin fand den quicklebendigen, wißbegierigen, hochgebildeten jungen Menschen nicht ohne Reiz. Er besaß Beziehungen in der literarischen Welt; sie legte ihm eine Übersetzung vor. Er regte sie zu ehrgeizigeren Plänen an. Warum wollte sie nicht ihre Memoiren schreiben? Er versuchte, sie zu seiner Geliebten zu machen; sie sträubte sich, und er beschuldigte sie, »sie lasse die Kraft zur Sinnlichkeit in sich ersticken«. Es gebe, so sagte er ihr, zwei Arten von Frauen: solche, die ganz Anmut und Unterwerfung seien, und solche, bei denen männliche Ideen und kühne Eingebungen absonderlicherweise mit den Schwächen ihres Geschlechts vereint seien. Folgendes Axiom stellte er auf: »Die Frau ist niemals so rührend und so schön, als wenn sie sich vor einem Herrn und Meister demütigt.« Aber Laure d'Abrantès war keine Liebesdienerin. Sie bot ihre Freundschaft an.

»Die Freundschaft«, antwortete er unwillig, »ist eine Chimäre, der ich stets nachjage, trotz den häufigen Enttäuschungen, die mir zuteil geworden sind. Seit meiner Jugendzeit im Alumnat habe ich nicht nach Freunden, sondern nach einem Freund gesucht. Ich bin der Ansicht La Fontaines und habe noch immer nicht gefunden, was eine schwärmerische, fordernde Phantasie mir in so leuchtenden Farben vorgaukelt ... Aber es gibt, so will ich glauben, gewisse Seelen, die auf Anhieb erspürt und gewürdigt werden können. Ihr Vorschlag, Madame, ist so schön, so schmeichelhaft, daß ich mich hüten werde, meine Hand zurückzuziehen ...«

Irgend jemand hatte der Herzogin von Abrantès gesagt, Balzac sei »in Blumenketten« (Anspielung auf die Liaison mit Laure de Berny). Er verteidigte sich: »Wenn ich eine gute Eigenschaft habe, dann die Energie ... Beherrscht zu werden ist mir unerträglich. Alles, was Stellungen betrifft, habe ich ausgeschlagen, der Unterordnung wegen, und was diese betrifft, so bin ich ein wahrer Wildling.« Das schöne Geschlecht hegt eine Vorliebe für Wildlinge, und das Pochen auf Unabhängigkeit konnte in einer Frau die Verlockung entfachen, ihn zum Sklaven zu machen. Eben das hoffte er. Folgendermaßen schildert er sich seiner Herzogin:

»Ich berge in meinen fünf Fuß zwei Zoll alle erdenklichen Zusammenhanglosigkeiten und Gegensätze, und wer mich für eitel hält, für ver-

Jugendbildnis Balzacs
»Balzac mit den langen Haaren«.

Paris zu Beginn des 19. Jahrhunderts.

schwenderisch, halsstarrig, leichtfertig, für keiner Folgerichtigkeit des Denkens fähig, für geckenhaft, nachlässig, faul, dem Fleiß abgeneigt, unüberlegt, unbeständig, schwatzhaft, taktlos, ungehobelt, unhöflich, rappelköpfisch, unausgeglichen in den Stimmungen, hat sicherlich genauso recht wie die, die etwa sagen, ich sei sparsam, bescheiden, tapfer, zäh, energisch, höflich, immer frohgemut. Wer da sagt, ich sei ein Feigling, hat nicht minder unrecht, als wer da sagt, ich sei über die Maßen tapfer; kurzum: ob nun gelehrt oder unwissend, begabt oder talentlos – an mir selber wundert mich nichts mehr. Letztlich glaube ich, daß ich nur ein Instrument bin, auf dem die Umstände spielen.

Rührt dieses Kaleidoskop von dem her, was der Zufall in die Seele derer wirft, die beanspruchen, sie wollten alle Gemütsstimmungen und das Menschenherz schildern, zumal sämtliche Seelenregungen, damit sie vermöge der Kraft ihrer Phantasie nachempfinden können, was sie schildern, und wäre die Beobachtungsgabe nur eine Art Gedächtnis, das dazu bestimmt ist, jener beweglichen Phantasie zu helfen? Ich fange an, es zu glauben ...«

Am 11. August starb die arme, durch die Geburt eines zweiten Sohns erschöpfte Laurence im Haus ihrer Eltern, Rue du Roi-Doré 7. Die Gleichgültigkeit der Familie war schockierend. Am 3. August 1825 hatte Bernard-François an seinen Neffen geschrieben: »Madame de Montzaigle, meine zweite Tochter, Mutter zweier Jungen, zweiundzwanzig Jahre alt, wird in der andern Welt sein, wenn Sie diesen Brief erhalten; es ist trostlos. Ihre ältere Schwester, Madame Surville, steht am Anfang ihrer zweiten Schwangerschaft; ihr Mann hat den Plan eines neuen Kanals gefertigt, der siebzehn Millionen kosten wird, die Regierung hat ihn genehmigt, hat ihn zum Chefingenieur dieses großen Unternehmens ernannt; die Firma ist auf der Suche nach Kapital, um anfangen zu können ...« Der Essonne-Kanal, dem Bernard-François mit erstaunlicher Unbewußtheit eine größere Wichtigkeit beimaß als dem Tod Laurences, spielte im Leben der Familie eine gewaltige Rolle. Alle würden dadurch reich werden; Honoré hatte es bereits übernommen, den Text der Prospekte zu entwerfen. Allein, der Leiter des Amts für Brücken- und Straßenbau erteilte Surville, der um seiner persönlichen Pläne willen seinen Dienst vernachlässigte, einen Verweis. Ein charakteristischer Zug: Während Balzac als Schwager an den ehrgeizigen, goldenen Träumen Survilles teilnahm, studierte Balzac als Romancier an ihm die verheerenden Auswirkungen einer fixen Idee.

An Laurences Todestag war er in Versailles bei ihrer beider Schwester. Laure litt unter einer schwierigen Schwangerschaft, und er hielt den Todesfall zunächst vor ihr geheim, unterrichtete indessen die Herzogin von Abrantès davon.

Balzac an die Herzogin von Abrantès, 11. August 1825: »Meine arme Schwester hat ausgelitten. Eben kommt eine Eilnachricht; ich fahre hin, ohne daß ich die Zeit angeben könnte, die ich fortbleiben werde, um so traurige Pflichten zu erfüllen. Haben Sie, mangels eines andern Gefühls, ein wenig Mitleid mit mir, und drücken Sie mich nicht nieder in einem Augenblick, da alle Schmerzen über mich hereinbrechen. Adieu. Bewahren Sie mir, ich bitte Sie inständig darum, Ihre Freundschaft. Sie wird mir bei diesen neuen Heimsuchungen helfen.

Meine Schwester weiß nichts von alledem. Bewahren Sie Schweigen über diesen unseligen Todesfall. Ich fahre mit Surville. Adieu, adieu ...«

Was im August nur Freundschaft hatte sein sollen, wurde im September Liebe. In einem von Saché aus geschriebenen Brief duzt Balzac die Herzogin und nennt sie »seine liebe Marie«. Wie Madame Balzac, wie Madame Surville, wie Madame de Berny hieß sie Laure. Aber vielleicht empfand der ungetreue Liebhaber nach soviel Schwüren an die *Dilecta* (das war der lateinische Kosename der vielgeliebten Laure de Berny) ein wenig Scham, wenn er sich in einem Briefwechsel mit einer andern Frau desselben Vornamens bediente? Der Skrupel hat Absonderlichkeiten, die die Aufrichtigkeit nicht kennt.

Die Herzogin rief ihn nach Versailles zurück. Er versprach ihr, der Touraine schleunigst den Rücken zu kehren, um das Glück zu genießen, wieder mit ihr beisammenzusein.

»Ich verzeihe Dir, mein geliebter Engel, alles Schelten, mit dem Sie mich bedacht haben, und ich hoffe, mich bald an dem lieben Blick berauschen, das himmlische Köpfchen sehen zu können. Ich reise hier nicht vor dem 4. Oktober ab; also kann ich noch einen netten Brief von meiner Marie bekommen, aber nicht von Marie der Zänkerin, sondern von Marie der Vergötterten, der Marie, die ich liebe. Ich will nicht zu Dir fliegen, Liebste, ohne einen Liebesbrief, einen Versöhnungsbrief zu haben. Ich komme dankbar zu Dir, und jetzt kannst Du Dich auf meine Rückkehr verlassen ...«

Mit der Herzogin von Abrantès schlafen, sie duzen: das kleine As Honoré machte seinen Weg im Reich der Frauen. In dem der Literatur gab es ebenfalls einen Hoffnungsschimmer. Als Urbain Canel im September 1826 *Wann-Chlore* herausbrachte, sprach er über den Roman mit einem seiner Autoren, Henri de Latouche, der einiges Gewicht in der Presse besaß: »Das ist das Buch eines jungen Mannes voller Mut und von Zukunft: Es wäre nett von Ihnen, der Sie Einfluß haben, wenn Sie ihm den Gefallen täten, über ihn zu schreiben.« Latouche, ein kultivierter Mann, hatte sich in allem versucht: in Dramen, im Roman, im Journalismus, und zwar ohne »die Bestie«, den Ruhm, »zu zähmen«. Daher kam es, daß er grämlichen Sinnes war, leicht beleidigt, aber ein kompetenter Kritiker. »Ich habe mehr Autoren als Werke gemacht«, pflegte er zu sagen. Dieser wohltätige Griesgram las *Wann-Chlore* und stellte, jenseits von schweren Fehlern, eine große Begabung fest. Vor allem *eine* Szene gefiel ihm: Eine Provinzdame, eine Kokette reiferen Alters, hört einen Besucher schellen und schickt ihre Tochter zum Klavierspielen in ein anderes Zimmer, um sich eine Rivalin vom Hals zu schaffen. Das war ein Madame Mère zugedachter Pfeil.

»Inmitten der Fülle von Büchern, mit denen wir überschüttet werden, verdient dieses hervorgehoben zu werden«, schrieb Latouche. »Eine starke, anziehende Handlung, dramatische Szenen, warmblütige und kraftvolle Schilderungen empfehlen es den Lesern, und zumal den Leserinnen, die in einem Roman Beobachtetes und Interessantes zu finden wünschen.« Ein paar Tage danach empfing er den Besuch eines jungen, blassen, mageren, dürftig wirkenden Mannes mit schwarzem Haar und scharfen Augen; er trug einen Karrick-Überrock, eine Hose, die die Stege vergebens nach unten zu ziehen versuchten, und einen regenglänzenden Hut. Es war Balzac; er war gekommen, um dem Kritiker zu danken; um ihm seine Erkenntlichkeit zu bezeigen, versprach er ihm ein Wunderpferdchen, das ein indischer Zauberer aufgezogen habe.

Das köstliche Geschenk existierte lediglich in der Phantasie des Spenders; aber Balzac gefiel Latouche, und er schrieb einen zweiten Artikel: »Ein Drama von Goethe, pathetisch im Thema, beredt in einigen Einzelheiten, lächerlich in vielen andern, hat sicherlich der ersten Idee zu dem Roman *Wann-Chlore* als Nährstoff gedient ... Ein lebhaftes, absonderliches Interesse macht die Lektüre dieser Erdichtung anziehend; sie ist die Frucht eines vortrefflichen Geistes und einer bisweilen glücklichen, häufig lässigen Feder. Übrigens ist *Wann-Chlore* in den Ruf der Wirkung auf die Tränendrüsen gelangt und bereits in der zweiten Auflage ...« Latouche verkündete den Erfolg, um ihn hervorzurufen. In Wahrheit schlummerte *Wann-Chlore* in Urbain Canels Regalen. Balzac zermürbte sich in Mutlosigkeit. In den Augen der Seinen war er zum »Nichtskönner« geworden, zu einem Autor unverkäuflicher Romane. Sie beherbergten ihn in Villeparisis aus purem Mitleid.

Bernard-François Balzac an Laure Surville, 14. Januar 1826: »Letzte Woche ist Honoré hier angekommen, und zwar in einem Zustand, den ich, ohne es ihm zu sagen, für völlig verzweifelt gehalten habe, ganz und gar mittellos; vier Tage lang hat er sich nach und nach erholt, ohne daß er ein Wort hätte schreiben können; am fünften hat er ein Werk angefangen, hat seither etwa vierzig Seiten daran geschrieben, ist am Mittwoch nach Paris gefahren und am folgenden Tag zurückgekommen und hat sich wieder an die Arbeit gemacht. Deine Mutter und ich haben ihm die Miete bezahlt; ich habe ihm hier die Quittung überreicht, gewissermaßen als Neujahrsgeschenk. Dies ist nur für Dich bestimmt. Ob er wiederkommt? Was will er anfangen? Was wird er tun? Ich ahne es nicht und verstehe nichts davon, außer daß er mit seinen siebenundzwanzig Jahren vielleicht mehr als vierzig an Fähigkeiten verbraucht hat, ohne den ersten Schritt in die Welt des Nützlichen zu tun ...«

Auf dem Gebiet des Kaufmännischen erfuhren die grandiosen Projekte keine Wendung zum Besseren. Der *La Fontaine* hatte in Lieferungen zu erscheinen begonnen; sie wurden in dreitausend Exemplaren abgezogen, und der Verkauf ließ sich schlecht an. Balzacs Teilhaber hatten ihm ihre Anteile verkauft, nur zu froh, sie loszuwerden. Er blieb Alleineigentümer, mußte jedoch abermals ein Darlehen aufnehmen, um das Werk beendigen zu können. Ein Buchhändler namens Baudouin kaufte ihm die ganze Auflage für 24 000 Francs ab; er hatte 16 741 Francs hineingesteckt; sah man lediglich die Ziffern an, so hatte er dabei verdient. Aber Baudouin bezahlte ihn mit Schuldforderungen an in Konkurs befindliche Firmen. Es war zu jener Zeit ein gängiges Gaunerstück, an einen allzu vertrauensseligen Gläubiger verdächtige Werte zu transferieren, deren Diskontierer dann nicht einmal dreißig Prozent gaben.

Dassonvillez riet ihm, zwecks Wiedereintreibung seiner Verluste Drucker zu werden. Dieser Gedanke hatte für den jungen Balzac etwas Verführerisches. Sein eigener Drucker zu sein, würde eine ungeheure Ersparnis bedeuten. Nicht nur einen *Molière* würde er verlegen, sondern auch noch einen *Corneille*, einen *Racine*. Ein Faktor namens Barbier schlug ihm den Ankauf der Druckerei Laurens, Rue des Marais-Saint-Germain 17, mit dem gesamten Material vor. Dazu waren 60 000 Francs erforderlich, von denen Balzac nicht den hundertsten Teil besaß. Madame Delannoy, die bestallte Gönnerin der Familie, schoß 30 000 Francs vor; das Ehepaar Balzac übernahm die Bürgschaft. Madame de Berny wußte um die Liaison Abrantès (vielleicht durch Madame Mère, die gelegentlich eines Aufenthalts bei den Survilles Honorés neuer Liebschaft auf die Spur gekommen war); allein sie fuhr fort, ihrem jungen Liebhaber zu helfen, und das trug ihr Bernard-François' Dankbarkeit ein. Die Balzacs verziehen der Geliebten die Sünden; die stille Teilhaberin büßte sie ab. Madame de Berny hatte allzu sehr unter Honorés Untreue gelitten; sie verbot ihm, die andere Laure wiederzusehen. Grausames Dilemma. Die Liebe der Herzogin schmeichelte ihm; ihre Beziehungen konnten ihm nützlich sein. Aber die *Dilecta* trug den Sieg davon. Als er sich vor die Wahl gestellt sah, hielt er sich (eine Zeitlang) seiner zweiten Laure fern. Diese reagierte durch einen heftigen, verächtlichen Brief:

Die Herzogin von Abrantès an Balzac, 1826: »Dieser Widerwille, herzukommen, ist mehr als lächerlich. Um Sie über Ihre Ängste zu beruhigen, möchte ich Ihnen ohne allen Zorn sagen, daß absoluteste Gleichgültigkeit die Nachfolgerin alles dessen geworden ist, was vielleicht zuvor bestanden hat. Und da das Wort *Gleichgültigkeit* wortwörtlich zu nehmen ist, brauchen Sie weder eine Szene noch Vorwürfe zu befürchten. – Aber ich muß Sie sehen; so seltsam das sein möge, *es ist nun mal so.* – Und wären nicht die Interessen meiner Familie und meiner Zukunft im Spiel, und sogar die Ihrigen, so glauben Sie mir, daß ich alle ehemaligen, gegenwärtigen und künftigen Beziehungen als nicht existent betrachten würde.

Folglich erinnern Sie sich bitte zum letztenmal, daß ich eine Frau bin, und bezeigen Sie mir lediglich die strikte Höflichkeit, die jeder Mann auch für das niedrigste aller Geschöpfe übrig hat. Wenn Sie so schwach sind, daß Sie unter der Last einer Verteidigung stehen, so tun Sie mir leid! Das wäre noch jämmerlicher, als ich glaubte.

Schicken Sie mir die Bücher wieder; der Bibliothekar von Versailles hat sie schon mehr als zehnmal von mir zurückverlangt; sie sind Ihnen einzig und allein unter meinem Namen geliehen worden ...«

Vor dem Erwerb eines Druckerdiploms mußte eine polizeiliche Auskunft beigebracht werden. Sie fiel überaus günstig aus. M. Honoré Balzac war »ein junger Mann von guten Sitten, von einwandfreier Gesinnung und von wohlhabender Familie; er hatte seine Schulbildung und sein Rechtsstudium hinter sich gebracht und war sogar Schriftsteller«. Am 4. Juni 1826 verließ er die Rue de Tournon und siedelte in die Nr. 17 der Rue des Marais-Saint-Germain (der heutigen Rue Visconti) über. Es war eher eine Gasse als eine Straße, und sie lag in einem pittoresken Winkel von Paris; im 18. Jahrhundert hatten dort Literaten und Schauspieler gewohnt. Die ausgedehnten Räumlichkeiten der im Erdgeschoß untergebrachten Druckerei besaßen nach der Straße hin eine Reihe von Glasfenstern. Eine Wendeltreppe mit Eisengeländer führte zu Balzacs Privatwohnung hinauf: Flur, Eßzimmer, Schlafzimmer mit Alkoven. Latouche, der Geschmack und eine Schwäche für das Stöbern in Antiquitätenläden hatte, half Balzac beim Einrichten jenes Zimmers; es wurde mit hübschem blauem Perkal ausgespannt. Das ergab eine reizende Junggesellenbehausung, in der Madame de Berny empfangen werden konnte.

Schon allein die täglichen Besuche der *Dilecta* ermöglichten es ihm, ein Leben im Schmutz, den Höllenlärm der Maschinen, die bohrenden Ängste vor Verfallstagen zu ertragen. In den Zeiten der Rue Lesdiguières hatte er Paris herausgefordert (»Jetzt wollen du und ich uns messen!«) und sich wohlgefällig der Vorstellung hingegeben, er werde eines Tages die Stadt durch sein Genie beherrschen; »jetzt mußte er, den Geruch von Papier und Druckerschwärze in der Nase, Register handhaben und Rechnungen einordnen.« Er druckte für Canel oder Sautelet historische Memoiren; Werbeprospekte für »schleimlösende, lebenverlängernde Pillen« (der Gedanke der Langlebigkeit ließ nicht von ihm ab), einen *Dictionnaire des enseignes de Paris (Lexikon der Pariser Firmenschilder), Annales romantiques (Romantische Annalen)* für das Jahr 1828, die *Mélanges* von Villemain, das *Théâtre de Clara Gazul (Mérimées Bühnenwerke)* und an die hundert Broschüren, Plakate und Streitschriften. Er zog auch die dritte Auflage des *Cinq-Mars* von Alfred de Vigny ab, und dieser hat von seinem Drucker folgende Schilderung hinterlassen: »Ein junger, sehr schmutziger, sehr magerer, sehr schwatzhafter Mann, der bei allem, was er sagte, durcheinandergeriet und beim Sprechen sabberte, weil in seinem allzu feuchten Mund sämtliche Oberzähne fehlten.« Aber die *Dilecta* verließ ihn nicht. »Ein Engel hat mir in diesem grausigen Krieg zur Seite gestanden«, wird er zehn Jahre später schreiben. »Madame de Berny ist für mich so etwas wie ein Gott gewesen. Sie war mir eine Mutter, eine Freundin, eine Familie, ein Freund, ein guter Berater; sie hat den Schriftsteller geschaffen; sie hat den jungen Menschen getröstet; sie hat geweint wie eine Schwester; sie hat gelacht; sie ist tagtäglich gekommen wie ein wohltätiger Schlummer, der die Schmerzen einlullt ...«

Denn die Schmerzen hielten ihn in der Zange. Die Druckerei hatte nur wenige Kunden, und die waren schlechte Zahler. Es kam kein Geld herein. Balzac verstand sich weder darauf, die Herstellungskosten festzustellen, noch die Verluste durch Vergeudung und Veruntreuung einzudämmen, die stets enorm sind, wenn der inkompetente Chef schlecht aufpaßt. Er bezeigte eine ärgerliche Neigung, seine persönlichen Ausgaben mit denen des Unternehmens zu verquicken. Dabei trieb er 1827 den Gedanken der »Kettenindustrie« noch weiter voran. Gerade wie er, um Verleger zu sein, hatte Drucker werden wollen, entschloß er sich jetzt, um Drucker zu bleiben, Letterngießer zu werden. Die Firma Balzac und Barbier nahm als dritten Teilhaber Jean-François Laurent auf und kaufte eine Schriftgießerei an; abermals wurde Madame de Berny stille Teilhaberin. Es wurde ein herrlicher Katalog angezeigt, der Proben aller Schriftgattungen, Vignetten und Zierleisten der Firma enthalten sollte. Der Ruin ließ nicht einmal Zeit, ihn zu Ende zu führen.

Im Februar 1828 schied Barbier, der einen unvermeidlichen Konkurs immer näher rücken sah, aus und überließ die Druckerei dem Untergang; Balzac blieb der Alleinverantwortliche. Die Firma Balzac und Barbier wurde gelöscht, eine Firma Laurent, Balzac und de Berny gegründet. Es war eine

Zeit, da die verkrampfte Unruhe ihres allzu jugendlichen Liebhabers, der allenthalben über die Stränge schlug, Laure de Berny viel Kummer machte. Allein sie blieb hilfreich.

Madame de Berny an Balzac: »Wenn Du in Deinem Leben je eine Minute des Schmerzes durchlitten hättest, wie ich ihn seit gestern empfinde, dann wärest Du nicht so hart und so unnötig grausam gewesen. Was nun Deinen Ausruf über die Frauen betrifft, so verstehe ich ihn kaum, aber wenn Du ein Herz willst, das Dich wie einen Gott zu lieben und sich gleichzeitig von dem Deinen ohne Schmerz zu trennen vermöchte, so wäre das ein neuer Stein der Weisen und eines ausgemachten Egoisten würdig ... Regle unsre Angelegenheit, wie Du es anfangs wolltest; mir ist gleichgültig, ob ich mit Namen darin erscheine ...«

Sie zahlte erneut 9 000 Francs in ein Kapital von 36 000 Francs ein, von denen 18 000 Francs in dem von Jean-François Laurent gelieferten Material bestanden.

Die großherzige Frau ging damit eine tollkühne Verpflichtung ein, denn Honorés finanzielle Situation mutete schon damals mehr als gefährlich an. Er hatte in der Firma ein privates Schuldkonto in Höhe von 4 500 Francs. Warum? Weil er zuviel Geld für seinen Schneider, seinen Schuhmacher, seinen Dekorateur ausgegeben hatte. Von seinem größten Schuldner, dem Buchhändler in Reims, nahm er Bücher in Zahlung, wodurch zwar seine Privatbibliothek bereichert, aber die Geschäftskasse nicht voller wurde. Die Endkatastrophe schien unvermeidlich. Bernard-François indessen, ein Phantasiemensch wie sein Sohn, blies die Siegestrompete:

»Honoré kommt mit Blitzesschnelle voran; in noch nicht einmal fünfzehn Monaten hat er eine Druckerei mit fünfzehn Pressen gegründet, die Konzession einer Buchhandlung erhalten, die bereits neben der Druckerei lag, und eine Schriftgießerei geschaffen, von der die andern Drucker beziehen müssen. Wenn er nicht krank wird, hat er es in fünf oder sechs Jahren zu Vermögen gebracht; das dankt er dann seinem Talent, seinem unvergleichlichen Betätigungsdrang und den 50 000 Francs, die ich ihm zugeschossen habe. Das zeigt Ihnen, welche Lasten ich mir für meine Kinder auferlegt habe ...«

Aber Fakten sind nun mal dickköpfig.

Balzac an Théodore Dablin, März 1828: »Aus und vorbei, Väterchen, wenn Sie mir nicht unter die Arme greifen. Mein letztes Geld, ein Tausendfrancsschein, ist heute morgen bei einer unerwarteten Zahlungsaufforderung draufgegangen. Meine Zahlungen zum Monatsende sind in der Stunde, da ich Ihnen schreibe, geleistet, aber auf Kosten der morgigen Lohnzahlung. Bedenken Sie, daß ich bis acht Uhr abends Frist habe, aber damit ist alles gesagt. Bitte denken Sie an mich; sehen Sie zu, auf welche Weise Sie mir diese verdammten fünfzehnhundert Francs verschaffen können; das ist die Hälfte dessen, was ich brauche, aber verschaffen Sie sie mir. Gestern habe ich alles erschöpft. Ich komme heute abend um halb sieben bei Ihnen vorbei; Sie haben so viele Beziehungen, daß es Ihnen vielleicht möglich ist, etwas aufzutreiben ...«

Nur zu bald suchte der von den Gläubigern und den unbezahlten Arbeitern gepeinigte Balzac Zuflucht bei Latouche. Die Schriftgießerei, das einzige gesunde Unternehmen der Gruppe, wurde verkauft. Balzacs Nachfolger wurde Alexandre de Berny, ein Sohn der *Dilecta;* sie quittierte Balzac 15000 Francs Schulden. Die Druckerei hingegen mußte liquidiert werden. Die Eltern Balzac wollten den Sohn um jeden Preis vor dem Konkurs bewahren. Um es genau zu sagen: Seine Mutter, die zwar eiskalt, aber in schlimmen Tagen verläßlich war, bat (ohne Wissen ihres dreiundachtzigjährigen Mannes) ihren Vetter Charles Sédillot, einen Mann von Charakter und Erfahrung, dieses schwierige Unterfangen durchzuführen, ohne daß dabei die Ehre Schaden erleide. Sédillot setzte durch, daß Barbier die Druckerei wieder übernahm, wobei die Außenstände mit 67000 Francs bewertet wurden, und daß er sich verpflichtete, den Gläubigern diese Summe zu zahlen. Den Rest der Schuldforderungen nahmen Honorés Eltern auf sich. So besaß denn Balzac nach einem dreijährigen Streifzug durch die Welt des Wirklichen weder Schriftgießerei, noch Druckerei, noch Verlagshaus mehr, sondern nichts, und er schuldete den Seinen 45000 Francs, eine ungeheure Summe für die damalige Zeit und in jenen Kreisen. Aber er hatte eine unschätzbare Erfahrung gewonnen, die nämlich, was es mit Gelddingen auf sich hat, mit der grauenhaften Lage eines zum äußersten getriebenen Kaufmanns, mit der unausweichlichen Katastrophe. Der Beruf zwingt einem Gedanken auf: Eine Anwaltskanzlei und ein dem Untergang preisgegebenes Geschäftsunternehmen hatten Balzac gezeichnet.

Ein anderes Drama erschütterte die heilige Familie. Es hieß in Villeparisis, der über achtzigjährige Bernard-François habe ein Dorfmädchen geschwängert. Jedenfalls behauptete es das Mädchen, und Madame Balzac, der die Tatsache an sich ziemlich gleichgültig war, bekam es mit der Angst, der allzu waffenfähige alte Herr könne erpreßt werden. Seiner Tochter Laure hatte Bernard-François früher einmal mit vollauf balzacischem Freimut geschrieben: »Ich habe eine junge, schöne, kräftige Geliebte, an die ich gewöhnt bin, von ihr rührt meine ganze innere Befriedigung her ... ich gehe meinem Siebenundsiebzigsten entgegen; soviel über mein Liebesleben.« Das gehörte zu den Rezepten für die Langlebigkeit. Erinnerte Bernard-François sich, daß er ehedem ein *Mémoire sur le scandaleux dés-*

ordre causé par les jeunes filles trompées et abandonnées dans un absolu dénuement (Memorandum über die skandalösen Umstände verführter und dem Elend preisgegebener Mädchen) geschrieben hatte? Madame Balzac bat Laure Surville um Unterstützung:

»Mit großer Behutsamkeit arbeite ich am Verkauf des Hauses [in Villeparisis], aber Dein Vater ist ganz gehörig anderer Ansicht geworden. Es bedarf Deiner ganzen Geschicklichkeit, ihn erneut für Versailles einzunehmen. Du müßtest ihm Angst machen, hierher zurückzukehren, in ihm den Wunsch erwecken, nie wieder den Fuß hierher zu setzen. Das beste wäre ein gepfefferter anonymer Brief aus Melun oder Meaux. Aber müßte er ihn nicht vor der Fahrt nach Versailles bekommen? Ich glaube, *ja.* In Versailles käme nichts drauf an; anderseits müßte der Brief so ankommen, daß er die Frau vor der Abreise nicht wiedersehen kann, damit Erklärungen vermieden werden. Überdies liegt Deinem Vater sehr daran, bis zum 10. Juli zu bleiben; die Sache ist nur die, daß die Zeit für einen Verkauf kurz ist. Welch anderes Mittel, ihn aus Villeparisis wegzubringen, bleibt? Ist erst die Niederkunft erfolgt, wird er schön geprellt werden, sie werden ihn dazu bringen, aus Selbstachtung und Furcht alles zu tun, was sie wollen ...«

Die Balzacs wohnten also fortan in Versailles, Rue de Maurepas 2, um den Survilles näher zu sein. Ihr Sohn konnte sich über die Liebe und die alten Herrn Gedanken machen. Seine Lehrjahre waren bitter, aber instruktiv. »Seine Rückschläge hatten seinen Stolz keineswegs gebrochen.« Er hatte sich »die Fähigkeit bewahrt, im Sturm den Nacken steif zu halten«. Seine schwarzen Augen bildeten zwei Kohlenflecken, die in einem von Sorgen ausgehöhlten Gesicht schimmerten. Zwar setzte er bisweilen eine melancholische Miene auf, die vom Bewußtsein seiner Notlage herrührte, aber er barg in sich einen Fundus an Lebenskraft. Als er eines Tages zwischen Monsieur Pépin-Lehalleur und Väterchen Dablin unten an der Säule vorbei über die Place Vendôme ging, redete er davon, was er dereinst sein werde. Er hatte auf keine seiner großen Hoffnungen verzichtet. Dablin sagte ihm, Ehrungen und Vermögen verwundeten das Herz; er antwortete, in bezug auf seine Liebe und Zuneigung vermöge nichts ihn zu ändern. Als ein Besiegter dachte er an nichts als künftige Siege. Er lebte in der Zukunft, einer triumphalen, von Huris bevölkerten, von Schätzen strotzenden Zukunft.

Daher seine Fehlschläge auf der Ebene des Profanen. Was gingen ihn die paar elenden Gläubiger an, ihn, der über Jahrhunderte hinwegflog, wenn er Geschichtswerke las, und der über den Abgründen von Jahrtausenden schwebte, wenn er sich mit Cuviers Geologie befaßte? In seinen glücklichen Momenten bildete er sich gutgläubig ein, er sei mit übernatürlichen Kräften begabt. Mehr denn je war er von der Einheit der Welt überzeugt.

Wenn ein am Saum des Mittelmeers abgefeuerter Pistolenschuß bis an die Küsten Chinas spürbar ist, mit wieviel größerem Recht muß sich dann unser Wille physisch auf die Menschen und Dinge auswirken, die um uns sind. Einzig die Allmacht eines Zauberers aus Tausendundeiner Nacht hätte seinen geheimen Wünschen genugtun können. Aber schon früher hatte Madame Mère einmal gesagt: »Honoré hält sich entweder für alles oder für nichts.« Wenn er einen verstohlenen Blick auf die Ruinen warf, die er im Verlauf seines kurzen Experiments im tätigen Leben rings um sich angesammelt hatte, widerfuhr es ihm in flüchtigen Anfällen von Kleinmut, »sich für nichts zu halten«. Für jemanden, der wußte, daß er alles sei, war das unerträglich.

IX

RÜCKKEHR ZU ERNSTEN DINGEN

> Die Werke bilden sich in den Seelen auf ebenso geheimnisvolle Weise wie die Trüffeln in den duftenden Ebenen des Périgord.
>
> *Balzac*

Im Jahre 1828 keucht Balzac wie ein gehetztes Tier. Aus dem Haus in der Rue des Marais-Saint-Germain ist er geflohen; die Gläubiger belagern es. Soll sich doch Onkel Sédillot mit der Liquidation abplacken! Mit so etwas geben sich am besten kleine Geister ab. Latouche bezeigt sich im Unglück als gastfreundlich und auf liebevolle Weise neckisch. Er bietet eine Zufluchtsstätte an. Vergebens versucht er, die von Madame de Berny vorgestreckten Rentenpfandbriefe zu verkaufen; sie sieht verzweifelt diesem Zusammenbruch zu.

Honorés Mutter, diesmal zu Recht, versetzt dem Sohn Rippenstöße. Er *müsse* zu Onkel Sédillot gehen, um »wenigstens« die Papiere zu unterschreiben. Inzwischen hat Surville, der neufundländertreue Schwager, in der Rue Cassini 1, dicht beim Observatorium, eine Wohnung gemietet und für das erste Quartal bezahlt.

Die Gegend um das Observatorium galt damals als das Ende der Welt. Im Hintergrund erstreckte sich die Baumschule des Luxembourg, ausgedehnt wie ein Wald. Inmitten der Felder bot der Boulevard du Montparnasse seine Schenken mit Lauben und Schaukeln dar. »Dort ist kein Paris mehr, und dort ist noch immer Paris. Jene Gegend hat gleichzeitig etwas von einem Platz, einer Straße, einem Boulevard, einer Befestigung, einem Garten, einer Avenue, einer Landstraße, etwas von der Provinz und von der Hauptstadt; sicherlich hat sie von alledem etwas und von alledem nichts. Sie ist eine Einöde.« Balzacs Herz war gebrochen; er bedurfte zur Arbeit der Stille und der Einsamkeit; er war hergekommen, um seine Kümmernis in diesen verlorenen, von Wagenrinnen durchfurchten Straßen zu begraben. Das Haus lag in einem Gäßchen am äußersten Ende der Allée de l'Observatoire und bestand aus zwei Pavillons. Surville hatte für seinen Schwager den zweiten Stock eines der beiden gemietet. Die Pavillons standen zwischen Hof und Garten und waren durch eine verglaste Galerie miteinander verbunden, die als Flur diente. Ein niedriges Mäuerchen, darauf Urnen mit

Blumen, trennte den Hof vom Garten. Das Ganze wurde von einem Eisengitter umschlossen. Auf einer Hauswand in der Rue Cassini befand sich ein Reklameschild: *L'Absolu, Ziegelsteinhandlung.*

Getreu seiner Vorliebe für Möbel, Stoffe und kostbare Kleinigkeiten, erbot Latouche sich abermals, bei der Ausstattung der Wohnung behilflich zu sein. Balzac, Latouche und einer ihrer Freunde, Auger, bespannten die Wände mit blauem, schön glänzendem Kaliko, der wie Seide wirkte. Denn Balzac war zwar für einen Augenblick unter Wasser geraten, aber sogleich wieder aufgetaucht. Nicht nur, daß er seine Schulden vergessen hatte: er war darauf bedacht, sich höchst elegant einzurichten. Er ließ eine Zwischenwand entfernen und das Holzwerk ablaugen. Er kaufte für vierzig Francs im »Renard-Bleu« drei Teppiche; für hundertvierzig Francs eine Stutzuhr mit gelbem Marmorsockel; einen Mahagoni-Bücherschrank für sein Arbeitszimmer; schöne Bücher, darunter Bayles *Dictionnaire* und *Tausendundeine Nacht*, gebunden von Thouvenin. »Es herrscht bei mir kein Luxus«, schrieb er an seine Schwester Laure, »aber Geschmack, und der macht alles harmonisch.«

Wer konnte in dieser heiteren, mit weiß und blau gestreiftem Perkalin bespannten Galerie an den Onkel Sédillot und dessen sinistre Bilanzen denken? »Links war unter einer Draperie eine kleine Geheimtür verborgen; sie führte in ein Badezimmer, dessen mit weißem Stuck überzogene Wände und dessen Wanne aus weißem Stuck ihr Licht von oben her erhielten, und zwar durch ein breites Fenster aus roten Milchglasscheiben, die nur Strahlen mit rosigen Reflexen durchließen.« Ein Badezimmer wie das einer koketten Frau! Das Schlafzimmer dagegen war ganz in Licht getaucht, ganz weiß, ganz rosa, es troff von Gold: »Es war ein wahres Brautgemach für eine fünfzehnjährige Herzogin.« Am Kopfende des Bettes versteckte sich in den Falten eines Behangs aus rosa und weißem Musselin eine Tür, die über eine Geheimtreppe unmittelbar in den Garten führte. Im Arbeitszimmer ein dicker, weißer Teppich mit blauem und schwarzem Grund; ein Schrank voller Bücher, in roten Maroquin gebunden, mit dem Wappen der Balzac d'Entragues; ein Schreibtisch aus Ebenholz, darauf rote Mappen mit Goldbuchstaben, überragt von einer Gipsstatuette Napoleons I. An der Degenscheide steckte ein Fetzchen Papier mit dem Satz: *Was er mit dem Degen nicht vollbracht hat, werde ich mit der Feder vollbringen.* HONORE DE BALZAC. Er staffierte die Zukunft mit Meisterwerken aus.

Damit schließlich der Mieter dieser reizenden Wohnung des Rahmens nicht unwürdig sei, bestellte er bei dem Schneider Buisson, Rue de Richelieu 108, »am 29. April: eine schwarze Frackhose zu 45 Francs; eine weiße Pikeeweste zu 15 Francs; am 23. Mai: einen blauen Gehrock aus feinem Löwener

Tuch zu 120 Francs; eine Hose aus marengofarbenem Zwillich zu 28 Francs; eine gemsfarbene Pikeeweste zu 20 Francs.« Es lag etwas Heroisches in diesen Narrheiten. »Meine Gläubiger heulen«, wollte er damit sagen, »mein Onkel beruhigt sie; meine Familie ruiniert sich; ich dagegen gebe Geld aus.« Und wer würde bezahlen? Bei dem Schneider Buisson war das kein Problem: Dieses Musterbild eines Lieferanten nahm Wechsel, die immer aufs neue prolongiert wurden, und spekulierte auf die Zukunft eines genialen Kunden. Er war ein treuer Bewunderer, den Balzacs Schwung blendete, dem seine Lobreden schmeichelten; er ging bisweilen so weit, daß er die Rechnungen der Köchin bezahlte und sich an den bewundernswerten Unternehmungen dessen beteiligte, den er »meinen Kunden, meinen Landsmann und, fast möchte ich sagen: meinen Freund« zu nennen pflegte. Was die Möbelhändler betrifft, so unterzeichnete Latouche Gefälligkeitswechsel und stürzte sich selber in Schulden, um »seinem Bruder« aus der Klemme zu helfen. Außerdem befaßte er sich damit, die Zeitungsartikel unterzubringen, die Balzac schrieb; all das geschah mit einem kuriosen Gemisch aus Großherzigkeit, Koketterie und Menschenhaß:

»Mensch, Sie hatten versprochen, Ihren kranken Bruder zu besuchen; Sie sind nicht gekommen; Sie bilden keine Ausnahme. Und um auf Sie zurückzukommen, lasse ich Sie wissen, daß das bei mir hinterlegte Manuskript Monsieur Canel ausgehändigt worden ist; er hat es um Ihretwillen abgeholt ... Adieu, Mensch, Freude und Gesundheit ...«

Nun Balzac an seinem schönen Schreibtisch saß und durch seine wunderbare Fähigkeit zum Auskneifen von geschäftlichen Sorgen befreit war, spürte er, wie ihn von neuem das glühende Verlangen, zu schreiben, überkam. Aber was? Er begann hundert Bücher und beendete kein einziges. Er sprach von einer *Histoire de l'Eglise primitive (Geschichte der Urkirche)*, von einem Roman. Er glaubte sich so geartet, daß er, »um seine Phantasie in Schwingungen zu versetzen, eines andern Autors bedurfte, sogar eines zweitrangigen, der ihm den Ton angab«. In seinen Anfängen war jener andere Autor bald Maturin gewesen, bald Pigault-Lebrun oder Ducray-Duminil. Sie hatten ihn zu melodramatischen Romanen inspiriert, ihm das nicht totzukriegende Trio des Opfers, des Scheusals und des Retters aufgezwungen; ihm die Neigung für Spukburgen mit schauerlichen unterirdischen Gewölben beigebracht. Man hat gesagt, es sei das große Verdienst Latouches gewesen, ihn auf Walter Scott und Fenimore Cooper, auf den pseudorealistischen Roman hingelenkt zu haben. Hatte er dazu Latouche nötig? Ihm bekannte Verleger, wie Mame, Gosselin, Sautelet, hatten Fenimore Cooper publiziert. Balzac bewunderte ihn. »Ach, ein Mohikaner-Leben führen!«, schrieb er an Victor Ratier. »Ach, wie habe ich mich in den

Wilden hineinversetzt! Ach, wie wunderbar habe ich die Korsaren verstanden, die Abenteurer, das Leben der Rebellen ...«

Walter Scott hatte durch die Schilderung der Vergangenheit Schottlands, seiner Sitten, seiner Bewohner und ihres Alltagslebens in den *Waverley Novels* ein großes Beispiel gegeben. Er hatte nicht nur historische Romane geschrieben, sondern im gleichen Maße soziale Studien unternommen. »Das Lokalkolorit ist nur Dekor. Die Hauptsache des Gemäldes sind die bezeichnenden Gestalten, die, die Balzac später ›soziale Typen‹ nennen wird: der Laird, der Hirt auf dem Felde, der große, am Hofe lebende Herr, der Krautjunker, der Parteigänger der Dynastie und der Parteigänger des Prätendenten, der Papist, der Kämmerling, der Schulmeister, der Schmuggler, der Mann des Gesetzes sind nicht nur Romangestalten, sondern jeder von ihnen ist zugleich der Vertreter einer sozialen Kategorie, die eine wichtige Rolle spielte und ohne die man das schottische Leben nicht verstehen würde.« Für Balzac, den eifrigen Buffon-Leser, war nichts aufregender, als wahrzunehmen, wie der Romancier auf seinem Gebiet die gleiche Klassifizierungsarbeit vollbrachte. Blitzartig erkannte er die Möglichkeit, durch eine Folge von Romanen die gesamte französische Geschichte lebendig zu machen.

Aber er wollte nicht der Affe Walter Scotts sein. Er konnte mehr und vielleicht Besseres vollbringen.

»Wenn Sie kein Nachäffer Walter Scotts sein wollen, müssen Sie sich eine andere Technik schaffen: Sie haben ihn nachgeahmt. Sie beginnen wie er mit langen Gesprächen, um Ihre Gestalten einzuführen; wenn sie geplaudert haben, gehen Sie zur Milieuschilderung und zur Handlung über. Das Gegeneinanderwirken der Kräfte, das jedem Werk, das dramatisch wirken soll, so notwendig ist, kommt bei Ihnen an letzter Stelle. Grade umgekehrt müssen Sie es machen. Ersetzen Sie diese weitschweifigen Gespräche, die bei Scott prächtig, bei Ihnen aber farblos sind, durch Beschreibungen, für die unsere Sprache so trefflich geeignet ist. Der Dialog sollte bei Ihnen die erwartete Konsequenz sein, die Ihre Vorbereitungen krönt. Setzen Sie sofort mit der Handlung ein; fassen Sie Ihren Stoff bald von der Seite, bald von hinten an; mit einem Wort: Ihre Darstellung muß mannigfaltiger werden, und Sie dürfen nicht immer in derselben Manier verharren. Dann nämlich können Sie etwas Neues geben, obwohl Sie die Form des dialogisierten Romans des Schotten auf die französische Geschichte anwenden. Walter Scott ist ohne Leidenschaft, er kennt sie nicht, oder vielleicht wird sie ihm von den heuchlerischen Sitten seines Landes verboten. Für ihn ist die Frau die verkörperte Pflicht, seine Heldinnen sind, mit seltenen Ausnahmen, immer dieselben; er hat, wie die Maler sagen, für sie nur ein einziges Modell gehabt. Sie stammen alle von Clarissa Harlowe ab; er hat sie alle auf einen

Nenner gebracht und konnte so nur Exemplare des nämlichen Typus hinstellen, die durch ein mehr oder weniger lebhaftes Kolorit variiert sind. Die Frau trägt durch die Leidenschaft die Unordnung in die Gesellschaft. Die Leidenschaft hat unendlich viele Abstufungen. Schildern Sie doch die Leidenschaften, dann erschließen sich Ihnen die unversieglichen Quellen, deren sich dieser große Geist beraubt hat, um in allen Familien des prüden England gelesen zu werden ...«

So spricht Daniel d'Arthez zu Lucien de Rubempré, also Balzac zu Balzac. Und es war für Balzac ein kluger Rat. Weitschweifige Gespräche waren nicht seine Stärke; um seine Charaktere abzusteifen, bedurfte er des soliden Mauerwerks eines Hauses, einer Stadt oder einer Doktrin. Das Problem des Romanautors ähnelt kaum dem des Dramatikers. Dieser verfügt, um seine Gestalten lebendig zu machen, über lebende, von ihm auserwählte Schauspieler. Die Glaubwürdigkeit entspringt der Präsenz. Balzac mußte sie durch die Intelligenz seiner Schilderungen erzwingen. Eine von Balzac gesehene Treppe wird nicht nur das Abbild einer Treppe sein, sondern die Summe der Ursachen, die sie zu dem gemacht haben, was sie ist. Er wird die äußere Erscheinung eines Mannes (oder einer Frau) als Schüler Lavaters schildern, aber er wird sich bemühen, im Geist des Lesers diese undurchsichtigen Abbilder durch Gefühlsregungen zu erhellen. Er wird zeigen, wie eine Stadt sich gebildet hat und größer geworden ist, und warum jeder ihrer Winkel sein eigenes Gesicht hat, das zugleich durch die geschichtlichen Ereignisse und durch die Natur des Bodens geformt worden ist.

Er sollte ein gewaltiger Neuerer und Sittenschilderer seiner Zeit werden; aber warum hatte er nicht zunächst sein Glück mit dem damals in Mode befindlichen historischen Roman versucht? Vignys *Cinq-Mars* war 1826 erschienen. Victor Hugo hatte Gosselin einen Roman über *Notre-Dame de Paris* versprochen. Balzac bereitete die Entwürfe zweier historischer Romane vor. Der eine: *Le Capitaine des Boute-Feu (Der Hauptmann der Mordbrenner)*, sollte im 15. Jahrhundert spielen; ein anderer, *Le Gars (Der Bube)*, in der noch ganz nahen Zeit der Chouan-Kriege. Latouche hat mit der Wahl des letzteren Stoffes nichts zu tun gehabt; Balzac selber hatte ihn seit langem erwogen. Zahlreiche andere Bücher waren über diese dramatische, pittoreske Epopöe erschienen: Memoiren der überlebenden Mitspieler, Werke von Historikern, *Lettres sur l'origine de la Chouannerie (Briefe über die Entstehung der Chouannerie)*. Balzac kaufte viele davon; andere entlieh er sich in der Königlichen Bibliothek. Anfangs gedachte er, daraus ein Bühnenstück zu machen: *Tableaux d'une Vie privée (Bilder aus einem Privatleben)*, aber welch eine Fülle von Stoff für einen Roman! Auf der einen Seite die Blauen, die Republikaner, später die Bonapartisten; auf der andern die Weißen, die

Chouans, halbwilde Bauern in Ziegenfellen unter dem Kommando aus England zurückgekehrter, emigrierter Royalisten. Als Schauplatz die Heide mit ihren Ginsterbüschen, die Hinterhalte in den Waldwinkeln, die alten Schlösser, wo Kriegsrat gehalten wird, wo Liebeshändel mit kühnen Amazonen angesponnen werden. Im Hintergrund die Opposition des Landadels, der wieder in den Besitz seiner Güter gelangen will, und der Bürger der Städte, die jene Güter behalten wollen.

Je mehr er in seinem stillen, reizenden Pavillon in der Rue Cassini las – er wurde dabei einzig durch die Liebesbesuche der Madame de Berny unterbrochen; sie kam (von der Rue d'Enfer-Saint-Michel her, wo sie jetzt wohnte) zu Fuß –, desto mehr glaubte er, ein für sein Vorhaben günstiges Thema gefunden zu haben. Wenn eine Epoche zum Stoff für einen historischen Roman werden soll, muß sie zeitlich ein wenig zurückliegen. Aber »eine Nation altert manchmal innerhalb von zehn Jahren mehr als in einem Jahrhundert«. Der Sturz des Kaiserreichs hatte einen beträchtlichen Teil der Vergangenheit zu etwas Geschichtlichem werden lassen. Die Chouannerie indessen lag noch so nahe, daß man für sie Augenzeugen zu finden vermochte. Bernard-François selber hatte im Jahre 1795 einen Posten in Brest innegehabt. Oftmals hatte Balzac den Erzählungen des Vaters gelauscht. Schon vor 1825 hatte er einige Episoden skizziert: den Überfall auf eine Postkutsche, einen Liebesroman, in den der Krieg eingriff, den Bericht über die Entführung eines Senators durch die Royalisten. 1827 existierte bereits ein Manuskript des *Gars* und der Entwurf einer Ankündigung.

Diese trägt als Motto ein Rivarol-Zitat: *Wir haben so viele große Männer der Vergangenheit anheimfallen sehen, daß man heutzutage schon etwas Monumentales unternehmen muß, um im Gedächtnis der Menschen fortzuleben.* Eine bemerkenswerte Wahl, denn sie beweist, daß Balzac in jener Zeit der Fehlschläge plante, ein *Monument* zu errichten, das von Dauer war. Dann folgte die Biographie des imaginären Autors; er beabsichtigte nämlich nicht, *Le Gars* mit seinem Namen zu zeichnen. Das erkorene Pseudonym lautete: Victor Morillon. Der Leser erfuhr, daß dieser junge, in Vendôme geborene Autor seine Schulzeit unter der Fuchtel eines Ex-Oratorianers hinter sich gebracht habe, und daß dabei nicht viel herausgekommen wäre, hätte nicht ein maßloser Hang zum Lesen und zum Nachdenken bestanden. Wir merken sofort, daß wir es mit einem Double Balzacs zu tun haben, das, wie sein Schöpfer, der Gabe der Hellsicht teilhaftig war.

Victor Morillon setzt seinem Lehrer auseinander, er habe inmitten der ländlichen Umgebung und unter dem Strohdach seiner Hütte die Genüsse eines opulenten Lebens ausgekostet: »Er schilderte die Freuden eines ungeheuren Vermögens mit erstaunlich lebendiger Farbigkeit, sprach von seinen Trunkenheiten bei Bällen, auf denen er die nackten Schultern der Frauen bewundert habe, ihre Toiletten, ihre Blumen, ihre Diamanten, ihre Tänze und ihre hingerissenen Blicke; er schilderte den Luxus der Gemächer, die er innegehabt habe, ihre Einrichtung, den Prunk des Porzellans, die Schönheit der Gemälde, die Muster der Seidenbezüge und der Teppiche; er erging sich in den Einzelheiten der prächtigen Wagen, der Araberpferde und anderer, die er besessen ... der Spazierstöcke und Schmuckstücke, die er benutzt habe, ohne von alledem auch nur das mindeste vermittels der Netzhaut als etwas Sichtbares erblickt zu haben ...«

Diese Vision Victor Morillons ist die ihm durch Balzac verschaffte des Lebens, das er sich wünscht, eine Vision von orientalischem Luxus, vom Palast und den Huris eines Pariser Sultans, dem nichts von alledem ermangelt, was dieser um Luxus und Schönheit betrogene junge Mensch begehrt, nicht einmal der dicke Teppich, nicht einmal mit Juwelen wie mit Sternbildern besetzte Spazierstöcke. »Der Lehrer studierte ihn heimlich und hielt ihn für unbescheiden, aber auch für uneitel, da er von sich sprach, als besitze er die Fähigkeit, sich selber zurückhaltend, ernst und schwerelos, schwärmerisch und heiter zu beobachten ... Der Wildstrauch rief nach Zucht und Pflege.« Victor Morillon sollte als eine Totgeburt zugrunde gehen; Balzac mußte sich endlich entschließen, Balzac zu sein und *Le Gars* mit seinem Namen zu bezeichnen.

Er hielt an dem Plan fest. Es fehlte ihm die unmittelbare Kenntnis der Gegend, der Landschaften. Nichts vermag dergleichen Bildeindrücke zu ersetzen; sobald der Romancier sie tatsächlich vor sich sieht, bewegen seine Gestalten sich darin ungezwungener. Honoré besaß Bekannte im Chouan-Lande. Man dürfte sich erinnern, daß die Balzacs in Tours eng mit dem General und Präfekten de Pommereul befreundet gewesen waren. Dieser war 1823 gestorben, aber sein Sohn Gilbert, selber General im Ruhestand, wohnte in Fougères. Die Familie besaß dort ein schönes Stadthaus, auf dem Lande zwei Schlösser und ausgedehnte Ländereien. Fougères war im Herzen der Chouannerie gelegen. Balzac, dessen geschäftliche Angelegenheiten durch den ehrenwerten Vetter Sédillot geordnet worden waren, schrieb an den General.

Balzac an den General Baron de Pommereul, 1. September 1828: »Ich bin von der Höhe meines kleinen Vermögens herabgestürzt worden. Die Ereignisse auf dem Gebiet der Finanzen, die in der Stadt Paris Verwirrung stiften, haben mich zum Aufhören gezwungen. Dank der aufopfernden Hilfe meines Vaters und der Güte meiner Mutter haben wir Ehre und Namen auf Kosten meines Vermögens und des ihren gerettet ... Durch meine Liquidation werden alle meine Schulden säuberlich bezahlt, und ich stehe mit bald dreißig Jahren voller Mut und mit meinem makellosen Namen da.

Ich teile Ihnen, Herr General, diese traurigen Ereignisse nur infolge eines Umstands mit, der meinem neuen Entschluß entsprossen ist. Ich will aufs neue die Feder ergreifen, und es ist erforderlich, daß die behende Schwinge des Raben oder der Gans mich am Leben erhält und mir hilft, meiner Mutter das Vorgestreckte zurückzuerstatten. Seit einem Monat arbeite ich an historischen Werken ... Durch den reinsten Zufall ist mir ein historisches Geschehnis aus dem Jahre 1798 dargeboten worden, das Beziehungen zum Krieg der Chouans und der Vendéer besitzt und mir ein Werk liefert, das unschwer auszuführen ist. Es bedarf dazu keiner Forschungen, bis auf die Lokalkenntnis.

Mein erster Gedanke hat Ihnen gegolten, und ich hatte beschlossen, Sie für etwa drei Wochen um ein Asyl zu bitten. Die Muse, ihr Füllhorn, das erforderliche Papier und ich sind schwerlich lästig, aber dann ist mein zweiter Gedanke gewesen, daß ich Ihnen ohne jeden Zweifel dennoch lästig sein würde ... Aber stellen Sie sich vor, Herr General, daß ein Feldbett und eine einzige Matratze, ein Tisch, vorausgesetzt, daß er zu den Vierfüßlern gehört und nicht invalid ist, ein Stuhl und ein Dach überm Kopf alles sind, was ich benötige, und dazu Ihr so kostbares und bezauberndes Wohlwollen ...«

Es war ein liebenswürdiger Brief; er funkelte vor Jugend und Vertrauen. Der General de Pommereul antwortete: »Ich erwarte Sie.« Sogleich bestieg Balzac die Postkutsche nach der Bretagne; für eine Nacht verweilte er in Alençon in dem ihm bereits bekannten Hôtel du Maure. Er schaute sich die Stadt an, und in der Rue du Val-Noble fiel ihm ein altes Stadtpalais auf, in dem sich die ganze Ewigkeit der Provinz spiegelte. Ein Bild, das er sich für alle Zeit einverleibte. Zwischen Alençon und Fougères betrachtete er mit seinem unfehlbaren Auge die Landschaft. Dann langte er bei den Pommereuls an. Die Baronin war sehr viel jünger als ihr Mann, der General; sie bezeigte sich äußerst huldvoll. Beide waren ob des ärmlichen Aussehens des Reisenden und seines recht schäbigen Hutes zunächst ein wenig überrascht. Doch die Besorgnis verflog rasch. Als der »schäbige Hut« abgenommen worden war, zeigten sich ein Antlitz voller Lebendigkeit und Frohsinn, eine Stirn, von der »etwas wie der Widerschein einer Lampe« ausging, und zwei mit goldenen Pünktchen durchsternte Augen. Honoré erzählte mit soviel Schwung von seiner Reise, daß der General und seine Frau bald Tränen lachten.

Auf der Stelle bahnte sich eine Freundschaft an. Madame de Pommereul und ihre Zofe Louise ließen es sich angelegen sein, diesen abgemagerten Reisenden »wieder zu befiedern«. Balzac taufte seine Gastgeberin »Lady

Bourrant« (etwa »Lady Mästerin«, Anm. d. Übers.). Er mochte sein Zimmer, den kleinen grünen Tisch, an dem er arbeitete und von dem Louise ihn immer dadurch losreißen mußte, daß sie sagte, es sei angerichtet. Bei Tisch fand er neben seinem Teller stets Kringel und Butter. Die unwandelbare Güte der Madame de Pommereul verband die Wunden eines hart mitgenommenen Herzens. Jeden Morgen durchforschte er, einzig von seinem Gastgeber begleitet, das Land, die mit leuchtend gelb blühendem Besenginster und Stechginster bedeckte Wiese, die Wälder mit dem herbstgoldenen Laubwerk und den Hügelhang La Pélérine, den Schauplatz eines berühmten Hinterhalts in den Zeiten der Bürgerkriege.

Er ging in die Häuser, brachte die Leute zum Reden, studierte Sitten und Bräuche. Ein Romancier kann und muß erfinden, aber er muß von einem Untergrund des Wirklichen ausgehen. Der General erzählte ihm vom Bürgerkrieg, vom Angriff der aufständischen Bauern auf Fougères; er machte ihn mit ein paar Überlebenden bekannt; er beschrieb ihm fanatische Priester: den Abbé Bernier, den Abbé Duval; der Romancier knetete sie zusammen und machte aus ihnen den wilden Gudin des Romans. Jeden Nachmittag nahm sich Balzac das Manuskript des *Gars* vor und arbeitete es um, bereicherte es durch alles, was er gehört und mit eigenen Augen gesehen hatte. Madame de Pommereul mißfiel der Titel; sie brachte ihn dahin, daß er ihn änderte. Er suchte nach einem andern und fand: *Les Chouans, ou La Bretagne il y a trente ans (Die Chouans, oder Die Bretagne vor einem Menschenalter)*, dann: *Le dernier Chouan, ou La Bretagne en 1800 (Der letzte Chouan, oder Die Bretagne im Jahre 1800);* dieser Titel ist der der Erstausgabe. Er arbeitete beglückt, er hatte das Gefühl, daß es ihm endlich gelinge, Romanhaftes und Wirklichkeit, Geschichtliches und freie Erfindung zusammenzuschmelzen. Aber die Überfülle der Bilder, der Einzelgeschehnisse und der Gestalten überflutete ihn; er hatte Mühe, sein Buch aufzubauen.

Von Latouche erhielt er unwillige Briefe über die lange Dauer seines Fernseins.

Latouche an Balzac, 9. Oktober 1828: »Fougères – Stadt mit 7200 Einwohnern, einem Gericht Erster Instanz, einer Sackleinenfabrik, Gerbereien am Couesnon, westliche Länge 3,36; Breite 48,20. – Das ist die romantische Einsamkeit, in der mein Wahnwitziger sich exiliert hat, fern der Rue d'Enfer, der Rue Saint-Honoré! Geldausgaben, Nächte auf der ledernen Postkutschenbank, Kopfschmerzen und geschundener Hintern: das ist mir das Rechte ...! Kommen Sie also, ob mit oder ohne Meisterwerk; seit Sie weg sind, habe ich nicht mehr gelacht ...«

Er grollte seinem jungen Kollegen, daß dieser sich jenseits der Gebote des gesunden topographischen Menschenverstands niedergelassen hatte, fern dem Allernotwendigsten, nämlich den neuen Romanen: »Möge der Gott der Inspiration Sie verfluchen!«

Auch Madame de Berny litt, aber sie drückte es liebevoll aus.

Madame de Berny an Balzac: »Guten Abend, lieber Minet, es ist bald zehn Uhr, und ich möchte glauben, daß Du in diesem Augenblick das Schmeichelwörtchen: ›Min-min‹ hinschreibst, das ich so gern höre oder lese ... Mein angebeteter Liebster, nimm doch Deine Minette auf den Schoß, laß sie Dir den Arm um den Hals legen, lehne Deinen lieben Kopf an ihre Schulter. Aber schlaf dort nicht ein, nein, nein, und damit dieser Einfall nicht Macht über Dich gewinnt, will ich Dir einen der Küsse geben, die wir beide so gut kennen. – Welch reizendes Bild! Wäre mir doch die Wirklichkeit in diesem Augenblick gnädig! – Ich habe Angst, Du könnest noch lange dort bleiben. – Aber wenn Du Dich dort wohl fühlst, wenn Du dort arbeitest, muß ich darüber froh sein. – Liebster, meine Vernunft tut, was Du willst, aber mein Herz ist ein allzu verwöhntes Kind, als daß es sich artig in die Entbehrungen schickte, die ihm auferlegt werden ...«

Gegen Ende Oktober kehrte er heim in die Rue Cassini und bat Latouche, ihm ein paar Seiten aus *Fragoletta* zu bringen, dem merkwürdigen Roman über einen neapolitanischen Hermaphroditen, an dem der griesgrämige Wohltäter seit geraumer Zeit arbeitete. Er selber (Balzac) wolle dem Freund eine Szene aus den *Chouans* vorlesen. »Na, gut, ich komme!« antwortete Latouche. »Ich komme nach der Rue Cassini, aber nur zwischen fünf und sechs. Hoffentlich warten Sie mir nach zehn Minuten *Fragoletta* mit der neuen Frucht auf, mit einem Viertel der Birne, die reif geworden ist, kaum, daß sie geblüht hat ...« Die Vorlesung gedieh zu einem großen Erfolg für Balzac. Der Murrkopf Latouche bewunderte und, noch erstaunlicher, sagte es sogar. Natürlich hätte die Sache noch besser gemacht werden können. Der Mann von Geschmack erhob einige Einwände. Aber veröffentlicht mußte werden.

Latouche an Balzac: »Was Ihr Buch betrifft, *exeat*, hundertmal *exeat!* Was brauchen Sie meine Quatschereien? Bei Gott, das soll nicht etwa heißen, ich lehnte es ab, Ihnen zuzuhören; das ist stets ein Genuß und ein Gewinn; aber setzen Sie mir Neues vor. Wir wollen nicht in einem fort deklinieren: *Musa, die Muse*. Ich frage gern die um Rat, deren Talent ich schätze; danach spreche ich dann mit der Willfährigkeit eines Dankenden mit ihnen über den Gebrauch, den ich von diesem oder jenem Ratschlag gemacht habe; aber wenn ich Ochsenbraten aufgetragen habe, serviere ich hinterher nicht noch Rindfleisch mit Zwiebeln. Genug, genug, Sie kindischer Mensch! Wenn ich mich in den Formeln der Teufelsaustreibung auskennte, würde ich sie in diesem Fall anwenden; denn bei der völlig unerwarteten, völlig unerklärlichen Langsamkeit, die der stolze Honoré, dieses kleine As von Romanschreiber, der innerhalb von sechs Wochen vier zustande bringt, daran setzt, seinen *Chouan* zu vollenden, glaube ich, daß besagter *Chouan* den Teufel im Leib hat. – Ach! Lassen Sie's gut sein! Ich will Ihren Marquis in vier Bänden mit allen Titeln und in schönem, blauem Gewand sehen.

Haben Sie nicht schon lange genug an diesem Bärenjungen herumgeleckt? Das verkaufen wir wie warme Semmeln ...«

»Das verkaufen wir ...« Latouche hatte es nämlich übernommen, mit Urbain Canel des *Chouan* wegen zu unterhandeln. Warum? Balzac kannte Canel ganz genau. Er empfand eine Neigung für die Frau dieses Verlegers. Er nannte Madame Canel »die Miss«, oder »Miss Anna«, und er streichelte gern ihr schönes Haar. Aber Canel wollte die Druckkosten nicht tragen; Latouche übernahm sie. Kam für ihn etwas dabei heraus? Oder teilte er den etwaigen Verlust mit Canel? Fest steht jedenfalls, daß Balzac für die erste Auflage seines Romans nur tausend Francs angeboten wurden. Freilich wurde dieser nur in tausend Exemplaren abgezogen, und nach deren Absatz sollte der Autor wieder in den Besitz der Eigentumsrechte an seinem Werk gelangen. *Latouche an Balzac:* »Wenn Sie nicht ein absolut ausgekochter Gaskogner und der Erbauer von Schlössern im Land der Chimären sind, dann kommen Sie jetzt, Ihr fertiges Buch in der Hand oder Ihre Versprechungen auf den Lippen. Wir sind zum Vertragsabschluß bereit ...«

Mit Balzac einen Vertrag abzuschließen, war nicht leicht. Man begab sich mühselig nach der Rue Cassini, was eine Reise bis ans Ende von Paris bedeutete; er war nicht da; er verbrachte den größten Teil seiner Zeit in Versailles bei seinen Eltern oder bei seiner Schwester, wo er kostenlos wohnen und essen konnte. Was tun? Ihm bis dorthin nachlaufen? »Es wäre verdrießlich, *pour le roi de Prusse* nach Versailles zu fahren.« Schimpfworte an die Mauer des Pavillons schreiben? Schlechter Trost. Balzac jammerte, er habe kein Geld. Wer war schuld daran?

Latouche an Balzac, 30. November 1828: »Ihre Lage am 30. November ist dieselbe wie am 15. Warum lassen Sie also den Kopf hängen? Sie sind nach wie vor derjenige, der sich die Rue Cassini ausgesucht hat und dabei nicht mal dort wohnt, der nach überallhin davonläuft, nur nicht nach dort, wo er Geschäfte abschließen könnte, von denen man zu leben vermöchte; der sich mit Teppichen belastet, mit einem Mahagonibücherschrank, mit so schönen Büchern, wie sie nur ein Idiot von Kritiker hat, mit überflüssigen Stutzuhren, mit Kupferstichen; der mich um Kerzen durch ganz Paris laufen läßt, die ihm nie ein Licht aufstecken; und der keine dreißig Sous zu seiner freien Verfügung hat, um einen kranken Freund besuchen zu können! Sich für zwei Jahre an einen Tapezierer zu verkaufen, das verdient Charenton! Man fühlt sich so wohl in seiner Dachkammer mit Flößholz, hartem Brot und Freunden, die nicht elf Meilen hinter sich zu bringen haben, um einem Mut zu machen, einem Lobreden und Heiterkeit zu spenden. Sie wollen es ...«

Wollte er es? *Was* wollte er? Er wußte es nicht mehr. *Balzac an Latouche:* »Lieber Freund, ich stelle Ihnen alles anheim. Verhandeln Sie für mich, *carte blanche* ... Machen Sie, was Sie wollen.« In seiner Verwirrung ging er so weit, daß er Latouche vorschlug, er wolle zu ihm ziehen; Latouche wohnte in der Nähe von Aulnay. *Latouche an Balzac:* »Wer soll dann den Zweipersonenhaushalt mit Brennholz versorgen, die Betten machen, das Mittag- und das Abendessen für die beiden Arbeitenden kochen? Sie vielleicht? Der Tag wäre nicht lang genug, um den Haushalt in Ordnung zu bringen ... Grundgütiger Himmel! Schon am zweiten Tag würden wir einander die Augen auskratzen ... Die Rue d'Enfer, Fougères, Versailles, Aulnay, was für verteufelte Umzüge! Sogar ein Nomadenstamm hätte Sie hinausgeworfen, Ihrer Unbeständigkeit wegen. Nicht mal der Ewige Jude hätte Sie als Weggenossen haben mögen.« Der Brief schloß mit dem Anerbieten, alles an Manuskript zu kaufen, was Balzac in Ordnung gebracht hätte, »billig, aber bar«. Latouche besaß zuviel Urteilskraft, um nicht zu merken, daß Balzac keine hatte; er besaß auch zuviel Geschmack, um nicht zu wissen, daß sein junger Freund ein ungemeines Talent hatte. Die Sache war nur die, daß dieser so begabte junge Mensch ihm schwer zu schaffen machte.

Endlich, am 15. Juni 1829, wurde der Vertrag unterzeichnet, der Vorschuß bezahlt. Nun blieb nichts zu tun übrig, als vom Autor das Manuskript zu bekommen, an das er sich klammerte wie bei Wettbewerben ein Kandidat an seine Kopie, in der eigensinnigen Hoffnung, daraus ein Meisterwerk zu machen.

X

DAS ERSTE LÄCHELN DES RUHMS

Die Glut der Liebe ist nicht so süß wie das erste Lächeln des Ruhms. *Vauvenargues*

Le dernier Chouan (später *Les Chouans, Die Königstreuen,* betitelt) war ein geheimnisträchtiges Buch. Weiße und Blaue, Royalisten und Republikaner, boten einander wildwütig die Stirn »und schossen aufeinander wie auf Kaninchen«. Hegte Balzac eine Vorliebe für eins der beiden Lager? Seine Familie, seine Erziehung hätten ihn eher zu einem Blauen machen müssen. Sein Freund Pommereul als Bonapartist hatte ihm die Blauen sicherlich voller Sympathie geschildert. Die Blauen stellten die regulären Truppen dar, die von richtigen Offizieren gegliederten; die Weißen kämpften wie Mohikaner. Balzac urteilte nicht; er stellte dar. Für Balzac wie für Hegel war die Vendée ein Beispiel für das Tragische in der Weltgeschichte. Die Chouans sind zu spät gekommene Helden mit noblen, aber überholten Beweggründen. Im dichten Gestrüpp und auf der Heide mutmaßte man schreckliche Geisterschatten. Der Polizeibeamte Corentin versuchte, sich Marie de Verneuils zu bedienen, einer Verlorenen; sie hatte sich in den Mann verliebt, den sie ausliefern sollte, und ging nach der wollüstigsten und trostlosesten aller Hochzeitsnächte mit ihm in den Tod. Das Ganze endete mit dem Bild eines friedlichen Bauern, der über einen Dorfplatz geht und seine Kuh am Strick nach sich zieht; es war der berühmte Marche-à-Terre, ehedem der wüsteste aller Chouans. Vielleicht hatte Pommereul ihn seinem Gast auf dem Markt gezeigt. Die schönsten Epiloge entstehen aus solcherlei Zufallsbegegnungen.

Der junge Autor wußte, daß er den *ersten* seiner Romane geschrieben habe. Mit der Karriere des »bachelier« Horace de Saint-Aubin war es aus; aus war es mit dem nicht zur Reife gelangten Leben Victor Morillons. *Le Chouan* sollte mit HONORE BALZAC gezeichnet werden. Daher wollte er, daß das Buch vollkommen sei. Nun aber besaß er (wie er glaubte) keine leichte Hand, und seine erste Niederschrift taugte nichts. Er versah die Korrekturabzüge mit Veränderungen und Hinzufügungen. Latouche, der die Kosten dafür zu tragen hatte, tobte. Diese Korrekturen, dieser Neusatz, diese Einfügungen waren sehr teuer. »Was, zum Teufel, fällt Ihnen eigentlich ein? Lassen Sie den schwarzen Fleck, den Ihre Geliebte unter der linken Brust hat, getrost stehen; er ist ein Schönheitsmal ...« Balzac hatte für den Abschluß seines Buchs einen Monat verlangt; sechs Wochen danach arbeitete er noch immer daran. Überdies forderte er Exemplare für seine Familie, für Madame de Berny, für das Ehepaar Pommereul. Das war ganz natürlich, aber Latouche schäumte: »Wenn ich gewußt hätte, daß ich zu den Druckkosten fünfhundert Francs würde zuschießen müssen und *auf nur tausend* auch noch Exemplare abziehen, glauben Sie, daß ich mich dann auf die ganze Geschichte eingelassen hätte ...?« Und zu allem Überfluß bekam er Balzac jetzt nicht mehr zu sehen: »Ich kann nicht glauben, daß Sie eingeschnappt sind. Ein anständiger Mensch tobt seine Wut aus, aber schnappt nicht ein ...« Der anständige Mensch war damit beschäftigt, sein Werk seinen Freunden anzukündigen.

Balzac an den General Baron de Pommereul, 11. März 1829: »Was schreibe ich da: *mein* Werk ...? Es ist auch ein wenig das Ihrige, weil es sich im Grunde nur aus den kostbaren Anekdoten zusammensetzt, die Sie mir so gut und so freigiebig zwischen ein paar Schlucken des netten kleinen Graves und ein paar Bissen der mit Butter bestrichenen Kringel erzählt haben. Sonst wären nicht mal das Lied *Allons! partons, belle* und der Melusinenturm usw. ... darin. Alles ist Ihr Eigentum, das Herz des Autors und seine Feder und seine Erinnerungen eingeschlossen.

Ich hoffe, Ihre Frau Gemahlin wird über ein paar Einzelheiten lachen, über die Butter, über die kleinen Krüge, die Harzkerzen, die Hecken, die Überstiege über Feldzäune und die Schwierigkeiten beim Aufbruch zum Ball, was alles ich meinem Werk eingefügt habe; immer vorausgesetzt, daß sie bis zum Ende lesen kann, ohne einzuschlafen. Ich habe auf den Widerwillen Ihrer hübschen Dame gegen den Titel *Le Gars* Rücksicht genommen, und er ist abgeändert worden ...«

Das Buch erschien im März 1829. Latouche schrieb einen lobenden Artikel in *Le Figaro* und verursachte dadurch weitere. Aber von einem Erfolg konnte nicht die Rede sein. Ebensowenig von Absatz.

Latouche an Balzac, 15. April 1829: »Es regnet Kritiken voll höchsten Lobes auf Sie herab, auf Grund meiner Bemühungen. Vielleicht wird das Werk sich schließlich doch noch als verkäuflich erweisen. Nebenbei gesagt: Wir können Ihnen jetzt weder Geld noch Ratschläge mehr geben. Wir sehen einander ja nicht mehr! Sie sind wie die andern. Hatte ich also unrecht, lieber Freund, als ich Ihnen meinen Grundsatz sagte: *Ein Mensch, der mit dreißig nicht Misanthrop ist, ist ohne Herz auf die Welt gekommen?* – Adieu, Sie Egoist ...«

Nach acht Monaten hatte Urbain Canel erst 450 Exemplare abgesetzt. Latouche machte bekümmert seine Abrechnung. Nicht einmal seine Auslagen waren hereingekommen. Als bald danach »sein« Roman *Fragoletta* erschien, veröffentlichte Balzac im *Mercure* einen beinahe feindseligen, mehr als zurückhaltenden Artikel. Er sprach darin von Neapel, vom Vesuv, vom 18. Brumaire und vermittelte keinerlei Vorstellung von *Fragoletta*. Über Latouche schrieb er: »Es ist das bittere Lachen eines Mannes, der weder an das Glück noch an die Freiheit glaubt ... In seiner Seele ist etwas von Voltaire und von Lord Byron ... Wer kühn genug dazu ist, möge eine Analyse dieses Buches schreiben. Ich wage mich nicht daran ... Monsieur Latouches Lakonismus ähnelt allzusehr dem Blitz. Man ist geblendet, und man weiß nicht, wohin man geht. Welches auch immer meine persönliche Einstellung sein möge: Dieses Werk ist dazu bestimmt, großes Aufsehen zu erregen, und es kann nie genug gelobt, nie genug kritisiert werden.« Ein Feind hätte sich nicht besser äußern können, und Latouche war unwillig. Wirklich, dieser Balzac war ein Egoist reinsten Wassers! Ganz abgesehen davon, daß Charles Sédillot, der übergewissenhafte Liquidator, »mit leidlich brutalem Eifer« darüber wachte, die letzten Außenstände seines Neffen einzutreiben, und sei es von Monsieur Latouche. »Das ist denn doch die Höhe! Das letzte an Abgefeimtheit! Du lieber Himmel, Monsieur Sédillot ...!« Und in einer Aufwallung lyrischen Unwillens:

»Möge der Teufel die Rue Cassini strafen! Und bis in alle Ewigkeit denen, die dort wohnen, nur uralte Geliebte geben, hartes Brot, Blechgabeln, miserabel gelöste Knoten und pathetische Vorreden ...!«

Tatsächlich waren die beiden Männer dahingelangt, einander zu hassen. Der heikle, sorgfältige Latouche entsetzte sich über Balzacs Ungeniertheit, über sein ungestümes Gehaben, seinen derben Charakter. Balzac hatte eine Schwäche für plumpe Scherze, für schlüpfrige Geschichten; Latouche kniff die Lippen zusammen und entgegnete nichts. George Sand, die beide gut kannte, hat von ihnen gesagt: »Ich habe von je gemeint, Latouche verschwende zuviel echtes Talent an seine mündlichen Äußerungen. Balzac hat immer nur mit Narrheiten um sich geworfen. Er verschwendete seine Überfülle und behielt seine tiefe Weisheit dem Werk vor.« Latouche sagte zu Balzac, dessen literarische Eitelkeit grenze an Possenreißerei. Balzac gab zurück:

»Sobald man Ideen hat, die man nicht mit dem gleichen Geist und der gleichen Eleganz wie Sie zu deduzieren vermag, wird daraus gefolgert, man sei eitel. Du lieber Himmel! Dann muß es viele eitle Tröpfe geben, denn ich kenne auf Erden zahlreiche Kollegen, die sich nicht besser auszudrücken wissen als ich ...

Was nun den *Chouan* betrifft, so habe ich eines Tages etwas auf eigene Kosten publiziert und viel Geld dabei verloren. Ich habe nicht mal von mir aus den Verkauf eines Exemplars durchsetzen können, und mein Drucker hat ohne eine Anzeigenzeile dennoch vierhundert Exemplare verkauft. Sie hätten also noch mehr Pech als ich, da Sie Kritiken bekommen haben und nur auf dreihundert gelangt sind. Damit ein Buch verkauft wird, *bedarf es* eines guten Artikels in drei Zeitungen, oder eines Artikels im Hauptteil der Zeitung, Spalte Paris. *Le Chouan* kann auf diese Weise Absatz finden, und auf keine andere; und der Teufel soll mich holen, wenn meine Eitelkeit was damit zu tun hat ...«

Zwar hatte der *Chouan* tatsächlich keinen Publikumserfolg erzielt; aber die nicht eben zahlreichen Leser erwiesen sich als von Rang. Honoré wußte fortan, daß er für ein paar Kenner »der Verfasser des *Chouan*« sein werde.

Surville, der Polytechniker, hatte ihm die Bekanntschaft mit andern Polytechnikern vermittelt, Lehrern an der Schule Saint-Cyr, die ja nicht weit von Versailles gelegen war: mit dem Major Carraud, Ausbildungsleiter, dem Hauptmann Périolas, einem wackeren, loyalen Artillerieoffizier. In der Gesellschaft dieser intelligenten Leute, die den *Chouan* schätzten, fühlte Balzac sich wohl; er ließ sich von ihnen ihre Erinnerungen an Krieg und Gefangenschaft erzählen. Madame Zulma Carraud (geborene Tourangin), eine Frau von hohem sittlichem Wert, eine männliche Stoikerin, wurde ihm zur verläßlichsten Freundin. Sie war ein wenig verwachsen und hatte ein leidenschaftliches, energisches Gesicht: keine Spur von Koketterie. Er machte ihr kleine Geschenke: einen Lichtschirm, einen Streichholzständer. Er hoffte, sie werde diese Dinge bei sich daheim aufstellen, in Frapesle bei Issoudun. »Eine Erinnerung für eine reiche Seele zu sein, ist eine meiner liebsten Illusionen.«

Es war keine Illusion. Zulma Carraud, eine wahrhaft schöne Seele, witterte in Balzac einen großen, von niedrigen Dingen bedrängten Menschen, der hin und wieder in Saint-Cyr seine Nöte vergaß. Durch ihren Vater Rémy Tourangin – er war Adjunkt des Maire von Issoudun und ein wohlhabender Mann – war Zulma den liberalen Ideen des 18. Jahrhunderts zugetan. Ihre ganze Familie, bürgerlich und in guten Verhältnissen lebend, war republikanisch eingestellt. Zwei von Zulmas Brüdern wurden Abgeordnete. Ihr Mann, der Major Carraud, hatte es abgelehnt, für das Konsulat auf Lebenszeit zu stimmen. Deswegen war er halbwegs in Ungnade gefallen. Mann und Frau gewährten Balzac die großherzigste Freundschaft.

In der heiligen Familie stand nicht alles zum besten. Bernard-François vertrug die Entwurzelung schlecht. Nun er Villeparisis und seinen senilen Liebesabenteuern entrissen war, wurde er hinfällig. Da er sich selber behandelte und an sich herumdokterte, hatte der Anwärter auf hundert Lebensjahre sich schwerkrank gemacht. Gegen Ende April 1829 meinten die Ärzte, er schwebe zwischen Tod und Leben; er hatte einen gehörigen Abszeß oberhalb der Leber, der geöffnet werden mußte. Madame Mère schmähte, nicht ohne Grund, Honorés Luxus; es war ihr unverständlich, daß er, der so viel Schulden hatte (und zumal bei ihr), auch noch Möbel kaufte, Wandbespannungen und Kinkerlitzchen. Laure verfocht die Sache ihres Bruders. Ja, er habe sich einen Mahagonibücherschrank zugelegt; ja, er habe sich Bücher in Ganzmaroquin binden lassen. Er habe sich bereit erklärt, sie zugunsten seiner Mutter zu verkaufen, aber dann müsse er die gleichen Werke in der Königlichen Bibliothek entleihen; die Transportgebühren würden höher sein als der Erlös aus dem Verkauf. Was sonst noch? Ein paar Ellen Wandbespannung, ein paar Fransen, ein Teppich? Lappalien! Nun, wirklich, er fühle sich nicht schuldig und leide unter den ewigen Vorwürfen. Er bedürfe, um zu schreiben, einer klösterlichen Stille und des Friedens. Und wenn er für kurze Zwischenpausen von der Askese zum Luxus überschwenke, gebe es etwas Natürlicheres? In den Stunden der Arbeit brauche der Künstler lediglich eine Dachkammer und Brot. »Aber nach diesen langen Märschen des Denkens, nach dem Wohnen in diesen bevölkerten Einsamkeiten, diesen Zauberpalästen, bedarf von allen Menschenwesen er am meisten der Hilfsmittel, die die Kultur zur Ergötzung der Reichen und der Müßiggänger erschaffen hat ...«

Einzig Laure und, vielleicht, Surville verstanden ihn. Welche Bande hatten sich zwischen Bruder und Schwester in ihrer unruhigen Kindheit geknüpft!

Balzac an Laure Surville, 11. Februar 1829: »Es gibt in meinen Leiden einen Punkt, auf dem ich mein Denken verweilen lasse wie auf einer Geliebten. Eben habe ich vor meinem Kamin Arme und Hände genauso bewegt, wie Du es immer tust – es sieht aus wie ein Flügelschlagen –, wenn Du mit Dir zufrieden bist, über ein gutes Wort, einen Gedanken, eine Regung, über was Du willst.

Da habe ich an Dich gedacht und gesagt: ›Schau! Ich muß ihr schreiben und ihr sagen, daß ich sie sehr lieb habe, und Surville auch.‹ Und das habe ich nun getan ...«

Diese Bruderliebe schien zart und zärtlich wie die Liebe, aber mit den wirklichen Liebeserlebnissen ging es weiter. Nach zwei Jahren der Trennung, die Laure de Berny verlangt hatte, kehrte er zur Herzogin von Abrantès zurück; wie die meisten Männer war er außerstande, einer Versuchung zu widerstehen. Heimlich besuchte er sie in dem mysteriösen Pavillon zu Versailles. Sie lehnten am Fenster und beschauten gemeinsam »die schönen, magischen

Sterne« und genossen »die ehrfurchtheischende Stille, die die Seele erfüllt«. Die holden Sommernächte sind für die Liebenden etwas Kostbares. Sie sprach, wie alle ein wenig reifen Frauen, von ihren Leiden, von ihrem vor der Zeit hingewelkten Leben, von ihren getäuschten Hoffnungen. Die Melancholie ist eine Auswirkung der Koketterie. Wie alle jungen Männer tröstete Honoré sie dadurch, daß er ihr, ohne daran zu glauben, versicherte, viele Frauen, die älter als sie gewesen seien, hätten aufs neue mit einem schönen, köstlichen Leben begonnen. Sie grollte ihm, daß er sie »seinen alten Ketten« geopfert habe. Er schwor feierliche Meineide, er wolle häufiger zu ihr kommen, »aber meine Schwester darf es nicht erfahren«. Seit nämlich Madame de Berny so großherzig zu Honorés Rettung beigetragen hatte, war sie von *allen* Balzacs wieder in Gnaden aufgenommen worden und kam häufig nach Versailles zu Laure. Er nun aber wollte gerade Madame de Berny keinen Schmerz bereiten.

Die *Dilecta* war mit zweiundfünfzig Jahren noch immer eine fiebernde Geliebte. Welch ein Unterschied zu der selbstbeherrschten, ein wenig spottsüchtigen Frau zu Beginn dieser Liaison! Sie liebte ihren allzu jungen Liebhaber mit wahnwitziger Glut; sie bewunderte sein aufblühendes Genie.

Madame de Berny an Balzac: »O Du! Du himmlischer Liebster! In Verzückung verbleiben, aufgesogen von meinen Erinnerungen: Weiter kann ich nichts. Wie Dir mein Glück schildern? Du mußt es kennen, und dabei ist das unmöglich, unmöglich zumal, daß Du wüßtest, was Du mir bist. Ich hätte in einem von Wahnsinn erfüllten Traum wünschen können, so geliebt zu werden, wie der Himmel liebt; dieser Wunsch wäre eine völlige Erfüllung gewesen, und dabei wäre mir beim Vergleichen jener Wohltaten mit den Deinen nichts zuteil geworden. Ach, was könnte ich tun? Wo die Kraft hernehmen, die Macht und alles, was ich möchte, um soviel Liebe zu vergelten? Allein schon mein gestriger Abend machte zehn Jahrhunderte aus ... Dir sei Heil, Ehre und Liebe ...!«

Und ein andermal: »Gegrüßt sei mein Geliebter mit der Morgenröte, gegrüßt mein süßer Herr und Meister ...!« Dabei verstand sie nicht, wie ein so reiches Herz der, die ihn vergötterte, etwas verhehlen könne. Sie wußte, daß er wieder zur Herzogin von Abrantès ging. Auf seinem Sofa sitzend, »auf dieser heiligen Stätte«, hatte er geantwortet: »Liebe Laure, es geht doch nicht, daß ich mich so einfach zurückziehe! Muß ich nicht jemandem, der mir alles anbietet, bezahlen, was ich schulde?« Aber hatte Honoré nicht dringlichere Schulden bei seiner armen Freundin, die ihn in den Zeiten des Unglücks zugleich durch ihre Nähe, ihre Liebesbezeigungen und ihr Vermögen unterstützt hatte? »Ich möchte noch gutgläubig sagen, mein süßer Liebster: Ich glaube nicht, daß diese Frau Dir nützlich sein könnte oder wollte … Sie kann es nicht wollen, denn nicht in Versailles kannst Du zu Vermögen gelangen, und Dich ihr fernzuhalten ist, so meine ich, nicht nach ihrem Geschmack.«

Auf dem »geweihten« Sofa gelobte er alles. War er indessen sich selbst überlassen, fuhr er nach Versailles und arbeitete dort an den Büchern seiner Herzogin, die ihn auf ihre Art belohnte. Die arme *Dilecta* kam zu Fuß in die Rue Cassini und mußte sich von allen im Hause wohnenden Leuten sagen lassen, er sei nicht da. Sie bestrafte ihn durch ein zeremonielles *Sie:* »Ich bitte Sie, mich wissen zu lassen, ob ich mich, trotz Sonne oder Regen, um drei bis in die Rue Cassini vorwagen kann …? Adieu, Didi … Adieu, Du …«

Ein Moralist würde diese Treulosigkeiten, diese Lügen tadeln. Balzac rechtfertigte sie: »Einen Mann, der es gewohnt ist, aus seiner Seele einen Spiegel zu machen, in dem das gesamte Universum sich reflektieren soll, mangelt es notwendigerweise an der Art Logik, an der Halsstarrigkeit, die *Charakter* genannt wird. Er ist ein bißchen *liederlich* … Er begeistert sich wie ein kleiner Junge leidenschaftlich an allem, was ihm Eindruck macht … Er liebt abgöttisch und verläßt seine Geliebte ohne augenscheinlichen Grund …« Bei Naturvölkern werden Menschen mit dem *zweiten Gesicht*, Barden, Improvisatoren als bevorzugte und überlegene Geschöpfe betrachtet. Wenn bei uns zu Lande »ein Licht aufschimmert, läuft man herbei und löscht es aus, weil man es für eine Feuersbrunst hält«. Balzac beansprucht die Unbeständigkeit als sein gutes Recht.

Alles in allem bildete er sich zwei Vorstellungen von der Liebe; hinzu kam eine dritte, die aus einem Gemisch der beiden ersten bestand. Seine Kaffeehauskameraden hatten ihm den Hang zu einer skrupellosen Libertinage eingeflößt. »Die Natur hat uns mit einem Gelüst ausgestattet; man muß versuchen, so wenig wie möglich zu fasten … der Liebe frönen, wie die sozialen Regeln es verlangen, das Gesetzbuch in der Hand und der Etikette gemäß; sich ihr unterziehen wie dem Tanz, der Fechtkunst und dem Gesang.« Diese Liebe ist von Natur aus untreu; jeder weiße, rosige Körper, der einem unter die Finger gerät, kann sie befriedigen.

Aber weder Begierde noch Leidenschaft machen die Liebe aus. »Mann und Frau können, ohne sich zu entehren, mehrere Leidenschaften empfinden; es ist so natürlich, sich dem Glück in die Arme zu werfen! Aber es gibt im Leben nur eine einzige Liebe.« Diese einzige Liebe hat er andeutungsweise bei Madame de Berny wahrgenommen. Sie war zugleich sinnlich, weise und zärtlich, und sie ist für ihn »ein vom Himmel herabgestiegener Engel gewesen«. Sie hat ihn geformt, erweckt, geleitet. Ohne sie hätte Balzacs Genie sich vielleicht nie entfaltet. Er weiß es.

Seine Liebe zu Laure de Berny ist ein Gemisch von Sinnlichkeit und Gefühl, unbeständig, was die Sinnlichkeit, treu, was das Gefühl betrifft. Jenseits dieser schönen irdischen Liebe versucht Balzac, ein reines Engeltum zu konzipieren, die Frau, die, ohne Liebesbezeigungen zu verlangen, sich zu einer sublimen barmherzigen Schwester machen müßte, um über das Genie zu wachen. Aber auch die Frau ist weder Engel noch Tier. Auch bei ihr fordert der Körper seinen Anteil, und die wundervolle Hingabe der *Dilecta* kann weder den der menschlichen Natur innewohnenden Antagonismus zwischen körperlicher und geistiger Liebe auslöschen, noch den dem schöpferischen Künstler eigentümlichen zwischen Frau und Werk. Jede Frau, die einen Künstler liebt, verurteilt sich früher oder später zum Leiden.

Bernard-François starb am 19. Juni. Er »desertierte« ebenfalls aus der Tontine Lafarge, und da er alles, was er besaß, in Leibrenten angelegt hatte, im Glauben, er sei unsterblich, ließ er seine Witwe in einer schwierigen finanziellen Situation. Die Todesanzeige wurde von Surville und Montzaigle unterzeichnet. Vielleicht arbeitete Honoré (er war offenbar nicht in Paris) gerade in La Bouleaunière bei Nemours auf einem von Madame de Berny, die nichts mehr nach Villeparisis lockte, gemieteten Besitz. Vielleicht ist er auch heimgekehrt, um an den Trauerfeierlichkeiten teilzunehmen; sie fanden in der Kirche Saint-Merry statt.

Das Paris, in das er zurückkehrte, ähnelte nicht mehr dem, das seine Eltern ihm ehedem dargeboten hatten. Lange Zeit hindurch hatte er nur eine enge Welt gekannt: Familie, Bürger aus dem Marais, Rechtsbeflissene, bedürftige Journalisten, Diskontierer und Wucherer. Die Freundschaft mit Latouche, der Achtungserfolg der *Chouans* hatten ihm einige illustre Häuser aufgetan. Jeden Mittwochabend traf er bei dem Maler François Gérard, der ebensosehr Weltmann wie Künstler, der verführerisch und ein Verführer war, die Pariser Elite an: Eugène Delacroix, David d'Angers, Ary Scheffer, den Doktor Koreff. Er hat die Unterhaltungen geschildert, die zwischen elf und Mitternacht in diesem Salon geführt wurden; dort fanden sich Dichter, Gelehrte, Staatsmänner, Dandys und liebreizende Frauen ein. Beim Schein der Lampen arbeiteten ein paar Maler und lauschten. Sie hatten ein fix und fertiges Bild vor Augen, und Balzac, der den Augenblick genoß, »da die bis jetzt funkelnde, antithetische Unterhaltung ins Erzählen überschwang«, heimste schöne Geschichten ein.

Ihm unbewußt gestalteten sich Skizzen zu Romanen, zu Novellen. »Der Künstler ist in den letzten Gründen seiner Intelligenz nicht er selber ... Er gehört sich nicht. Er ist der Spielball einer in hohem Maße unerklärlichen Kraft ... An gewissen Tagen könnte er keine einzige Zeile zustande bringen; und wenn er es versucht, führt nicht er die Feder, sondern sein Double, sein

Sosias; wer sich aufs hohe Roß setzt, macht Wortwitze ... und bringt nur soviel Geist auf, daß er Überspanntheiten erfindet ... Eines Abends, mitten auf der Straße, eines Morgens, beim Aufstehen, geschieht es, daß dieser Schädel, diese Hände, diese Zunge von einer glühenden Kohle berührt werden ... Die Arbeit ist da und hält alle ihre Glutherde bereit ... Endlich ist die Ekstase der Konzeption hereingebrochen und überdeckt die zerreißenden Schmerzen des Gebärens ...« Derselbe Mensch birgt in seiner Hauthülle einen Possenreißer und einen Dichter. Balzac war sich dieses Dualismus bewußt.

Ohne dem Kreis der jungen Romantiker anzugehören, ging er mit ihnen Seite an Seite. Am 10. Juli 1829 wurde er zu der Vorlesung von *Marion de Lorme* eingeladen. Der Autor, Victor Hugo, war siebenundzwanzig Jahre alt, hatte eine reizende Frau, drei Kinder und galt in den Augen der Jungen bereits als ein Meister. Alfred de Vigny wohnte jener Lesung ebenfalls bei; er hatte *Eloa* und *Cinq-Mars* geschrieben und bearbeitete damals gerade *Othello*. Mérimée, Sainte-Beuve und Musset umgaben Hugo mit ihrem jungen Ruhm. Der berühmte Alexandre Dumas, der Autor von *Henri III et sa cour (Heinrich III. und sein Hof)*, fuchtelte begeistert mit seinen riesigen Armen. Aber er, »der arme Balzac«, hatte gerade erst Horace de Saint-Aubin ins Grab gesenkt. Ihn stützte keine Schule. Der kleine Sainte-Beuve, ein schlauer Kritiker, hatte vom Verfasser der *Chouans* nichts gehört. Balzac beeilte sich, über solcherlei »Scènes de la Vie littéraire« (»Szenen aus dem Literaturleben«) zu lachen, aus Furcht, es komme ihn der Drang zum Weinen an.

»Armseliger Zuhörer, der du zum erstenmal bei diesem gesellschaftlichen Mysterium zugelassen bist, welche Haltung sollst du einnehmen? Beifall klatschen? Bravo rufen? Du unverschämter Kritiker! Es ist um dich geschehen, wenn du dergleichen Beleidigungen äußerst. Dir bleibt nur *ein* Heilmittel: zu tun, als schwiegest du eines Erstickungsanfalls wegen, der dir die Lobesworte im Hals steckenbleiben läßt, so viele wären zu sagen; oder aber, wenn du durch einen guten Freund eingeführt worden bist, bleibt dir das Hilfsmittel, mit Tränen der Dankbarkeit in den Augen an ihn heranzutreten, ihm krampfhaft die Hand zu drücken und ihm zu sagen:

›Danke, lieber Freund, danke!‹

Das ist geschickt, das fällt auf und ist nicht ohne Eleganz ...

Die Vorlesung geht weiter, und es beginnen Zwischenbemerkungen laut zu werden:

›Oh! Wie maurisch das ist!‹ sagt dieser.

›Oh! Wie afrikanisch!‹ sagt jener.

›Und zugleich spanisch!‹ fügt ein andrer hinzu.

›In diesen Versen sind Minarette!‹

›Das ganze Granada!‹

›Der ganze Orient!‹

Mein heiligstes Ehrenwort, es ist in meinem Dabeisein im Zusammenhang mit Spanien und Afrika gesagt worden: ›Der ganze Orient!‹ ...

Wundersam und *ungeheuerlich* ist das mindeste, was über eine Elegie von fünfzehn Verszeilen gesagt werden muß ... Und wenn es sich um ein Drama handelt: ›Die gesamte Weltgeschichte wird eingespannt! – Hier enthüllt sich das Künftige! – Eine Welt ist es! – Ein Universum! – Es ist Gott ...‹«

Inzwischen hatte die Herzogin von Abrantès ein Pied-à-terre in der Abbaye-aux-Bois bezogen, eine Stätte der Ruhe und des Friedens; in einem vom Kloster abgetrennten Nebengebäude liehen die Nonnen Damen von Rang, die dort in halber Zurückgezogenheit zu leben gedachten, eine Zufluchtsstätte. Dort herrschte in einer kleinen Wohnung Madame Récamier, zwar verarmt, aber groß durch Schönheit, durch Treue, durch ihren über Europa hinausreichenden Ruhm.

Es war eine sehr hohe Gunst, von der göttlichen Juliette in ihrem dritten Stockwerk empfangen zu werden. Die Zaubermacht einer Fee schien das Beschwerliche des Hinaufsteigens zu mildern. Männer aller Parteien söhnten sich dort aus. Chateaubriand kam dort mit Benjamin Constant und Lamartine zusammen. Die Herzogin aus dem Faubourg Saint-Germain bezeigte sich der Herzogin des Kaiserreichs gegenüber höflich. Madame d'Abrantès führte Balzac ein. »Betrachten Sie sorgfältig diesen jungen Mann mit den Kohlenaugen, dem pechschwarzen Haar; beachten Sie seine Nase, vor allem seinen Mund, wenn eine schalkhafte Erinnerung dessen Winkel anhebt; gewahren Sie, wie etwas wie Verachtung oder Bosheit seinen Blick beherrscht? Und dabei ist darin Güte für seine Freunde. Dieser junge Mann ist Monsieur de Balzac. Er ist erst dreißig, aber es sind schon zahlreiche Bände aus seiner Feder hervorgegangen.«

Etienne Delécluze, der am Tag, da Balzac »empfangen« wurde, in der Abbaye-aux-Bois weilte, hat nie die naive, fast kindliche Freude des Neuankömmlings vergessen. »Diesem Mann blieb nichts übrig, als alles, was ihm an Vernunft verliehen worden war, zusammenzuraffen, um sich nicht sämtlichen Anwesenden in die Arme zu werfen.« Dies Übermaß an Genugtuung hätte lächerlich wirken können, aber die Aufrichtigkeit des Gefühls rührte Delécluze; er setzte sich zu dem jungen Mann und fand ihn überaus geistvoll. Die Heftigkeit seines Verlangens und die lange Wartezeit rechtfertigten seine überschwengliche Freude.

Um dieselbe Zeit lernte er Fortunée Hamelin kennen; diese ehemalige »Merveilleuse« konnte ihm tausend romanhafte Abenteuer erzählen. Sophie

Gay, in deren Salon die jungen Romantiker glänzten, empfing Balzac ebenfalls; er dankt ihr eine große Zahl von Anekdoten und feinsinnigen Beobachtungen. Sie hatte ehedem dem Kaiser die Stirn geboten.

»Ist Ihnen nicht gesagt worden, daß ich keine geistreichen Frauen mag?«

»Doch, Majestät, aber ich habe es nicht geglaubt.«

Von Sophie Gay hieß es, sie mache alles gut: Bücher, Kinder und Konfitüren. Bei ihr und bei der Gräfin Merlin, der Geliebten seines Kameraden Philarète Chasles, begann Balzac der »großen Welt« zu begegnen, das heißt: den zwei- oder dreitausend Leuten, die einander kennen, einander empfangen und die, da sie Muße haben, das Gefühlsleben kultivieren. Er fühlte sich auf naive Weise glücklich, zugelassen zu sein und von einigen dieser exklusiven Menschen empfangen zu werden, und empfand auch wieder eine bittere Traurigkeit im Ahnen, daß er von ihnen nur geduldet sei. »Ich litt an allen Stellen des Innern, die dem Leid erreichbar sind; nur verkannte Seelen und Frauen vermögen zu beobachten, weil alles sie verletzt und weil Beobachten das Ergebnis des Schmerzes ist.« Die jungen Dandys mit den gelben Handschuhen, die Liebhaber dieser Göttinnen, blickten voller Hochmut auf einen schlecht oder übertrieben gekleideten Unbekannten; er nun aber faßte diese Gecken ins Auge, beneidete und beurteilte sie. Was die anbetenswerten und unzugänglichen Frauen betraf, so bewunderte er sie ohne große Hoffnung. Und dabei: Wie dürstete es ihn nach ihnen!

»Ach! Es lebe die Liebe in Seide, auf Kaschmir, umgeben von den Wundern des Luxus, die sie so köstlich schmücken, weil sie selber vielleicht ein Luxus ist. Wie gern zerknittere ich in meiner Begierde übertrieben feine Toiletten, knicke Blumen und fahre mit zerstörerischer Hand in die eleganten Aufbauten einer duftenden Frisur ... Eine aristokratische Frau und ihr feines Lächeln, die Vornehmheit ihrer Umgangsformen und ihre Selbstachtung bezaubern mich; wenn sie eine Schranke zwischen sich und Welt und Gesellschaft errichtet, schmeichelt sie allen meinen Eitelkeiten, und die sind bereits die Hälfte der Liebe. Werde ich von allen beneidet, so scheint meine Glückseligkeit mir mehr an Würze zu besitzen. Dadurch, daß meine Geliebte nichts tut, was andre Frauen tun, dadurch, daß sie nicht schreitet und lebt wie jene, dadurch, daß sie sich in einen Mantel hüllt, den jene nicht haben können, dadurch, daß sie ihr persönliches Parfüm ausströmt, scheint sie desto mehr mein eigen zu sein; je weiter sie sich von der Erde entfernt, sogar in dem, was der Liebe an Irdischem innewohnt, desto mehr verschönt sie sich in meinen Augen ...«

Konnte er ihnen gefallen? Mehr, als er glaubte. Er ergötzte sie; damit hatte er sie bereits halbwegs gewonnen. Er besaß eine schöne Stimme, und sein Gesicht schmückte ein Hauch von Güte. Vor seinen Freunden spielte er den dicken, geilen Mönch oder den lachenden Handelsreisenden, aber in den Salons wußte er zu schweigen, das Seine in die Scheuer zu bringen oder zu bezaubern. Eines Tages sagte er zu einem jungen Herrn namens Julien Lemer: »Nicht wahr, es kommt Ihnen merkwürdig vor, daß aus dieser rauhen Hülle delikate Konzeptionen, kluge Gedanken herauskommen können?« Merkwürdig? Vielleicht. Aber seine Zuhörerinnen wußten, was an ihm echt war.

Wenn er ihre Blicke süß werden sah, schmeckte er seinen Sieg. Vor zwei Jahren hatte er nach der kläglichsten der Niederlagen fliehen und sich verbergen müssen. Er hatte »weder eine glückliche Jugend noch einen Blütenfrühling« durchlebt. Doch er wurde sich seiner Kraft bewußt. Er würde große Dinge schreiben und sich dem gleichgültigen, furchtbaren Paris aufzwingen. Laure de Berny, die bewundernde, getreue Liebende, war ihm Stütze und Halt. Trotz den Niederlagen rückte er vor. Er kannte seine Schwächen: eine gewisse Vulgarität, einen Mangel an Geschmack, den er von seiner Familie her hatte, ein kindisches Luxusbedürfnis. Aber auch seine Haupttrümpfe: seine schöpferische Energie, seinen Schwung, seine Phantasie, seine hohe Intelligenz. Lange wird er sich dieses Zeitabschnitts seines Lebens als einer Epopöe erinnern, deren unerbittliches Vorwärtsdrängen ihn Angst und Kleinmut nur empfinden läßt, damit er ihrer sogleich Herr werde; noch lange wird er seinen schmerzlichen und wundervollen Jugenderinnerungen und seinen verlorenen Illusionen die schönsten seiner Romane abgewinnen.

Zweiter Teil

DER RUHM

Nach diesem Alter, das rasch vorübergeht wie eine Saatzeit, kommt das der Durchführung. Irgendwie gibt es zwei Jugenden, die, während der man glaubt, und die, während der man handelt; bei von der Natur begünstigten Menschen vermischen sie sich häufig miteinander, und das sind dann, wie Cäsar, Newton und Bonaparte, die größten unter den großen Männern.

Balzac

XI

LEHRJAHRE

Die tugendhaftesten Frauen haben etwas in sich, das niemals keusch ist. *Balzac*

Bald fand Balzacs Erfolg Bestätigung. Im Dezember 1829 erschien die *Physiologie du Mariage,* »von einem jungen Unvermählten«. Das brillante, schamlose Buch bewies eine erstaunliche Kenntnis der Frauen. Der Autor dankte sie seiner eigenen Erfahrung, nämlich Madame de Berny und der Herzogin von Abrantès, die ihm beide vertrauliche Geständnisse gemacht und mancherlei erzählt hatten; ferner Fortunée Hamelin und Sophie Gay; seinem Vater, der dieses Thema in einem fort und auf schnurrige Weise behandelt hatte; und schließlich Villers-La Faye, dem skeptischen Philosophen des Ancien régime und Verführer im Ruhestand. Der zugleich lyrische, humoristische und zynische Ton erinnerte, vollauf dem inständigen Wunsch des Verfassers entsprechend, bald an Rabelais, bald an Sterne und nahm hier und dort die romantischen Chroniken Mussets oder Gautiers vorweg. Unter einer frivolen Außenseite und verblümten Zoten, wie sie im 18. Jahrhundert gang und gäbe waren, mangelte es den Gedanken weder an Ernst noch an Tiefe.

Das Hauptthema war, daß »die Ehe keineswegs der Natur entstammt«, daß nur wenig Beziehungen zwischen der Liebesleidenschaft und dem Fortpflanzungsinstinkt bestehen, daß die meisten Ehemänner mit der Sensibilität ihrer Frauen spielen, wie ein Orang-Utan Geige spielt, und daß sie folglich darauf gefaßt sein müssen, »minotaurisiert«, das heißt: von einem besseren Musiker betrogen zu werden. Über welche Pfiffe und Kniffe die Frauen verfügen, welche Vorsichtsmaßnahmen der Ehemann ergreifen kann, welches die ersten Symptome dafür sind, daß er in Ungnade gefallen ist, wie die eheliche Polizei funktioniert, wie sie der ehebrecherischen Frau Mausefallen stellt, wie ein geschickter Ehemann die notwendige Peripetie herbeiführt: das sind einige der Themen, die der »junge Unvermählte« behandelte. Kurzum, die Ehe ist ein Kampf, ein Bürgerkrieg, der Waffen erfordert, eine Strategie; und der Sieg darin (nämlich die Freiheit) verbleibt dem Gewandtesten.

Balzac ergriff im Ehekrieg die Partei der Frauen. Er gab übrigens zu, er sei von zwei Damen beraten worden, von denen die eine »eine der humansten und geistvollsten am Hof Napoleons« gewesen sei; beide hätten in seinem Dabeisein offenherzige Unterhaltungen geführt. Er schilderte durchtriebene, verlogene Frauen, aber er entschuldigte sie. Die Frau ist für ihre Sünden nicht verantwortlich; diese sind den Bedingtheiten zuzuschreiben, die die Gesellschaft ihr auferlegt, sowie der Verblendung der Ehemänner. Seine Ideen über die Gleichberechtigung der Geschlechter entlieh Balzac zum Teil den Saint-Simonisten. Er war mit ihnen zunächst durch Väterchen Dablin bekannt geworden, der mit Saint-Simon in Briefwechsel stand; und alsdann als Drucker ihrer Zeitschrift *Le Gymnase* in der Zeit, da er die Werkstatt in der Rue des Marais-Saint-Germain geleitet hatte. »Ein Frauenherz wird verschenkt; es ist unverkäuflich«, hatte in *Le Gymnase* gestanden. Bei dem obwaltenden Zustand der Dinge war aus der Ehe ein Kampf geworden. Nun aber tut man im Kriege, was man kann, und bedient sich dabei der Mittel, über die man verfügt, und der Feind ist der Ehemann, sofern er nicht ... Sofern er, anstatt Mißbrauch mit »Rechten« zu treiben, die das Gesetz ihm einräumt, sich nicht bemüht, geliebt zu werden, und sofern er nicht den geheimen Gesetzen der Natur gehorcht, die die Vereinigung von Gefühl und Besitznahme gebieten. »Daraus folgt, daß ein Mann, der glücklich sein will, genötigt ist, sich gewissen Regeln der Ehre und des Zartgefühls zu unterwerfen.«

Die Frauen rissen sich um das Buch, das ihre uneingestandenen Beschwerden öffentlich bekanntmachte und dadurch proklamierte, was viele dachten und was nur wenige auszusprechen wagten. Manche waren schockiert. Zulma Carraud schrieb aus Saint-Cyr einen entrüsteten Brief. Balzac antwortete:

»Der Widerwille, Madame, den Sie beim Lesen der ersten Seiten des Buches empfunden haben, das ich Ihnen mitgebracht hatte, ist zu ehrenhaft für Sie und zu delikat, als daß jemand, und sei es der Autor, sich dadurch gekränkt fühlen könnte. Er beweist, daß Sie nicht zu einer Welt der Falschheit und der Perfidie gehören, die Ihnen unbekannt ist, zu einer Gesellschaft, die alles entstellt, und daß Sie der Einsamkeit würdig sind, durch die der Mensch stets so groß, so edel und so rein wird.

Es ist vielleicht ein Unglück für den Autor, daß Sie nicht diesem ersten Gefühl widerstanden haben, das jeden Unschuldigen bei der Nachricht von einem Verbrechen überkommt, bei der Schilderung allen und jeden Unglücks, beim Lesen Juvenals, Rabelais', des Persius, Boileaus; denn ich glaube, später würden Sie sich mit ihm ausgesöhnt haben, wenn Sie ein paar kräftige Lehren gelesen hätten, ein paar nachdrückliche Plädoyers zugunsten der

Tugend und der Frau; aber wie könnte man Ihnen einen Widerwillen zum Vorwurf machen, der Ihnen zum Lob gereicht ...?«

Das Wunderbare ist, daß dieser »Hellseher« alles versteht, die noble Aufrichtigkeit der Madame Carraud und die mit Stahlkabel zusammengenähten Berechnungen der Herzogin von Abrantès.

Die *Physiologie du Mariage* enthielt hundert Stoffe zu Romanen oder Novellen, gewaltige Vorräte an Szenen, Szenarien und Plänen. Schon zur Zeit der *Codes* hatte Balzac ein Heft mit Skizzen angefangen, die gleichzeitig an Lavater und an Gavarni gemahnten. Die Mode wechselte vom historischen zum bürgerlichen Roman über. Warum sollte er nicht kurze Erzählungen schreiben, die zeitgenössische Sittenstudien sein könnten? Warum sollte er sich mit langen, gelehrten Forschungen abplagen, wenn er die Geschichte seiner eigenen Zeit in Szene setzen konnte? Darin würde er ein paar Schauplätze und soziale Gruppen finden, die er gut kannte, wie etwa die Rue Saint-Denis und ihre reichen Kaufleute (daraus wird *La Maison du Chat-qui-pelote [Das Haus zum ballspielenden Kater]*, der Laden der Eltern Sallambier); *Le Bal de Sceaux (Der Ball zu Sceaux)* (häufig hatte er mit seinen Schwestern den Rundbau aufgesucht, der als Tanzsaal diente). *La Vendetta* setzte am kaiserlichen Hof ein, nach einer Anekdote, die er der Herzogin von Abrantès dankte, und spielte dann in einem Atelier, wo junge Damen, die einen aus dem Marais (wie Laure und Laurence), die andern aus dem Faubourg Saint-Germain, malen lernten. *Une double Famille (Eine doppelte Familie)* begann in Bayeux, und dabei konnte er verwerten, was er während seines Verweilens bei den Survilles wahrgenommen hatte, und tausend andere Erinnerungen und seine eigenen Intuitionen hineinmischen.

Die *Scènes de la Vie privée (Szenen aus dem Privatleben)*, die »bis in die tiefsten Untergründe« der Geheimnisse und der Wohnungen der Familien hinabloteten, stachen gegen seine extravaganten Jugendromane ab durch ihre Echtheit der Schilderungen, der Charaktere und durch die Feinheit der Empfindungen. Er hatte entdeckt, daß die Zeit, in der er lebte, ihrem Wesen nach romantisch war, teils durch die Vermengung der Gesellschaften (derjenigen des Ancien régime, des Kaiserreichs und der Restauration), teils der Theatereffekte wegen, die plötzlich alles auf den Kopf gestellt hatten (die Rückkehr von der Insel Elba, die Zweite Restauration). Der Geniegedanke bestand darin, dem Zeitroman ein paar Züge des historischen Romans zuteil werden zu lassen: breite politische und soziale Ausblicke, minutiöse und pittoreske Schilderungen. In diesem erstaunlichen Zeitabschnitt machten der Adel, der nichts hinzugelernt hatte, die Bourgeoisie, die ihre Nationalgüter verdaute, und die Industrie einander Frankreich streitig, während das unzufriedene Volk künftige Revolutionen vorbereitete.

Balzac stellte den notwendigen Abstand her, indem er seine Erzählungen in einer eben erst vergangenen Zeit ansiedelte. Die Schilderung von Monsieur Guillaumes Laden stellte den patriarchalischen, schablonenhaften Charakter des Handels zu Zeiten Napoleons heraus. Mit unbewußter Geschicklichkeit prägte er den meisten dieser Geschichten die *moralischen* Merkmale des volkstümlichen Romans auf. Augustine Guillaume, die Tochter eines Tuchhändlers, heiratet aus ihrer Gesellschaftsklasse heraus einen eleganten Maler, Théodore de Sommervieux, der sich in ihre Schönheit verliebt hat, sie aber schleunigst mit einer Herzogin betrügt. Verzweifelt stirbt sie daran, wogegen ihre Schwester Virginie, die sich mit dem Handlungsgehilfen Joseph Lebas begnügt hat, fröhlich über das Haus zum ballspielenden Kater gebietet. *Gobseck*, das wunderbare Porträt eines Wucherers mit Vollmondgesicht, schmalen Lippen und aschgrauem Haar, illustriert am Beispiel des Unglücks seiner Kunden die Gefahren eines schlechten Lebenswandels. *Une double Famille* zeigt zugleich die Verheerungen der Bigotterie und das Fehlschlagen der freien Liebe auf.

Auf diese Weise haben nahezu alle diese *Scènes* das Glück oder Unglück der Ehe zum Thema. »Früher oder später werden wir dafür bestraft, daß wir uns nicht in die sozialen Gesetze gefügt haben.« Fast alle plädieren für die bürgerliche Tradition und für die eheliche Treue, so entgegengesetzt sie auch den Instinkten sein möge. Ein verwunderlicher Konformismus bei einem hellsichtigen »jungen Unvermählten«, der selber im Status eines doppelten Bruchs eben jener Gesetze lebt, da er Monsieur de Berny mit Madame de Berny hintergeht, und diese mit der Herzogin von Abrantès. Dabei hat er in seiner eigenen Familie die traurigen Folgen des Ehebruchs beobachten können. Seine Mutter hat in das eheliche Heim den armseligen Henry eingeschmuggelt; sein Vater hat sich die letzten Lebensjahre durch Streiche mit Bauernmädchen vergällt.

Ebenfalls bei den Seinen hat er die abscheulichen Auswirkungen der Eitelkeit und der Habsucht auf die Ehe konstatieren können. Seine Schwester Laure hat eine Zeitlang die Rolle der Emilie de Fontaine *(Le Bal de Sceaux)* gespielt und dann, als sie ihren Irrtum eingesehen hatte, eine recht vernünftige Ehe geschlossen; aber Laurence, seine andere Schwester, ist einer doppelten Adelspartikel zum Opfer gefallen. Erbschaften haben bei den Balzacs, den Sallambiers, den Sédillots, den Malus' einen genauso beträchtlichen Raum eingenommen wie in der Kanzlei des Notars Guillonnet-Merville. Über diese bürgerliche Welt, über die Rolle, die der König Geld darin spielt, hegt Balzac keinerlei Illusionen. Er hat mit seinen *Scènes* »ein getreues Gemälde der Sitten« geschaffen, »die die Familien heutzutage im Dunkel zu begraben pflegen«. Zwar ist die Welt, mit der er sich eingehend befaßt hat, noch nicht sehr ausgedehnt; aber für den Romancier kommt es darauf an, nicht *alles* zu kennen, sondern es *gut* zu kennen, das kleine Universum, darein das Leben ihn geworfen hat, zu beherrschen und zu erahnen.

Ein eigentümlicher Fall: der von *La Femme de trente ans (Die Frau von dreißig Jahren).* Ein Roman? Nein, eine Folge von Szenen, die zunächst ohne die Absicht, sie zu verknüpfen, geschrieben wurden und die ziemlich schlecht aneinandergeflickt worden sind. Die Sache begann 1831, und zwar mit einem glänzenden Bericht in *La Caricature: La Dernière Revue de Napoléon (Napoleons letzte Parade).* Ein junges Mädchen schleppt seinen Vater zu einer Parade in den Tuilerien, weil es in einen schönen Oberst verliebt ist. Ein schimmerndes Strahlenbündel beleuchtet die kaiserliche Welt. Einen Monat später, in *Les Deux Rencontres (Die beiden Begegnungen),* liebt die Frau eines Generals (ist es der Oberst der ersten Erzählung?) ihren Mann nicht mehr, hat eine Liaison, und ihre Tochter, die es merkt, folgt einem unwahrscheinlichen »Pariser Piraten«, der ein byronesker Korsar wird. Diese übersteigerte, ungeschickte Episode erinnert auf klägliche Weise an Balzacs erste »schwarze« Romane. Im September und Oktober 1831 veröffentlichte er dann *Le Rendez-vous (Das Stelldichein),* eine Novelle in fünf Bildern. Diesmal besteht kein Zweifel: Die Heldin, Julie d'Aiglemont, die in fünf Lebensaugenblicken skizziert wird, ist die junge Verliebte aus den Tuilerien. Ihr Mann hat sie enttäuscht; sie liebt einen Engländer, Lord Arthur Grenville. Alle diese Novellen werden alsdann, ein bißchen abgeändert, unter dem Titel *Même histoire (Dieselbe Geschichte)* zusammengestellt, und erst 1842 wird *La Femme de trente ans* die endgültige Form erhalten. Das Buch ist eins derjenigen Balzacs, die am wenigsten durchgestaltet worden sind; die verschiedenen Bruchstücke haften schlecht aneinander. Aber es finden sich darin wirklich schöne Stellen. Die vertraulichen Enthüllungen der reifenden, ihrer Illusionen ledigen Madame d'Aiglemont lassen an die denken, die Honoré im Mondschein auf der Bank in Villeparisis zuteil geworden waren. Ein Strahl des »Gedichts Berny« beleuchtet sie.

Was nun sein persönliches Schicksal angeht, so hat Balzac nach 1829 nicht mehr so viele Beschwerdepunkte gegen die Gesellschaft vorzubringen. Der Erfolg hat ihm die Pforten des Romantikerkreises aufgetan. Indessen bleibt er darin am Rande; er macht sich (in einem anonymen Artikel) grausam über *Hernani* lustig, ein in den Augen des Jungen Frankreich heiliges Werk; weit mehr fühlt er sich der klassischen literarischen Tradition verbunden, Corneille, Molière, La Fontaine. Aber er nähert sich der Romantik wieder durch seine Vorliebe für Walter Scott, für Byron, für Rabelais, für die Außenseiter, und dieser Häretiker wird nicht übel willkommen geheißen. Unbekannte Frauen schreiben ihm und erkennen sich in seinen Heldinnen wieder. Die *Scènes de la Vie privée*, die keusch ohne Prüderie sind, haben alle beruhigt, die die *Physiologie du Mariage* erschreckt hatte. In den Lesekabinetten wird auf seine Bücher gewartet. Verleger bemühen sich um ihn. Ehemalige Mitschüler: Adrien Brun, Joseph Fontemoing, erinnern sich des plötzlich berühmt gewordenen Freundes, den sie früher, im Collège zu Vendôme, nicht eben glimpflich behandelt hatten. Aber er hat die tiefsten Tiefen des Unglücks allzusehr kennengelernt, um sie zu vergessen. Er weiß, was sich hinter den Masken versteckt. »Die heiteren, lachenden Gesichter, die ruhigen Stirnen deckten dort widerwärtige Berechnungen; die Freundschaftsbezeigungen waren lügnerisch, und mehr als einer mißtraute seinen Feinden weniger als seinen Freunden.« Wenn Eitelkeit die große Welt ausdörrt, dann opfern die Bürger andern Äußerlichkeiten. Sie sind besessen vom Geld. »Im Besitz von Renten zu sein oder nicht, das ist hier die Frage.«

Je mehr Balzac beobachtet, desto mehr erblickt er im Geld »den einzigen Gott der Neuzeit«, die große Triebfeder der zeitgenössischen Gesellschaft. Die Weltleute wollen welches, um ihren Luxus und ihren Rang aufrechtzuerhalten; die Bürger häufen es »mehr aus Verlangen nach Sicherheit denn aus Trieb zum Genuß« an; der Wucherer Gobseck liebt den Reichtum im Reinzustand und wie etwas Abstraktes. »Das Gold schließt alle menschlichen Kräfte in sich ein«, sagt Gobseck ... »Ist das Leben nicht ein Mechanismus, den das Geld in Bewegung setzt ...? Das Geld ist der Spiritualismus eurer gegenwärtigen Gesellschaften.« Gobseck weiß über Paris alles. Er hat ein Auge auf die Söhne, die noch unter väterlicher Gewalt stehen, auf die Künstler, die Weltdamen. Jenseits seines Geschäfts ist er anständig und sogar auf seine Art großherzig. Aber da der Kampf zwischen arm und reich unvermeidlich ist, empfiehlt es sich mehr, Ausbeuter als Ausgebeuteter zu sein. »Dieser kleine, trockene Greis war gewachsen«, sagte der Advokat Derville von ihm. »Er hatte sich in meinen Augen in ein phantastisches Bild verwandelt, in dem sich die Macht des Goldes verkörperte.«

Ein phantastisches Bild ... Dadurch gemahnt diese »balzacische«, zugleich lebenswahre und übernatürlich große Gestalt an diejenigen seiner »schwarzen« Periode. In den *Scènes de la Vie Privée* handelt es sich noch immer, wie in den Nachtprodukten Horace de Saint-Aubins, um Verbrechen, Scheusäler, Schirmherren, aber die Verbrechen sind gesetzlich, die Scheusäler kommen auch im gewöhnlichen Leben vor, die Schirmherren gehören dem Richterstand an. Obwohl noch jung, hat der Autor viel gesehen und viel gelitten. Er ist zugleich empört, bitter und so intelligent, daß er Empörung und Bitterkeit weit unter sich läßt und tapfer feststellt: »So ist es.« Seine Philosophie durchtränkt seine Schilderungen. Er beschreibt nicht, um zu beschreiben, sondern um aufzuzeigen, wie das wahre Wesen eines Menschen in seinem Gesicht zum Ausdruck kommt, in seiner Haltung, seinem Haus, seinen alltäglichen Gesten. Da er ein philosophischer und vor allem wissenschaftlicher Kopf ist, sucht er sich von den sichtbaren Wirkungen zu den verborgenen Ursachen aufzuschwingen. Seine Lieblingsformel ist: »Aus diesem Grunde«. Sie steht einer bisweilen überraschenden, stets jedoch tiefen Darlegung voran.

Übrigens breitet er nicht nur in seinen Büchern seine erstaunlichen Kenntnisse der Sitten aus. Er schreibt zu jener Zeit auch zahllose Zeitungsartikel. Um seine Schulden zu bezahlen und neue zu machen, braucht auch er Geld. Durch Artikel läßt sich das schneller verschaffen als durch Bücher. Ein an Einfällen und Wagemut reicher junger Herr, Emile de Girardin, brachte damals eine Umwälzung im Pressewesen zuwege. Girardin war ein uneheliches Kind, in der Verborgenheit herangewachsen, ohne Bindungen und frei von Doktrinen; er gehörte einer Generation an, die »von *René* radikal genesen war« und die, anstatt zu jammern, zum Angriff schritt. 1828 hatte er *Le Voleur* gegründet, 1829 *La Silhouette*, Blätter, die von großen Zeichnern illustriert wurden: Gavarni, Charlet, Grandville, Henri Monnier. Balzac war von diesen spöttischen, harten Künstlern sehr eingenommen. Gleich ihm schufen sie Typen; gleich ihm gab Gavarni »die Ansicht eines Bekleidungsstücks, den Gedanken eines Kleids« wieder. Henri Monniers Monsieur Prudhomme war eine Vorform von Balzacs Bourgeois.

Victor Ratier, Journalist und Balzacs Nachbar (er wohnte in der Rue Notre-Dame-des-Champs, unweit der Rue Cassini), brachte im Januar 1830 seinen Kameraden in *La Silhouette*, deren Chefredakteur er war, und dann in *La Mode* unter, einer weiteren Publikation des Konzerns Girardin. Gavarni hat seine erste Begegnung mit Balzac geschildert: »Er erblickte einen kleinen, rundlichen Mann mit hübschen schwarzen Augen und einer etwas eingebeulten Stülpnase, der sehr viel und sehr laut redete. Er hielt ihn für einen Buchhandelsvertreter.« Aber sobald dieser kleine Mann sprach oder schrieb, trat das Genie zutage. Sein Schwung verlebendigte die gewöhnlichsten Dinge und Themen. Es ist schwierig, ein Verzeichnis seiner Zeitungsartikel aufzustellen, denn in Girardins Redaktionsstab und bei seinen Mitarbeitern wurde häufig mit phantastischen Initialen oder auswechselbaren Pseudonymen gezeichnet.

Etude de moeurs par les gants (Sittenstudie auf Grund der Handschuhe) ist sicherlich von ihm; er war von dem Thema besessen. In diesem kurzen Traktat deduziert eine »kleine, geistvolle Gräfin« aus den Handschuhen einiger Männer deren Charaktere und Liebeserlebnisse. *Le Charlatan (Der Quacksalber), L'Epicier (Der Krämer)* sind weitere, rasch niedergeschriebene

Sittenstudien. Ein Artikel über *Les Mots à la mode (Die Modewörter)* mokiert sich auf drollige Weise über das Wort *actualité (Aktualität)*, das damals neu war: »Heutzutage müssen Bücher, wie alle Dinge, *Aktualität* haben.« Man kann (im Jahre 1830) von einer Schauspielerin nicht mehr sagen: »Gestern ist sie wundervoll gewesen«, sondern nur: »Sie war schwindelerregend.« *Schwindelerregend* ist der Kulminationspunkt der Sprache; das andere Extrem muß lauten: »Das ist *beleidigend* schlecht.« Was die Philosophie angeht, so gilt es, seinen Gedanken in Phrasen wie diese einzuhüllen: »Die Macht der Reproduktion der Reflexion erstreckt sich nicht bis zu gewissen Phänomenen, weil die Reflexion, *wenn* eine Totalität, eine konfuse Totalität ist.« Diese Mode dauert auch heutzutage noch an.

Trotz seinen Erfolgen in der Presse und auch in den Salons der Madame Hamelin, der Madame Ancelot, des Barons Gérard fühlt er sich verloren unter so vielen Menschen, denen der Ruhm bereits etwas Vertrautes ist. Was ist er neben Cuvier, Victor Hugo, de Vigny, Charles Nodier, Eugène Delacroix? Seine Kleidung stimmt nicht recht zusammen; sein Schwung verblüfft. »Monsieur de Balzac ist da«, notiert Fontaney in sein *Tagebuch*, »endlich sehe ich ihn, diesen neuen Stern jüngst angebrochenen Ruhms: dicker junger Mensch, lebhafter Blick, weiße Weste, Manieren eines Wurzelsepps, Kleidung eines Metzgers, Miene eines Vergolders, das Gesamt blendend.« Delacroix nimmt an seiner Kleidung etwas Unstimmiges wahr: »Und bereits Zahnlücken!« Der Graf de Faloux findet ihn sehr schwerfällig, sehr gehemmt. »Viele sind von seiner lebhaften Phantasie hingerissen, von seiner Redegewandtheit, aber ernüchtert durch seine Eitelkeit und seinen Mangel an gesundem Menschenverstand.« »Die gute Gesellschaft« empfängt ihn (in einigen Häusern), behandelt ihn aber nicht als einen der ihrigen. Zum Glück! Denn das ermöglicht es ihm, »sie schräg von der Seite her zu beobachten und die Nicht-Evidenz ihrer Evidenzen zu gewahren«.

Sein Auftreten überraschte; das wirre, pomadisierte Haar sträubte sich unordentlich auf dem Schädel; das fette Gesicht wirkte schlaff und weichlich. Drang er in einen Salon ein, vor der Zeit dickbäuchig, ein bißchen schnaufend, so fragten seine Leserinnen sich einen Augenblick lang: »Was? Das ist unser Balzac?« Doch sobald sich seine goldblitzenden Augen auf sie richteten, waren sie Feuer und Flamme. Ein Gewitter, ein Orkan, ein elektrisch geladener Tornado überfiel das Zimmer. Der kleine Mann mit den mächtigen Schultern begann eine Erzählung, und die schönen Damen lauschten gebannt. Wie kann man einen Schriftsteller der Vulgarität bezichtigen, dessen Geist blitzt und strahlt, dessen Überlegenheit unleugbar ist?

Leider blieben viele Leute, die neidisch oder außerstande waren, seine

Kraft zu ermessen, zurückhaltend, und seine Fühler waren zu empfindlich, als daß er nicht gemerkt hätte, was manche über seine Person und seine Manieren dachten. Welch ein Schmerz! Welch ein Durst nach Rache! »Ich habe vielerlei erfahren, und zwar so Jämmerliches, daß mir der Ekel vor dieser Gesellschaft ans Herz gegriffen hat ... Diese Leute haben mich Rousseau verstehen lassen.« Er tröstete sich mit dem Gedanken, daß der Künstler unglücklich sein *müsse*: »Der Hochbegabte kann täglich einem Tropf ähneln. Menschen, die in den Salons glänzen, werden beweisen, daß er höchstens zum Ladenschwengel tauglich sei. Sein Geist ist weitsichtig; er sieht nicht die kleinen Dinge, denen die Welt so viel Wichtigkeit beimißt.« Noch schlechter ertrug Balzac den Dünkel der reichgewordenen Bourgeois: »Die Macht ›Geld‹ führt uns zur erbärmlichsten der Aristokratien, der des Kassenschranks.«

Ist er also Revolutionär? Von Geburt ist er ein Bürger aus dem Marais, überdies der Liebhaber von Weltdamen, und also wünscht er keine gewaltsamen Umschwünge. Er tadelt die Ultras beider Parteien. In den *Scènes de la Vie privée* hat er die Dummheiten der konterrevolutionären und antibonapartistischen Säuberung bedauert. Alle Bigotterie stößt ihn ab. In dem Abbé Fontanon, dem Beichtvater der Angélique de Granville *(Une double Famille, Eine doppelte Familie)*, zeichnet er einen heuchlerischen, ehrgeizigen Priester, wie ihn der antiklerikale Stendhal hätte erschaffen können. Zwei Jahre später wird er in *Le Curé de Tours (Der Pfarrer von Tours)* die dunkle Macht der Congrégation aufzeigen, jenes Zusammenschlusses von Priestern und Laien mit dem Ziel der Ausbeutung der Macht, durch den der Almosenier die Beförderung der Offiziere regelt, und der Großvikar die der Präfekten. Balzacs Wortführer ist der Graf de Fontaine *(Le Bal de Sceaux)*, ein Vendéer, der es abgelehnt hat, Napoleon zu dienen, der zunächst den Opportunismus Ludwigs XVIII. getadelt, dann aber diesen philosophischen Fürsten verstanden und seinen gemäßigten Liberalismus gebilligt hat. Zwischen den Revolutionären, die Nationalgüter aufgekauft hatten, und den verstockten Emigranten bedurfte es zur Bewahrung des Königreichs vor neuen Wirren eines Kompromisses. Das wesentliche Ziel besteht darin, daß die Macht stark genug sein muß, um jenen Kompromiß zu erzwingen. »Die Politik ist die Kunst des Gleichgewichts der Kräfte.«

Zu Unrecht ist oftmals gesagt worden, Balzac habe die Schwenkung zum Legitimismus aus mondänen Gründen vollzogen, um Zutritt zu den Salons zu erlangen oder um einer hochgeborenen Dame zu gefallen. Tatsächlich jedoch wird Balzac niemals authentischer Legitimist werden; er wird sich nicht, wie Chateaubriand, sentimental an *seinen* König hängen; aber ebensowenig wird er ein Mann der Opposition sein, wie Carraud oder Surville.

Er erkennt, er bewundert die Sauberkeit gewisser republikanischer Führer genauso wie die Größe des treuen Festhaltens der Vendéer; er liebt seinen alten Freund Dablin, einen Liberalen, der den Eroberungen von 1789 zuneigt; er will Lösungen, die dem historischen Augenblick angepaßt sind. Eine Revolution modifiziert die Gegebenheiten des Problems; man kann danach nicht mehr handeln, als habe sie nie stattgefunden. »Dort, wo eine Revolution nacheinander in die Fakten und in die Ideen Eingang gefunden hat, ist sie unangreifbar; sie muß als eine Tatsache hingenommen werden.« Mit klarschauender Sympathie betrachtet er »den edlen Kämpfer für Ruinen«, aber er stellt die Evolution der Weltgeschichte fest und weiß, daß sie nicht wieder umgestürzt werden kann.

Am 8. Mai 1830 läßt er in *La Mode* eine seltsame Erzählung erscheinen: *Les Deux Rêves (Die beiden Träume)*, in der man 1786 in einem Salon Calonne, Beaumarchais, den Erzähler und zwei Unbekannte beisammen sieht: einen Chirurgen und einen Provinzadvokaten. Der Leser errät sogleich, daß es sich um Marat und Robespierre handelt. Jeder der beiden erzählt einen Traum. Robespierre hat im Traum Catharina von Medici gesehen. Sie hat ihm die Bartholomäusnacht erklärt. Für sie hat es sich dabei weder um Grausamkeit, noch um Fanatismus, noch um Ehrgeiz gehandelt, sondern einzig und allein um die Staatsraison. »Damit unsere Macht zu jener Zeit einiges Leben besaß, durfte es im Staat nur einen einzigen Gott, einen einzigen Glauben, einen einzigen Herrn geben.« So grauenhaft das Massaker auch gewesen sein möge, es erschien als das einzige Mittel, andere, noch blutigere Metzeleien zu vermeiden. »Ja, du, der du mir zuhörst«, sagt sie zu Robespierre ... Der Leser vollendet den Satz. »Ich gewahrte in mir«, schließt Robespierre, »einen Teil meiner selbst, der die wüste Lehre dieser Italienerin übernahm ...« Jedermann weiß, daß der Advokat aus Arras eines Tages darangehen wird, zu töten, um die Einheit des Staates zu bewahren. Und wie denkt der Sohn Bernard-François' über diese Methode, die in der Weltgeschichte bei ihrer Durchführung sich nicht eben gut bewährt hat? Er ist nicht weit davon entfernt, Catharina, Macchiavelli, Robespierre und Metternich zuzustimmen. Um jene Zeit hat er geschrieben: »Er wurde ein tiefer Politiker, denn er verachtete die Menschheit. Ist dieses Gefühl nicht stets die geheime Lehre aller Menschen gewesen, die bewundert werden?«

Im täglichen Leben gab ihm die Herzogin von Abrantès das Beispiel eines Macchiavellismus kleineren Zuschnitts. Sie ließ Balzac an ihren *Mémoires* arbeiten; als sie damit Erfolg gehabt hatte, leugnete sie unverfroren, daß er je die Hand dabei im Spiel gehabt habe. »Ich habe so handeln müssen«, sagte sie zu ihm. »Warum soll ich mir das geringe Verdienst nehmen lassen, das diesem armseligen Werk vielleicht innewohnt ...? Ich beschwöre Sie ... Seien Sie ernst und *plaudern Sie nichts aus*. Sie, der Sie eine so gute Haltung bezeigen wollen, müssen bedenken, daß nichts häßlicher und vulgärer ist ...«

Indessen spielte eine andere Freundin, Zulma Carraud, die Rolle des »Anti-Macchiavell«. Balzac kam nicht mehr dazu, sie in Saint-Cyr so häufig zu besuchen, wie er gern gewollt hätte; die Arbeit, die Korrekturen beanspruchten ihn vollauf. »Die Tage zerschmelzen mir unter den Fingern wie Eis an der Sonne. Ich lebe nicht, ich brauche mich gräßlich auf – aber an Arbeit zugrunde gehen oder an etwas anderem, das ist ein und dasselbe ...« Madame Carraud war Republikanerin und warf dementsprechend Balzac seinen Opportunismus vor. »Beschuldigen Sie mich nicht«, antwortete er, »ich sei unpatriotisch, weil meine Intelligenz mir dazu dient, eine genaue Abrechnung über Menschen und Dinge zu machen. Das hieße, sich über eine Addition zu erzürnen, die einem das Unglück eines Vermögens vor Augen führt. Bei jeder Revolution besteht das Genie der Regierung darin, eine Fusion zuwege zu bringen; und eben das hat Napoleon und Ludwig XVIII. zu zwei Männern von Talent gemacht.« Die tatsächlich durchgeführte Politik darf keine Ideen-Politik sein. Balzac fühlte das; Zulma leugnete es.

Inmitten der Vorwürfe, der Rügen, der Widerreden blieb Madame de Berny der friedliche Hafen. Die *Dilecta* war vielleicht nicht mehr begehrenswert, aber wer außer ihr bezeigte sich hilfreich? Sie hatte ihn geformt; er war über sie hinausgewachsen. Sie verlangte nicht mehr »als ihren bescheidenen Platz zu Füßen des heranwachsenden Kindes, das sie mit mütterlichem Auge zärtlich anblickt«. Höchstes Verdienst einer Frau in den Augen eines Schriftstellers: Bei ihr konnte er gut arbeiten. Für den Mai und den Juni 1830 beschloß er, sich mit Laure de Berny in die Touraine zurückzuziehen. In Saint-Cyr-sur-Loire (dem Dorf, wo er die Monate bei der Amme durchlebt hatte) mietete sie ein altes, zauberhaftes Herrenhaus: die Grenadière. Von einer Terrasse aus konnten das schöne Tal, Tours, die Inseln, die Kirchtürme, die Schlösser überblickt werden. Man gelangte dorthin auf einem zwischen Reben sanft ansteigenden Weg. Es war ein köstliches Asyl für die Arbeit und für die Liebe. Bevor sie sich dort niederließen, fuhren die Reisenden per Schiff die Loire hinab. Balzac machte »lachend, spottend täglich zwanzig Artikel und zwanzig Romane, aber er scheute Feder, Papier und Tintenfaß«. Sie besuchten Saumur, Le Croisic, Guérande, und das unfehlbare Gehirn verleibte sich diese kleinen, pittoresken Städte, die Salzteiche, den Ozean ein.

Balzac an Victor Ratier (von der »Revue de Paris«), La Grenadière, 21. Juli 1830: »Oh, wenn Sie wüßten, was es mit der Touraine auf sich hat ... Dort vergißt man alles. Ich verzeihe den Bewohnern gern, daß sie dumm sind, sie sind so glücklich. Sie wissen ja, daß Menschen, die viel genießen, von Natur aus blöd sind. Die Touraine erklärt bewundernswürdig den Lazzarone. Ich bin dahingelangt, den Ruhm, die Abgeordnetenkammer, die Politik, die Zukunft, die Literatur als Kugeln zum Abschießen streunender Hunde zu betrachten ... und ich sage: ›Die Tugend, das Glück, das Leben bestehen aus sechshundert Francs Zinsen am Loire-Ufer ...‹

Die Touraine macht auf mich den Eindruck einer Gänseleberpastete, in der man bis zum Kinn steckt, und ihr köstlicher Wein beschwipst einen nicht, sondern er verdummt und beseligt. Daher habe ich bis zum November ein Häuschen gemietet; denn wenn ich meine Fenster zumache, arbeite ich, und ich will das schwelgerische Paris nur mit literarischen Vorräten gewappnet wiedersehen.

Stellen Sie sich des weiteren vor, daß ich die poetischste Reise gemacht habe, die in Frankreich möglich ist: von hier bis in die tiefste Bretagne, bis ans Meer, auf dem Wasserwege, nicht teuer, drei oder vier Sous die Meile, vorbei an den heitersten Ufern der Welt; ich habe gespürt, wie meine Gedanken mit diesem Strom wuchsen, der nahe dem Meer unermeßlich wird ...

Verdammt noch mal, lieber Freund, ich glaube, die Literatur ist in gegenwärtiger Zeit das Gewerbe einer Dirne, die sich für hundert Sous prostituiert. Das führt zu nichts, und ich habe unbändige Gelüste, umherzuschweifen, zu suchen, mich zu einem lebendigen Drama zu machen, mein Leben zu riskieren, denn was kommt es auf ein paar elende Jahre mehr oder weniger an ...! Ach, wenn man in einer schönen Nacht diese schönen Himmelsweiten sieht, ist man bereit, sich die Hose aufzuknöpfen und allen Königen auf den Kopf zu pissen. Seit ich hier alle wahre Herrlichkeit vor Augen habe wie eine schöne, gute Frucht, ein goldenes Insekt, nehme ich ein recht philosophisches Gehaben an, und vor allem, wenn ich den Fuß auf einen Ameisenhaufen setze, sage ich wie der unsterbliche Bonaparte: ›Das oder die Menschen ...! Was ist das im Vergleich zu dem Saturn, der Venus oder dem Polarstern ...?‹«

Ist es da verwunderlich, daß dieser kosmische Philosoph frivole Schriften hervorbringt? Warum sollte er sich die Mühe gemacht haben, ernst zu sein, wenn er für einen Ameisenhaufen schrieb? Er arbeitete an einem *Traité de la Vie élégante (Traktat über das elegante Leben)*, einem Geschwätz im Ton der *Physiologie du Mariage*. Ein Loblied auf den Müßiggang, auf Brummel, den Dandy, die Vollendung im Sichkleiden. »Ist so etwas meiner würdig?« fragte er die *Dilecta*. Sie war dessen nicht sicher. Aber er hörte nicht mehr auf ihre Kritiken. »Ta! ta! ta!« sagte er. Als Madame de Berny nach Paris reiste, nahm sie den Anfang des Manuskripts mit. Balzac war also allein in der Grenadière, als die Revolution von 1830 ausbrach. Im Mai hatte er erfahren, daß sein Kamerad Auguste Sautelet Selbstmord begangen habe. Dabei schien der arme Kerl vom Erfolg begünstigt gewesen zu sein. Als Advokat und Verleger hatte er gerade zusammen mit Girardin und Balzac das *Feuilleton des Journaux politiques* gegründet, eine Wochenzeitschrift über Bücher. Stendhal sagte, Sautelet habe sich einer Frau wegen umgebracht. Armand Carrel schrieb einen düstern und stolzen, ohne Wortgepränge moralischen Artikel über den hingeschiedenen Freund, seinen jungen, lachenden Kahlkopf, sein jugendliches, liebenswürdiges Gesicht. Balzac trauert »diesem schwachen, vortrefflichen jungen Menschen« nach. Dann löschten die Juli-Tage diese Erinnerung aus.

»Die Konzessionen haben Ludwig XVI. ins Verderben gestürzt«, hatte Karl X. gesagt. »Mir bleibt nichts, als zu Pferde oder auf den Henkerkarren zu steigen.« Er tat weder das eine noch das andere. Die Drei Glorreichen Tage (der 28., 29. und 30. Juli) verjagten ihn. Das Volk hätte die Republik gewollt. La Fayette drückte Louis-Philippe, dem Herzog von Orléans, eine Trikolore in die Hand und ließ ihn zum König der Franzosen ausrufen. Frankreich verblieb in Rauch und Qualm und in sich zerspalten. Balzac in seiner stillen Grenadière kümmerte sich sehr wenig um die Ereignisse. Er beendete die *Vie élégante*, schrieb eine *Physiologie gastronomique*, skizzierte *Contes drolatiques (Tolldreiste Geschichten)* im Stil des Rabelais, »in der wundervollen, buschigen, blätterreichen, grünenden Sprache des 16. Jahrhunderts«. Madame de Berny schrieb ihm aus Paris und berichtete nicht von den Drei Glorreichen Tagen, sondern von ihrer immer größeren Liebe, »einem verliebten Wahnwitz, sublimer Überspanntheit«.

»O süße, liebliche Hoffnung, komm an mein Herz, daß ich dich hätschele; zeig mir meinen Liebsten, meinen angebeteten Herrn, verkünde mir sein Kommen. Wenn du wünschst, daß ich auf deinen Altären Weihrauch verbrenne, so will ich dich nicht durch eine Fülle indiskreter Wünsche ermüden; ein einziger, und ich verstumme: *er* und *er*, und weiter nichts. Was das übrige betrifft, so spende anderswo mit vollen Händen; ich verlange nichts von dir und auch nichts von deinem großen Vollstrecker, dem Glück.

Die freundliche Sonne scheint mit meinem Herzen einverstanden zu sein; sie gibt heute der Natur die Frische wieder wie meine Liebe meinem ganzen Ich; irgend etwas stößt mich von der Erde zurück; ein noblerer Bereich scheint mich zu erwarten. Höre ich nicht meinen Engel ...?«

Nach einer solchen Rhapsodie hatte das »Ta! ta! ta!« leichtes Spiel, aber soviel Leidenschaft rührte ihn, und wenngleich er andere Frauen besaß, hatte die *Dilecta* nicht unrecht, wenn sie von »seiner lieben, treuen Beständigkeit« sprach.

Er wollte erst mit den Händen voller Manuskripte nach Paris zurückkehren und war uninteressiert an der Ergreifung der Macht durch deren frühere Ausüber: Villemain, Guizot, Cousin. Jeder Regierungswechsel ist ein Herfallen über Stellungen. Die Kameraden brachten sich unter Dach: Girardin wurde Inspekteur der schönen Künste; Stendhal Konsul in Triest; Dumas Bibliothekar; Philarète Chasles Gesandtschaftsattaché in London. Balzac beanspruchte nichts und tadelte sogar. Sein politischer Ehrgeiz war höher. In die Bürokratie einzutreten, hätte ihm Grauen verursacht. »Balzac«, hat später Arsène Houssaye geschrieben, »wird sein Geheimnis erst an dem Tag preisgeben, da er Minister ist. Man hat ihn gefragt, wann das sei. Er hat geantwortet: ›An dem Tage, da Frankreich sich Richelieus erinnert‹.«

Im September kehrte er heim; Girardin hatte bei ihm, für *Le Voleur*, *Lettres sur Paris (Briefe über Paris)* bestellt, in denen er, nach der Revolution, für die Leser in der Provinz den Schlußpunkt setzen sollte. Außerdem baten seine Freunde Carraud dringlich um seinen Schutz, denn in Saint-Cyr wehte ein Säuberungswind. Er bat sie, ihm ein paar Zeilen über ihre Lage aufzusetzen: »Morgen esse ich mit dem Privatsekretär des Kriegsministers zu Abend, einem guten Freund und guten Gefährten, der mir nichts abschlagen könnte.« Vor allem erbot er sich, seine Leib-Hellseherin zu befragen, in die er volles Vertrauen setzte. Die beiden Auguren, der Minister-Sekretär und die Hellseherin, bezeigten sich beide als schlecht unterrichtet. »Halten Sie sich an die Ecole Polytechnique«, riet Balzac Carraud, »es ist so gut wie sicher, daß Saint-Cyr aufgelöst werden wird.« Saint-Cyr wurde nicht aufgelöst, aber Carraud wurde im Juli 1831 zum Inspekteur der Pulverfabrik in Angoulême ernannt, was er, zu Recht, als eine Ungnade betrachtete.

Die *Lettres sur Paris* schienen zunächst objektiv und unparteiisch zu sein. *Zu* unparteiisch, sagte die feurige Zulma. Balzac verteidigte sich. Die *Lettres* seien dazu bestimmt, »weniger eine Meinung« darzustellen »als ein genaues Bild der politischen Bewegungen und der einander bekämpfenden Ideen«. Freunde hatten ihm mit lyrischem Schwung die »Freiheit auf den Barrikaden« beschrieben, ein Gemälde von Delacroix; bei seiner Rückkehr aus Tours fand er Paris ruhig und skeptisch; das schrieb er auch. Er schilderte Typen: den Kriegsschreier, den Strategen im Café du Commerce, bereit, ganz Europa den Krieg zu erklären, und den Pazifisten, »den ehrenwerten Grundbesitzer, dessen Ländereien an den Grenzen gelegen sind, wo der Krieg stattfinden würde«. Er spottet über das Jägerrecht (»la curée«, die den Hunden vorgeworfenen Teile des Wildes). Sämtliche Juli-Sieger wollten Unterpräfekten oder Konsuln werden. »Die Komödie beginnt das Haupt zu erheben. Man begegnet *fashionables*, die Kugeln in den Rock ihrer Diener abbekommen haben ... und sechshundert Helden, die als *die ersten* in den Louvre eingedrungen sind.« Einer seiner Freunde, der Doktor Ménière, hatte im Hôtel-Dieu die Verwundeten der Juli-Tage betreut. *Alle* waren Männer aus dem Volk gewesen. Jetzt aber hielt die Bourgeoisie sie von der Macht fern; mehr noch: sie behandelte sie als Feinde. Die Regierung der Herren Thiers und Mignet war nicht liberaler als die Karls X. »Sind nicht alle Mächte dazu verdammt«, schrieb Balzac, »dieselben Taschenspielerstückchen anzuwenden und dieselben Kügelchen zu eskamotieren?« Die liberale Opposition hat ehedem Monsieur de Villèle vorgeworfen, er befehle den Beamten, zu denken wie die Regierung; ebenjene liberale Opposition, wenn sie »zur Macht gelangt, erläßt Rundschreiben, in denen sie den Beamten befiehlt, zu denken wie sie«.

In den ersten *Lettres sur Paris* scheint Balzac das neue Régime zwar zu kritisieren, aber anzuerkennen. Sehr rasch ist er enttäuscht und sagt es in *La Caricature*. Dort machte er sich über Louis-Philippe lustig; über La Fayette, den eitlen, schwachen Helden; über Thiers, den skrupellosen Streber. Was wünscht er? Neue Wahlen und die Jugend an der Macht. Die Gerontokratie (alte Greise und junge Greise) ist die Ursache der Mittelmäßigkeit der Regierung. Man hat Frankreich abermals kleinen Leuten in die Hände gegeben. Die Nichtigkeiten des triumphierenden, lächerlichen Monsieur Prudhomme, der grotesken, bürokratischen Nationalgarde füllen *La Caricature*. Wer herrscht jetzt in Frankreich? Die Juli-Sieger? Keine Spur. Die Krämer, die den Sieg eskamotiert haben. Wer leitet die Außenpolitik? Die Parteigänger der nationalen Grenzen? Die Feinde der Heiligen Allianz? Keine Spur. Die Pazifisten um jeden Preis, die, die willens sind, die belgische und die polnische Revolution unterdrücken zu lassen.

Wenn eine heroische Politik nach außen hin unmöglich ist, dann solle wenigstens die Innenpolitik beherzt sein. Totale Pressefreiheit. »Ein verfolgter Mann von Talent ist immer stärker als die Macht.« Der Abgeordnete dürfe keinem Wahlzensus unterworfen werden. Er brauche nicht so viele Abgaben zu entrichten; es genüge, daß er französischer Bürger und fünfundzwanzig Jahre alt sei. Sicherlich liegt das im Interesse Balzacs, dessen Ehrgeiz, wiewohl grenzenlos, den Wahlbestimmungen folgen muß, aber es liegt auch im Interesse Frankreichs. Im Grunde behält der Sohn des Beamten des Kaiserreichs seine Bewunderung für Napoleon bei; der Bourgeois aus dem Marais wünscht die Freiheit, nicht aber die Gleichheit. Da er die soziale Welt betrachtet wie Cuvier und Geoffroy Saint-Hilaire die Tierwelt, erblickt er darin eine unerbittliche Einteilung in Klassen, was in seinen Augen alle utopischen Träume verdammt.

An dieser Härte der Natur hatte er nicht etwa seine Freude; er stellte fest: »Ich konstruiere nicht mutwilligerweise eine Nation, ich nehme sie fix und fertig hin, wie sie ist.« Jede organisierte Gesellschaft, sagte er, ist ein Sicherheitsvertrag der Reichen und Besitzenden gegen die Armen. Diese empören sich, aber stets triumphiert die Unterdrückung. Sogar die Französische Revolution hat es erlebt, daß die, die sie gemacht hatten und dann mächtig, reich und träge geworden waren, sie für umstürzlerisch und gefährlich erklärten. Sie hat lediglich den Despotismus Napoleons zuwege gebracht. Und wer hat Napoleon gestürzt? Metternich und die Erben der Opfer. Nichts, wenn nicht eine langsame Umbildung, vermag die Stufenleiter der Menschenwesen zu ändern. Werk des Romanciers muß es sein, die Tabelle der sozialen Klassen aufzustellen. Die Welt ist einheitlich. Sie reicht vom Unorganischen bis zum Engel, das Zwischenglied ist der Mensch.

»Jakobs mystische Leiter, die zoologische und soziale Stufenleiter; die Sphären, die Gattungen und die Klassen; die aufsteigende Bewegung der Schöpfung, die Verwandlung der Arten und der menschliche Ehrgeiz sind also drei verschiedene Aspekte ein und derselben Wirklichkeit ...« Das waren die weitgespannten Gedanken, auf die er ein Werk gründen wollte. Aber die Geburt eines Werkes ist komplizierter als ein System.

XII

DAS CHAGRINLEDER

Der Himmel ist allegorisch.
Alain

Das Leben vermindert sich im direkten Verhältnis zur Macht der Begierden.
Balzac

Die finanzielle Lage der Familie hatte sich verschlechtert. Madame Balzac hatte von ihrem Mann so gut wie nichts geerbt. Sie besaß eine Schuldforderung an ihren Sohn Honoré, also eine Hypothek auf die Seine-Nebel, dazu ihren Grundbesitz: den Pachthof in der Touraine, den sie im Juni 1831 für neunzigtausend Francs verkaufte, und ein bescheidenes Haus in Paris. Sie schuldete Laurences Kindern eine Restzahlung auf die Mitgift. Laure zog zwei Töchter auf: Sophie und Valentine, die, der bürgerlichen Tradition entsprechend, eines Tages »ausgesteuert« werden mußten. Um der Erhöhung seiner Einkünfte willen war Surville große Risiken eingegangen. 1829 hatte er seine zwar kärglich besoldete, aber sichere Stellung im Amt für Brücken- und Straßenbau aufgegeben und sich mit einem Seitenkanal im Département Loire inférieure befaßt. »Der Beamte Surville ist abgetan; der Erfinder Surville tritt auf den Plan.«

Im Jahre 1830 waren Eugène und Laure nach Paris übergesiedelt. »Als sie Versailles verließen, hatten sie sich auf den Weg nach Eldorado gemacht.« Dabei hatte Surville nicht einmal die offizielle Konzession für den Kanal erlangt; er sammelte Geld für eine »Studien-Gesellschaft«; daran beteiligten sich sämtliche Pommereuls, deren Freund, der Chevalier de Valois, Doktor Nacquart und Madame Mère, die von einer schlechten Spekulation stets unüberwindlich angezogen wurde. Der Ingenieur verkündete, der Gewinn könne der geliehenen Summe gleichsein! Die Gesellschafter verdoppelten ihren Einsatz. Zauberhafte Kapitalsanlage. Aber Surville, der »wilde Republikaner«, stöhnte bald über ein (völlig eingebildetes) Komplott der Jesuiten gegen ihn. Honoré, der bei Familiendrangsalen über das Hilfsmittel der Ausflucht ins Romanschreiben verfügte, begann *Les Aventures administratives d'une idée heureuse (Verwaltungsabenteuer eines glücklichen Einfalls)* und erwog für die Zukunft einen schönen Titel: *Les Souffrances de l'Inventeur (Die Leiden des Erfinders).* Er lebte damals mit dem Ehepaar Surville in brüderlicher Freundschaft. Die Verdrießlichkeiten wurden geteilt; eines Tages würde der Paktolus geteilt werden. Vorerst verlegte er sich aufs Beobachten.

Henry enttäuschte alle Hoffnungen seiner Mutter. In ihrer blinden Liebe schob sie an seinen Mißerfolgen in der Schule den Lehrern und nicht dem Schüler die Schuld zu. »Henry ist unglücklich! Der arme Junge wird geprügelt ... Er muß auf eine andere Schule.« Bei dem Schulwechsel war nichts herausgekommen. Es fehlte an Aufmerksamkeit und Energie. 1824, als Siebzehnjähriger, hatte Henry an Laure geschrieben: »Was habe ich seit Neujahr getan, um in der Laufbahn, der ich folgen soll, voranzukommen? Nichts.« Er war ein verwöhntes, allzusehr geliebtes, wenig begabtes Kind; eine Zeitlang träumte er davon, mehrere Fremdsprachen perfekt zu beherrschen und auf diese Weise eine »hohe Stellung« zu erlangen. *Henry an Laure:* »Wenn ich an Deinen Mann denke, meine ich, daß ich, falls ich ein schwerreicher englischer Lord werde, ihn wohl zum Chefingenieur machen könnte.« Diesen hanebüchenen Satz hätte auch Honoré schreiben können. Aber trotz allen guten Absichten war bei Henry »der Übergang vom Angestrebten zur Verwirklichung immer derjenige vom Unendlichen zum Nullpunkt«. Als lymphatischer, zu nichts tauglicher Weichling »wechselte er den Beruf, wie er die Schule gewechselt hatte«. Als er sich dann am 21. März 1831 auf dem Segelschiff *Le Magellan* nach den Kolonien einschiffte, glaubte er, die Chance seines Lebens zu ergreifen. Im Juni lief das Schiff die Insel Mauritius an; Henry ging an Land und blieb dort.

Honoré dagegen entfaltete eine unglaubliche Tätigkeit. Zeitungen und Zeitschriften erbaten von ihm mit schmeichelhafter Dringlichkeit Artikel, Novellen, Erzählungen. »Sie sind sehr gefragt«, schrieb ihm Doktor Véron, der Chefredakteur der *Revue de Paris*. Die *Physiologie du Mariage* hatte ihn in den Ruf eines Lebemannes, eines auf Liebesfreuden Erpichten gebracht, »ihn, dessen zahlreiche Arbeiten von einem Einsiedlerleben aussagen ... Viele Leserinnen werden unzufrieden sein, wenn sie erfahren, daß der Autor der *Physiologie* jung ist, solide wie ein bejahrter zweiter Bürovorsteher, nüchtern wie ein Diät haltender Kranker, ein Wassertrinker und arbeitsam.« Zwar rackerte er sich geistvoll für *La Caricature* oder *La Mode* ab, aber er hatte einen größeren Plan gefaßt: den nämlich, seine Erfahrung und seine Philosophie einem Roman einzufügen: *La Peau de Chagrin (Das Chagrinleder).*

In dem Heft, in dem er Themen skizzierte, findet sich folgende Notiz: »Die Erfindung eines Stücks Leder, das das Leben darstellt. Orientalische

Erzählung.« Er erblickte darin zunächst eine phantastische Geschichte nach Hoffmanns Manier und sprach davon als von »einer richtiggehenden literarischen Albernheit, in die indessen einige Situationen dieses grausamen Lebens hineinzubringen versucht worden ist, durch das geniale Menschen hindurchgegangen sind, ohne zu etwas gelangt zu sein«. Es handelt sich um einen Talisman, ein Stück Chagrinleder, das seinem Besitzer die Erfüllung aller seiner Wünsche gestattet. Auf dem Leder findet sich eine Inschrift »in Sanskrit« in folgender Anordnung:

WENN DU MICH BESITZT, BESITZT DU ALLES.
ABER DEIN LEBEN GEHÖRT MIR. GOTT HAT ES
SO GEWOLLT. WÜNSCHE, UND DEINE WÜNSCHE
WERDEN ERFÜLLT. ABER RICHTE
DEIN VERLANGEN AUF DEIN LEBEN.
ES LIEGT IN MIR. MIT JEDEM
WOLLEN NEHME ICH AB
WIE DEINE TAGE.
WILLST DU MICH?
NIMM. GOTT
WIRD DICH ERHÖREN.
AMEN.

Also wird bei jedem verwirklichten Wunsch das Leder kleiner werden. Wenn nichts mehr davon übrig ist, stirbt der Besitzer. Der alte, skeletthafte Antiquitätenhändler, der dem jungen Raphaël den Talisman verkauft, hat hundert Jahre alt werden können, weil er sich gehütet hat, zu wollen oder gar zu begehren.

Je mehr Balzacs Gedanken sich mit diesem Mythos befaßten, desto mehr wurde er sich dessen Tiefe bewußt. Der Gedanke der Langlebigkeit war ihm nur allzu vertraut. Bernard-François hatte unaufhörlich darauf hingewiesen, daß Fontenelle Greisen empfohlen habe, mit ihren Bewegungen und ihren Gefühlswallungen sparsam umzugehen. Der Geiz ist ihre Weisheit, weil sie keine andere haben können. Aber die Jugend will »tollen Aufwand, Unbedenklichkeit, heftige Leidenschaften, ruheloses Forschen«. Daher eilt sie Katastrophen entgegen. Als der alte Antiquitätenhändler Raphaël de Valentin den Talisman übergibt, sagt er zu ihm: »Ich will Ihnen in wenigen Worten das große Geheimnis des Menschenlebens enthüllen. Der Mensch erschöpft sich durch zwei instinktive Betätigungen, die alle Quellen seines Daseins zum Versiegen bringen. Zwei Zeitwörter drücken alle Formen aus, die diese beiden Todesursachen annehmen: Wollen und Können ...«

Diese Philosophie verdammt das Leben im Glanz, den Luxus, die Ausschweifung und sogar das Sichbetätigen. Wie erinnerlich, hatte Bernard-François empfohlen, auf dem Lande zu leben und sich von den Früchten der Erde zu ernähren. Es war etwas von den Lehren Rousseaus in dieser Verdammung des sozialen Lebens. »Die Gesellschaft ist der Weg zum Tode«, sagt Honoré. *La Peau de Chagrin* wird nicht nur eine phantastische Erzählung à la Hoffmann sein. Balzac wird den Mythos in seine eigene Zeit verlegen und daraus eine philosophische Erzählung machen. Nach mittelalterlicher Askese hatte sein Meister Rabelais einen umfangreichen symbolischen Roman geschrieben, um den Leib zu rehabilitieren; Balzac, der nach den Tat-Orgien des Kaiserreichs schrieb, wird mittels eines andern Symbols die Gefahren des Willens zur Macht aufzeigen; weit davon entfernt, »eine literarische Albernheit« zu sein, wurde daraus ein kühner, glanzvoller Plan. Er war befähigt, ihn auszuführen. »Übrigens besteht das Eigentümliche eines schönen Mythos darin, daß der Autor selber nicht um den Reichtum weiß, den er enthält.«

So verkaufte denn Balzac im Januar 1831 an Charles Gosselin und Urbain Canel für 1135 Francs ein zweibändiges Werk mit dem Titel: *La Peau de Chagrin;* am 15. Februar sollte er es abliefern. Ferner hatte er Urbain Canel *Scènes de la Vie militaire (Szenen aus dem Soldatenleben)* versprochen. Er schreckte vor keiner Arbeit zurück, und vor einem Versprechen noch weniger. In Wahrheit schritt *La Peau de Chagrin* anfangs langsam vorwärts. Balzac ging viel aus, war der Freund des prunkliebenden Eugène Sue geworden, des Dandys und Romanciers, sowie der Olympe Pélissier, einer schönen, intelligenten Kurtisane, der Geliebten Sues; sie empfing in ihrem Salon den Herzog von Fitz-James, den Herzog von Duras, Horace Vernet, Rossini, den Doktor Véron. Balzac schätzte diese geistreiche Gesellschaft und glänzte darin. Er traf sie auch im Café de Paris, bei Tortoni, im Café Turc an. Bisweilen stieg er am Quai Saint-Michel bis zu einer Dachkammer mit Blick auf Notre-Dame und die Seine hinauf und teilte dort Kotelett und Käse mit einem Liebespaar: Aurore Dudevant und Jules Sandeau, das ihm gerührtes Wohlwollen einflößte. »Dieser Balzac ist ein reizender Kerl«, sagte Aurore, und ihrem Freund Charles Duvernet schrieb sie: »Oh, Sie würden die Faszination, die Monsieur Balzac ausübt, verstanden haben, oder Sie werden nie etwas vom Zauber des Blicks und der Sympathie der Seelen begreifen.« Bei sich daheim in der Rue Cassini gab er üppige Diners. Ein alter Vendômer Mitschüler dankte ihm überschwenglich dafür. *Joseph Fontemoing an Balzac:* »Nie werde ich die köstlichen Stunden vergessen, die in der Rue de Cassini verronnen sind, bei Deinen blendenden Vorlesungen, Deinen auf drollige Weise erstandenen Melonen, Deinen geistreichen Gästen und Deinem Champagner, der durch die tollen, sublimen Schöpfungen des unnachahmlichen Monnier noch berauschender gewirkt hat...« Kurzum: Er machte den Talisman kleiner.

Um Paris und dessen Verlockungen zu entrinnen, um zu arbeiten, suchte er im März Zuflucht bei den Carrauds; im April in La Bouleaunière, dem melancholischen, köstlich einsamen Besitz, den Madame de Berny in der Nähe von Nemours gemietet hatte. Dort leistete er gute Arbeit. Aber in seiner Unersättlichkeit plante er ein neues, närrisches Unternehmen. Warum sollte er nicht bei den Wahlen des Jahres 1831 kandidieren? Die Politik bildete einen Abkürzungsweg zu Vermögen und Ruhm. Seit der Revolution von 1830 schien die Bahn für neue Männer frei zu sein. Lamartine und Victor Hugo hatten Ämter inne. Barthélemy und Barbier hatten die satirische Dichtung wieder zu Ehren gebracht. Stendhal hatte 1830 *Le Rouge et le Noir (Rot und Schwarz)* veröffentlicht, die düstere Schilderung des Plebejers im Übergang zu Rang und Stand. Balzac träumte kurze Zeit von der Teilnahme an einem Neuaufbau des Staates. »Wir haben genug große Kriege gehabt«, schrieb er, »ich glaube, daß der Augenblick für große Friedenszeiten gekommen ist.«

Freilich mußte er, um wählbar zu sein, den Wahlzensus in Höhe von fünfhundert Francs entrichten, aber dergleichen Hindernisse überwand Balzac in seinen Gedankenflügen mühelos. Wo sollte er sich vorstellen? Er schrieb nach drei Himmelsrichtungen: nach Cambrai, wo er einen Freund hatte, Samuel-Henri Berthoud, der, Sohn eines Druckers, *La Gazette de Cambrai* besaß; nach Fougères an den General Baron de Pommereul: »Lieber Herr General, ich gestehe freimütig, daß ich im Wissen um die elende Lage, in der Sie sich in Ihrem Arrondissement Fougères bei der Suche nach Abgeordneten befinden, daran gedacht habe, mich Ihren Mitbürgern als Kandidat vorzustellen. Sie kennen meine Grundsätze und würden für mich bei der Neuordnung der Dinge ein wahrer Vater sein, wenn Sie mir bei Ihren Wählern als Schirmherr dienen wollten ...« – und schließlich an seinen Freund Amédée Faucheux, Advokat in Tours. An alle schickte er eine politische Broschüre: *Enquête sur deux ministères (Untersuchung über zwei Ministerien)*, gezeichnet: Honoré *de* Balzac. Der Mann in Tours antwortete mit großen Lobreden über die Nachrichten der *Revue de Paris*, fügte jedoch hinzu, es beständen für Balzac in der Touraine keinerlei politische Aussichten: »Ihre Broschüre hat den Fehler, keine Folgerungen zu ziehen, und in Zeiten wie den unsern muß man sich deutlich unter dem Banner einer Partei zur Schau stellen.« General de Pommereul verhielt sich genauso entmutigend. Einmal harmoniere die Broschüre nicht mit den Grundsätzen der Mehrheit in Fougères, und alsdann und vor allem »wolle man nur Einheimische«. Berthoud war weniger pessimistisch; er lud den Freund ein, die Reise nach Cambrai zu unternehmen. In diesem Augenblick arbeitete Balzac in La Bouleaunière fieberhaft an *La Peau de Chagrin*. Welcher Schriftsteller würde eine imaginäre Welt, in der er »gut vorankommt«, der so enttäuschenden wirklichen Welt opfern? Im Handumdrehen verzichtete er auf jeden Gedanken an eine Kandidatur und fuhr nicht einmal nach Cambrai.

Eine mündliche Überlieferung will, daß er damals gehofft habe, er werde zu Vermögen gelangen und den Wählbarkeitszensus erreichen, wenn er eine gewisse Eléonore de Trumilly heiratete, die Tochter eines von Ludwig XVIII. seiner Treue wegen belohnten Emigranten. Die Balzacs waren mit dem Baron Mallet de Trumilly verwandt; er wohnte in Douai; Balzacs politische Schwenkung zum Legitimismus hin würde dann dem Wunsch, ihm zu gefallen, zuzuschreiben sein. All das ist recht unwahrscheinlich, denn die Heirat hätte ihm den Zensus erst *nach* der Wahl zugesichert, und was Honorés politische Meinungen betrifft, so hatten sie festere Wurzeln in seinen Studien und Gedanken über das menschliche Verhalten.

Rings um ihn her tummelte sich eine ganze byroneske Jugend, litt unter der Krankheit des Jahrhunderts und empfand Heimweh nach den Siegen des Kaisers und Ekel vor der Bürgermonarchie.

»Welch eine Zeit ...! Es war wirklich eine verlorene Epoche. Sie wollte zuviel, sie erhoffte sich zuviel, sie verließ sich auf ihre Kräfte, sie warf ihren Geist nach Norden und Süden in den Wind. Sie machte nicht halt, um ihr Leben zu belauschen, sondern sie lebte. Sie hatte Glut, Saft und Schwung ... Man täuschte sich, aber man täuschte sich auf noble Weise; man irrte über Saumpfade und Felsgestein, aber man schritt fort. Man war im Ungewitter, nicht im Tode ...«

Balzac versuchte, in *La Peau de Chagrin* diese geistige Anarchie zu schildern. Sein Held Raphaël de Valentin bediente sich des Talismans zum erstenmal dazu, daß er sich eine Orgie wünschte, ein Festmahl, Frauen. Der Geniestreich bestand darin, daß der Wunsch durch natürliche Mittel seine Erfüllung fand. Kaum hatte Raphaël ihn formuliert, da traf er beim Verlassen des Antiquitätenladens Freunde, Blondet, Rastignac; sie nahmen ihn mit zu einem phantastischen Abendessen, das ein im Ruhestand lebender Bankier gab; er weiß nicht, was er mit seinem Gold anfangen soll, will es in Geist umsetzen und also eine Zeitung gründen.

»Die Regierung, das heißt die Aristokratie der Bankiers und Advokaten, die heute das Vaterland ausmachen wie ehedem die Priester die Monarchie, hat die Notwendigkeit verspürt, das gute französische Volk mit neuen Worten und alten Ideen zu mystifizieren, nach dem Beispiel der Philosophen aller Schulen und der großen Geister aller Zeiten. Es handelt sich also darum, daß uns eine königlich nationale Meinung eingeimpft werden soll, und zwar dadurch, daß uns bewiesen wird, wir seien weit glücklicher, wenn wir zwölfhundert Millionen dreiunddreißig Centimes dem Vaterland in Gestalt der Herren Soundso zahlten, statt elfhundert Millionen neun Centimes einem König, der *Ich* gesagt hatte, anstatt wir zu sagen ...«

»Aha!« sagte Raphaël naiv, »jetzt sind wir drauf und dran, große Schurken zu werden.« Es folgte ein brillantes, zynisches Gespräch:

»Sie haben vollauf recht. Reichen Sie mir bitte den Spargel. Denn schließlich gebärt Frankreich die Anarchie, die Anarchie führt zum Despotismus, und der Despotismus schafft wieder die Freiheit ...«

»He, mein Lieber, Napoleon hat uns wenigstens den Ruhm hinterlassen.«

»Ach, der Ruhm, eine traurige Ware. Muß teuer bezahlt werden und hält sich nicht.«

»Sie sind Karlist!«

»Warum denn nicht? Ich habe viel für den Despotismus übrig; er zeugt von einer gewissen Verachtung für das Menschengeschlecht ...«

Nachdem die völlig betrunkenen Gäste die Freiheit und die Monarchie verhöhnt hatten, ließen sie die Kurtisanen hereinkommen.

Mit beiden Füßen auf einer entzückenden, halbnackten Dirne erzählte Raphaël sein Leben, wie es gewesen war, ehe er in den Besitz des Talismans gelangte, und es war Balzacs Leben, so, wie er es durch seine Phantasie zu verschönern vermochte. Ein junger Herr aus großem Hause ist durch die Narrheiten seines Vaters ruiniert worden und schließt sich in eine Dachkammer ein, um eine *Théorie de la Volonté (Theorie des Willens)* zu schreiben. »Da die Frauen mich verkannten, erinnere ich mich, sie mit dem Scharfsinn verschmähter Liebe beobachtet zu haben ... Ich wollte mich an der Gesellschaft rächen, ich wollte die Seele aller Frauen besitzen ... wollte alle Blicke auf mich gerichtet sehen, wenn mein Name von einem Diener an der Tür eines Salons genannt würde ... Ich machte mich zum großen Mann.«

Es ist in diesem Raphaël viel vom wirklichen Balzac. Wie sein Held, will der Autor alles: Ruhm, Reichtum, Frauen. Er weiß, daß er einen Talisman besitzt, der ihm alles geben wird, nämlich sein Talent; er weiß auch, daß er seine Tage verschwendet und daß seine Geschichte schlecht ausgehen wird. Rastignac, der gewandte Streber, der durchtriebene Gaskogner, bezeichnet Raphaël gleichzeitig als einen genialen Menschen und einen Dummkopf. Nach Rastignac ist das Geheimnis des Erfolgs nicht die Arbeit, sondern die Intrige, der Egoismus und die Verschwendung. Sein Vermögen verzehren heißt, es in Freunden anlegen, in Liebesfreuden, in Gönnern. Wenn der

Verschwender sein Kapital einbüßt, hat er die Möglichkeit, reich zu heiraten, einen Minister oder Gesandten für sich zu gewinnen. Die Sache ist nur die, daß er sich auf eine Koterie stützen muß. Gleich am nächsten Tag wird Rastignac Raphaël bei der Gräfin Foedora einführen, der größten Schönheit von Paris, der Frau, die in aller Munde ist.

Raphaël verliebt sich in sie. Liebe im Elend ist ihm etwas Unbegreifliches. »Ach! Es lebe die Liebe in Seide, auf Kaschmir, umgeben von den Wundern des Luxus, die sie so köstlich schmücken, weil sie selber vielleicht ein Luxus ist. Wie gern zerknittere ich in meiner Begierde übertrieben feine Toiletten, knicke Blumen und fahre mit zerstörerischer Hand in den eleganten Turmbau einer duftenden Frisur. Brennende Augen, verborgen hinter einem Spitzenschleier, durch den Blicke dringen, wie das Mündungsfeuer den Kanonenrauch zerreißt, besitzen für mich eine phantastische Anziehungskraft ...«

Aber wie soll er Foedora erobern, wenn er nicht einmal dreißig Francs in der Tasche hat? Hier werden die schmerzlichen Erinnerungen des armen jungen Mannes beschworen. Nur er kann wissen, was eine Leidenschaft an Kosten für Wagen, für Handschuhe (ach, diese gelben oder strohfarbenen, so empfindlichen Handschuhe!), für Fräcke, für Wäsche verursacht. Vergebliche Opfer, denn Foedora ist die Frau ohne Herz. Eines Nachts schleicht Raphaël in ihr Schlafzimmer und versteckt sich hinter dem Vorhang. Er erblickt den vollkommensten Körper; er gewahrt die niedrigste Seele. »Ich muß Foedora vergessen, von meinem Wahnsinn genesen, meine von fleißigen Stunden erfüllte Einsamkeit wieder aufnehmen oder sterben.«

Es ist behauptet worden, diese Schlafzimmerszene sei von Balzac selbst bei Olympe Pélissier durchgespielt worden. Aber die liebenswürdige Kurtisane ähnelte schwerlich dem glänzenden, spottsüchtigen Phantom; sie hätte sich ohne Scheu gegeben (und hat es getan). Sie hat ihm mehr als freundschaftlich geschrieben. Foedora war weder Olympe Pélissier noch die Prinzessin Bagration, noch Mademoiselle Mars, noch irgendeine andere Frau, sondern ein Symbol, da sie in Balzacs Hirn geboren worden war und ein wenig ihres Fleischs und Bluts zehn Frauen verdankte.

Trotz den zu Rate gezogenen Gelehrten (und hier kam Honorés wissenschaftliche und medizinische Lektüre ihm zugute) wird das Chagrinleder immer kleiner, so daß es schließlich in Raphaëls kleine Geldtasche paßt. Seine einzige Chance zum Weiterleben wäre, wie der kleine Greis zu werden und nichts mehr zu wünschen. Doch als er seine Geliebte halb nackt sieht, begehrt er sie. Das ist das letzte Röcheln.

Das Buch war schön. Phantastisches mischte sich mit Wirklichem, mit einer neuen Kunst. Balzac hatte das Gedicht seiner lebensgierigen, ihm geraubten Jugend geschrieben. Man witterte untergründig eine Philosophie Er hoffte auf einen Erfolg und bat um Beistand.

Balzac an Charles Gosselin: »Ich kann auf nutzbringende Weise auf mich nehmen 1. den *Temps;* 2. die *Revue de Paris;* 3. den *National;* 4. den *Figaro;* 5. den *Messager;* 6. die *Revue des Deux Mondes;* 7. *La Mode;* 8. *La Quotidienne;* 9. *L'Avenir;* 10. den *Voleur.*

Ich übernehme es, darauf zu achten, daß die Artikel in diesen Blättern schnell erscheinen und gut ausfallen; das wird Ihre Arbeit als Verleger in einer Zeit, da Sie sich mit häuslichen Sorgen herumplagen müssen, beträchtlich mindern ...«

Um günstiger Kritiken noch sicherer zu sein, schrieb er sie selber. »Monsieur Balzacs Talent hat in diesen beiden Bänden den Zuschnitt eines Genies« *(La Mode).* »Wir empfinden für Monsieur de Balzac ebensoviel Freundschaft wie Bewunderung.« Gezeichnet: GRAF ALEX DE B***, und das war Balzac selber. Er sah voraus, daß die erste Auflage schnell vergriffen sein werde; Gosselin mußte sich darauf vorbereiten, rasch nachzudrucken. Andernfalls »verpassen Sie den Verkauf einer ganzen Anzahl, und auf diesem Gebiet verpaßte Gelegenheiten kommen nie wieder«. Tatsächlich war das Buch sogleich unauftreibbar. In den Lesekabinetten machte man es sich streitig.

Charles Philipon an Balzac, 7. August 1831: »Mein vortrefflicher Herr, Sie werden leichtiglich glauben, daß man sich *La Peau de Chagrin* nicht verschaffen kann. Grandville hat, um es zu lesen, alles stehen und liegen lassen müssen, denn der Buchhändler hat alle halbe Stunde zu ihm geschickt und nachfragen lassen, ob er damit fertig sei. Wie die Damen hat er zu ihm gesagt: ›Sie trödeln! Beeilen Sie sich doch!‹ Audibert und ich haben uns vergeblich bemüht, dies Teufelsbuch zu bekommen; es ist auf lange Zeit vorbestellt ...«

Jean de Margonne an Balzac, 10. August 1831: »Ich schreibe Ihnen von Tours aus, wo ich gestern abend angelangt bin. Heute morgen habe ich nach *La Peau de Chagrin* gefragt, von dessen Erfolg ich in den Zeitungen gelesen hatte; es ist zwar fast unmittelbar nach Erscheinen eingetroffen, aber dermaßen gefragt, daß man es mir nicht hat geben können.«

Aurore Dudevant und Jules Sandeau schrieben, sie hätten *La Peau* angefangen, und es sei ihnen unmöglich, das Buch aus der Hand zu legen. Es war eine glänzende Bestätigung des Erfolgs der *Physiologie* und der *Scènes de la Vie privée.* Der junge, vor drei Jahren noch unbekannte Tourangeau (ein aus Tours oder der Touraine Stammender. Anm. d. Übers.) war, als er erst drei Werke veröffentlicht hatte, von Verlegern und Frauen umworben. Die Hellsichtigsten witterten einen großen Schriftsteller. *La*

Peau de Chagrin war nicht nur ein Mythos, sondern die Darstellung einer dekadenten Kultur. In der Szene der Orgie bei dem Bankier verhöhnten Journalisten und Künstler in einem »Höllensabbat der Intelligenzen« Meinungen und Ideen. Alles dünkte sie Lüge. Die Macht war vom Palais, von den Versammlungen auf die Banken, die Advokaten, die Redaktionsstuben übergegangen. Eine solche unmoralische, harte Gesellschaft bedurfte einer starken Regierung. Balzac träumte davon, in einem großen Romanwerk eine Tierbändigerpolitik zu verkünden.

Alles, was er damals schrieb, reflektiert diesen Pessimismus. Er hatte dem Verleger Gosselin eine Folge phantastischer Erzählungen versprochen. Sie wurden bitter. In *L'Elixier de Longue Vie (Das Lebenselixier)* hat Don Juans Vater, »dem Tode nahe, seinen Sohn gebeten, ihn, wenn er tot sei, mit einem geheimnisvollen Elixier zu bestreichen, das ihn wieder lebendig machen würde ... Don Juan, der seit Jahren begehrt, sich der Erbschaft des Vaters zu erfreuen, erfüllt dessen letzten Wunsch nicht und behält das Elixier für sich. Am Ende eines ausschweifenden Lebens muß auch er sterben und bittet zuvor seinen Sohn um den Dienst, den er ehemals seinem Vater verweigert hatte. Der Sohn gehorcht, aber erschrickt vor der auferstandenen Leiche und läßt die Phiole fallen, ehe er sein Werk vollendet hat. Die kirchlichen Behörden stellen das Wunder fest und kanonisieren Don Juan feierlich ...«

In *L'Auberge rouge (Das rote Gasthaus)* speist ein auf der Durchreise in Paris weilender Deutscher bei einem Bankier zu Abend und erzählt von einem Verbrechen, das 1799 in Andernach begangen worden war. Er weiß nicht, daß der Mörder, Jean-Frédéric Taillefer, ein reicher, hochgeehrter Finanzmann geworden ist und am gleichen Tisch sitzt. Der gegenwärtige große Reichtum des Mörders beruht auf jenem ungestraft gebliebenen Jugendverbrechen, um dessentwillen cin Unschuldiger zum Tode verurteilt worden ist; dieser hat die Idee dazu gehabt und sich bei den Vorbereitungen bloßgestellt, aber er hatte die Tat nicht begangen. (Man findet hier abermals den Grundgedanken von *La Peau de Chagrin:* der Wunsch, der Plan sind bereits Handlungen.) Der Erzähler errät die grausige Wahrheit, als er Taillefers Verhalten beobachtet: Hermanns Erzählung macht den Bankier so bestürzt, daß er als Opfer einer Nervenkrise beinahe zusammenbricht. Nun aber ist der Erzähler in Victorine Taillefer, die Tochter des Mörders, verliebt. Kann er, wenn er sie heiratet, ruhigen Gewissens der Erbe eines einer Blutschuld entstammenden Vermögens werden? Seine dieses Konfliktes wegen um Rat gefragten Freunde stimmen alle für die Heirat. »Wohin käme man, wenn man über den Ursprung aller Vermögen Nachforschungen anstellen müßte?«

Für diese *Romans et Contes philosophiques (Philosophische Romane und Erzählungen)* schrieb Freund Philarète Chasles eine Vorrede, in der Balzac nicht nur als Erzähler, sondern auch als Denker gelobt wurde:

»Er hat gesehen, mit welch einer glänzenden Außenseite diese kränkelnde Gesellschaft sich brüstet, mit welchem Schmuck diese Todgeweihte sich behängt, mit welch galvanisiertem Leben dieser Kadaver sich noch regt ... Dadurch, daß er der inneren, abgründigen Nichtigkeit des Gesellschaftskörpers diese künstliche Unruhe und diesen Trauerprunk entgegenhält, hat er geglaubt ... daß in diesem Kontrast noch ein Zauber walte; etwas Interessantes im begehrlichen Spiel der sozialen Triebfedern, die unter einer so schönen Außenseite verborgen sind ... Ein Erzähler, der als Untergrund die geheime Kriminalität, den Marasmus und die Langeweile seiner Epoche nimmt; ein Mann des Denkens und der Philosophie, der sich dazu bereitfindet, die durch das Denken hervorgerufene Auflösung zu schildern; das ist Monsieur de Balzac ...«

Das war vielmehr die Rolle, die Monsieur de Balzac zu spielen wünschte: die eines mit heiterem Schwung begabten, menschenfeindlichen Denkers. Ab November 1831 war seine Berühmtheit so groß geworden, daß die literarische Gehässigkeit erwachte. Charles Rabou von der *Revue de Paris* warnte ihn vor dem Neid der Literaten und benachrichtigte ihn, daß Jules Janin, ein mächtiger Kritiker, diesen pfeilschnellen, jähen, beleidigenden Aufstieg abstoppen wolle: »Er hat in diesem Sinn in *Les Débats* gearbeitet, und da werden Sie herzlich gehaßt. Es ist eine Art Auflehnung ... Gut. Die Reihen müssen dicht geschlossen werden, zum Teufel noch mal ...« Der junge Balzac merkte, daß der Ruhm anderer die »Freunde« nicht freut. Abermals eine verlorene Illusion.

Die Bosheit versuchte, ihm den Weg zum Erfolg zu sperren. Seine Adelspartikel bildete einen Gegenstand des Spottes: Er hatte sie sich nicht sofort zugelegt; *Le Chouan* und die *Scènes de la Vie privée* waren mit »Honoré Balzac« gezeichnet worden. Im April 1831 hat er gewagt, auf den Umschlag einer politischen Broschüre »Honoré de Balzac« zu setzen; aber er versichert, daß einzig Böswillige »d'Entragues« hinzugefügt hätten, um ihn lächerlich zu machen. Sein Leben lang sollte daraus der Zielpunkt der dümmsten, ungehörigsten, verleumderischsten Angriffe werden, die gegen ihn selber und gegen seine Werke gerichtet wurden. Der Neid beschwichtigt seine Wut nur dadurch, daß er sich in der Niedrigkeit wälzt.

Aber der »große Mann« in Balzac entwickelte sich trotz der Hindernisse. Von der Zeit an, da er, von der Not getrieben, eine solche Fülle an literarischer Kärrnerarbeit auf sich genommen, hatte er in den Nebeldünsten der Zukunft das Aufschimmern eines epischen Werks wahrgenommen. Schon

1820 hatte er in seiner Dachkammer riesige, verworrene Pläne geschmiedet. Sogar als er schrieb wie Pigault-Lebrun, hatte er an Dante und Shakespeare gedacht. Als er imaginäre »Doubles« auftreten ließ, Raphaël in *La Peau de Chagrin,* Victor Morillon in der Voranzeige des *Gars,* lieh er ihnen das Genie, das er haben wollte und von dem er von Kindheit an wußte, daß er es habe.

Ein großer Mann, sei er auch vor allem Romancier, kann dem politischen und religiösen Leben seines Landes gegenüber nicht gleichgültig bleiben. Die Wirrnisse, die auf die Drei Glorreichen Tage gefolgt waren, die wüsten Szenen, in deren Verlauf in Paris eine irrsinnig gewordene Menge das Palais des Erzbischofs geplündert und die Meisterwerke religiöser Kunst entweiht hatte: durch das alles war Balzac aufs tiefste von der Juli-Monarchie angewidert worden. »Es wird ein Augenblick kommen, da, geheim oder öffentlich, die Hälfte der Franzosen das Verschwinden dieses Greises, dieses Kindes bedauern und sagen wird: ›Wenn die Revolution von 1830 noch zu machen wäre, dann würde sie nicht gemacht werden.‹ Was war die Ursache der blutigen Aufstände in Lyon? Die Not der *canuts* (der Seidenweber), der unmenschliche Egoismus einer krämerhaften Bourgeoisie, ein Fabrikationssystem ohne Voraussicht.« Die Saint-Simonisten predigten damals die Organisation der Arbeiterklasse, die Aufteilung der Vermögen. Balzac selber legt den moralischen Aspekt des Problems dar. Die Bourgeoisie des »juste milieu« dünkt ihn des Regierens unwürdig, weil sie an ihren Profit, nicht aber an ihre Pflichten denkt. »Es gibt im Staatswesen keine Religion mehr«, schreibt er, und er drückt es präziser aus: »Ich beabsichtige keine Kapuzinerpredigt, ich ergreife das Wort als großer Politiker.«

Lange ist sein Denken über die Religion ambivalent gewesen. Unter dem Einfluß seines Vaters und der Philosophen des 18. Jahrhunderts hat er Dogmen und Riten für ein Sammelsurium von Aberglauben aller Art gehalten, aber schon als Kind ist er in der Kathedrale von Tours wie in Vendôme durch die frommen Gesänge, die Harmonien der Glocken tief angerührt worden. Oft ist er ganz allein nach Saint-Gatien zurückgekehrt, um dort »heilige Schauer in der unglaubwürdigen Erhabenheit des Schweigens« zu empfinden. Nach 1830 erkennt er die politische Notwendigkeit und die taktische Nützlichkeit des Katholizismus an. Religion bedeutet *Bindung,* und welche andere Bindung zwischen den Menschen aller Klassen könnte es geben als einen gemeinsamen Glauben?

1831 veröffentlicht er eine symbolische Novelle: *Jésus-Christ en Flandre (Jesus Christus in Flandern);* sie ist durch eine alte Brabanter Legende inspiriert worden. In einer historisch nicht näher gekennzeichneten Zeit befördert ein Boot Fahrgäste von der Insel Kadzant nach Ostende. Im Heck scharen sich die Reichen und Adligen zusammen, im Bug die armen Leute. Im letzten Augenblick kommt ein Mann mit über der Stirn geteiltem blondem Haar und setzt sich zu den Armen. Ein schrecklicher Sturm erhebt sich. Die Leute im Heck werden blaß und schreien: »Wir gehen unter!« Der Schiffer befiehlt: »Wasser ausschöpfen«, und kämpft mit dem Meer. Das Schiff scheitert. Der Fremde mit dem leuchtenden Gesicht sagt: »Die da glauben, werden gerettet. Sie mögen mir folgen!« Er wandelt auf dem Meer, und die geglaubt haben, schreiten gleich ihm festen Fußes auf den Wogen. Die Hochmögenden sinken unter wie Steine. Ein für Balzac charakteristischer Zug: Der Schiffer, ein Mann der Tat und nicht des Glaubens, klammert sich an eine Planke, bezeigt eine vollauf menschliche Energie und wird gleichfalls gerettet. »Für diesmal möge es gut sein«, sagt der Fremde zu ihm, »aber tu es nicht wieder, es wäre ein allzu schlechtes Beispiel.«

Muß man also in Demut glauben? Balzac fügt seiner Legende eine weitere Allegorie an: *L'Eglise (Die Kirche).* Als er in einer zur Erinnerung an dieses Wunder erbauten Kathedrale träumt, faßt eine verhutzelte Alte seine Hand und ruft ihm zu: »Verteidige mich, verteidige mich!« Sie zieht ihn in eine mit durchlöcherten Gobelins ausgestattete Kammer voll alter Laken und vergoldetem Messing. »Ich will dich für alle Zeit glücklich machen«, sagt sie, »du bist mein Sohn!« Da sieht er hinter den verwüsteten Zügen der gräßlichen Alten die junge, schöne, schlichte Frau, die sie gewesen ist. »Aha!« sagt er zu ihr, »jetzt erkenne ich dich. Unselige, warum hast du dich prostituiert ...? Dem Menschen zum Hohn und aus Freude, zu sehen, wie weit die menschliche Dummheit geht, hast du deinen Liebhabern gesagt, sie sollten auf allen Vieren laufen und dir ihr Hab und Gut, ihre Schätze und sogar ihre Frauen schenken ... Du hast ohne Grund Millionen von Menschen verschlungen, als du sie von Westen nach Osten warfst. Du bist von den Höhen des Denkens niedergestiegen und hast dich neben die Könige gesetzt ... Überzeugt, du werdest es von ihnen erhalten, hast du Blut gefordert ... Warum lebst du ...? Wo sind deine Reichtümer? Was hast du an Schönem geschaffen?«

Auf diese Frage hin richtet die kleine Alte sich auf, wächst, eine leuchtende Wolke umgibt sie; sie ist jetzt weiß und jung, ein Linnengewand umhüllt sie. »Sieh und glaube!« sagt sie. Da erblickt er Tausende von Kathedralen, deren steinernes Spitzenwerk er anstaunt; er hört darin hinreißende Musik. Millionen von Menschen drängen sich in diesen Bauwerken, retten die Künste und Wissenschaften und dienen den Armen. Dann erlischt das Licht; das Mädchen wird wieder zu der häßlichen Alten in ihrem Leichenlaken. »Man glaubt nicht mehr!« sagt sie bitter. Und

Balzac schließt: »Ich fand die Kathedrale in Schatten begraben, wie ein Mensch in einen Mantel gehüllt ist. ›Glauben‹, sagte ich mir, ›heißt leben! Ich habe eben den Leichenzug einer Monarchie vorüberziehen sehen, die Kirche muß verteidigt werden!‹«

Diesen Schlußsatz wird er erst bei einem Neudruck im Jahre 1845 hinzufügen. Aber die Erzählung stammt aus dem Februar 1831 und genügt für die Enthüllung dessen, was Katholizismus und Monarchie damals für Balzac bedeuten. Auf dem Schiff, das mit Karl X. die Kirche und die Monarchie von dannen trug, hat er auch »die Künste in Trauergewandung im Nebel entgleiten« sehen. Aber obwohl er den alten, in die Ferne ziehenden König bedauert, zollt er den Republikanern Achtung; Armand Carrel wird einer seiner Helden sein und später schöne Züge für die Gestalt des Michel Chrestien liefern. Eins der Zeichen wahrer Größe (die in Balzac stets gegenwärtig ist) besteht darin, daß man sie sogar bei den Gegnern anerkennt und ehrt. Kann er denn überhaupt Gegner haben? Sein Genie besteht darin, daß er alles versteht. Das macht die Kraft des Romanciers, das macht die Schwäche des Tatmenschen aus.

XIII

NARRETEIEN UND EINSAMKEIT

Meine Zukunft, so überlegte er, hängt von einer Frau ab, die zur Gesellschaft gehören muß. *Balzac*

1831 war ein Jahr des literarischen Erfolges; es hätte für Balzac zu einem Jahr des finanziellen Gleichgewichts werden können. Für *La Peau de Chagrin* erhielt er 1125 Francs, für die *Scènes de la Vie privée* 3750 Francs, für die *Romans philosophiques* und die *Contes drolatiques* 5250 Francs, für Mitarbeit an Zeitschriften und Zeitungen 4166 Francs, ingesamt also 14 291 Francs, viel mehr, als ein Junggeselle benötigt, um bequem leben zu können. Dennoch wuchs seine Verschuldung um 6000 Francs. Am Jahresende hatte er (ungerechnet die seiner Mutter geschuldeten 45 000 Francs) Schulden in Höhe von 15 000 Francs. Wieso?

Der Grund lag darin, daß er in keiner Weise irgendwelchen Verlockungen widerstehen konnte. Langdauernde Entbehrungen sind eine Keimstätte für Maßlosigkeit. Geraume Zeit hatte er, wie Raphaël de Valentin, von prunkvollen Festen geträumt, von Karossen mit schwellenden Kissen und eines Sultans würdigen Pferden. Solche Wunschträume will er Wirklichkeit werden lassen. Seine Rechnungen für Champagner und die Stadtküche schnellen steil in die Höhe; unter dem Einfluß Eugène Sues und dessen Freunden glaubt er zwar nicht ein Dandy geworden zu sein, denn es schaudert ihn vor »den feierlichen Dummheiten, wie sie die Engländer mit ihrer schönen Kaltblütigkeit bei sich zu Hause begehen«; er hält sich vielmehr für einen »Mann im Sinne der Mode«. Der Schneider Buisson hat ihm für 631 Francs neue Kleider geliefert; darunter befanden sich drei weiße Schlafröcke, seine mönchische Arbeitskutte, deren Gürtel in goldene Troddeln endete. Von seinem Verleger Urbain Canel erbat er als Honorar für eine Novelle zwölf Paar strohfarbene Glacéhandschuhe (ach, wie war er auf diese gelben Handschuhe versessen!) und ein Paar aus Renleder. Die Rechnungen der Buchhändler und Buchbinder waren, wenn auch löblicher, nicht weniger ruinös.

Schließlich kaufte er als Krönung aller Narretei im September 1831 auch noch ein Pferd, ein Kabriolett und eine violette Wagendecke; Initialen und Krone waren mit Ziegenwolle eingestickt; einen Monat später folgte ein zweiter Gaul. Zur Pflege dieser Tiere ist ein Domestik unerläßlich, ein Groom oder »Tiger«; dazu wurde der winzige Leclercq eingestellt, für den Buisson eine blaue Livree, eine amerikanische grüne, rotärmelige Weste und eine gestreifte Zwilchhose schneidern mußte. Auf diese Weise equipiert, kann man in die Oper und die Italienische Oper fahren und neben Lautour-Mézeray oder Eugène Sue etwas darstellen.

Lautour-Mézeray spielte damals eine bedeutsame Rolle im Leben Balzacs. Dieser König der Pariser Mode stellt für ihn gleichzeitig einen Kumpan, aber auch ein Modell dar. Er war der Sohn eines Notars aus Argentan und wuchs im Collège dieser Stadt mit Emile de Girardin auf, an dessen Unternehmungen als Pressemagnat er nun teilnahm, an *Le Voleur* und *La Mode*. Der Provinzler Lautour-Mézeray, großgewachsen, bissig und hochnäsig, mit Bartkrause und kühner brauner Stirnlocke, hatte sich Paris erobert. Dieser »Löwe« hatte sich den Boulevard als Reich, das Café Tortoni als Teufelskneipe und die Oper als Harem auserkoren. Hier im Theater hatte er mit seinen Freunden eine Bühnenloge inne, die später scherzhaft als »Höllenloge« bezeichnet wurde. Auch Balzac hatte hier zeitweilig seinen Platz, bezahlte aber seinen Anteil nicht mehr, obwohl er in einem unverschämten Brief mit der Adresse »An Monsieur de Balzac d'Entraigues de la Grenadière« dazu aufgefordert worden war. Alltäglich schmückte Lautour-Mézeray seinen Rockaufschlag mit einer großen Kamelie, was ihn viel Geld kostete. Hieraus entstand jedoch aufgrund des hohen Preises für die Blume und der durchgehaltenen Gewohnheit das »echte Kennzeichen des Gesellschaftslöwen«. Durch Launen wird man nachhaltiger bekannt als durch Tüchtigkeit und Genie.

Lautour-Mézeray war nicht ohne das berühmte Ehepaar Girardin vorstellbar. Der mächtige Emile hatte 1831 die Tochter der Sophie Gay geheiratet. Delphine war schon als Mädchen die blonde, heitere Muse der jungen Romantiker gewesen. Als Madame de Girardin herrschte sie in einem kleinen Kreis, in dem empfangen zu werden Ehre und Vergnügen bedeutete; nach den Vorstellungen in den »Bouffes« oder vor dem Ball trafen sich in ihrem mit wassergrünem Wolldamast bespannten Salon Lamartine, Victor Hugo, Eugène Sue, Dumas und Balzac, der in großer Gunst bei Delphine stand; es wurde geplaudert. »Wie amüsant war doch gestern wieder Balzac«, sagte Delphine zu dem ein wenig eifersüchtigen Lautour-Mézeray. Balzac, vielgelesener junger Autor und brillanter Journalist, brachte viel Glanz in die Blätter und Zeitschriften Girardins.

Die Rue Cassini wurde für diesen gestiefelten Kater Marquis de Carabas bald viel zu eng. Er mietete noch eine weitere Etage des Pavillons. Neue Rechnungen von Maler und Dekorateur, und natürlich auch für Möbel und

Teppiche. Vor allem für Teppiche, dicke, mollige, sündhaft teure Teppiche. Was hat es zu bedeuten? Balzac segelte mit vollem Wind. Girardin schrieb ihm: »Wir gehen zu dem Verleger, dessen Glück Sie machen.« Doch wer ihn gern hat, macht sich beunruhigte Gedanken über seine Schulden, sein Borgen und seinen sichtlichen Leichtsinn. Die reizende Laure Surville schießt ihm etwas Geld vor, ruft aber: »Verrücktes Huhn!« und »Sei vernünftig!«. Zulma Carraud, weitab in der Pulvermühle von Angoulême, bedauert es, daß ein so großer Geist sich mit einer seiner so wenig würdigen Umwelt eingelassen hat.

Zulma Carraud an Balzac, 8. November 1831: »Der 20. August, der 20. September und der 20. Oktober sind vorbei; vergebens habe ich auf Sie gewartet; kein einziges Wort, nicht einmal ein Erinnerungszeichen! Das ist nicht schön, Honoré. Ich war darüber sehr gekränkt, obwohl ich Sie nicht unter jene Freunde rechne, die eine solche Bezeichnung sofort nach der Schulentlassung ablehnen. Etwas allerdings hat die Bitterkeit dieses Vergessenwerdens abgeschwächt: Ich vermute, daß ich es nur den neuen Erfolgen zuschreiben muß, die Sie doch wohl errungen haben ... Ich werde immer für Sie da sein, wenn Sie den Wunsch verspüren, sich auszusprechen. Carraud meint, Sie fürchteten die Ansteckung durch das gewöhnliche Provinzlerwesen; wenn aber, lieber Honoré, Paris Sie in Ihren eleganten Gewohnheiten unterhält, gibt es Ihnen dann auch die wirklich echte Zuneigung, die Sie in Frapesle gefunden hätten ...?

Sie sind damit beschäftigt, die Gefühle erdachter Wesen zu schildern, und dadurch vernachlässigen Sie zwangsläufig den in anderer Weise wertvollen Schatz Ihrer eigenen Empfindungen. Ich will mich daher sehr hüten, dieses ohnehin schon zu schwere Gewicht mit den genannten Forderungen zu vergrößern; die reizende Freundschaft, die Sie den Frauen darbringen, will ich nicht und habe ich niemals gewollt ... Ich mache auf ein höheres Gefühl Anspruch. Ja, Honoré, Sie müßten mich so sehr schätzen, daß Sie mich sozusagen auf die hohe Kante legen; wenn irgendein Mißgeschick Ihre Freude trüben, wenn irgendeine Enttäuschung Ihr Herz kränken sollte, so müssen Sie mich rufen und Sie werden erleben, daß ich auf einen solchen Anruf antworten kann ...«

Der gute Doktor Nacquart borgt von Zeit zu Zeit vier- oder fünfhundert Francs à fonds perdu und schreibt dem ewigen Pumper: »Schreiten Sie zum Stolz Ihres Landes und Ihrer Freunde weiter voran auf dem Weg zur Größe!« Ende 1831 hat Balzac dreimal mehr ausgegeben als im Jahr vorher. Aber er hat für sein Geld auch Spaß gehabt. Was für ein Glück bedeutete es doch für ihn, der vor noch so kurzer Zeit unbekannt und arm von der Höhe des Père-Lachaise herab Paris herausforderte, nun im Café Tortoni der Tischgenosse berühmter Pariser zu sein, aller dieser gerade modernen Autoren und dieser stolzen Kurtisanen, wie etwa Olympe Pélissier! Er erfuhr auch, daß man sein Temperament zu schätzen wußte:

Olympe Pélissier an Balzac, 2. Januar 1832: »Kann ich auf Sie für den kommenden Montag den 9. rechnen? Rossini kommt zum Abendessen zu mir; es wäre ein guter Jahresanfang; Sie müssen liebenswürdiger und reizender als je zuvor sein. Diese Zeit der Ruhe hat Sie sicherlich noch brillanter werden lassen ...«

Und einige Monate später:

Delphine de Girardin an Balzac, 9. Mai 1832: »Schon seit Jahrhunderten haben wir Sie nicht mehr gesehen. Kommen Sie also morgen abend und berichten Sie von sich. Sie treffen einen leidenschaftlichen Bewunderer Ihres letzten Buches und gute Freunde, die Ihnen nicht verzeihen, daß sie vergessen worden sind. Auf morgen, nicht wahr ...?«

Im Hintergrund dieses unnachahmlichen Lebens pulsiert, es ist kein Zweifel, die Angst vor unbezahlten Rechnungen, die Furcht vor dem Gerichtsvollzieher, den hungrigen Verwandten. Doch je mehr Sorgen man hat, desto mehr muß man sich betäuben. In dem berühmten Autor lebte immer noch das verspielte Kind. Diesen äußeren Schein des Triumphes, dieses Prassen in Geist und Sinnenfreude genoß er. Sein Dürsten nach Ruhm war so groß gewesen, daß er nun in tiefen Zügen den Erfolg schlürfte; seine Armut so schmerzvoll, daß er seinen wenn auch schuldenbeladenen Glanz genoß. Er spielte eine neue Rolle: die des triumphierenden Balzac. Standen die Angelegenheiten dann wieder einmal allzu schlecht, so trat er von der Bühne ab und vertraute die Leitung seines Hauses Madame Mère an, die zwar knurrend, doch getreu herbeikam und etwas Ordnung hineinbrachte. Dann zog sich Balzac entweder nach La Bouleaunière zu Madame de Berny zurück, oder nach Saché zu Jean de Margonne oder nach Angoulême zu Zulma Carraud, um fern von den Gläubigern für die Ewigkeit zu schreiben.

Ohne irgendwelche Prüderie stellte diese rabelaisische Natur die Forderung auf, ein Schriftsteller müsse so weit wie möglich keusch leben. Ein jungfräulich lebendes Individuum spart seine Kräfte und ermöglicht seinen Gedanken höheren Flug. Dennoch behielt er beide Mätressen. Laure de Berny blieb die *Dilecta* voller Liebe und Zärtlichkeit, und sie war ihm wertvoll durch ihre Hilfe beim Korrekturlesen der Druckfahnen. Die Herzogin von Abrantès hielt zu ihm, weil er sie in ihrer literarischen Karriere unterstützte und sie amüsierte. Seine Romane brachten ihm zahlreiche Briefe von unbekannten Damen ein. Im Oktober 1831 erhielt er ein mit dem imaginären Namen einer Engländerin unterzeichnetes Schreiben, das ihn verblüffte. Die Adresse lautete: *Monsieur de Balzac in Paris.* Es war ein Wunder, daß die Post ihn zuerst in der Rue Cassini, dann auf Saché aufgestöbert hatte. Die geheimnisvolle Briefschreiberin warf Balzac den Zynismus seiner *Physiologie* und seiner Urteile über Frauen vor. Er dankte ihr »für die indirekte Schmeichelei Ihrer Klagen, da sie mir von den lebhaften, durch meine Werke hervorgerufenen Eindrücken Zeugnis geben ...«.

»Für eine durch die Stürme des Lebens gegangene Frau besteht der Sinn meines Buches darin, alle durch die Frauen begangenen Fehler ausschließlich ihren Gatten zuzuschreiben. Hierin liegt eine große Absolution ... Vermuten Sie nicht, Ihr Brief voll ergreifender Elegien, die einem weiblichen Herzen so natürlich anstehen, könnte mir gleichgültig sein; dieses in der Ferne erweckte Mitgefühl stellt meinen größten Schatz dar, mein einziges Vermögen; hierin liegen meine reinsten Freuden ...«

Durch diesen großherzigen Brief (vier Seiten aus der Feder eines gehetzten Schriftstellers, welche Auszeichnung!) war die Briefschreiberin so bewegt, daß sie sich zu erkennen gab. Sie war die Marquise de Castries, geborene Claire-Clémence-Henriette de Maillé und gehörte dem exklusivsten Adel des Faubourg an. Aus ihrer Geschichte hätte ein Roman geschrieben werden können. Nachdem ihre Ehe mit dem Marquis (später Duc) de Castries völlig gescheitert war, hatte sie im Jahre 1822 den Sohn des österreichischen Staatskanzlers, Viktor von Metternich, kennengelernt, einen jungen, zarten und reizvollen Romantiker. Sie war sterblich verliebt. Von ihrem Mann lebte sie getrennt und bekam aus dieser Liaison 1827 einen Roger genannten Sohn. Auf die Bitte des Staatskanzlers, des Kindes Großvater, hatte der österreichische Kaiser den Bastard nobilitiert und ihn zu einem Baron Aldenburg gemacht.

Infolge eines Sturzes vom Pferd, wobei sie schwere Verletzungen der Wirbelsäule erlitt, war die Marquise de Castries beinahe gelähmt. 1829 war ihr Liebhaber Viktor von Metternich an Tuberkulose gestorben. Henriette, an Leib und Herz gebrochen, beiseite geschoben von einer Gesellschaft, die ihr die skandalöse Liebschaft nicht verzieh, suchte Zuflucht teils bei ihrem Vater, dem Herzog von Maillé auf Schloß Lormois, teils bei ihrem Onkel, dem Herzog von Fitz-James auf Schloß Quevillon. Fitz-James, Grandseigneur und Abkömmling der Stuarts (*Fitz* bedeutet in England soviel wie Linie königlicher Bastarde), hatte Balzacs Bekanntschaft bei Olympe Pélissier gemacht. Die Marquise wußte also, an welchen Menschen sie sich wendete, als sie ihren Brief schrieb.

Mit einem zweiten Brief lud sie Balzac ein, sie zu besuchen. Er drückte ihr seine tiefe Erkenntlichkeit für diesen Vertrauensbeweis aus.

Balzac an die Marquise de Castries, 28. Februar 1832: »Es geschieht selten, daß man auf vornehme Herzen und wahrhafte Freundschaften stößt;

ich besonders bin so bar jeder aufrichtigen Stütze, auf der ich ruhen könnte, daß ich auf die Gefahr hin, viel zu verlieren, wenn ich persönlich bekannt werde, Ihre großherzige Aufforderung annehme. Wäre ich nicht gerade in drängende Arbeit verwickelt, hätte ich Ihnen schon meine Ehrerbietung mit jener Ihnen teuern Herzensfreiheit dargebracht; doch nach sehr vielen Kämpfen und ehrenwertem Unglück – solchem, auf das man stolz ist – habe ich noch einige Schritte zu tun, bis ich endlich ein paar gute Stunden freigekämpft habe, wo ich weder Literat noch Künstler bin, wo ich ich selber sein kann, und diese Stunden möchte ich Ihnen weihen dürfen, falls Sie es erlauben ...«

Die Stunde kam, und er wurde durch diese Begegnung aufgewühlt. In der Zeit ihrer unglücklichen Ehe hatte die Marquise de Castries mit dem roten Haar über einer sehr weißen Stirne einen solchen Glanz von Jugendfrische ausgestrahlt, daß sie »in dem Augenblick, da sie als Zwanzigjährige in einer inkarnatfarbenen Robe mit entblößten, eines Tizian würdigen Schultern einen Festsaal betrat, buchstäblich das Licht der Kerzen überstrahlte«. Im Jahre 1832 gab sie an, fünfunddreißig Jahre alt zu sein, und seit ihrem Unfall konnte sie nur mühsam gehen, hatte aber Schönheit und Reiz bewahrt. Welch ein Glück bedeutete es nun für Balzac, den Ehrenhof eines schönen Stadtpalais in der Rue Grenelle-Saint-Germain zu betreten, Peitsche in der Hand, in einem neuen Kabriolett mit einem Groom in funkelnder Livree! Nach dem ersten Besuch allerdings deutete Balzac ein nicht ernstgemeintes Sich-Zurückziehen an: »So angenehm auch das Mitgefühl einer Frau sein mag, so verletzt es doch noch mehr als Spott; wenn Seele und Phantasie sich vereinen, kommen sie sehr weit. Ich kann reizvolle Erinnerungen an Sie bewahren ...«

Handelte es sich hier um ein geschicktes, kokettes Spiel des Romanciers? Tatsache ist, daß er wiederkam und daß er seiner neuen Freundin Manuskripte schenkte: *La Transaction (Le Colonel Chabert), Le Message* und *Le Rendez-vous.*

Balzac an die Marquise de Castries, zwischen März und Mai 1832: »Die Geschäfte des Autors sind getätigt. Wollen Sie mir nun erlauben, Ihnen die Fülle meines Dankes auszudrücken, meine tiefe Dankbarkeit für die Stunden, die Sie mich genießen ließen? Sie prägen sich meiner Erinnerung wie bisher ungekannte Gedichte ein, wie Träume, geboren aus einer vom Himmel geschenkten Situation oder durch das Lauschen auf schöne Musik. Ich würde Ihnen gestehen, daß ich mich vor so angenehmen und anziehenden Dingen zu scheuen beginne, wenn Sie nicht, wie ich glaube, über solch dummes Gerede erhaben wären; Ihnen gegenüber gibt es keine Schmeichelei; aber Wahrheit, und insbesondere den allerherzlichsten Respekt ...«

Schon begann er, die tollsten Erwartungen zu hegen. Als Mätresse eine dieser großen, unzugänglichen Damen zu besitzen, was wäre das für ein Sieg! »Er war von äußerst heftigen Gefühlen bewegt, in denen sich Eitelkeit in seltsamer Weise mit Liebe verknüpfte; er war damals von dieser Frau wie verhext.« Noch nie hatte er während seiner Armut wirkliche Liebe empfunden; das Raffinement seiner Marquise hob ihn auf den Gipfel des Glücks. Es hatte den Anschein, als ob Madame de Castries sich etwas aus ihm mache, und er durfte bis spät in der Nacht in ihrem Boudoir verweilen, allerdings in respektvoller Distanz. Am 16. Mai 1832, dem Tag seines Namensheiligen Honorius, schickte sie ihm einen prächtigen Blumenstrauß. Er wurde nicht müde, ihr für die »bezaubernden Stunden, die sie ihm schenke«, zu danken, und schloß seine Briefe mit »Zärtliche Grüße«. Seine Sache schien sich zum Guten zu wenden. Allerdings kostete ihn diese Eroberung kostbare Abendstunden, die er seiner Arbeit hätte zuwenden sollen.

Geschah es, um der Marquise zu gefallen, daß er in einer neuen legitimistischen Zeitung *Le Renovateur* Artikel veröffentlichte? Der Herzog von Fitz-James war eines der Häupter der Partei. Sicherlich fand Balzac Gefallen daran, sein Talent in den Dienst von Freunden zu stellen, deren Wohlwollen ihm schmeichelte. Madame de Castries verstand sich köstlich darauf, Lob und Zärtlichkeit zu vermengen. »Ich werde Sie immer bedauern, doch niemals den Arbeiten schaden können, an denen ich solch lebhafte Freude habe. Gedruckt habe ich Sie sehr gern. Heute morgen hat mich der *Renovateur* beim Erwachen bezaubert; doch habe ich Sie, glaube ich, noch lieber, wenn ich Sie höre ...« Ohne Zweifel hatte er in dem zärtlichen Klima der Rue Grenelle-Saint-Germain das Empfinden, daß die politische Wahrheit sich auf ganz natürliche Weise mit der realen Überlegenheit einer so reizvollen Aristokratie verbunden habe.

Vor allem aber blieb er weiterhin seiner Neigung für eine starke Macht treu. Ein einziger Mann mit Befehlsgewalt, um die Kräfte zusammenzufassen: dies war stets seine feste Meinung gewesen. Ob dieser Mann Bonaparte oder Karl X., Kaiser, Diktator oder König war, kümmerte ihn wenig. Sein einziger Einwand gegen die Julimonarchie war der, daß sie der Durchschlagskraft ermangle. Vor seinen neuen legitimistischen Freunden tadelte er die Extremisten der Partei, soweit sie für eine totale Wahlenthaltung eintraten; der Herzog von Fitz-James allerdings vertrat eine geschmeidigere Haltung, welche ermöglichen könnte, sich die Parlamentstribünen nutzbar zu machen. Dieser intelligente Grandseigneur sprach sich gegen eine »innere Emigration« aus. Er war einverstanden gewesen, Louis-Philippe den Eid zu leisten, weil das Wohl Frankreichs es verlangte. Auf seinen Pair-Titel hatte er jedoch verzichtet, weil er sich vorbehalten wollte, als Abgeordneter in eine andere Ständeversammlung einzutreten, falls irgendwo in Frankreich Wähler als Vertreter »einen Mann wollten, der nie davor zurückgewichen sei, eine Wahrheit auszusprechen«. Eine solche aufrechte und hochfahrende Klugheit entsprach Balzacs ehrgeizigen Anschauungen.

Sein »Engagement an die Rechte« verletzte seine liberalen Freunde sehr. Amedée Faucheux aus Tours begann zu klagen: »So sind Sie also endgültig Legitimist geworden! Glauben Sie mir, ergreifen Sie nicht Partei für eine schlechte Sache, die in diesem Land keine Zukunft hat. Die Zustände können sich sehr schlimm entwickeln, doch werden sie niemals so schlecht sein, daß wir Heinrich V. mit seinem Pfaffengesindel und den Krautjunkern wiedersehen ...« Zulma Carraud schalt ihn aus, weil sie ihn gern hatte:

Zulma Carraud an Balzac, 3. Mai 1832: »Sie wollen also dies stürmische Leben nie aufgeben, lieber Honoré ...? Wenn Sie als Alchimist Ihr Gold verschwenden, werden Sie in Ihrem Schmelztiegel nichts mehr vorfinden ... Honoré, Sie sind ein bemerkenswerter Autor, und Sie waren zu Besserem berufen als zu solchen Dingen. Der Tagesruhm ist nichts für Sie; Sie müssen weit höher hinauf streben. Dürfte ich es wagen, so könnte ich genau sagen, warum Sie eine so seltene Intelligenz auf eine so sinnlose Weise vertun. Sehen Sie, überlassen Sie doch das elegante Leben jenen Menschen, denen es ein Ersatz für eine Würde ist, oder noch besser jenen anderen, die es infolge großer seelischer Wunden als ein Betäubungsmittel ansehen. Aber Sie, Sie ...! Ich führe meine Gedankenkette nicht zu Ende, weil ich spüre, daß ich vielleicht die mir gewährten Rechte überschreite; doch wie stolz würde ich über Ihren Ruhm sein, über einen Ruhm, wie ich ihn ansehe ...!

Sie haben sich auf die Politik geworfen, wie man mir sagt. Oh, seien Sie vorsichtig, seien Sie sehr vorsichtig! Als Freundin bin ich entsetzt. Gerade Sie dürften sich nicht anderen Menschen verschreiben! Auf diese Weise kann man sich Ruhm nur erwerben, wenn man mit den Großen dieser Erde schon vertraulich zusammengelebt hat; dann ist es möglich, aus Zuneigung treu zu sein. Sie aber müssen über sich hinausleben. Widmen Sie sich irgendeinem Prinzip, am besten einem, an dem Ihre Intelligenz sich erprobt hat, einem, das Ihnen durch Ihre Lebensgewohnheiten sympathischer geworden ist. Überlassen Sie aber doch die Verteidigung von Personen dem Hofgesinde; beschmutzen Sie Ihren gerecht erworbenen guten Namen nicht mit derartiger Komplizenschaft ... Lieber, sehr lieber Honoré, haben Sie Achtung vor sich selbst, sollten dabei sogar die englischen Pferde und gotischen Stühle mit draufgehen ...«

Die glühende Republikanerin hatte recht, und im Grunde seines Herzens wußte auch er es. Doch welcher Mann rennt seinen Begierden nicht nach? Balzac war, mehr als jeder andere, unersättlich. Nach einem Roman zehn weitere Romane, nach einer Frau eine andere Frau; nach einem Erfolg einen Triumph. In diesem nie gesättigten Durst nach Genüssen und Belohnung lag ein vulgärer Zug, ebenso wie in diesen ruhelos neu aufgestellten Berechnungen des materiellen Profits der Literatur, in diesem zügellosen Appetit auf Teppiche, auf Gemälde, auf Möbel. Doch wenn er auch derart lüstern auf alles war, so war er doch auch bereit, um seines Werkes willen auf alles zu verzichten. Die Ekstase des Schaffens verwandelte, sowie es nötig war, den Genießer in einen Klausner.

Balzac an Zulma Carraud: »Ich darf einen Monat lang meinen Schreibtisch nicht verlassen, auf dem ich mein Leben ausschütte, wie ein Alchimist sein Gold in den Schmelztiegel ...« »Ich lebe unter der allerhärtesten Despotie, der nämlich, die man sich selber auferlegt. Ich arbeite Tag und Nacht ... Kein Vergnügen ... Ich bin ein Galeerensklave mit Feder und Tinte, ein echter Ideenhändler ...«

Wenn Balzac um sechs Uhr abends zu Bett geht und sich um Mitternacht wecken läßt, danach zwölf oder fünfzehn Stunden lang schreibt, wieviel Zeit bleibt ihm dann für Vergnügungen übrig? Wenn er einmal an einem Abend zu den Girardins oder in die Oper geht, oder wenn er an einem Junggesellendiner teilnimmt, hat er Wochen der Abgeschlossenheit hinter sich, gleich einem Matrosen, der sich nach einer langen Überfahrt im ersten Hafen in den Kneipen herumtreibt. Daß er so viel über seine Verträge und Gewinste schreibt, bedeutet keineswegs, daß Geldverdienen der wesentliche Zweck seines Arbeitens sei. Seine endlosen Korrekturen in den Druckfahnen, seine ungeheuer umfangreichen Einschiebsel, seine Veränderungen erweisen einen Künstler, der so anspruchsvoll ist wie die allerstrengsten Artisten. In Symbiose mit dem oberflächlichen Balzac lebt ein tiefgründiger Balzac. Zulma kann ihn in seinen Briefen nicht finden? Sie sollte ihn in seinen Büchern suchen.

Was nun Laure de Berny angeht, so wollte sie ihn vor allem aus Paris entfernen. Sie war jetzt fünfundfünfzig Jahre alt, was damals für eine große Liebende ein recht vorgerücktes Alter war. Die Herzogin von Abrantès schien, wenn auch nicht ausgeschaltet, so doch mindestens neutralisiert. Im April und Mai 1832 war es Madame de Berny gelungen, Balzac nach Saint-Firmin, am Rand des Forstes von Chantilly gelegen, mitzunehmen. Hier hatte er in einem großartigen Schwung *Le Curé de Tours (Der Pfarrer von Tours)* geschrieben und *La femme de trente ans (Die Frau von dreißig Jahren)* beendet.

Le Curé de Tours war gleichzeitig eine wundervolle Novelle und eine mutige Tat. Aus einer winzigen Anekdote über einen armen Vikar an der Kathedrale, den naiven und törichten Pfarrer Birotteau, der durch eine gehässige alte Jungfer und einen hintergründigen, auf einen Bischofsstuhl hinzielenden Kanonikus aus seiner Wohnung vertrieben worden war, machte Balzac ein Gemälde aller sozialen Schichten von Tours, von der geheimen Macht der Kongregation und dem unterirdischen Einfluß des Großalmoseniers. Die Novelle wurde so zu einem kostbaren Dokument für die Geschichte der Restauration und bewies außerdem eine erstaunliche Kenntnis menschlicher Seelen und aller jener geringfügigen Details, die insgesamt alles bedeuten. Es besteht kein Zweifel, die *Dilecta* hatte ihn inspiriert.

In Paris fand er bei der Rückkehr eine verstörte Welt vor. Die Cholera wütete; die Herzogin von Berry landete in der Vendée. Balzac empörte sich, weil die Regierung keine Hellseher konsultiert hatte, die sofort die Ursache der Epidemie hätten diagnostizieren können. Gleich nach der Heimkehr wünschte er wieder abzureisen. Lieber Gott, wie unrecht war es, ihn für mondän zu halten! Was wünschte er sich denn? Mit einer idealen Gattin auf dem Land zu leben. Eléonore de Trumilly war ihm entwischt; jetzt dachte er an eine junge, sehr reiche Witwe, die Baronin Deurbroucq, geborene Caroline Landrière des Bordes. Er hoffte, sie im Laufe des Sommers auf Schloß Saché bei den Margonnes zu sehen. Es gibt nichts Besseres als eine Witwe; sie besitzt ein unabhängiges Vermögen und hat schon gewisse Erfahrungen in der Liebe. Ende Mai hatte er einen Kutschen-Unfall; es war das zweite Mal, daß sein Tilbury umwarf. Das erste Opfer (im April) war Delphine de Girardin gewesen.

Balzac an Madame Emile de Girardin, 31. Mai 1832: »Es war uns beiden, Madame, bestimmt, die Wirkungen eines Tilbury in allen seinen Entwicklungen kennenzulernen, und nicht weit von der nämlichen Stelle, wo Sie so unzart behandelt worden waren, geriet ich in Berührung mit den heroischen Pflastersteinen obbemeldeten Julis. Dieser Kopf, dieser schöne Kopf, na also, dieser Kopf, den Sie kennen, ist auf die unglückseligste Art aufgeschlagen, und ich weiß nicht, ob nicht irgendein Rädchen der Mechanik meines Gehirns gebrochen ist ...«

Nichts war im Gehirn zerbrochen, doch Doktor Nacquart verordnete Bettruhe und Diät, ließ ihn zur Ader und verbot Schreiben und Denken. Im Juni wuchs sein Begehren, Paris den Rücken zu kehren. Einesteils um den Gläubigern zu entwischen, dem Geldärger, dem Klagen der Verleger und all den Sorgen, die er nun seiner armen Mutter auflud; er ließ sie bei sich wohnen und gab ihr Vollmacht; andernteils um aus der Nähe der Herzogin von Abrantès zu verschwinden, die ihn wieder für sich arbeiten lassen wollte, wozu er weder Zeit noch Lust hatte; zu guter Letzt, um zu schreiben, denn er fühlte sich von Romanen schwanger. Die Marquise de Castries hatte ihn eingeladen, sie im August in Aix-les-Bains zu besuchen und dann in die Schweiz und nach Italien zu begleiten. »Na, was sagst Du jetzt?« schrieb er stolz an Madame Mère, die Haushälterin und Vertraute. Die »Na?« Balzacs seiner Mutter gegenüber waren recht rührend und bezogen sich auf alle strengen Urteile, die sie früher gegen ihn vorgebracht hatte.

Die zu einer Reise nach Aix nötigen finanziellen Mittel besaß er nicht, doch ein Aufenthalt auf Schloß Saché würde ihm ermöglichen, etwas einzusparen. Er begab sich also zu den gastfreundlichen Margonnes. Die bigotte Bucklige war ihm fürchterlich, er bekam jedoch von ihr ein bequemes Zimmer, eine gute Kaffeekanne, eine Lampe ans Bett – und verhältnismäßige Stille. Übrigens fand er bald darauf einen weiteren Grund, mit sich zufrieden zu sein, daß er aus Paris weggegangen sei. Es hatte in der Stadt Unruhen gegeben. Namhafte Legitimisten – Chateaubriand, Berryer, Hyde de Neuville und sogar der Herzog von Fitz-James – waren infolge der törichten Vendée-Aktion der Herzogin von Berry verhaftet worden.

Nach zehn Tagen wurden die illustren Häftlinge wieder freigelassen; Madame de Berny allerdings war über diese Verhaftungen begeistert, »denn wenn die Partei dieser Leute erledigt ist, müßtest Du Dich für eine andere entscheiden«. Sie haßte den Legitimismus, weil er ihn mit Henriette de Castries verband. Solange Laure de Berny ihren jungen Liebhaber entbehren mußte, weilte sie im Departement Nièvre bei einem alten Freund, dem General Allix, einem braven, erschreckend tauben Mann, der herausfordernd schlechten Pfeifentabak rauchte. Hier arbeitete sie für Balzac, korrigierte stoßweise Druckfahnen, schlug Änderungen für die *Scènes de la Vie privée* vor und wappnete ihn gegen »diese Leute« aus dem Faubourg.

»Doch manchmal läßt eine tödliche Angst mein Herz erbeben; ich denke, daß Du, wenn eine bestimmte Dame Dir schreiben würde, sie zu besuchen, gutherzig genug wärest, hinzugehen. Hat nicht eine andere Dame Dich von Tours nach Versailles zurückgerufen, damit Du sie in ihren Kümmernissen trösten solltest, die ihr Egoismus Dir gegenüber noch vergrößert darstellte? Jetzt sind die Umstände noch viel schwerer, und unglücklicherweise hat Deine immer wache und tätige Eitelkeit um so mehr wirkliche Gewalt über Dich, weil Du ihre Kraft nicht kennst. Hör aber doch, mein Geliebter, ein wenig auf die Vernunft! Um vernommen zu werden, bedient sie sich der freundschaftlichsten aller Stimmen, die jemals Dein Ohr erreichen durften. Mach Dir doch klar, daß bestimmte Persönlichkeiten Dir nicht einen einzigen der drei- oder viertausend Taler geben würden, die Dir unerläßlich nötig sind; mach Dir klar, daß sie immer, auch wenn sie gesiegt hatten, *aus Prinzip undankbar* gewesen sind und sich Deinetwegen nicht ändern werden, lieber Freund; sie besitzen alle Fehler der Ichsucht, alle Hinterlist und die Spitzbüberei der Schwäche; eine Geringschätzung, die bis zur Verachtung geht allen denen gegenüber, die anderem Blut als sie entstammen. Freund! Bei allem, was Dir teuer ist, um Deines Ruhmes, Deines zukünftigen Glückes, um meiner Ruhe willen (denn Du liebst mich) – glaube ihnen nicht, vertraue ihnen nicht ...«

Warum kam er nicht zu ihr? Der General Allix wollte ihm ein Quartier verschaffen und ihm von Bonaparte und hochpolitischen Geheimnissen erzählen. Wie gut wäre es doch, weit von einer nicht für sensible und große Seelen geschaffenen Welt gemeinsam zu leben! Wieder sprach sie ihr Vertrauen zu »seinem artigen Herzen« aus, doch wie sollte er es inmitten solcher Perversitäten rein erhalten? Die *Scènes de la Vie privée* riefen liebevolle Erinnerungen hervor: »Ich denke daran, wo wir uns befanden, als Du mir dies oder jenes Stück vorlasest, was Du mir darüber sagtest, welche Liebesworte daraus erwuchsen, Freund; ich wühlte mich damals in Dein Herz wie auf Deinem reizenden Körper, als ... weißt Du es noch ...?«

Ach, wie sinnlich verliebt war sie noch immer! »Ich halte mich immer noch für Deine Allerliebste und überschütte Dich mit allen unseren gewohnten Liebkosungen. Ich küsse Dich überall ...« Und einige Tage später: »O Du mein geliebter Didi! Mein Liebling! Mein über alles geliebter Meister! Komm doch und empfange wieder den Tribut einer von Dir erschaffenen Lust, die Zärtlichkeiten einer für Dich geschaffenen Liebsten. Oh, bald werden wir wieder beisammen sein, wie ich hoffe; zu schrecklich wäre es, von anderen diese schönen Blüten pflücken zu lassen, deren Duft noch immer zu mir dringt und mich trunken macht, deren Blätter ich mit so viel Liebe an Deiner geliebten Brust pflücken möchte ...« Liebte er sie aber überhaupt noch? Gehörte er einer anderen an? Sie hoffte, vorher sterben zu können: »Liebstes Herz, ich kenne nichts Unmenschlicheres als ein Leben, das sich an ein anderes anklammert, das nichts davon wissen will ...« Sie war von ihrem Mann getrennt, sie wurde zwischen ihren Kindern, die selber untereinander uneinig waren, hin- und hergerissen und hatte nun nichts anderes mehr als ihren Geliebten: »Ich bin zerbrochen.«

Andere Klagen: die der Madame Mère, der Honoré ohne Scheu Aufträge über Aufträge erteilte. Sie sollte unter seinen Papieren die Abschrift eines Manuskriptes suchen und sie zu dem Verleger Mame schicken. »Dann, liebe Mutter, brauche ich meine Sommerhosen – Buisson muß sie jetzt fertig haben.« »Ich werde Dir durch die Eilpost Mittwoch früh ein Paket mit dem Manuskript der Erzählung schicken, die Gosselin noch fehlt *[Louis Lambert]* ... Ist Gosselin zufriedengestellt, mache ich mich rasch an *La Bataille* ... Laß allen denen, die von Dir Geld haben wollen, sagen, ich sei auf Reisen und käme erst am 15. August zurück ...« Zwischen zwei Anweisungen für Besorgungen sprach er zu seiner »guten Mutter« von dem Plan der

Heirat Deurbroucq. Unglücklicherweise war die begehrte Witwe nicht in die Touraine gekommen, doch in der Einbildung Balzacs (der ihr die *Scènes de la Vie privée* geschickt hatte), stand alles zum besten. »Sie hat mir einen höflichen Brief mit ihrem Dank geschickt.« Ihm war die köstliche Gabe verliehen, seine Wünsche schon für eine Zusage des Glücks anzusehen.

Allein, die Heirat konnte nicht rechtzeitig genug erfolgen, um die dringenden Schulden zu bezahlen. Er mußte also in Opfer einwilligen. *Balzac an seine Mutter:* »Wenn Du die Pferde verkaufen kannst, so verkaufe sie; wenn Du Leclercq entlassen willst, so zahle ihn aus und schicke ihn weg.« Sechs Monate zu gewinnen wird genügen, »denn ich habe mich noch nie in einer besseren Lage befunden. Früher oder später werden die Literatur, die Politik, der Journalismus, eine Heirat oder meine große Affäre mich ein Vermögen schaffen lassen. Wir müssen noch etwas dulden. Wenn ich wenigstens allein duldete! Gut, denn schon vor vier Jahren wäre ich ohne Madame de Berny zwanzigmal ausgewandert. Doch Du bist jetzt sehr leidend und die Notwendigkeit zwingt Dich, eine der Ursachen meiner geheimen Qualen zu werden ... Du bittest mich, ausführlich zu schreiben, aber, liebe arme Mutter, weißt Du denn immer noch nicht, wie ich lebe? Wenn ich schreiben kann, arbeite ich an meinen Manuskripten; wenn ich nicht an meinen Manuskripten arbeite, denke ich über sie nach. Wird eine Seite durch die Geschäfte und die Verpflichtungen, oder auch durch Gefühle, herausgerissen, so bedeutet das, mir das Leben zu rauben ...«

Er hatte nicht unrecht. Wie sollte er eine imaginäre Welt erfinden, wenn die reale Welt mit Bedrängnissen und Klagen eingriff? Das alles war natürlich hart für eine arme, alternde Frau, die tat, was sie vermochte, wenn ihr Sohn sie herumhetzte.

Balzac an seine Mutter, 19. Juli 1832: »Heute morgen hatte ich mich voller Mut an meine Arbeit gemacht, als Dein Brief ankam und mich völlig durcheinanderbrachte; es ist zum Weinen. Hältst Du es denn für möglich, künstlerische Gedanken zu haben, wenn ich plötzlich ein Bild meiner Misere ansehen muß, wie Du es mir zeichnest? Glaubst Du denn, daß ich, wenn ich es nicht selber spürte, so arbeiten würde? ... Adieu – adieu ...«

Madame Balzac sieht sich in einem solchen Grad durch alles, was in dieser närrischen Behausung passiert, überfordert, daß Laure sich einschaltet und Honoré bittet, die Mutter zu schonen. Balzac, der ja ein gutes Herz hat, ist bis zu Tränen bewegt – solange er den Brief schreibt.

Balzac an Laure Surville, 20. Juli 1832: »Wenn Du wüßtest, wie mein Herz blutet, meine arme Mutter krank und so wenig glücklich zu wissen! Doch notwendigerweise gibt mir das alles den höllischen Mut, der mich zur Arbeit treibt ... Nun hat sie allerdings eine Einbildungskraft wie ich selber, und in manchen Augenblicken sieht sie nur Not und Schwierigkeiten, wie sie, andererseits, nur den Triumph sieht. Ich rechne es ihr nicht nach, selbstverständlich, und ich habe sie heute lieber als jemals. Sag es ihr recht deutlich, liebe Laure; während ich dies hier schreibe, stehen mir Tränen in den Augen ...«

Entschuldigt wird er dadurch, daß er während dieses Aufenthaltes auf Saché die *Notice biographique sur Louis Lambert* geschrieben hat, ein Werk, in dem er Goethe und Byron gleichkommen wollte, *Faust* und *Manfred. Louis Lambert* sollte eine flammende Antwort an seine Feinde sein und »eine unleugbare Überlegenheit ahnen lassen«. Es handelte sich um das Porträt eines jungen Ausnahmemenschen, in dem der Balzac aus Vendôme mit dem aus der Mansarde in eine Gestalt zusammenwuchs. Das rein aus der Imagination entstandene Kind Louis Lambert ließ er Bücher lesen, die er selber erst viel älter, zwischen dem fünfzehnten und fünfundzwanzigsten Jahr, las, und er schrieb ihm Gedanken zu, die er selber im Jahre 1832 hatte, also mit dreiunddreißig Jahren. Das Gerüst des Systems wurde dadurch aber nicht verändert, und es ist sehr wichtig, den *Louis Lambert* mit großer Sorgfalt zu lesen, wenn man die geistige Bildung Balzacs verstehen will.

»Das Alte und das Neue Testament waren in Louis' Hände gefallen, als er fünf Jahre alt war; dieses Buch, in dem unzählige andere Bücher enthalten sind, war für seinen Schicksalsweg entscheidend ... Seit dieser Zeit war Lesen für ihn wie ein unstillbarer Hunger.« Mystische Schriften wirkten mit großer Anziehungskraft auf Louis. »Unser Geist ist ein Abgrund, der sich in Abgründen wohl fühlt.« Sein Geheimnis ist die *seherische Schau*, eine Fähigkeit, sich alles, was er liest oder was ihm erzählt wird, mit solcher Kraft vorzustellen, daß er nie gesehene Wesen und Geschehnisse vollkommen *erkennt und durchschaut*. Wenn Louis Lambert eine Beschreibung der Schlacht von Austerlitz liest, hört er die Kanonen, die Schreie der Kämpfenden, das Pferdegetrappel; er riecht den Pulverdampf; er ist der Betrachter einer Apokalypse. Stürzte sich Louis Lambert so mit seinem ganzen Wesen in ein Buch, dann vergaß er die äußere Welt. Er vermochte aber auch, falls er es wollte, in bestimmten Augenblicken alle seine Kräfte auf einen gegebenen Punkt dieser Welt zu konzentrieren, und dann war er unbesieglich. Dachte er lebhaft an die Wirkung einer in sein Fleisch eindringenden Messerklinge, so fühlte er stechenden Schmerz. »Eine Idee, die körperliche Schmerzen hervorruft ...? Na? Was sagst Du dazu?«

Das System Louis Lamberts war das Balzacs; er knüpfte an die esoterische Tradition der Kabbalisten an, die in Saint-Martin und Swedenborg wieder lebendig geworden war und die als eine Bestätigung der okkulten Wissenschaft galt. Für Balzac wie für Swedenborg gibt es in jedem Menschen zwei Wesen: den *äußeren Menschen*, der den Naturgesetzen unterworfen ist, und den *inneren Menschen*, der über eine der Wissenschaft bis dahin unzugängliche Lebenskraft verfügt, die aber von gleicher Natur wie die materielle Kraft ist. Bei gewissen privilegierten Wesen (Louis Lambert zum Beispiel) kann der innere Mensch sich vom äußeren Menschen lösen. Auf diese Weise erklären sich Erscheinungen à distance, die Schau der Hellseher, die heldenhafte Gefühllosigkeit von Märtyrern, die sich während ihrer Qualen *anderswo* aufhalten.

Ideen und Begierden sind Ausstrahlungen des inneren Menschen, der je nach seinem Wesen mehr oder weniger starke Schwingungen aussendet. Das ist der Vorgang, den Lambert »Materialität des Gedankens« nennt; er erklärt, wieso eine Idee oder eine Begierde den Körper benutzen können. Hier tritt wieder das Thema von *La Peau de Chagrin* auf. Louis Lambert, schon als Kind Visionär, gehört zu dieser Gattung Mensch (der Balzacs), die in intuitivem Kontakt mit dem gesamten Universum steht; er fühlt sich einer umfassenden Erklärung der Schöpfung nahe. Doch ein zu reiches Innenleben tötet den äußeren Menschen an ihm; in Paris wird sein Herz »durch diesen Abgrund von Egoismus« gekränkt; einen Gedanken zieht er einer Tat vor, eine Idee einem Geschäft. Er könnte zu einer Macht werden, doch fehlt ihm die beständige Aufmerksamkeit, die für einen, der sein Glück machen will, unerläßlich ist; also muß er zermalmt werden. Da in Louis Lambert Genie im Übermaß wirkt, führt sein Weg zum Wahnsinn, trotz der Liebe einer ebenso schönen wie großherzigen Frau, Pauline Salomon de Villenoix, von teilweise jüdischer Herkunft; er stirbt in jungen Jahren, ein »Hundertjähriger von fünfundzwanzig Jahren«, in den Armen seiner Freundin.

Balzac hielt, guten Glaubens, den *Louis Lambert* für sein Meisterwerk. In diesen Roman warf er alles, was ihn die Mystiker, die Magier, die Philosophen und die Weisen gelehrt hatten. Mehrere Male arbeitete er das Buch um, fügte soziale und metaphysische Ausweitungen ein und versuchte, die verschiedenen Etappen der Weltschöpfung durch das progressive Eindringen des Gedankens in die Materie zu erklären. Das übermenschliche Genie, das er seinem Louis Lambert verlieh, war sein eigenes. »Doch Gott kann alles erschaffen außer einem anderen Gott; das Genie kann alles noch einmal erschaffen, ausgenommen ein Genie.« Louis Lambert wurde nicht lebendig. Madame de Berny, der er die erste Fassung mitteilte und der das Buch gewidmet war *(Et nunc et semper dilectae dicatum)*, las es mit Angst: »Ich glaube, Du hast eine unmögliche Arbeit unternommen.« »Kein Lesepublikum«, überlegte sie, »würde tolerieren, daß ein Autor ihm einreden wolle, er allein habe das Universum verstanden.« Mag der Schriftsteller noch so groß sein, der Leser sieht nur noch seine Anmaßung. »So sind diese Sätze: *der bewundernswerte Kampf der Gedanken ... zu seiner größten Kraft ... zu seinem umfassendsten Ausdruck ... die moralische Welt, deren Grenzen er für sie erweitert hatte* ... nicht zu ertragen. Bewirke, mein Liebster, daß die Menschen von allen Seiten Dich auf Deiner Höhe bemerken können, schrei aber nicht, daß sie Dich bewundern sollen, denn dann werden sofort von allen Seiten die stärksten Vergrößerungsgläser auf Dich gerichtet werden, und was wird aus dem entzückendsten Objekt, wenn es unter das Mikroskop gelegt wird?« Eine Frau, sogar wenn sie verliebt ist, hat mehr gesunden Menschenverstand als das Genie. Dem *Louis Lambert,* einem bedeutenden, vom Autor bevorzugten Buch, fehlte der prometheische Funken.

»Besprich Dich mit Madame Carraud«, riet die *Dilecta;* sie besaß Vertrauen zu der einzigen aufrichtigen zweiten Freundin, die Balzac hatte (und diese beiden bedeutsamen Frauen sind insofern von sublimer Haltung, als sie, ohne einander zu kennen, gemeinsam an der Seite ihres Poeten Wache halten). Angoulême war nur sechzig Meilen von Saché entfernt. In die Pulvermühle zu eilen reizte ihn, weil er wegen Geldmangel nicht nach Aix-les-Bains gehen konnte, »was«, wie er der Schwester Laure schrieb, »Madame de Castries, die sehr gut zu mir ist, sehr bekümmert. Ich würde dort eine jüngere Madame de Berny haben, noch mehr in der Lage, mir zu dienen ...« Zulma rief ihn, und diese Freundschaft blieb Balzac immer sehr wertvoll; allerdings fürchtete er, ein düsterer Gast zu sein. »Ich bin ein Galeerensklave mit Feder und Tinte, ein rechter Ideenhändler.« Saché begann auf ihm zu lasten, und die Pulvermühle hatte er seit seinem ersten Aufenthalt im Dezember 1831 lieben gelernt. Die Wohnstatt war bescheiden, mehr ein Bauernhaus als ein Herrensitz, doch Zulma, ernst und intelligent, war der Zauber dieses Schlupfwinkels.

Balzac an Zulma Carraud, 16. Juli 1832: »Hier bin ich durch das Schloßleben behindert. Es sind Gäste da; ich muß zu bestimmter Stunde angekleidet sein, und diesen Provinzmenschen käme es seltsam vor, auf das Essen zu verzichten, weil man Ideen nachläuft. Sie haben mich mit ihrer Glocke schon richtig stranguliert ...«

Und außerdem gab es unter den Menschen seiner Umgebung keinen einzigen, der ihn verstehen konnte. Man stelle sich Madame de Margonne bei der Lektüre von *Louis Lambert* vor! So war der Würfel gefallen, er gehe nach der Pulvermühle; allerdings müsse Zulma ihn in Angoulême, wo der Postwagen hielt, abholen. Die paar Kilometer zwischen der Stadt und der Pulvermühle zu überwinden war für ihn ein Umstand wie eine Reise nach

China; er war immer noch wie ein Kind, das mütterlichen Schutz benötigt.

Während dieses Aufenthaltes bei den Carrauds schrieb er eine seiner schönsten Novellen *La Femme abandonnée (Die Verlassene).* Obwohl es gefährlich ist, den Quellen eines Kunstwerks, in dem die Tatsachen und die Kunst des Autors geheimnisvoll zusammenwirken, nachzuforschen, liegt hier ein Fall vor, bei dem die Mischungselemente zu erahnen sind. Die Novelle ist der Herzogin von Abrantès gewidmet, die in ihren *Mémoires sur la Restauration* ein ähnliches Abenteuer erzählt hat, eine Geschichte, deren Personen bekannt sind. Hier wie bei Balzac löst ein Mann eine Liaison, um sich zu verheiraten, kann die Mätresse nicht vergessen und tötet sich bei ihrer Weigerung, ihn wiederzusehen. Die Details stimmen so genau überein, daß an der Herkunft des Stoffes nicht zu zweifeln ist. Balzac verdankte dem überreichen Gedächtnis der Laure d'Abrantès sehr viel. Außerdem hatte er einst in Bayeux eine andere »verlassene Frau« studieren können, Madame de Hautefeuille, »so geistreich wie die bemerkenswerteste Frau von Paris«. Das Gefühlsklima der Erzählung kannte er mehr als genau durch eine dritte verlassene Geliebte: Laure de Berny.

Balzac hatte die *Dilecta* nie verlassen. Unaufhörlich aber spielte er mit zwei Projekten, die dahin zielten, die vollkommene Freundin in den Hintergrund zu schieben: in Aix mit der Marquise de Castries zusammenzukommen oder die Baronin Deurbroucq zu heiraten. Das Verlangen nach Sicherheit zog ihn zu der wohlausgestatteten Witwe. Er wußte allerdings, daß die Monotonie einer Ehe dem Romancier in ihm schaden würde, dessen Phantasie sich von Ängsten und von Krisen nährte. In Hinsicht auf die Reise nach Aix nun war Balzac hin- und hergerissen zwischen der Angst, die *Dilecta* zur Verzweiflung zu treiben, der Furcht, das von ihr verschwenderisch gespendete Glück zu verlieren, und der Erwartung der Freuden, die Madame de Castries ihm vielleicht zuteil werden lassen würde. Griff er in naiver Weise auf seine eigenen Erinnerungen aus Villeparisis zurück, als er die Anfänge der Bindung Claire de Beauséants an Gaston de Nueil zeichnen wollte? Damals hatte er, wie Gaston, eine verwundete Frau erlebt, »mit der Aureole skandalöser Erinnerungen an eine alte Passion« (die Episode mit dem Korsen Campi), die zurückgezogen in dörflicher Einsamkeit lebte. Dort hatte er selber leidenschaftliche Briefe geschrieben, deren Entwürfe er noch aufbewahrte. An ihnen inspirierte er sich. Warum auch nicht? Abrantès, Berny, Hautefeuille – hatte er nicht das Recht, alle diese melancholischen Schatten zu verwenden, um sie in eine erregende Heldin umzuschmelzen? Und wer würde sich nach so vielen Jahren auch noch an sie erinnern, wenn Balzac aus ihren Schmerzen und ihren vertraulichen Bekenntnissen nicht Claire de Beauséant geschaffen hätte?

Die Pulvermühle war seiner Arbeit günstig. Als er ankam, war er zerschlagen durch die Mühe, Louis Lambert zur Welt gebracht zu haben. Zulma gestand er, manchmal habe er wie sein Held sich vor dem Wahnsinn gefürchtet. »Sollten Sie wahnsinnig werden, will ich Sie pflegen«, hatte sie voller Feuer gesagt. Niemals wird er dieses Wort und nie diesen Blick vergessen. Mitten im Schaffensfieber fühlt er schon ungekannte Werke in sich reifen. An Laure Surville schreibt er: »Ich habe in diesen letzten sechs Monaten ungeheure Fortschritte nach allen Punkten meiner Sphäre gemacht.« In einem Augenblick klarsichtiger Offenherzigkeit gibt er zu, daß er seine Mutter ruiniert habe. »Doch ein Festtag großen Glückes und Ruhms wird ihr alles entgelten.« Allerdings fährt er weiter fort: »Liebste Mutter, ich muß Dich etwas trösten, wie ich mich selber tröste – mit Traumgespinsten!« Er hält sie jedoch für weissagende Träume, und in euphorischen Augenblicken zweifelt er nicht daran, daß er sie verwirklichen wird.

Bei den lieben Carrauds hatte er wieder geistigen Frieden gefunden, die Bewunderung seiner Freunde und auch die ihm so wertvolle von Unbekannten. Ein Student aus Angoulême ließ, als er den Namen Balzac vernahm, aus Aufregung seine Mappe und seine Bücher fallen. Beim Friseur stritten sich Frauen um seine Locken. Seiner Mutter schrieb er mit dem derben Realismus dieser Familie, daß seine erzwungene Keuschheit ihn hindere und ihm den Schlaf raube. Hat er aus solchen Gründen plötzlich seine Freundin Zulma bedrängt und körperlich begehrt? Welche Versuchung für diese wunderbare Frau! Sie liebte Honoré in echter Liebe, und der Major Carraud, fünfzehn Jahre älter als sie, alterte rasch. »Sie sind wollüstig«, sagte Honoré zu Zulma, »und wollen der Lust widerstehen!« Er gab ihr zu verstehen, daß er ihr »unbekannte Paradiese« enthüllen werde. Das war das Sesam-öffne-dich aller Verführer, doch Zulma gab nicht nach. Sie wußte genau, er begehre sie gerade in diesem Augenblick, »weil Sie eine Frau brauchen ... weil Sie ohne jede intime Beziehung zu meinem Geschlecht dazu gebracht wurden, das Geschlecht insgesamt zu lieben. – Ich bin zu stolz, unter der Herrschaft eines solchen Bedürfnisses gewählt zu werden.«

Übrigens wurde die Reise nach Savoyen endlich möglich. Die erstaunliche Madame Mère hatte ein Darlehen auf lange Sicht von zehntausend Francs aufgebracht, und zwar von der guten Madame Delannoy. Hierdurch wurde ermöglicht, die hartnäckigsten Gläubiger zu befriedigen und einen Platz in der Eilpost zu bezahlen.

Madame Delannoy an Balzac, 27. Juli 1832: »Ich liebe Ihr Talent und Sie selbst, und ich möchte nicht, daß man sage, es sei ein Mensch gefesselt und ein anderer gepeinigt, wenn ich dazu verhelfen kann, daß es nicht so sein muß. Ein glücklicher Zufall kommt mir zu Hilfe, indem mir gerade Gelder zurückkommen, die noch nicht wieder angelegt sind. Sie sollen dazu dienen, Ihre Schulden zu begleichen, und sollen Ihnen die Mittel geben, die von Ihnen gewünschte Reise zu unternehmen, die mir in jeder Hinsicht nützlich zu sein scheint ...«

Auf diese Weise hatten zwei alte Damen bereitwillig konspiriert, um Honoré in die Arme Henriette de Castries' zu werfen. Von Angoulême aus hatte er dieser Dame ein Fragment aus *Louis Lambert* geschickt, den Liebesbrief an Pauline de Villenoix:

»Alles traf günstig zusammen, um mich zu diesen lustvollen Werbungen zu ermuntern, um mich dazu zu bringen, diese ersten Gnadenerweise zu erbitten, die eine Frau immer abschlägt, sicherlich, damit man sie ihr raubt; doch nein, Du, liebes Leben meiner Seele, kannst niemals im voraus wissen, was Du meiner Liebe gewähren wirst, und Du wirst Dich hingeben, vielleicht ohne es zu wollen, denn Du bist lauter und gehorchst nur Deinem Herzen ... Ach, Du hast diese himmlische Poesie gespürt, da Du so viele verschiedenartige Gefühle in Dir zusammenfaßtest und so oft Deine Augen zum Himmel richtetest, um mir nicht antworten zu müssen. Du, so stolz und heiter, so demütig und so despotisch, Du gabst Dich ganz mit Deiner Seele und mit Deinen Gedanken, und entzogst Dich dabei doch der schüchternsten aller Zärtlichkeiten ...«

Dieser Zeichnung vergangenen zärtlichen Liebesgeplänkels würde sich, dessen war er sicher, das kommende Glück von Aix gegenüberstellen. Im Augenblick der Abreise fehlte ihm das Bargeld. Von Major Carraud borgte er hundertfünfzig Francs; seine Mutter bat er, sie zurückzuzahlen und ihm weitere dreihundert Francs nach Lyon zu schicken. In der Pulvermühle zu Angoulême hatte er *La Grenadière (Die Grenadière)* (in einer Nacht) und *La Femme abandonnée* geschrieben. Der Geniestrom floß sicher und mächtig.

Es wurde schon erwähnt, daß sich Balzac seit 1830 zwischen zwei dramatischen Werken die Entspannung erlaubt hatte, die *Contes drolatiques (Tolldreiste Geschichten)* zu komponieren, derb-unanständige Scherze in der Art Rabelais' und anderer Erzähler aus der Touraine in einer altertümelnden Sprache. Er setzte dieses Spiel in den Jahren 1831 und 1832 fort. Der von ihm gewählte Titel kündigte deutlich seine Absichten an: *Les Cent Contes drolatiques colligez ès Abbaïes de Touraine et mis en lumière par le sieur de Balzac pour l'esbattement des Pantagruélistes et non autres (Hundert tolldreiste Geschichten, gesammelt in Abteien der Touraine und ans Licht gebracht durch den Sieur de Balzac zur Belustigung der Pantagruelisten und keines anderen).*

Warum versenkte er sich mit solcher Ausdauer in diese Nachbildungen, die eine ungeheure Arbeit erforderten? Ein wenig deswegen, weil er durch seinen Vater in der Bewunderung Rabelais' erzogen worden war, und weil er selber sich als pantagruelisch empfand. Sehr viel darum, weil er gegen die unmenschliche Traurigkeit der Romantik, »dieses absurden Begriffes«, protestieren, und weil er die gallische Lebensfreude wieder erwecken wollte, die weder die *Pensées* von Pascal noch den *Esprit des Lois* am Erscheinen gehindert hat. »Lachen ist in Frankreich ein Bedürfnis«, hatte er in einem Artikel der *La Mode* am 20. Februar 1830 geschrieben, »und das Publikum verlangt, aus den Katakomben, wohin Maler, Dichter und Erzähler es von Kadaver zu Kadaver geführt haben, endlich wieder herauszukommen. Dieser Tartufferie Widerstand zu leisten, ist Bürgerpflicht.« Besser noch, es war eine Pflicht des französischen Bürgers, der dem britannischen *cant* und der germanischen Phantastik gegenübersteht.

Demgegenüber wäre festzustellen, daß er selber einen großen Gebrauch vom Makabren gemacht hat und daß seine Liebesromane im allgemeinen das Schamgefühl nicht verletzen. Doch er wollte ein vollständiger Mensch sein und, wie Rabelais es tat, dem Körper seinen Platz wiedergeben und damit die große französische Literatur des 15. Jahrhunderts wieder beleben, »die von Genie nur so funkelte, die in ihrer Haltung so frei war und so lebensvoll mit Wörtern, die in jener Zeit noch nicht schimpflich gewesen sind«. Als Balzac zwanzig Jahre alt war, klagte seine Mutter darüber, welchen Schaden Rabelais und Sterne ihm zufügten. Er glaubte im Gegenteil, daß es seinen Ruhm bestätigen könnte, falls er der Rabelais des 19. Jahrhunderts werde. Allerdings war er nicht der Meinung, sein Pantagruelismus habe auf sein Romanschaffen abgefärbt. »Die *Cent Contes drolatiques* sind mein kleiner Privatkult.« Priap hat Anrecht auf ein Denkmal, doch Balzac stellt es in einem Winkel seines Gartens auf.

Seine Stoffe hatte er allen alten Erzählern entnommen; die Kunst des Erzählens aber war nur ihm eigen, und außerdem da und dort die Zeichnung amourösen Raffinements, die Rabelais durchaus fremd war: »Diese Unbekümmertheit in Sachen des Totmachens übertrug er auch auf das Geschäft des Lebendigmachens. Er wußte nichts von den tausenderlei Zubereitungen, er verstand sich auf keines der feineren Rezepte, auf keinen der unzähligen Kunstgriffe und Kniffe, er kannte keines der feinen Gewürze, Konfitüren und prickelnden Beimengsel, die den bekannten Kuchen erst wohlschmeckend machen, er wußte nicht, wie man sein Öfelchen auf die verschiedenste Art heizen konnte, bald mit feinem Reisig, bald mit derbem Scheiterholz, um bald ein lindes, langsames Glühen, bald ein heißes, heftiges Flackerfeuer zu entfachen, je nach Beschaffenheit, Natur und Zweck des gewollten Gerichts. Er hatte keine Ahnung von den zarten flüchtigen und kitzeligen Essenzen, die auf der Zunge vergehen, wonach die Frauen so lüstern sind, die sie mehr lieben als ihre ewige Seligkeit. Gleichen doch die Damen in ihren weiblichen Eigenheiten den genäschigen Kätzchen.«

Was dachte die *Dilecta* vom ersten Zehent? Wir wissen es nicht, doch Zulma Carraud schrieb (und das überrascht), daß diese »so geistvollen Erzählungen alles überdauern werden«. Der Herzog von Fitz-James, selber ein pantagruelischer Fachmann, lobte ohne jede Einschränkung. Wenn er auch Balzac »den Bannstrahl aller Zierpuppen und aller Akademiker« voraussagte, so hatte er sich doch herzogsmäßig amüsiert.

George Sand stellte sich in die Reihe der Frauen, die die *Contes drolatiques* ablehnten. »Als er mir gegen meinen Willen Fragmente daraus vorlesen wollte, warf ich ihm beinahe mein Buch an den Kopf. Ich erinnere mich, daß er, weil ich ihn als grob unanständig bezeichnete, mich prüde nannte und beim Weggehen auf der Treppe rief: ›Sie sind einfach blöd!‹ Wir blieben aber trotzdem die besten Freunde, denn Balzac war wirklich naiv und gut.« Bei Delphine de Girardin hinwiederum wurden diese gepfefferten Bonbons feinschmeckerisch gekostet: *Journal de Fontaney, 12. Januar 1832:* »Balzac hat uns mit eigenartigem und unglaublichem Aplomb phantastische und drollige Geschichten erzählt, die den Damen viel Spaß machten. Delphine half ihm und teilte ihm Ideen mit. Und wir, wir lauschten und bewunderten ein erstaunliches Schauspiel.«

Das *Premier Dizain (Erstes Zehent)* erschien im April 1832 bei dem Verleger Gosselin. Die Kritik verhielt sich, wie so oft hinsichtlich Balzacs, feindlich. Die *Revue des Deux Mondes:* »Sind die *Contes drolatiques* amüsant? Wahrhaftig nicht. Sie sind obszön und nicht lasziv ...« Die *Revue de Paris:* »Monsieur Ch. Gosselin vergleicht seinen Autor einem Kind, das sich in vollkommener Unschuld ganz nackt zeigt. Wir möchten M. Ch. Gosselin antworten, daß in der *Literatur* Kinder im Alter des M. de Balzac schon seit langer Zeit Hosen tragen. Wir sind ungehalten, daß es im *Buchhandel* nicht ebenso gehalten wird.« Einzig Barbey d'Aurevilly bewunderte die Naivität und Freimütigkeit des Erzählers: »Die Geschichtsschreiber der Literatur, die sich eines Tages mit Balzac beschäftigen werden, und zwar mit dem Respekt und Ernst, die man dieser intellektuellen Majestät schuldet, werden, woran ich nicht zweifle, die Wahrheit der Beobachtung anerkennen, auf die ich heute nur hingewiesen habe, und werden mich nicht Lügen strafen.« Der Connetable der Literatur erwies sich als würdig, den Rabelais des 19. Jahrhunderts zu beurteilen. Festzustellen bleibt allerdings, daß die technische Gewaltleistung der *Contes drolatiques* den Ruhm Balzacs nicht vergrößert hat. Wie bei seinem Lehrer Rabelais lag sein Wert mehr im Gedanken als in der Zote, doch vielleicht waren kurze Anfälle von Zotenreißerei zur Anregung der Gedankenwelt nützlich.

XIV

EINE RÖTLICHBLONDE DAME

> Bianchon: Man liebt, weil man liebt.
> Rastignac: Na, ich liebe aus vielen anderen Gründen.
> *Balzac*

Strahlend fuhr er nach Aix ab. Endlich sollte seine erste »grande dame« ihm angehören. Wie konnte er daran zweifeln? Sie hatte ihn gerufen; sie verlangte das Inkognito; sie würde jeden Abend allein mit ihm verbringen. Tagsüber würde er arbeiten, und er spürte, wie er von Plänen überquoll: *La Bataille (Die Schlacht)* war zu schreiben; *Les Chouans (Die Königstreuen)* und *Louis Lambert* zu korrigieren; dann Novellen für *La Revue de Paris*, mit der er unverhofft einen Vertrag hatte schließen können, der ihm monatlich fünfhundert Francs sicherte. In Limoges hatte er zwischen zwei Postwagen einige Stunden Aufenthalt. Er besuchte hier Zulmas Schwester Lucile Nivet (geborene Tourangin), deren Gatte, Porzellanhändler, ein Tafelservice für die Rue Cassini liefern sollte. Balzac wollte die Stadt besichtigen. Der junge Rémi Nivet, Sohn seiner Gastgeberin, zeigte ihm die Place des Arbres, die Rue Montantmanigne und ging mit ihm schnell von Saint-Martial nach Cluzeau. Balzac schrieb sich diese Namen auf und besichtigte aufmerksam die alten Stadtviertel.

Zwischen Limoges und Lyon hatte er einen schmerzhaften Unfall. Um die prächtigen Täler besser betrachten zu können, hatte er den Sitz auf dem Dach der Postkutsche eingenommen. Als er beim Halt in Thiers im Puy-de-Dôme wieder auf seinen Sitz hinaufsteigen wollte und schon den Lederriemen, mit dessen Hilfe man sich hinaufzog, losgelassen hatte, zogen die Pferde an, und er fiel. Während des Sturzes konnte er nach einem Riemen greifen und hing nun in der Luft, wurde aber mit seinem ganzen Gewicht (achtzig Kilo) gegen ein Trittbrett des Wagens geschleudert und riß sich an einem Eisen das Schienbein auf.

Er blutete, hatte Schmerzen, und die Reise von Limoges nach Lyon dauerte vier Tage. Die Schaffner machten ihm voller Mitgefühl auf dem Kutschdach ein Lager. Unterwegs schloß sich die Wunde; das Bein war angeschwollen, und er konnte nur beschwerlich gehen. Es bestand zwar Infektionsgefahr, er jedoch wollte mit der Behandlung lieber bis Aix warten. Dieses »Wehwehchen« hinderte ihn nicht daran, die Reise zu genießen; immer hatte er schöne Landschaften geliebt. Das Limousin und die Auvergne begeisterten ihn.

In Aix hatte Madame de Castries ein hübsches kleines Zimmer für ihn bestellt, wo er bis sechs Uhr abends sich völliger Einsamkeit erfreuen konnte. Mittags ließ er sich aus einem benachbarten Café ein Ei und eine Tasse Milch kommen. Um sechs Uhr ging er zur Marquise, aß mit ihr zu Abend und blieb bis elf Uhr bei ihr. Das erlaubte ihm, wie er seiner Mutter schrieb, den ganzen Tag an *La Bataille* (einem Teil der *Scènes de la Vie militaire)* zu arbeiten. In Wirklichkeit war *La Bataille* noch gar nicht begonnen; er korrigierte *La femme abandonnée* und leckte voller Liebe seinen kleinen Lieblingsbären: *Louis Lambert.*

Drei Bäder in Aix hatten sein Bein gesunden lassen, die Wunde war verschorft. Sein Zimmer kostete den Tag zwei Francs; das Mittagessen fünfzehn Sous; Henriette de Castries erlaubte ihm nicht, das Diner selber zu bezahlen. »Na, Mutter, wenn ich auch ein wenig Dichter und Träumer bin, so mußt Du doch zugeben, daß ich sehr sparsam lebe ...!« Er sah niemanden. Seine einzige Zerstreuung war das abendliche Tête-à-Tête mit der Marquise. Sie erzeigte sich voller Aufmerksamkeiten für ihn, erlaubte ihm aber höchstens, ihre Händchen zu drücken und zu streicheln. Er wurde nervös.

Balzac an Zulma Carraud, Anfang September 1832: »Hier habe ich wenig und viel gefunden. Viel, weil ich eine reizende, liebenswürdige Dame sehe; wenig, weil ich von ihr nie geliebt werden kann. Warum habt Ihr mich nach Aix geschickt ...? Sie ist der feinste Typ einer Frau: Madame de Beauséant in besser; existieren aber alle diese hübschen Manieren nicht auf Kosten der Seele?«

Die stolze Zulma tobte: »Armer Honoré! Sie leiden, und ich kann Sie nicht pflegen!« Sie hoffte, der Anblick dieser schönen Berge und Seen würde seinen Geist von den ihn belastenden törichten Dingen befreien. »Ja, hoher Herr, so wage ich in meiner Winzigkeit zu dem Idol des Tages zu sprechen!« Sie fand, er sei durch Vorurteile verdorben, nicht auf Grund seiner Naturanlagen, die groß und gut waren, sondern durch sein Bedürfnis nach Lob von seiten einer einzigen Klasse (»und das sind die einzigen, die für Sie zählen; sie müssen nach Englisch-Honig-Parfüm und nach Portugal-Extrakt duften«). Wieso konnte ein Geist, so reich, einen *Louis Lambert* zu erfinden, in einem altmodisch gekleideten Mann nur einen bornierten Geist sehen, im Arbeiter nur eine Mechanik, in einer Tagelöhnerin mit knotigen Händen nur ein Opfer für das Schwurgericht? »Honoré, ich leide darunter, daß ich

Sie nicht als groß ansehen kann!« Sie litt auch darunter, daß er wieder mit Pichot von der *Revue de Paris* angeknüpft hatte, einem Kauz, der ihn beleidigt hatte und der nun unfehlbar höhnen würde: »Für Geld bekommt man ihn immer.«

»Geld! Ja, und das deswegen, weil es in Ihren Kreisen guter Ton ist, nicht zu Fuß anzukommen! Wie liebe ich Raphaël in seiner Mansarde, wie groß ist er, und wie recht hat Pauline, ihn grenzenlos zu lieben; denn, täuschen Sie sich nicht, sie liebt ihn in der Folge nur aus der Erinnerung; sie liebt ihn, seit er reich ist, nur wegen des Guten, das sie ihm schenkte, als er arm war; wie klein ist er, nun er Millionen hat! Haben Sie das Chagrinleder nachgemessen, seitdem Ihr modernes Kabriolett Sie Tag für Tag um zwei Uhr nachts von der Rue du Bac nach Hause brachte? Warum ich Sie nach Aix geschickt habe, Honoré? Weil dort allein zu haben ist, was Sie brauchten ... Ich habe Sie nach Aix gehen lassen, weil uns kein einziger Gedanke gemeinsam gehört; weil ich verachte, was Sie vergöttern; weil ich Volk bin, aristokratisiertes Volk, aber immer mit dem fühle, der Unterdrückung leidet; weil ich jegliche Macht hasse, da ich in ihr noch nie auch nur einen Gerechten gefunden habe. Sie sind in Aix, weil Sie für eine Partei gekauft werden müssen, und weil eine Frau der Preis dieses Handels ist; und ich, häßlich, klein, hinkend, werde niemals einen Mann finden, den mit solchen Mitteln zu verführen ich hoffen kann ... Sie sind in Aix, weil Ihre Seele verfälscht ist, weil Sie die echte Gloria um einer Gloriole willen von sich stoßen; weil mein Wesen sich niemals durch einen Händedruck in das eines Mannes ergießen wird, der Spaß daran hat, die Spaziergänger im Bois zu überholen und als erster auf der Place Louis XV anzukommen ... Das bedeutet, das hohlste Geistesvergnügen jedem anderen vorzuziehen. Ich schreibe Ihnen hier sehr harte Dinge, lieber Honoré, aber ich sage sie voller Vertrauen, weil ich mich so sehr in guter und freier Zuneigung gefestigt fühle, daß ich Ihnen alles entgelten kann, was an allzu Bitterem hier steht; weil ich, wenn Ihre Herzoginnen Ihnen einmal fehlen, dann immer bereit sein werde, Ihnen den Trost einer echten Sympathie zu bieten ...«

Vielleicht empfand die ehrenhafte Gattin im tiefsten Innern doch Bedauern, daß sie die Zärtlichkeiten eines Mannes abgelehnt hatte, den sie liebte. Hätte sie ihm diese harten Wahrheiten ins Gesicht gesagt, dann hätten Schwankungen der Stimme sie verraten. Um den Brief großherzig zu enden, sagte sie ihm voraus, er werde in Aix glücklich sein: »Am ersten Tag konnte das nicht geschehen. Aber Sie essen und wohnen zusammen; Eitelkeit und Lust werden Sie einander nahebringen, und Sie werden bekommen, was Sie erbitten. Glauben Sie mir übrigens, Ihre Partei hat ein zu großes Interesse daran, Sie zu sich hinüberzuziehen; sie wird Ihnen keine plebejischen Liebesverhältnisse erlauben.« Doch Zulma Carraud täuschte sich trotz ihrer doppelten Intuition als Frau und als Freundin; Balzacs Affäre ging nicht voran. Die Marquise de Castries »hatte von der Natur alle nötigen Gaben empfangen, die für die Rolle einer koketten Frau unerläßlich sind ... Alle Freuden der Liebe waren in ihren ausdrucksvollen, freien Blicken, in der schalkhaften Stimme und dem Reiz ihrer Worte keimhaft schon vorhanden. Sie ließ erkennen, daß es in ihr eine vornehme Kurtisane gab ... Sie schien die entzückendste Mätresse sein zu können, falls sie ihr Korsett ablegte.« Allein, sie legte es nicht ab.

Wer begehrt, aber nie besitzt, sondert innerlich Gift ab. Diese reizenden Abendstunden ohne Lösung reizten Balzac bis zum Wahnsinn. Versuchte er, sie zu umfassen, wurde sie böse, heuchelte Angst und verbannte ihren platonischen Liebhaber »vom Sofa in dem Augenblick, da das Sofa für sie gefährlich wurde«. Es mangelte ihr nicht an Argumenten: die Religion, die Erinnerung an eine große Liebe, der sie treu bleiben wolle, die körperliche Schwäche nach ihrem Unfall. Und es war wohl in allen diesen Gründen ein Teil Wahres. Sie war »eine kranke Frau, im Kreuz gebrochen«, tot für die Liebe. Augenscheinlich hatte ihre Religion sie einst nicht daran gehindert, dem jungen Fürsten Metternich anzugehören, doch die Erinnerung an diesen reizenden Viktor führte sie von Balzac wieder weg. Der Ruhm des Schriftstellers schmeichelte ihr, seine Intelligenz belebte sie, sein Schwung belustigte sie. Sie empfand für ihn Bewunderung und sogar Neigung, sie fühlte aber nicht die geringste Lust, mit diesem dicken, ungepflegten Mann, dessen geheime und wirkliche Schönheit ihr nicht zugänglich war, ins Bett zu gehen; sie gewährte ihm daher nur jene Gunsterweise, die, durch einen jesuitischen Ukas, in dieser Gesellschaft toleriert wurden, wo »man alles von der Liebe wollte, abzüglich dessen, wodurch die Liebe beglaubigt werden könnte«.

Trotz allem hegte er noch Hoffnung. Mit seiner gewohnten Sentimentalität hatte er sie gebeten, von ihm einen, für ihn allein reservierten, Vornamen anzunehmen. Wieder einmal: Marie. Sie hatte eingewilligt. Na, Mutter, das war ein Zeichen, nicht? Henriette de Castries plante eine Reise in die Schweiz und nach Italien; ihr Onkel, der Herzog von Fitz-James, Balzac sehr geneigt, sollte sie begleiten; sie engagierte ihren diensttuenden Kavalier, sich der Reisegesellschaft anzuschließen: das war ein glückliches Vorzeichen. Hierbei mußten sich Gelegenheiten wie von selbst anbieten. Die Geldfrage? Sie war leicht zu lösen. Seine Mutter sollte den Monatsbeitrag von der *Revue de Paris* holen; die *Contes drolatiques* würden Aufsehen erregen; er diskontierte schon *La Bataille*, die noch im Werdezustand war. Im Aixer Kreis hatte er die Bekanntschaft von James de Rothschild (er nannte ihn immer Rostchild) gemacht, der ihn an seinen Bruder in Neapel empfehlen könnte. Wieviel brauchte er für eine Reise nach Italien? Tausend Taler. Madame Mère empfing Aufträge; sie sollte ihm zwölfhundert Francs schicken, Stiefel, Pomade und ein Fläschchen Eau de Portugal, das in der balzacischen Magie ebenso unwiderstehliche Verführungsmittel wie die strohfarbenen Handschuhe. Außerdem schickte er ihr zwei Stückchen Flanell, die er auf dem Leib getragen hatte. Sie sollte damit zur Hellseherin gehen und sie über die Ursachen seines Übelbefindens befragen, den Flanell aber nur *in Papier gewickelt* berühren, damit die Ausdünstungen nicht verändert würden. Schließlich: »Leg ein halb Dutzend gelbe Handschuhe ins Paket.«

Mit seinen vornehmen Freunden machte er einen Ausflug nach der Grande Chartreuse. Hier, in Gegenwart seiner »Marie«, genoß er die majestätische Alpenlandschaft, einen schäumenden Gießbach, eine verfallene Mühle. Sogar Madame de Castries schien lebhafte Gefühle zu empfinden. Für ihn wurde es ein feierlicher Tag.

»Ich besuchte die Grande Chartreuse, ich wandelte unter den alten, schweigenden Gewölben. Im Kreuzgang lauschte ich dem tropfenweise fallenden Wasser der Quelle. Ich betrat eine Zelle, um in ihr das Maß meiner Nichtigkeit zu nehmen; hier atmete ich den tiefen Frieden, den mein Vorgänger genossen hatte, und ich las erschüttert die von ihm nach Klostersitte an seiner Türe angebrachte Inschrift; alle Lebensregeln, die ich anwenden wollte, waren hier in den drei lateinischen Wörtern zusammengefaßt: *Fuge, late, tace* ...«

Balzac wurde durch diesen Besuch aufgewühlt. Seit einem Monat lebte er in der Nähe einer begehrten Frau; er litt darunter, nicht geliebt zu werden. Plötzlich vermittelte der Klosterfrieden ihm den Gedanken, welches die Gefühle eines Mannes sein müßten, der auf der Flucht vor der Welt nach einer Liebesenttäuschung sich in die Einsamkeit zurückzieht. Ein Sinnspruch als Talisman kam ihm in den Sinn: *Verwundete Herzen heilt Dunkel und Stille*. Schöpferideen bedrängten ihn. Oft ahnt ein Schriftsteller, wie im Strahl eines Blitzes, die Umrisse eines möglichen Buches. Es ist nur ein kurzer Funke, der plötzlich ungeheuer weite Landstrecken erhellt, »ein erhabener Paroxysmus der aufgepeitschten Intelligenz, wobei die Ängste des Gebärens unter dem Vergnügen der zerebralen Überreizung vergehen«. Es bleibt noch alles zu tun, denn »Empfängnis ist nicht Ausführung«. Aber dennoch kann man verstehen, warum Honoré seiner Mutter schreibt: »Drei Tage und drei Nächte habe ich gearbeitet; ich habe einen kleinen Band ... mit dem Titel *Le Médecin de Campagne (Der Landarzt)* gemacht.« Das ist nicht richtig. Das Buch ist erst ein Plan, doch in einer plötzlichen Eingebung hat Balzac das Wesentliche des Plans erraten. Er denkt guten Glaubens, der Roman sei schon entstanden.

Balzac an den Verleger Mame, 30. September 1832: »Verdoppeln Sie Ihre Aufmerksamkeit, Meister Mame. Schon seit langem beschäftige ich mich im Wunsch nach volkstümlichem Ruhm mit der Frage, wieso in Tausenden von nicht vergleichbaren Exemplaren ein kleiner Oktavband wie *Atala*, *Paul et Virginie*, *Der Landprediger von Wakefield*, *Manon Lescaut*, *Perrault* usw. usw. verkauft werden kann.

Die Vielfalt der Ausgaben macht den Mangel der Bandzahl wett; es muß aber erreicht werden, daß ein Buch in *alle* Hände kommt, in die des Mädchens, des Kindes, des Greises und sogar der Betschwester. Ist ein Buch also einmal bekannt, so wird es, sei es kurz oder lang, je nach dem Talent des Verfassers und dem des Verlegers, ein ausgesprochenes Geschäft. Beispiel: Die *Méditations* von Lamartine in vierzigtausend Exemplaren, und die *Ruines* von Volney usw.

Mein Buch also ist ein in diesem Sinn verfaßtes Buch, ein Buch, das die Portiersfrau und die große Dame lesen könnten. Ich habe das Evangelium und den Katechismus als Modell genommen, zwei Bücher, die glänzend abgesetzt werden, und ich habe das Meinige getan. Den Schauplatz habe ich in ein Dorf verlegt, und übrigens werden Sie es, was bei mir selten vorkommt, als ein Ganzes lesen können ...«

Beim ersten Lesen stößt einen dieser Brief vor den Kopf. Was? Er hat große, heilige Gefühle gehabt; er macht sich daran, sie in einem Roman unterzubringen, und spricht von diesem Roman als von einem »ausgesprochenen Geschäft«; er qualifiziert das Evangelium und den Katechismus als »zwei Bücher, die glänzend abgesetzt werden«! Man könnte sagen: »Dieser Ton ist nur angenommen, um dem Geschäftsmann Mame Vertrauen einzuflößen.« Balzac nimmt den Gedanken jedoch für seine eigene Berechnung wieder auf, wenn er seiner Mutter schreibt, dies Buch werde seine italienische Reise finanzieren. Es ist bei schärferem Nachdenken also festzustellen, daß ein gebieterisches Geldbedürfnis der unwürdige Anlaß eines Meisterwerkes sein kann. Warum auch nicht? Im Geiste des Autors sind die Elemente präexistent vorhanden. Es ist eine hohe Temperatur vonnöten, damit in ihr die Verschmelzung vollzogen werden kann. Notwendigkeit und dringendes Bedürfnis rufen den nötigen Anstoß hervor.

Doch welcher Roman, welche Handlungsverwicklung können ihm ermöglichen, die erlebten starken Empfindungen auszudrücken? Er wünscht, wie man gesehen hat, ein kurzes, erbauliches Buch. Ein verwundeter Mann zieht sich »in das Dunkel und in die Stille« zurück; er macht seine Zurückgezogenheit dadurch nützlich, daß er einen ganzen Gebirgsgau zivilisiert.

Es handelt sich hierbei um ein gleichzeitig einfaches und großartiges Thema, das an die weiträumigen Fresken Goethes erinnern könnte. *Der Landprediger von Wakefield* von Oliver Goldsmith war das erste ihm vorschwebende Vorbild, und er dachte zunächst daran, seinen Helden zu einem Pfarrer zu machen. Es fehlte ihm aber zu sehr an genauer Kenntnis priesterlicher Seelen; er konnte einen Dorfpfarrer nicht lebendig machen. Lieber will er einen Arzt in den Mittelpunkt seines Buches stellen. Geschah es, weil er bei seinem Ausflug in die Grande Chartreuse das durch einen Doktor Rome umgestaltete Dorf Voreppe kennengelernt hatte? Oder weil er einst in Isle-Adam, bei Villers-La Faye, einen Arzt als Wohltäter der Umgegend, den Doktor Bossion, erlebt hatte? Oder schließlich, weil er Erzählungen über den Pfarrer Oberlin, den Philosophen und Philanthropen, gelesen und gedruckt hatte? Zwischen diesen Hypothesen ist die Wahl möglich; in jeder von ihnen steckt ein Körnchen Wahrheit. Als Balzac den Doktor Benassis erschuf, verwendete er unbewußte Erinnerungen aus der Knabenzeit, allerneueste Eindrücke, Begegnungen und Lesefrüchte. Eine Tages sollte Benassis aus eigenem Leben existieren, geformt aus allen diesen Phantomen und angereichert durch die Gedankenwelt seines Schöpfers. Er wird einmal das sein, was Balzac gewesen wäre, wenn er, anstatt eine vorgestellte Welt zu modellieren, eine wirkliche Welt umgeformt hätte. »Schriftsteller erfinden niemals etwas«, pflegte Balzac gern zu sagen. Das ist richtig, doch müßte man hinzufügen: »Schriftsteller kopieren niemals etwas.«

Im Hintergrund wird Balzac auch schöne Soldatengestalten des Kaiserreichs verwenden. Napoleon bleibt immer ein Volksheld; *Ihn* zu beschwören soll den »großen Absatz« des kleinen Buches von zweihundert Seiten ermöglichen. Der Gesprächspartner von Benassis, durch den wir von dem im Bergland vollbrachten Werk erfahren, ist ein Major Genestas, der teilweise (wirklich nur teilweise) durch einen Freund der Carrauds, Periolas, inspiriert worden ist. Alte Haudegen, nach ihren großen Schlachten im Ruhestand in diesen Bergdörfern, sollen vom Kaiser erzählen. Dank seiner Freunde in Saint-Cyr kennt Balzac eine Unmenge von Militärgeschichten. Wer auch bewundert Napoleon mehr als er? Doch als er am 10. Oktober Aix verläßt, ist *Le Médecin de Campagne* erst ein Traum und *La Bataille* nur eine Vision.

Bevor er zur neuen Reise aufgebrochen war, hatte er sich bei Zulma Carraud gerechtfertigt. Den sehr harten Brief hatte er ihr verziehen:

»Sie sind ungerecht gewesen ... Ich sollte einer Frau wegen von einer Partei gekauft sein ...? Als Mann seit einem Jahr enthaltsam gelebt ...! Aus den Spielen meiner Vorstellungskraft haben Sie Monstrositäten gemacht ... Meine Wohnung ist eine Wonne, ein Bedürfnis, wie das, saubere Wäsche zu tragen und zu baden. Ich habe mir das Recht erworben, mich in

Seide zu kleiden, weil ich morgen, sollte es nötig sein, ohne Bedauern und ohne einen Seufzer in meine Künstlermansarde zurückkehren könnte, in eine leere Mansarde, damit ich keine schändliche Sache auf mich nehmen muß, damit ich mich niemandem zu verkaufen brauche. Ach, lästern Sie doch nicht über eine Seele, die Sie sehr gern hat und die mit Stolz an Sie in diesen schwierigen Augenblicken denkt. Zu den großen Arbeiten gehören große Maßlosigkeiten, das ist ganz einfach ...«

Was nun seine Gedanken über das Regieren angeht, falls er eines Tages dazu die Möglichkeit haben sollte, so versicherte er Zulma, daß sie im Gegensatz zu ihren Befürchtungen liberal wären:

»Abschaffung jeden Adels, außer einer Kammer von Pairs; die Loslösung des Klerus von Rom; die natürlichen Grenzen Frankreichs; völlige Gleichberechtigung der Mittelklasse; Anerkennung der wirklichen Überlegenheiten; Sparsamkeit in den Staatsausgaben; Vermehrung der Einnahmen durch eine bessere Steuerfestsetzung; Unterricht für alle. Das sind die hauptsächlichen Punkte meiner Politik, denen ich immer treu bleiben werde. Zwischen meinen Worten und meinen Handlungen soll immer Übereinstimmung herrschen ...«

Allerdings verlangte er von seiner Freundin die Geheimhaltung dieses Programms, weil es ihn dem Haß seiner Partei aussetzen würde. Warum aber verband er sich dann mit diesen Menschen? Weil er ohne ihre Unterstützung nicht gewählt werden konnte. Der Herzog von Fitz-James würde ihm einen Sitz in der Kammer verschaffen. *Le Médecin de Campagne* würde ihm Freunde verschaffen. »Das ist eine wohltätige Schrift, sie könnte den Prix Monthion (sic) erhalten ...«

Was noch? Zulma soll sich ihn doch nicht als den Sklaven der Marquise de Castries vorstellen: »Ich sage mir, daß ein Leben wie das meine sich nicht an den Rock irgendeiner Frau hängen darf; daß ich meinem Schicksalsweg vollauf folgen muß und etwas höher blicken, als der Gürtel sitzt.«

Balzac an seine Mutter, 23. September 1832: »Alles genau gerechnet kann mich dieses Geld bis nach Rom bringen. Ich fahre als Vierter in dem Reisewagen der Madame de Castries; und die Abmachung, in der alles einbegriffen ist: Nahrung, Kutsche, Unterkunft, lautet auf tausend Francs von Genf bis Rom; mein Anteil beträgt zweihundertfünfzig Francs ... ich werde mit dem Herzog, der wie ein Vater zu mir ist, eine schöne Reise machen. Ich werde also überall in Beziehung mit der großen Gesellschaft sein. Niemals werde ich eine ähnliche Gelegenheit finden können. Er ist schon in Italien gewesen; er kennt es und wird mir alle Arten von Zeitverlust vermeiden helfen; außerdem wird sein Name mir viele Türen öffnen. Die Herzogin und er sind sehr *gut* zu mir ...«

Gut zu ihm ...? Der Herzog vielleicht, doch die Marquise schickt ihn weiterhin jeden Abend weg; er ist durch die amourösen Vertraulichkeiten, die sie sparsam bewilligt, verwirrt, da sie sich hinsichtlich der letzten Hingabe immer noch sträubt, obwohl ihr die Heftigkeit seines Begehrens nicht unbekannt sein kann. Für diese Célimène hätte Balzac die Kühnheit eines der großen »Prouveurs« gebraucht, die um eine Frau nicht betteln, sondern sie einfach nehmen. Die Myriaden seiner Gedanken könnten auf einen einzigen Satz zurückgeführt werden: »Lassen Sie sich besitzen.« In Genf stieg er mit ihr im Hôtel de la Couronne ab und hielt es für sicher, daß er sie besitzen werde. Leider nein. Bei der Rückkehr von einer Pilgerfahrt nach der Villa Diodati, die Byron bewohnt hatte, sagte sie ihm nach einem in trügerischer Weise versprechenden Kuß, sie werde niemals seine Mätresse sein. Weinend ging er in die Stadt zurück. Er litt seiner zu kurz gekommenen Begierden und, mehr noch, seines verletzten Stolzes wegen. Warum weiterhin sich versteifen? Ohne Madame Carraud sein Scheitern zu gestehen, schrieb er ihr: »Mein Gott! Nun bin ich erneut von dem bittersten Kummer befallen ... Ich muß auf meine Italienreise verzichten ... Ich habe so viel Sorgen, daß ich Ihnen nicht davon sprechen kann ...«

Wir haben den Beweis, daß der Zulma genannte Grund für die Aufgabe des Italienplans (»Meine Mutter will sich nicht mehr mit meinen Pariser Geschäften belasten«) falsch ist, denn zur gleichen Zeit schrieb er an Madame Balzac: »Meine liebste Mutter, es ist klüger für mich, für drei Monate nach Frankreich zu gehen. Ich komme also zurück, aber nicht nach Paris, meine Rückkehr soll niemand erfahren, und im Februar werde ich nach Neapel reisen, über Marseille und dann mit dem Dampfboot ...« Mit der Marquise de Castries hatte er sich nicht überworfen; sie schrieb ihm weiterhin. Doch sie hatte ihn aufs schmerzlichste erniedrigt. Für den *Médecin de Campagne* verfaßte er eine *Confession du Docteur Benassis (Bekenntnisse des Doktor Benassis)*, worin dieser sein zurückgezogenes Leben mit der Notwendigkeit erklärt, vor einer herzlosen Frau fliehen zu müssen:

»Das ist meine ganze Geschichte. Eine schreckliche Geschichte. Es ist die eines Mannes, der einige Monate lang sich der gesamten Natur erfreute, der alle Auswirkungen der Sonne in einem reichen Land genoß – und der nun das Augenlicht verliert. Ja, Monsieur, einige Monate voller Entzückungen und dann nichts. Warum wurden mir so viele Feste gegeben? Warum hat sie mich für einige Tage ihren Geliebten genannt, wenn sie mir diesen Titel wieder rauben mußte, den einzigen, um den ein Herz sich müht ...? Sie hatte alles durch einen Kuß bekräftigt, dieses köstliche und heilige Versprechen ... Ein Kuß kann nie ausgelöscht werden ... Wann hat sie gelogen? Als sie mich mit ihren Blicken trunken machte, oder als sie einen von der

Liebe gegebenen, bewahrten Namen [Marie] flüsterte, oder als sie allein den Vertrag, der unser beider Herzen band, der auf ewig zwei Gedanken in einem einzigen Leben vereinigte, brach? Irgendwann einmal hat sie gelogen ... Sie fragen mich, wie diese schauderhafte Katastrophe sich ereignet hat? Auf die allereinfachste Weise. Am Abend war ich alles für sie; am folgenden Morgen war ich gar nichts mehr. Am Abend war ihre Stimme harmonisch und zärtlich, ihr Blick voller Bezauberung; am anderen Morgen klang ihre Stimme hart, war ihr Blick kalt und ihr Benehmen trocken; während der Nacht war eine Frau gestorben; das war sie, die ich geliebt hatte. Wie ist das zugegangen? Ich weiß es nicht. Einige Stunden hat ein Rachedämon mich versucht ... Ich konnte bewirken, daß die ganze Welt sie haßt, sie an einem Schandpfahl allen Blicken aussetzen ...«

Diese *Confession* war in voller Empörung niedergeschrieben worden. Balzac fügte sie nicht ins endgültige Buch ein, aber er nagelte die lockende Sirene dennoch an den »Schandpfahl« eines Romans, der im Gewoge seines Geistes sich schon zitternd bewegte. »Ein Schriftsteller entschädigt sich, so gut er kann, für eine Ungerechtigkeit des Schicksals.« Doch wohin sollte er unterdessen gehen? Paris wimmelte von Gläubigern. Zulma bot die Pulvermühle und ein Herz an. Er hatte darauf gewartet: »Wieviel Dankbarkeit habe ich Ihnen beim Lesen Ihres guten, teilnahmsvollen Briefes dargebracht, auf den ich übrigens mit dem Glauben La Fontaines, als er zu Madame d'Hervart ging, gewartet habe!« Und ganz bestimmt würde er nach Angoulême gehen; doch vorher würde der verletzte Vogel in La Bouleaunière einfallen, bei der, die schon immer seine Wunden gepflegt hatte, bei dem weißen Engel, bei Laure de Berny.

Hier, in der Nähe von Nemours, besuchte ihn der Verleger Louis Mame; er hoffte, aus der Hand des Autors das Manuskript des *Médecin de Campagne* zu bekommen. Balzac konnte ihm nur zeigen, was er hatte: die Kapitelüberschriften. Wenn nun zwar in seinen Augen ein konzipiertes Buch schon ein fertiges Buch war, so hatte doch der Verleger hierüber andere Anschauungen. Um Balzac die Arbeit zu erleichtern, bot sich ein Freund von Zulma, der junge Maler Auguste Borget, ein großer Bewunderer Balzacs, ein ausgezeichneter und ergebener junger Mann, an, die häuslichen Geschäfte des großen Mannes in die Hand zu nehmen und in der Rue Cassini zu wohnen. Borget kam im richtigen Augenblick, um Madame Mère abzulösen. Es dauerte nicht lange, dann wurde auch er von balzacischen Gewitterstürmen umgeworfen: *Borget an Balzac:* »Die Stürme folgen, sagten Sie, mit erschreckender Schnelligkeit aufeinander. Es erstaunt mich dabei, lieber Freund, daß Sie sie nicht haben kommen sehen ... Sie haben alles getan, die Wolken anzuziehen, und nun sind Sie erstaunt, daß der Blitz

Seiner Mutter sollte Balzac, so war es abgemacht worden, jeden Monat einhundertfünfzig Francs überweisen. Sie besaß noch ein Haus (in der Rue Montorgueil) und lebte nicht in Not, aber doch bedrängt. Anfang Dezember kam Balzac in die Rue Cassini zurück; er war nicht in Angoulême gewesen. Nach der langen Abwesenheit empfand er Heißhunger auf Paris. Eugène Sue schrieb ihm im unbekümmerten Ton der »Höllenloge«:

»Mein guter Balzac, ich will auf Ihre Fragen antworten, und zwar der Reihe nach. 1. Die Liebe? Ich halte ein Mädchen aus und amüsiere mich, wie ich Ihnen gesagt hatte, damit, mich hassen und verabscheuen zu lassen. – Sie muß großen Hunger haben, da sie mich erträgt. – Ich habe, daneben, eine Frau der Gesellschaft, um die ich mich sehr wenig kümmere und die es mir entsprechend vergilt – doch wir schützen uns aus Gewohnheit ingesamt – in unserem Alter sieht man zu niedrig und zu wahr, um noch mit der Liebe als Ziel, Freude oder Glauben zu rechnen ...«

Dieser Zynismus stand in deutlichem Gegensatz zu dem Schmachten der *Dilecta*, die zärtliche Erinnerungen an den Aufenthalt in La Grenadière zwei Jahre zuvor heraufbeschwor. Doch wozu das? Madame de Berny hatte ihm wahre Liebe geschenkt, »die einmal enden mußte«. Sie besaß nicht »die geringste sinnliche Schönheit mehr«. Welche anderen Tröstungen konnte er erwarten? Er konnte weder an einer Grisette noch an einer besoldeten Mätresse Geschmack finden. »Eine distinguierte Frau wird mir kein Entgegenkommen zeigen, und da ich achtzehn Arbeitsstunden auf vierundzwanzig für nicht ausreichend halte, habe ich keine Zeit, meinen Charakter dadurch zu prostituieren, daß ich wie ein Dandy bei einem Weibchen Affenkomödien aufführe. Die Ehe wäre ein Ruhepunkt. Doch wo ist eine Frau zu finden?«

Das große Hindernis war seine Notlage. Der Ruhm konnte nicht ausbleiben. Der körperliche Zustand würde sich zweifellos nicht mehr verbessern. Er hatte sich einen Embonpoint zugelegt, und der vorstehende Bauch über den kurzen Beinen verlieh ihm im Profil eine Kurve wie die eines Pik-As. Lamartine aber, der ihn bei den Girardins sah, schrieb, sein rascher Gedankenflug ließe sofort vergessen, daß der untere Teil seiner Statur stämmig und vierschrötig war.

»Er hatte nichts von einem Menschen dieses Jahrhunderts an sich. Bei seinem Anblick hätte man glauben können, man sei in eine andere Epoche versetzt und befinde sich in der Gesellschaft eines der zwei oder drei natürlich unsterblichen Menschen, deren Mittelpunkt Ludwig XIV. war ... Balzac stand vor einem Marmorkamin ... Viel von dem Umfang eines Mirabeau, doch keine Schwere; in ihm war so viel Seele, daß sie all dies leicht und heiter trug, wie eine geschmeidige Hülle und keineswegs als Last. Sein sprechendes Gesicht, von dem man den Blick nicht lösen konnte, bezauberte und faszinierte einen völlig. Doch der beherrschende Zug des Gesichts bestand, mehr noch als aus Intelligenz, aus mitteilsamer Güte ... Keinerlei leidenschaftlicher Haß oder Neid hätte durch diese Physiognomie ausgedrückt werden können; es wäre ihm unmöglich gewesen, nicht gütig zu sein. Es war jedoch keine Güte aus Gleichgültigkeit oder Sorglosigkeit, wie in dem epikureischen Gesicht La Fontaines; es war eine liebende Güte, einsichtsvoll in sich selbst und andere. Genau ein solcher Mensch war Balzac. Ich hatte ihn schon gern, als wir uns zu Tisch setzten ...«

Auch eine Frau konnte ihn lieben. Madame Berny und Zulma Carraud wußten es genau. Doch für eine Heirat verlangte er Vermögen, Schönheit, Jugend, soziale Stellung; er selber aber brachte als Mitgift außer dem Genie, das bei den Notaren keinen Kurswert hat, hunderttausend Francs Schulden mit.

XV

AUFTRITT DER »FREMDEN«

> Der Mythus von der Rippe Adams besteht darin, daß er sich eine Vorstellung von der Frau gemacht hatte, wie jeder junge Mann sie sich erträumt, und deswegen kam sie auch im Schlaf zu ihm. *Balzac*

Seit einigen Monaten wiegte er sich in einem exotischen, absurden und entzückenden Traum. In seinem ungeheuer umfangreichen Briefeingang von weiblicher Seite hatte er einen mit *L'Etrangère (Die Fremde)* unterschriebenen Brief gefunden, der am 28. Februar 1832 in Odessa zur Post gegeben worden war. Schrift und Stil erweckten den Eindruck einer Frau comme il faut – und sogar ein wenig mehr. Nach enthusiastischem Lob über seine *Scènes de la Vie privée* hielt ihm seine Korrespondentin vor, er habe, als er *La Peau de Chagrin* geschrieben, vergessen, was den Erfolg der *Scènes* bewirkt hatte, nämlich die delikate Zartheit der Gefühlswelt. Diese Orgie, diese Kurtisanen, diese »Frau ohne Herz« müßten eine mystisch gesonnene Leserin verwirren, und deshalb habe sie beschlossen, anonym an den Verfasser zu schreiben. Dieser bestätigte den Empfang des Briefes auf gut Glück durch eine Annonce in *La Gazette de France*, die seine mysteriöse Korrespondentin nie zu Gesicht bekam. Am 7. November schrieb die »Fremde« abermals:

»Ihre Seele, Monsieur, enthält Jahrhunderte; Ihre philosophische Auffassung scheint auf langen Studien zu beruhen und durch die Zeit verarbeitet zu sein; dennoch sind Sie, wie man mir versichert, noch jung; ich möchte Sie kennenlernen und glaube doch, es nicht zu brauchen; ein seelischer Instinkt läßt mich Ihr Wesen ahnen; ich stelle es mir vor, auf meine Weise, und ich würde sagen: *Das ist er,* wenn ich Sie sähe.

Ihr Äußeres muß in keiner Weise Ihre brennende Einbildungskraft ahnen lassen; sie muß Sie beleben; in Ihnen muß das heilige Feuer des Genies erweckt sein, daß Sie als ein solcher erscheinen müssen, der Sie sind, und Sie sind, was ich fühle: ein in der Kenntnis des Menschenherzens überlegener Mensch.

Als ich Ihre Werke las, hat mein Herz gebebt; Sie erheben die Frau zu ihrer gerechten Würde; die Liebe ist bei ihr eine himmlische Gabe, eine göttliche Ausstrahlung; ich bewundere in Ihnen diese erstaunliche Sensibilität der Seele, die Sie die Liebe erahnen ließ.«

Sie wollte sich nicht nennen. »Für Sie bin ich die ›Fremde‹ und werde es mein Leben lang sein.« Doch sie würde ihm von Zeit zu Zeit schreiben, um ihn daran zu erinnern, was an Himmlischem in ihm sei. Sie ahnte in ihrem Lieblingsautor »die Seele eines Engels«, die eine Feuerseele, wie sie eine zu sein glaube, verstehen könne. Tausende von Meilen von ihm entfernt wollte sie sein Gewissen werden und ihm die ewige Wahrheit enthüllen. »Ein Wort von Ihnen in *La Quotidienne* wird mir die Sicherheit geben, daß Sie meinen Brief empfangen haben und daß ich Ihnen ohne Furcht schreiben kann. Unterschreiben Sie: An d. F. – H. B.«[1]

Dies Geheimnis, diese Engelswelt, dieser himmlische Stil entsprachen viel zu sehr einem dauernd vorhandenen Bedürfnis Balzacs, als daß er eine solche Chance hätte außer acht lassen können. Am 9. Dezember 1832 brachte *La Quotidienne* eine kleine Annonce: *»M. de B. hat die Sendung empfangen, die für ihn bestimmt war. Er kann erst heute auf dem Wege über diese Zeitung Nachricht geben und bedauert, nicht zu wissen, wohin er seine Antwort richten kann.«* Darauf enthüllte die Korrespondentin ihren Namen. Sie war eine geborene Komtesse Eveline Rzewuska, aus vornehmer polnischer, mit Rußland verschwägerter Familie, und hatte im Jahre 1819 den zweiundzwanzig Jahre älteren Wenzeslas Hanski, Adelsmarschall von Wolhynien, geheiratet. Eine ältere Schwester, Caroline, eine blendende Schönheit und intellektuelle Frau, hatte ihren ersten Gatten Hieronymus Sobanski, einen Fünfziger, verlassen und lebte seit etwa fünfzehn Jahren unverhohlen mit dem russischen General Witt zusammen. Im Verlauf dieser »erklärten Liaison« hatte sie mit Mickiewicz und mit Puschkin kokettiert, die sie miteinander bekannt gemacht hatte. Der Zar hielt sie für gefährlich und in der Liebe für ebenso untreu wie in der Politik. Die Frauen in dieser Familie hatten alle den Zug zu großen Männern. Eveline galt aber als beständiger denn Caroline.

Wenzeslas Hanski besaß in der Ukraine das Schloß Wierzchownia mit 21 000 Hektar Land, bewohnt von 3035 »Seelen«. In Balzacs Augen erinnerte diese neue Eroberung an ein orientalisches Märchen, das seinem Stolz Revanche für das Abenteuer de Castries einbrachte. Hier schien alles vereinigt: Jugend (Madame Hanska, in Wirklichkeit dreiunddreißig Jahre, gab nur siebenundzwanzig zu), Schönheit (daran zweifelte er nicht), fabelhafter Reichtum und ein alter Gatte. Um dieses Herrn willen waren Vorsichtsmaß-

[1] *La Quotidienne* war damals die einzige französische Zeitung, die in Rußland nicht von der Zensur verboten war.

nahmen notwendig. Eine eingeweihte Vertraute wurde bald in Henriette Borel, genannt Lirette, gefunden, der schweizerischen Erzieherin von Anna, dem einzigen überlebenden von fünf Kindern, die Madame Hanska zur Welt gebracht hatte. Diese Gouvernante war damit einverstanden, in doppeltem Briefumschlag die Briefe des berühmten Schriftstellers an die schwärmerische Schloßherrin zu empfangen.

Ein Romancier hat hundert auswechselbare Herzen. Für die »Fremde« machte sich Balzac zu einer völlig andersgearteten Person als Eugène Sue und Lautour-Mézeray gegenüber. Gefühlshochstapelei? Keineswegs. Das junge Herz, die jugendlich sprudelnde Einbildungskraft, die reinen, zärtlichen Gefühle und die Begeisterung, die er schilderte, stellten ein authentisches Bild seiner selbst dar. Auf der Erde leben, schrieb er der Unbekannten, arme, aus dem Himmel verbannte Wesen, die einander erkennen und lieben. Sie beide gehörten diesem Stamm an.

»Inmitten meines täglichen Kampfes, inmitten meiner harten Arbeit, meiner endlosen Studien in diesem aufgeregten Paris, wo die Politik und die Literatur sechzehn oder achtzehn von vierundzwanzig Stunden mit Beschlag belegen, habe ich, unglücklich und sehr unterschieden von dem Autor, den jeder sich erträumt, doch reizvolle Stunden erlebt, und die schulde ich Ihnen. Aus diesen Gründen hatte ich, um Ihnen zu danken, den vierten Band der *Scènes de la Vie privée* Ihnen gewidmet, indem ich Ihr Briefsiegel auf die Titelseite der letzten *Scène* setzte, die ich gerade damals niederschrieb, als ich Ihren ersten Brief empfing. Doch eine für mich als Mutter wirkende Persönlichkeit, deren Launen und selbst deren Eifersucht ich respektieren muß, hat verlangt, daß dieses stumme Zeugnis meines geheimen Gefühls verschwinde. Ich bin des ehrlichen Glaubens, Ihnen sowohl diese Widmung als deren Streichung gestehen zu dürfen, weil ich Ihre Seele für groß genug halte, eine Widmung nicht zu wünschen, die eine edle und große Persönlichkeit kränken könnte, deren Kind ich bin, denn sie hat mich inmitten von Kümmernissen und Gefahren, in denen ich als junger Mensch fast untergegangen wäre, gerettet ...«

Diese Persönlichkeit war natürlich die *Dilecta*. Das rührende Bild, das er von seinen sohnhaften Beziehungen zu ihr zeichnete, stimmte tatsächlich mit der Wirklichkeit überein. »Ewige Bande und zerbrochene Bande.« Weniger der Wahrheit getreu war die Zeichnung seines einsamen Lebens und der ihn bedrohenden politischen Gefahren. »Als Mitglied einer besiegten Partei und als Repräsentant aller edlen und religiösen Ideen bin ich schon jetzt Gegenstand lebhaften Hasses. Je mehr man von meiner Stimme erwartet, desto mehr fürchtet man sie.« Wegen seiner beschwerlichen Arbeiten und brennenden Sorgen sei es ihm ein Bedürfnis, wie er sagte, von einer angebeteten, verehrten Frau beklagt zu werden. Die Schloßherrin von Wierzchownia konnte diese schöne Rolle auf sich nehmen. Sie fühlte sich angesprochen, wurde aber für kurze Zeit etwas argwöhnisch, als sie einen schwarz gesiegelten Brief in anderer Schrift und anderem Stil empfing. Dieser Brief war von Zulma Carraud geschrieben worden, die damals in Trauer war und die gelegentlich von Balzac beauftragt wurde, seinen Unbekannten zu antworten.

Balzac an Madame Hanska, Januar 1833: »Sollten Sie Scheu vor Scherzen haben? Und vor wem? Vor einem armen Jungen, der gestern Opfer war und morgen wieder Opfer seiner Scheu vor Frauen sein wird, seiner Schüchternheit, seines Glaubens. Sie haben von mir voller Argwohn Rechenschaft über meine beiden verschiedenen Handschriften verlangt; aber ich habe so viele Handschriften wie das Jahr Tage hat, ohne daß ich deswegen im geringsten unbeständig wäre. Diese Beweglichkeit stammt aus einer Einbildungskraft, die alles verstehen und doch unschuldig bleiben kann ...«

Diese Erklärung klang nicht sehr wahrscheinlich, doch sehr schnell sprang er zu einem anderen Thema über und sprach von *Louis Lambert,* den er in seiner gegenwärtigen Gestalt für »eine arme Mißgeburt« hielt und den umzuschmelzen er sich vorgenommen hatte. Zu diesem Zeitpunkt (Januar 1833) beendete er »ein durchaus evangelienhaftes Werk, das mir eine poetisierte *Nachfolge Jesu-Christi* zu sein scheint«. Dies war *Le Médecin de Campagne*, dem *La Bataille* folgen sollte. Von diesem letzteren Werk hatte er noch keine einzige Seite niedergeschrieben, aber er beschrieb das zukünftige Buch in meisterlicher Weise:

»Es muß so wirken, als ob ein kalter Mensch von seinem Sessel aus auf das Schlachtfeld blicke, auf die Formen der Landschaft, die Menschenmassen, die strategischen Ereignisse, die Donau, die Brücken; daß er die Einzelheiten und die Summen dieses Kampfes bewundere, die Artillerie vernehme, sich für diese schachspielähnlichen Veränderungen interessiere, alles sehe, in jeder Bewegung dieses großen Truppenkörpers Napoleon spüre, den ich nicht zeigen werde oder nur sehen lasse, wenn er abends in einem Boot die Donau überquert! Keine einzige Frauengestalt; Kanonen, Pferde, zwei Armeen, Uniformen. Auf der ersten Seite Kanonendonner; er schweigt auf der letzten. Sie sollen durch den Rauch hindurch lesen, und wenn das Buch geschlossen ist, sollen Sie intuitiv alles gesehen haben und sich an die Schlacht erinnern, als ob Sie dabei gewesen wären ...«

Welche Massen waren zu bewältigen! Und wie sehr brauchte der geniale »arme Junge« eine mutige Stimme, die ihn zu einem Mannesleben hinführte und »ihn dabei noch am Wegesrand die Blumen der Leidenschaft pflücken ließ«. Seit er atmete, hatte er sich die Liebe einer jungen, hübschen

Frau gewünscht. Liebe hatte er empfangen, aber die Frau war leider nicht jung gewesen. »Ich liebe Sie, Unbekannte, und diese bizarre Angelegenheit ist nur die natürliche Folge eines immer leeren und unglücklichen Lebens.« Madame Hanska fand schnell Gefallen an dem Spiel. Sie befragte Reisende, die aus Frankreich kamen, über Balzac. Man berichtete ihr, er trinke (»ich trinke nur Kaffee«), er gehe mit lasterhaften Menschen wie Eugêne Sue um (Eugène Sue ist ein guter, liebenswürdiger junger Mann, der mit Lastern renommiert«), er sei mondän (ja, eine Zeitlang habe er früher, nach Mitternacht, bei Freunden Geschichten erzählt; er habe darauf verzichtet, um nicht als leerer Unterhalter zu gelten), und übrigens verweise ihn, wie er beschrieb, »die große Enttäuschung, mit der ganz Paris sich beschäftigte« (sein Mißerfolg bei der Marquise de Castries), in die Stille, in die Einsamkeit und auf die Arbeit.

In diesen ersten Monaten des Jahres 1833 arbeitete Balzac tatsächlich ungeheuerlich. *Louis Mambert* war am 31. Januar erschienen und von der Kritik zerrissen worden. Das war zu erwarten gewesen. Wenn Abstraktionen den Leser packen sollen, müssen sie in einem Mythus oder in einer Erzählung körperliche Gestalt gewinnen. *Louis Lambert* war Gedankenrohstoff, weder geformt noch gefaßt. Die treue Zulma allerdings stellte dieses Buch »unabhängig von jeder persönlichen Neigung tausendfach über den *Faust* Goethes«. Die persönliche Neigung nahm in diesem Urteil vielleicht einen größeren Platz ein, als Zulma Carraud glaubte.

Die nicht eingehaltenen Verträge brachten sich mit peinlicher Deutlichkeit in Erinnerung. *La Revue de Paris* verlangte mit lautem Geschrei die Novellen, auf die sie infolge der bezahlten Monatsraten ein Recht hatte. Balzac verfaßte in aller Eile die erste Episode einer *Historie des Treize (Geschichte der Dreizehn)*, an die er schon seit langer Zeit dachte. Es war ein Stoff wie gemacht, Gefallen zu erregen. »Unter dem Kaiserreich und in Paris trafen dreizehn Männer zusammen, alle so voller Energie, daß sie dem gleichen Gedanken treu bleiben konnten, und alle so rechtschaffen, daß keiner den anderen verriet ...« Überschäumende Energie, Willen zur Macht, Geheimgesellschaften – solche Themen hatte Balzac immer geliebt. Sein Vater, Freimaurer, sprach oft von geheimen Mächten. Zwischen den Freimaurern und den Arbeitern der Gesellenbünde knüpften sich Verbindungen an. Die »Genossen« überzogen Frankreich mit einer Organisation für gegenseitige Unterstützung. Durch die *Mémoires* des ehemaligen Bagno-Sträflings Vidocq, der Chef der Sicherheitspolizei geworden war, hatte die Öffentlichkeit von der kriminellen, unlösbaren Solidarität der Gaunerwelt Kenntnis erhalten.

Geheimbünde entsprechen einem urtümlichen Bedürfnis menschlicher

Lebewesen. Einweihungsriten und magische Bindungen stammen aus den ältesten Kulturen. Balzac liebte es mehr als irgendeiner, sich einen Mann oder mehrere göttergleiche Männer als Herren von Paris und der Welt vorzustellen. Er empfand immer neue Freuden, wenn er einen Ferragus, Haupt der Unersättlichen, einen harten, unbezähmbaren Übermenschen, oder einen der Dreizehn erfinden konnte; die Leser der *Revue de Paris* hatten nicht weniger Spaß daran, diese phantastische, in ihrer Welt und ihrer Zeit spielende Erzählung zu lesen. Tausendundeine Nacht war in Paris wiedererstanden; dreizehn Weltverbesserer irrten durch die nächtlichen Großstadtstraßen. Niemand, der *Ferragus* zu lesen begonnen hatte, konnte sich mehr losreißen. Die Herzogin von Berry las als Gefangene in der Festung Blay *Ferragus* und ließ dem Autor durch ihren Arzt Doktor Ménière, einen Freund Balzacs, schreiben, um das Ende dieser satanischen Geschichte zu erfahren. *Dr. Ménière an Balzac:* »Wir haben geweint, wir haben geseufzt ... Dank, Sie Zauberer, Sie sind der Schutzgeist der Gefangenen.« Balzac antwortete glücklich und geschmeichelt: »Der Schutzgeist der Gefangenen zu sein, mein lieber Ménière, ist das Schönste, was es auf der Welt geben kann, und statt jedem möglichen Ruhm lege ich größeren Wert darauf, jenen Frauen genannten Engeln, die aus irgendwelchen Gründen leiden, Tröstung zu bringen ...«

Er kündigte eine neue Episode aus der *Histoire des Treize* an, die den Titel tragen sollte: *»Ne touchez pas à la hache!« (Rührt nicht an das Beil).* Es handelt sich um die spätere *Duchesse de Langeais (Herzogin von Langeais).* Dieser Roman sollte die transponierte Geschichte seiner mißglückten Liebe zu Henriette de Castries werden. Hier wollte er eine imaginäre, wilde Rache nehmen und die stolze Prüde mit glühendem Eisen durch die Dreizehn brandmarken lassen. Danach wollte er sie in ein Karmeliterinnenkloster stecken und dadurch retten (ein Karmeliterinnenkloster befand sich in der Nähe der Rue Cassini, und der Gesang der Nonnen drang an Balzacs Ohr).

Aber er behauptete von sich, er sei durch seine »Ideenmanufaktur« erschöpft. Um diese Sträflingsarbeit zu ermöglichen, nahm er seit seiner Mansardenzeit zu Reizmitteln Zuflucht, besonders zu Kaffee, der den Schlaf verscheucht. Der Kaffee der gewöhnlichen Sterblichen wirkt nur zwei oder drei Wochen. »Glücklicherweise ist das gerade die Zeit, die man braucht, um eine Oper zu schreiben«, hatte Rossini gesagt. Balzac verlängerte die Wirkung durch Verstärkung des Getränkes. Er hatte entdeckt: 1., daß auf türkische Art zerstoßener Kaffee mehr Geschmack als der gemahlene aufweist; 2., daß er mehr Kraft entwickelt, wenn er kalt, als wenn er mit kochendem Wasser aufgegossen wird; 3., daß man noch eine oder zwei Wochen dazu gewinnen kann, wenn man weniger Wasser verwendet, wodurch eine Art konzentrierter Kaffee-Essenz entsteht. Trinkt man ihn nüchtern, so entzündet er die Magenwände; es entstehen Krämpfe und Übelkeit. »Dann aber kommt alles in Bewegung: Die Ideen rücken vor wie die Bataillone der Großen Armee auf dem Schlachtfeld, und die Schlacht findet statt. Die Erinnerungen kommen im Sturmschritt mit fliegenden Feldzeichen; die leichte Kavallerie der Vergleiche entfaltet sich in prächtigem Galopp; die Artillerie der Logik fährt mit Train und Kartuschen einher; die geistreichen Gedanken treten als Scharfschützen auf ...« Kurz, das Papier bedeckt sich mit Tintenzeichen, wie sich die Schlacht in Schwarzpulver vollendet. Das Buch fügt sich zusammen und das Herz des Schriftstellers lockert sich.

Das Paris der Literaten ermüdete und ekelte ihn immer mehr. »Was für ein Schmutz ist das alles!« Er sprach zu der »Fremden« (sehr ungenau) über Victor Hugo, der »eine Liebesheirat geschlossen und hübsche Kinder hat und doch in den Armen einer niederträchtigen Kurtisane liegt«. Ihn selber habe der Himmel aus diesem Sumpf errettet, da er ihm einige großherzige Menschen geschenkt habe: die *Dilecta*, die Dame in Angoulême (Zulma Carraud), den Maler Auguste Borget, seine Schwester Laure und nun die geliebte »Fremde«. Ach, sie solle ihm doch schreiben!

»Ich flehe Sie an, erzählen Sie mir doch genau in Ihrem reizenden Kätzchen-Stil, wie Sie Ihr Leben verbringen, Stunde für Stunde; lassen Sie mich wirklich an allem teilnehmen. Beschreiben Sie mir die Räume, in denen Sie leben, alles, bis zur Farbe der Möbel ... Helfen Sie doch mit, daß, wenn meine Gedanken sich auf Sie richten, sie Sie auch antreffen; daß sie den Stickrahmen mit der angefangenen Blume erkennen, daß sie Ihnen in allen Ihren Stunden folgen können. Wenn Sie wüßten, wie oft meine ermüdeten Gedanken eine sozusagen aktive Ruhe suchen! Wie wohl tut mir ein sanftes Träumen, das mit der Überlegung beginnt: ›In diesem Augenblick ist sie da, sie betrachtet dies oder das!‹ Und dabei schreibe ich doch den Gedanken die Gabe zu, die Räume mit solcher Kraft überwinden zu können, daß sie überhaupt nicht mehr bestehen! Hierin liegen meine einzigen Freuden inmitten dieser unaufhörlichen Arbeiten ...«

Und was für Arbeiten! Zwei Gründe trieben ihn gleichzeitig an, einmal der Wunsch, ein kolossales Monument zu errichten, und zum zweiten die Notwendigkeit, Honorarvorschüsse zu erhalten; deswegen hatte er Verträge nicht nur für Romane, sondern gleich für ganze Romanserien unterschrieben: die *Etudes philosophiques (Philosophische Studien)* bei Gosselin, die *Etudes de Mœurs (Sittenstudien)* bei Mame. So ungeheuer seine Kräfte auch waren, er konnte die Verpflichtungen nicht einhalten. Er versprach zehn Bände – kam aber die Stunde der Ablieferung des Werks, dann war er, obwohl er Tag und Nacht geschrieben hatte, nicht fertig. Dann mußte er übermenschliche Anstrengungen auf sich nehmen:

Balzac an Zulma Carraud: »Ich muß Ihnen sagen, daß ich tief in einer exhorbitanten (sic) Arbeit stecke. Mein Leben läuft wie eine Maschine. Um sechs oder sieben Uhr abends gehe ich zu Bett, wie die Hühner; um ein Uhr nachts lasse ich mich wecken und arbeite bis acht Uhr; um acht Uhr schlafe ich noch einmal anderthalb Stunden, dann nehme ich etwas feste Nahrung und eine Tasse schwarzen Kaffee und spanne mich erneut wieder vor meinen Karren bis vier Uhr; danach empfange ich einen Besuch, nehme ein Bad oder gehe aus, und nach dem Abendessen gehe ich zu Bett. Ich muß dieses Leben noch einige Monate lang führen, damit meine Verpflichtungen nicht über mir zusammenschlagen. Der Profit kommt langsam; die Schulden sind unerbittlich und starr. Jetzt besteht für mich die Gewißheit, ein großes Vermögen zu machen; ich muß noch darauf warten und drei Jahre lang arbeiten; ich muß alles nochmals machen, nochmals korrigieren und alles in den Monumentalzustand bringen; eine undankbare Arbeit, ohne Lohn, ohne sofortigen Profit ...«

Zu alledem waren die Frauen auf seine so kostbare Zeit wie versessen. Madame de Castries zwar nicht: »Eine unerhörte Kälte folgt schrittweise auf das, was ich bei einer Frau, die sehr vornehm an mich herangetreten war, für Leidenschaft gehalten hatte.« Doch die Herzogin von Abrantès zum Beispiel fragte ihn, ob er etwa gestorben sei, und beklagte sich, ihn nicht öfter zu sehen. Die kluge Zulma beschwor ihn, sich vor dem Ehepaar Girardin zu hüten. »Er ist ein Spekulant ... sie ist hartherzig. Wenn Sie immer mit einfachen Leuten mit gutem Menschenverstand wie uns zusammen wären, was würden Sie da an Glück eintauschen, sollte dadurch auch das Kolorit Ihrer Erzählungen etwas weniger lebhaft ausfallen!« Freunde eines Schriftstellers empfehlen ihm immer, niemanden zu besuchen – außer sie selber. Doktor Nacquart riet immer wieder zu Ruhe. So entschloß sich Balzac, die zweite Hälfte des April und die erste des Mai 1833 in der Pulvermühle zu Angoulême zu verbringen.

Als er wieder nach Paris kam, mußte er große Stürme bestehen. Eine neue Zeitschrift, *L'Europe littéraire*, hatte ihn zur Mitarbeit aufgefordert, er hatte eine Aktie von ihr übernommen, hatte ihr eine brillante, von Lavater inspirierte *Théorie de la Demarche (Theorie der Körperhaltung)* übergeben und bereitete für sie eine *Scéne de la Vie de Province: Eugénie Grandet* vor. Die Verleger Gosselin und Mame wurden über diese Untreue wütend und schwangen drohend die nicht eingehaltenen Verträge. Mame brach alle Höflichkeitsbeziehungen ab und zitierte Balzac vor das Handelsgericht. Als recht kindliche Repressalie ging Balzac zu dem Drucker Barbier (seinem ehemaligen Teilhaber und späterer Nachfolger) und wollte den Satz des *Médecin de Campagne* auseinandernehmen lassen. Das bedeutete Krieg, und zwar einen Krieg, den er verlieren mußte, da er das Recht gegen sich hatte. Er bat Laure d'Abrantès, der er einst Mame als Verleger vorgestellt hatte, um Vermittlung. Sie verteidigte ihn, wie sie betonte, so, »wie eine Schwester ihren geliebten Bruder verteidigen würde«. Sie versicherte Mame, der *Médecin de Campagne* sei das schönste Buch der Welt. Als Entgelt hätte sie gewünscht, Balzac solle sie in ihrer Einsamkeit »zu der Stunde besuchen, die nicht mehr Tag und noch nicht Nacht ist ... Kommen Sie bald und rechnen Sie vor allem auf mich als auf Ihre beste Freundin.« Doch er kam weder, noch dankte er und verleugnete sogar unlogischerweise die Vermittlerin, die er selber bemüht hatte.

Balzac an die Herzogin von Abrantès: »Sie erweisen mir einen traurigen Dienst, wenn Sie über mein Werk mit diesem schändlichen Henker namens Mame sprechen, der Blut und Konkurs im Gesicht trägt, und der zu den Tränen der von ihm ruinierten Menschen den Kummer eines armen, fleißigen Mannes fügt. Er konnte mich nicht ruinieren, ich hatte nichts; er hat mich zu beschmutzen versucht, er hat mich gequält. Ich komme nicht zu Ihnen, um nicht diesem Galgenvogel zu begegnen ...«

Diese ausfallenden Reden verbesserten seinen Fall nicht, und die ernannten Schiedsrichter gaben ihm unrecht. Er tröstete sich mit dem Gedanken an den Ruhm, den der *Médecin de Campagne* – er war endlich am 9. September erschienen – ihm einbringen mußte. »Wahrhaftig, ich glaube jetzt in Frieden sterben zu können, ich habe für mein Land etwas Großes vollbracht. Dies Buch ist meiner Meinung nach mehr wert als Gesetze und gewonnene Schlachten. Es ist ein Evangelium der Tat.« *Le Médecin de Campagne* war kein Roman wie die anderen. Doktor Benassis, ein bedeutender Arzt, der aus geheimnisvollen Gründen in diesem versteckten Alpental »Dunkelheit und Stille« gesucht hat, vertritt einem Besucher, dem Major Genestas, gegenüber das von ihm gerettete Dorf. Er stellt ihm dessen wichtige Einwohner vor: den Pfarrer Janvier, die ergreifende Gestalt der Frosseuse (der Balzac den geheiligten Vornamen Eveline gegeben hat) und den Haudegen Gogelat. Benassis legt seine politischen Ideen dar, die Balzacs Ideen sind. Dem allgemeinen Wahlrecht steht er feindlich gegenüber und prophezeit, daß die Erfolge des bürgerlichen Liberalismus bald einen langdauernden Kampf zwischen Bürgertum und Volk hervorrufen werden, denn das Volk wird in der Bourgeoisie eine Art schäbigen Adels sehen. »Wenn wir in Frankreich hundert Pairs zulassen, wird es nur hundertfache Reibungen geben.« Schafft das Pairstum ab; alle reichen Leute werden privilegiert sein; soziale Ungleichheit vervielfältigt die Reibungsmöglichkeiten. Balzac erweist sich in diesem Roman nicht als reaktionär, sondern als konstruktiver Revolutionär. Er stellt fest, daß das bäuerliche Land sich entvölkert und daß dadurch die Zahl der unzufriedenen Entwurzelten gefährlich anwächst. »Wer gleichzeitig ein genauer Schilderer der französischen Gesellschaft seiner Epoche und ihr Lehrer im Denken sein wollte, konnte solchen Phänomenen gegenüber nicht gleichgültig bleiben.« Balzacs Helden Benassis gelang es, ein kleines Stück französischer Erde wieder lebendig zu machen. Auf welche Weise? Zuerst einmal durch eine Unterwerfung unter die Realität. Gesetze sollen nicht für Engel gemacht werden und auch nicht für Ungeheuer, sondern für die Bauern, so wie sie beschaffen sind. Die bäuerliche Härte ist durch das harte Leben erklärbar. Wichtig ist vor allem, ihnen den Geist der Gemeinschaftlichkeit einzuflößen. In diesem Punkt sind auch die heutigen Reformatoren gleicher Anschauung mit Balzac: Vereinigung, Zusammenarbeit, Eingliederung. Das alles kann nicht ohne langdauernde Geduld verwirklicht werden. Um einen Erfolg in dieser Hinsicht zu erringen, muß man, wie Benassis sagt, »an jedem Morgen auf die selbstverständlichste Weise eine immergleiche Portion Mut aufbringen, den Mut eines Lehrers, der unaufhörlich die gleichen Dinge wiederholt«.

Der Leser nimmt an einer abendlichen Zusammenkunft der Bauern teil. Auf einem Heubündel sitzend lauschen Benassis und sein Gast wunderbaren Volksmärchen wie *La Bossue courageuse*. Dann erzählt der alte Haudegen »vom Kaiser«: »Sehen Sie, liebe Freunde, Napoleon ist in Korsika geboren; das ist eine französische Insel in der Wärme der italienischen Sonne.« Und nun spult sich mit naiver Poesie die gigantische Epopöe ab. Diese umfängliche Episode steht in keinem Zusammenhang mit dem Gegenstand des Buches. Vielleicht wurde sie für die berühmte *Bataille* geschrieben; sie rief für sich allein einen ungeheuern Erfolg hervor und wurde mehrere Male separat gedruckt. Endlich hörte Genestas die bekenntnishafte Erzählung des Doktor Benassis. Hiervon bestehen, wie man weiß, zwei Fassungen. In der ersten, die zur Zeit der Verärgerung über Madame de Castries geschrieben wurde, hatte eine kokette Frau den Landarzt zur Verzweiflung gebracht; in der zweiten sühnt er durch seine Zurückgezogenheit ein Vergehen aus seiner Jugendzeit, durch das er zwei Mädchen unglücklich gemacht hatte. Obwohl das Buch sehr wenig inneren Zusammenhang besitzt, wirkt es doch ungemein anziehend.

Zulma Carraud lobte den *Médecin:* »Donnerwetter! Bei solcher Produktion habe ich Sie sehr gern! ... Es ist durchaus nichts *Geistreiches* darin, und das macht es für mich so schön.« Das war aber auch gerade das, was Publikum und Kritik dies Buch ablehnen ließ. Die Frauen fanden darin nicht, was sie bei Balzac zu finden gewohnt waren; die politischen Gegner hatten leichtes Spiel. *Balzac an Madame Hanska:* »Hier greifen alle Zeitungen den *Médecin de Campagne* an ... Das ist ein Dolchstoß.« Die Feuilletonisten meinten, daß Balzac sich zwar auf Forstarbeiten, Landwirtschaftstheorie und paternalistische Verwaltung einer Gemeinde verstehe, daß man aber einen *Roman* von ihm erwartete und nicht ein buntes Allerlei aus Hygiene, Politik und Moral. Balzac stellte sich den Anwürfen. Es war ihm sicher, daß er eines Tages wie einst Voltaire das geistige Europa beherrschen werde; sicher, daß der Leser im *Médecin de Campagne* ein Evangelium der Tat finden werde, und sicher, daß das Buch den Monthyon-Preis bekäme. Die Académie Française entschied, zu Unrecht, in anderem Sinn.

In einer nicht veröffentlichten Vorrede betonte Balzac, er habe sein Buch nicht deswegen unter seinem Namen erscheinen lassen, um den Prix Monthyon *nicht* zu bekommen: »Wenn er durch die akademischen Zufälle eine Geldsumme erhalten hätte, würde sein Selbstgefühl leiden; er müßte annehmen, eine dumme Nichtigkeit geschrieben zu haben, während es doch sein Ehrgeiz gewesen ist, da und dort einfache Seelen für die alltägliche Poesie des Guten zu begeistern.« Doch trotz allem Spott über die tugendvolle Dummheit des Monsieur Monthyon sel. war er angeekelt durch diese Aufnahme eines Werkes, dem er soviel Sorgfalt gewidmet hatte; er wünschte, Paris den Rücken zu kehren.

Zu seinem Trost wollte er endlich die »Fremde« kennenlernen. Sie hatte ihren alten Gatten dahingebracht, daß er sie in die Schweiz begleitete, und zwar nach Neuchâtel, der Geburtsstadt der Gouvernante Henriette Borel. In jenen Zeiten schleppten derart überreiche Russen auf Reisen einen ganzen Hofstaat hinter sich her. Anna Hanska, ihre Erzieherin, zwei alte Tanten, das Hauspersonal und halb Wierzchownia richteten sich in Haus Andrié gegenüber dem Hôtel du Faucon in Neuchâtel ein. In der Erwartung Balzacs schrieb ihm die »Fremde«, sie habe Angst vor ihm. So viele Geschichten wurden über ihn verbreitet! War er nicht ein Wüstling, ein kalter Rechner? *Balzac an Madame Hanska:* »O meine unbekannte Liebe, mißtrauen Sie mir nicht, glauben Sie nichts Schlechtes von mir! Ich bin ein Kind, frivoler, als Sie es für möglich halten, aber rein wie ein Kind und liebend wie ein Kind ... Die Frau ist immer mein Traum gewesen, und immer habe ich die Arme nur nach Illusionen ausgestreckt ...« Ja, er würde kommen; er brauchte Ruhe nach so viel Streit; er würde einen anderen Namen annehmen, zum Beispiel den eines Marquis D'Entragues. »Bei einem Monsieur de Balzac wird jeder aufmerken, doch wer kennt Monsieur d'Entragues? Niemand.« Da er so begabt war, durch Einbildungskraft zu leben, beschrieb er schon ihr Zusammentreffen: »Ihren See – schon sehe ich ihn, und manchmal ist meine Intuition derart stark, daß ich schon jetzt sicher bin, ich werde, wenn ich Sie in Wirklichkeit erblicke, sagen: ›Das ist SIE!‹ Sie, meine Liebe, das bist Du ...«

Ein wunderbarer Vorwand stellte sich ein, diese Reise zu rechtfertigen, ohne Argwohn zu erregen. Er hatte die Idee eines großartigen Geschäftes gehabt: Bücher zu einem Preis von einem Franc pro Band zu verkaufen, im Abonnement, kurz eine Art von Buchgemeinde. Im Monat sollte ein Roman herauskommen; die Auflagen würden riesengroß sein können; schon hatte er Teilhaber gewonnen; er bot Zulma und Surville Aktien an. Doch das Unternehmen erforderte ein Spezialpapier, dünn und kräftig, eine Nachahmung des Chinapapiers, das in Besançon hergestellt werden sollte. Was leichter, als von Besançon nach Neuchâtel zu flitzen? Die Begegnung selbst schien weniger leicht. Er wußte nur, daß die »Fremde« im Hôtel du Faucon wohne. Wie sollte er sie erkennen? Zehn Jahre später (am 29. Februar 1844) rief er ihr den Augenblick in Erinnerung, da er sie zum ersten Mal von ferne gesehen hatte:

»Ach, Sie wissen noch nicht, was damals in mir vorgegangen ist, als ich von jenem Hof aus, dessen kleinster Kieselstein noch in meinem Gedächtnis eingezeichnet ist, genau wie die langen Bretter und die Remisen, ein Gesicht am Fenster erblickte ... Ich habe meinen Körper nicht mehr gefühlt, und als ich zu Ihnen sprach, war ich völlig benommen. Diese Stumpfheit, dieser gestaute Wildbach, der in seinem stürmischen Drang seinen Lauf anhält, um dann mit desto stärkerer Kraft loszustürmen, hatte zwei Tage gedauert. ›Was muß sie von mir denken!‹ war der Satz eines Verrückten, den ich mit Entsetzen immer wieder vor mich her sagte ...«

Sie trug an jenem Tag ein Kleid aus stiefmütterchenfarbigem Samt, und Balzacs Lieblingsfarbe war dies Violett. Gleich nach seiner Ankunft in Neuchâtel hatte er ihr unter der Adresse Henriette Borels einen kurzen Brief geschickt:

»Ich werde von ein bis vier Uhr auf der Promenade der Vorstadt sein; ich werde dort die ganze Zeit bleiben und den See betrachten, den ich noch nicht kenne. Ich kann so lange hier bleiben, wie Sie hier sind. Schreiben Sie mir ein paar Worte, damit ich erfahre, ob ich Ihnen in aller Sicherheit schreiben kann, hierher, postlagernd, denn ich scheue mich, Ihnen das geringste Mißvergnügen zu bereiten, und geben Sie mir, ich bitte recht sehr darum, Ihren *genauen* Namen.

Tausend herzliche Grüße. Seit meiner Abfahrt von Paris bis hierher war jede Sekunde von Ihnen erfüllt, und den Val de Travers habe ich mit Ihren Augen angesehen. Es ist entzückend, dieses Tal.«

Die Überlieferung behauptet, er habe auf dieser Promenade eine lesende Dame erblickt. Sie hatte ihr Taschentuch fallen lassen, Balzac trat näher;

der Roman, den sie in der Hand hielt, war von ihm. Diese Entdeckung, sich als lebende Wesen zu erblicken, war für beide ein bewegender Augenblick nach einem ausschließlich überirdischen Briefwechsel. Obwohl sie in ihrem ersten Brief geschrieben hatte: »Ihr Äußeres muß nicht unbedingt Ihre glühende Phantasie erahnen lassen«, war sie nicht auf diesen kleinen, runden, zahnlückigen Mann mit ungekämmtem Haar gefaßt, doch ließen, wie es immer geschah, das intelligente Gesicht, die feurigen Augen, das gütige Lächeln und der Schwung seiner Erzählungen sie schnell den ersten Schock vergessen. Es gibt auf der ganzen Welt, dachte sie, kein lebhafteres und auch kein geistigeres Wesen. Balzac nun erblickte eine Frau von imposanter, üppiger Gestalt mit gewölbter Stirne, einem etwas fetten Hals und sinnlichem Mund. Sie hatte »einen Ausdruck von Hingabe und Würde an sich, einen hochmütigen und lasziven Zug« und beim Sprechen einen exotischen Akzent, den er einnehmend fand. Er hätte sie vergöttert, wie sie auch gewesen wäre, war aber doch angenehm überrascht. Wem sollte er sein Glück mitteilen, wenn nicht seiner guten Schwester, der Vertrauten in Unglück und in Freuden seit der Kindheit?

Balzac an Laure Surville, 12. Oktober 1833: »Ich habe dort alles gefunden, was den tausend Eitelkeiten dieses Mensch genannten Lebewesens, dessen eitelste Spielart sicherlich der Dichter ist, schmeicheln kann; doch was spreche ich von Eitelkeit, nein, nichts von alledem liegt vor. Ich bin glücklich, sehr glücklich in Gedanken, in allen guten Ehren, noch. Leider hat uns ein verdammter Gatte fünf Tage lang nicht eine Sekunde allein gelassen; er ging vom Rock seiner Frau zu meiner Weste. Neuchâtel ist eine kleine Stadt, wo eine Dame, eine vornehme Fremde, keinen Schritt tun kann, ohne beobachtet zu sein. Ich fühle mich wie in einem Backofen. Zwang liegt mir nicht.

Das Wesentliche ist, daß sie siebenundzwanzig Jahre alt ist, daß sie durch Bewunderung schön wird, daß sie das schönste schwarze Haar der Welt besitzt und die köstliche und entzückende, feine Haut der Brünetten, eine kleine Liebeshand, ein Herz von siebenundzwanzig Jahren, naiv, eine echte Madame de Lignolle, und so unvernünftig, daß sie sich vor aller Welt an meinen Hals werfen könnte. Ich will Dir nicht von dem kolossalen Reichtum sprechen, was hat das angesichts eines Meisterwerkes von Schönheit zu bedeuten, die ich nur mit der Fürstin von Bellejoyeuse vergleichen kann, in unendlich besserer Form. Ein verschleierter Blick, der in der Konzentration sinnlichen Glanz erhält. Ich war vor Liebe trunken.

Mein Gott, was ist dieser Val de Travers schön, wie ist dieser Bieler See entzückend! Hier haben wir, Du kannst es Dir wohl denken, den Gatten weggeschickt, er solle sich ums Essen kümmern, doch wir konnten noch ge-

Die »Emanzipation der Damen«.
Lithographie von J. J. Grandville.

Georges Sand (1804 – 1876).

sehen werden, und dann wurde im Schatten einer großen Eiche der erste verstohlene Liebeskuß ausgetauscht. Da unser Gatte auf die Sechzig zugeht, habe ich geschworen, zu warten, und *sie*, mir ihre Hand, ihr Herz zu bewahren. Ist es nicht reizend, einen Gatten, der mir wie ein Turm auszusehen scheint, aus der Ukraine loszureißen, damit er sechshundert Meilen weit einem Liebhaber entgegengeht, der nur hundertundfünfzig Meilen zurücklegen muß, das Scheusal? ...« Der Gatte (ein Bojare mit Brille und Pelzkragen) hatte die (zufällige) Anwesenheit des berühmten Schriftstellers akzeptiert und sich natürlich gut mit ihm verstanden. Wenzeslas Hanski war von ziemlich schlechter Gesundheit; der Gedanke an eine recht nahe Heirat mit seiner zukünftigen Witwe schien nicht unwahrscheinlich. Und was für eine Ehe wäre das! Eine wirkliche Herrscherin, die über Tausende von Leibeigenen gebot! Versprechungen wurden ausgetauscht. Sie besuchten zusammen die steil ansteigende, baumbestandene Insel Sankt Peter im Bieler See. Sofort wurde abgemacht, daß Balzac gegen Weihnachten die Hanskis in Genf treffen sollte. Denn es mußte etwas geschehen. Und dieses Mal, anders als bei Madame de Castries, war *sie* es, die ihm vorwarf, sich mit einem Kuß begnügt zu haben:

»Du Böse! Hast Du in meinen Blicken nicht alles gelesen, was ich begehrte? Oh, sei beruhigt, alle Begierden, die eine liebende Frau als einzige einflößen will – ich habe sie gefühlt; und wenn ich Dir nicht gesagt habe, mit welcher Inbrunst ich gewünscht hätte, Du kämest eines Morgens, so lag der Grund darin, daß ich so blödsinnig untergebracht war. Nur in diesem Haus lauerte Gefahr. Anderswo wäre es vielleicht möglich. Doch in Genf – oh, mein angebeteter Engel, in Genf werde ich für unsere Liebe mehr Geist aufbringen, als zehn Männer brauchen, um geistreich zu sein ...«

Sie hatte ihn ein wenig vulgär gefunden. Doch sie hatte gefühlt, daß die erstaunliche Lebenskraft Balzacs jede Verzeihung verdiente; er war ein Prachtstück an Gefräßigkeit, angesichts einer schönen Frau wie einer schönen Frucht. Das Werk schien größer als der Mann, höher, tiefer; das war jedoch nur der äußere Anschein. Denn der Mann hatte das Werk hervorgebracht.

Die Rückreise war unangenehm; er hatte kein Glück mit den Postwagen; man behandelte ihn wie ein Paket, und er kam mit blauen Quetschwunden bedeckt in Paris an; hier stieß er wie immer auf finanzielle Schwierigkeiten. »Ich habe hier weit über meine Erwartungen hinaus alles *schlecht* angetroffen. Leute, die mir etwas schulden und ihr Wort gegeben hatten zu bezahlen, haben es nicht getan. Meine Mutter aber, die selber bedrängt lebt, wie ich weiß, hat mit sublimer Hingabe gehandelt.« Eine Hoffnung zeigte sich: Madame Charles Béchet, Tochter des Verlegers Béchet und Witwe

Pierre Adam Charlets, der die Firma weitergeführt hatte, eine reiche, reizende Frau, bot Balzac an, für eine Sammelausgabe zwölf Bände der *Etudes de Mœurs* zu kaufen; es sollte sich um einen Neudruck der *Scènes de la Vie de Province* und der *Scènes de la Vie parisienne* handeln, das Ganze für die enorme Summe von siebenundzwanzig oder dreißigtausend Francs. »Da werden die Nichtstuer, die Kläffer, die Literaten etwas zu brüllen haben! ... Meine Allerliebste, meine Eve, das ist ein Geschäft! Sie werden alle vor Neid platzen!« Dieser prächtige Vertrag würde ermöglichen, alle Gläubiger zu bezahlen (ausgenommen die Madame Mère selbstverständlich; sie war damit einverstanden, weiter zu warten) und den »Henker« Mame abzufinden, der »sein« Pfund Fleisch forderte: *Les Trois Cardinaux (Die drei Kardinäle)* oder eine Abstandssumme.

Madame Béchet bat dringend zur Beendigung des Bandes 2 der *Scènes de la Vie de Province* um vierundzwanzig zusätzliche Seiten. Balzac mußte in einer Nacht eine kurze Novelle schreiben, *L'Illustre Gaudissart (Der berühmte Gaudissart).* Er legte ihr wenig Bedeutung bei. Es handelte sich nur um die Figur eines Geschäftsreisenden, eine jener »zeitgenössischen Typen«, mit denen er in erstaunlicher Fruchtbarkeit die Seiten von *La Mode* oder von *La Caricature* füllte. Doch Gaudissart, dessen Name aus »gaudisserie« (Spaß) und aus »gaudriole« (Schlüpfrigkeit) zusammengesetzt ist, sollte ein dauerhaftes Leben haben. Der Geschäftsreisende spielt eine eigene bedeutende Rolle in der Geschichte der bürgerlichen Gesellschaft. Ist er nicht »der Ring, der Dorf und Hauptstadt verbindet«, der Mann, der die Pariser Erfindungen der provinziellen Tradition aufdrängt? Nach 1830 bringt er nicht nur Hüte, neue Stoffe und »Pariser Ware« an den Mann, sondern Anschauungen. *Le Globe,* die ernste saint-simonistische Zeitung, die von Goethe gelesen wurde und worin Sainte-Beuve schrieb, verdankt viele ihrer Abonnenten den Witzen, der mönchischen Figur und der rabelaisischen Zungenfertigkeit Gaudissarts, des unvergleichlichen Geschäftsreisenden, des Ausbundes seiner Gattung.

Gewidmet wurde diese starkfarbige Novelle der Marquise de Castries, die nicht darauf gefaßt war, denn immerhin hatte er ihr einen wütenden Brief voll ernster Vorhaltungen geschrieben. Hatte die zärtliche Begegnung mit der »Fremden« durch Kontrastwirkung die vergangene Empörung wieder angefacht? Auf alle Fälle reagierte sie empört: *Marquise de Castries an Balzac:* »Was für einen schauderhaften Brief haben Sie mir geschrieben! Nie sieht man eine Frau, die ihn verdient, wieder an! Nie sieht man einen Mann wieder an, der so etwas gedacht hat! Sie haben mir wehgetan; soll ich mich denn entschuldigen? Ich tue unrecht, unter dem aufregenden Eindruck zu schreiben. Wie können Sie ein schon zerbrochenes Herz so zerbrechen! ...«

Der »Fremden« gegenüber rühmte er sich, ihr Madame de Castries geopfert zu haben. Tatsächlich jedoch beruhigte sich der Streit, und wieder begann eine stürmische Freundschaft. Da Balzac aber außerdem nie auch der geringsten Versuchung widerstehen konnte, hatte er in diesem Zeitpunkt seines Lebens außer der treuen, beunruhigten und kranken Madame de Berny einen geheimen Liebeshandel mit »einer reizenden Person, der naivsten, wie eine Blüte vom Himmel gefallenen Kreatur; sie kommt in aller Heimlichkeit zu mir, fordert weder Briefwechsel noch Umhegung und sagt nur: Liebe mich ein Jahr lang! Ich will dich mein ganzes Leben lang lieben!« Diese Himmelsblume hieß Marie-Louise-Françoise Daminois und war mit Guy Du Fresnay aus guter Juristenfamilie verheiratet. Sie war 1833 vierundzwanzig Jahre alt und erwartete ein Kind von Balzac. Der Roman, an dem er damals arbeitete, *Eugénie Grandet*, wurde ihr gewidmet.

»*An Maria.* Ihr Name, dessen geistiges Bild der schönste Schmuck dieses Werkes ist, soll hier wie ein geweihter Buchsbaumzweig stehen, wer weiß von welchem Baume gepflückt, doch sicherlich geheiligt durch die Religion und zum Schutz des Hauses durch fromme Hände immergrün erneut ...«

Wenn das Bildnis der Eugénie Grandet das Bild der Marie Du Fresnay ist, so können wir sie uns so vorstellen: »Eugénie, groß und stark, hatte nichts von dem der Menge gefallenden hübschen Wesen«, ein Künstler aber fand in ihr eine durch die Lieblichkeit der christlichen Religion verklärte griechische Schönheit; unter einer ruhigen Stirn eine Welt von Liebe und ein sich selbst unbekannter eingeborener Adel. Eine starke Vorstellungsgabe kann alles zur vollendeten Schönheit erheben.

Eugénie Grandet sollte eine der *Scènes de la Vie Privée* werden, die um eine erstaunlich balzacische Gestalt herum aufgebaut ist: den Vater Grandet. Dieses Werk, das aus ästhetischen Gründen (einfache Konstruktion, einheitliches Thema) und aus Gefühlsgründen (die schöne Liebe Eugénies, die Treue der großen Nanon) eins der berühmtesten Werke Balzacs ist, war nach dem Urteil des Autors »nur eine gute kleine Novelle, leicht zu verkaufen« und in keiner Weise eines Vergleichs mit *Louis Lambert* wert. Worin Balzac sich getäuscht hat. Alles in diesem schönen Buch interessiert den Leser: die einsehbaren und glaubhaften Unternehmungen des biedermännischen Grandet; der zwischen den beiden Sippen um die Hand der Erbin entbrannte Streit; die Zeichnung dieses Interieurs mit ihrem lebhaften Gegensatz von Dunkel und Hell in der Herbheit des Mannes, der Frömmigkeit seiner Frau und der großherzigen Tochter; und schließlich vor allem der Charakter Grandets, eines jener neuen Menschen, durch deren Aufstieg die Geschichte ihrer Zeit erläutert wird.

»Das Leben eines Geizigen ist eine unaufhörliche Einübung in die menschliche Macht«, sagte Balzac. Daher stammt vielleicht die ungemeine Neugier, die durch jeden geschickt in Szene gesetzten Geizigen erregt wird. Grandet ist aber viel mehr als ein Geiziger: »Es ist ein Mann, der Geld zu verdienen versteht« und für den Geldfragen ganz natürlicherweise über den Gefühlsfragen stehen. Daß sein Neffe einen innig geliebten Vater verloren hat, bewegt Grandet nicht; er bedauert den jungen Mann aber, weil er sein Vermögen eingebüßt hat. Als Armeelieferant hatte er durch Schmiergelder von einem wütenden Republikaner herrliche Wiesen aus dem Besitz einer religiösen Gemeinschaft erworben. Wie Bernard-François Balzac galt er als einer, der »neuen Ideen verfallen« sei, während er ganz einfach auf seine Weinberge versessen war. Als Bürgermeister von Saumur konnte er erreichen, daß sein Haus und sein Grundbesitz sehr vorteilhaft in das Grundbuch eingetragen wurden. Die Restauration lieferte seiner Habgier ein neues Gebiet: die Rente. Man konnte 1814 fünfprozentige Rente zu fünfundvierzig Francs kaufen und sie sechs Jahre später für hundert Francs verkaufen. Grandet hat »Restauration gespielt«, wie er Revolution gespielt hatte. Besser als ein technisches Werk erklärt dieser Roman, vermittels welchen Mechanismus sich die großen Vermögen des neuen Bürgertums bilden konnten. Aus solchem Stoff haben zu allen Zeiten Handwerker, die zu Millionären wurden, bestanden. Rasche Auffassungsgabe, rasche Ausführung, Gefühlsarmut: hierdurch werden solche Genies der Unerbittlichkeit möglich.

Der Autor hatte *Eugénie Grandet* in Saumur spielen lassen; der Roman hätte sich ebensogut in Tours oder in Vouvray ereignen können. Man hat in Saumur nach Vorbildern gesucht, doch Balzac hat diese Stadt nur einmal und da nur einige Stunden lang gesehen. »Er hat der Stadt nur die Elemente des authentischen Bildes entliehen.« Mehr als ein Lapsus beweist, daß sich die Geschichte eher in der Gegend von Tours ereignet. Wahrscheinlich ist, daß Balzac für die Zeichnung Grandets Züge von Monsieur de Savary, dem Schwiegervater Margonnes, verwendet hat. Muß aber immer wieder betont werden, daß die Gestalt eines Romans, falls der Autor sein Handwerk versteht, niemals das Porträt eines einzigen Modells ist?

Zulma Carraud fand Grandet nicht glaubhaft. Einmal sei er zu reich, argumentierte sie; keine Sparsamkeit und kein Geiz könnten einem Böttcher zu einem solchen Vermögen verhelfen. Balzac antwortete: »Die Tatsachen sprechen gegen Sie. In Tours gibt es einen Krämer mit Ladengeschäft, der acht Millionen besitzt; Monsieur Eynard, ein simpler Zwischenhändler, hat zwanzig ... Trotzdem werde ich in der nächsten Auflage das Vermögen Grandets um sechs Millionen niedriger ansetzen.« An Laure, die die gleichen Einwände vorbrachte: »Aber Du Dummerchen, soll ich, da die Geschichte wahr ist, es besser als die Wahrheit machen?« Zulma fand auch, die Gestalt sei »zu auffällig«, und meinte: »In der Provinz ist nichts auffällig.« Doch Balzac suchte weniger die Ähnlichkeit als die Wirkung. Der Gesichtspunkt des Autors ist ein anderer als der des Lesers. Es kam Balzac darauf an, wieder einmal die zerstörerische Kraft einer fixen Idee darzustellen, die schließlich eine Familie zersetzen kann.

Die gefährliche Kraft des Gedankens war seit Vendôme das Hauptthema der Philosophie Balzacs gewesen; sein Mitschüler Barchou de Penhoën, der ein geachteter Philosoph geworden war, konnte es bezeugen. Erfinder und Geizige faszinierten ihn durch die Intensität ihrer Leidenschaft. Doch bis zu diesem Zeitpunkt hatte er zwei getrennte Erzadern ausgebeutet: den philosophischen Roman *(La Peau de Chagrin, Louis Lambert)* und die *Scènes de la Vie Privée*. In seinen Werken der Jahre 1832 und 1833 *(Ferragus, Eugénie Grandet)* vollzog er eine Synthese. Jede Geschichte hat in sich ihren eigenen Wert, doch jedes Buch stellt den Teil eines Systems dar. In den noch wenig erhellten Tiefen seines Geistes beginnt Balzac das künftige Werk zu ahnen: Dort wird er alle Voraussetzungen zeichnen; er wird seine Helden in ein gediegen untermauertes soziales Milieu stellen, in Städte, deren Struktur er analysiert, in eine einheitliche Welt, in der das Körperliche und das Seelisch-Geistige nur zwei Seiten ein und derselben Wirklichkeit sind. Dies sind die Gründe für seine langen Abhandlungen über Paris, über Saumur; über die Haltung einer vollkommenen Dame; über den haushälterischen Kräfteeinsatz eines Geizigen. Ein dramatischer Roman, den man nicht mehr weglegen kann, enthält eine Abhandlung anläßlich Lavaters oder einen Essay über Architektur. Von einem Knochen ausgehend konnte Cuvier ein ganzes Tier rekonstruieren; Balzac geht von einem Objekt, einem Haus, aus und rekonstruiert Menschen, Städte und Völker.

Erstaunlich ist, daß der tiefste Schriftsteller seiner Zeit die größten Schwierigkeiten hatte, von der Kritik ernst genommen zu werden. »Es ist absolut sicher«, schrieb Pelletan, »daß Monsieur de Balzac niemals einen guten Roman machen kann.« Wenn Balzac Zeitungsartikel haben wollte, in denen seine Meisterschaft anerkannt wurde, mußte er sie selber schreiben oder inspirieren. Sainte-Beuve und alle »maßgebenden« Kritiker behandelten ihn mit geringschätziger Herablassung. Victor Hugo machte ihnen mit dem Adel seines Tonfalls, der Wahl seiner Stoffe, seiner olympischen Gegenwart Eindruck. Balzac gelangte nicht in die anerkannten Gruppierungen der Epoche. Da er das Alltagsleben schilderte, die Geldaffären und die Tragödien der Sinnlichkeit, galt er als trivial und vulgär; sein lachlustiges Gesicht, sein Auftreten und seine Geschäftigkeit schienen eine Bestätigung dieses Urteils.

Bemerkenswert ist, daß er zur Vollendung seiner Kunst gelangt, sowie er sein System vergißt. Mehrere Male bringt er Denker, Maler oder Musiker auf die Szene, die sich auf der Suche nach dem Sinn des Universums zermürben und durch Übertreibung ihres hochfliegenden Ehrgeizes scheitern. Balzac wäre auf dieselbe Katastrophe zugegangen, wenn er verbohrt mit zu eindringlicher Ausführlichkeit seine Philosophie dargelegt hätte. Um diese Gefahr zu bannen, muß er tief in die Realitäten eindringen. An jenem Tag der Erkenntnis, das beste Ausdrucksmittel bestehe darin, seine Ideen mit konkretem Leben zu erfüllen, ist er gerettet worden. Louis Lambert ist jung gestorben; der Vater Grandet ist unsterblich.

XVI

AUF DER SUCHE NACH DEM ABSOLUTEN

Die Eitelkeit, ohne welche die Liebe sehr schwach ist, stützte seine Leidenschaft.

Balzac

Glühend wünschte sich Balzac, Madame de Hanska in Genf zu sehen. Dort könnte er endlich auf diese bis dahin platonische Eroberung das Siegel der Besitzergreifung setzen, was seine Liebe wie seine Eigenliebe forderten. Schon duzte er sie; das erste Symbol der völligen Vertraulichkeit. »Auf bald also; die Arbeit wird die uns trennende Zeit verkürzen. Wie schön waren die Tage in Neuchâtel! Wir wollen eine Pilgerfahrt dorthin machen, nicht ...?« Doch bevor er auf eine lange Reise ging, mußte er in Paris »merkantile Geschäfte« regeln. Der Vertrag mit der Witwe Béchet brachte nicht alles in Ordnung. *An Madame Hanska, 29. Oktober 1833:* »Meine geliebte Eve, am Donnerstag habe ich vier- bis fünftausend Francs zu zahlen und besitze buchstäblich nicht einen Sou. Das sind die kleinen Schlachten, an die ich schon gewöhnt bin ...« Schüchtern bot Eve eine kleine Summe an (sie selber bekam nur ein Nadelgeld, da das Vermögen ihrem Mann gehörte). »Geliebter Engel, sei tausendfach gepriesen für Deinen Wassertropfen, für Dein Angebot; es bedeutet alles für mich, und es ist nichts. Du siehst, was ein Tausender ist, wenn man zehntausend im Monat braucht ...«

»Lassen wir das öde Geld.« Wenn seine Eve sich auch in schüchterner Weise großzügig zeigte, so peinigte sie ihn andererseits auch mit vorgreifender Eifersucht. Doch auf was, auf wen, großer Gott, konnte sie denn eifersüchtig sein? Auf Madame de Castries? »Wir stehen sehr kühl zueinander.« Auf Madame Récamier? Seltsamer Einfall! »Es bestehen Höflichkeitsbeziehungen, wie man sie Damen eines gewissen Ranges schuldet, die man einmal kennengelernt hat, doch ein Besuch bei Madame Récamier ist, denke ich, ›kein Verkehr‹.« Wie konnte sie es wagen, ihm die Verzögerung seiner Schweizer Reise vorzuwerfen, da er sich doch durch Arbeit umbrachte, um ihrer beider Zusammenkunft zu beschleunigen? »Ich verkaufe einige Jahre meines Lebens, damit ich zu Dir fahren kann ...« Am 20. November hatte er noch hundert Seiten an *Eugénie Grandet* zu schreiben; *Ne touchez pas à la hache* (das zu der *Duchesse de Langeais* werden sollte) fertig zu machen; *La Femme aux yeux rouges / La Fille aux yeux d'or (Die Frau mit den roten Augen / Das Mädchen mit den Goldaugen)* zu schreiben. »Ich werde tot ankommen. Gestern ist mein Schreibtischsessel, der Genosse meiner Nachtwachen, unter mir zusammengebrochen. Das ist der zweite Stuhl, den ich seit Beginn meiner Schlachten unter mir totgesessen habe ...« Aber er hatte den wundervollsten Stoff für seine Arbeit in Genf gefunden. Nämlich: Am Sonntag, dem 17. November, war er bei einem Bildhauer gewesen, Théophil Bra, einem Vetter seiner Freundin Marceline Desbordes-Valmore:

»Ich habe das schönste Kunstwerk gesehen, das es überhaupt gibt. Es ist eine Maria mit dem von zwei Engeln angebeteten Christuskind. Vor ihm habe ich den Plan für das schönste kleine Buch gefaßt, einen kleinen Band, zu dem Louis Lambert ein Vorwort sein soll; das Werk soll heißen: *Séraphita.* Séraphita soll die zwei Naturen in einem einzigen Wesen darstellen, wie *Fragoletta,* doch mit dem Unterschied, daß ich dieses Wesen als einen Engel verstehe, der sich zu seiner letzten Verkörperung entwickelt hat und nun seine Hülle abwirft, um gen Himmel zu fahren. Er wird von einem Mann und von einer Frau geliebt, denen er bei seiner Himmelfahrt sagt, sie hätten alle beide die sie verbindende Liebe geliebt, die sie in ihm, dem vollkommen reinen Engel, erblickt hätten; er enthüllt ihnen ihre Leidenschaft und schenkt ihnen, da er nun unser irdisches Elend hinter sich läßt, die Liebe. Wenn ich kann, möchte ich dieses schöne Werk in Genf bei Dir schreiben ...«

Marceline Desbordes-Valmore, zarte, klagevolle Dichterin, Gattin eines mittelmäßigen Schauspielers, Mätresse von Latouche, war seit 1833 Balzacs Freundin. »Wir stammen aus dem gleichen Land, Madame, dem Land der Tränen und der Not.« Eugène Sue hätte er diesen Satz nicht geschrieben; jedem seine Wahrheit. Marceline hatte ihn mit Bra bekannt gemacht, beide stammten aus Douais; er war ein kleiner Künstler, doch als Persönlichkeit erstaunlich; nacheinander hatte er zweimal Hellseherinnen geheiratet! Bra interessierte sich wie Balzac für Swedenborgianer, für Androgyne und für die himmlischen Heerscharen. Aus diesem spirituellen Klima hatte er seine Gruppe der Jungfrau mit den Engeln geschaffen, in der Balzac »ein sublimes Genie« erkannt hatte.

Die Plastik Bras hatte im Geist Balzacs, der ängstlich auf Bezauberung der »Fremden« bedacht war, den allereigenartigsten Romanstoff keimen lassen. Der eine der Engel sollte er selber sein, der andere Eveline; aus ihrer Verbindung sollte ein gedoppeltes Wesen hervorgehen, Seraphitus-Seraphita, gleichzeitig Mann und Weib; beide sind durch Liebe an die Erde gefesselt, und »es handelt sich für jeden darum, die im fleischlichen Leib eingekerkerte engelhafte Kreatur zu befreien«. Der Typus des Androgynen war für Balzac immer ein bevorzugter Mythus: Der Mann trägt Intelligenz bei, das Weib Schönheit; der Mann Bewegung, das Weib Stabilität; sie werden wortwörtlich zu *einem* Fleisch und gehen als ein einziges Wesen in den Himmel ein, sobald sie ihre engelhafte Gestalt angenommen haben.

Solcher Art war das Werk, das er der göttlichen »Fremden« zudachte. Als Buch war es nicht leicht zu schreiben. Die abschließende Himmelfahrt sollte einem Gesang Dantes gleichen. Um den Leser in eine andere Welt zu versetzen und ihn von Anfang an in eine unberührte Landschaft zu stellen, sollte das Buch in Norwegen spielen! So sollte es beginnen: »An einem Morgen, da die Sonne aus dem Busen der Landschaft emporstieg und ihre Feuerstrahlen alle Diamanten der Schneekristalle und der Eisflächen entflammt hatte, fuhren zwei Menschen über die Meeresbucht und überschritten wie im Flug die Abhänge des Falberg, von Berghang zu Berghang hinauf zum Gipfel. Waren es Lebewesen? Waren es zwei Pfeile? Wer sie auf diesen Höhen hätte erblicken können, würde sie für zwei Schneevögel gehalten haben, die gemeinsam durch die Wolken segeln ...« In Wirklichkeit handelt es sich bei diesen engelgleichen Wesen um zwei Skiläufer, die zur »Eismütze«, einem norwegischen Berggipfel, aufsteigen.

Balzac kennt Norwegen nur aus Büchern, doch seine Geliebte wird ihn inspirieren. Ihre gemeinsame Vorliebe für das Übernatürliche war ein Band zwischen ihnen vom Beginn ihrer Liebe an. Alles führte den Geist Evelines in diese Richtung. Mehrere aus der Familie Rzewuski hatten schon auf ihren Herrensitzen vagabundierende Mystiker aufgenommen. Unzählbare Geschichten von Erscheinungen und Voraussagen waren alltäglicher bizarrer Gesprächsstoff in dieser Familie. Viele unruhige Geister in Polen hatten schon versucht, aus ihrem körperlichen Gefängnis auszubrechen. Mesmer hatte dort Anhänger gefunden und Swedenborg Leser. Die Komtesse Rosalie Rzewuska, eine Tante Evelines, hielt ihre Nichte für gut und sanft, aber für etwas verrückt. In deren Kopf hatte alles, was sie gelesen hatte, wirre, sich durchkreuzende Spuren hinterlassen: »Dieser verworrene und durch eine sehr lebhafte Phantasie farbig gewordene Ideensalat ließ ihr Gespräch glänzend schillern und belustigte manchmal ihre Zuhörer, langweilte sie aber öfters.« So sah die strenge Tante Rosalie ihre Nichte Eveline Hanska. Doch gerade dieser Glaube an geisterhafte Vorankündigungen, diese Poesie des Prophetischen mußte Balzac bezaubern.

Für *Séraphita* wollte er weitgehend aus den Schriften des schwedischen Mystikers schöpfen, in denen eine anscheinend wissenschaftliche Strenge sich mit biblischer Poesie verband. Solche Nahrung bekam seinem Geist gut. Swedenborg hatte sich mit dem Problem der Einheit in der Natur auseinandergesetzt. Körperliches und Geistiges waren für ihn, wie für Balzac, nur zwei verschiedene Seiten ein und derselben Realität. In jedem organischen wie im spirituellen Leben sieht Swedenborg eine Einheit von Bewegungen, die den Gesetzen der mechanischen Welt unterworfen sind; umgekehrt aber entdeckt er in jeder Materie »das degradierte Ergebnis des Spirituellen und Göttlichen«. Man kann nicht sagen, daß Balzac seine unitarische Philosophie Swedenborg entnommen habe. Schon in den *Notes philosophiques* seiner Jugend war sie wirksam; bekräftigt wurde sie durch Buffon, Cuvier, Geoffroy de Saint-Hilaire. Swedenborg steuerte den Gedanken bei, die natürliche Welt sei nur ein Symbol der geistigen Welt und zwischen beiden könnten »Bezüglichkeiten« aufgefunden werden. In dieser dunklen Schwärmerei sieht Balzac »ein Wunderwerk von erhabenen Gedanken, das Dante und Milton übertrifft«. Wie Viktor Hugo nimmt er an, daß die Materie von Geheimnissen schwer sei; hieraus entsteht »dieser geheimnisvolle, beunruhigende Eindruck des balzacischen Labyrinths«. Der Einfluß Swedenborgs hat Balzac nicht verändert; er hat nur die Anschauung bekräftigt, die er sich von sich selbst und von der Welt gebildet hatte.

Unterdessen waren die heimlichen, durch Henriette Borel weitergeleiteten Briefe Balzacs erfüllt von Zärtlichkeiten, Protesten und Plänen. Natürlich waren auch »ostensible« Briefe notwendig, die dem Gatten vorgelegt werden konnten, denn dieser hätte wohl kaum verstanden, daß ein so guter Freund seiner selbst und seiner Gattin ihnen niemals schrieb. Der lyrische Ton wurde alsdann zeremoniös oder scherzhaft: »Madame, ich kann nicht glauben, daß das Haus de Hanski die leichten Erinnerungen zurückweist, die das Haus de Balzac an eine so gnädige und durchaus freudenvolle Gastfreundschaft bewahrt.« Er kündigte ein bescheidenes Schmuckstück an, in das er einige von Mademoiselle Anna gesammelte Kieselsteine hatte fassen lassen, und ein Autograph von Rossini, vom »Maestro«, »als Gabe für Monsieur de Hanski, seinen leidenschaftlichen Bewunderer, erbeten ... Verleihen Sie, Madame, meinen Gefühlen und meinen Erinnerungen den freundlichsten Ausdruck für Monsieur de Hanski; küssen Sie Mademoiselle Anna in meinem Namen auf die Stirn und geruhen Sie die respektvollsten Grüße anzunehmen ...« Die Gefühle der »Fremden« kennen wir aus dem an einen ihrer Brüder gerichteten Brief:

Madame Hanska an den Grafen Henryk Rzewuski, 10. Dezember 1833: »In der Schweiz haben wir eine Bekanntschaft gemacht, die uns ganz bezaubert hat, die des Monsieur de Balzac, des Autors von *La Peau de Chagrin* und vieler anderer entzückender Werke. Aus dieser Bekanntschaft ist eine wirkliche Beziehung geworden, und ich hoffe, sie dauere so lange wie unser Leben ... Balzac erinnert viel an Dich, lieber Henryk; er ist heiter, lachlustig und liebenswürdig wie Du; er hat sogar im Äußeren etwas von dir, und alle beide gleicht Ihr Napoleon ... Balzac ist ein richtiges Kind. Wenn er einen gern hat, sagt er es einem mit der unschuldigsten Freimütigkeit dieses Alters. Wirklich, wenn man ihn sieht, versteht man nicht, wie so viel Wissen und Überlegenheit sich mit so viel Frische, Grazie und kindlicher Naivität in Geist und Gefühl verbinden können ...«

Das ist der Brief einer verliebten Frau. »In meinem ganzen Leben habe ich keine so glücklichen und friedlichen zwei Monate verbracht wie diesen Juli und August in Neuchâtel.« Hier hatte sie alles geliebt: den See, die Promenaden, die Einwohner. Wenn jemand alles liebt, zeigt dies, daß er liebt.

Die Liebe ist ein Zeitfresser. Fast der ganze Dezember ging mit Korrespondenz, Mühsal, Streit mit Verlegern und Druckereien und rasender Schöpferarbeit hin. Damit sein Gefühl der Entgeltung vollkommen werde, hätte er im Hôtel de la Couronne wohnen wollen, dort, wo Henriette de Castries ihn gedemütigt hatte; doch Eveline Hanska hatte ihm ein Zimmer in der Auberge de l'Arc bestellt, viel näher bei der Maison Mirabaud, an dem Pré-l'Evêque, wo sie mit ihrem reisenden Völkchen wohnte. Die Herberge, in dem Stadtviertel Eaux-vives unter Bäumen gelegen, trug auf dem Dach eine reizende Windfahne in Form eines Bogens, dessen Pfeil die vier Winde anzeigte. Bei der Ankunft am Weihnachtstag fand Balzac einen von Eveline geschickten Ring und ein Briefchen vor, in dem sie fragte, ob er sie liebe.

»Ob ich Dich liebe? Aber ich bin ja bei Dir! Ich hätte gewünscht, es möchte tausendmal schwieriger gewesen sein, und daß ich mehr hätte erdulden müssen. Doch nun endlich ist ein guter Monat gewonnen, vielleicht zwei. Nicht eine, sondern Millionen von Zärtlichkeiten. Ich bin so glücklich, daß ich nicht mehr schreiben kann als: Du. Auf bald.

Ja, mein Zimmer ist gut, und der Ring ist wie Du, mein Liebstes: Er ist entzückend und köstlich!«

Hier verbrachte Balzac dreiundvierzig Arbeits- und Liebestage. Da der Gatte Hanski ihn durchaus freundlich angenommen hatte, wurden die Beziehungen zwischen der Maison Mirabaud und der Auberge de l'Arc leicht. Geschenke wurden ausgetauscht; Quittenpaste aus Orléans (die Balzac, der lyrisch immer lobte, was er schenkte, kostbar und ergötzlich nannte); Kaffee, Tee, ein Tintenfaß aus Malachit und mehrmals täglich Briefe. Seine Eve gefiel ihm ganz entschieden. Sie teilte seinen ausgefallenen Geschmack für hohe Abstraktionen; der Stoff von *Séraphita* begeisterte sie. Doch in Genf, wo brennende Erinnerungen wieder lebendig wurden, hatte er mehr Lust, an *La Duchesse de Langeais* (damals betitelt: *Ne touchez pas à la hache*) zu arbeiten. Das sollte ein Roman der Kompensierung werden, in dem die Herzogin von Langeais (alias Marquise de Castries) sich in Montriveau (alias Balzac) verlieben sollte, der sie zurückstoßen würde. Da Balzac sich nun durch eine vornehme ausländische Dame angenommen und »bestätigt« sah, beruhigte sich sein verletztes Selbstgefühl. Er wurde wieder zu dem heiteren, ausgelassenen, guten Mann, den man gern hatte. Mit »der lieben Gräfin« amüsierte er sich über alles und neckte sie mit ihrer Aussprache mancher Wörter (sie nannte die »tilleuls« tiyeuilles). Sie wiederum betitelte ihn »Marquis« (eine spöttische Anspielung auf das Marquisat d'Entragues); er antwortete: Marschallin (Hanski war Adelsmarschall von Wolhynien).

An Ihre Rzewuskische Majestät Madame de Hanska in Genf: »Liebste Herrscherin, geheiligte Majestät, erhabene Königin von Paulowska und umliegenden Ortschaften, Selbstherrscherin aller Herzen, Rose des Okzidents, Stern des Nordens usw. usw. usw. usw., Fee der Tiyeuilles! ...«

So begann eine Einladung zu einer Wagenfahrt nach Coppet »mit ihrem demütigen Muschik«.

Die zärtliche Intimität war von großem Reiz, doch Balzac erhielt noch viel mehr. Bei abendlichem Mondschein kam sie in einem grauen Kleid, »das so angenehm über den Boden glitt«, verstohlen in das Hotelzimmer Balzacs. Einige Tage lang verweigerte sie ihm noch die letzte Hingabe. Sie war, wie sie sagte, auf Genfer Damen eifersüchtig, auf ihre Kusine, die Gräfin Potocka, der sie ihren großen Mann vorgestellt hatte, auf die *Dilecta.* Sie warf Balzac vor, er sei »ein flatterhafter Franzose«. »Verzeih, meine Liebe, das, was Du meine Koketterie nennst ... Ich werde niemanden mehr besuchen.« Die *Dilecta?* Er verleugnete sie bestimmt nicht, doch war sie nur die Präfiguration der *Praedilecta:* »Du sollst die junge *Dilecta* sein ... Murre nicht um dieser Verbindung zweier Gefühle willen. Ich möchte gern glauben, daß ich in ihr schon Dich liebte ...« Die Kasuistik der Gefühle besitzt unendliche Hilfstruppen. Wesentlich aber war, daß Eve ihm ganz angehörte: »Unser armer Kuß, noch nicht im vollen Besitz aller unserer Freuden, dringt nur bis zu Deinem Herz, und ich möchte doch, daß er Dein ganzes Wesen einschlösse. Du wirst es erleben, daß der Besitz die Liebe vermehrt, vergrößert ...« Sie befürchtete jetzt das Gegenteil, daß nämlich das Besitzergreifen die Liebe töte. »Mein Gott, wie soll ich Dir nur begreiflich machen, daß ich wie trunken sogar von dem schwächsten Duft bin, der von Dir ausgeht; daß, auch wenn ich Dich tausendmal besessen hätte, Du mich dadurch noch trunkener nach Dir gemacht hättest; weil dann Hoffnung und Erinnerung da wirken würden, wo jetzt nur Hoffnung allein besteht ... Auf dem Weg nach der Villa Diodati habe ich damals geweint; wie konnte nur eine Frau, nachdem sie mir so viele Liebkosungen erlaubt hatte, wie

Du sie mir gewährt hast, mit einem einzigen Wort das Gewebe durchschneiden, das sie mit anscheinend so viel Vergnügen gesponnen hatte! ... Urteile, ob ich Dich liebe, die Du nichts von solchen hassenswerten Ränken verstehst und die Du Dich rein und glücklich der Liebe weihst und dadurch zu meiner ganzen Natur sprichst ...« Endlich am 19. Januar 1834 konnte er ein Siegesbulletin redigieren:

»Mein geliebter Engel, ich bin beinahe so verrückt nach Dir, wie man nur verrückt sein kann; ich kann keine zwei Gedanken fassen, ohne daß Du kommst und Dich zwischen sie stellst. Ich kann nur noch an Dich denken. Ich halte Dich, ich drücke Dich, ich küsse Dich, ich streichle Dich; und tausend liebevollste Zärtlichkeiten bemächtigen sich meiner. Oh, meine geliebte Eva, weißt Du es nicht? Ich habe Deine Karte an mich genommen, sie ist hier, vor mir, und ich spreche mit Dir, als ob Du hier wärest. Ich sehe Dich wie gestern, schön, bewundernswert schön. Gestern, den ganzen Abend hindurch sagte ich mir: *Sie gehört mir!* Ach, die Engel im Paradies sind nicht so glücklich, wie ich gestern war!«

Doch wurde er es noch viel mehr am 26. Januar, der für ihn »der unvergeßliche Tag« wurde. Warum? Heiratsversprechen? Liebesnacht? Wir wissen es nicht. Es läßt sich lediglich feststellen, daß ein Brief am Tag nach einem abendlichen Treffen voller Entzückungen eine außergewöhnliche Inbrunst zeigt. »Meine geliebte Liebe, mit einer einzigen Liebkosung hast Du mir das Leben wiedergegeben ...« Diese Liebkosung »aus Honig und Feuer« hatte für den Liebenden »die Kraft einer neuen Einweihung in die Liebe«. Seit seiner Jünglingszeit träumte er von der tollen Liebe, von einer Geliebten, die gleichzeitig große Dame und Kurtisane sein sollte. Er spürte, daß Künstler wie Tatmenschen manchmal »kräftige Zerstreuungen ihrer so sehr außerhalb des gewöhnlichen Lebens verlaufenden Existenz entgegensetzen müssen«. Die Orgie war eine Versuchung für ihn, wie es Raphaëls erster Wunsch in *La Peau de Chagrin* gewesen war. Er war eine sinnliche Natur und, wie es scheint, im Liebesspiel geschickt. Eifersüchtige Zeitgenossen haben ihn als impotent bezeichnet. Nichts ist unwahrscheinlicher; zu viele Frauen hatten ihm mit immer befriedigter Leidenschaft angehangen. Doch wenn er die für sein Begehren empfänglichen Frauen liebte, so sollten sie auch gefühlvoll sein, intelligent und in der Lage, sein Werk zu verstehen, es zu bewundern und vielleicht sogar zu inspirieren. Eve Hanska erwies sich als fähig, alle diese Rollen zu spielen.

Sie selber schien glücklich. Es war für ihren Geist berauschend, die Gedanken eines Genies zu teilen; dieser erfahrene Geliebte hatte sie aber auch in den körperlichen Freuden nicht enttäuscht, und sie zeigte sich als stark begabt. »Nur Künstler sind der Frauen wirklich würdig, weil sie selber ein wenig Frau sind ...« Das überglückliche Paar schmiedete Pläne. Dreißig Jahre hatten sie bis zum Greisenalter vor sich. Ohne Wenzeslas Hanski etwas Schlimmes zu wünschen, war es erlaubt, vorauszusehen, daß die Vielgeliebte in fünf, höchstens in zehn Jahren frei sein werde. »Aber dann werde ich vierzig Jahre alt sein«, wand sie ein. Er antwortete: »Für mich wirst Du immer schön sein.« Wie konnte sie nur vermuten, daß die Soireen, Ruhm, andere Frauen ihn von ihr abbringen könnten? Die sakrilegische Devise ihrer Verbindung würde lauten: *Adoremus in aeternum.* »In meinem kommenden Leben gibt es nichts mehr außer Dir und der Arbeit.« Respektlos hatte er in das Album Eves geschrieben: »Große Männer sind wie Felsen; nur Austern können sich daran festklammern.« Madame Hanska schrieb darunter: »Ich bin also eine Auster.« Demut der Verliebtheit. Ein paar Tage lang war er krank; sie kam mit ehemännischer Erlaubnis in sein Hotel und betreute ihn. Als er im Februar nach Paris zurückreisen mußte, wurde abgemacht, daß er etwas später mit den Hanskis in Italien oder in Wien zusammenkommen sollte; daß er nach Wierzchownia eingeladen und einige Monate in der Ukraine verweilen würde und daß (Geheimklausel) sie sich eines Tages heiraten wollten.

»Dummerchen, in zehn Jahren bist Du siebenunddreißig und ich fünfundvierzig Jahre alt, und in diesem Alter können wir uns lieben, heiraten und einander ein Leben lang anbeten. Also, mein nobler Kompagnon, meine liebe Eve, kein Zweifel mehr; Sie haben es mir versprochen. Lieben Sie voller Vertrauen. Séraphita, das sind wir beide. Lassen Sie uns unsere Flügel durch eine einzige Bewegung entfalten; auf die gleiche Weise wollen wir uns lieben ...«

Am 12. Februar 1834 war er wieder in Paris. An Manuskripten brachte er mit: *La Duchesse de Langeais* beinahe beendet; einen Teil des *Cabinet des Antiques (Das Antiquitäten-Kabinett);* die *Contes drolatiques* und einen Ring, den ihm seine Eve geschenkt hatte. »Sowie ich arbeite, stecke ich den Talisman an meinen Finger.« Für *Séraphita* hatte er sich bei dem in Genf wohnenden großen Botaniker Pyramus de Candolle Auskünfte über die Flora Norwegens eingeholt. Besonders reich fühlte er sich an wunderbaren Erinnerungen: Eveline und die Auberge de l'Arc; die Vorkehrungsmaßnahmen, damit der Fußboden nicht knackte; der graue Stoff des endlich gefallenen Kleides, von dem er ein Stück mitgenommen hatte, um das Manuskript der *Séraphita* darin einbinden zu lassen; das Antlitz seiner Heißgeliebten während der Lust. »Du hattest manchmal ein Glückslächeln, ein kleines bezauberndes Zucken im Gesicht, oder eine während der Freude auftretende Blässe, die mich als berauschende Erinnerung überfallen ...«

Gelegentlich schrieb er dem Ehepaar Hanski einen »ostensiblen Brief«

und rief ihnen das *Glück von Genf* ins Gedächtnis: »Sie können nicht wissen, daß Neuchâtel und Genf die zwei einzigen Augenblicke seit zwölf oder fünfzehn Jahren gewesen sind, in denen mir durch ich-weiß-nicht-welche Gnade des Himmels beschieden war, weder voraus noch zurück zu sehen, als ein Lebender unter dem Himmel zu wandeln, ohne an Kummer noch an Geschäfte noch an Not zu denken ...« Bewegt erinnerte er an einen Tag, da er mit ihr in einem Garten gesessen hatte, und wo sich beide an dem göttlichen Duft einer indischen Marone, die unter Wasser faulig geworden war, erfreut hatten. Liebe genießt die kleinsten Dinge, vorausgesetzt, daß sie geteilt werden. »An manchen Tagen kann ich mit kindlichem Lachen ›tiyeuilles‹ sagen.« Bis in seine »ostensiblen« Briefe hinein floß er von Dankbarkeit über. Und daß es vor allem Anna gut gehe, daß Monsieur Hanski keine *schwarzen Drachen* habe, und daß Mademoiselle Borel freundlich sei. Seiner vielgeliebten Eve aber gab er Gesundheitsratschläge und Rezepte gegen das Dickwerden. Warum befolgte er sie nicht lieber selber!

In Frankreich hatte er seine eigenen *schwarzen Drachen* wieder vorgefunden. Madame de Berny war schwer erkrankt und in einem Monat um zwanzig Jahre älter geworden. »Ich habe ihr meine Sorgen verhehlt; sie sind grenzenlos. Bevor nicht entweder mein Arzt oder eine Hellseherin mir über ihren Zustand Gewißheit verschafft haben, kann ich nicht in Ruhe an jenes Leben denken, das mir, wie Sie wissen, so wertvoll ist ...« Zulma Carraud hatte ihren Vater verloren; sie hatte den alten Herrn sehr geliebt. Sie war jetzt Herrin des Schlosses Frapesle in der Nähe von Issoudun und lud Balzac sehr herzlich ein, zum Arbeiten hinzukommen. Sie erwartete ein zweites Kind, und ihr Zustand war beschwerlich, vielleicht sogar gefährlich.

Die heilige Familie machte, wie immer, höllischen Ärger. Madame Balzac hatte verdammenswerte Finanzoperationen unternommen und sich dabei vollends ruiniert; Surville war blödsinnig eifersüchtig und machte seiner Frau das Leben schwer. Laure mußte ihren Bruder heimlich besuchen! War aber nicht sogar Laure selber gelegentlich in ihrer Ehe unerträglich? Honoré war so weit, sich das zu überlegen. Als Bruder entschuldigte er alles in Erinnerung an die langen Jahre, da er zu ihr gesagt hatte: »Deine Hand in meiner; wir beide sind Freunde«; der Romancier ahnte die Gestalt einer ehrgeizigen, schikanösen Frau und notierte unter seinen Plänen einen Roman, in dem zwei Schwestern auftreten sollten: »Die eine wirklich überlegen, ruhig, resigniert; sie ist verkannt und stirbt jung; der Mann ein Angeber. Die andere ist betont überlegen und ärgert ihren Mann; er ist einfach und bescheiden.« Sind dies Laurence und Laure aus dem Abstand von zehn Jahren? Es ist nicht unmöglich. Laure trieb in ihrer Strebernatur Surville an, sich mit allzuviel Unternehmungen zu belasten: Kanäle selbstverständlich, aber auch eine Wasserleitung, eine Brücke in Les Andelys, eine Brücke in Sully. Der arme Mann konnte nicht mehr schlafen, und die geistige Überanstrengung rief Fieber hervor. »Diese armen Köpfe sind auseinander«, schrieb Balzac der »Fremden«. Zeitweise fürchtete er, die Mutter und die Schwester könnten sich verarmt bei ihm in der Rue Cassini einnisten wollen.

Immer geht alles schlecht, aber es gibt auch gute Nachrichten. *Eugénie Grandet* verkaufte sich gut, und die Leser sprachen begeistert davon. Delphine de Girardin schrieb: »Eugénie Grandet ist wunderbar und die große Nanon, und der Vater Grandet, was für ein Talent, was für ein Talent. Oh, großer Balzac!!! Meine Schwester, meine Mutter und ich sind voller Bewunderung, eine ganze Familie von Anhängern. Noch nie hat irgendeines Ihrer Werke einen solchen Erfolg errungen. Besuchen Sie uns schnell, damit wir *alle* Ihnen sagen können, was wir von Ihnen halten ...« Gleich nach seiner Rückkehr war Balzac zur Marquise de Castries gegangen; er fürchtete ihren Zorn und Einfluß, und in der Hoffnung, sie zu neutralisieren, hatte er ihr den Anfang von *La Duchesse de Langeais* vorgelesen. Sie hatte sehr zustimmend geurteilt, und tatsächlich konnte in diesen ersten Kapiteln ihre Gestalt verführerisch wirken. Die Fortsetzung mußte ihr weniger gefallen.

Balzac sprach sich hier offen über den Faubourg Saint-Germain aus, der in der Zeit der Restauration, anstatt sich wie ein Großer als Protektor zu erweisen, geizig und schäbig wie ein Parvenu gewesen war. Er tadelte, daß der Adel sich mit solcher Gier um Vorurteile und Stellungen gerissen hatte. Die reizenden Manieren tarnten Geistesarmut und Seelenleere. Die Herzogin von Langeais führte seltsame, zynische Reden: »Religion wird immer politisch notwendig sein. Wollten Sie die Mühe auf sich nehmen, eine Bevölkerung von Verstandesmenschen zu regieren? Napoleon hat es nicht gewagt, er hat die Ideologen verfolgt ... Nehmen wir also die katholische Religion mit allen ihren Konsequenzen an. Wenn wir wollen, daß Frankreich in die Messe gehen soll, müßten wir dann nicht zuerst selber hingehen? Die Religion ist, wie Sie sehen können, ein Bindeglied zu den konservativen Prinzipien, das den Reichen erlaubt, in Ruhe zu leben. Die Religion ist aufs engste mit dem Besitz verbunden.« Als Royalist verleugnete Balzac seine politischen und religiösen Anschauungen nicht; als Romancier zeigte er mit unerbittlicher Deutlichkeit auf, was aus diesen Ideen im Munde einer Dame der Gesellschaft wird.

Die Gräfin Potocka hatte Balzac empfohlen, bei der Gräfin Apponyi, der Gattin des österreichischen Botschafters in Paris, seine Aufwartung zu machen. Es gibt Botschafter, die in dem Land, bei dem sie akkreditiert sind, zu einem bedeutsamen Mittelpunkt gesellschaftlicher Anziehung werden. Seit 1826 war dies bei dem Grafen Anton Apponyi und seiner Gattin der

Fall. Sie empfingen gleichzeitig die legitimistische Gesellschaft, die Anhänger Louis-Philippes, die Schriftsteller und die Künstler. Ihre glänzenden Empfänge, ihre »Déjeuners dansants« zogen ganz Paris an. Balzac wünschte brennend, hier eingeladen zu werden. Die Gräfin Potocka traute ihm wegen seiner anstößigen Anekdoten nicht ganz und hatte ihm geraten: »Seien Sie schön brav bei Madame Apponyi. Sie ist ein Engel. Nichts darf die sie umgebende Atmosphäre der Reinheit antasten ...«

Was Engel angeht, so fürchtete Balzac niemanden. Er stellte sich am 18. Februar in der Botschaft vor und wurde nicht empfangen, doch entschuldigte sich die Botschaftersgattin mit einem liebenswürdigen Brief: »Ich bin bestürzt, daß meine liebe, teure Marie Ihnen viel zu viel Gutes über mich gesagt hat ... Wollen Sie mir das Vergnügen machen, morgen nachmittag um drei Uhr zu mir zu kommen? ...« Die Gräfin Potocka schrieb an Balzac: »Sind Sie schon in Ihre elegante Eremitage zurückgekehrt? Verlassen Sie sie gelegentlich zugunsten der Madame Apponyi? Sie beschwert sich über Sie und zweifelt an ihren Verführungskünsten, Sie zu sich heranzuziehen. Jetzt beginnen ihre ›Déjeuners dansants‹, Sie werden dort ganz Paris mit seinen hübschen Frauen treffen ...« Balzac wurde vertrauter Gast in der Botschaft. »Das Haus de Balzac«, sagte er, »muß sich mit dem Haus Österreich gut stellen.« Madame Hanska erhielt von ihren polnischen Freunden in Paris Nachrichten über die gesellschaftlichen Erfolge ihres Geliebten; sie wurde unruhig; zeigte sich wiederum »sein französisches Herz«? Und weshalb stand er in Briefwechsel mit der Gräfin Potocka?

»Sei nicht auf den Brief der Madame P*** eifersüchtig; diese Dame muß *auf unserer Seite stehen;* ich habe ihr geschmeichelt, und ich wünsche, daß sie Dich für verschmäht hält.« Dies war nun allerdings gar nicht der Wunsch der Madame Hanska, die um ihren Ruhm Sorge trug. Es wurde ihr geschrieben, Balzac habe Mätressen. Er beruhigte sie: »Ihr Bengali-Fink ist brav.« Jeder Leser dieses Briefwechsels weiß, was er »Bengali« nannte und für wen der »Minou« seiner Eve einen »Käfig der Entzückungen« darstellte. Balzac arbeitete zu viel, wie er sagte, um in Gesellschaft gehen zu können. Wer um sechs Uhr abends zu Bett geht, damit er sich um Mitternacht an den Schreibtisch setzen kann, hat keine Zeit für galante Spiele. Er hatte sich sogar (zeitweise) mit dem Kreis Girardin wegen eines recht geringfügigen Anlasses einer Veröffentlichung überworfen. »Madame de Girardin hat mehrere Anstrengungen gemacht, mich wieder zu bekommen, doch Ihr dickköpfiger Muschik – er wäre kein Muschik, wenn er nicht ›njä‹ sagen könnte – hat auf die eleganteste Weise der Welt ›njä‹ gesagt, denn er ist ein wenig kultiviert, Ihr ergebener Muschik ...«

Niemand arbeitet ungestraft Tag und Nacht. Anfang April hatte Balzac eine Attacke von Kräftezerfall, von wachsender Schwäche. Doktor Nacquart wies auf die drohende Gefahr einer Gehirnentzündung hin, verordnete Luftwechsel und völlige Ruhe. Das war schon ein alljährlicher Ritus geworden. Balzac reiste in das Berri und nahm kurz (acht oder zehn Tage) Aufenthalt auf Schloß Frapesle, einem angenehmen, weiträumigen Sitz. Untätig zu bleiben war ihm unmöglich. Er arbeitete an *César Birotteau* und an *La Fleur de Pois (Die Wickenblüte,* was zu *La vieille Fille/Die alte Jungfer* werden sollte); *Séraphita,* allzu schwierig, schritt nur langsam voran. *An die Marquise de Castries, 10. März 1835:* »Das ist ein Werk, dessen Abfassung niederschmetternd und schrecklich ist. Ich habe Tage und Nächte damit verbracht und verbringe damit noch immer meine Tage und Nächte. Ich schreibe, schreibe um und schreibe nochmals um, doch in einigen Tagen wird das letzte Wort gesprochen sein: Entweder bin ich gewachsen, oder die Pariser verstehen nichts.« Dieser Stoff war sein Tod. Er hatte den (leider zutreffenden) Eindruck, in einer verdünnten Luft außerhalb der Erde zu arbeiten. Doch glaubte er an dieses Buch, aus dem er den Höhepunkt seines Schaffens machen wollte, und *sie* erwartete es von ihm.

Mit Zulma, die in Kindesnöten war, machte er Spaziergänge im Garten. Er half seiner Freundin, das Haus einzurichten; er beschrieb ihr seine Erfolge in der Liebe. Sie wußte durch den jungen Maler Auguste Borget von ihnen, der die Hanskis zufällig in Balzacs Gesellschaft gesehen hatte. Er kündigte Zulma an, daß er seine Bojaren in Wien treffen wolle. Mit dem Major Carraud durchforschte er Issoudun, sprach mit den Einwohnern und ließ sich Geschichten aus der Umgebung erzählen. Alles das sollte eines Tages in *Un ménage de Garçon (Ein Junggesellenheim)* auftauchen. Dieser Teufelskerl wußte nach einigen Tagen mehr über eine kleine Stadt als ihre ältesten Einwohner.

Balzacs Leben baute sich auf zwei Ebenen auf. In der wirklichen Welt tröstete er Zulma, war zärtlich mit Eve, manövrierte mit Henriette de Castries, unterhielt sich in der Österreichischen Botschaft über den Mesmerismus, aß mit dem Polizeimann Vidocq und den Henkern Sanson, Vater und Sohn, zu Mittag. In der Vorstellungswelt ließ er in sich eine ganze Gesellschaftsschicht entstehen. Issoudun fand darin Platz wie Alençon, César Birotteau stieg langsam aus den Erinnerungen an das Marais empor und *La Duchesse de Langeais* aus den bitteren Erlebnissen in der Villa Diodati. Alles wurde gleichzeitig vorangetrieben: die kleine Literatur der dicken Sousstücke, die Sittenstudien und die großen Gedanken. Der wahre Balzac war nicht jener der Geldsorgen und nicht jener der kleinen Liebesgötter, sondern der Balzac der schöpferischen Intelligenz.

Am 20. April hörte er im Conservatoire die Fünfte Sinfonie von Beethoven und erkannte in ihm einen Ebenbürtigen, einen Bruder. »Ach, wie habe ich mich nach Ihnen gesehnt! Ich saß allein in einer Loge. Ganz allein. Das tat mir namenlos weh. In mir besteht ein Bedürfnis nach Aussprache, das durch Arbeit überdeckt wird, das aber bei der ersten Erregung sich in einem Tränenerguß äußert. Neidisch bin ich nur auf berühmte Tote: Beethoven, Michelangelo, Raffael, Poussin, Milton – alles, was groß, edel, einsam gewesen ist, erregt mich. Noch ist nicht alles von mir gesagt, ich bin erst bei den kleinen Details eines großen Werks.«

Er glich einem Architekten, der wohl das Bild einer Kathedrale in sich trägt, doch die für seinen ungeheuern Plan notwendigen Mittel nicht besitzt und deswegen bloß Fragmente behauen und meißeln kann. Die Außenstehenden erblicken nur einige Steine und kritisieren ihre Form, ohne zu wissen, wohin sie gehören. »Wir leben nur durch den Stil, und wenn man sich beeilen muß, das Werk zu beenden, bevor die Kapitelle ausgemeißelt und die Säulen beendet sind, wird man in Frankreich inzwischen zum Tod verurteilt ...« Manchmal wurde er mutlos: »Ich muß befürchten, zuviel von meinem Kapital verzehrt zu haben. Es wird recht eigenartig sein, wenn der Verfasser von *La Peau de Chagrin* früh sterben muß. Ich verzweifle beinahe, mein Lebenswerk vollbringen zu können ...« Dann aber gewinnt sein gerechter Stolz wieder die Oberhand. Was für eine Jahresleistung! *Eugénie Grandet, Les Chouans* (umgearbeitet), *La Fleur de Pois* – und bald: *Séraphita, Une Vue du Monde, Les Mémoires d'une Jeune Femme*. Zweifellos nahm er einiges vorweg; er hielt noch nicht ausgetragene Werke für vollendet; doch welcher andere Schriftsteller hätte auf solche Weise die Meisterwerke aufeinandertürmen können?

Unterdessen mußte er aber auch leben, und die reale Welt verlangte seine Aufmerksamkeit. Sein Bruder Henry war immer ein Träumer gewesen und hatte einen solchen Mangel an Energie gezeigt, wie Honoré davon überfloß. Er war ein verzogenes und von seiner Mutter vergöttertes Kind gewesen und »zog als ein schon Geschlagener ins Leben hinaus«. Wie erinnerlich, hatte Henry sich nach erfolglosem Wechsel von Stellung zu Stellung schließlich nach Mauritius eingeschifft. Dort glaubte er, Erfolg haben zu können. Eine Schule stellte ihn als Lehrer an. Er wohnte bei einer Witwe, Marie-Françoise Balan, der ihr verstorbener Gatte (Constant Dupont) einen Sohn, ein Haus und ein recht hübsches Vermögen hinterlassen hatte. Die reiche Witwe Dupont verliebte sich in Henry und heiratete ihn. Als echter Balzac verlangte er Pferde, Wagen, Dienerschaft, große Gastereien und ruinierte auch prompt seine Gefährtin. Laure Surville allerdings, Optimistin und unzureichend informiert, schrieb ihrer Freundin, der Frau des Generals Pommereul: »Henry erlebt dort unten Wunder, verdient Geld, hält sich gut ...

und hat übrigens gerade eine Frau mit hundertfünfzigtausend Francs geheiratet. Mama ist über diese Nachricht ganz glücklich ...« Honoré hatte anfänglich seinen Bruder beneidet: Einem Balzac war eine reiche Heirat geglückt! Das Heilmittel gegen den Neid lag im Bereich seiner Feder; er führte nun in seine Romane auch die Kolonialvermögen ein. Charles Grandet wurde in die Kolonien geschickt.

Doch dann kamen zwei Jahre lang keine Nachrichten von Henry. Auf der Insel Mauritius entwickelte sich für ihn alles zum Schlechten. Die englische Verwaltung verlangte für die Erteilung einer Aufenthaltsbewilligung eine Kaution; die Schule, an der er unterrichtete, schloß ihre Pforten. Im Juni 1834 kündete er seine Rückkehr nach Frankreich an. Schon hatte Madame Mère, von Unruhe verzehrt, für ihren Benjamin eine möblierte Wohnung im Hause Rue Coquenard 6, wo die Survilles wohnten, gemietet.

Endlich kam der allzu geliebte Henry mit Frau und Stiefsohn, Ange Dupont, in Paris an. Er brachte von der Insel nur fünfzigtausend Francs Schulden mit, dazu eine Gattin, die viel älter war als er. »War es unbedingt nötig, fünftausend Meilen weit fortzugehen, um eine solche Frau heimzubringen?« fragte Honoré sarkastisch. Der brave Surville nahm es auf sich, den Pechvogel Henry bei dem von ihm geleiteten Brückenbau von Les Andelys in der Normandie unterzubringen. Henry war zu nichts nütze. Seine Frau erwartete ein Kind. Nun verzweifelte auch Madame Balzac trotz ihrer unbegrenzten Leidensfähigkeit. »Sie ist mit dem Kind ihrer Wahl schwer gestraft«, konstatierte der andere Sohn, Honoré. Laure bemühte sich hilfreich um die unglückliche Schwägerin, die in Les Andelys, weit von ihrer sonnigen Insel, gebären sollte. Als das Kind zur Welt kam, wurde Honoré Pate und schenkte eine Wiege (üppig natürlich), eine »Hängewiege in Gondelform mit den dazu gehörigen Vorhängchen«. Um den angebeteten Henry zu retten, verkaufte Madame Balzac ihren letzten Besitz: ihr Haus in der Rue Montorgueil. Von nun an hatte sie zum Leben nur noch die ihr von Honoré geschuldeten Zinsen.

Balzac zweifelte nicht im geringsten daran, daß er für alle Bedürfnisse der Familie werde aufkommen können. Nicht nur hatte er mit der liebenswürdigen Witwe Béchet einen »wunderträchtigen« Vertrag für die *Etudes de Mœurs* abgeschlossen, sondern der »leitende Angestellte« der Firma Béchet, ein ehrgeiziger, flunkernder Gaudissart, hatte ihm den Vorschlag gemacht, sein Verleger zu werden und zur Erlangung dieses Ruhmestitels alle seine Ersparnisse riskieren zu wollen: dreitausendfünfhundert Francs. Balzac hatte ihn in seiner weißen Kutte, gegürtet mit einer venezianischen Goldkette, an der eine goldene Schere hing, und in goldgestickten Maroquinpantoffeln sehr ungnädig empfangen und mit Sarkasmen überhäuft:

»Was? Dreitausendfünfhundert Francs für einen Autor, der eben siebenundzwanzigtausend bekommen hat und dem *La Revue de Paris* monatlich fünfhundert Francs zahlt?« Diese Ablehnung war nur die erste Reaktion, und eine gute. Die zweite bestand darin, Werdet zurückzurufen. Nie konnte Balzac der Versuchung »echten Geldes« widerstehen, so wenig es auch sein mochte. Schließlich konnte er mit dreitausendfünfhundert Francs einige dringende Schulden bezahlen, und »intelligente Verleger sind so rar«. Der erlauchte Werdet fühlte sich geschmeichelt und gab alle seine Ersparnisse für eine einfache Neuauflage des *Médecin de Campagne* her. Sie verkaufte sich so gut, daß Werdet den verwegenen Plan faßte, von nun an der *einzige* Verleger Balzacs zu werden. Warum auch nicht? Walter Scott sogar hatte nur *einen* Verleger gehabt, und die Einheit des Gesamtwerkes legte eine Einheit der Edition nahe.

Das Unternehmen schien recht schwierig. Die Rechte mußten Gosselin, Levavasseur und Madame Béchet abgekauft werden. Balzac sollte an diesem Rückkauf teilnehmen und Geld vorschießen, das er nicht besaß. Trotz allem wurden die Verträge unterschrieben. »Diesen Alpdruck von Dummheit bin ich nun heute losgeworden. Der erlauchte Werdet, der etwas dem *berühmten Gaudissart* gleicht, erwirbt von mir eine erste Ausgabe der *Etudes philosophiques* (fünfundzwanzig Bände in Duodez) in fünf Lieferungen, jede zu fünf Bänden, monatlich erscheinend ... Sie sehen, daß ich, um die Arbeit für Madame Béchet zu erledigen, der ich noch drei Lieferungen der *Etudes de Mœurs* schulde, einen Vesuv im Gehirn haben muß, einen Körper von Erz, gute Federn, Tinte nach Wunsch, nicht den leichtesten *blue devil*, und eine unablässige Lust, im Januar Straßburg, Köln, Wien, Brody usw. zu sehen ... und mich mit Schneepflügen herumzuschlagen. Ich spreche nicht von dieser *Gesundheit* genannten Bagatelle, so wenig wie von der anderen, *Talent* genannten Bagatelle ...«

Talent war das, was ihm am wenigsten fehlte. Im Juni 1834 hatte sich Balzac vor eine neue *Etude philosophique* gespannt: *La Recherche de l'Absolu (Die Suche nach dem Absoluten)*. Dies war, wie *Eugénie Grandet*, die Geschichte einer Leidenschaft, die so groß wird, daß sie eine ganze Familie zerstört. Die erste Idee (die bis 1832 zurückging) bestand darin, zuerst über eine Episode aus dem Leben Wronskis, dann über Bernard Palissy (und vermittels einer dazwischengeschobenen Gestalt, über Eugène Surville) *Les souffrances de l'Inventeur (Die Leiden des Erfinders)* zu schreiben. Im Hinblick auf einen *Palissy* hatte Balzac schon viele Dokumente gesammelt. Doch ein gelebtes Leben, unvollkommen wie alle Lebensläufe, konnte den ungeduldigen Visionär nicht befriedigen, und er hatte sich deswegen aufs Imaginäre verlegt. Balthazar Claës, Erbe eines fabelhaften flämischen Vermögens, hat sich der Chemie ergeben und versucht, »das Absolute« zu finden, jenes einzige Element, woraus alles besteht. Um den Stickstoff, das »Azot«, zu zerlegen, ruiniert er seine wunderbare, geliebte Frau und seine beiden Kinder; er verkauft die alte, berühmte Familiengalerie. Von Zeit zu Zeit scheint er seinen Wahn einzusehen; doch jedesmal wirft ein Rückschlag ihn wieder hinein; die Verzweiflungsanfälle seiner Frau vermögen nicht, ihn herauszureißen. Das Haus Claës ist ruiniert, wird abgerissen und verschwindet. »Die Idee des Absoluten hatte wie eine Feuersbrunst gewirkt.«

Die Theorien Claës' waren die Balzacs. Der Autor glaubt wie seine Gestalt an eine Einheit des Universums und an die Möglichkeit, »das Absolute« zu finden, das, je nach Umständen gewandelt, die ganze Schöpfung müßte hervorbringen können. Das Schöne an dieser Affäre ist, daß Claës und Balzac wahrscheinlich recht hatten und die wissenschaftlichen Ergebnisse eines Jahrhunderts vorwegnahmen. »Zwei Mitglieder der Akademie der Naturwissenschaften haben mich Chemie gelehrt, damit das Buch wissenschaftlich getreu sei. Sie ließen mich meine Experimente zehn- bis zwölfmal wiederholen. Ich mußte Berzelius lesen, und mußte daran arbeiten, wissenschaftlich zu sein und wissenschaftlich zu schreiben, und mich bemühen, die kalten französischen Leser nicht mit Chemie zu langweilen und doch ein interessantes Buch auf der Basis der Chemie zu schreiben ...« Er hatte versucht, Berzelius und Arago sich anzugleichen; er hatte sich mit Arbeit fast umgebracht. Wenn Joséphine Claës zu ihrem Mann sagt: »Ein großer Mann darf weder Frau noch Kinder haben. Geh du allein auf deinem Elendsweg. Deine Kräfte sind nicht die der gewöhnlichen Leute; du gehörst der ganzen Welt; nie wirst du einer Frau oder einer Familie angehören können. Du saugst die Erde deiner Umgebung bis zur Trockenheit aus, wie es die großen Bäume machen!« – dann spricht Balzac zu Balzac.

Madame Hanska wurde von Balzac weiterhin auf dem laufenden über das Pariser Leben gehalten. Sie solle doch nichts von Madame de Castries befürchten! Ebensowenig von George Sand-Dudevant; ihre neuen Romane seien hohl und falsch; er habe in der Rue Cassini gerade in der von Borget aufgegebenen Wohnung ihren verstoßenen Geliebten aufgenommen, Jules Sandeau. »Sandeau ist wie ein Fürst untergebracht; er kann an sein Glück noch gar nicht glauben ...« Balzac wollte »den kleinen Jules« als »Neger« verwenden und ihn mit Emmanuel Arago Dramen schreiben lassen; sie würden als *San-Drago* zeichnen, und ihrer aller Glück wäre gemacht. Ihn selber, Balzac, hatte *La Recherche de l'Absolu* erschöpft. »*La Recherche de l'Absolu* wird sicherlich die Grenzen meines Ruhmes erweitern, aber es ist ein teuer erkaufter Sieg ...« Sein Haar, bisher schwarz wie Jett, bleichte jeden Abend und fiel jeden Morgen handvollweise aus. Er ging zur Arbeit

»wie ein Glücksspieler zum Spiel«, schlief fünf Stunden und arbeitete danach fünfzehn und achtzehn Stunden. »Solche Übersteigerungen, die nur den vom Leben Enttäuschten gelingen, sind notwendig.« Der wunderträchtige Doktor Nacquart (wie ihn einst die arme Laurence nannte) verordnete, wieder einmal, Landleben. Das war nicht genial, doch was sollte einem Manne verschrieben werden, dessen schlimmste Krankheit sein eigenes Genie war? Um den 25. September herum reiste Balzac nach Saché ab, wo Margonne ihm Gastfreundschaft angeboten hatte. Hier begann er einen neuen Roman: *Le Père Goriot (Vater Goriot).*

La Recherche de l'Absolu war bei Madame Béchet erschienen; sie hatte diesen Roman sehr schlecht herausgebracht. »*L'Absolu*, nach meiner Meinung zehnmal größer als *Eugénie Grandet*, wird keinen Erfolg haben.« Das Buch war für das Publikum wirklich viel schwieriger als *Eugénie Grandet*. Doch wen anders kann ein enttäuschter Autor anklagen als seinen Verleger? Allerdings erfuhr er auch von einigen befriedigenden Äußerungen. *An die »Fremde«:* »Meine Mutter ist ganz stolz auf *L'Absolu* ... Madame de Castries schreibt mir, sie habe geweint ...« Die stolze Kokette ließ Balzac durch ihren Onkel, den Herzog von Fitz-James, auf Schloß Quevillon einladen; er lehnte ab. Die Herzogin von Langeais hatte überhaupt keine Macht mehr über ihn und empfand es etwas bitter.

Ein anderer Ärger: »nicht-ostensible« Liebesbriefe waren Monsieur Hanski in die Hände gefallen. Balzac gab sich die größte Mühe, sie diesem erklärlich zu machen, mit einiger Unwahrscheinlichkeit allerdings. Alles war so einfach und rein, allem Anschein zum Trotz: Madame Hanska hatte ihm lachend gesagt, sie möchte gern wissen, wie eigentlich ein Liebesbrief aussehe; nun habe er diese beiden unglücklichen Briefe in der Meinung geschrieben, sie erinnere sich noch an jenen Scherz. Falls er sie beleidigt haben sollte, so flehe er »Monsieur de Hanski« an, seine, Balzacs, Sache zu vertreten: »Ich lege größten Wert darauf, Monsieur, daß diese so natürlichen Erklärungen Sie erreichen ...« Es wurde nicht bekannt, ob der Gatte sie »so natürlich« fand; aber er entschied sich, sie zu vergessen. Was Balzac angeht, so beschäftigte er sich mit ernsteren Dingen: er schrieb *Le Père Goriot*.

XVII

DER GROSSE PLAN

> Als Balzac seine Werke gleichzeitig wie ein Fremder und ein Vater betrachtete, wurde ihm plötzlich in einer rückschauenden Erhellung klar, daß sie viel schöner in einem Zyklus wirken würden, in dem die gleichen Personen immer wieder auftraten; mit dieser Zusammenfügung legte er den letzten und den vollkommensten Pinselstrich an sein Werk. *Marcel Proust*

Eines schönen Tages im Jahr 1833 kam Balzac von der Rue Cassini in den Faubourg Poissonnière geeilt, wo damals die Survilles wohnten, und sagte: »Salutiert vor mir! Ich bin ganz einfach im Begriff, ein Genie zu werden!« Er ging im Zimmer auf und ab und entwickelte ihnen seinen Plan. Jetzt fühlte er sich soweit, alle seine Romane unter einem einzigen Dach unterbringen zu können. Das war kein unklares Projekt. Schon im folgenden Jahr beschrieb er der »Fremden« mit aller Genauigkeit, welches Monument sein vollendetes Gesamtwerk darstellen sollte:

»Ich glaube, daß im Jahre 1838 die drei Teile dieses riesenhaften Werkes, wenn auch nicht völlig vollendet, so doch zumindest aufgeschichtet sein werden, und daß ein Urteil über das Ganze möglich sein wird.

Die *Etudes de Mœurs* sollen alle sozialen Wirkungen darstellen, ohne daß irgend etwas vergessen sein dürfte, weder eine Lebenslage, noch eine Physiognomie, noch ein männlicher oder weiblicher Charakter, noch eine Lebensweise, noch ein Beruf, noch eine soziale Schicht, noch ein französisches Land, noch sonst irgend etwas von der Jugend, vom Greisenalter, vom reifen Alter, von der Politik, von der Rechtsprechung und vom Krieg. Wenn dies dargelegt ist, wenn die Geschichte des menschlichen Herzens Zug um Zug nachgezeichnet, wenn die soziale Geschichte in allen ihren Teilen ausgeführt ist, dann ist der Grund gelegt. Keine erfundenen Tatbestände werden es sein; es wird das sein, was sich überall ereignet.

Die zweite Schicht werden dann die *Etudes philosophiques* sein, denn nach den *Wirkungen* kommen die *Ursachen*. In den *Etudes de Mœurs* sollen die Gefühle und ihr Spiel, das Leben und sein Gang geschildert werden. In den *Etudes philosophiques* will ich über das Warum der Empfindungen sprechen und darüber, worauf das Leben beruht; darüber, außerhalb welcher Teile und ohne welche Bedingungen weder Mensch noch Gesellschaft bestehen können; und nachdem ich die Gesellschaft durchmessen habe, um sie zu beschreiben, will ich sie nochmals durchmessen, um sie zu beurteilen. Daher sind in den *Etudes de Mœurs* die Individualitäten typisiert. So werde ich überall Leben verliehen haben: dem Typus, indem ich ihn individualisiere; dem Individuum, indem ich es typisiere. Dem Fragment will ich einen Gedanken geben, dem Gedanken das Leben des Individuums.

Nach den *Wirkungen* und den *Ursachen* kommen die *Etudes analytiques*, worunter die *Physiologie du Mariage* gehört, denn nach den Wirkungen und den Ursachen müssen die *Prinzipien* erforscht werden. Die *Sitten* sind das Schauspiel, die *Ursachen* stellen die Kulissen und die Maschinerie. Die Prinzipien: Hier ist der Schöpfer-Autor am Werk; doch je mehr sich das Gesamtwerk in Spiralen in die Höhen des Denkens erhebt, desto gedrängter und verdichteter wird es. Brauche ich vierundzwanzig Bände für die *Etudes de Mœurs*, so brauche ich nur fünfzehn für die *Etudes philosophiques*, und nur neun für die *Etudes analytiques*. Auf diese Weise werden der Mensch, die Gesellschaft, die Menschheit ohne Wiederholungen beschrieben, beurteilt und analysiert sein, und zwar in einem Werk, das gleichsam die Tausendundeine Nacht des Abendlandes bilden soll.

Wenn alles beendet, wenn mein *Madeleine-Bau* gescheuert und die Giebelwand mit Skulpturen versehen ist, wenn die Gerüstbretter weggeschafft und die letzten Kammstriche getan sind – dann werde ich recht oder ich werde nicht recht haben. Aber wenn ich die Poesie, die Darlegung des gesamten Systems beendet habe, will ich die darin liegende Wissenschaft im *Essai sur les Forces humaines (Essay über die Menschenkräfte)* bringen. Und auf den Sockel dieses Palastes habe ich dann als lachendes Kind schon die riesige Arabeske der *Cent Contes drolatiques* hingekritzelt ...«

Der Architekt hatte seine Materialmassen geordnet und hingestellt. Durch einen Freund Berthouds, den jungen, talentierten Schriftsteller Félix Davin, ließ er zwei umfangreiche Vorreden für die *Etudes philosophiques* und die *Etudes de Mœurs* schreiben. Geführt von Balzac und manchmal nach seinem Diktat schreibend, zeigte Davin, daß der Autor nicht sofort seinen großen Plan gefaßt habe und daß dies gut gewesen sei. Hätte ihm schon bei seinen ersten Büchern dieser riesenhafte Entwurf vor Augen gestanden, so wäre er vielleicht vor so weitläufigen Arbeiten zurückgeschreckt. Viel wahrscheinlicher sei die Vorstellung eines schrittweise sich entwickelnden Bewußtwerdens. Die Einheit war nicht künstlich, sondern wuchs lebendig von innen her. Kunstwerke entstehen wie Institutionen, wie Kinder, nicht durch eine Folge bewußter Handlungen, sondern durch das Spiel unkontrollierbarer Kräfte.

»Können wir nicht annehmen«, schrieb Félix Davin, »daß er eines Tages beim Vergleich der verschiedenen in seine Werke eingesenkten Gedanken wie ein Arbeiter reagiert habe, der aus Zufall nicht mehr die Kehrseite seines Webstückes vor Augen hat, sondern die Zeichnung in ihrer Gesamtheit betrachtet? Von diesem Zeitpunkt an beginnt er sich Gedanken über die Wirkung des Ganzen zu machen, weil der Keim einer großen Synthese schon seit langem in ihm geschlummert hatte. Plötzlich füllt er nun in Gedanken die Lücken seiner Komposition, schiebt hier eine Gruppe ein, dort eine Hauptgestalt, zeichnet weiterhin einen Hintergrund oder setzt Glanzlichter; plötzlich also ist er von seinem Gemälde selber gefangen und macht sich mit ›französischem Furor‹ erneut ans Werk, weil er sich noch in einem Alter befindet, da er sich zu allem fähig hält.

Hat dann dieser Mann, dem alle, die ihn kennen, volle Bewunderung zollen und der eines Tages sicherlich, genauso wie sein Talent, geschätzt werden wird, sich ans Werk gemacht, dann geht er immer geradeaus weiter, ohne der Anstrengungen und Müdigkeiten des vergangenen Tages zu gedenken.

Vielleicht wollte er, bevor er seinen Plan dem Publikum enthüllte, selber erst seine Kräfte erproben; vielleicht wartete er, bevor er das Gerüst von dem Gebäude und den Bauzaun entfernte, daß noch einige Skulpturen vollendet würden, daß die Hauptlinien gezogen seien und daß wenigsten die Stirnseite sich weit und rein erhebe ...«

Davin tadelte mit gutem Recht jene Kritiker, die ohne ein Gefühl für Proportionen die Bücher seines Freundes in herabsetzendem Sinne »Erzählungen« oder »Novellen« genannt hätten. Um sie eines Besseren zu belehren, griff er ein Lieblingsbild Balzacs auf:

»Ist es aber mit den angeblich kleinen Sachen nicht genauso wie mit den Quadersteinen, den einzelnen Kapitellen, den zur Hälfte mit Blüten oder Drachen versehenen Metopen, die auf dem Werkplatz zwischen Säge oder Meißel des Handwerksmannes unbedeutend und klein erscheinen und die doch nach dem Plan des Architekten dazu bestimmt sind, ein reiches Gesims zu schmücken, Teil einer Wölbung zu bilden oder die Fenster seiner gotischen Kathedrale, seines Schlosses, seiner Kapelle, seines zwischen Feldern liegenden Hauses rundum zu zieren?«

Nun war der Augenblick gekommen, die Kathedrale zu erbauen. Im September 1834 reiste Balzac mit dem festen Entschluß nach Saché ab, dort schnell einen Roman zu schreiben, der einer der Gewölbesteine seines Werkes werden sollte: *Le Père Goriot*. Die Keimzelle, aus der dies Buch hervorgegangen ist, ist bekannt: eine Notiz in einem Heft, worin er seine Pläne sammelte: *Ein braver Mann – bürgerliche Familienpension – 600 Francs Rente – hat sich aufgeopfert für seine Töchter, deren jede 50 000 Francs Zinsen erhält – stirbt wie ein Hund.* Der Marquise de Castries schreibt er, er wolle »ein Gefühl zeichnen, so groß in sich selbst, daß es trotz unaufhörlichen Kränkungen bestehen bleibt«; und an Madame Hanska, er habe als Held »einen Mann gewählt, der Vater ist, wie ein Heiliger oder ein Märtyrer Christ ist«. Noch einmal also will er die Verwüstungen einer bis ans Ende getriebenen Leidenschaft aufzeigen. »Die Leidenschaft schließt keine Vergleiche; sie läßt alle Nachsicht zu.«

Die Komposition des *Père Goriot* war unendlich viel breiter und kühner als die der *Eugénie Grandet*. Mehrere große Stoffe sind hier miteinander verknüpft. Es ist das Drama Goriots, der von seinen Töchtern Anastasie de Restaud und Delphine de Nucingen ruiniert und verleugnet wird; das Drama Vautrins, einer neuen Verkörperung Ferragus'; der ehemalige Sträfling wohnt verkleidet in der Pension Vauquer und führt als diabolischer Versucher von Genie ein ganzes Bündel von Intrigen, bis ihn die Polizei demaskiert; das Drama Rastignacs, eines jungen Gascogners, der seine provinzielle Familie verlassen hat und mit Entsetzen, da er sehr reinen Herzens ist, die Pariser Korruption erlebt; das Drama einer Kusine Rastignacs, Claire de Beauséant, einer sehr großen Dame, die von ihrem angebeteten Liebhaber verlassen wird; eine »schon realisierte Zukunft«: *La Femme abandonnée (Die Verlassene)* erklärt diese Tragödie. Eine Familienpension stellt den Kreuzungspunkt dieser aufeinander wirkenden Schicksale dar. Ist nicht die ganze Welt nur eine »vergoldete Familienpension« und der Hofstaat in den Tuilerien nur eine Familienpension, über deren Türe eine Krone prangt?

Schon seit dieser Zeit trägt Balzac eine Gesellschaft in sich; um aber diese personale Welt lebendig zu machen, führt er unablässig reale Elemente ein: Erinnerungen und Beobachtungen. Um Goriot, den ehemaligen Teigwarenfabrikanten, zu erschaffen, fragte er seinen Hauseigentümer in der Rue Cassini aus, Marest, der ebenfalls Händler mit Teigwaren war; die unvergeßliche Pension Vauquer kannte er selber; es war nicht irgendeine Familienpension, sondern ein Amalgam aus jenen »bürgerlichen Pensionen für beide Geschlechter und andere«; der Name Vauquer stammt aus Tours. Welche Bedeutung für das Romanschaffen unerwartete Funde haben, vermag folgender Zug zu erhellen: Die schauderhafte Mama Vauquer sprach wie Eve Hanska »tiyeuilles« aus; Balzac hatte an diesem Einfall einen tollen Spaß.

Für die Gestalt Rastignacs hat er sich selber teilweise (aber wirklich nur teilweise) verwendet. Die ehrgeizigen Pläne Rastignacs sind von denen eines jungen Schriftstellers sehr verschieden, aber Rastignac hat auch, wie Balzac, zwei Schwestern; die ältere namens Laure leert für ihren Bruder ihre Jungmädchenbörse; von der Höhe des Père-Lachaise fordert Rastignac Paris heraus und ruft: »Jetzt wollen wir zwei uns messen!«, wie es einst sein Schöpfer in den Zeiten der Rue Lesdiguières tat. Diese Mischung aus Reinheit und Ehrgeiz in Rastignac definiert recht genau den jungen Balzac.

Vautrin ist nur teilweise Vidocq und noch einmal Balzac. Dieser träumte mit zwanzig Jahren von einer magischen Kraft, die ihm die ganze Welt zu Füßen legen sollte. Schon in seinen ersten Romanen hatte er vielfältig Piraten, Korsaren und vogelfreie Außenseiter auftreten lassen. Im Jahre 1834 ist er nicht weit von Vautrins Anschauung entfernt, daß »die Menschen sich gegenseitig auffressen wie Spinnen in einem Topf«; daß niemand Rechenschaft von einem erfolgreichen Schuft verlangt. »Niemand wird mich fragen: ›Wer bist du? Ich bin Herr Vier-Millionen-Francs.‹« Balzac bewundert Vautrin: »Ein großer Verbrecher ist manchmal ein Gedicht.« Doch wie Rastignac hat er immer noch Skrupel. Weil die Welt ein Dschungel ist, sind Gesetze, ein Staat, eine Religion, sind Familien notwendig.

Der Mythus der Vaterschaft rührt in Balzac an eine tiefe, sensible Schicht. Im Fall Goriots handelt es sich um eine Vaterschaft im Fleisch: »Mein Leben liegt in meinen beiden Töchtern«, sagt Goriot. »Wenn sie sich freuen, wenn sie glücklich sind, ordentlich angezogen, was bedeutet es dann, welchen Stoff ich trage und wie das Lager beschaffen ist, auf dem ich ruhe? Ich habe es gar nicht kalt, wenn sie es warm haben; ich langweile mich nie, wenn sie lachen.« Er steht zu seinen Töchtern im gleichen Verhältnis wie Gott zur Schöpfung. »Allerdings habe ich meine Töchter lieber, als Gott die Welt hat, denn die Welt ist nicht so schön wie Gott, doch meine Töchter sind schöner als ich.« In Balzacs ganzem Werk stößt man auf den leidenschaftlichen Wunsch, durch eine Mittelsperson ein glücklicheres und reicheres Leben zu führen. Es kann kein Zweifel bestehen, daß dieses Thema im geheimen mit dem der prometheischen Schöpfung verbunden ist. Der Romancier unterhält einen ganzen Harem aus all den Frauen, die er nicht besessen hat; er genießt Liebe, Macht und Ruhm durch seine ihn stellvertretenden Gestalten, so wie Goriot das Glück durch das Medium seiner Kinder erlebt. Wie Goriot muß Balzac zwischen Schöpfertum und Leben wählen; er wird sich für sein Werk umbringen, wie der biedere Mann für seine Töchter.

Doch von allen Themen des *Père Goriot* steht dem Autor das Thema der Lehrjahre Rastignacs am nächsten. »Der echte Romancier erschafft seine

Gestalten in der unendlichen Perspektive seines eigenen möglichen Lebens.« Eugène de Rastignac kam aus seiner Provinz im Glauben an das zart umhegende Familienleben; doch überall sah er Verfall und Schmutz; Töchter, die ihren Vater verleugnen; Frauen, die ihre Gatten verhöhnen; grausame und hochmütige Liebhaber. »Zwischen dem blauen Boudoir Anastasie de Restauds und dem roten Salon Claire de Beauséants erlebte er innerhalb dreier Stunden ein dreijähriges Studium in ›Pariser Recht‹. Seine stolze und leidenschaftliche Kusine Beauséant hatte ihm seinen ersten Lehrbrief gegeben: ›Je kälter Du rechnest, desto weiter wirst Du kommen. Schlage mitleidslos zu, und Du wirst gefürchtet sein. Betrachte Männer wie Frauen nur als Postpferde, die an der nächsten Umspannstation abgeschunden zurückgelassen werden; so kommst Du auf den Gipfel Deiner Wünsche. Siehst Du, Du wirst es hier zu nichts bringen ohne eine Frau, die sich für Dich einsetzt. Sie muß jung, reich, elegant sein. Hast Du aber ein echtes Gefühl, so verbirg es wie einen Schatz; laß nie etwas davon verspüren, Du wärest verloren.‹«

Der fürchterliche Vautrin bekräftigte dieses Urteil: »Ich wette, daß Sie hier in Paris nicht zwei Schritte tun können, ohne auf höllische Machenschaften zu stoßen ... So ist das Leben, wie es wirklich aussieht. Es ist nicht schöner als eine Küche; es stinkt ebenso, und man bekommt schmutzige Hände, wenn man etwas kochen will ... Es gibt keine Prinzipien, es gibt nur Ereignisse; es gibt keine Gesetze, es gibt nur Umstände. Der überlegene Mann befaßt sich mit Ereignissen und Umständen nur, um sie zu lenken ...« Hat man diese beiden Wahrheiten eingesehen, ist der Weg für Verachtung und Erfolg frei. Der Lehrling vergießt auf dem Grab des Vaters Goriot seine letzte Träne als Jüngling. Dann »machte sich Rastignac – es war der erste Akt seiner Kampfansage an die Gesellschaft – auf den Weg zum Abendessen bei Madame de Nucingen«.

Die Originalität dieses Buches, die den Triumphgesang Balzacs bei den Survilles rechtfertigt und die es wirklich zu einem Gewölbe-Schlußstein macht, liegt in dem Wiederauftreten der Gestalten. Schon vorher war es öfters geschehen, daß er einen Namen, einen Charakter aus einem früheren Buch übernahm. Von nun an wird dieser Vorgang direkt zu einem System. Nun hat Balzac seine Ärzte (Bianchon, Desplein), seine Polizeibeamten (Corentin, Peyrade), seine Anwälte (Derville, Desroches), seine Finanzleute (Nucingen, die Kellers), seine Wucherer (Gobseck, Palma, Bidault, genannt Gigonnet). Madame de Restaud? Wir haben sie in *Gobseck* kennengelernt. Rastignac? Er tauchte auf in *La Peau de Chagrin*, wo er nur erst ein Name und eine Gestalt war; immer wieder stoßen wir auf ihn im Lauf seiner Karriere, und er wandelt sich, wodurch in dem großen Gemälde die *Zeit* als Dimension auftritt. Vautrin wird später über dem Schicksal Rubemprés schweben, wie vorher über dem Rastignacs. Madame de Beauséant? Wir nehmen hier an der Niederlage einer Liebe teil, die in *La Femme abandonnée* erläutert wird. Eine ganze Adelsgesellschaft (Listomère, Kergarouët, Maufrigneuse, Grandlieu) drängt sich in den Salons der Vicomtesse de Beauséant. Von nun an wird diese Welt für Balzac, aus dessen Gehirn sie entstanden ist, viel wirklicher sein als die Welt, in der er lebt; er wird Neuigkeiten von ihr erzählen, wie man die aus der wirklichen Welt berichtet: »Und nun lassen Sie uns von ernsten Dingen sprechen: Mit wem soll Eugénie Grandet verheiratet werden?« Oder auch, viel später: »Wissen Sie schon, wen Félix de Vandenesse heiratet? Ein Fräulein de Granville. Das ist eine ausgezeichnete Partie ...«

Diese Idee des *Wiederauftretens* scheint sehr natürlich. Alle großen Romanciers könnten sie verwenden; jeder trägt eine bestimmte Zahl von Gestalten in sich, die ihm am Herzen liegen und die er, unter verschiedenen Namen, öfters wieder verwendet. Für Stendhal ist dies der Mann, der er hätte sein wollen: Fabrice del Dongo oder Lucien Leuwen; die Frau, die er hätte lieben wollen: Madame de Rênal, Madame de Chasteller; der zynische, geistreiche Greis: Vater Leuwen, der Marquis de la Mole. Auf diese Weise hatte Balzac die gedoppelte Gestalt Ferragus-Vautrin gezeugt, und diese beiden Personen waren Projektionen seines Machtwillens. Dann fand er es einfacher, Vautrin entwischen und neu auftreten zu lassen, denn bei ihm handelt es sich um ein sehr seltenes Exemplar eines Bösewichts. Im Gegensatz dazu braucht er für den ehrgeizigen Dandy eine ganze Mannschaft, angefangen bei Henri de Marsay, dem Mann von Eisen, der Premierminister wird, La Palférine, Maxime de Trailles bis hin zum armen Paul de Manerville; er braucht eine Handvoll großer Kokotten: die Herzogin von Langeais, die Fürstin von Cadignan, die Marquise d'Espard.

Natürlich erwies es sich, damit die vor dem großen Plan entstandenen Romane darin ihren Platz fänden, als nötig, einige Namen, einige Jahreszahlen zu verändern. Doch was sie dadurch gewannen! Winzige Episoden eröffneten nun unendlich weite Perspektiven. Manchmal wird die Gegenwart durch die Zukunft erhellt; noch häufiger nähren sich die neuen Romane von der Vergangenheit. Ein Gespräch nach dem Souper enthüllt plötzlich die Wahrheit über eine bis dahin geheimnisvolle Gestalt. Alles ereignet sich wie im Leben, dessen Schattendunkel wir nur nach und nach durchschauen. Wir lernen die Menschen durch Zufälle kennen, durch halboffene Türen, durch unerwartete Geständnisse. Das schönste Beispiel ist de Marsay, den wir nie bei seiner politischen Tätigkeit beobachten und den wir dennoch »als den einzigen Staatsmann seit Talleyrand« kennen; oder noch deutlicher Ronquerolles, »eine wunderbare Skizze ... Man begegnet ihm, man kennt ihn kaum; doch auf alle Fälle kennt man ihn ausreichend genug. Er gehört zu den Dreizehn, er ist nichts anderes ...«

Auf diese Weise entsteht eine umfassende Realität, die unendlich größer ist als die der einzelnen Teile. Kritiker haben eingewendet: »Wie sollen wir eine Gruppe mit begrenztem Rollenkreis als eine Welt ansehen können? Wie sollen wir glauben, ganz Paris werde durch Bianchon behandelt und beschäftige als Anwalt einzig Derville? Wie es für möglich halten, daß Sérisy, Bauvan und Granville so lange das gesamte französische Justizwesen geleitet haben sollen?« Es entspricht jedoch einfach der Wahrheit, daß zu allen Zeiten eine recht wenig zahlreiche Elite ein ganzes Land leitet, und daß die Heldinnen der großen Liebesabenteuer innerhalb einer Epoche an den Fingern einer Hand abgezählt werden können. Andererseits erlaubt eine Konvention des Romanschaffens, die als notwendig anerkannt ist, eine Vielheit durch einige Figuren darzustellen. Eine der Funktionen der Kunst besteht darin, den ungeordneten Gestaltenreichtum des Lebens durch eine einsehbare Ordnung zu ersetzen. Der Künstler vermag es, in diesem von ihm erbauten Universum genügend Geheimnis und Zufall wirken zu lassen und dadurch die Illusion des quellenden Überflusses hervorzurufen.

Niemals zuvor hatte Balzac mit solcher Bestimmtheit gearbeitet. Den *Père Goriot* schrieb er in Tagewerken von jeweils sechzehn oder achtzehn Stunden (im November 1834 bis zu zwanzig Stunden täglich) zuerst auf Saché, dann hauptsächlich in der Rue Cassini in Paris. »Ein Meisterwerk«, kündigte er der »Fremden« an. Er hatte vorgehabt, das Buch schnell zu beenden und Madame Hanska in Wien am sich jährenden »unvergeßlichen Tag« (26. Januar) zu sehen. Doch während der Arbeit am Ende des Romans mußte er gleichzeitig schon die Korrekturbogen des Anfangs lesen, weil das Werk in *La Revue de Paris* erschien. Am 15. Dezember liegt er »arbeitsunfähig zu Bett, kann nichts tun, nichts hören«. Vergebens rief ihn die Herzogin von Abrantès und warf ihm vor, er vernachlässige sie. »Es gibt eine Tatsache«, antwortete er ihr, »die meine Existenz beherrscht: das ist unaufhörliche, pausenlose Arbeit ... Schreiben kann ich nicht, meine Müdigkeit ist zu groß. Glauben Sie also nichts Schlechtes von mir. Sagen Sie sich: *Er arbeitet Tag und Nacht*, und seien Sie nur über eines erstaunt: daß Sie nicht schon meine Todesnachricht bekommen haben. Ich will in die Oper oder in die Italienische Oper, das sind meine einzigen Zerstreuungen, weil ich dort weder zu denken noch zu sprechen brauche, sondern nur zu schauen und zu hören ...«

Zulma Carraud brachte einen zweiten Sohn zur Welt, der seltsamerweise Yorick genannt wurde (aus Liebe zu Sterne, also zu Balzac); er »küßt ihn auf die Stirn«, aber aus der Ferne. Die Zeit fehlt ihm, auf einen Sprung nach Frapesle zu gehen. »Noch nie ist der mich mit sich reißende Strom so reißend gewesen; noch nie hat ein auf majestätischere Weise schreckliches Werk über ein Menschengehirn geboten. Ich gehe zur Arbeit wie der Glücksspieler zum Spiel; ich schlafe nicht länger als fünf Stunden; ich arbeite achtzehn Stunden und bin danach erschlagen; aber Euer Gedenken macht mich manchmal wieder frisch. Ich kaufe La Grenadière, ich bezahle meine Schulden ...« Am sechsundfünfzigsten Geburtstag der Mutter, die sie mit einer Freundin in Chantilly untergebracht hatten, wollten Laure und Honoré sie besuchen, doch wie? Alles hält sie in Paris fest. Als Buße in Ehren schenken sie ihr gemeinsam eine Uhr an blauem Band. Doch darüber ja kein Wort zu Surville, »denn ich habe einen Mann«, schrieb Laure, »der von solchen Herzensaufmerksamkeiten nichts versteht ...«

Madame de Castries ließ Balzac noch einmal auf reizende Weise durch ihren Onkel, den Herzog von Fitz-James, nach Quevillon einladen. Doch der nicht beendete *Père Goriot* trug den Sieg über die vollendete *Duchesse de Langeais* davon; außerdem ertrug Balzac sehr schlecht das plötzliche Interesse der Marquise für einen Schriftsteller, den er haßte: Sainte-Beuve. Dieser hatte 1834 einen Roman veröffentlicht: *Volupté.* Madame de Castries hatte ihm als unverbesserliche Löwenjägerin geschrieben: »Der Versuch, auszudrücken, wie tief Ihr schönes Buch mich bewegt hat, wäre eine schwierige Aufgabe für eine in allem, außer den Kümmernissen des Lebens, unwissende Frau ...«

Diese alte Masche hatte Erfolg gehabt. Ein Schriftsteller ist für eine erfahrene Schlingenlegerin ein leicht zu fangender Vogel. Der Kritiker und die Leserin hatten sich verbündet. Sainte-Beuve, eine Kanonikus-Natur, stellte keine so heißblütigen Forderungen wie Balzac; intellektuelle Freundschaft stellte ihn zufrieden. Eine sehr zarte Freundschaft übrigens (denn die Marquise schenkte Sainte-Beuve das silberne Kreuz, das Viktor von Metternich auf seinem Sterbebett geküßt hatte), worüber Balzac wütend war. In dieser Stimmung schrieb er einen sehr harten Brief, in dem er sie *Madame* nannte. Zuerst geriet sie in Harnisch, dann aber versuchte sie, ihn zurückzuerobern.

Die Marquise de Castries an Balzac, 29. Oktober 1834: »Ich komme nicht, um die so oft versprochene Freundschaft von Ihnen wieder zu erbitten. Nein, wenn Sie sie nicht mehr im Herzen tragen, sollen Sie sie auch nicht auf den Lippen haben ... Heute nacht hat mich ein grausamer Traum gequält, und ich fühle die gebieterische Notwendigkeit, mich an Sie zu wenden. Mein Freund, man bricht mit einer Mätresse, doch nicht mit einer Freundin, einer Freundin, die sich an Ihrem Glück freuen und Ihren Kummer teilen will, einer seit drei Jahren mitdenkenden Freundin; einer so traurigen und so kranken Freundin! Ach, lieber Gott, ich habe nur noch Tage zu leben; warum werfen Sie noch einen Kummer mehr, und dazu einen so schmerzlichen, auf mich? Dieses *Madame* hat mir sehr weh getan! Erinnern Sie sich doch an Aix, an den Brief aus *Louis Lambert*, den Sie mir dorthin geschickt hatten, denken Sie an den Bach, die zerstörte Mühle, an die Chartreuse – soll ich mich denn allein erinnern? ... Wenn es nicht möglich ist, dann schicken Sie mir nichts; Ihr Schweigen soll mir dann sagen, daß alles zu Ende ist. Alles zu Ende! Ach nein, nicht wahr? Sie lieben mich noch. Ich bin noch Ihre Freundin, Ihre Marie. Adieu, lassen Sie mich nicht auf dieses Wort warten, das mein Herz schneller schlagen lassen wird ...«

Wie sie sich demütigte, diese stolze Frau! Er zögerte lange mit der Antwort; ganz konnte er sich dennoch nicht von ihr losreißen und gestand seine Schwäche ein: »Sie haben langsam, eins nach dem andern, die zahllosen Bänder gelöst, die ich so gerne gehalten hätte, doch es ist Ihr eigenes Privileg, mit einem einzigen Wort alles wieder neu zu knüpfen ...«

Als er sich zu Beginn des Jahres 1835 in seiner Erschöpfung einige Ruhetage genehmigte, beschloß er, sie in La Bouleaunière bei seiner lieben kranken Madame de Berny zu verbringen. »Sie ist jetzt sechzig Jahre alt. Ihre Leiden haben sie verändert und niedergebeugt. Meine Zuneigung hat sich verdoppelt. Ich sage es ohne Stolz, weil ich kein Verdienst darin finde. Es liegt in meiner Natur, die Gott so gemacht hat, daß ich das Schlimme vergessen kann, da ich unaufhörlich die Wohltaten fühle. Ein mich liebendes Wesen läßt mich immer erbeben. Edle Gefühle sind so fruchtbar. Warum schlechte suchen? ...« Einem treuen Freund, Auguste Borget, vertraute er seine Schmerzen an: »Madame de Berny leidet an einer tödlichen Krankheit: Herzerweiterung – Aneurysma; sie ist unheilbar. Mein Leben ist in seiner Grundfeste getroffen. Wenn mir dieses Himmelslicht genommen wird, ist jeder kommende Tag weniger schön. Sie ist, wie Sie wissen, mein Gewissen und meine Kraft; sie steht über allem, wie der Himmel, wie der Genius des Glaubens, der Hoffnung; ich weiß nicht, was aus mir werden soll. Sie kennt ihr Leiden nicht, aber sie weiß genau, daß sie im Sterben liegt ...«

Und an Madame Hanska: »Sie werden, wenn diese Frau mir genommen wird, die einzige und einmalige Frau sein, die mir ihr Herz eröffnet hat. Sie allein werden dann das *Sesam* kennen, denn das Gefühl der Madame Carraud in Issoudun ist ungefähr der Doppelgänger des Gefühls meiner Schwester ...« Er weinte über eine Gefühlsbindung, die nun durch den Tod aufgelöst werden sollte, und klammerte sich gleichzeitig an die andere, jüngere Beziehung, die für den überbelasteten Mann, ohne daß er sich dessen bewußt wurde, dadurch um so wertvoller war, weil die räumliche Entfernung sie leichter werden ließ. Welche Kraft muß eine Mätresse besitzen, auch aus der Ferne wirken zu können, und welchen Zauber! »Eine Frau bedeutet viel in unserem Leben, wenn sie Beatrice und Laura zugleich ist, und noch mehr dazu ...« Beatrice und Laura – Vorbilder an Diskretion.

Als *Le Père Goriot* am 26. Januar beendet war (und das Datum wurde auf diese Weise doppelt unvergeßlich), schickte Balzac das durch Spachmann eingebundene Manuskript mit folgender Widmung an Eve Hanska: »Für Madame E. de H. – Alles, was die Muschiks arbeiten, gehört ihren Herren. DE BALZAC. Doch bitte ich Sie, zu glauben, daß ich Ihnen dies nicht vermöge der Gesetze schulde, die Ihre armen Sklaven regieren, daß ich es Ihnen selber zu Füßen legen würde, angetrieben durch die aufrichtigste Neigung. 26. Januar 1835. Der Bewohner des Hôtel de l'Arc in Genf.« Eine ungetarnte Widmung, die Wenzeslas Hanski lesen konnte.

Die Leser der *Revue de Paris* und die »Fremde« bewunderten *Le Père Goriot*. Balzac selber wußte, daß dieses Buch über allem stand, was er bisher gemacht hatte. »Es gibt nur eine Stimme: *Eugénie Grandet, L'Absolu,* alles ist übertroffen.« Übrigens war die erste Auflage schon vor dem öffentlichen Verkauf vergriffen. Doch die Kritiker ließen sich nicht beschwichtigen. Sie tadelten Balzacs Übertreibungen. »Was für eine Welt! Was für eine Gesellschaft!« rief voller Tugendstolz *Le Courier français*. »Was für eine Karikatur der Vaterschaft! Was für schlechte Sitten! Welch zynische Schilderung! So viel ehebrecherische Frauen!« Vergeblich stellte Balzac in einem humoristischen Vorwort eine Statistik seiner Heldinnen auf und zeigte, daß achtunddreißig (von sechzig) tugendhaft waren; so weit hatte er das Wohlwollen getrieben, die früheren Sünderinnen auftreten zu lassen, damit er keine neuen schaffen mußte. Politischer Groll, pharisäerhafte Proteste und vor allem heftiger Neid vereinigten sich nun gegen Balzac.

Im Dezember 1834 spottete *La Mode* (früher eine Balzac freundschaftlich gesonnene Zeitung) über die Allgegenwart des Monsieur Balzac, »dessen Name einem unaufhörlich wie eine phantastische Erscheinung vor Augen flattert ... Monsieur Balzac ist der *Unvermeidliche* des Buchhandels; des Buchhandels, wohlverstanden, denn *Literatur* und *Buchhandel* sind keine Synonyme ... Es ist nicht unser Fehler, wenn uns dieser Gedanke anläßlich des Herrn Balzac kommt ... Monsieur Balzac, der mit Monsieur Paul de Kock die Ehre hat, seinen Namen in vier Zoll großen Buchstaben auf den Fensterscheiben aller Lesekabinette in Paris, der Umgebung und der Provinz zu sehen ... Monsieur Balzac verspricht uns in den Katalogen der Verleger, zehn Jahre lang den Appetit der kräftigsten Verbraucher moderner Bücher zu stillen. Gott stehe uns bei ...!« Der Mensch wurde herabgezogen, sein Name, sein Luxus, selbst seine Liebesbeziehungen. Wenn ein Renommée das übliche Maß überschreitet, verliert die Bösartigkeit jegliches Gefühl für Anstand.

Balzac hätte sagen können: »Lieber Gott, schütze mich vor meinen Freunden; vor meinen Feinden weiß ich mich selber zu schützen.« Doch er zog vor, zu arbeiten – und zu schweigen: »Wie verletzend auch die Angriffe und Verleumdungen sein mögen, ich stehe darüber. Ich antworte nicht ... Übrigens macht *Le Père Goriot* Furore; noch nie gab es einen solchen Eifer, ein Buch lesen zu wollen; die Händler nehmen Vorbestellungen entgegen. Das ist wirklich großartig ...«

XVIII

RUE DES BATAILLES

> Dieser geheimnisvolle Androgyne stellt sich meistens als ein Werk in zwei Bänden heraus. *Balzac*

Bevor Balzac am *Père Goriot* arbeitete, hatte er bei Madame Béchet in den *Scènes de la Vie parisienne* den Anfang einer eigenartigen und schönen Geschichte veröffentlicht: *La Fille aux yeux d'or (Das Mädchen mit den Goldaugen),* die er im Jahre 1835 beendete. Dieser sehr kurzen Geschichte, einer Episode aus *L'Histoire des Treize (Die Geschichte der Dreizehn),* ist große Bedeutung beizumessen. Und zwar aus folgenden Gründen: Sie beginnt mit einem glänzenden Essay über Paris, »dieses weite, unablässig durch Interessenstürme aufgewühlte Feld«, wo einem nicht Gesichter begegnen, sondern Masken. »Masken der Schwäche, Masken der Stärke, Masken des Elends, Masken der Freude, Masken der Heuchelei; alle wirken erschöpft, alle tragen unauslöschliche Zeichen keuchender Begehrlichkeit. Was wollen sie? Gold oder Lust?«

In dieser Hölle, in der »alles qualmt, alles verbrennt, alles glänzt, alles siedet, alles flackert, verdunstet, erlischt«, unterscheidet Balzac fünf Klassen: Die *Welt, die nichts besitzt,* den Arbeiter, den Proletarier, den kleinen Krämer; dann als zweite Gruppe: die *Welt, die etwas besitzt:* Kaufleute, Angestellte, Bürovorsteher, mit einem Wort: den Bürger. Was will der Bürger? »Das Seitengewehr der Nationalgarde, einen gefüllten, unveränderlichen Suppentopf, einen anständigen Platz auf dem Père-Lachaise und für das Alter etwas auf gesetzliche Weise gewonnenes Geld.« Der dritte Kreis dieser Hölle, »die vielleicht eines Tages ihren Dante finden wird«, besteht aus Sachwaltern, Advokaten, Ärzten, Notaren, also aus den Beichtvätern dieser Gesellschaft, die sie verachten. Vierter Kreis: die Welt der Künstler, auf edle Weise zerstörte Gesichter, aber eben zerbrochen und hingemordet durch Rivalitäten und Verleumdungen. Endlich im fünften Kreis die Aristokratie, die Hochfinanz in gut gelüfteten, vergoldeten Sälen, die reiche, müßige, begüterte Welt. Nichts Wesenhaftes ist hier zu finden. Höflichkeit überdeckt eine unablässige Verachtung. Eitelkeit und Langeweile regieren. Ein hohles

Leben formt Gesichter aus Karton, »diese Physiognomie der Reichen, auf der die Impotenz Grimassen schneidet, auf der sich das Gold widerspiegelt und woraus die Intelligenz sich geflüchtet hat«. So entstand auf wenig Seiten ein riesenhaftes Freskogemälde, zu düster gemalt, aber bewundernswert.

Dieses ungeheuerliche Pariser Getriebe, fährt Balzac fort, bringt einigen privilegierten Leuten Vorteile; hier kann man auf einige Frauen stoßen, die wie Orientalinnen leben und ihre Schönheit pflegen, und auch auf einige reizende Gesichter junger Männer. »Mit der jugendlichen Schönheit englischen Blutes vereinen sie die feste Geschlossenheit meridionaler Züge, französischen Esprit und Reinheit der Form. Das Feuer ihrer Augen, köstliche Röte der Lippen, das glänzende Schwarz ihres Haars, weißer Teint und ein vornehmer Gesichtsschnitt machen sie zu schönen Menschenblüten, die auf dem Hintergrund der anderen, der glanzlosen, ältlichen, krummnasigen, grimassierenden Physiognomien prächtig anzusehen sind.«

Hier erscheint die Hauptfigur der Novelle: ein Adonis, der geheimnisvolle Henri de Marsay, natürlicher Sohn des Lord Dudley, einer der Dreizehn. »Eine Frau brauchte ihn nur zu sehen und wurde verrückt nach ihm.« Doch unter dieser Lebensfrische, hinter diesen blauen Augen glaubt Marsay weder an Männer noch an Frauen, weder an Gott noch an den Teufel. Nun begegnet er auf der Terrasse des Feuillants einem Mädchen von ergreifender Schönheit, und blitzartig sind beide einander verfallen. Obwohl Paquita Valdès, das Mädchen mit den Goldaugen, eifersüchtig bewacht wird, gelingt es ihm, bis zu ihr vorzudringen. In einem weißen, für die Liebe geschaffenen Boudoir von unerhörtem Luxus wird sie seine Geliebte. Er muß feststellen, daß sie, obwohl jungfräulich, sehr erfahren ist. Paquita ist in der Lust nicht unerfahren, weil sie eine Frau liebt; diese läßt sie durch einen des Mordes fähigen Mulatten überwachen. Diese Frau ist die Marquise de San Real, Tochter des gleichen Lords Dudley, und also Halbschwester Henri de Marsays. Paquita hatte sich in den Tuilerien umgewendet, um den jungen Mann genauer anzusehen, weil sie durch die verwirrende Ähnlichkeit aufs tiefste betroffen war. Nun liebt sie doppelt ein und dasselbe Wesen: Mann und Frau. Auf diese Weise wird eine grausame und etwas extravagante Lösung vorbereitet: Als Henri de Marsay nach der Entdeckung, daß das Mädchen mit den Goldaugen durch eine andere Liebe gebunden ist, mit Unterstützung durch die Dreizehn als Rächer auftritt, ersticht die Marquise mit einem Dolch die Verräterin Paquita. Bruder und Schwester stehen im blutbesudelten Gemach einander gegenüber. Die Marquise geht ins Kloster; Henri wird der Geliebte der Delphine de Nucingen.

»Dies ist die herrliche, nicht wieder zu vergessende Geschichte, in der Wollust hervorwächst aus Geheimnis, der Orient die schweren Augen aufschlägt mitten im schlaflosen Paris, Abenteuer sich verschlingt mit Wirklichkeit, die Blüte der Seele aufbricht am Rande vom Taumel und Tod, und die Gegenwart mit einer solchen Fackel angeleuchtet wird, daß sie daliegt wie die großen Zeiten uralter Träume ... Die Geschichte ..., deren Anfang von der Hand Dantes sein könnte, deren Ende aus Tausendundeiner Nacht und deren Ganzes von niemand auf der Welt als von dem, der es geschrieben hat ...« So urteilt ein Dichter (Hugo von Hofmannsthal). Die Übertreibungen des Luxus wie des Stils schockieren allerdings etwas. Doch darf das so weise Wort Latouches in Erinnerung gerufen werden: »Lassen Sie ruhig das schwarze Mal stehen, das Ihre Mätresse unter der linken Brust hat; es ist ein Schönheitsmal.«

Der Stoff erschreckte Madame Hanska trotz dem Interesse an der Erzählung. Zulma Carraud wendete den Kopf ab. Es war dennoch nicht zum ersten Male, daß sich ein Romancier für Lesbierinnen interessierte. Balzac kannte die erotische Literatur des 18. Jahrhunderts, und *La Religieuse (Die Nonne)* Diderots hatte ihm die tollen Ausschweifungen dieser Leidenschaft enthüllt. *La Fragoletta* Latouches beschwor die zwielichtige Freundschaft Lady Hamiltons mit der Königin von Neapel, Maria Carolina. Balzac selber hatte in *La Physiologie du Mariage* geschrieben: »Ein Mädchen wird ein Internat vielleicht jungfräulich verlassen, keusch nie«, und er zeichnet diese »Lustversuche, dieses wollüstige Betasten, dieses Scheinwesen von Glück«. Unter seinen Notizen für kommende Pläne figurierte *L'Amour au harem:* »Eine Frau, die eine andere Frau liebt, und was sie alles unternimmt, um sie vor dem Meister zu schützen.« Vor allem kannte er das Liebesverhältnis zwischen George Sand und Marie Dorval, das damals zeitweilig ein fruchtbares Thema der mündlichen Chronique scandaleuse war. Balzac hatte in jener Zeit in der Rue Cassini Jules Sandeau, »der die erste dieser beiden Frauen geliebt und die zweite als Mätresse gehabt hatte«, nach dem Bruch bei sich aufgenommen, denn »er konnte hier die durchdringenden Düfte vergangener Tage wiederfinden«. Außerdem war Balzac intimer Freund des Arztes Emile Regnault, eines der Modelle des Horace Bianchon und Vertrauten des Paares Sandeau-Sand. Daß Balzac an Marie Dorval gedacht habe, drückt er indirekt in einem Satz des Nachworts zu *La Fille aux yeux d'or* aus: »Falls einige Menschen sich für das Mädchen mit den Goldaugen interessieren, könnten sie sie nach dem Fallen des Vorhangs am Ende des Stückes wieder erblicken, wie eine Schauspielerin, die vor aller Augen erdolcht worden ist, aber gesund und munter hinterher ihren Kranz in Empfang nimmt ...«

Dieses Balzac nahliegende Exempel war nicht der einzige Grund zur Wahl dieses Stoffes. Wer als Autor die gesamte Gesellschaft seiner Zeit schildern wollte, konnte das weite Gebiet der Inversion nicht vernachlässigen. Die Freundschaft Vautrins für Eugène de Rastignac glich der Leidenschaft der Marquise de San-Real für Paquita Valdès. »Ja, ich liebe Sie!« sagte Vautrin zu Eugène, und sein Schöpfer Balzac schreibt der Freundschaft zwischen Männern eine sozusagen mystische Bedeutung zu. Théophile Gautier, der ihn genau gekannt hat, schrieb: »Einer der Träume Balzacs war die heroische, aufopfernde Freundschaft, zwei Seelen, zwei mutige Herzen, zwei intelligente Köpfe, verschmolzen in einem Willen.« Das Verhalten von Pierre und Jaffier aus dem »Geretteten Venedig« (des englischen Dramatikers Otway), zweier Verschwörer, die für einander zu sterben bereit waren, hatte ihn stark beschäftigt, und er sprach öfters davon; Vautrin sagt zu Rastignac: »Pierre und Jaffier, das ist meine Leidenschaft.«

L'Histoire des Treize war die Geschichte einer solchen auf eine ganze Gruppe ausgedehnten Verschmelzung von Willenskräften (doch ohne sinnliches Band). Von dieser Idee angeregt, gründete Balzac später einen Geheimbund »Rotes Pferd«, dessen Mitglieder sich in jeder Lage helfen, auf jede Eilbestellung durch den »Stall« antworten und die »Schlüsselpositionen« des Verlagswesens, der Presse und des Theaters an sich ziehen sollten. Théophile Gautier, Léon Gozlan, Granier de Cassagnac, Alphonse Karr, Louis Desnoyers, Jean-Toussaint Merle waren unter den »Pferden«, die Balzac an einem Restauranttisch um sich gruppierte, wobei er ihnen seine Feldzugspläne darlegte. »Dieser Teufelskerl«, berichtete Théophile Gautier, »hatte eine solche Kraft der Vision, daß er jedem einzelnen von uns mit allen Einzelheiten das glänzende, ruhmvolle Leben ausmalte, das der Bund ihnen ermöglichen würde.« Tatsächlich war ja Balzac von der Idee, die Gesellschaft zu erobern und »in aller Bescheidenheit als Pair von Frankreich, Minister und Millionär zu enden«, seit seiner Jünglingszeit besessen.

Balzac mußte recht bald das »Rote Pferd« auflösen und zu der Einsicht kommen: »In Frankreich sind Männerbünde unmöglich.« Noch lange aber reizte ihn die Rolle, einen jungen Mann zu protegieren. In der Rue Cassini wohnten Auguste Borget, später Jules Sandeau bei ihm im Haus. Philarète Chasles deutet in dem unveröffentlichten Teil seiner *Mémoires* an, die Freundschaften hätten als anstößig gegolten: »Er (Balzac) hatte überhaupt keinen Geschmack an Frauen, und die einzige Gestalt, zu deren Bewunderer die öffentliche Meinung ihn gemacht hat, war Madame Canel (die Frau seines Verlegers); sie gefiel ihm, sagte man, wegen der üppigen Schönheit ihres den ganzen Körper einhüllenden Haares, in dem die Hände des naturalistischen Romanciers mit Entzücken gewühlt haben sollen.« Keinen Geschmack an Frauen! Die Tatsachen, die Texte zeigen, wie absurd diese

Vermutung ist. Niemand hat besser als er den von einem Jüngling empfundenen Heißhunger nach Frauen beschrieben. Niemand hat mehr von der Frau erwartet, niemand hat ihr mehr gegeben. Alle seine Geliebten haben seine Fähigkeiten als Liebender gerühmt. Die Briefe Madame Bernys fließen von befriedigter Sinnlichkeit über; die Briefe an Madame Hanska enthüllen kecke Intimität; die in Männern erfahrene Herzogin von Abrantès verschmähte ihn nicht. Der Frauenfreund in ihm kam dem Liebenden gleich. Er verstand die Frauen besser als irgendeiner. Auf diese Behauptung hätte ein Philarète Chasles geantwortet, gerade diese intuitive Kenntnis der Frau beweise, daß etwas Feminines in seiner Natur gewesen sei. Ohne Zweifel. Ein großer Romancier muß alle Bedingungen des Menschseins in sich tragen. Er muß als Frau fühlen, um bestimmte Szenen schildern zu können. Sicherlich beweist Balzacs Ton bei der Beschreibung eines Epheben, daß er männliche Schönheit bewunderte. Vielleicht empfand er für einen solchen Knaben eine verdrängte Neigung. Er erahnte Vautrin; er stellte ihn sich vor; er beneidete ihn vielleicht; er ahmte ihn nicht nach.

Wir wiesen schon darauf hin, wie besessen Balzac von der Vorstellung eines Androgynen war. Séraphitus-Séraphita, gleichzeitig Mann und Frau in einem Wesen, fanden wir schon in anderer Form (Henri de Marsay und seine Schwester) in *La Fille aux yeux d'or*. Diese Dualität entspricht im Autor selber der Koexistenz eines starken, empörerischen Wesens, das alles verlangt; das mehrere Male aus Machthunger sich eine magische Kraft oder die Unterstützung durch eine Geheimgesellschaft gewünscht hat; das sich heroisch und wild in diesem »schrecklichen Kampf mit dem Engel«, wie es die literarische Schöpfung ist, gezeigt hat – und eines »armen Jungen«, wund und rein, der mütterlichen Schutz (Madame de Berny, Madame Hanska, Zulma Carraud) braucht und der sich, wie das gefühlvolle Vokabular seiner Liebe beweist, »in die Frau einstimmt«. Das alles ist weder Inversion noch Perversion, sondern eine dem Übermaß von Energie beigemengte Schwäche; zweifellos war diese Dualität für den Schöpfer notwendig.

Im Fall Jules Sandeau ist nichts unklar. Im August 1834 aß er mit Balzac zu Mittag und erzählte, er sei nach dem Bruch mit George Sand nahe daran gewesen, sich umzubringen; er sei ohne Selbstvertrauen, ohne Lebensziel, ohne Unterstützung. Balzac wollte diesem unglücklichen jungen Menschen geistiger Vater sein und schlug ihm vor, in der Rue Cassini die Räume von Borget, der gerade auf Reisen war, zu beziehen. Um Sandeaus Bedenken zu zerstreuen, wollte Balzac ihn damit beschäftigen, das Drama über die Grande Mademoiselle zu schreiben, dessen Szenario Balzac selber schon skizziert hatte. »Ich nehme Jules Sandeau auf mich; ich muß ihn möblieren und dann auf den literarischen Ozean hinauslotsen, diesen armen Schiffbrüchigen voll Herz ...« Ihn zu möblieren ist sehr teuer, ihn zu lotsen wird schwierig sein. Was tut's? »Mein Sandeau« wird zurückzahlen, wenn er durch die Grande Mademoiselle reich geworden ist.

Am 1. November nahm »der arme Schiffbrüchige« an einem Diner teil, das Balzac den fünf Löwen oder »Tigern« der »höllischen Loge« gab: »Ich treibe tollen Aufwand ohne jeden Sinn. Ich habe Rossini und Olympe, seine ›cara donna‹, bei mir; sie soll präsidieren ... ich habe die exquisitesten Weine aus ganz Europa ... die seltensten Blumen, das allerfeinste Essen ...« Lachsforelle, Hühner, Eis, alles mit Wechseln bezahlt. Der Goldschmied Lecointe hatte fünf silberne Platten geliefert, drei Dutzend Gabeln, eine Kuchenschaufel mit reich verziertem Handgriff, und das alles mußte nach Erreichung des gewünschten Effektes geradewegs ins Leihhaus wandern. Was sagte »mein Sandeau« darüber? Er war durch diesen Lebensstil völlig benommen und vor allem durch die rasende Arbeitsweise in Schrecken versetzt. »Sandeau meinte, der Ruhm könne solches Arbeiten nicht aufwiegen, und er möchte lieber sterben als hierbei mitmachen ...«

So begann eine gegenseitige Ernüchterung. Sandeau bekam Schwindel. Balzac hatte ihm für das Drama den Auftrag gegeben, Material zu sammeln; er kam aber nicht voran. »Ich suchte und sammelte mit heraushängender Zunge«, sagt Sandeau, »und doch gelang es mir nicht, ihn zufriedenzustellen; ich war nur glücklich, wenn ich zu Tode erschöpft auf meinem schmalen eisernen Bett liegen konnte und nicht durch diesen Titanen aufgeschreckt wurde, wenn er gerade den Wunsch hatte, mir soeben geschriebene Seiten seines neuen Romans vorzulesen oder mich an die Korrektur seiner zahllosen Druckbogen zu setzen.« An Balzac schrieb Sandeau: »Sie macht der Kampf größer, mich tötet er; Sie brauchen den Sturm, ich muß Ruhe haben.« Balzac indessen beurteilte den kleinen Jules jetzt so, wie ihn George Sand beurteilt hatte. Trägheit mußte ihn, den Schwerarbeiter, erstaunen und außer sich bringen. »Sie können sich niemals eine derartige Faulenzerei vorstellen, eine derartige Gleichgültigkeit. Er hat keine Energie und keinen Willen ... An ihm muß Freundschaft verzweifeln, wie er Liebe zur Verzweiflung gebracht hat ...«

Die Lösung geschah jedoch von seiten Sandeaus, und Balzac hatte darunter »finanziell und seelisch« zu leiden. An einem Tag im März 1836 riß der kleine Jules aus und hinterließ Balzac eine nicht bezahlte Miete, alle seine Schulden und einen schmeichelnden Brief: »Mein Mar, schon lange fand ich, es herrsche wenig Würde in meinem Leben. Ich genoß einen Luxus, der in keinem Verhältnis zu meiner Arbeit stand, ich hatte täglich weiter anwachsende Schulden, und manchmal hatte ich das Gefühl, ich gehe geradenwegs auf den Selbstmord zu. Ich wollte arbeiten und vermochte es nicht. Nun, jetzt habe ich alles aufgegeben ... Adieu, alter Freund, Ihr Sie liebender Musch.« Und später: »Geliebter Mar, ich hatte mit diesem letzten Tag gerechnet, um Sie zu umarmen ...« In diesem *Mar* und diesem *Musch* hat man die Anzeichen einer verdächtigen Freundschaft sehen wollen. Es handelte sich jedoch um nichts anderes als um einen Scherz am Mittagstisch. In der Art, wie Vautrin an die Wörter ein *rama* anhängt und Rastignac Marquis de *Rastignacorama* nennt, machte sich Balzac den Spaß, aus der Argotnachsilbe *mar* eine Vorsilbe zu machen, und nannte sich selber: der *Mar*-tyr (Märtyrer), der *Mar*-about (Marabu). Wegen seiner Mönchskutte nannten ihn die Freunde *Dom Mar*. Übrigens hatte Balzac am Tag des letzten oben genannten Briefes Sandeau schon längst mit der Köchin in der Rue Cassini allein gelassen und ein Schild ans Hofgitter gehängt: *Wohnung zu vermieten*. Inzwischen hatte er sich in Chaillot in der Rue des Batailles einen »unauffindbaren Schlupfwinkel« eingerichtet.

Warum? Einesteils, um den ihn bedrängenden Gläubigern zu entgehen. Er hatte in vier Jahren sehr viel Geld verdient, doch nichts zurückgezahlt. Außer der seiner Familie geschuldeten Summe lasteten auf ihm sechsundvierzigtausend Francs Schulden. Entgegen der oft geäußerten Behauptung stammten sie keineswegs aus dem Bankrott der Druckerei, sondern aus seiner übertrieben aufwendigen Lebensführung. Die Ausgaben Balzacs waren ungeheuer hoch. Um mit Erfolg arbeiten zu können, war es ihm ein Bedürfnis, seine Zimmer mit bronzenen Kunstwerken zu füllen. mit schönen Möbeln, mit gut gebundenen Büchern und weichen Teppichen. Der Goldschmied Lecointe lieferte nicht nur silbernes Tafelgeschirr, sondern auch zwei Spazierstöcke, einen mit einem roten Karneol, den anderen mit einem türkisbesetzten Knauf. Die Spazierstöcke Balzacs wurden berühmt; Stöcke aus Rhinozeroshorn, die Knäufe mit wertvollen Steinen besetzt. Delphine de Girardin nannte einen ihrer Romane: *La canne de Monsieur Balzac (Der Spazierstock des Herrn Balzac)*; sie hält diesen Stock, wie sie uns erzählt, für den Zauberstab einer Fee, der es Honoré ermögliche, unsichtbar zu werden, damit er besser das geheime Leben der Menschen beobachten könne.

All das ist Schmuck, lebengewordener Traum, Märchenwelt. Balzac wünscht sich, für einen Abend lang solle ein Talisman alle Voraussetzungen von Geld, Zeit und Raum aufzulösen scheinen. Doch wenn Balzac sich nach einem Diner, von dem Rossini erklärte, er habe besseres nicht einmal bei Fürstlichkeiten gesehen, getrunken und gespeist, wieder an die Arbeit macht, kehrt er in eine ernste, wahre Welt, die der Pension Vauquer oder des Hauses Nucingen zurück: Hier ist er glaubwürdig und echt; hier beurteilt er mit klarsichtigem Weltverstand die tollen Ausgaben Goriots; hier schlüpft er in seine Mönchskutte, die er für die Arbeit mit einem Strick gürtet; hier unternimmt er ungeheure Spekulationen und türmt mit einer Intelligenz ohne Fehl die kolossalen Reichtümer Nucingens aufeinander. Von Zeit zu Zeit versucht er, die brillanten Vorstellungen seiner Gestalten ins eigene Leben zu übertragen. Erfolglos, denn sowie die äußere Welt Widerstand leistet, flüchtet er in die innere Welt, die Geldaffäre wird zu einem Roman – und hört auf, einträglich zu sein.

Ist dieser Luxus Eitelkeit? Der Fall ist viel komplexer. Alle diese Punkte sind Teil einer monumentalen Fiktion, deren Held Balzac ist; er schreibt sie gleichzeitig in seinem Kopf und in der Welt. Die Grenzlinie zwischen Einbildungskraft und Leben ist bei ihm niemals klar gezogen. Gibt er ein Diner, hat jede Flasche ihre Geschichte. Dieser Bordeaux ist dreimal um die Erde gereist; dieser Rum stammt aus einer Tonne, die länger als ein Jahrhundert im Meer geschwommen ist. Sein Tee ist bei Mondlicht von einer Tochter des Kaisers von China gepflückt worden. Und wenn einer fragt: »Ist das auch wirklich wahr, Balzac?« lacht er sein kindliches Lachen: »Kein einziges Wort ist wahr!« In dem »unauffindbaren Schlupfwinkel« der Rue des Batailles hat er sich ein Traumboudoir eingerichtet, das gleiche, das er für das Mädchen mit den Goldaugen im Stadtpalais San-Real geschildert hatte. Ein Diwan von fünfzig Fuß Umfang aus weißer Kaschmirwolle, ausgeputzt mit rautenförmig angebrachten Schleifen aus schwarzer und rosenroter Seide ...

»Das Gestell dieses ungeheuern Bettes ragte mehrere Zoll über die Polster, deren geschmackvolle Verzierungen den reichen Eindruck erhöhten. Dieses Diwanzimmer war mit rotem Stoff bespannt, über den indischer Musselin gebreitet war; dessen Muster war geriffelt, wie korinthische Säulen kanneliert sind, abwechselnd vertieft und gewölbt; oben und unten war er mit einem roten, mit schwarzen Ornamenten verzierten Band gerafft. Der rote Stoff wirkte unter dem weißen Musselin rosarot, er zeigte also die Farbe der Liebe, und die Fenstervorhänge aus indischem Musselin, mit rotem Taft gefüttert, nahmen diese Farbe auf; sie waren mit rot und schwarz geknüpften Fransen geschmückt. Sechs silbervergoldete Armleuchter mit je zwei Kerzen hingen in gleichen Abständen zur Erhellung des Diwans an den bespannten Wänden. Von der Mitte der strahlend weißen Decke, deren Kranzgesims in Gold abgesetzt war, hing ein Kronleuchter aus mattem Silber. Der Teppich glich einem orientalischen Schal; er zeigte dessen Muster und erinnerte an das Märchenland Persien, wo Sklavenhände ihn geknüpft hatten. Die Möbel waren mit weißem Kaschmirstoff, schwarz und rot posamentiert, bezogen. Die Stutzuhr und die Kandelaber waren alle aus weißem Marmor mit goldenen Beschlägen ...

Der schmeichelnde Eindruck der Stoffbespannungen, deren Farbe je nach der Richtung des Blickes wechselte und entweder ganz weiß oder ganz rosa schien, verband sich mit den Lichtwirkungen; die durchscheinenden Musselinbäusche wirkten wie Schnee. Die Seele wird unerklärlicherweise durch Weiß angezogen; die Liebe gefällt sich in Rot, und Gold schmeichelt den Leidenschaften; es besitzt die Kraft, ihre Phantasie zu beflügeln. Alles, was im Menschen selber unklar und geheimnisvoll bleibt, alle seine unausgesprochenen seelischen Neigungen fanden sich hier in ihren unwillkürlichen Sympathien wohltuend bestätigt. In dieser vollendeten Harmonie übereinstimmender Farben mußte eine Seele durch lustvolle, willenlose, schwebende Empfindungen antworten ...«

Aus seinen Kinder- und Jünglingsträumen, aus Enttäuschungen und Erniedrigungen erwuchs nach so vielen Jahren eine für einen Sultan aus Tausendundeiner Nacht und seine märchenhaften Sultaninnen ersonnene Dekoration.

Außer der Flucht vor den Gläubigern bestand noch ein weiterer gebieterischer Grund, aus der Rue Cassini zu verschwinden: Die Nationalgarde versteifte sich törichterweise darauf, aus ihm einen Wachsoldaten zu machen, als ob er ein Bürger der wirklichen Welt gewesen wäre; sie verurteilte ihn wegen Gehorsamsverweigerung zu einer Arreststrafe. Er mußte also verschwinden. Die Wohnung in der Rue des Batailles Nummer 13 war nicht auf den Namen Balzac, sondern den einer Madame Durand, Witwe, gemietet, einer erfundenen Gestalt. Niemand konnte ohne Kennwort ins Haus, einen Satz, der oft geändert wurde: »Die Äpfelzeit ist gekommen ... Ich bringe Spitzen aus Belgien ...« Über dem Erdgeschoß und dem ersten Stock, beide unbewohnt, mußte der Eingelassene durch zwei leere und verwahrloste Zimmer; dann gewahrte er am Ende eines öden Korridors eine Türe mit einer schweren Portiere, und wenn er sie beiseite geschoben hatte, entdeckte er plötzlich einen orientalischen Palast. War dies das Arbeitszimmer Balzacs oder das Boudoir der Paquita Valdès? Er hatte die Wände mit Matratzenpolstern versehen lassen, um sich Stille zu verschaffen und um die Schreie des Mädchens mit den Goldaugen zu ersticken. Er hoffte, auf diesem Liebesdiwan werde sich seine Peri niederlassen, eine schöne Engländerin, die er in der Österreichischen Botschaft kennengelernt hatte. Und wer weiß? Vielleicht Henriette de Castries, von der er sich nicht gänzlich zu lösen vermochte.

Balzac an die Marquise de Castries, um den 10. März 1835: »Lieber Gott, wie konnten Sie meinen, ich sei noch in der Rue Cassini? Ich lebe nur einige Schritte von Ihnen entfernt. Ihre Traurigkeit kann ich nicht leiden; ich würde sehr mit Ihnen schelten, wenn Sie hier wären. Ich möchte Sie auf einen großen Diwan setzen, wo Sie sich wie eine Fee in ihrem Palast fühlen würden, und ich würde Ihnen sagen, daß man in diesem Leben lieben muß, um zu leben ...«

Danach kündigte er an, er arbeite an einem Roman, »die große Gestalt der versprochenen Frau«, *Le Lys dans la Vallée*. Die Heldin sollte Henriette wie Madame de Castries heißen, was nach so viel Mißgeschick eine erstaunliche Huldigung darstellte. Alle seine Kräfte hatte er auf diese Arbeit gerichtet:

»Aus diesen Gründen lebe ich nicht ›mit meiner Mätresse eingeschlossen‹, wie die Leute Ihnen erzählen. Wenn ich bei der Arbeit, die ich leiste, die fünf oder sechs Personen hätte, die mir zugesprochen werden, würde ich verlangen, öffentlich gekrönt zu werden. Herkules wäre nur ein Liliputaner... Mich eine Stunde lang mit einer Frau zu zerstreuen, würde mir vielleicht sehr gut tun, doch der weiße, auf eine Lilie wartende Diwan wird wohl immer bleiben, was er ist. Zum ersten Mal in meinem Leben habe ich in meiner Umgebung diesen Blütentraum von Poesie verwirklicht, den ich sehen wollte. Als Jules Sandeau an dem Tag, da ich mich an die Arbeit setzte, hier ankam, sagte er, es mache ihm den gleichen Eindruck wie der Blick auf die Kathedrale von Palermo in *Robert le Diable*. Es ist weiblich!, aber sehr hübsch, sehr graziös weiblich. Danke für die Federn; danke für das Heidekraut; die arme Blume kommt in einen Abgrund von Arbeit. Warum kommen denn Sie nicht zu der Stunde, da ich aufstehe, und setzen sich wie ein Vogel für eine Stunde auf diesen Diwan? Wer in aller Welt erführe es? Wir beide ... Zwischen elf und ein Uhr könnten Sie einen poetischen und geheimnisvollen Augenblick erleben, doch Sie machen sich absichtlich viel zu alt, damit ich nicht an diese schönen Jugendfreuden denken soll ...«

Durch den Prinzen Alfred Schönburg, der als außerordentlicher Gesandter den Regierungsantritt Ferdinands I. als österreichischer Kaiser am Hofe Louis-Philippes anzukündigen und der Balzac in der Rue des Batailles besucht hatte, schickte er das Manuskript der *Fille aux yeux d'or* an Eve Hanska. Was *Séraphita* betraf, so mußte er zugeben, es gelinge ihm die Vollendung dieses schwierigen Buches nicht. Sein übermäßiges Arbeiten hatte ihn erschöpft. Die Natur ist unerbittlich. »Mein Leben ergreift das Gehirn; die Form verdickt sich durch die Untätigkeit des Körpers.« *Balzac an die Fremde:* »Nun habe ich seit ungefähr zwanzig Tagen unaufhörlich täglich zwölf Stunden an *Séraphita* gearbeitet. Die Welt weiß nichts von dieser ungeheuerlichen Arbeitslast; sie sieht und soll nur das Ergebnis sehen. Ich aber mußte die ganze Mystik verschlingen, um sie ausdrücken zu können. *Séraphita* ist ein verzehrendes Werk für Gläubige. Unglücklicherweise hat der Engel in diesem traurigen Paris nur die Chance, Stoff für ein Ballett abzugeben ...«

Nicht ohne Stolz berichtete er Eve, daß sein Stock mit dem ziselierten Goldknauf und den Türkisen weiterhin Gegenstand der Unterhaltung in Paris, ja sogar in Neapel und in Rom bilde. »Dieses Schmuckstück ist auf dem Weg, eine europäische Bedeutsamkeit zu werden ... Wenn man Ihnen auf Ihren Reisen erzählt, ich hätte einen Zauberstab, der Pferde lenke, Paläste erstehen lasse und Diamanten spucke, so seien Sie darüber nicht erstaunt, sondern lachen Sie mit mir. Nie hat der Schwanz des Hundes des Alkibiades so stark gewedelt ...« Es ist für einen, der den Ruhm liebt, keine ungeschickte Politik, sich eine konkrete Legende zu schaffen. Die Vorstellungsgabe der Menge befaßt sich leichter mit einem Hundeschwanz oder dem Knauf eines Spazierstocks als mit einer Philosophie.

»Adieu also. Es ist zwei Uhr früh. Nun sind der *Séraphita* schon wieder anderthalb Stunden gestohlen. Sie schilt, sie ruft mich, ich muß mit ihr zu Ende kommen, denn die *Revue de Paris* schilt auch; sie ist mir mit neunzehnhundert Francs voraus, und *Séraphita* kann diese Rechnung kaum ausgleichen. Adieu, stellen Sie sich recht deutlich vor, daß ich an Sie denke, während ich dies Werk vollende, das Ihnen gehört. Es ist höchste Zeit, daß es erscheint; die hiesige Literatur hat entschieden, daß ich dieses Werk niemals vollenden könnte, daß es unmöglich sei ...«

Unmöglich? Nicht für ihn. Er versprach der »Fremden«, er werde das Manuskript der *Séraphita* ihr bringen, noch bevor Ihre Rzewuskische Majestät in ihre Staaten heimkehre. Er sagte ihr allerdings nicht, daß er seit Beginn der schönen Jahreszeit oft nach Versailles ging, um dort mit seiner neuen Leidenschaft zusammenzusein: mit der Gräfin Guidoboni-Visconti.

Balzac an Zulma Carraud, 17. April 1835: »In mir gibt es verschiedene Männer: den Finanzmann; den gegen Zeitungen und das Publikum kämpfenden Künstler; dann den Künstler, der mit seinen Arbeiten und seinen Stoffen kämpft. Und dann gibt es schließlich noch den leidenschaftlichen Mann, der sich auf einem Teppich zu Füßen einer Blume niederkauert, ihre Farben bewundert und ihren Duft atmet. Nun werden Sie sagen: *So ein Spitzbube, dieser Honoré!* Nein, nein, diese Bezeichnung verdiene ich nicht. Sie könnten kommen und feststellen, daß ich mir in aller Ruhe alle diese sich mir bietenden Freuden versage und mich zur Weiterführung meiner Arbeit einschließe. Doch hören Sie, *cara,* warum schreiben Sie mir denn nicht mehr? Glauben Sie etwa, Sie hätten irgend etwas von meiner Zuneigung verloren? Die Erfahrungen des Lebens lassen die alten Freundschaften bedeutsamer werden. Sie werden mich daher in einigen Tagen bei sich sehen, und ich hätschle recht glücklich den Gedanken an diese Eskapade ... Doch ich bin auch seit einigen Tagen unter dem bezwingenden Eindruck einer recht einnehmenden Persönlichkeit, und ich weiß nicht, wie ich mich dem entziehen soll; ich bin wie die armen leichten Mädchen ohne Kraft dem gegenüber, was mir Spaß macht ...«

Zu seinem Unglück berichteten in Paris weilende Polen Madame Hanska solche Frühlingseskapaden. Sie schrieb nur noch kurz, aber es waren Mahnungen und Strafpredigten. Er spürte, er müsse sich persönlich in Wien zur Rechtfertigung einfinden. Seinen Schreibtisch zu verlassen machte ihm allerdings Schwierigkeiten. »Ich bin wie eine Ziege am Pflock. Wann wird mich die launenhafte Hand Fortunas losknüpfen? Ich weiß es nicht.« Er hatte Leberbeschwerden. »Halt ein, halt ein, Tod! Wenn du schon kommen willst, dann pack mir mein Bündel wieder auf! Ich habe meine Aufgabe noch nicht zu Ende gebracht.«

XIX

DIE LILIE IM TAL

Beharrlichkeit ist einer der Ecksteine meines Charakters. *Balzac*

Im Frühjahr 1835 beschäftigten ihn große Unternehmungen; die einen waren in Arbeit, die andern geplant: *Le Lys dans la Vallée (Die Lilie im Tal)* (eine Entgegnung auf Sainte-Beuves *Volupté [Wollust]*, »aber besser«); *La Fleur des Pois (Die Wickenblüte);* das dritte Zehent der *Contes drolatiques;* die *Mémoires d'une jeune mariée (Memoiren einer Jungvermählten); Sœur Marie des Anges (Schwester Marie von den Engeln)* (das nie geschrieben werden sollte); ferner Neubearbeitungen: *Louis Lambert; Séraphita.* Und die Witwe Béchet jammerte, und Werdet packte die Angst, und die Zeitschriften tobten. Wie stets, glaubte Balzac sich dem Ziel nahe. Wie hätte er auch seinen Kräften nicht vertrauen können? Vor sechs Jahren war er ein hohlwangiger Journalist gewesen, der sich für die Verleger abrackerte. Bloß sechs Jahre, und ganz Europa las ihn. Im Jahre 1837 würde er zu Vermögen gelangt sein; denn dann sollte das Gesamt seiner Werke, deren volle Eigentumsrechte er wiedererworben hätte, zu den *Etudes sociales*, den *Gesellschaftsstudien*, werden. Dann würde er reich sein; er würde sich schuldenfrei machen, sogar seiner Mutter gegenüber; er würde wieder zu Eve fahren, und die Fülle an Arbeit hätte endlich ihren Lohn gefunden.

»Ich singe mit meiner schlechten Stimme: Diodati! Diodati!« schrieb er an Madame Hanska. Sie war noch in Wien, schickte sich jedoch an, in die Ukraine zurückzukehren. Es kam darauf an, sie vor der Abreise wiederzusehen. Balzac überschüttete sie mit Manuskripten und zählte ihr die künftigen Bücher auf: »Ich bereite ein großes, schönes Werk mit dem Titel *Le Lys dans la Vallée* vor; darin eine liebreizende Frauengestalt voller Herz; sie hat einen Griesgram von Mann und ist tugendhaft. Das wird, in rein menschlicher Form, die irdische Vollkommenheit, wie *Séraphita* die himmlische Vollkommenheit sein soll ...« Aber die fette Eveline antwortete immer seltener und schrieb vor allem von ihrer Eifersucht. Er wartete, daß sie ihm pfeife; er schrieb eilends: »Sie wissen, daß eine der guten Eigenschaften des Bengali-Finks eine Treue ohne Grenzen ist. Armer asiatischer

Vogel, ohne seine Rose, ohne seine Peri, stumm, traurig, aber voll Liebe ...« Der Bengali strebte nach Wien, »Wien, wo ich alle meine Nöte vergessen werde. Die Pariser Luft bringt mich um; hier riecht es nach Arbeit, Verpflichtungen, Feinden! Ich brauche eine Oase.« In Wien würde er *Le Lys* vollenden; er würde die Schlachtfelder von Essling und Wagram besuchen (die brauchte er für die *Scènes de la Vie militaire, Szenen aus dem Soldatenleben*). Vor der Abreise hätte er gern in der Touraine sein Lieblingshaus gekauft: die Grenadière (ein balzacischer Traum; er besaß nicht einmal den ersten Sou der erforderlichen Summe). Im Mai faßte er einen jähen Entschluß. Er bat die Hanskis flehentlich, sie möchten doch ihre Abreise nach der Ukraine hinausschieben; er wolle vier Tage in Wien verbringen: »Ich freue mich wie ein Kind auf diese Eskapade. Meiner Zuchthauszelle den Rücken kehren und offenes Land sehen! Also: auf bald!«

Das Reisegeld? Stand ihm nicht der von der Vorsehung geschickte Werdet zur Verfügung? Dieser war selber ohne Geldmittel und wandte sich an den Baron James de Rothschild, der die nötige Summe vorstreckte und dabei sagte: »Haben Sie ein Auge auf Monsieur de Balzac, das ist ein recht leichtsinniger Mensch.« Als ein prächtiger Verschwender nahm dieser leichtsinnige Mensch im gemieteten Reisewagen seinen Diener Auguste mit nach Wien. Auf Schloß Weinheim in der Nähe von Heidelberg stellte sein Freund, der Prinz Alfred Schönburg, ihn Lady Ellenborough vor, einer Dame von großer Schönheit, die inmitten eines ganzen Schwarms von Liebhabern einem abenteuerlichen Leben frönte und bei Balzacs Weiterreise schwerlich ahnte, daß sie diesem französischen Romancier gewisse Elemente geliefert hatte, deren er für den Charakter der Arabelle, Lady Dudley, in *Le Lys* bedurfte. (Wir werden sehen, daß noch eine weitere Engländerin für ihn Modell stand, und zwar in weit größerer Nähe.) »Was ich an Lady Ellenborough innerhalb der beiden Stunden erraten habe, die ich in ihrem Park spazierengegangen bin, während der alberne Prinz Schönburg ihr den Hof machte, und während des Abendessens, ist die Wahrheit an sich ...« Jener Aufenthalt auf Weinheim war überaus fruchtbar; denn außer »Arabelle« schrieb er dort, als er wartete, den »Brief in Kursiv« *Louis Lamberts*, ein unklares Exposé über die Metaphysik seines Helden, das er für genial hielt. Er kritzelte diesen Text auf einer Parkbank hin und fügte ihn später in das Buch ein.

Dann gelangte er über Stuttgart und München nach Wien, wo die Hanskis ihm ein Zimmer im Hotel Zur goldenen Birne an der Landstraße hatten reservieren lassen. Die Begegnung gedieh nicht so vollkommen wie die in Genf, ganz und gar nicht. Eve Hanska erging sich in verworrenen Beschwerden und brachte es nicht ohne weiteres fertig, sich mit ihm abzusondern; allein er ergaunerte ein paar Küsse. Aber ein glühendes Herz und eine lebhafte Phantasie sind unheilvolle Göttergaben, wenn dem Begehren kein vollkommenes Glück entspricht. Er schrieb ihr einen *Brief eines schmutzigen, ungepflegten Menschen,* der auf kränkende Vorwürfe anspielt. »Wenn ich auch nicht schmutzig bin, so bin ich ganz entschieden dumm, denn ich verstehe nichts von dem, was zu sagen Sie mir die Ehre erweisen ...«

Die Wiener Aristokratie, die ganz und gar aus Balzac-Lesern bestand, hätte ihn gern mit Beschlag belegt. Er ließ sich liebenswürdige Gewalt antun; doch er versuchte, seine Arbeitsstunden zu retten und sogar auf Reisen seinen Grundsatz eines völlig mönchischen Lebens durchzuführen. *An Madame Hanska:* »Es ist mir unmöglich, zu arbeiten, wenn ich ausgehen muß, und ich arbeite niemals nur eine oder zwei Stunden. Sie haben es fertiggebracht, daß ich erst um ein Uhr zu Bett gegangen bin ... Ich hatte den Prater in der Morgenfrühe sehen wollen, dann ist er ganz einsam. Wenn Sie wollten, wäre das ganz reizend, denn wenn ich mich erst morgen an *Le Lys dans la Vallée* setze, müßte ich zunächst vierzehn Stunden arbeiten, um die verlorene Zeit wettzumachen. Und ich habe mir geschworen, dieses Werk in Wien zu schreiben, oder aber mich in die Donau zu stürzen ...«

Indessen schmeichelte es ihm, daß er vom Fürsten Metternich empfangen wurde, dem österreichischen Staatskanzler, zu dem er durch Mittelspersonen (die Herzogin von Abrantès, die Marquise de Castries) so viele sentimentale Verbindungen besaß. Madame de Castries hatte ihn mit einer Geheimmission bezüglich ihres natürlichen Sohns Roger von Aldenburg beim Kanzler betraut, dem Großvater dieses Kindes.

Tagebuch der Fürstin Melanie von Metternich, 20. Mai 1835: »Heute morgen hat Clemens [der Fürst, ihr Gatte] Balzac bei sich gesehen. Folgendermaßen hat er die Unterhaltung eingeleitet:

›Monsieur, ich habe keins Ihrer Werke gelesen, aber ich kenne Sie, und offenbar müssen Sie närrisch sein oder sich auf Kosten anderer Narren einen Spaß machen, indem Sie sie mittels einer noch größeren Narrheit heilen wollen.‹

Balzac antwortete, Clemens habe ganz richtig geraten, ebendies sei sein Ziel, und er werde es erreichen. Clemens war entzückt über die Art und Weise, wie er die Dinge sieht und beurteilt ...«

Es steht fest, daß die politische Philosophie Balzacs und die des Kanzlers gut zusammenpaßten. Was nun die Fürstin Melanie betrifft, so fand sie Balzac »schlicht und gut, wenn man von seiner Kleidung absieht, die phantastisch ist«.

Prinz Felix von Schwarzenberg lotste ihn über das Schlachtfeld von

Wagram. Die Schönburgs, die Kisselaws machten ihn sich streitig. Er lernte auch einen Orientalisten kennen, den Baron Joseph von Hammer-Purgstall, der ihm die berühmte Inschrift in *La Peau de Chagrin* ins Arabische übersetzte. Ihres »sentenziösen Lakonismus« wegen klang sie im Arabischen sehr gut. Nach dem Romantext hätte sie eigentlich in Sanskrit wiedergegeben werden müssen; doch Hammer-Purgstall konnte kein Sanskrit. Schade. Aber wer würde den Unterschied schon merken? Der Baron machte Balzac ein kostbares Geschenk, einen Talisman, einen Siegelring: den *Beduk*, und sagte ihm dabei: »Eines Tages werden Sie die Bedeutung des kleinen Geschenks erfahren, das ich Ihnen mache.« Der Samen fiel auf fruchtbaren Boden. Nur zu bald erzählte Balzac (gutgläubig), der Ring stamme vom Propheten, die Engländer hätten ihn dem Großmogul gestohlen, und dieser sei bereit, ihn gegen Tonnen Goldes und Diamanten einzutauschen. *Beduk* ist eine Formel, die in gerader Linie von Adam stammt. *Beduk* macht unsichtbar. *Beduk* macht verliebt. *Beduk* heilt Krankheiten. Es war eine mysteriöse Kraft mehr, die sich allen denen hinzugesellte, die Balzac nicht ohne Grund zu besitzen glaubte. Wenn Baron von Hammer auf die gigantischen Arbeiten seines Gastes und auf all die Heldinnen zu sprechen kam, die jener erzeugte, dann verglich er den Schriftsteller »dem Herakles, der in einer einzigen Nacht fünfzig Jungfrauen defloriert habe«.

Astolphe de Custine, der sich zur gleichen Zeit wie Balzac in Wien befand, hat dessen ungeheuren Erfolg bestätigt, aber auch an Sophie Gay geschrieben: »Unser Freund hat mich arg in Verlegenheit gesetzt durch die Art und Weise, wie er mir eine Polin angekündigt hat, eine schöngeistige Dame aus den Ödnissen der Ukraine, die gelehrteste Frau an den Gestaden des Don; er hat gesagt, ehe er mich ihr vorstellte, ich sei der Mensch, dessen Konversation ihm am meisten im Leben Eindruck gemacht habe. Ich wußte nicht, was ich sagen sollte; und wenn ich meiner Eingebildetheit gefolgt wäre, hätte ich getan wie die Herren von heutzutage und nicht den Mund aufgemacht. Statt dessen habe ich versucht, zu tun, als sei ich ein netter Mensch; aber ich hatte stets das Gefühl, als sei ich da, um eine Rolle zu spielen. Mir war, als haspele mein Geist Tonleitern herunter. Ich habe es nicht fertiggebracht, mich dieser Dame gegenüber in meiner Haut wohl zu fühlen; dabei ist sie von Rang und Stand ...« Custine meinte, Balzac habe es bei dieser Gelegenheit an Takt fehlen lassen; Genie und Takt sind eben nicht untrennbare Gefährten.

Indessen mußten die Hanskis in ihr ukrainisches Königreich heimkehren, und alles und jedes rief Balzac nach Paris. Übrigens wollte er auch zurück: »Jetzt also tausend Küsse, denn danach habe ich einen Durst, den die kleinen Überraschungen nur desto größer machen. Wir haben weder eine Stunde noch eine Minute für einander. Diese Hindernisse fachen in mir eine solche Glut an, daß ich, glaub es mir, gut daran tue, meine Abreise zu beschleunigen ...« Die Sache war nur die, daß er sein Reisegeld ausgegeben hatte und doch sein Hotel und die Rückfahrt bezahlen mußte. Kinderspiel: Ein Wechsel auf Werdet würde Hilfe schaffen. Die Wiener Rotschilds (sic) diskontierten ihn willfährig. Was nun Werdet betraf, so brauchte er die Summe nur als Akontozahlung auf *Le Lys* zu verrechnen, und wenn er die erforderliche Summe nicht auftrieb, konnte er sie ja bei Madame Surville leihen. Werdet zahlte und wurde über den grünen Klee gelobt: »Glauben Sie mir, lieber Freund, Sie und ich gehören jetzt *auf Leben und Tod* zusammen ...« Der Aufenthalt in Wien hatte wenigstens *eine* glückliche Wirkung gezeitigt: Balzac hatte die Reichweite seines Ansehens ermessen können. Beim Verlassen eines Konzerts hatte ein Student ihm die Hand geküßt. Europa liebte »à la Balzac« und stattete seine Wohnungen »à la Balzac« aus. Die von ihm erschaffene Welt hatte den Planeten annektiert.

Paris. Rue des Batailles. Juni 1835. Nach dem glänzenden Wiener Zwischenspiel Wiederaufnahme der Fron. Wenn man dem, was er an Madame Hanska schrieb, Glauben schenkt, machte er sich um seine Familie sogleich heftige Sorgen. Der »in jeder Hinsicht unfähige« Henry rede davon, er wolle sich eine Kugel durch den Kopf jagen, und dabei brauche er doch bloß zu arbeiten. Seine Schwester Laure scheine sehr krank zu sein. Seine »teure, innig geliebte Mutter« behaupte, sie sei wahnsinnig vor Kummer. Er übertrieb wohl ein wenig, um Eveline, die kein Lebenszeichen gab, zu rühren. Damit er etwas erfuhr, befragte er eine Hellseherin. »Sie hat mir gesagt, Sie hätten nach Paris geschrieben, um Auskünfte über mich zu erhalten ... Sie hat herausgefunden, daß Ihr Herz größer sei, als es eigentlich sein dürfe ... aber es bestehe keine Gefahr. Ihr Herz ist, wie Ihre Stirn, ein geräumig entwickeltes Organ. Ich war ganz gerührt, als sie mir in der feierlichen Ausdrucksweise der Hellseherinnen sagte: ›Das sind Leute, die Ihnen sehr zugetan sind, die Sie wahrhaft sehr liebhaben.‹«

In dem weiß und rosa bespannten Boudoir stritt sich ein Mann mit seinen Gedanken, mit Tinte und Papier herum, um in seinem Budget Löcher zu verstopfen, die sich ohne Unterlaß wieder auftaten. Laure Surville hatte etwas Groteskes getan. Ehe sie, als Balzac in der Ferne weilte, Werdet bei der Bezahlung des Wechsels half, hatte sie das kostbare Tafelsilber des Bruders auf dem Mont-de-Piété verpfändet. »Auf diese Weise muß ich jetzt Tag und Nacht arbeiten, um all die Dummheiten auszugleichen, die mir angetan worden sind. Ich muß also drei oder vier Monate lang Zwangsarbeit leisten, und ich bitte Sie, während dieser Zeit Nachsicht mit mir zu haben. Ich kann Ihnen nicht so oft schreiben, wie ich möchte. Ich muß Schlag auf Schlag *Le Lys dans la Vallée* und die *Mémoires d'une jeune mariée* geben, die Lieferung für Werdet und die für Madame Béchet. Alle haben sich schrecklich über mich beschwert. Aber machen Sie sich keine Gewissensbisse; ich werde diese Reise nie bereuen, so kurz sie auch gewesen sein mag, und vor allem: so wenig Zeit uns auch die Gesellschaft gelassen hat...«

Mehr denn je mußte er produzieren, produzieren, produzieren. Dieser Druck stimulierte sein Genie. In einer Nacht vollendete er eine Novelle, die ein Meisterwerk war: *La Messe de l'Athée (Die Messe des Gottesleugners)*, und innerhalb dreier Tage *L'Interdiction (Die Entmündigung)*. »Arbeiten! Immer arbeiten! Lodernden Nächten folgen lodernde Nächte, Tagen des Nachsinnens Tage des Nachsinnens!« Die »Witwe Durand« schloß sich in der Rue des Batailles klösterlich ein. »Beste, liebenswürdige Witwe«, schrieben ihm seine Freunde; er antwortete: »Sie werden zu einer Tasse Milchkaffee erwartet, wie ihn nur Witwen zu bereiten wissen ...« Im Grunde jedoch wünschte er keine Besucher. Seine ungeheure Schufterei genügte ihm.

Abgesehen von einigen Gewaltstreichen, Wundern und Glückszufällen hat Balzac stets mühsam und sorgfältig gearbeitet. Von den Tagen der *Chouans* her hatte er es sich angewöhnt, jeden Entwurf als ein Stück Kanevas zu betrachten; er stickte auf Korrekturbogen. Weil seine Handschrift schlecht zu lesen war, ließ er aus alten Lettern »mit Nagelköpfen« die ersten Fahnenabzüge drucken. Darauf häuften sich dann die Korrekturen und wurden so zahlreich, daß die Verleger sie ihm in Rechnung stellten. »In der Druckerei machte ein Setzer ›seine Stunde Balzac‹, wie ein Sträfling seine Zeit absitzt; dann ruhte er sich dadurch aus, daß er sich eine leichtere Arbeit vornahm.« Dieser schier zu Tode gehetzte Schriftsteller, der eine Meute von Gläubigern auf den Fersen hatte, machte an die Vollkommenheit der Arbeit keine Konzessionen. Dieser »hartnäckige Gießer warf das Metall, das die Gußform nicht genau ausgefüllt hatte, zehn- oder zwölfmal wieder in den Schmelztiegel«.

»Man kennt seine Methode. Es war eine Skizze, ein Chaos, eine Apokalypse, ein Gedicht in Hindu-Schrift. Die Druckerei erbleichte. Die Frist ist kurz, die Handschrift unerhört. Das Monstrum wird umgeschrieben; in ungefähr bekannte Schriftzeichen übersetzt ... Der Autor schickt die beiden ersten Korrekturabzüge zurück, auf riesige Blätter geklebt, wahre Plakate, Wandschirme ...! Von jedem Schriftzeichen, jedem gedruckten Wort geht ein Verweisstrich aus, der ausstrahlt und sich schlängelt wie eine Rakete à la Congreve und sich am äußersten Ende in einem leuchtenden Regen von Sätzen, Beiwörtern und Substantiven entfaltet, die unterstrichen, gekreuzt, durcheinandergeworfen, durchgestrichen, übereinandergeschrieben sind; es ist ein Anblick zum Blindwerden.

Man stelle sich vier- oder fünfhundert Arabesken dieser Art vor, die sich ineinanderschlingen, sich verknoten, übereinander hinwegklettern und von einem Rand zum andern gleiten, von Süden nach Norden. Man stelle sich zwölf Landkarten vor, auf denen Städte, Flüsse und Gebirge gänzlich durcheinander geraten sind. Eine Garnrolle, über die eine Katze geraten ist, sämtliche Hieroglyphen der Pharaonendynastie, oder die Feuerwerke von zwanzig Vergnügungsstätten ... man arbeitet aufs Geratewohl und in Gottes Namen ...«

So kam es zu sechs, acht, zehn Korrekturabzügen mit Streichungen, Hinzufügungen, gespickt mit Strichen zum Rande hin. Um bei solcherlei Arbeitsmethoden jährlich mehrere Bände zu produzieren, bedurfte es einer übermenschlichen Willenskraft. Wenn Balzac an einem umfangreichen Buch arbeitete, verschwand er für zwei oder drei Monate wie gewisse Flüsse, die unterirdisch weiterfließen; dann kam er plötzlich wieder an die frische Luft, in der Hand ein Meisterwerk, »keuchend, erschöpft«, fröhlich und zufrieden. Er ließ sich auf ein Sofa fallen, zerstampfte Sardinen in Butter und strich diese Paste, die ihn an die Rilletten von Tours erinnerte, auf Brot, verzehrte es und schlief eine Stunde. Der Titan schien am Ende seiner Kräfte, aber das Jupiter entwendete Feuer hatte hundert tönerne Menschenbilder belebt.

Die Arbeit, die ihm 1835 am meisten am Herzen lag, diejenige, die er um jeden Preis vollenden wollte, war *Le Lys dans la Vallée*. Ende Juli nahm er Aufenthalt in La Bouleaunière bei Madame de Berny, dann in Frapesle bei Zulma Carraud. Er hatte die Zeit des Flieders vergehen lassen; dafür durchlebte er dort die Zeit der Rosen. Die von ihrem Haushalt beanspruchte treue Freundin folgte weniger nahe als ehedem den Werken ihres Gastes, aber er hatte bei diesen wackern Leuten seinen Frieden und arbeitete gut. In seinen Ruhestunden machte es ihm Freude, den Major Carraud von dem Kometen sprechen zu hören, der sich der Erde näherte, oder den andern Major, Périolas, von seinen Schlachten, von der Artillerie und vom Kaiser.

Er widmete *Le Lys* fast alle seine Nächte. Er wußte, daß dies eins seiner schönsten Bücher sein würde, »eine schöne, weiße Statue«, die Schilderung »der doppelten Wollust, die zwei in dieser Hinsicht ahnungslose und unberührte Charaktere überrumpelt hat«. Die makellose Frau, »die von dem nach schönen Schultern lüsternen Gymnasiasten überfallen wird«, kann den Biß des Begehrens nicht vergessen, und diese beiden Menschen (Félix de Vandenesse und Henriette de Mortsauf), die so verliebt sind, wie man es nur sein kann, verweigern sich die Hingabe aus Rücksicht auf göttliche und menschliche Gesetze und gehen so einer zwiefachen Katastrophe entgegen: Félix der Liaison mit einer schönen Engländerin, die ihm zwar Lust, aber nicht das Glück schenken wird; Henriette in mörderischer Tugend dem Tod unter lästerlicher Reue. Dieser Roman ist an sich sublim; überdies werden darin, wie stets bei Balzac, die Leidenschaften dem sozialen Getriebe eingefügt. »Es ist die Geschichte der Hundert Tage, von einem Loire-Schloß aus gesehen«, sagt Alain, und tatsächlich weilt der Held als Sendbote des »Königs von Gent« auf Clouchegourde. Auch um die Politik geht es, und um einen tiefen Einblick in das gesamte Gesellschaftsleben, wie etwa der »Lehrbrief«, den Henriette für Félix in dem Augenblick schreibt, da dieser an den Hof geht, in ein fremdes Land, dessen Sprache er nicht beherrscht. Wie beglückt es diese Frau, die auf die Welt verzichtet hat, als sie die verstreuten Elemente ihrer bitteren Erfahrung sammelt und sie einem knabenhaften Mann übermittelt, den sie liebt!

Vor allem, sagt die mütterliche Liebende, müssen Sie die Gesellschaft und die Moral als das in Kauf nehmen, was sie sind: »Ich spreche weder von religiösen Anschauungen noch von Gefühlen; es handelt sich hier um das Räderwerk einer Maschine aus Gold und Eisen ...« Diese exemplarische Verliebtheit bezeigt sich als sonderbar realistisch; sogar die Tugenden, die sie anrät, sollen zum zeitlichen Gelingen verhelfen. »Rechtlichkeit, Ehre, Aufrichtigkeit, Höflichkeit sind die verläßlichsten, am schnellsten wirksamen Werkzeuge für Ihr Vorwärtskommen ... Aber wahre Höflichkeit schließt einen christlichen Gedanken in sich ein; sie ist die feinste Form der Nächstenliebe ... Wenn etwas von Ihnen verlangt wird, das zu tun Sie nicht verstehen, so weigern Sie sich unumwunden und machen Sie keinerlei falsche Hoffnung ... Seien Sie weder vertrauensselig, noch banal, noch übereifrig, das sind drei Klippen! Allzu große Vertrauensseligkeit mindert die Achtung, Banalität trägt uns Verachtung ein, Eifer macht uns zu trefflichen Ausbeutungsobjekten. Und vor allem, lieber Junge, sollen Sie im Verlauf Ihres Daseins höchstens zwei oder drei Freunde haben ... Eine der wichtigsten Regeln in der Kunst des guten Benehmens ist nahezu absolutes Schweigen über sich selber ... Die heutige Jugend verfügt über ein Treibhauswissen, das von Anbeginn an ätzend ist und sie dahin bringt, alle Handlungen, Gedanken und Schriften streng zu beurteilen; sie schneidet mit der Schärfe einer Klinge, die noch nicht benutzt worden ist. Begehen Sie diesen Fehler nicht ... Bemühen Sie sich um einflußreiche Frauen. Einflußreich sind stets alte Frauen ... Sie werden Ihnen mit dem Herzen zugetan sein; die Gönnerschaft ist ihre letzte Liebe ...« Was die jungen Frauen betrifft, so möge er sich eine aussuchen, und zwar eine einzige. *»Allen dienen, aber nur eine lieben.«*

Findet sich in diesem so balzacischen Brief etwas Autobiographisches? Wieso nicht? Gelebte Erfahrung quillt ohne Wissen eines Autors aus allem, was er schreibt. Man fand in Félix deVandenesse die Traurigkeit, die Scheu und das tolle Begehren Honoré de Balzacs wieder, vielleicht den Ball in Tours vom Jahre 1814 und das Frauenarom, aber Félix stammte aus großem Haus und konnte in der Welt Karriere machen; Honoré war ohne mächtige Freunde und besaß als Hilfsmittel einzig das Romanschreiben. Henriette de Mortsauf hatte in ihrer praktischen Weisheit und ihrer Entsagung etwas von Laure de Berny. Die eine hatte sich verweigert, wo die andere sich hingegeben hatte, und beiden erwuchs daraus der Tod. In einem Brief an Madame Hanska nennt Balzac Laure de Berny »das himmlische Geschöpf, von dem Madame de Mortsauf ein matter Abklatsch ist«. Er wünscht, Eve möge in Henriette das Double von Séraphita wahrnehmen, und auch, daß sie selber gleichzeitig Madame de Mortsauf und Lady Dudley sein möge, die Reinheit und die Sinnlichkeit. Was nun Monsieur de Mortsauf angeht: hatte er etwa einige Züge von Gabriel de Berny? Vielleicht; aber Balzac hatte in ihm »alle Züge des Emigranten und alle Züge des Ehemanns« zusammenfassen wollen. Im gleichen Maße, wie er sich schmei[illegible]helte, in Lady Dudley die liebende Engländerin abkonterfeit zu haben: »In [illegible] *Lys* habe ich mit wenigen Worten die Frauen jenes Landes recht gut [illegible]gestellt.«

[illegible]ch kommt es auf die Modelle an? Einzig das Gemälde zählt. Indem [illegible] es schuf, hat er seinen Gegner Sainte-Beuve auf dessen ureigenem [illegible]schlagen wollen. Er hatte haushoch gewonnen. *Volupté* hat zwar seine g[illegible]en Seiten, aber es mangelt dem Roman an Leben und Kraft. Balzac hat herablassend darüber geäußert: »Das ist schwach, feige, weitschweifig, aber es findet sich darin mancherlei Schönes.« Madame de Berny hatte *Volupté* scharf abgelehnt. Der Abschnitt, in dem der Liebende ins Bordell geht, um seine Begierden loszuwerden, empörte sie. Von *Le Lys* war sie entzückt. Zu Balzac sagte sie nach der Lektüre lediglich, *Le Lys dans la Vallée* sei gut. »In ihrem Munde ist das ein großes Lob; sie ist sehr anspruchsvoll.« Der Autor selber bekannte, er sei zufrieden. »Ja, *Le Lys!* Wenn *Le Lys* kein weibliches Brevier ist, dann bin ich nichts ... Mit der Tugend etwas Dramatisches zuwege bringen, dabei glühend bleiben, sich der Sprache und des Stils Massillons bedienen, ja, das ist ein Problem, das, wenn man es auf Anhieb löst, allein schon dreihundert Stunden Korrekturen, die *Revue* vierhundert Francs und mich ein bißchen Leberleiden kostet ...«

Die Kritik verhielt sich unwürdig und niedrig. »Monsieur de Balzac verletzt bei jeder Gelegenheit die Schicklichkeit ... Dabei kann man ihm ein gewisses handwerkliches Können nicht abstreiten; er ist das wackere Genie der Provinz und der Lesekabinette ... Wir wollen ihm die Volkstümlichkeit Paul de Kocks zugestehen ...« Heuchlerische Zensoren mißbilligten es, daß Henriette de Mortsauf auf ihrem Sterbebett sich nach den Liebesfreuden sehnt, die sie abgelehnt hat. »Ja, alle Zeitungen haben sich *Le Lys* gegenüber feindlich verhalten; alle haben es verhöhnt und darauf gespuckt. Unzweideutig erfahre ich eben, daß *La Gazette de France* es in Grund und Boden verdonnert hat, weil ich nicht zur Messe ginge, *La Quotidienne* aus Privatrache des Redakteurs, kurzum, alle aus irgendwelchen Gründen. Anstatt zweitausend zu verkaufen, wie ich es um Werdets willen gehofft hatte, sind wir nur auf dreizehnhundert gekommen. Auf diese Weise haben die materiellen Interessen Einbuße erlitten. Es gibt eben Ahnungslose, die die Schönheit des Sterbens der Madame de Mortsauf nicht verstehen und darin nicht den Kampf zwischen Materie und Geist erkennen, den Wesensgrund des Christentums. Sie erblicken darin lediglich die Flüche des enttäuschten Fleisches, der verletzten physischen Natur, und wollen der sublimen Sanftmut der Seele, wenn die Gräfin gebeichtet hat und als Heilige stirbt, nicht Gerechtigkeit widerfahren lassen.«

Später erkühnt er sich zu schreiben: »Die unbekannte Schlacht, die in einem Tal des Département Indre zwischen Madame de Mortsauf und der Liebesleidenschaft ausgefochten wird, ist vielleicht ebenso groß wie die größte aller bekannten Schlachten.« Madame de Berny sagte nach der Lektüre: »Ich kann sterben; ich bin sicher, daß Sie auf der Stirn die Krone tragen, die ich darauf hatte sehen wollen. *Le Lys* ist ein erhabenes Werk, ganz ohne Makel. Nur sollte die sterbende Madame de Mortsauf nicht der schrecklichen Reue bedürfen; das schadet dem schönen Brief, den sie geschrieben hat.« In der zweiten Auflage strich er hundert Zeilen, die sie verletzt hatten. »Ich habe keiner einzigen nachgetrauert, und jedesmal, wenn meine Feder über eine davon hinglitt, war ich gerührter als je ein Mann zuvor.«

Die kluge Zulma verstand alles, und sogar noch einiges mehr. »So geschickt auch *Le Lys dans la Vallée* durchdacht sein möge, tausend Frauen werden beim Lesen sagen: ›Das ist noch nicht alles.‹ Die Ursache ist, daß, so intim die empfangenen vertraulichen Geständnisse auch sein mögen, doch manche Ihnen nie gemacht worden sind, weil man sich schämt, sie zu machen; weil darin tausend niedrige Dinge enthalten sind, die man nicht ausspricht und die man sogar einem Freund gegenüber ableugnen würde, der ihnen zufällig auf die Spur gekommen ist ...« Arme Zulma! Sie abstreiten oder verschweigen, hieß das nicht: sie eingestehen?

Was nun Laure de Berny betrifft, die Anregerin von *Le Lys*, so nahm Balzac bei ihr in La Bouleaunière zum letztenmal im Oktober 1835 Aufenthalt. Er arbeitete dort in Ruhe und Frieden an *La Fleur de Pois*, dem alten Titel eines neuen Buches *(Le Contrat de Mariage, Der Ehekontrakt)*. Dieser Roman gehörte der Serie »juristische Schlachten« an; sie hatte mit *Le Colonel Chabert (Oberst Chabert)* begonnen, anfangs betitelt *La Transaction (Der Vergleich)*, und die Fortsetzung war *L'Interdiction (Die Entmündigung)* gewesen. Mit dem Hinweis, daß die großen Krisen des Privatlebens häufig in notariellen, das Vermögen betreffenden Akten zu finden sind, kündigte Balzac »einen völlig neuen dramatischen Stoff« an, den er seinen Erinnerungen als Advokatenschreiber verdankte.

Balzac an Laure de Surville: »Was ich hatte tun wollen, ist glorreich vollbracht worden. Ich habe die ganze Zukunft zweier Gatten einzig und allein durch die Szene der Aufsetzung des Ehekontrakts dargestellt.«

Während jenes Aufenthalts auf La Bouleaunière hatte er den Eindruck gehabt, daß Madame de Berny etwas weniger an ihren Herzbeklemmungen leide. Aber das Schicksal stürzte sich wild auf die *Dilecta*. Einen Monat lang mußte diese so kranke Mutter, die schon vier Kinder verloren und ihre Tochter Laure-Alexandrine im Wahnsinn hatte untergehen sehen, ihre Nächte am Lager ihres Lieblingssohnes Armand verbringen, der lungenkrank geworden war. Unter den Unglücksschlägen und vagen Gewissensbissen flehte sie Balzac an, er möge nicht kommen und ihr nicht mehr schreiben. »Sie wissen ja, wie in Momenten, da alles in uns angespannt ist, der geringste Schock, möge er aus erprobter Zuneigung oder aus Ungeschicklichkeit erfolgen, uns zu Boden streckt. Welch eine Lage ...!« Armand starb, und die trauernde Mutter stand mit Honoré nur noch in brieflicher Verbindung. Er wußte sie jetzt verloren.

Balzac an Madame B.-F. Balzac: »Ach, gute Mutter, ich bin von Sinnen vor Schmerz. Madame de Berny liegt im Sterben! Unmöglich, daran zu zweifeln! Nur Gott und ich wissen, wie tief meine Verzweiflung ist. Und dabei muß ich arbeiten! ...«

Abermals war Balzac in Widerwärtigkeiten mit der Meute verstrickt. Die schöne Witwe Béchet, die 1833 so durch und durch liebenswürdig gewesen war, zeigte jetzt wütend die hübschen Zähne. Sie hatte Vorschüsse auf Romane gezahlt, auf die sie vergeblich wartete; sie klagte über »geschäftliche Befürchtungen«. Nun sie »merkwürdig gehässig« geworden war, drohte sie, mit ihren Zahlungen aufzuhören, wenn die Manuskripte weiterhin auf sich warten ließen. Balzac beschwerte sich über diese »Schikanen«, kündigte *Le Cabinet des Antiques (Das Antiquitätenkabinett)* und *Illusions perdues (Verlorene Illusionen)* an und empfing für diese Versprechungen nochmals 5000 Francs. Aber damit hatte er nahezu die ganze für die *Etudes de Mœurs* vereinbarte Summe erhoben. Er mußte für 500 Francs zwei neue Bände schreiben! »Das heißt: Arbeit leisten und nichts dafür bekommen.« Nun aber würde seine finanzielle Situation Ende 1835 katastrophal gewesen sein, wäre er nicht Balzac gewesen! Geldangelegenheiten sind »ein Faden, der ihn in jedem Augenblick von der Höhe auf einen Schmutzhaufen herunterzerrt«. Er pumpt den Doktor Nacquart an, Borget, die hilfreiche Madame Delannoy, Väterchen Dablin. Auch Werdet hat *Le Lys* vorausbezahlt. Der Eigentümer des Hauses in der Rue Cassini (diese Wohnung hat Balzac beibehalten, wenngleich er in der Rue des Batailles wohnte) verlangt zwei geschuldete Vierteljahresmieten. Madame Balzac bezieht die versprochene Rente nur sehr unregelmäßig.

Allein er bietet Trotz. Es bleiben ihm Auswege. Erstens: Ein Neudruck seiner Jugendromane unter dem Pseudonym Horace de Saint-Aubin. Und wenn es heißt, sie seien von ihm? Dann streitet er es einfach ab. Wenn keiner es glaubt? Gleichgültig. Für diesen Handel werden ihm 10 000 Francs geboten. Zweitens: Er will eine Auflage des dritten Zehents der *Contes drolatiques* auf eigene Kosten drucken lassen und sie teurer an Werdet verkaufen. Und schließlich: Wenn Madame Béchet die *Etudes de Mœurs* abgesetzt hat, kann er sie für 45 000 Francs bei einem anderen Verleger unterbringen.

Also ist er reich. Warum soll er sich nicht endlich ein Haus kaufen? Er braucht eins, um den Wahlzensus wiederzuerlangen, dessen er für seine politische Karriere bedarf und den er durch den Verkauf des Hauses seiner Mutter eingebüßt hat. O weh! Seine Bilanz im Dezember 1835 ergibt ein Passivum von 105 000 Francs. Wenn die 45 000 Francs der Madame Balzac davon abgezogen werden, bleiben 60 000 Francs Schulden oder Vorschüsse. Werdet, der von der Vorsehung gesandte Verleger, rückt damit heraus, daß er am Ende seiner Mittel sei. Aber hat Balzac nicht den *Beduk?* Ein Glückszufall rettet Autor und Verleger. Buloz, der angefangen hatte, *Séraphita* in seiner Zeitschrift zu veröffentlichen, weigert sich, damit fortzufahren, da seine Leser nichts von »diesem ungestalten Gallimathias« begreifen. Werdet »rafft das Werk an sich« und stellt es in einem *Livre mystique (Mystisches Buch)* mit *Louis Lambert* und *Les Proscrits (Die Geächteten)* zusammen. Der Bruch mit dem allmächtigen Buloz scheint Wahnsinn zu sein. Aber Werdet macht einen Haufen Anzeigen; wenn der Bruch mit Buloz hinausposaunt wird, stellt er eine nützliche Reklame dar. Die erste Auflage des »ungestalten Gallimathias« wird gut verkauft. Neue Hoffnung wird geschöpft. »*Goriot* kann man alle Tage schreiben; *Séraphita* nur einmal im Leben.«

Drei Monate später muß der Ton herabgestimmt werden: »Das *Livre mystique* findet hier wenig Anklang. Der Verkauf der zweiten Auflage klappt nicht.« Madame de Berny in ihrer Zurückgezogenheit wurde streng. »Sie allein konnte den Mut aufbringen, mir zu sagen, der Engel spreche zu sehr wie eine Grisette; was hübsch wirkte, solange der Schluß nicht bekannt war, hat dürftig gewirkt, und ich sehe jetzt ein, daß die Frauengestalt *synthetisch* dargestellt werden muß, wie ich es im Schlußteil des Werks getan habe. Unglücklicherweise brauche ich ein halbes Jahr zur Umarbeitung des betreffenden Teils, und während dieser Zeit werden edle Seelen mir samt und sonders diesen Fehler, der ihnen in die Augen springen muß, zum Vorwurf machen ...«

Zwar stimmt es, daß der Katholik Thomassy nach der Lektüre der *Séraphita* Balzac auf beide Backen geküßt hatte; es stimmt auch, daß der große Gelehrte Geoffroy Saint-Hilaire, den der Jüngling Balzac ehemals so hoch verehrte, als Motto für ein Hauptwerk dem *Livre mystique* einen Satz entnehmen sollte: »Die Wissenschaft ist eine Einheit, und ihr habt sie aufgeteilt«, wobei er noch hinzufügte: »Ich verdanke dieses Motto einem der größten Schriftsteller des Jahrhunderts«; aber Madame Hanska, der das Buch gewidmet worden war und die das Manuskript gebunden in den grauen Stoff des Kleides, das in Genf »so schön über den Fußboden hinweggeglitten war«, zugesandt erhalten hatte, bewahrte ein beängstigendes Schweigen. Rosalie Rzewuska, ihre gefürchtete Tante, die von je feindlich gegen den französischen Liebhaber eingestellt gewesen war, hatte ihr Zweifel über die Rechtgläubigkeit *Séraphitas* eingeflößt! Das schrieb sie schließlich Balazac. Er wurde unwillig: »Kein anerkannter Autor hat energischer das Dasein Gottes bewiesen.« Selbstverständlich hatte Swedenborg nicht die Religion des heiligen Petrus und Bossuets gelehrt. »Ihre Tante macht mir den Eindruck eines armen Christen, der in dem Augenblick, da Michelangelo in der Sixtinischen Kapelle einen Akt zeichnet, dazwischentritt und fragt, warum die Päpste in Sankt Peter solcherlei Greuel darstellen ließen ...? *Der Weg zu Gott* ist eine höherstehende Religion als die Bossuets; es ist die Religion der heiligen Therese und Fénelons, Swedenborgs, Jacob Boehmes und Saint-Martins ...«

Kurzum: Eveline war römisch-katholisch; Balzac war Swedenborgianer, aber er faßte den Katholizismus als Poesie und als »eine erhabene Waffe in den Kämpfen des Fleisches wider den Geist« auf. Zeigte *Le Lys dans la Vallée* »der Proselytenmacherin« nicht, daß Balzac genauso gut wie sie die Größe der römischen Kirche begriff? Jetzt wagte er, mit der Schloßherrin von Wierzchownia zu polemisieren, aber unter Wahrung der Formen und unter Beteuerungen seiner Liebe.

XX

VERLORENE ILLUSIONEN

Was man tut, muß man stets gut tun,
selbst wenn es eine Torheit ist. *Balzac*

Ein allen Mitgliedern der »heiligen Familie« gemeinsamer Zug war ihre unglaubliche Fähigkeit zu Illusionen. Ihre Hoffnungen waren ihnen lieber als die Wirklichkeit, und wie Kinder vermochten sie niemals, beides voneinander zu unterscheiden. So war Bernard-François gewesen; so war Laure; so war mit seinen siebenunddreißig Jahren Honoré geblieben. Nicht ohne einige Selbstgefälligkeit gab er es zu. Es war eine Übertreibung, eine Bequemlichkeit, manchmal eine Entschuldigung. Zulma Carraud, die ihn mit liebevoller Klarsicht beurteilte, hat von ihm gesagt: »Der arme Junge hat immer erleben müssen, daß die Chimäre ausbrach, der er nachrannte!« Seine Freunde Gautier, Gozlan und Werdet berichten erstaunliche Geschichten über Balzacs tolle Unternehmungen. Er hat um diese Verschrobenheit gewußt und versucht, sich ihretwegen bei Madame Hanska zu rechtfertigen, als sie ihm vorwarf, er lasse sich in Geschäftsdingen immer übers Ohr hauen, während er sich in seinen Büchern als gewiegter Menschenkenner erweise.

»Ach! Würden Sie mich denn lieben, wenn ich mich nie übers Ohr hauen ließe ...? Ich, der ich Tag und Nacht meine Kräfte und Fähigkeiten anspanne beim Ausarbeiten, beim Schreiben, beim Darstellen, beim Schildern, beim Erinnern, der ich mit langsamen, belasteten, oft verwundeten Fittichen die moralischen Gefilde der literarischen Schöpfung zu durchschweifen gezwungen bin, wie könnte ich mich da je auf dem Boden des Wirklichen befinden? Wenn Napoleon bei Essling war, war er nicht in Spanien. Um im Leben, in der Freundschaft, beim Geschäft, in den Beziehungen jeglicher Art nicht hintergangen zu werden, liebe, einsiedlerische, für sich lebende Gräfin, darf man nichts als das betreiben; man muß ausschließlich und ganz einfach Finanzmann, Weltmann, Geschäftsmann sein. Freilich, ich merke nur zu gut, daß man mich begaunert oder begaunern will, daß dieser oder jener mich verrät oder verraten wird, nachdem er mir etwas von meiner Wolle entwendet hat. Aber in dem Augenblick, da ich es ahne, voraussehe oder weiß, muß ich mich anderswo herumschlagen. Ich sehe es, wenn ich befangen bin in der Notwendigkeit eines Werks oder des Augenblicks, in einer Arbeit, die umsonst wäre, wenn ich sie nicht vollendete. Ich vollende oft eine Hütte beim Feuerschein eines meiner Häuser, das abbrennt.«

Das ist eine brillante und, alles in allem, einleuchtende Verteidigung. Seine Einfälle waren »Goldes wert«. Fast alle Unternehmungen, in denen er scheiterte, haben anderen Leuten ein Vermögen eingebracht: nicht nur die Schriftgießerei und die Grundstücksspekulationen, sondern auch der Neudruck der Klassiker, die Parfümreklame. Nur der Künstler schafft in einem Universum, dessen Gott er ist; sobald er mit Hindernissen und Zufällen zu tun hat, die er nicht selber formen kann, flüchtet er in sein Werk, und dort werden seine schlimmsten Fehlschläge zu seinen besten Themen. Laure Surville hat ihren Bruder geschildert, wie er manchmal zu ihr gekommen ist, trübsinnig, niedergeschlagen, mit gelber Gesichtsfarbe. Er fing an, von seinen neuen Mißlichkeiten zu erzählen:

»Ich gehe unter, Schwester!«

»Pah!« antwortete Laure, »mit solchen Werken kann man nicht untergehen.«

»Da hast du recht, bei Gott! Diese Bücher erhalten einen am Leben ... Außerdem kann der blinde Zufall einem Balzac genauso gut unter die Arme greifen wie einem Halbidioten ... Wenn doch einer meiner Millionär-Freunde (und ich habe welche) oder ein Bankier, der nicht weiß, was er mit seinem Geld anfangen soll, zu mir käme und sagte: ›Ich kenne Ihr immenses Talent und Ihre Nöte; Sie brauchen die und die Summe, um freie Hand zu haben; nehmen Sie sie unbesorgt, Sie werden sie schon zurückzahlen, Ihre Feder wiegt eine Million auf ...!‹«

Und sofort sprang er von der Zukunft in die Gegenwart über. Der Bankier *hat* ihn gerettet: »Das ist schon was, wenn man sich sagen kann: *›Ich habe einen Balzac gerettet ...!‹* Ach! Balzac hat freie Hand ...! Jetzt paßt mal auf, liebe Freunde und liebe Feinde, wie er vorwärtskommen wird!« Dann ging der Traum, oder der Roman, weiter. Honoré wird geradewegs ins Institut[1] berufen. Von da in die Pairskammer ist es nur ein Schritt. Vom Pair wird er Minister, und da in seinem Ministerium alles gut geht, kommt er wieder zu dem Bankier zurück, der ihm aus der Patsche geholfen hatte: »Er wird in der Zukunft eine glänzende Rolle spielen. Es wird von ihm heißen: *Dieser Mann hat Balzac verstanden, er hat ihm auf sein Talent hin Geld geliehen, ihn zu den Ehren hingeleitet, die er verdiente. Das wird dann des Bankiers Ruhm sein.«*

[1] Zusammenfassung der 5 französischen Akademien.

Anfang 1836 hätte er einen solchen stillen Teilhaber dringend nötig gehabt. Am 11. Dezember waren sämtliche Exemplare des dritten Zehent der *Contes drolatiques*, das persönliche Eigentum des Autors und in der Rue du Pot-de-Fer eingelagert, bei einem Brand vernichtet worden. Ein schwerer Verlust für jemanden in verzweifelter Lage. Mit Buloz stand er mehr denn je auf Hauen und Stechen; er hatte ihn um eines unbefugten Nachdrucks von *Le Lys* in St. Petersburg willen verklagt; mittels feindseliger Artikel, perfider Glossen wurde er von sämtlichen Journalisten in Buloz' Solde angegriffen; die Witwe Béchet ließ nicht locker; und so wollte er sich eine Plattform verschaffen, von der aus er den Gegenangriff führen konnte. Nun aber war eine Zeitschrift zu verkaufen: die *Chronique de Paris*, ein kleines, legitimistisches Blatt ohne Leser. Es gehörte einem zweifelhaften Unternehmer: William Duckett; gedruckt wurde es von Béthune und Plon. Am 24. Dezember 1835 gründete Balzac mit Max de Béthune und William Duckett eine Gesellschaft für die Weiterführung der *Chronique de Paris*. Duckett sollte ein Achtel der Anteile übernehmen, Béthune ebenfalls ein Achtel, Balzac sechs Achtel. In Wahrheit kostete dieser Kauf ihn bloß 120 Francs; denn die *Chronique* hatte weder Abonnenten noch Aktiva, war also nichts wert. Aber er hatte sich verpflichtet, ein Stammkapital von 45 000 Francs in bar zu beschaffen, das eine gedeihliche Entwicklung sicherstellen sollte – 45 000 Francs, die er selbstverständlich nicht besaß.

Offenbar war die *Chronique* ein hoffnungsloses Unternehmen. In Balzacs Vorstellung wurde sie sogleich zum besten Geschäft der Welt. Vor allem, da er jeden Monat eine Novelle beisteuern wollte; die würde Abonnenten herbeilocken. Victor Hugo würde mitarbeiten. Gustave Planche, der sich mit Buloz verkracht hatte, sollte die Literaturkritik übernehmen. Jules Sandeau wurde damit beauftragt, Théophile Gautier einzuladen, dessen große Begabung Balzac aufgefallen war; nur zu bald sollte er aus ihm eins der »Pferde« seines Stalles machen. Gautiers Herz pochte heftig, als er von Balzac in der Kapuzenkutte aus weißem Kaschmir empfangen wurde. Der berühmte Romancier behandelte den jungen Schriftsteller kameradschaftlich, und dieser bewunderte den Athletenhals, der rund wie ein Säulenstumpf war, die originelle Nase, die breite, edle Stirn und schließlich die Augen, »Augen, die den Blick eines Adlers hätten niederzwingen können, durch Mauern und Rippen hindurch lasen, Augen eines Herrschers, eines Sehers, eines Tierbändigers«.

Gautier versprach Beiträge. Der Herr und Meister der Zeitschriften, Buloz, schäumte vor Zorn. »Planche«, sagte er, »hat Balzac umarmt, den er so liebhat, wie Sie wissen, und er hat Victor Hugos Hintern angebetet, den er so verehrte! Oh, ist das ein wunderbares Bündnis ...! Kommt es Ihnen nicht lächerlich vor?« Aber Balzac nahm die *Chronique* ernst. Auf diese »mächtige Zeitschrift« gestützt, deren unbeschränkter Gebieter er sein würde, konnte er endlich die politische Laufbahn einschlagen, von der er seit langem träumte. Zudem würde es »ein strömender, blinkender Paktolus« sein, mindestens 20 000 Francs Einkünfte jährlich, denn der Direktor Balzac würde den Redakteur Balzac königlich bezahlen, und der Geschäftsführer Balzac würde überdies ein Gehalt beziehen. Dort lag die Lösung aller seiner Probleme. Ein einziges Hindernis: Für den Start war flüssiges Geld nötig. Was kam's darauf schon an? Die Gesandte der Vorsehung, Madame Delannoy, streckte 15 000 Francs vor. »Das Geschäft wird was«, schrieb er an Laure. »Sag meinem guten Surville, auf diese Weise sei der erste Schritt zur Macht getan.« Und nun sehe man, wie wunderbar sich alles regelte. Der gute Surville hatte ein neues Kanalprojekt, ein Unternehmen, an dem man 200 000 Francs verdienen würde. Balzac, der mächtige Politiker, würde sich des Projekts annehmen und den Gewinn mit seinem Schwager teilen. Dann würden sie alle reich sein. Eigentlich waren sie es schon.

Die *Chronique de Paris* erschien unter der neuen Leitung am 1. Januar 1836. Victor Hugo, Gustave Planche, Alphonse Karr, Théophile Gautier und Charles de Bernard bildeten eine blendende Redaktion. Henri Monnier, Grandville und Daumier sollten Karikaturen geben. Balzac, der künftige Minister, behielt sich die außenpolitischen Berichte vor. Als Sekretäre mit der Aufgabe, für ihn Ermittlungen anzustellen, hatte er zwei junge Leute von gutem Adel engagiert, die genauso in Geldnöten waren wie er: den Marquis de Belloy (den Balzac »den Kardinal« zu nennen pflegte) und den Grafen Ferdinand de Grammont. In Wahrheit sollte Balzac allein die *Chronique* mit ausgestreckten Armen tragen. Jeden Samstag berief er die Redakteure zu einem erlesenen Abendessen zu sich: Gebratener Schinken, gebackene Regenpfeifer, Kalbsfrikandeaus, Störfilets, weiße Spargel, Ananas-Beignets. Festmähler in einem Haus, dessen Miete unbezahlt blieb. Gleich »einem Hauptmann vor der Front seiner Kompanie« veranstaltete der Chef einen Manuskript-Appell; nie waren welche fertig. Es wurde gesungen, es wurde gelacht. Alphonse Karr krönte Honoré mit Papierrosen. Waren dann Gäste und Oberkellner gegangen, mußte Balzac »die Arbeiten der Leitung des Blattes übernehmen«, das heißt: er mußte es nahezu ganz allein schreiben.

Aber was schadete das? Man hatte herzhaft gelacht. Balzac hatte eine Schwäche für Heiterkeit und war bezüglich der Qualität der Scherze nicht wählerisch. Nichts amüsierte ihn mehr als »leicht abgeänderte« Sprichwörter. Er schrieb sie sich auf: *Gelegenheit macht Liebe. – Kullernder Wein bleibt ohne Mus. – Sage mir, mit wem du umgehst, dann sage ich dir, wen du haßt.* Wenn einer seiner Freunde eine Variante erfand, erschütterte ein gargantuanisches Lachen seinen Bauch. Wortspiele – vulgäre Spiele? Vielleicht; aber jemand, der eine Welt im Kopfe trägt, hat wohl das Recht, sich für einen Abend der Last zu entledigen. Und überdies wurden die parodierten Sprichwörter nebst allem andern in den Schmelzofen der *Comédie humaine* geworfen, und dort finden wir sie im Munde des angehenden Malers Treffbube wieder *(Un Début dans la vie, Ein Lebensbeginn).*

Im Januar–Februar 1836 produzierte er wie im Fieber; aber was entstand, war vortrefflich. Er konnte in die *Chronique* zahlreiche Novellen einrücken, die einen improvisiert, die andern seinen Schubfächern entnommen: *La Messe de l'Athée* (in der er meisterlich den großen Chirurgen Dupuytren unter dem Namen Desplein geschildert hat); *L'Interdiction; Facino Cane;* die Erzählung des alten Arztes in *Les Martyrs ignorés (Die unbekannten Märtyrer).* »Nie ist der Strom, der mich von dannen trägt, reißender gewesen; nie hat ein auf majestätischere Weise schreckliches Werk einem menschlichen Hirn Befehle erteilt. Ich gehe, ich gehe an die Arbeit wie der Glücksspieler zum Spiel.« Das Wunder bestand darin, daß, auch wenn er unter dem Druck der dringendsten Notwendigkeit arbeitete, die Qualität sich auf höchstem Niveau hielt. Die politischen Artikel funkelten nur so. Er verspottete die regierungstreuen Zeitungen, die von den »Ideen« Thiers' und Guizots sprachen: »Weder Monsieur Guizot noch Monsieur Thiers haben eine andere Idee als die, uns zu regieren ... Monsieur Thiers hat immer nur ein und denselben Gedanken gehabt: Er hat immer nur an Monsieur Thiers gedacht ... Monsieur Guizot ist eine Wetterfahne, die auf drei Bauwerke gesetzt worden ist; Monsieur Thiers ist eine Wetterfahne, die trotz ihrer unaufhörlichen Beweglichkeit auf demselben Bauwerk verbleibt ...«

Die *Chronique* war brillant und draufgängerisch; sie hätte Erfolg haben können. Anfangs wogten die Abonnenten in »wunderbarer Fülle« heran, sagte Balzac, dem es nie an Superlativen gebrach. Das Wunder war nichts als eine dichterische Fiktion. Im Januar gab es 160 neue Abonnenten, im Februar 40, im März 19; im Juli sollten es nur noch 7 sein. Aber Balzac erwachte nicht aus seinem Traum. Noch am 26. März schickte er an Madame Hanska ein Siegesbulletin:

»Es ist von je etwas in mir gewesen, das mich dazu antrieb, alles anders als die andern zu machen, und bei mir ist Treue vielleicht Stolz. Da ich keinen anderen Halt habe als mein Ich, habe ich das Ich vergrößern und stärken müssen. Darauf beruht mein ganzes Leben, ein Leben ohne vulgäre Freuden. Keiner von denen, die um mich sind, möchte es leben, nicht einmal um den Preis des vereinigten Ruhms Napoleons und Byrons, wie Belloy gesagt hat ... Ich bin ein Spieler, und in den Augen aller arm; aber einer, der einmal jährlich sein ganzes Vermögen aufs Spiel setzt und der alles zusammenfaßt, was die andern verzetteln ...! Hatte ich Ihnen in Genf nicht gesagt, noch ehe drei Jahre um seien, würde ich mit den Zurüstungen zu meinem politischen Übergewicht anfangen? Hatte ich Ihnen in Wien nicht das gleiche gesagt? Nun denn, die *Chronique* ist der frühere *Globe* (die gleiche Idee), aber rechtsgerichtet anstatt links, das ist die neue Doktrin der royalistischen Partei. Wir machen Opposition und predigen die autokratische Macht; das heißt: Wenn wir ans Ruder kommen, soll man uns nicht bei Widersprüchen in dem ertappen, was wir gesagt haben. Ich bin der oberste Leiter dieser Zeitschrift; sie erscheint zweimal wöchentlich in riesigem Quart-Format ... Mein Anteil daran entspricht einem Kapital von 32 000 Francs; es kann mir, wenn die *Chronique* mehr als zweitausend Abonnenten hat, 20 000 Francs Einkünfte einbringen, ungerechnet meine sehr hoch bezahlten Arbeiten und mein Gehalt als Direktor. Wir haben genug Kapital, um zwei Jahre durchhalten zu können ... Ist solch ein Unternehmen nicht etwas Grandioses? Überdies gewinnt die Zeitschrift seit den drei Monaten, die ich sie leite, jeden Tag an Bedeutung und Autorität ...«

Trotz seiner »sehr gefestigten« finanziellen Situation (denn er bezweifelte nicht, daß er für 16 000 Francs sechzehn Aktien der *Chronique* werde verkaufen können und dennoch die Majorität behalten; er würde 3 000 Francs Autorenhonorar für eine Neuauflage der *Contes drolatiques* bekommen; ferner 24 000 Francs an dem Tage, da er sich Madame Béchet dadurch vom Hals würde schaffen können, daß er ihr endlich den letzten Band der *Etudes de Mœurs* lieferte; also insgesamt 43 000 Francs, zahlbar der Bank der Chimären) erkannte er, daß er, strategisch, über die Maßen reich sei, aber daß er, faktisch, am Monatsende weder seine Verpflichtungen erfüllen noch sein Tischsilber würde einlösen können.

»Ich müßte 3 000 Francs erstatten, und ich habe keine 3 000 Francs. Ich schulde bis zum 31. etwa 8 400. Um bis heute anständig durchzukommen und alles zu erfüllen, habe ich meine sämtlichen Hilfsmittel ausgenützt; sie sind samt und sonders erschöpft. Es geht mir wie bei Marengo. Jetzt müßte Desaix eintreffen, Kellermann müßte angreifen, damit ist alles gesagt. Aber die Leute, die mir 16 000 Francs für sechzehn Aktien der *Chronique* geben wollen, kommen zum Abendessen zu mir. Sie wissen es ja, man leiht und vertraut nur reichen Leuten. Alles in meinem Hause atmet die Üppigkeit, das Wohlleben, den Reichtum des glücklichen Künstlers. Hätte ich beim Abendessen Leihsilber, so schlüge alles fehl; der Mann, der das Geschäft vermittelt, ist ein Maler, und das sind scharfäugige, bösartige, unergründliche Menschen wie Henri Monnier mit seinem treffsicheren Blick; er sähe die schwache Stelle am Küraß, er witterte das Leihhaus, das er besser kennt als sonst jemand. Dann wäre es aus mit dem Geschäft ...! *Ich kann niemanden in Paris* um Geld bitten; ich werde nämlich für reich gehalten, und das Prestige käme zu Fall, alles schwände hin. Das Geschäft mit der *Chronique* verdanke ich dem Kredit, den ich genieße. Ich habe als Herr und Meister sprechen können. Gießen Sie noch dadurch Öl in dieses Feuer, daß Sie sich den beständigen Schwung vorstellen, die Glut einer Seele, die sich selber verzehrt, und dann sagen Sie mir, ob das nicht eine Tragödie ist? Man muß ein großer Finanzmann sein, ein kühler, kluger, vorsichtiger Mensch; das muß man sein ...! Weiter will ich nichts sagen, denn gestern hat einer meiner Freunde mit Recht gesagt: ›Wenn einmal Ihr Standbild gefertigt wird, dann aus Erz, damit der Mensch besser zum Ausdruck kommt ...!‹«

Wahrhaftig, nur ein »Mann aus Erz« konnte solche Arbeiten aushalten – und solche Ängste. Unseligerweise beanspruchen die Novellen und Artikel für die *Chronique* alle seine Zeit, und so verbleibt ihm keine mehr, weder für Werdet noch für Madame Béchet. Die letztere stößt Schreie aus; sie will sich wiederverheiraten, »dem Buchhandel um des Glückes willen den Rücken kehren« und Madame Jean-Brice Jacquillat werden; sie möchte ihre Geschäfte mit Balzac zu Ende bringen. Aber unvorsichtigerweise hat sie Vorschuß bezahlt. Schreibt man einen Roman, um 500 Francs einzustreichen, wenn man »oberster Leiter« einer Zeitschrift im Wert von 90 000 Francs ist? Leider verlieren sogar die Teilhaber der *Chronique* den Mut. Im Mai stößt Duckett seine Aktien ab und findet keine andern Käufer als Balzac und Werdet; sie bezahlen ihn fast gänzlich in Wechseln. Für den Prozeß um *Le Lys* ist eine Kaution erforderlich. Woher das Geld nehmen? Wohl waren da noch die 16 000 Francs für die sechzehn Aktien, die jene durch ein üppiges Diner geblendeten Bankiers zahlen sollten. Das Diner war königlich, aber die Bank widerspenstig.

Balzac an Madame Hanska, 20. März 1836: »Nie bin ich einsamer gewesen, nie habe ich so grausam und andauernd arbeiten müssen. Mein Gesundheitszustand hat sich so verschlechtert, daß ich nicht mehr die Anmaßung aufbringe, das jugendliche Aussehen wiederzuerlangen, auf das Wert zu legen ich schwach genug war. Das besagt jetzt alles. Wenn man, in meinem Alter, noch kein reines, unbeeinträchtigtes Glück genossen hat, dann widersetzt sich später die Natur der Möglichkeit, den Becher an die Lippen zu setzen. Weißes Haar bringt uns ihm nicht näher. Für mich wird das Leben der schmerzlichste aller Witze gewesen sein. Meine ehrgeizigen Bestrebungen fallen eine nach der andern ab. Macht ist etwas Geringfügiges. Die Natur hatte mich zur Liebe, zur Zärtlichkeit erschaffen, und der Zufall hat mich gezwungen, meine Begierden niederzuschreiben, anstatt sie zu stillen ...«

Ja, seine Hoffnungen schwanden eine nach der andern hin. Wie sollte er damit fortfahren, für einen triumphalen Traum zu leben, wenn rings um ihn die Ratten das sinkende Schiff verließen? Nach Duckett verschwanden die beiden jungen Sekretäre. Balzac war allein und verlassen und wußte nicht mehr, wo ihm der Kopf stand. Alles war fehlgeschlagen: die *Chronique*, das Geschäft mit den *Contes drolatiques*, der Seitenkanal der Loire. Die Chimären, launische, wilde Fabelwesen, waren von dannen geflogen. Nur der gute, unerschütterliche Doktor Nacquart lieh kleine Beträge, so daß wenigstens für Essen gesorgt war. Er machte sich Sorgen um seinen lieben Patienten; die Sorgen, der Mangel an Schlaf untergruben den Charakter, die Gesundheit und sogar die Vernunft des sympathischen Honoré. »Ich bin eher überlastet als verzweifelt; das macht mich verrückt.«

Um den Schönburgs, österreichischen Freunden der Madame Hanska, zu entfliehen, die unglückseligerweise unlängst einen ihrer Söhne in Balzacs Haus in der Rue des Batailles einquartiert hatten, war er wieder in die Rue Cassini gezogen; Sandeau hatte sie geräumt. Aber dort verhaftete ihn am 23. April die bewaffnete Macht, damit er eine Gefängnisstrafe absaß, die ihm die »Krämer« der Nationalgarde und »jener gemeine Zahnarzt, der seinen scheußlichen Beruf mit den abstoßenden Funktionen eines Feldwebels vereinigt«, eingebrockt hatten, weil er sich geweigert hatte, »seine Pflichten als Bürgersoldat« zu erfüllen. Er wurde ins Hôtel Bazancourt am Quai des Bernardins, genannt »Bohnen-Hotel«, gebracht, das als Arrestlokal diente. Zunächst war er deswegen überaus wütend, nicht ohne Grund. Was? Er, Balzac, um den der Kanzler Metternich sich bemüht hatte und den die ganze Welt las, wurde in Frankreich durch einen Stab von Ladenbesitzern behandelt wie ein Verbrecher. Das Gefängnis erschien ihm gräßlich; das Zusammengepferchtsein ekelhaft. Aber recht schnell genoß er das Pittoreske der Situation. Er bekam Kaminfeuer, ein Zimmer, »von dem aus er das schöne Wetter sehen konnte«, einen Tisch, einen Stuhl, einen Sessel und machte sich wieder an die Korrekturen von *Le Lys dans la Vallée*. Sobald er im Geist entweichen, sich absondern, arbeiten konnte, gab es für ihn keine Leiden mehr.

Der ins Bohnen-Hotel zitierte Werdet brachte ein bißchen Geld mit. Balzac behielt ihn zum Abendessen da, ihn und den Leiter von *La Quotidienne*. Die Mahlzeit verlief recht heiter. Am andern Tag lud Werdet auf Befehl Sandeau, Regnault, Gustave Planche und Alphonse Karr ein. Jetzt gab es in der Zelle eine Fülle von Lebensmitteln und Rosen, die von bewundernden Leserinnen geschickt worden waren. *An unknown friend* ließ durch den Pförtner eine in einen Goldring eingefügte blonde Haarsträhne überbringen. *An Louise, die Geheimnisvolle:* »Ihre Rosen durchduften meine Arrestzelle; das möge Ihnen sagen, wie sie mich erfreuen.« Mit den ihm geschenkten Kleinodien ließ der gefangene Zauberkünstler sich von Lecointe einen siebenten Spazierstock anfertigen. Chevet und Véfour hatten die Abendessen geliefert; Werdet bezahlte sie. Balzac hatte innerhalb der drei Tage seiner Gefangenschaft 575 Francs ausgegeben.

Der Prozeß um *Le Lys,* der ihn mit Buloz verfeindet hatte, war nicht entschieden worden. »Ich muß sechs Tage auf die Urteilsfällung warten, sofern sie nicht abermals vertagt wird. Die Sache mit den *Cent Contes drolatiques* kommt nicht zu Ende; die Aktien der *Chronique* sind schwer unterzubringen. So verdoppeln sich meine Schwierigkeiten. In den zwei Monaten, in denen ich mich geschäftlich betätigt habe, konnte ich nur wenig arbeiten; das bedeutet zwei verlorene Monate, was besagt, daß die *Henne mit den goldenen Eiern* krank ist. Ich bin nicht nur entmutigt, sondern auch meine Phantasie ist erschöpft und verlangt nach Ruhe ...« Das war das schlimmste. Sein prächtiges Gehirn, sein einziges Kapital, verweigerte den Dienst. Balzac konnte höchstens *Le Lys* korrigieren. Nun aber läutete Béthune, der verantwortliche Herausgeber der *Chronique,* die Alarmglocken. Es kamen keine Abonnenten, und auch keine Erneuerungen der Abonnements. »Die *Chronique de Paris* war ein faules Geschäft, ein Verlustgeschäft.«

Balzac an Madame Hanska, 16. Mai 1836: »Seit drei Tagen hat sich eine große Wandlung in mir vollzogen. Der Ehrgeiz ist verschwunden. Ich will nicht mehr durch die Abgeordnetenwürde oder durch den Journalismus ans Ruder kommen. Also muß ich mich bemühen, mir die *Chronique de Paris* vom Hals zu schaffen. Dieser Entschluß ist mir gekommen, als ich zwei Sitzungen der Abgeordnetenkammer beiwohnte. Die Dummheit der Redner, die Albernheit der Debatten, die geringe Möglichkeit, über eine so miserable Mittelmäßigkeit zu triumphieren, lassen mich darauf verzichten, mich in anderer Eigenschaft als der eines Ministers da hineinzumischen. Also werde ich von heute an in zwei Jahren versuchen, mir die Pforte der Akademie durch Kanonenschüsse zu öffnen, denn Mitglieder der Akademie können Pairs werden, und ich will versuchen, ein Vermögen zusammenzubringen, das groß genug ist, mich in die Pairskammer und also durch die Macht zur Macht gelangen zu lassen ...«

Prächtig für Balzac als den Reiter dieser neuen Chimäre, aber nicht für die Aktionäre und Gläubiger der *Chronique de Paris.* Die Angestellten des Blattes bedrängten ihn, weil sie bezahlt werden wollten; Duckett drohte ihm mit der Konkurseröffnung; Balzac seufzte: »Das Leben ist eine zu große

Last; es macht mir keine Freude mehr.« Ein seltenes Geständnis bei diesem Menschen, der immer so schnell wieder auf die Beine kam. Es wurde ihm indessen eine Genugtuung zuteil. Der Prozeß um *Le Lys* ging zu Buloz' Ungunsten aus. Das Urteil tadelte *La Revue de Paris*, daß sie unbefugt über nicht mit dem *Imprimatur* versehene Korrekturabzüge verfügt habe. Der von so vielen Verleumdungen reingewaschene Balzac erhielt unzählige Glückwunschschreiben. Das Aufsehen, das der Prozeß erregt hatte, wurde zu einer wunderbaren Reklame für das Buch. Innerhalb zweier Stunden verkaufte Werdet 1800 Exemplare von *Le Lys*; 2000 hatte er gedruckt.

Aber am 12. Juni geschah abermals etwas Unerwartetes. Madame Béchet, die es immer eiliger hatte, um des Glückes willen vom Buchhandel freizukommen, ließ Balzac durch den Gerichtsvollzieher die Aufforderung zustellen, er habe binnen vierundzwanzig Stunden die beiden Bände zu liefern, die an den *Etudes de Mœurs* fehlten, unter Zwangseintreibung von fünfzig Francs für jeden Tag Verspätung. Das war eine Katastrophe, aber auch ein unverhoffter Gewinn, denn die Wut der Witwe Béchet war ein wundervoller Vorwand, Paris, Béthune und die *Chronique* im Stich zu lassen und nach Saché zu gehen, »ins Indre-Tal, dort in zwanzig Tagen die beiden Bände für diese Frau zu schreiben und sie mir vom Hals zu schaffen ... Jetzt lasse ich mich also auf einen furchtbaren Kampf ein: den zwischen Geldinteressen und zu schaffenden Büchern! Dadurch, daß ich Madame Béchet zufriedenstelle, den letzten meiner Verträge aus der Welt schaffe und ein schönes Buch schreibe. Und ich habe dafür zwanzig Tage! Und ich bringe es fertig! *Les Héritiers Boisrouge* und *Illusions perdues* werden in zwanzig Tagen fertig vorliegen! ...«

Les Héritiers Boisrouge blieben im »Karton für Fehlgeburten« liegen; aber *Illusions perdues* (erster Teil) wurden tatsächlich in zwanzig Tagen zu Papier gebracht, und Schöneres hatte Balzac bislang nicht geschrieben. Das Unglück schärfte seine Begabung, und niemals hatte ein Stoff ihm nähergelegen. Er konnte seine bittere Traurigkeit hineinverarbeiten. Ursprüngliches Thema: Vergleich zwischen den Sitten in der Provinz und denjenigen von Paris. Er wollte die Illusionen, die man sich in der Provinz macht, eine nach der andern bloßstellen; einen jungen Mann vorführen, der sich für einen großen Dichter hält, eine Frau, die ihn in seinem Glauben unterstützt und ihn mitten in Paris arm und schutzlos von sich stößt. Aber sobald Balzac sich an die Arbeit machte, wucherten Episoden und Gestalten so rasch empor, daß der erste Teil von *Illusions perdues* zur Ausfüllung der beiden Madame Béchet geschuldeten Bände reichte. Der zweite Band würde später kommen. »Wann wird der Autor sein Gemälde vollenden können? Er weiß es nicht; aber vollenden wird er es.«

Der erste Teil von *Illusions perdues* enthielt die Geschichte Lucien Chardons, eines armen jungen Mannes aus Angoulême von engelhafter Schönheit, der den Mädchennamen seiner Mutter (der geborenen Charlotte de Rubempré) annimmt; der wundervollen Aufopferung seiner Schwester Eve und seines künftigen Schwagers, des Druckers David Séchard, für diesen reizenden Egoisten; von Luciens Liebschaft mit Madame de Bargeton; der Entführung des Dichters, der fern der Provinz das Glück suchen will, durch seine Geliebte. Aber Balzac wurde sich schnell darüber klar, daß er eine sehr bedeutsame Fortsetzung schreiben würde: *Un grand homme de province à Paris (Ein großer Mann aus der Provinz in Paris)*, und das sollte »die Dichtung von seinen Kämpfen und seinen zunichtegewordenen Träumen« werden; jedenfalls »hatte er zunächst nicht an sich selber gedacht«, sondern an George Sand und an Sandeau, die durch bittere Enttäuschungen so schnell getrennt worden waren. Natürlich transponierte er. Sehr viel mehr als George Sand, einem echten Genie, ähnelte Anaïs de Bargeton Rosa de Saint-Surin, einer Schriftstellerin, Künstlerin, Dichterin mit schönen Augen, die in Angoulême einen literarischen Salon geführt und sich dann, nach der gesetzlichen Trennung von ihrem Mann, in Paris niedergelassen hatte.

Als Balzac von der Liebschaft des jungen Lucien mit einer Frau erzählte, die fünfzehn Jahre älter als er war (Rubempré ist zu Beginn der *Illusions perdues* einundzwanzig, »Naïs« de Bargeton dagegen sechsunddreißig), muß er dann und wann an die *Dilecta* gedacht haben. Aber ein großer Romancier verwischt alle Spuren. David Séchard, der Drucker, und nicht Lucien, hat Honorés äußere Erscheinung: das fette, braune Gesicht, das von einem stämmigen Hals getragen wird, die eckige Nase mit der häßlichen Abflachung, die Blitze des sich aufschwingenden Genies und die »Aschenschichten um den Vulkan«. Der glänzende, ungeachtet seiner weichlichen Haltung kühne Lucien hat die Hüften einer Frau. Man ist versucht, ihn für ein verkleidetes Mädchen zu halten. »In dieser Freundschaft liebte einer der beiden abgöttisch, und das war David.« Daher wird er sich für Lucien zugrunde richten.

Der Roman stützte sich auf eine solide Kenntnis des gesellschaftlichen und lokalen Lebens. Seit seinen unseligen Erfahrungen kannte Balzac sich in einer Druckerei und deren Problemen gründlich aus. Die geheimen Triebfedern von Angoulême waren ihm von der intelligenten Zulma gezeigt worden. Seine Intuition hatte ihm die Eigentümlichkeiten dieses in eine Ober- und eine Unterstadt geteilten Stadtwesens enthüllt. Die aus strategischen Gründen auf einem Gipfel erbaute Altstadt bleibt seit den Feudalzeiten aristokratisch und Sitz der Verwaltung. Aber die sie einschließenden Mauern und Wälle haben sie gehindert, sich zu entwickeln. Am Fuß des

Felsens, am Ufer der Charente, wächst die gewerbefleißige, reiche Vorstadt L'Houmeau mit ihren Papiermühlen, ihrer Kanonengießerei, ihren Gerbereien und Bleichplanen. »Droben der Adel und die Macht, drunten der Handel und das Geld; zwei soziale Zonen, die auf allen Gebieten einander feindlich sind.« Lucien, der aus L'Houmeau stammt, eilt zum Angriff auf Angoulême, und das Drama beginnt. Bilder und Erinnerungen, die in Speichern des Gedächtnisses gelagert hatten, quellen in dem Augenblick hervor, da der Künstler ihrer bedarf; sie entstammen allen Epochen seines Lebens und allen ihm bekannten Stätten.

Balzac schrieb jene beiden Bände in seinem kleinen Zimmer auf Saché, wo er »die feierlichsten Stunden seines geistigen Lebens« verbracht hatte; »dort hatte er *Louis Lambert* geschrieben, über *Séraphita* gegrübelt, *Le Père Goriot* konzipiert«. »Ich sehe die schönen Bäume wieder, die ich so oft auf der Suche nach meinen Gedanken angeschaut habe. Ich stehe 1836 noch genauso da wie 1826; ich muß immer arbeiten und arbeite immer! Noch immer ist in mir das gleiche junge Leben, das noch immer genauso kindliche Herz ...« Doch, doch! Er war seit 1829 weitergekommen; er trug jetzt ein Volk von Gestalten in sich, deren künftige Schicksale er ahnte. Was er noch zu schaffen hatte, war gigantisch. Wenn er an das ungeheure Fresko dachte, das er malen wollte, empfand er ein jähes Verlangen, seine Pariser Stellung aufzugeben, sich in ein *cottage* in der Touraine zurückzuziehen, um dort in Ruhe und Frieden sein Werk zu vollenden. *An Laure d'Abrantès* (die sich über sein Schweigen beschwert hatte): »Leuten, die sich auf dem Schlachtfeld befinden, ist es, wie Sie wissen, nicht freigestellt, zu plaudern oder ihre Freunde wissen zu lassen, ob sie am Leben oder tot sind ...« Diese Arbeitsorgien hätten ihn fast umgebracht. Als er sich am 26. Juni im Park von Saché erging, bekam er einen Bluterguß im Gehirn und brach am Fuß eines Baumes zusammen. Innerhalb weniger Tage hatte er die Hälfte der *Illusions perdues* zu Papier gebracht, und diese schreckliche Anspannung »hatte ihm das Blut in den Kopf getrieben«. Am nächsten Tag war von diesen Alarmzeichen nichts zurückgeblieben als ein Ohrensausen. Er mußte die Kraft zur Vervollständigung der Seiten aufbringen, deren es bedurfte, um die Witwe Béchet, die zur Dame Jacquillat geworden war, zu beschwichtigen. Am gleichen Morgen hatte er an Emile Regnault einen rabelaisischen Brief geschrieben: »Auf das hin küsse ich Sie aufs Auge und wünsche, daß in den niederen Gefilden, für die Sie schwärmen, alles gutgehen möge ...«

Da der Held des Buches, Lucien de Rubempré, ein Dichter war, mußte der Autor einige Proben seiner Dichtkunst geben. *Balzac an Emile Regnault:* »Sagen Sie doch dem guten Charles de Bernard, ich brauchte für *Illusions perdues* ein kleines, recht hochtrabendes Gedicht im Stil Lord Byrons ... Es wäre nett von ihm, wenn er es mir machte; ich habe nämlich keine Zeit dazu. Ich brauche auch etwas in der Art von *Bippo* und *Namouna*, oder in der Art von Mussets *Mardoche*, aber ein einziges Stück von hundert Versen. Außerdem brauche ich zwei Lieder.« Charles de Bernard war ein liebenswürdiger Schriftsteller, Schüler und Freund Balzacs, der ihn in *La Revue de Paris* untergebracht hatte. Daher die Ungezwungenheit, mit der er ihn um »zwei Lieder« im Stile Byrons oder Mussets bat. Nun aber konnte er nicht nur etwas von Charles de Bernard geben, und so bediente Balzac sich eines alten Gedichts, das er selber 1824 für Julie Campi geschrieben hatte, die »Bengal-Rose«, geboren aus der Liebschaft der Madame de Berny mit dem »grausamen Korsen«. Der Schöpfer wie der Erfinder benutzt das geringste Stück Alteisen, das er in den Trümmerhaufen der Vergangenheit wiederfindet.

Von Zulma Carraud verlangte Balzac dringend topographische Auskünfte über die Straßenecke, an die er die Druckerei Séchard verlegen, und über das Stadtpalais, in dem er Naïs de Bargeton wohnen lassen wollte. »Wenn der Major mir eine Faustskizze machte, dann wäre das noch besser ... Ich ringe nach wie vor wie ein Ertrinkender, der vor dem letzten Mundvoll Angst hat ...« Am 10. Juli mußte er nach Paris zurückkehren, um mit der *Chronique* Schluß zu machen. Nun die Veröffentlichung aufhörte, verblieb zu Balzacs Lasten ein kurzfristiges Minus von 18217 Francs; hinzu kamen die 24000 Francs, die er Madame Delannoy und die 5000, die er Väterchen Dablin schuldete. Er fiel aus seiner goldenen Wolke herab, und der Aufschlag war hart, aber von seinem einsamen Flug brachte er den Beginn des schönsten seiner Romane mit.

Dritter Teil

DIE MENSCHLICHE KOMÖDIE

Alles in allem, und das ist das Spiel, das ich spiele, werden vier Männer ein über die Maßen großes Leben gehabt haben: Napoleon, Cuvier, O'Connell, und ich will der vierte sein. Der erste hat das Leben Europas gelebt; er hat sich Armeen eingeimpft! Der zweite hat sich die ganze Erde zu eigen gemacht! Der dritte ist in einem Volke Fleisch geworden! Von mir soll es heißen, ich hätte eine ganze Gesellschaft in meinem Kopf getragen.

Balzac

XXI

DIE CONTESSA

Große Leidenschaften sind selten wie große Kunstwerke. *Balzac*

Während Balzac fortfuhr, der mystischen Gattin, der göttlichen Eve zu beteuern, er sei unerschütterlich treu und makellos keusch, unterhielt er seit einiger Zeit die intimsten und anfangs heimlichsten Beziehungen zu einer anderen Frau, die sehr wohl dazu geschaffen war, seiner Eitelkeit zu schmeicheln, und zwar gleichzeitig durch ihre Schönheit, durch ihren Adel und durch ihre gesellschaftliche Stellung. Um auf die Ursprünge dieser Liaison zurückzugreifen, muß man sich des Empfehlungsbriefs erinnern, den ihm in Genf, im Februar 1834, die Gräfin Marie Potocka für die Gattin des österreichischen Botschafters gegeben hatte. Es geschah im folgenden Herbst bei einem der großen Empfänge der Botschaft, daß er den rosigen Teint, das aschblonde Haar, den geschmeidigen, schlanken Wuchs, die orientalischen Prinzessinnenaugen einer jungen Dame von etwa dreißig Jahren erblickte. »Ihr provozierender Gang einer unzüchtigen Bacchantin« nahm Balzacs Blick gefangen. Er fragte nach ihrem Namen und erfuhr, der Graf Emilio Guidoboni-Visconti, Angehöriger einer der erlauchtesten Familien des Bezirks um Mailand, habe diese englische Schönheit geheiratet: Frances Sarah Lovell.

Die Lebenserinnerungen eines Versailler Richters namens Victor Lambinet haben über diese Ehe ebenso reichliche wie falsche Auskünfte mitgeteilt. Wollte man ihm Glauben schenken, so hätte sich in der Familie Lovell eine erstaunliche Verführungskraft den schlimmsten Narrheiten und einem an Besessenheit grenzenden Hang zum Selbstmord geeint. Die Mutter habe sich ertränkt, um nicht zu altern; ein Bruder habe sich den Hals durchgeschnitten, ein anderer sich erhängt.

»Die Jüngste, Julia«, schrieb Lambinet, »ein abenteuerliches, entzückendes Geschöpf, richtete sich aus Hysterie zugrunde, machte Jagd auf Friseurgehilfen, verleitete Schauspieler zu Ausschweifungen, würdigte sich herab wie ihr ältester Bruder und verstumpfte durch Alkoholismus. Als sie unter dem Einfluß der göttlichen Flasche weniger amourös geworden war, heiratete sie einen alten preußischen Gelehrten, den Doktor Bidermann, der sich lediglich eine Frau genommen hatte, um mit ihr anstoßen zu können...«

In Wirklichkeit gehörte Frances Sarah Lovell (die von den Ihren Fanny genannt wurde) einer alten, ehrsamen Familie der grundbesitzenden *gentry* des Wiltshire an: den Lovells of Cole Park. Die Mutter der *Contessa* war die Tochter eines anglikanischen Archidiakonus; dieser wiederum der Sohn des Bischofs von Bath. Dank dieser Abkunft war Fanny Lovell abweichend von dem, was Lambinet behauptet, vor ihrer Eheschließung in England in den exklusivsten gesellschaftlichen Milieus empfangen worden. Von ihren vier Brüdern hat keiner Selbstmord begangen. Der eine starb am Leberkrebs, der andere an einem Herzschlag, der dritte an Lungenentzündung. Der letztgeborene, der, nach Lambinet, sein Leben durch seine Ausschweifungen abgekürzt haben sollte, ist erst 1906 im Alter von fünfundachtzig Jahren gestorben, und zwar an einem Lungenkatarrh. Das einzig Wahre von Lambinets Geschichtchen betraf die Mutter, die sich tatsächlich ertränkt hat, aber im Alter von zweiundsiebzig Jahren, 1854, somit neunundzwanzig Jahre nach Fannys Heirat. Es ist also unstatthaft, sich zu fragen, ob der Graf Guidoboni-Visconti, als er die junge Dame heiratete, »alle diese erschreckenden früheren Vorkommnisse gekannt habe«; sie hatten ja gar nicht existiert. Wie alle Männer war er von ihrer Göttinnenschönheit und ihrer Silberstimme bezaubert gewesen, »einer Tête-à-tête-Stimme«.

Fast unmittelbar nach ihrer Eheschließung hatte es sich ergeben, daß die *Contessa* außerstande sei, »einer sinnlichen Überraschung zu widerstehen«. Nicht nur ihr feuriges Temperament verlangte nach Liebhabern; ihr Gewissen paßte sich einem solchen Verhalten trefflich an. Sie hatte sich die Gräfin Albany und Teresa Guiccioli als Beispiel genommen; sie pries sie beide um ihrer kühnen Liebesbündnisse mit genialen Männern willen: Alfieri und Byron. Nun aber enthüllte sich Graf Guidoboni-Visconti als ein noch weniger gestrenger *marito* als der Graf Guiccioli. Dieser arme Mann, dem es gleichermaßen an Bösartigkeit wie an Charakter mangelte, interessierte sich lediglich für zweierlei: für Musik (er liebte es, seinen Part in einem Theaterorchester unter den Berufsmusikern zu spielen) und für den Apothekerberuf. Substanzen zu mischen, Fläschchen zu füllen, sie abzuwischen, sie mit einer Kapsel zu versehen und ein Etikett darauf zu kleben machte ihn glücklich. »Er war ein sanfter, farbloser Mensch von labilem Geist, ein bißchen langweilig und verdrießlich, keineswegs dumm, dabei ein Gemisch von Raffinesse und tölpelhafter Naivität.« Kurzum, er war dazu geschaffen, hintergangen zu werden, es zu wissen und es zu dulden.

Solcherlei Schilderungen ermutigten Balzac; er ließ sich vorstellen. Die

Contessa kannte ihn durch seine Romane; sie wünschte sich nichts Besseres, als ihn zu empfangen. Balzacs absonderliche Ausstaffierung brachte sie ein wenig aus der Fassung: weiße Weste mit Korallenknöpfen, grüner Frack mit Goldknöpfen, sämtliche Finger voller Ringe. Das hat sie wohl den Freunden gesagt, die Balzac zu ihr gebracht hatten; denn beim zweiten Besuch war er schlicht und in dunklen Farben gekleidet. Übrigens wandelten die Eindrücke, die er auf Frauen machte, sich stets rasch. Eine Freundin der »schönen Blonden«, Sophie Koslowska, hat in einem Brief an ihren Vater diese Liaison vortrefflich erklärt:

»Du fragst mich: ›Wie ist es nun eigentlich mit dieser neuen Leidenschaft Monsieur de Balzacs für Madame Visconti?‹ Es handelt sich dabei lediglich um dieses: Da Madame Visconti von Geist, Phantasie und jungen, neuen Ideen strotzt, findet Monsieur de Balzac, der ebenfalls ein Ausnahme-Mensch ist, Gefallen an Gesprächen mit Madame Visconti; und da er viel geschrieben hat und noch immer schreibt, entleiht er sich mehrmals einige der originellen Ideen, die bei ihr so häufig sind, und ihrer beider Unterhaltung ist stets über die Maßen interessant und amüsant. Damit ist die schöne Liebesleidenschaft erklärt ...

Es läßt sich nicht behaupten, Monsieur de Balzac sei ein schöner Mann; er ist nämlich klein, fett, rundlich, untersetzt, hat breite, ziemlich eckige Schultern, einen großen Kopf, eine Nase wie aus Gummielastikum, an der Spitze viereckig, einen sehr hübschen, aber fast zahnlosen Mund und pechschwarzes, straffes, mit Weiß untermischtes Haar. Aber in seinen braunen Augen ist ein Feuer und eine so starke Ausdruckskraft, daß man wider Willen gezwungen ist, einzugestehen, daß es nur wenige ähnlich schöne Köpfe gibt.

Er ist gütig, gütig bis zur Uneigennützigkeit zu denen, die er mag, aber schrecklich zu denen, die er nicht mag, und ohne Erbarmen für die, die sich besonders lächerlich machen. Seine witzig-boshaften Bemerkungen werfen einen nicht auf der Stelle um, aber sie fallen einem später wieder ein und spuken *ever after* in einem wie Gespenster. Seine Willenskraft und sein Mut sind ehern; um seiner Freunde willen vergißt er sich selbst; in seinen Freundschaften kennt er keine Vorbehalte. Er vereinigt in sich mit der Großmut und Noblesse des Löwen die Sanftmut eines Kindes.

Da hast du eine reichlich flüchtige Skizze vom Charakter Monsieur de Balzacs; ich habe ihn sehr gern, und er ist nett zu mir. Er ist siebenunddreißig Jahre alt ...«

Balzac wurde von den Guidoboni-Viscontis eingeladen; sie wohnten in Paris in der Avenue de Neuilly (aus der später die Avenue des Champs-Elysées geworden ist); während der schönen Jahreszeit hatten sie in Versailles den sogenannten »Pavillon des Italiens« inne. Balzac und die *Contessa* besaßen in dieser Stadt gemeinsame Bekannte, und diese erzählten Honoré von den Liebesabenteuern der Madame Visconti, deren letzter Anbeter Lionel de Bonneval hieß.

Graf Lionel de Bonneval (geboren 1802) hatte ebenfalls eine Engländerin geheiratet: Caroline-Emma Gallway. Später wurde in der Familie erzählt, er sei seiner Frau erst nach deren Tod treu geblieben. Er besaß viel Geschmack und sammelte antike Möbel, Bronzen, Porzellan. Folgender Zug dürfte eine Vorstellung von seiner anspruchsvollen Empfindlichkeit geben: Auch wenn er in seiner Wohnung ganz allein bei Tisch saß, aß er täglich von seinen schönen Sèvres-Tellern, Museumsstücken. Vielleicht hat er zu einigen Eigentümlichkeiten der Gestalt des Sixte du Châtelet in *Illusions perdues* beigetragen.

Ein Rivale schreckte Balzac nicht etwa zurück; darin hatte er recht, denn die Bande zwischen ihm und der schönen Engländerin knüpften sich sehr bald enger. Bei geteilten Kosten mit den Viscontis mietete er für drei Abende der Woche eine Loge im Théâtre des Italiens. Keinem seiner Freunde entging es, wie eifrig er der blonden Fanny den Hof machte. Die Herzogin von Abrantès schrieb ihm: »Ich verüble es Ihnen, daß Sie nicht zum Abendessen gekommen sind ... Also geben Sie einer guten Regung nach, und dann können Sie ja immer noch zu Ihren ›Bouffons‹ gehen ...«

Hat er die *Contessa* geliebt? Er hatte eine Schwäche für sinnliche Frauen, und wenn Fanny entfesselt war, erfüllte sie sicherlich seine kühnsten Wünsche; er war auf Frauen von hoher Abkunft erpicht, das stillte seinen Stolz und kam seinem Ehrgeiz entgegen; Fannys Mann war ein Visconti (wenigstens in mütterlicher Linie); und schließlich wollte er Frauen, die ihm Stoff für sein Werk beizusteuern vermochten. Nun aber besaß Madame Visconti Phantasie und hat für Lady Arabelle Dudley »als Modell gedient«, neben Lady Ellenborough. Sie pflegte Balzac »Bally« zu nennen; das entspricht Arabelles *my Dee*.

Und sie? Fest steht, daß sie Geschmack an ihrem großen Mann fand, daß sie ihn lange Zeit in den schwierigsten Lebensumständen unterstützte, daß er ihr durch seine Heiterkeit gefiel, seinen Schwung, durch seine schlüpfrigen Geschichtchen, seine beinahe weibliche Intelligenz, die aus ihm zugleich einen Komplizen und einen Liebhaber machte.

»Monsieur de Balzac weiß über die Frauen vielerlei Dinge«, schrieb Sainte-Beuve, »er kennt ihre gefühlsbedingten oder sinnlichen Geheimnisse; er stellt ihnen in seinen Erzählungen kühne, ungezwungene Fragen, die großen Vertraulichkeiten gleichkommen. Er ist wie ein noch junger Arzt, der Zutritt zu dem Raum zwischen Bett und Wand und zum Alkoven hat;

er hat die Berechtigung erworben, andeutungsweise von geheimnisvollen Privatdingen zu sprechen, die auf eine verwirrende Weise auch die Schamhaftesten bezaubern ...«

Und welchen Platz in dieser neuen Inszenierung wies er Madame Hanska an, der angebeteten Eve? Balzac gefiel sich darin, gleichzeitig mehrere Liebesbindungen zu unterhalten, deren jede von der andern durch ein wasserdichtes Schott getrennt war. Das erweiterte das Universum seiner Romane. Hat der Schöpfer einer Welt nicht das Anrecht auf mehrere Leben? Vom Beginn seiner Liebschaft mit Eveline Hanska an war Marie du Fresnay (»Maria«) ohne Evelines Wissen die Dritte im Bunde gewesen. Nach der Rückkehr aus Wien hütete er sich sorglich, in seinen Briefen an die »Fremde« die *Contessa* zu erwähnen. »Es ist in meinem Leben kein Platz mehr, ich will nicht sagen: für eine Untreue, aber für einen Gedanken ... Seit einem Monat habe ich die Oper nicht betreten. Ich habe, wie ich glaube, eine Loge in den ›Bouffons‹ ... Mich schaudert so sehr vor den Pariser Frauen, daß ich mich jetzt von sechs Uhr morgens bis sechs Uhr abends auf meine Arbeit verlegt habe ...« Leider kannte Madame Hanska Balzac viel zu gut, um nicht überzeugt zu sein, daß er, wenn sie fern war, seine Tage schwerlich keusch hinbringen werde. Aber wenn sie auch bereit war, eine Olympe Pélissier oder bedeutungslose kleine Bürgerfrauen zu dulden, so war sie doch um den eigenen Ruhm besorgt und wäre entsetzt über eine Liaison mit einer in der kosmopolitischen Aristokratie, der sie selber angehörte, bekannten Weltdame gewesen. Sie wußte: An eine Geliebte aus dieser Gesellschaftsklasse würde Balzac schöne Briefe schreiben, die dann in Paris in Umlauf kämen, und sie wußte auch, daß er viel zu stolz auf einen solchen Erfolg sein würde, um ihn nicht hinauszuposaunen.

Balzac an Madame Hanska: »Madame de Visconti, die Sie erwähnen, ist eine der liebenswürdigsten Damen und von unendlicher, erlesener Güte, von einer feinen, eleganten Schönheit; sie hilft mir beträchtlich, das Leben zu ertragen. Sie ist sanft und von großer Festigkeit, unerschütterlich und konzessionslos in ihren Ideen, in ihren Abneigungen. Im Umgang ist sie verläßlich. Sie ist vom Glück nicht gerade begünstigt worden, oder vielmehr: ihr Vermögen und das des Grafen harmonieren nicht mit ihrem glänzenden Namen, denn der Graf ist der Repräsentant des ersten Zweigs der legitimen Söhne des letzten Herzogs, des berühmten Barnabo, der nur Bastarde hinterlassen hat: die einen sind legitimiert worden, die andern nicht. Diese Freundschaft tröstet mich über viele Kümmernisse hinweg. Aber leider sehe ich sie nur ganz selten. Sie können sich nicht vorstellen, zu welchen Entbehrungen meine Arbeit mich verdammt. Es gibt keine Möglichkeiten in einem Leben, das beansprucht ist wie das meine, und wenn man nachmittags um sechs zu Bett geht, um gegen Mitternacht wieder aufzustehen ... Ich vermag keine gesellschaftliche Pflicht zu erfüllen. Ich sehe Madame de Visconti alle vierzehn Tage einmal, und das ist mir wahrhaft schmerzlich, denn sie und meine Schwester sind die einzigen teilnehmenden Seelen, die ich besitze. Meine Schwester ist in Paris; Madame de Visconti ist in Versailles, und ich sehe beide kaum je. Kann man das ›leben‹ nennen? Sie wohnen in einer Einöde am Ende Europas; andere Frauen in der Gesellschaft kenne ich nicht ...

Immer träumen, immer warten, sehen, wie die schönen Tage verrinnen; erleben, wie einem Haar um Haar die Jugend ausgerissen wird; nichts in die Arme schließen und dabei beschuldigt werden, man sei ein Don Juan! Was für ein dicker, leerer Don Juan ...!«

Die *Contessa* zögerte, sich hinzugeben. Lionel de Bonneval hatte ihr Balzac geschildert, seinen schlechten Geschmack, sein in den Hals hineinwachsendes Haar, seine auffälligen Westen, sein Gewerbe als »Tintenkleckser«. Der Nimbus Bonnevals, der über »Kunst und Wissenschaft des Lebens in der guten Gesellschaft« verfügte, imponierte der *Contessa*. Eine Zeitlang hatte Balzac eine Neuauflage der Koketterien der Marquise de Castries zu befürchten. Vergebens hatte er auf einen Besuch der »schönen Blonden« in der Rue Cassini gehofft. Er begann aufs neue seine Zurüstungen in der Rue des Batailles. Vor allem für sie schaffte er den berühmten weißen Diwan an, richtete er das Boudoir der *Fille aux yeux d'or* (des *Mädchens mit den Goldaugen*) ein. Welche Frau würde dort ruhen? Die Marquise de Castries oder die *Contessa?* Nur die *Contessa* konnte es sein. Der Frühling 1835 beschleunigte die glückliche Lösung. *Le Lys dans la Vallée* dankt sicherlich Madame Guidoboni-Visconti den Titel: Er ist die englische Bezeichnung der Maiblume: *lily of the valley*. Balzac hat wohl eine dissonierende Lust empfunden, auf die gleiche Leinwand die *Dilecta* und seine neue Leidenschaft zu malen, Madame de Mortsauf und Lady Dudley.

Der Besitz tötete die Liebe nicht, ganz im Gegenteil. Balzac, der Liebhaber und Kenner der Frauen, war berauscht von dem prächtigen Musterexemplar von Angelsächsin, das zu beobachten ihm vergönnt worden war.

»Die Engländerin«, schrieb er, »ist ein armes Geschöpf, gezwungenermaßen tugendhaft und der Verderbnis nur zu geneigt, zu beständigen Lügen verdammt, die sie in ihrem Herzen einscharrt, aber köstlich durch die Form, weil bei diesem Volke alles Form geworden ist. Daher die eigenartige Schönheit der Frauen jenes Landes: der Überschwang einer Zärtlichkeit, in der für sie notwendigerweise das Leben sich konzentriert; die Übersteigerung der Pflege, die sie sich angedeihen lassen; die Zartheit ihrer Liebe, wie sie so anmutsvoll in der berühmten Szene in ›Romeo und Julia‹ geschildert worden ist: Shakespeares Genie hat darin mit *einem* Zug die englische Frau zum Ausdruck gebracht. Was könnte ich Ihnen, die Sie sie um so vieler Dinge willen beneiden, sagen, das Sie nicht schon von diesen weißen Sirenen wüßten, die dem Anschein nach undurchdringlich und so bald durchschaut sind, die da glauben, Liebe genüge der Liebe, die den Spleen den Genüssen hinzugesellen und sie dadurch nicht vermannigfachen; deren Seele nur über *einen* Klang, deren Stimme nur über *eine* Silbe verfügt; ein Ozean der Liebe – wer nicht darin geschwommen hat, dem wird stets etwas von der Poesie der Sinne unbekannt bleiben ...«

Und weiter:

»Und schließlich: Haben Sie nie über den allgemeinen Sinn der englischen Sitten nachgedacht? Bestehen sie nicht in der Vergöttlichung des Stofflichen, einem ausgesprochenen, überlegten, klüglich angewandten Epikureismus? Was die Engländerin auch tun oder sagen möge: sie ist Materialistin, vielleicht ohne ihr Wissen. Sie stellt religiöse und moralische Ansprüche, denen der göttliche Spiritualismus, denen die katholische Seele mangelt, und deren befruchtende Anmut durch keinerlei Heuchelei ersetzt zu werden vermag, so gut gespielt sie auch immer sein möge. Sie besitzt im höchsten Maße das Wissen um das Leben, das die geringsten Partikeln der Stofflichkeit verbessert, das aus Ihrem Pantoffel den erlesensten Pantoffel der Welt macht, das Ihrer Wäsche eine unbeschreibliche Duftigkeit verleiht, das die Kommoden mit Zedernholz auskleidet, so daß sie duften; das zur bestimmten Stunde einen kundig bereiteten Tee aufträgt; das den Staub verbannt, das den Läufer von der ersten Treppenstufe an bis zu den letzten Windungen des Hauses festnagelt, das die Kellerwände säubert, den Türklopfer putzt, die Wagenfedern geschmeidig macht; das aus der Materie ein nahrhaftes, reiches, schimmerndes und sinnliches Fruchtfleisch macht, darin die Seele im Genuß aushaucht; das die grausige Monotonie des Wohlseins schafft, ein Leben ohne Widerwärtigkeiten verleiht, ein von aller Spontaneität entblößtes, ein Leben, das uns, um alles zu sagen, mechanisiert ...«

Es war in der *Contessa* etwas von diesem komfortablen Mechanismus, aber auch eine echte Überlegenheit der Intelligenz und des Charakters. Sie war weder argwöhnisch, noch neigte sie zum Schurigeln oder zum Nachspüren wie Eveline Hanska. Wenn sie sich verschenkte, dann herzlich und offen. Sie war nicht auf der Hut hinsichtlich der Welt, da sie sich mit Balzac in der Italienischen Oper zeigte; aber sie beanspruchte ihn auch nicht für sich allein. Sie sah ein, daß ein Künstler Freiheit braucht, und hatte ihren Spaß an seinen Abenteuern.

Man weiß, daß Balzac am 16. Juni 1835 nach Boulogne-sur-Mer gereist ist; sein Fernsein dauerte sechs Tage. Am 29. August ließ er abermals seinen

Paß für Boulogne visieren und reiste am 31. in einem gemieteten Wagen ab, den er eine Woche später dem Wagenverleiher Panhard zurückerstattete. Im Hafen von Boulogne schifft man sich nach England ein. Es ist anzunehmen, daß Balzac die *Contessa* dorthin begleitete, als sie nach ihrem Heimatland abreiste, wo sie zwei Monate lang verweilte. Ebenso mutet es als vollauf wahrscheinlich an, daß er die Fahrt nach Boulogne zum zweitenmal unternahm, um sie in einem erneuten Aufwallen der Leidenschaft bei ihrer Rückkehr willkommen zu heißen. Er huldigte auch fernerhin dem Fetischismus der ihm vorbehaltenen Vornamen und erhielt die Erlaubnis, sie »Sarah« zu nennen (mit ihrem zweiten Vornamen), und nicht »Fanny«, wie alle Welt. Im Jahre 1836 brachte die Gräfin Guidoboni-Visconti einen Sohn zur Welt. Es ist behauptet worden, freilich ohne Beweise, sein Vater sei Balzac gewesen. Das Kind wurde Lionel-Richard getauft. Es scheint, daß Balzac eine so ruhmreiche Vaterschaft lärmend kundgetan haben würde, wenn er daran hätte glauben können. Und überdies: War einer der Vornamen des Neugeborenen (Lionel) nicht derjenige Bonnevals?

Indessen sollte Sarah lange Balzacs Geliebte bleiben und sich ihm gegenüber großherzig und gütig erweisen. Zu der Zeit, da die *Chronique de Paris* einging und für Balzac eine so zwingende Notwendigkeit bestand, aus Paris zu verschwinden, fand sie eine *combinazione*, die es dem gehetzten Schriftsteller ermöglichte, sich in Ehren davonzumachen.

Emilio Guidoboni-Visconti hatte gerade seine Mutter verloren. Er verspürte nicht die mindeste Lust, seinem Apothekerlaboratorium und seinem Orchester den Rücken zu kehren und in Turin sein Erbteil einzuheimsen. Nun war die Erbfolge recht unklar. Die Verstorbene war durch ihre erste Ehe die Witwe des Grafen Pietro Guidoboni, von dem sie zwei Kinder hatte; sie hatte sich mit einem Franzosen namens Pierre-Antoine Constantin wiederverheiratet, und dieser zweiten Ehe war ein Sohn namens Laurent entsprossen. Daher bestand ein Zwiespalt der Interessen ... Die *Contessa* war der Meinung, ihr Liebhaber als ehemaliger Advokatenschreiber werde die Interessen ihres Mannes trefflich verfechten. Also müsse Balzac mit einer Vollmacht versehen und spornstreichs nach Turin geschickt werden. War er nicht der am ehesten qualifizierte Mann, eine sofortige Regelung und eine Teilung nach Recht und Billigkeit durchzusetzen? Dieser ideale Unterhändler sollte eine Vergütung auf das zurückgewonnene Vatererbe erhalten. Eine geschickte und taktvolle Art, ihm unter die Arme zu greifen.

Es ist von Interesse, zu erfahren, daß er während seiner Liaison mit Sarah einen mysteriösen Briefwechsel mit einer Frau unterhielt, die er nie von Angesicht zu Angesicht gesehen hat und von der er lediglich den Vornamen kannte: Louise. Wie so viele andere hatte sie ihm über seinen Verleger geschrieben. Seit den Teufeleien der Marquise de Castries mißtraute er unbekannten Frauen ein wenig.

»Schon mehrmals ist meine kindliche Leichtgläubigkeit auf die Probe gestellt worden, und es ist Ihnen wohl schon aufgefallen, daß bei den Tieren der Argwohn in direktem Verhältnis zu ihrer Schwachheit steht ... Indessen schreibe ich manchmal wie ein armer Soldat, der sein Ausgehverbot übertritt, nicht in die Kaserne zurückkehrt und am andern Tage bestraft wird ... Vernehmen Sie also, daß, was Sie bei mir an Gutem mutmaßen, noch besser ist; daß meine Ergebenheit keine Grenzen kennt, daß meine Sensibilität weiblich ist und daß ich an männlichen Eigenschaften bloß Energie besitze; aber was vielleicht an Gutem an mir ist, wird unterdrückt durch das Äußere eines Mannes, der ständig bei der Arbeit ist ... ich habe den ganzen Egoismus der erzwungenen Arbeit, ich bin wie der Sträfling mit der Kugel am Bein und besitze keine Feile ... Ich sitze in meinem Arbeitszimmer fest wie ein im Eis gescheitertes Schiff ...«

Er wies diese ihm entgegengestreckte Hand nicht zurück, konnte jedoch keinen Schritt aus seinem Gefängnis heraus tun. »Lassen Sie mich meinen Steinblock in meinem Kloster wälzen und glauben Sie mir, daß ich, wäre ich frei, nicht so handeln würde.« Ein einziges Mal in seinem Leben, schrieb er, sei er einer aufopfernden Liebe begegnet, die die Arbeit in Kauf genommen habe; dem Engel, der zwölf Jahre lang täglich der Gesellschaft, der Familie, der Pflicht zwei Stunden geraubt habe, um ihn zu trösten und ihm zu helfen. Seitdem niemals mehr. Er gefalle sich in der Vorstellung, seine Briefpartnerin sei jung, schön und geistvoll, aber es sei ihm lieber, wenn diese Zärtlichkeit ein Geheimnis bleibe. Seine Partnerin entzog sich von sich aus seinen Blicken. Letztlich hatte die geheimnisvolle Louise das bessere Teil erwählt; sie empfing die schönsten Briefe der Welt und brauchte nichts zu geben, weil er alles ablehnte. Allerdings erklärte das tätige Vorhandensein der Sarah Guidoboni-Visconti in seinem Leben so viel weise Zurückhaltung.

XXII

DIE SELTSAME ESKAPADE

> **Wenn es für einen auf Erden keine Mädchen mehr zu entführen gibt, muß man arbeiten, sonst stirbt man vor Langeweile.**
> *Eugène Delacroix*

Am 25. Juli 1836 fuhr Balzac nach Turin ab. Die Geschäftsreise war gleichzeitig eine Eskapade. Durch Sandeau hatte er eine hübsche dreiunddreißigjährige Frau kennengelernt, Caroline Marbouty aus Limoges, und sich bereitgefunden, in der *Chronique de Paris* eine C. Marcel gezeichnete, autobiographische Novelle zu veröffentlichen, deren Verfasserin sie war. Madame Marbouty entstammte einer alten protestantischen Familie; ein Vorfahr mütterlicherseits war Jean-Aimé de Lacoste, Abgeordneter von La Rochelle für die Gesetzgebende Versammlung, später Mitglied des Rats der Alten. Carolines Vater François Pétiniaud, Gerichtsrat in Limoges, war 1825 gestorben. Das schwärmerische, impulsive, ehrgeizige Mädchen hatte seiner achtbaren Familie schon in sehr jungen Jahren Sorge gemacht. Sie hatte aus ihrem Abscheu vor dem Provinzleben und aus ihrer Verachtung bürgerlicher Vorurteile kein Hehl gemacht. »Da der Provinzler«, hatte sie geschrieben, »nichts kennengelernt und nichts empfunden hat als Verlust oder Gewinn, sind seine Beziehungen trocken und uniform, ist sein Dasein aller Poesie bar.«

Als der Gerichtsrat solcherlei Äußerungen vernommen hatte, war er der Meinung gewesen, Caroline sei ein Mädchen, das schleunigst verheiratet werden müsse. Der Gerichtsschreiber Jacques-Sylvestre Marbouty, eine mäßige Partie, ein armseliger Käfer, wurde auserkoren, weil er der Sohn eines königlichen Staatsanwalts und Grundbesitzer war. Im Jahre 1823, um die Zeit der Eheschließung der beiden, war der Bräutigam zweiunddreißig, war die Braut neunzehn Jahre alt. Als junges Mädchen hatte Caroline Gedichte geschrieben; als unbefriedigte Ehefrau verfaßte sie Romane. Da sie in Limoges offene Tafel hielt, hatte sie schnell einen literarischen Salon. Die gut gefütterten, heimlich verliebten Geladenen baten ihre Gastgeberin, ihnen Verse vorzulesen. Sie überhäuften sie mit Lobreden und nannten sie »die Muse von Limoges«. Während dieser für ihn wenig schmeichelhaften Vorlesungen verließ der Gatte stets den Salon; denn die Muse schilderte ihr Verlangen und ihre Enttäuschungen.

Der königliche Staatsanwalt und Madame Marbouty machten ihrer Schwiegertochter bittere Vorwürfe, daß sie »jeden Beliebigen empfange«, daß sie sich »zu raffiniert kleide« und »die überlegene Frau« spiele. Obwohl sie heftig umworben wurde, blieb sie dem Gerichtsschreiber bis zu ihrem achtundzwanzigsten Lebensjahr treu, was heroisch anmutete. Da jedoch, 1831, erschien Guillaume Dupuytren. Der berühmte Arzt, Chefchirurg am Hôtel-Dieu, Mitglied des Institut de France, von Ludwig XVIII. geadelt, stammte aus dem Limousin. Wenn große Männer politischen Ehrgeiz hegen, suchen sie sich lokale Bindungen zunutze zu machen. Der Baron Dupuytren trat bei den Wahlen für die Kammer im Departement Haute-Vienne als Kandidat auf und verbrachte einen Monat in Limoges bei den Marboutys. Die hübsche Muse erbot sich, ihn bei den Notabeln der Stadt herumzuführen, und war von seiner Klugheit geblendet. Er riet ihr, viel zu lesen, und, so sagte sie, »drang in ihre intimsten Gedanken ein«. Er hatte von je bei Frauen große Erfolge gehabt; diese hier zu erobern fiel ihm nicht schwer. Was die Wahl betraf, so hatte Dupuytren als Konkurrenten nur einen kleinen Landarzt, und so glaubte er sich des Ergebnisses sicher. »Er baute naiv auf seine Geltung und seinen bekannten Namen ... aber der Mann von Genie wurde durch den Mann aus dem Dorf geschlagen« – wie üblich.

Der tief gekränkte Dupuytren verließ Limoges und ließ sich nie wieder dort blicken. Caroline machte zunächst, »ihrer Gesundheit wegen«, einen Abstecher nach Paris und nahm dann Aufenthalt in La Rochelle (wo die Lacostes einen Familienbesitz hatten), und zwar Sandeaus wegen. Dem kleinen Jules, der sein durch George Sand gebrochenes Herz offen zur Schau trug, war die Gunst der Muse von Limoges zuteil geworden. Das Beispiel der Aurore Dudevant verdrehte zu jener Zeit den Blaustrümpfen in der Provinz die Köpfe; sie träumten von Ruhm und Liebe. Caroline Marbouty hatte die Empfindung, als roste ihr Talent in Limoges, im ständigen Beisammensein mit einem bäurischen Tölpel, ein, und erhielt schließlich von diesem nachsichtigen Ehemann die Erlaubnis, in Paris zu wohnen, und zwar unter dem tugendhaften Vorwand, dort könne sie ihren Töchtern besseren Unterricht zuteil werden lassen. Sie rechnete damit, Dupuytren wiederzufinden, aber dieser war fest entschlossen, keinesfalls ein kurzes Abenteuer in eine lästige Liaison umzuwandeln; er gab ihr zu verstehen, daß ein Mann, der auf sich hält, keine verheiratete Frau kompromittieren darf. Dem Überdruß und der Treulosigkeit mangelt es nie an tugendhaften Entschuldigungsgründen. Wer sollte die Muse trösten? Der kleine Jules? Mit dem war nicht viel los. Caroline behielt ihn als Freund bei; aber es verlangte sie nach der Jagd auf ein gewichtigeres Wild. Sainte-Beuve, der Kritiker, auf den gehört wurde, konnte vielleicht herhalten. Sie lud ihn ein. »Er war klein, schwächlich, mager, linkisch. Seine kranken Augen und seine ungemeine Schüchternheit liehen seinem Gang etwas seltsam Schlenkerndes. Kurzum: eine Karikatur ...«

Blieb nur noch Balzac, der Freund der Frauen und deren höchste Hoffnung. Sie hatte von ihm schon in Limoges durch ihre Freundin Lucile Nivet (geborene Tourangin), eine Schwester der Zulma Carraud, reden hören und ihn bewundernd gelesen. Sie hatte ihm mehrere Briefe geschrieben, aber diese abzusenden nicht gewagt, und dann im Jahre 1833 einen weiteren, der ihn nicht erreichte. Als dann aber Sandeau Balzacs Wohnung innehatte, ließ die Verbindung zu dem großen Mann sich leicht anbahnen. Madame Marbouty wurde zum Abendessen in die Rue Cassini geladen und dann zur Mitarbeit an der *Chronique de Paris* aufgefordert. Ihre vertraulichen Geständnisse, mit denen sie gern verschwenderisch herausrückte, da sie schwatzhaft und voller leicht zu durchschauender Komplexe war, amüsierten Balzac, der eine Schwäche für die Psychologie der Provinzlerin besaß. Als er in die Touraine reiste, schlug er ihr vor, sie mitzunehmen und ihr die Loire-Schlösser zu zeigen; sie lehnte ab.

Balzac an Emile Regnault, 27. Juni 1836: »Mein Brief, alter Vogel, soll Ihnen sagen, daß etwa hundert Francs oder fünfzig Taler Ihrem alten *Mar-à-sec* sehr zustatten kommen würden, denn wenn ich *Le Cabinet des Antiques (Das Antiquitätenkabinett)* und wahrscheinlich auch *Ecce Homo* fertighabe, möchte ich mir gern dadurch etwas zugute kommen lassen, daß ich Chenonceaux und Chambord besuche; sie liegen an meinem Reiseweg ... Wie geht es Jules? Vergessen Sie auch Béthune und Level nicht. Sie können sogar ein Erröten riskieren, das ich auf der Wange der schönen Madame Marbouty gewahre, die, wenn sie mit mir die Schlösser der Touraine hätte besichtigen wollen, die schöne Reise schwerlich bedauert hätte ...«

Im folgenden Monat bot sich eine herrliche Gelegenheit zu einer carolinesken Eskapade: die Reise nach Turin zur Regelung der gescheiterten Erbschaftsangelegenheit der Guidoboni-Visconti. Diesmal war die Muse von Limoges einverstanden. Sie konnte über fünfhundert Francs verfügen; das sollte ihr Beitrag zu den Reisekosten sein. Um jeder Gefahr eines Skandals aus dem Wege zu gehen, wollte sie Männerkleidung anlegen; dann konnte sie als Balzacs Sekretär oder Page gelten.

Wiederum hatte George Sand das Beispiel für die Hosenrolle gegeben. Caroline war von der Dame auf Nohant fasziniert; sie beschloß, sie nachzuahmen. Der Schneider Buisson gab Balzac Kredit; bei ihm wurden die für die Reise notwendigen Kleidungsstücke bestellt. Am Abreisetag erschien

Caroline in der Rue Cassini mit einer Schachtel, die nur eine einzige Frauentoilette und Wäsche für acht Tage enthielt. Der Postwagen stand bereits beladen und angespannt im Hof. Sandeau und Balzac hatten auf sie gewartet. Sie ging nach oben, um sich umzuziehen, und als sie wieder herunterkam, im Reiserock, die Reitpeitsche in der Hand, mit entschlossener Miene, fanden beide sie entzückend. Jules sah sie mit Honoré davonfahren und war ein bißchen eifersüchtig. Es lag nun einmal in seiner Natur, andere um ihr Liebesglück zu beneiden und außerstande zu sein, das seine in die Wege zu leiten.

Caroline Marbouty an die verwitwete Madame Pétiniaud de Lacoste, Turin, 2. August 1836: »Die Ortsangabe dieses Briefes wird Dich wundern, meine geliebte Mutter. Du ahnst vielleicht gar nicht, daß ich in Italien bin, zweihundert Meilen von meinem gewöhnlichen Aufenthaltsort weg. Ich will Dir eine Erklärung geben, aber nur Dir allein. Nur Du sollst das Geheimnis dieser Reise erfahren, weil ich auf Deine Diskretion rechne ...

Ich will dir also berichten, daß Balzac mich durch Jules gerade wie Nana [1] in sein Haus zum Abendessen geladen hat. Ich hatte mir vorgenommen, daß ich ihn an dem Tage, da wir einander begegneten, verführen müsse. Mein Entschluß stand fest. Es ist mir gelungen, und ich habe ihn *magnetisiert* ...

Ein paar Tage danach hat man [Balzac] mich besucht; man wolle nach der Touraine reisen; nach der Rückkehr nach Italien ... In der Touraine hat man sich nach mir gesehnt, und als man wieder in Paris war, hat man mir sogleich vorgeschlagen, mich mit nach Turin zu nehmen, von dort nach Genua, vielleicht nach Florenz. Ich habe lange geschwankt, dann aber nachgegeben. Was für eine hübsche Reise! Von Paris mit dem Postwagen losfahren, über den Mont Cenis die Alpen überschreiten, bei der Talabfahrt an der Grande Chartreuse vorbei, und dann, nach fünf Tagen, in Turin landen. Ich habe dabei an Dich gedacht. Du hast ja diese Reise gemacht. Deine Erinnerungen sind vor mir erstanden. Ich habe den Überschwang verstanden, den diese Reise in Dir hinterlassen hat.

Ich bin allein mit Balzac, ohne Bedienung. Er hat mich Männerkleidung anlegen lassen, und diese Tracht, die mir gut steht, entzückt mich. Sie verhindert, daß ich erkannt werde, und gewährt mir eine Unendlichkeit an bezaubernden, neuen Freiheiten. So etwas gefällt meinem originellen Geist. In Turin gelte ich als sein Sekretär. Er hat mich sehr gern und umgibt mich mit Aufmerksamkeiten. Aber das Unglück will, daß ich krank bin. Nie ist ein Glück vollkommen. Mein jämmerliches Unwohlsein hat mich mehr denn

[1] Anna de Massac (Pseudonym für Sidonia Haas), war eine intime Freundin von Caroline Marbouty und Jules Sandeau. Sie war mit den beiden in La Rochelle gewesen.

je heimgesucht; ich verberge es nach Kräften, aber es hat mich unterwegs arg erschöpft. Ich hatte vor einem Monat in Paris daran gelitten, und es hat meiner üblichen Kühnheit bedurft, um dieser unwürdigen Indisponiertheit Trotz zu bieten, die durch die Anstrengungen der Reise hätte gefährlich werden können. Das ist nicht der Fall gewesen; es geht mir sogar ein wenig besser.

Balzac ist, wie alle höhergearteten Leute, sehr mit *seinen Gedanken* beschäftigt und nicht gerade liebenswürdig. Aber es steckt in ihm so viel Kraft und geistige Macht, sein ganzes Wesen besitzt eine solche Überlegenheit, daß er gefällt. Sein Äußeres ist übel; sein im Ausdruck sehr schöner Kopf ist absonderlich.

Wir stehen da wie Fürstlichkeiten. Er ist mit Eilnachrichten an die Botschaft beauftragt, das schafft ihm Beziehungen zu den höchsten Kreisen. Heute abend speist er bei einem Senator; ich muß ihn um zehn im Wagen zwei Meilen außerhalb Turins abholen, und ich verspreche mir viel von diesem schönen Abend im offenen Wagen. Übrigens steht jener Wagen mir ganz und gar zur Verfügung.

Ich habe ein prächtiges Appartement und werde wunderbar bedient. All das ist um so schöner, als Balzac keinen roten Heller besitzt, vor Schulden nicht aus noch ein weiß und nur durch eine unglaubliche Arbeitsleistung seine Stellung zwischen dem Luxus und dem finanziellen Zusammenbruch aufrechterhält, der ihn täglich bedroht.

Er findet an mir ›viele Möglichkeiten‹, wie er sagt, und er will versuchen, mich arbeiten zu lassen, damit ich zwanzigtausend Francs Einnahmen gewinne. Aber es empfiehlt sich, Dir zu sagen, daß er ein Pläneschmied ist und daß man nur ›für den Augenblick‹ mit ihm tafeln darf! Ich verlasse mich also recht wenig auf ihn. Es würde sich darum handeln, gemeinsam an Bühnenstücken zu arbeiten ...«

Nach Balzacs Tod verfaßte Madame Marbouty eine Reiseerzählung, von der sie behauptete, es sei ein »Geisterdiktat« des abgeschiedenen Reisegenossen! Jene Aufzeichnungen enthalten einige ergänzende Einzelheiten. In der Grande Chartreuse, wohin sie sich auf Maultieren begaben, ließen die Patres sich durch die Verkleidung nicht hinters Licht führen und nur Balzac allein durfte hinein. Bei der Weiterfahrt lenkte ein Gebirgsbach Carolines Blicke auf sich. »Wie schön müßte es sein, darin zu baden!« sagte sie. Und folgendermaßen läßt sie die Szene durch »Balzacs Geist« erzählen:

»Man wählte eine Stelle, die beste. Man half Ihnen von Ihrem Maultier herunter, und Sie gelangten durch Gestrüpp an den Bach; er wurde von langen Sonnenstrahlen vergoldet, die von den Bäumen gehemmt wurden ... Endlich würde ich Ihnen bei dieser Badebelustigung helfen und gleichfalls hineinsteigen können. Mia cara! Sie weigerten sich hineinzusteigen, wenn ich mich nicht entfernte: Sie waren über die Maßen erschöpft; das Bad konnte Ihnen Linderung verschaffen; der Sattel Ihres Maultiers habe Sie gedrückt, sagten Sie. Aber wenn ich Ihnen nicht heilig gelobte, wegzugehen, würden Sie auf die Waschung verzichten, die notwendig geworden war ... Ihr Wille war unerschütterlich. Ich mußte nachgeben.

Ich will hier nicht sagen, was mich das gekostet hat, noch die göttlichen Träume schildern, die meine Phantasie mir während der wenigen Minuten vorgaukelte, die Ihr Fernsein dauerte! Ich hatte Sie wohl erschreckt. Sie legten nur Ihre Hose ab, und als Sie sich mit Ihrem Überrock, der Sie vor allen Blicken schützte, in das strömende Wasser setzten ... da blieben Sie nur ein paar Augenblicke darin. Ich hatte versprochen, wegzugehen, aber wie hätte ich mein Versprechen halten können? Ich hatte einen Seitenweg gesucht (und gefunden); ich hoffte, ich könne Sie auf diese Weise überrumpeln; dort bin ich ausgeglitten. Aber Ihnen, die Sie meinen Ungehorsam fürchteten, hatte ein einmaliges oder zweimaliges Eintauchen genügt, und Sie zogen sich wieder an, als ich vor Ihren Blicken erschien. Es war zu spät ...!«

In Turin, der schönen Hauptstadt mit den majestätischen Straßen, stieg das seltsame Paar im Hôtel de l'Espagne ab. Das schönste Appartement wurde ihnen gegeben. »Marcel« hatte das Ehrenzimmer inne; das auf einem Podium stehende königliche Bett sah sie mit staunenden Augen an. Balzacs Schlafzimmer war bescheidener; es war mit dem andern durch eine Tür verbunden, aber man besuchte einander nicht, was Caroline ihrer Mutter folgendermaßen erklärte:

»Ich habe mir das *Recht auf Freiheit* vorbehalten. Nur in eine reine, schlichte Freundschaft als Bindung habe ich eingewilligt. Der Rest soll Laune sein, ganz nach meinem Belieben. Ich halte mich für um so glücklicher der Sonderform der Liebe wegen, die ich einflöße, da sie mehr denn je in unserer Zeit etwas Seltenes ist. Einzig der Künstler versteht sich noch ein wenig darauf; der Rest der Nation hat keine Ahnung davon. Hat wohl die Künstlerin Freiheit genug, um danach zu suchen – und ihr zu begegnen?

Ich bin durchaus nicht überspannt. Meine Vorstellungen von der Liebe haben, seit ich die wirkliche Welt und den Charakter, die Bedürfnisse, die Natur höhergearteter Männer kenne, mancherlei Wandlungen erlitten. Man wird nur geliebt, wenn man seine Eindrücke zu beherrschen weiß, wenn der Geist einigermaßen kalt bleibt ... Das ist mir bei dieser Gelegenheit widerfahren. Aber werde ich immer zur Genüge Herrin meiner selbst bleiben? Das ist die Frage.

Balzac ist sehr gütig, sich gleichbleibend und ohne Falsch wie alle großen

Charaktere, aber mehr mit der *Zukunft* und dem *Ehrgeiz* beschäftigt als mit der Liebe und den Frauen. Für ihn ist die Liebe notwendig als ein körperliches Spiel. Abgesehen davon besteht sein ganzes Leben aus Arbeit. Werde ich immer Gefallen an diesem Daseinszustand haben? Und wird er, vor allem, meinem Liebesverlangen genugtun? Ich fürchte: nein. Aber so ist das Leben nun mal; man muß es hinnehmen, wie es ist ...«

Als Balzac sechs Jahre nach diesem Ausflug 1842 *La Grenadière* veröffentlichte, trug die Novelle die Widmung: *»An Caroline.* Der Poesie der Reise der dankbare Reisende.« An Madame Hanska schrieb er:

»Die *Poesie der Reise* war lediglich deren Poesie, und nichts sonst. Ich werde Ihnen in aller Harmlosigkeit sagen, was daran war, wenn Sie in Paris sind, ich werde sie Ihnen zeigen, zur Strafe. Sie werden sehen, daß ich nie Geschmack an solchen Frauen gefunden habe, die, wie Madame de Lamartine, zu Versen im Stil der alten Komödie anregen:

> Beim Donner, Chevalier, ich will ein Schurke sein,
> Wenn die verdammte Nas' nicht blau wie Türkisstein!,

mit denen ich einen ganzen Salon habe laut auflachen lassen, als ich um meine Meinung gefragt wurde.

Es handelte sich, *cara diva*, um eine intime Freundin von Madame Carraud. Ich habe sie seither nicht wiedergesehen. Was ihren Geist betrifft, so war er ganz reizend ...«

Die Wahrheit für den Gebrauch der »Fremden« war selten die ganze Wahrheit, aber Balzac und Caroline haben, jeder von sich aus, nachdrücklich behauptet, sie seien während ihrer sechsundzwanzigtägigen Eskapade kein Liebespaar geworden. Diese »scipioneske Zurückhaltung« (wie Balzac sagt) findet ihre Erklärung vielleicht in dem »jämmerlichen Unwohlsein« des falschen Marcel. Sicher ist jedoch, daß sie Kameraden und voller Fröhlichkeit blieben. »Erinnern Sie sich doch unserer reizenden Mahlzeiten in dem Speisesaal des unteren Stockwerks mit seinen riesengroßen, offenen Fenstern, die auf den mit Blumen geschmückten Balkon hinausgingen ... Die schöne italienische Sonne strahlte auf unsere beiden, so luxuriös bereitgelegten Gedecke. Alles war im voraus da und aufgetragen, um uns besser zu isolieren. Köstliche Fische, Feigen, ein kleiner, milder italienischer Weißwein, herrliches Obst ...«

Balzac genoß dieses üppige Leben in einem erstrangigen Hotel und die Aufmerksamkeiten der hohen piemontesischen Gesellschaft. Er hatte vorgesorgt, damit er als eine große Persönlichkeit behandelt werde, und Empfehlungsschreiben des Grafen Apponyi, des österreichischen Botschafters in Paris, und des Marquis de Brignole, des sardinischen Gesandten, mitgebracht. In Turin faßte Graf Federico Sclopis de Salerano Sympathie für ihn und ließ ihn durch seine Mutter in die angenehmsten Salons einführen. Auf diese Weise lernte Balzac die Marquise de Saint-Thomas kennen, den berühmten Abbé Gazzera, einen bedeutenden Archäologen, die Marquise de Barol, geborene Colbert, die Silvio Pellico nach seiner Entlassung aus den Kerkern des Spielberg bei sich aufgenommen hatte, die Contessa Sanseverino, geborene Porcia, kurzum, eine ganze liebenswürdige, kultivierte Welt von seltener Vornehmheit. Von der Contessa Sanseverino erbat sich Balzac ein paar kleine italienische Flüche aus dem 16. Jahrhundert für seine Novelle *Le Secret des Ruggieri (Das Geheimnis der Ruggieri)*.

Caroline nun aber wurde trotz Balzacs Leugnen in Turin für George Sand gehalten und ehrenvoll behandelt. Der Abschiedsbrief des Grafen Sclopis erwähnt sie: »Ich bitte Sie, mich keinesfalls Ihrem bezaubernden Reisegefährten gegenüber zu vergessen. Unser Geschlecht würde im Ernst nie wagen, ihn für sich zu beanspruchen, aus Angst, ihn an das andere zu verlieren ...« Balzac antwortete: »Was meinen Reisegefährten betrifft, so schickt er Ihnen tausend höfliche Grüße ... Es handelt sich um eine ganz reizende, geistvolle und tugendsame Frau, die ... da sie sich auf zwanzig Tage aus den Verdrießlichkeiten der Ehe herausmogeln konnte, sich gegen unverletzliche Geheimhaltung auf meiner Seele ausgeruht hat ... Sie weiß, daß ich liebe, und darin hat sie die stärkste aller Bürgschaften erblickt ...« Eines Abends, bei der Marquise de Saint-Thomas, hatte Marcel seinen Überrock abgelegt und war in »einer entzückenden weiblichen, schlichten, eleganten und vollauf pariserischen Toilette« erschienen. Er (oder sie) hatte den aufrichtigsten Erfolg erzielt. »Alles war daran, bis auf den niedlichen, bébé genannten Hut, den man damals trug.«

Indessen verlor Balzac durchaus nicht das Ziel aus den Augen, nämlich das Familienerbe des Grafen Guidoboni-Visconti, der diese schöne Reise finanziert hatte. Sclopis hatte ihn in Verbindung mit dem Advokaten Luigi Colla gebracht, einem kundigen Juristen und großen Botaniker. »Er hatte in Rivoli einen Garten, in dem er seltene Pflanzen aufzog und dem er jede Minute widmete, die er den strengen Pflichten seiner Praxis entziehen konnte.« Colla lud Balzac zu einem Besuch seiner Treibhäuser ein. Madame Marbouty in ihrer Männergewandung begleitete ihn. Darin hat man, und wohl mit Recht, die Keimzelle der Szene in *Le Cabinet des Antiques* erblicken wollen, derjenigen, in der die Herzogin von Maufrigneuse, als Stutzer gekleidet, die Reitpeitsche in der Hand, von dem alten Richter Blondet »zwischen seinen geliebten Blumen, seinen Kakteen und Pelargonien« umhergeführt wird. Der Romancier findet im rechten Augenblick das Bild wieder, das er gleichzeitig kopieren und erfinden muß.

Luigi Colla und sein Sohn Arnold, der ebenfalls Advokat war, gaben sich große Mühe, der Sache der Guidoboni-Visconti zum Siege zu verhelfen. Der Fall war schwierig, da der Graf einen Halbbruder (Laurent Constantin) und einen minderjährigen Neffen besaß, der aus der Ehe seiner verstorbenen Schwester Massimilla mit dem Baron Francesco de Galvagna stammte. Balzac mußte längere Zeit hindurch mit Vater und Sohn Colla korrespondieren, die nach Kräften gegen die Langsamkeit der Piemonteser Justiz ankämpften. Die Guidoboni-Visconti hatten sich einen wirkungsvollen Emissär ausgesucht. Balzac hätte seinen Aufenthalt in Turin, einer bezaubernden Stadt, gern in die Länge gezogen, aber Sclopis erhielt von ihm einen vernünftigen, melancholischen Brief: »Die Frist von zwanzig Tagen ist die von Aschenbrödels grünem (sic) Pantoffel. *Marcel* muß sein Diadem als Frau wieder aufsetzen und seine Studentenreitpeitsche beiseite legen ...« Nachdem er über den Lago Maggiore und Genf heim nach Paris gekehrt war, dankte er seinen italienischen Freunden:

Balzac an den Grafen Sclopis de Salerano, 1. September 1836: »Lieber Graf, Marcel und ich haben eine sehr mühselige Reise gemacht, denn wir haben ja so vieles sehen müssen – den Lago Maggiore, den Lago d'Orta, den Simplon, das Tal von Sion [Sitten], den Genfer See, Vevey, Lausanne, La Valseline, Bourg und seine schöne Kirche –, daß es uns an Zeit gebrach und wir sie unserem Schlummer abstahlen. Wir haben in Genf nach Ihnen gesucht, aber vergeblich. Auf allen Spazierwegen haben wir uns ergangen: ›Und keine Spur von Sclopis!‹ hat Marcel ausgerufen ...

Ich habe das Leben eines literarischen Sträflings wieder aufgenommen. Um Mitternacht stehe ich auf, und um sechs Uhr abends gehe ich zu Bett; diese achtzehn Arbeitsstunden genügen kaum für das, was ich zu erledigen habe. Der Gegensatz zwischen meinem arbeitsamen Leben und den sechsundzwanzig Tagen Zerstreuung, die ich mir gegönnt habe, übt auf mich eine seltsame Wirkung aus. Es gibt Stunden, in denen ich meine, geträumt zu haben. Ich überlege, ob Turin existiert, dann wieder, im Zurückdenken an Ihre liebenswürdige Bewillkommnung, werde ich mir bewußt, daß es keineswegs ein Traum ist.

Im Namen des Beginns einer Freundschaft, die, wie ich hoffe, immer größer werden wird, flehe ich Sie an, ein Auge auf unser Prozeßchen und unsern guten Advokaten Colla zu haben, den weniger an den Klienten als an den Bewunderer seiner schönen, noblen Eigenschaften zu erinnern ich Sie bitte. Möge er doch die Interessen von Monsieur und Madame Guidoboni-Visconti mit seinem linken Ohr wahrnehmen ... [1]

[1] Luigi Colla war auf einem Ohr taub.

Wenn Sie mir schreiben, dann adressieren Sie bitte an Witwe Madame Durand, Rue des Batailles 13, in Chaillot, Paris, in doppeltem Umschlag. Das ist nämlich meine geheime Zufluchtsstätte, in der weder die Nationalgarde (die mich während meiner Abwesenheit zu zehn Tagen Arrest verurteilt hat) noch sonst jemand mich weiß oder belästigen kann. Ach, wie gern würde ich in einem halben Jahr abermals den Mont Cenis hinabfahren! Aber ich muß viele Bände perniziöser Ausgestaltungen und schmerzensreiche Sätze zur Welt bringen ... Addio.«

Das Zwischenspiel war kurz gewesen, aber erholsam und köstlich. Ein Sonnenstrahl zwischen zwei Gewittern.

Die Version zum Gebrauch der Madame Hanska wurde entsäuert: »Ich habe die Gelegenheit zu einer Reise nach Turin ergriffen, um jemandem eine Gefälligkeit zu erweisen, mit dem ich im ›Italiens‹ die gleiche Loge innehabe, einem Monsieur Visconti, der in Turin einen Prozeß hatte und nicht hinfahren konnte ... Ich bin über den Simplon zurückgekehrt; als Reisegefährtin hatte ich eine Freundin der Madame Carraud und Jules Sandeaus. Sie können sich wohl denken, daß ich (in Turin) an der Piazza Castello in Ihrem Hotel gewohnt und daß ich in Genf ... den Pré-Lévêque und das Haus Mirabaud wiedergesehen habe ... Sie allein und die Erinnerungen an Sie können ein trauerndes Herz erfrischen ...« Die Eskapade wurde zu einer Pilgerfahrt.

XXIII

DER TOD DER DILECTA

Keine Frau, das merke man sich gut, möchte in unserm Herzen in nahe Berührung mit den Toten geraten, die wir darin bergen. *Balzac*

Unmittelbar nach seiner Ankunft in Paris erhielt er eine schmerzliche Nachricht: Madame de Berny war am 27. Juli 1836 gestorben. *Alexandre de Berny an Balzac:* »Dies ist ein Trauerbrief, lieber Honoré: Nach zehn Tagen sehr heftiger Nervenschmerzen, Erstickungsanfällen und Wassersucht ist unsere Mutter heute morgen um neun Uhr verschieden ...« Bei Menschen, die man liebt, auch wenn man sie verloren weiß, klammert man sich an die Hoffnung, sie würden so lange ausdauern wie wir selber. Balzac hatte sich an die Besorgnisse gewöhnt, die die schwere Krankheit der *Dilecta* seit geraumer Zeit in ihm erweckt hatte. Bekümmert machte er sich Vorwürfe, daß er nicht bei ihr gewesen sei. Aber als sie ihren Sohn Armand verloren hatte, der am 25. November in La Bouleaunière gestorben war, hatte sie ihm verboten, sich dort wieder sehen zu lassen. Er hatte ihr das allererste, eigens für sie abgezogene Exemplar von *Le Lys* geschickt. Es war ihre letzte Freude gewesen, nochmals die herrliche Huldigung zu lesen: »Sie war nicht die Vielgeliebte, sondern die am meisten Geliebte ... Sie war zu dem geworden, was die Beatrice des Florentiner Dichters, was die makellose Laura des venezianischen Dichters gewesen ist, die Mutter großer Gedanken, die unbekannte Ursache rettender Entschlüsse, die Stütze der Zukunft, das Licht, das im Dunkel schimmert wie die Lilie im düstern Laubwerk ... Sie hat mich mit der Beharrlichkeit gleich derjenigen Colignys begabt, durch die ich die Sieger besiegte, durch die ich nach der Niederlage aufs neue erstand, durch die ich die stärksten Ringer ermüdete ... Die meisten meiner Gedanken sind dort geboren worden wie die Düfte den Blumen entströmen ...« In allen Einzelheiten dieses Buches hatte sie sich wiedergefunden. Der »Lehrbrief« war lediglich die Essenz dessen, was sie lange Zeit hindurch zu lehren versucht hatte. »Alles ist schön, alles ist gut in dir, *also wolle* ...! Sei schlicht im Umgang, sanft in der Ausdrucksweise, stolz ohne Geckenhaftigkeit, vor allem taktvoll und verschwiegen ...«

Laure de Berny war von den Ärzten aufgegeben worden und wußte es; allein sie hatte mehrmals das Verbot, nach La Bouleaunière zu kommen, wiederholt. Sie wollte nicht, daß Honoré sie anders sehe als schön und bei guter Gesundheit. Sie täuschte eine Heiterkeit vor, die Balzac im Irrtum über die unmittelbar bevorstehende Gefahr beließ. Es war die Zeit, da er bis zum Hals in der Liquidation der *Chronique de Paris*, in den Verhandlungen mit der Witwe Béchet, in den Vorbereitungen der Italienreise gesteckt hatte. Er hatte geglaubt, noch Zeit für diese Reise zu haben.

Laure indessen hatte damit gerechnet, ihn im letzten Augenblick zu sich zu rufen. Sie hatte *Le Lys* auf ihrem Bett liegen und nochmals den Tod der Madame de Mortsauf gelesen. *Ihr* Félix de Vandenesse würde ebenfalls kommen und ihr den schweren Übergang leichter machen. Henriette de Mortsauf klagte im Sterben den Liebesfreuden nach, die sie sich versagt hatte; Laure de Berny bereute weder die gespendeten noch die empfangenen. Sie hatte ein Genie entdeckt, geliebt und geformt. Darauf war sie stolz. Als sie ihr Ende nahen fühlte, bat sie ihren Sohn Alexandre, Honoré zu benachrichtigen und ihn in Nemours abzuholen. Alexandre blieb zwei Tage fort. Sie lag in ihrem Schlafzimmer, von dem aus sie nur Bäume und den Himmel sehen konnte; sie hatte um ihren Spiegel gebeten und sich das Haar geordnet. Sie wußte, daß sie entstellt war, aber sie gedachte der Schilderung, die Balzac von dem »erschütternden und rührenden Zauber einer schmerzgepeinigten Frau« entworfen hatte. Sie sagte zu ihrem Arzt: »Ich will bis morgen leben.« Doch am anderen Tage kehrte Alexandre allein zurück. Vergebens hatte er nach Honoré gesucht. Verbarg er sich etwa an einer seiner geheimen Zufluchtsstätten? Nein, er war nach Italien gereist. Sie fühlte sich zu erschöpft, um bis zu seiner Rückkehr auszuhalten. Es war aus: Sie würde ihn nie wiedersehen; sie konnte sterben. Sie ließ den Pfarrer von Gretz zu sich bitten, den Abbé Grasset; er versah sie mit den Sterbesakramenten, als es dunkelte.

Zu ihrem Sohn Alexandre sagte sie: »Du wirst in meinem Sekretär nach einem Paket suchen, das mehrmals mit dicken Wollfäden umwickelt ist. Das sind Honorés Briefe. Die verbrennst du ...« Er versprach es, und am andern Morgen, als sie tot war, warf er einen Liebesbriefwechsel von fünfzehn Jahren ins Feuer. Man kann sich vorstellen, wie sehr es Balzac bedauern mußte, daß auf diese Weise die schönsten Zeugnisse seines jugendlichen Glühens für immer dahin waren. An Louise, seine geheimnisvolle Briefpartnerin, schrieb er:

»Die Frau, die ich verloren habe, war mehr als eine Mutter, mehr als eine Freundin, mehr, als jedes Geschöpf einem andern sein kann ... Sie hat mir während der großen Stürme durch Wort und Tat und Aufopferung Halt geliehen. Wenn ich lebe, dann durch sie; sie ist für mich alles gewesen. Obwohl seit zwei Jahren Krankheit und Zeit uns getrennt hatten, waren wir füreinander in der Ferne sichtbar; sie wirkte auf mich ein; sie war eine moralische Sonne. Madame de Mortsauf in *Le Lys* ist ein blasser Ausdruck der geringeren Eigenschaften dieser Frau; es ist darin ein ferner Widerschein von ihr, weil ich mich scheute, meine eigenen Empfindungen vor der Öffentlichkeit zu prostituieren, und nie soll etwas von dem, was mir widerfährt, bekannt werden. Ja, nun ist zu den neuen Schicksalsschlägen, die auf mich niederprasseln, auch noch der Tod dieser Frau getreten ...«

Denn er hatte neue Schicksalsschläge zu ertragen. Familiensorgen: Ein Sohn Laurences, Alfred de Montzaigle, war ihnen zur Last gefallen, ohne Brot, ohne Schuhe, ohne Kleidung; Madame Mère, die Henry die letzten Trümmer ihres Vermögens hatte zukommen lassen, schrie Honoré zu: »Mein Sohn, Brot!«; die Survilles hatten mit den Behörden zu kämpfen wie Balzac mit der *Le Lys* feindlich gesonnenen Presse. Der unglücklichen Laure, »ihrer kleinen Ketzerin«, riet Frau Mama, sie solle Tröstung in der Religion suchen.

Madame Balzac an Laure Surville, 3. Mai 1836: »Ja, religiöse Menschen sind glücklich und besser, denn die Religion, die zu diesem Ziel hinleitet, ist gut und notwendig ... Die große Mannigfaltigkeit und die Zahl der Religionen beweist (sic) das Verlangen, eine zu haben, das die Menschen stets empfunden haben ... Ja, mein Engel, Du gelangst in eine Phase des Schicksals, wo eine moralische Stütze notwendig ist ... Ho, ja, mein Geliebtes, Du kennst das Gebet, aber Du ahnst nicht seine Zauberkraft ... Deiner Seele ist die Liebkosung des Herrn noch nicht zuteil geworden ... Was Dein Körper an Ruhe und Wohlsein empfindet, wenn ich Dich magnetisiere, würde nur eine recht schwache Andeutung sein ...«

Der Vergleich zwischen dem magnetischen Streichen und der Liebkosung des Herrn mutet unfromm an. Aber die Absicht war vortrefflich. So arm Madame Balzac auch war, sie wollte die Tochter noch verwöhnen: »Sobald Honoré Dir die fünfhundert Francs (für mich) zurückerstattet hat, wirst Du die Güte haben, einer hübschen Dame, an der ich hänge wie am Leben, hundert Francs aufzudrängen, damit ich das Glück habe, sie mit acht Metern Spitze zu beschenken. Ich *will* es, und es ist eine *Mutter*, die das sagt ...« Sie schreibt von sich, daß sie unwillig über die Gegner von Kanalbauten sei; wäre sie keine Christin, so würde sie ihnen den Hals umdrehen.

Währenddessen beschwor Balzac Madame Hanska, fortan bei ihm den Platz als Ratgeberin einzunehmen, den mit soviel liebevoller Weisheit Madame de Berny innegehabt habe:

»Ich mache Sie zu ihrer Erbin, Sie, die Sie allen Seelenadels teilhaftig sind, die Sie jenen Brief der Madame de Mortsauf hätten schreiben können, der nur ein unvollkommener Hauch ihrer ständigen Inspiration ist und den Sie wenigstens vollendet hätten ... Nur, *cara*, verschärfen Sie bitte mein Leid nicht durch entehrende Zweifel; glauben Sie, daß für einen Mann, der anderweitig so schwer belastet ist, die Verleumdung leicht wiegt und daß ich mir jetzt alles über mich sagen lassen muß, ohne mich deswegen zu beunruhigen. In Ihren letzten Briefen, müssen Sie wissen, haben Sie Dinge geglaubt, die unvereinbar mit dem sind, was Sie von mir wissen ...«

Er fügte noch hinzu: »Ich glaube keine Lästerung zu begehen, wenn ich den Brief an Sie mit dem Petschaft siegele, dessen ich mich für Madame de Berny bedient habe.« Ein Sakrileg war es vielleicht nicht; aber es war ganz bestimmt ein Irrtum. Die mißtrauische Eveline konnte die Rolle der großherzigen *Dilecta* nicht übernehmen. Zulma Carraud wäre eher dazu befähigt gewesen. Sie hatte den Verlust, den Balzac erlitten, tief mitempfunden.

Madame Carraud an Balzac, 7. Oktober 1836: »Ich habe in Ihrem Herzen eine breite Wunde erblickt, und ich habe mit Ihnen dieses engelhafte Wesen beweint, von dessen tiefstem Leid Sie nichts gewußt haben. Honoré, hat sich denn in Ihnen, bei Ihnen keine Rückwirkung bemerkbar gemacht? Ich verfüge über keine der Berechtigungen, die sie besaß, um zu Ihnen zu sprechen, aber ich werde auch durch keine der Schamhaftigkeiten gehemmt, die sie so oft haben verstummen lassen. Trotz Ihrer Bitte, dies Thema unberührt zu lassen, möchte ich Sie fragen, ob Sie an dem Tage, da Ihnen ein so schicksalsschwerer Schlag angetan wurde, nicht eingesehen haben, daß es im Leben anderes gibt als ein Federmesser für achthundert Francs und einen Spazierstock, dem kein anderes Verdienst innewohnt, als die Blicke auf Sie zu lenken? Welch eine Berühmtheit für den Autor von *Eugénie Grandet* ...«

Die Stoikerin in Frapesle las ihrem Freund Honoré die Leviten. In welche Verirrungen hatten ihn die Weihrauchwolken gestürzt, die Weltdamen, die prunkliebenden Dandys? Er jammere, daß er ruiniert sei? Sei das etwa nicht seine eigene Schuld? Er habe seit acht Jahren ganze Vermögen verdient und dennoch mehr Schulden gemacht als in den Zeiten seiner Anfänge. Bedürfe es denn solcher Summen für einen geistigen Menschen, um zu leben? Müsse er auf so viele materielle Genüsse erpicht sein? Könne man denn nur mit dem Messer an der Gurgel schreiben? »Honoré, was für ein Leben haben Sie verfälscht, und welch ein Talent haben Sie im Sichaufschwingen gehemmt ...« Sie hatte recht, was das verfälschte Leben, unrecht, was das Talent angeht. »Wann endlich, *dearest*, werde ich Sie um der Arbeit willen arbeiten sehen ...? Dann würden Sie so schöne, so gute Dinge schreiben!« Aber er hatte sie ja geschrieben! Trotz allen Widerwärtigkeiten,

Stürmen und Ausschweifungen hatte sein Dämon ihn nicht verlassen. *An Madame Hanska, 1. Oktober 1836:* »Damit Sie wissen, wie weit meine Tapferkeit geht, muß ich Ihnen sagen, daß *Le Secret des Ruggieri* in einer einzigen Nacht geschrieben worden ist. Denken Sie daran, wenn Sie es lesen. *La Vieille Fille (Die alte Jungfer)* ist in drei Nächten geschrieben worden. *La Perle brisée (Die zerbrochene Perle),* das endlich *L'Enfant maudit (Das verfluchte Kind)* abschließt, ist in einer einzigen Nacht geschrieben worden. Das ist meine Brienne, mein Champaubert, mein Montmirail, das ist mein Frankreich-Feldzug.«

La Vieille Fille war für *La Presse* bestimmt und sollte eine nicht eben herzliche Versöhnung besiegeln. *Girardin an Balzac, 1. Oktober 1836:* »Sie wissen, mein lieber Balzac, daß unser Bruch in mir keinen Augenblick die alte Zuneigung zunichte gemacht hat, die wir für Sie hegten ... Ich bin Ihnen aufrichtig zugetan; das glaube ich Ihnen bereits bewiesen zu haben; und wenn ich in bezug auf Sie unrecht gehabt habe, so wünsche ich mir nichts Besseres, als es zuzugeben ...« Vorsichtsmaßnahme dieses Verlagsleiters, der den Erfolgsautor nicht verlieren wollte. Es war die erste Feuilleton-Veröffentlichung eines Romans in der Tagespresse. Die Zeitschriften hatten seit langem Romane abschnittsweise gebracht, aber die Idee, den Leser einer Tagesausgabe durch die Erwartung einer Fortsetzung festzuhalten und auf diese Weise die Auftraggeber für Anzeigen an sich zu fesseln, war Girardins Eigentum. Er bedurfte also Balzacs, eines beliebten, eines fruchtbaren Autors.

Das Thema hatte seit langem gekeimt. Der Zoologe Balzac interessierte sich für die Spezies »alte Jungfer«. Er sah ihre Qualen, weil das Geschöpf, das die normale Berufung seines Geschlechts verpaßt hat, sich um etwas gebracht fühlt. Die besseren sublimierten ihre verdrängten Begierden und ihre unbekennbaren Sehnsüchte in Wohltätigkeit. Andere wurden boshaft, wie Sophie Gamard in *Le Curé de Tours (Der Pfarrer von Tours).* Rose Cormon, die reiche Bourgeoise aus Alençon, litt bis zur Besessenheit unter »ihrer allzu sehr in die Länge gezogenen Jungfräulichkeit«; sie träumte mit zweiundvierzig Jahren von Heirat, von Kindern, und ihre Zofe fand morgens in ihrem Bett »das oberste zu unterst gekehrt«.

Der Roman war auf eine gewagte Weise physiologisch. Die von ihren Sinnen gequälte alte Jungfer schwankt zwischen zwei Bewerbern, die ihr großes Vermögen und ihre üppige Brust anlockt. Der eine, der Chevalier de Valois, ein bejahrter großer Herr und ehemaliger Schürzenjäger, der sich immer noch nur zu gern Freiheiten mit der schönen Wäscherin Suzanne herausnimmt, hat eine ungeheure Nase, die für Lavater genügt hätte, um an ihm den Hang zur Wollust festzustellen. Der andere, du Bousquier, ein ehemaliger Heereslieferant, ist, »da er das Leben mißbraucht hat«, kahl und impotent geworden. Die arme Mademoiselle Cormon, die sich in diesen Dingen nicht auskennt, läßt sich von du Bousquiers breiten Schultern und falschem Haarschopf täuschen. Glühend vor Begierden und Hoffnungen heiratet sie ihn und sieht sich betrogen. Dabei vernachlässigt sie einen dritten Bewerber, Athanase Granson, einen genialen, unverstandenen jungen Menschen von dreiundzwanzig Jahren, der wahrhaft verliebt in Roses gigantische Reize ist. Athanase Granson ist Balzac vor der Begegnung mit Madame de Berny, aber Rose Cormon lehnt die Rolle der *Dilecta* ab. Granson stürzt sich in den Fluß, der durch Alençon fließt, und kommt um. Madame du Bousquier, eine fromme Frau, »wird bis zu ihrem letzten Seufzer unerfahren bleiben«.

Balzac schrieb *La Vieille Fille* unter schwierigen Bedingungen. Sein Herz trauerte um Laure de Berny; die Witwe Béchet war hinter ihm her; er verfaßte gleichzeitig mehrere Novellen (*L'Enfant maudit*, die tragische Geschichte eines Bastards, den sein legaler Vater haßt, eine Wiederaufnahme alter Skizzen; *Le Secret des Ruggieri*, ein Fragment aus *Cathérine de Médicis, Katharina von Medici*).

Dabei setzte Girardin ihm zu. Der Anfang von *La Vieille Fille* erschien in *La Presse*, noch ehe der Schluß auch nur skizziert worden war. Prüde Abonnenten schrieben an die Redaktion Protestbriefe gegen gewisse allzu freie Einzelzüge der balzacischen Physiologie. Die enormen Brüste der Mademoiselle Cormon stießen sie vor den Kopf. Sogar Laure Surville schien aus der Fassung geraten zu sein. Eveline Hanska sagte nichts und lehnte es ab, als literarisches Gewissen an die Stelle der *Dilecta* zu treten. Die Kritiker machten sich über Balzacs Lavaterismus und über jene Wissenschaft lustig, die da beansprucht, das menschliche Herz und die Überschwenglichkeiten der Liebe aus äußeren Merkmalen enträtseln zu können. Die anderen Zeitungen fühlten sich durch Girardins Feuilletonveröffentlichungen, die ihnen Leser entführten, bedroht und hielten sich an dem Feuilletonschreiber schadlos. Er, Balzac, *wußte*, daß sein Buch schön sei; die Schilderung einer Provinzgesellschaft schrie vor Wahrheit zum Himmel; Rose Cormon und ihre Bewerber waren originelle, von Leben strotzende Schöpfungen. Aber in dem »Frankreich-Feldzug«, in dem er so viel Talent bezeigte, stand er allein da, ohne Bundesgenossen.

Diese Nachhutgefechte lieferte er in der Rue des Batailles, in seiner umgewandelten Wohnung. Um sich keine Gelegenheit zur Verschwendung entgehen zu lassen, hat er eine Mansarde »weiß und kokett wie eine sechzehnjährige Grisette« ausstaffieren lassen, während man für ihn ein Arbeitskabinett rot und schwarz möblierte, mit einem kreisrunden Diwan, darauf zwölf weiße Kissen. Antoine Fontaney begegnete ihm in jenem Jahr im Atelier des Malers Louis Boulanger, wo er in weißer Mönchskutte mit gekreuzten Armen Modell steht und schwungvoll einherredet:

Tagebuch Fontaneys: Schilderung seiner weißen Gewänder. Er habe kein anderes Kleidungsstück tragen wollen, seit er die Chartreuse besucht habe. – Er lasse ein Gewand nur einmal waschen. – Er beschmutze sich nie mit Tinte. – ›Er ist auf Sauberkeit bei der Arbeit bedacht.‹ – Man müsse übrigens seine Gewänder zusammen mit seiner Wohnungseinrichtung sehen; es gebe bei ihm daheim rosa Farbtöne. – Seine Quasten habe er nach kirchlichen Ornamenten anfertigen lassen. Die Kirche tue alles bewußt. – Er habe sein berühmtes weißes Kanapee in Auftrag gegeben, als er kurz davor gestanden habe, eine Dame aus höchsten Kreisen bei sich zu sehen; da habe er ein schönes Möbel haben müssen; sie sei an so etwas gewöhnt. Als sie sich auf dem Kanapee befunden habe, sei sie nicht unzufrieden gewesen ...«

Tatsächlich war die Dame, nämlich Sarah Guidoboni-Visconti, so wenig unzufrieden gewesen, daß sie häufig nach Chaillot kam und sich auf den Diwan »setzte«. Für Madame Hanska, der ihre unheilvolle, gefährlich gut unterrichtete Tante diese Treubrüche mitteilte, ließ er (auf Kosten Monsieur Hanskis) eine Kopie von Boulangers Porträt anfertigen, das ihn in seiner mönchischen Keuschheit beruhigend dünkte. »Was Boulanger zu malen verstanden hat und worüber ich mich freue, das ist die Beharrlichkeit à la Coligny, à la Peter der Große, die die Grundlage meines Charakters ist; der unerschütterliche Glaube an die Zukunft ...«

Er erhielt sich nicht nur den Glauben an die Zukunft, sondern auch ein sehr lebendiges Wohlgefallen an der Gegenwart. Der Schloßherrin von Wierzchownia malte er ein dramatisches Leben aus: eine Meute von Gläubigern auf seinen Fersen, eine zweite von Journalisten mit drohenden Fangzähnen, die Trauer, die Erschöpfung. All das war – leider! – wahr. Nur mußte hinsichtlich dieses Minus ein unveräußerliches Plus an Vitalität gebucht werden. Balzac verliert auf allen Gebieten; sein Instinkt sagt ihm, es werde alles in Ordnung kommen. Ist sein Leben nicht ein Roman? Er wird es auf den Bürstenabzügen korrigieren. Am selben Tag, da er, um essen zu können, den Doktor Nacquart und einen alten Arbeiter, »der mehr Vertrauen hat als die Weltleute«, anpumpen muß, leistet er sich einen neuen Spazierstock für sechshundert Francs. Je mehr er sich in die Enge getrieben sieht, desto mehr kauft er, um sich die Illusion der Macht zu schaffen. Und überdies: Ist sie denn eine Illusion? Er weiß, daß er diesmal wiederum, wie Vautrin, die Kraft aufbringen wird, die Gesellschaft herauszufordern – und sie zu besiegen.

Anfang 1837 mutet seine finanzielle Situation schlimmer an denn je. Daß seine Schulden um 53 000 Francs höher sind als Ende 1836, erklärt sich teilweise durch das Fehlschlagen der *Chronique de Paris*, und Schulden haben ihn nie erschreckt. Aber die juristische Situation scheint weit ernster zu sein. Er, der in solchen Prozeduren so beschlagen ist, hat die Unklugheit begangen, die Wechsel Werdets an Duckett für den Rückkauf der Anteile an der *Chronique* mit Bürgschaft zu versehen. Nun aber weiß der erbarmungslose Geschäftsmann Duckett, daß Werdet pleite ist; er kann nur an Balzac Regreßansprüche stellen, und da dieser früher »Kaufmann« (in den Zeiten der Druckerei und der Schriftgießerei) gewesen ist, hat Duckett das Recht, ihn verhaften und ins Schuldgefängnis stecken zu lassen. So war es damals Gesetz. Balzac sieht die Gefahr, aber was tun? Er verfügt nicht über die zur Begleichung notwendige Summe. Zudem ist er krank: Cholera und Grippe. Ungeachtet des Fiebers beendet und korrigiert er den ersten Teil von *Illusions perdues*. Obgleich das nur das Vorspiel eines großen Romans ist, muß er auf der Stelle veröffentlichen, weil er Geld braucht. Und warum auch nicht? Er selber sieht sein Mosaik bereits vollendet. Wenn Unglück und Armut ihn zwingen, einen Stein allzu früh einzufügen, dann hilft das eben nichts! An dem Tag, da er das Werk enthüllt, werden alle Steine zusammen eine einzigartige, erhabene Zeichnung bilden.

Vorerst indessen muß er William Ducketts Gerichtsvollziehern entschlüpfen. Schon hat ein mitleidloser Gläubiger den berühmten Tilbury und die geblümten Kissen pfänden lassen. Auf Balzac selber kann er nicht Hand legen. Rue des Batailles? Der Portier kennt keinen Monsieur Balzac, nur die verwitwete Madame Durand, und die ist ausgegangen. Der Gerichtsvollzieher will die Türen aufbrechen lassen; er sieht sich von den Folgen bedroht: Hausfriedensbruch. Er trommelt zum Rückzug, und der Portier gibt ihm eine Adresse: Rue de Provence 22. Dort hat der Sieur Balzac ein möbliertes Zimmer gemietet, bewohnt es jedoch nicht. Der Gerichtsvollzieher folgert: »Alles beweist augenscheinlich, daß der Sieur de Balzac sich den Verfolgungen durch seine Gläubiger zu entziehen sucht ... indem er verschiedene Namen führt.« Das läßt sich nicht bezweifeln, und der Sieur de Balzac verhält sich so mit gutem Gewissen. Wenn er Schulden hat, dann doch nur, weil er die andern hat retten wollen! Hat er nicht früher einem armen Faktor geholfen, unlängst dem Schwächling Sandeau, gestern dem elenden Werdet? Er vergißt seine extravaganten Ausgaben: das weiße Sofa, die Spazierstöcke mit den eingelegten Edelsteinen, den livrierten Kutscher. Er meint guten Glaubens, er habe sich in der Druckerei ruiniert, um dem Faktor Barbier zu helfen. Wenn er vor seinem Spiegel deklamiert, erblickt er darin ein Unschuldslamm, das von Undankbaren ausgebeutet worden ist.

Diese Parforcejagd, bei der er das Wild ist, erschöpft ihn. Er fühlt sich

»ohne Einfälle, ohne Kraft, die Seele niedergeschlagen«; er ist außerstande, zu arbeiten. Es verlangt ihn, der bellenden Meute zu entfliehen. Kurze Zeit denkt er daran, einen Paß nach Rußland zu verlangen, bei den Hanskis »eine Zuflucht für zwei Jahre zu suchen und Ruhm und Ruf den Dummen und den Feinden preiszugeben«. Da greifen wieder einmal die wie die Vorsehung wirkenden Guidoboni-Visconti ein. Ihr Erbschaftsprozeß wird in Italien nach wie vor verhandelt, jetzt in Mailand. Balzac reist, ihre Vollmacht in der Tasche, in aller Hast ab, diesmal allein. Seine Mandanten bezahlen die Reise, und wenn er Erfolg habe, würde ein Teil der beigetriebenen Summen ihm zufallen.

Diesseits der Alpen Schuldner, jenseits Triumphator. Balzac wurde in Mailand als ein Löwe der Literatur empfangen. Die Frauen, die ihn anbeteten, ohne ihn gesehen zu haben, waren ein bißchen erstaunt, einen rundlichen Mann »mit einem Stierhals, darum gewickelt eine Art Band, das eine Krawatte darstellte, mit dichtem Haarschwall und darauf einem weichen Hut« vorzufinden; aber sein »Raubtierbändigerauge« machte den gewohnten Effekt. Seine Legende war ihm vorausgeeilt. In den Salons war von nichts die Rede als von seinen Spazierstöcken, seinem weißen Hausmantel, seinen gelben Handschuhen und vor allem von seinen Romanen. Italien weiß Künstler zu ehren. Die ganze italienische Aristokratie feierte ihn.

Am 19. Februar 1837 langte er an und stieg im Hôtel de la Belle-Venise ab. Die Gräfin Sanseverino hatte ihn ihrem Bruder Alfonso Porcia und ihrer Freundin Clara Maffei empfohlen; die Prinzessin Belgiojoso ihren Verwandten Trivulzio, Litta und Archinto; die Apponyis den österreichischen Behörden, so daß er binnen kurzem mehr Einladungen erhielt, als er annehmen konnte. Die blutjunge, sehr kultivierte Clara Maffei empfing gleichzeitig große Welt und Intelligenz; Balzac hatte seine Freude daran, mit der *cara contessina*, der schmalen, lieblichen, anmutigen und zarten, Paläste und Museen zu besuchen. Weil er keine hübsche und freundlich entgegenkommende Frau sehen konnte, ohne sein Glück zu versuchen, machte er »der kleinen Maffei« so nachdrücklich den Hof, daß es ihr eine Strafpredigt ihres Mannes eintrug, der indessen lebte, als sei er Junggeselle.

»Alle Augen sind auf diesen berühmten Fremden gerichtet; alle Welt weiß, daß er vormittags und abends zahlreiche Stunden in unserm Hause verbringt ... Du, die Du seine Romane gelesen hast, kannst Dir Rechenschaft darüber ablegen, wie weit er sich auf Frauen und die so subtile Kunst der Verführung versteht ... Füge dem hinzu, daß das liederliche Paris ihm einen Ruf als Wüstling und unsittlicher Mensch geschaffen hat. Glaube nicht, sein häßliches Gesicht könne Dir in Deiner Unerfahrenheit zur Rettung werden ... Bedenke, meine kleine Clara, wie lieb ganz Mailand dich hat...«

In Wirklichkeit geschah nichts Schwerwiegendes, und diese kleine Verliebtheit lieh dem Aufenthalt auf angenehme Weise Farbe.

Außer mit Clara Maffei pflog Balzac in Mailand bevorzugt Umgang mit dem Fürsten Porcia und der Gräfin Bolognini, dessen Geliebter. Die quasi eheliche Zärtlichkeit dieses Liebespaars rührte Balzac: »Ach, hätte ich doch das Glück, von einer Frau so sehr geliebt zu werden, daß sie mit mir leben wollte!« Lehre für Eve Hanska. Fürst Porcia bemühte sich, ihm Mailand angenehm zu machen; er stellte ihm seinen eigenen Wagen und seine Loge in der Scala zur Verfügung. Stendhal hat das Paradies geschildert, das jenes Theater damals war. Jede große Familie war dort abonniert, und die Aufführung vollzog sich bei liebenswürdigen Besuchen von Loge zu Loge. Das Natürliche, die Bonhomie, kurzum: die Kunst, glücklich zu sein, bildeten den Reiz des Mailänder Lebens. Man kann sich denken, daß der den Pariser Gehässigkeiten entronnene Balzac die milde Süße dieses Lebens genoß.

Die Presse hatte ihn wunderbar empfangen: »Haben Sie das Nordlicht gesehen? Und Monsieur de Balzac, haben Sie den gesehen? Das sind die beiden Fragen, die, es kann nicht anders sein, dieser Tage jeder einem stellen dürfte. Die Sache ist nur die, daß das Nordlicht schon beinahe vergessen ist, wogegen Monsieur de Balzacs Name nach wie vor auf aller Lippen ist ...« Man lobte seinen Geist, die Lebhaftigkeit seiner Unterhaltung, und sogar seine Bescheidenheit! Ein einziger unangenehmer Zwischenfall: Ein Dieb, der so tat, als wolle er ihn umarmen, entwendete ihm seine Repetieruhr mit goldenem Schlüssel. Aber die Freunde des Romanciers rückten ins Feld; der Schuldige wurde am selben Abend noch gefaßt, und Balzac bekam seine schöne Uhr wieder. Ein Mailänder Bildhauer, Alexandro Puttinati, schuf seine Statuette, und zwar aus purer Freundschaft. Alle hübschen Frauen legten ihm ihre Alben vor, und er schrieb freigebig hinein. In das Clara Maffeis: »Mit dreiundzwanzig Jahren ist alles Zukunft!« Er wurde auch zu dem großen Manzoni geführt. Die Zusammenkunft verlief katastrophal; Balzac hatte *Die Verlobten* nicht gelesen und redete über Kriminologie. Genies, wenn gleichgeartet, besitzen füreinander keine Anziehungskraft.

Was nun den Rechtsstreit der Guidoboni-Visconti betraf, so war es ziemlich übel darum bestellt. Madame Constantin hatte Erben hinterlassen: den Freund Balzacs, den Grafen Emilio Guidoboni-Visconti, der aus erster Ehe stammte; einen Enkel Galvagna (dessen Mutter vor der Großmutter gestorben war); und Laurent Constantin, der aus zweiter Ehe stammte. Testamentarisch hatte sie die Hälfte ihres Vermögens unter die drei aufgeteilt; die andere Hälfte war ganz und gar dem Letztgeborenen vermacht worden, Laurent, ihrem Lieblingssohn. Die umstrittene Erbschaft war mäßig: 73 760 Francs in Mailänder Währung. Balzac, der würdige Schreiber des Notars Guillonnet-Merville, plädierte, daß Madame Constantin durch ihre zweite Eheschließung Französin geworden sei und die französischen Erbgesetze hätte berücksichtigen müssen; folglich sei ihr Testament ungültig. Er setzte schließlich einen Vergleich durch, und es wurden ihm 13 000 Francs bewilligt, die zwischen dem Grafen Emilio und dem minderjährigen Galvagna zu teilen waren. Davon gingen noch 4 000 Francs für Balzacs Reisekosten und die Anwaltshonorare ab.

Damit die Abmachung rechtsgültig wurde, mußte das Einverständnis des Barons Galvagna eingeholt werden, des Schwiegersohns der Madame Constantin und Vaters des minderjährigen Erben. Er wohnte in Venedig. Balzac war der Meinung, daß man durch einen Briefwechsel nie zum Ziel kommen würde, und reiste nach der Dogenstadt. Bei unheilverkündendem Regenwetter stieg er im *Albergo Reale* (dem heutigen Hotel Danieli) ab, in dessen prunkvoll möblierten Zimmern sich sogar Pianos befanden. Er hatte (ohne es zu wissen) das Appartement inne, das 1834 dasjenige der George Sand und Mussets gewesen war. *Balzac an Clara Maffei:* »Wenn Sie mir gestatten, ehrlich zu sein ... so muß ich Ihnen gestehen, daß ich, ohne Überheblichkeit oder Geringschätzung, von Venedig nicht den Eindruck empfangen habe, den ich erwartete.« Die Genremaler, fügte er hinzu, haben mir so oft die Piazza und die Piazzetta in so viel echter oder falscher Beleuchtung gezeigt, »daß ich dem Wahren nichts mehr hinzufügen konnte, und daß meine Phantasie wie eine Kokette war, die die Liebe in allen ihren intellektuellen Formen so sehr ausgekostet hat, daß sie, wenn sie zur wahren Liebe gelangt, zu der, die sich an Kopf, Herz und Sinne wendet, von dieser heiligen Liebe in keiner Weise ergriffen wird ...«

Und auch (denn er verbrachte in Venedig seine Zeit damit, der *Contessina* Maffei Liebesbriefe zu schreiben): »Ich würde Venedig für einen guten Abend, für eine erfreuliche Stunde, für eine Viertelstunde an Ihrem Kamin hingeben ... Ich habe eine Menge *Contessine* Maffei in Gestalt einer großen Zahl von Statuetten gesehen, aber nicht Maffei gebietet in diesem Volk von Statuen, und eine Marmorfigur muß mir schon sehr gefallen, damit ich sie maffeisiere ...« Er spielte tatsächlich eine Leidenschaft für die *piccola* Maffei, aber eine Leidenschaft spielen, heißt das nicht, sie ein wenig empfinden? Als er auf die wundervolle Erfindung der venezianischen Gondel zu sprechen kam, fügte er hinzu: »Aber ich gestehe: Ich bin verzweifelt, daß ich nicht mit der Dame meiner Gedanken darin habe spazierenfahren können ...« Die Dame seiner Gedanken war damals nicht die Versailler *Contessa*, sondern die Mailänder *Contessina. L'uomo è mobile.*

Zwei Tage später schien die Sonne, und endlich entzückte ihn Venedig. Allein, er wurde dort weniger begeistert aufgenommen als in Mailand. Die Zeitungen bezeigten sich ironisch, fast feindlich, weil er den kleinen Schriftstellern nicht seine Aufwartung gemacht hatte, und der Graf Tullio Dandolo schickte der *Gazzetta di Venezia* einen indezenten Artikel über ein Abendessen mit Balzac. Aber die Mission, mit der er beauftragt war, wurde erfolgreich durchgeführt. Baron Galvagna nahm den Vergleich an, und Balzac zahlte ihm den Anteil seines Sohnes aus: 4500 Francs. Am andern Tag reiste er zurück nach Mailand.

Balzacs Ideen über Italien und die Italiener hatten sich durch diese beiden Aufenthalte gewandelt. Bislang hatte er, wenn er Italienerinnen schilderte, aus ihnen Frauen von leichtfertigen Sitten gemacht. Nach 1837 stellt er sie als Musterbilder der Treue dar, wenn nicht in der Ehe, so doch zumindest in der Liebe. Seine schönen Freundinnen Clara Maffei und Eugenia Bolognini hatten ihm zugleich Bewunderung und Achtung eingeflößt. »Die Französin legt einen unglaublichen Ernst ihrem Rock bei, während eine Italienerin sich darum wenig kümmert und ihn nicht durch einen steifen Blick verteidigt, denn sie weiß sich unter dem Schutz einer einzigen Liebe, und das ist für sie wie für andere eine heilige Leidenschaft ...« Darüber ist er sich mit seinem Freund Beyle einig.

Er hatte über Genua nach Frankreich zurückkehren wollen. Dort erlegte ihm eine lästige Quarantäne einen Aufenthalt in einer entsetzlichen Unterkunft auf; sie war »nicht mal wert, als Gefängnis für Briganten zu dienen«. Dort begegnete er einem Genueser Kaufmann namens Pezzi, der ihm von einem wunderbaren Geschäft erzählte: Als die Römer die Silberminen Sardiniens ausbeuteten, hatten sie Berge von Schlacken liegen lassen, die zu behandeln die Unvollkommenheit der Technik ihnen nicht erlaubt hatte. Millionen schlummerten dort im silberhaltigen Blei. Balzac war hingerissen von der Vorstellung dieser historischen und romanhaften Spekulation; er gelobte sich, sie demnächst zu wecken. Die Reise hatte seine Seele erfrischt und sein Gehirn wiederhergestellt. Er empfand jetzt Heimweh nach dem Tintenfaß. Nach einem Aufenthalt in Florenz, wo er sich an Gemälden berauschte, kehrte er mit der Eilpost nach Mailand zurück, dann überquerte er den Sankt Gotthard bei fünfzehn Fuß Schnee und fünfundzwanzig Grad Kälte. »Trotz elf Führern wäre ich mehrmals beinah ums Leben gekommen.« Man muß seinen Hang zum Übertreiben bedenken, und vielleicht war das nur eine grausame Geschichte zum Gebrauch seiner Eve:

Balzac an Madame Hanska, 10. Mai 1837: »Ich bin jetzt zu meiner Arbeit zurückgekehrt. Ich will Schlag auf Schlag erscheinen lassen *César Birotteau*, *La Femme supérieure (Die überlegene Frau)*, *Gambara;* ich will *Illusions perdues* vollenden, dann *La Haute Banque (Die Großbank)* und *Les Artistes (Die Künstler).* Danach wollen wir nach der Ukraine eilen, wo ich vielleicht das Glück habe, ein Stück zu schreiben, das meinen finanziellen Nöten ein Ende machen wird. Das ist mein Feldzugsplan, *cara contessina* ...«

Tatsächlich hatte er die Idee zu einem Bühnenwerk, und sie schien verheißungsvoll. *La Première Demoiselle (Die erste Verkäuferin)* sollte sich in einem Haus des Faubourg Saint-Denis nach Art der *Maison du chat-qui-pelote (Haus Zum ballspielenden Kater)* ereignen. Jene »erste Verkäuferin«, eine Art weiblicher Tartüffe, wurde die Geliebte des Kaufmanns, herrschte über die Firma und verfolgte Ehefrau und Töchter ihres Liebhabers. Es war ein schönes Thema; ein weiblicher Tartüffe ist, wie Balzac sagte, gefährlicher, da er, um seine Herrschaft zu errichten, über wirksamere Mittel verfügt. Ein anderes Stück sollte zum Helden Monsieur Prudhomme haben; er hatte ihn sich skrupellos wie er leibte und lebte bei Henri Monnier ausgeliehen. Joseph Prudhomme, der Typ des Bürgers der Ära Louis-Philippe, der Nationalgardisten, der Mittelklasse, dünkte ihn noch komischer als Figaro und Turcaret. Der Titel hätte sein sollen: *Le Mariage de Mademoiselle Prudhomme (Die Hochzeit der Mademoiselle Prudhomme).* Die geschickt gebaute Intrige harrte nur der Ausführung. Aber im Grunde seines Herzens zog es Balzac mehr zum Roman hin. Er griff immer nur, mit stets getäuschten Hoffnungen, in Zeiten pekuniärer Nöte auf das Theater zurück. Nun aber besaß er im Mai 1837 ein bißchen Geld, seinen sehr geringen Anteil an der Erbschaft Guidoboni-Visconti. Seine Gläubiger abzufinden kam nicht in Frage. Alles den Gläubigern gegebene Geld ist für das Glück verloren. Aber seine arme Mutter klagte auf wahrhaft pathetische Weise über ihre Notlage. Es muß zugegeben werden, daß er sie zwei Jahre lang ziemlich vernachlässigt hatte. Ein Brief von ihr (adressiert an die verwitwete Madame Durand) wartete seiner in der Rue des Batailles.

Madame Bernard-François Balzac an Honoré, Chantilly, April 1837: »Deine Italienreise ist arg lang, mein guter Honoré, und es ist viele Tage her, daß ich Dich nicht gesehen und keine Nachricht von Dir habe. Ich kann mich an diese Diät nicht gewöhnen.

Obwohl Du es wolltest, hast Du mir seit über zwei Jahren nicht geschrieben, und nur die Zeitungen, die die Damen aus Chantilly mir bringen, sagen mir, wo Du bist und was Du treibst. Nur kein Gejammer, Du hältst mich ja für gefühllos; wenn ich jammerte, könnte ich lästig werden. Ho, es ist recht traurig, wenn man überflüssig geworden ist, mein Sohn, oder nicht mehr genug liebgehabt wird ...

Mein Sohn, da Du für Freunde wie Sandeau, für Geliebte, für das Besetzen von Spazierstöcken mit Edelsteinen, für Ringe, für Tafelsilber, für Möbelanschaffungen hast aufkommen können, kann Deine Mutter wohl jetzt, ohne taktlos zu sein, Dich an Dein Versprechen erinnern. Um das zu tun, hat sie bis zum letzten Augenblick gewartet, aber der ist nun da ...«

Der Reichtum ist der letzte Schutzwall ungeliebter alter Leute. Diese fiktive Kraft ersetzt diejenige, die sie eingebüßt haben. »Ho, mein Gott, warum habt ihr mir kein Vermögen gelassen?« seufzte Madame Mère naiv. Sie besaß nichts mehr; sie besaß nicht mehr die Macht, ihre Kinder durch ihren starren Blick zu erschrecken; sie hatte kaum den behalten, mit dem sie sie rühren konnte. Die Survilles halfen ihr nach besten Kräften, aber denen stand selbst das Wasser bis zum Halse. Der General und Madame de Pommereul hatten sich viele Male großzügig gegenüber den Kanalbauten gezeigt. Sie wurden unruhig, dann aufgebracht, als sie sahen, daß die Arbeiten nicht begannen. »Das Fatalste bei alledem ist«, schrieb Laure in aller Harmlosigkeit, »daß die Geldinteressen nicht befriedigt werden.« Das war wohl auch die Ansicht des Generals. Laure versuchte, ihn zu beschwichtigen; sie erbot sich, in Paris für die Generalin-Baronin »Kleider, Schals, Stoffe, Nachthauben, Kopftücher in Filetstickerei, wie es sie in Fougères nicht gab«, zu besorgen.

Sie nahm ihr Mißgeschick gelassen auf. »Mein Mann läßt durchaus nicht den Mut sinken ...« Dabei hatte sie es schwer. Zwei Töchter zu betreuen ... Kein Geld ... Eine verarmte Mutter ... Einen Verschwender als Bruder ... 1836 war Laure vor Betrübnis und Ängsten erkrankt. Henry machte den Seinen so große Sorgen, daß sie Honoré beauftragten, er möge ihn ihnen vom Halse schaffen und ihn überreden, er solle nach den Antillen zurückkehren, was er endlich im Dezember 1836 tat. Aber von Paimboeuf aus, wo er auf das Schiff wartete, schrieb er, er könne das Gasthaus nicht bezahlen. »Komm mir zu Hilfe, gute Schwester.« Die gute Schwester hätte selber Hilfe nötig gehabt. Surville alterte; die Sorgen hatten sein Haar gebleicht. »Er läuft, er schreibt, er durchwacht die Nächte ... ›Wie danke ich Monsieur und Madame de Pommereul für ihr Vertrauen!‹ sagt er immer wieder.« Ein stark erschüttertes Vertrauen. Die Generalin-Baronin gelangte deswegen sogar dahin, Honorés Begabung anzuzweifeln. Da aber gewann der Familiengeist die Oberhand, und Laure verteidigte den Bruder: »Honoré erhebt den Anspruch, ein vollständiges Bild seiner Zeit zu schaffen ... Wir können über dies Gesamtwerk erst urteilen, wenn es vollendet ist ...« Das war tapfer gesagt. Vom März 1837 an hörte Madame de Pommereul auf, Laures Briefe zu beantworten. Es gehört viel Seelengröße dazu, eine Freundschaft aufrechtzuerhalten, wenn die Freunde schwer gegen Geldinteressen verstoßen haben.

Laure und ihr Bruder hielten als letzte Zuflucht die zärtliche Freundschaft aufrecht, die sie verband. Im September 1836 machte Laure sich zu ihrem Namenstag die Freude, Honoré zu besuchen. »Die Geschäfte ihres Mannes gehen langsam«, schrieb er, »und mit ihrem Leben ist es genauso; es verrinnt im Dunkel, und ihre schönen Kräfte werden in einem ruhmlosen Kampf verbraucht, von dem niemand weiß. Welch ein Diamant im Kot ...! Zu ihrem Namenstag haben wir beide geweint! Und dabei hat die arme Kleine ihre Uhr in der Hand gehalten, sie hatte nur zwanzig Minuten. Ihr Mann ist eifersüchtig auf mich. Besuch beim Bruder als geheime Lustpartie!« Von seiten der Survilles, die selber am Ende ihrer Mittel waren, konnte Honoré keine finanzielle Unterstützung mehr zuteil werden. Auf das Jammern seiner Mutter antwortete er:

»Meine gute Mutter, ich fühle mich wie auf einem Schlachtfeld; und der Kampf ist erbittert. Ich kann auf den Deinen nicht mit einem langen Brief antworten; aber ich habe sorglich bedacht und immer wieder überlegt, was zu tun das beste wäre. Ich glaube, Du solltest erst mal nach Paris kommen und Dich eine Stunde lang mit mir bereden, damit wir zu einer Verständigung gelangen. Mir fällt es leichter, zu sprechen als zu schreiben, und ich glaube, daß alles, was Deine Lage erfordert, geregelt werden kann. Komm also überallhin, wohin Du möchtest. Hier in der Rue des Batailles wie in der Rue Cassini steht Dir das Zimmer eines Sohns zur Verfügung, dem in diesem Augenblick das geringste Deiner Worte das Innere erschüttert. Komm so bald wie möglich. Ich drücke Dich ans Herz, und ich möchte nur zu gern ein Jahr älter sein, denn mach Dir um meinetwillen keine Sorgen, für meine Zukunft besteht die größte Sicherheit ...« Der Brief war voller Herz und Mut; aber das ergab, wie er gesagt hätte, nicht viel »richtiges Geld« für eine alte Frau ohne Brot und Feuerung.

XXIV

DER MYTHUS VON SISYPHUS

> Es trat ein Augenblick ein, da Sisyphus nicht mehr geweint und nicht mehr gelächelt hat, sondern geworden ist wie die Felsblöcke, die er immerfort aufwärts wälzte. *Balzac*

Die Rückkehr aus Italien nach einem Vierteljahr *dolce vita* war entsetzlich. Während Balzacs Fernsein hatten sich in der Rue des Batailles die unbezahlten Rechnungen gehäuft. Er war im Jahre 1837 ärmer, als er im Jahre 1828 gewesen war; er hatte 162 000 Francs Schulden und in der nächsten Zeit nur wenig Einkünfte zu erwarten, da die bevorschußten Romane in den Vorhimmeln seiner Phantasie blieben. Zumal in Duckett war ihm ein blutgieriger Gläubiger erstanden, der ihn um jeden Preis verhaften lassen wollte. Sollte der Triumphator von Mailand und Venedig, der Gast italienischer Fürsten, im Schuldgefängnis enden? »Lassen Sie, lassen Sie diesen Abgrund von Sorgen, von dem ich Ihnen gesagt habe, Sie dürften sich ihm nicht nähern«, schrieb er an Louise, die Geheimnisvolle. »An mir Anteil nehmen heißt leiden ...«

Vor allem kam es darauf an, den Gerichtsvollziehern zu entschlüpfen. Sie kannten seine beiden Domizile. Wohin also? Nach Frapesle, zu der getreuen Zulma? Da würde er sogleich ausgekundschaftet sein. Ach, wenn doch sein ehemaliger Sekretär bei der *Chronique de Paris*, der »Kardinal« de Belloy, ihm »ein Zimmer, Geheimhaltung, Brot und Wasser« geben könnte! Belloy wartete mit einem Novellenstoff, *Gambara,* auf, aber nicht mit einem Zimmer. Blieben die unersetzlichen Guidoboni-Visconti. Die *Contessa* nahm ihn edelmütig in den Champs-Elyssées 52 auf. Das war heroisch; ihr Mann und sie selber waren »bettelarm«; sie trotzte der öffentlichen Meinung und setzte sich tausend Gefahren aus. Sie nahm sie auf sich. »Was sie, gleich vielen Engländerinnen, wünschte, war der Eklat, das Ungemeine. Sie wollte Pfeffer, Piment für die Nahrung des Herzens, gerade wie die Engländer erhitzende Gewürze zum Wecken des Appetits wollen ...« Das Romanhafte, das Schwierige, das Exzentrische begeisterten Sarah Lovell. In aller Heimlichkeit zog Balzac um und machte sich sogleich wieder an die Arbeit.

Es ist einer der erstaunlichsten Züge der Balzacischen Produktion, daß sie, die stets unter dem Befehl dringender Bedürfnisse stand, nie aufgehört hat, unbeirrt ein kolossales Monument schönster Ordnung zu errichten. Im Jahre 1837 sollte er, wie vertraglich festgesetzt, Erzählungen schreiben, um die *Etudes philosophiques (Philosophische Studien)* zu vervollständigen; er mußte *La Femme supérieure* schreiben, denn darauf wartete *La Presse*, und Alphonse Karrs neugegründetem *Figaro César Birotteau* geben. Das Wunderbare ist, daß er, der als Akkordarbeiter schuftete, aus allem zu Leistenden ein schönes Buch machte.

Balzac hatte von seiner Italienreise Bilder und Themen für seine Erzählungen heimgebracht. Mehr denn je war er besessen von der Vorstellung, daß ein Kunstwerk Gefahr läuft, durch die allzu große Stärke der Leidenschaft des Künstlers umgebracht zu werden. Wenn der Musiker versucht, die Musik der Engel nachzuahmen, wird er von den Menschen nicht mehr verstanden. Er selber hatte diese Gefahren und den Mißerfolg von *Séraphita* erlebt, einen erhabenen Mißerfolg. In *Le Chef-d'œuvre inconnu (Das unbekannte Meisterwerk)* hatte er bereits versucht, den *zu* großen Maler Frenhofer darzustellen, der in seinem Dürsten nach dem Absoluten sein Werk dadurch zerstört, daß er sich von der Natur entfernt. Aber der ersten Fassung dieser Novelle fehlte es an einer Theorie des künstlerischen Schaffens, wie ein Maler sie hätte aufstellen können. Théophile Gautier stellte ihm seine Erfahrungen als Malschüler und Kunstkritiker zur Verfügung und ermöglichte es ihm, aus seiner Erzählung eine philosophische Studie zu machen.

Gambara griff dasselbe Thema auf. Diesmal ist der Held ein genialer Musiker, der unverstanden bleibt, weil er unverständlich ist. Auguste de Belloy hatte die Geschichte skizziert. Maurice Schlesinger hatte sie sich für seine Musikzeitung reserviert. Balzac arbeitete sie gänzlich um und fügte ihr unter der Beihilfe des deutschen Komponisten Jakob Strunz zwei lange Analysen der Opern *Mahomet* und *Robert der Teufel* an. Balzac behauptete von sich, er sei in bezug auf die musikalischen Fachausdrücke von einer »hybriden« Ignoranz:

»Eine Partitur ist mir von je vorgekommen wie das Zauberbuch eines Hexenmeisters; ein Orchester ist für mich nie etwas anderes als eine irrtümliche, bizarre Ansammlung von geschweiftem, mehr oder weniger mit gedrehten Därmen garniertem Holz gewesen, von mehr oder weniger jungen Köpfen, gepudert oder à la Titus, über die die Hälse der Bässe hinwegragten, oder die von Brillen verbarrikadiert wurden, oder kreisrunden Messingdingern angepaßt waren, oder an Tonnen sitzend, die ungeeigneterweise Große Trommel genannt werden, das Ganze untermischt mit Lichtern und

Reflektoren, gespickt mit Notenheften, und das Ganze vollführte unerklärliche Bewegungen und schraubte sich und hustete in mehr oder weniger regelmäßigen Zeitmaßen ...«

Im Grunde jedoch verstand er sich auf alle Künste und blendete sogar George Sand, als er ihr seine Ideen über die Musik auseinandersetzte. Jakob Strunz übernahm den technisch-fachlichen Teil und war dabei nur allzu verschwenderisch.

Man mußte Balzac sein, um dem Leser die langen technischen Abschweifungen genehm zu machen: »Quartett der Huris *(in A-dur)* ... Modulationen *(fis-moll)*. Das Thema erscheint auf der *Dominante E, um dann in A-dur wiederholt zu werden«*, und so zehn Seiten lang. Es handelte sich bloß um eine Abschrift, die den Autor keine allzu große Mühe kostete. Bei jedem andern wäre das unerträglich gewesen; aber durch den Schwung des Balzacischen Tempos wurde die Abschweifung mitsamt der Erzählung willig hingenommen.

In der 1839 veröffentlichten (aber 1837 geschriebenen) Novelle *Massimilla Doni* wandte er diese Ideen zugleich auf die Liebe und die Musik an. Das Übermaß der Leidenschaften tötet die Kunst, gerade wie es bisweilen die männliche Potenz tötet. Ein Mann kann bei einer Frau versagen, die er anbetet, während er sich bei einer Kurtisane, die er nicht liebt, als ein kraftvoller Liebhaber erweist, wie ein Tenor ein klägliches *fiasco* in dem Augenblick erleiden kann, da er die edelsten musikalischen Regungen empfindet. »Wenn ein Künstler das Pech hat, von der Leidenschaft erfüllt zu sein, die er ausdrücken will, wird er sie nicht schildern können, denn er ist die Sache selber, anstatt ihr Abbild zu sein. Die Kunst kommt aus dem Gehirn, nicht aus dem Herzen. Wenn das Thema einen beherrscht, ist man sein Sklave und nicht sein Herr. Man ist wie ein von seinem Volk belagerter König. Allzu lebhaft zu fühlen in dem Augenblick, da es sich darum handelt, zu schaffen: das ist der Aufstand der Sinne gegen die schöpferische Fähigkeit ...« Kurzum: die Phantasie verbraucht die Kräfte eines Mannes, und er findet sie, wenn es ans Tun geht, nicht mehr wieder. Wie der Gedanke tötet, entmannt er.

Die Novelle, eine der besten und »gewagtesten« Balzacs, spielt sich auf zwei Ebenen ab. Emilio, Fürst von Varese, ist toll verliebt in Massimilla Doni, Herzogin Cataneo, und weiß, daß das *fiasco* unvermeidlich ist, wenn er versucht, sie zu besitzen; Genovese, ein glänzender Tenor, wenn seine Partnerin Clara Tinti (die er liebt, während sie Emilio liebt), nicht auf der Bühne ist, wird in ihrer Nähe zu einem schreienden Esel. Ein französischer Arzt schlägt das Heilmittel vor. Massimilla Doni, eine reine, makellose Schönheit, soll, um Emilio zu retten, einwilligen, eine infame Rolle zu spielen, nämlich im Bett der Kurtisane schlafen (die sich zu dieser Ausflucht bereitfindet) und auf diese Weise ihren Liebhaber mit ihm selbst betrügen. »Weiter nichts?« antwortet sie lächelnd dem Arzt. »Ich will die Tinti übertreffen, wenn es sein muß, um meinem Freunde das Leben zu retten ...« Vielleicht hat Stendhals *Armance* die Anregung zu diesem schlüpfrigen Thema gegeben. Balzac ist von je von der Physiologie der Liebe besessen gewesen. Der Genieblitz bestand darin, daß die Impotenz des Liebhabers derjenigen des Künstlers gleichgestellt und beides einem Übermaß an Leidenschaft zugeschrieben wurde. Schöne Tiraden über Rossinis Kunst, die abermals Jacob Strunz zu danken sind, staffierten die Novelle aus. Wie es das Gesetz des Wiedererscheinens der Gestalten forderte, war sie mit *Gambara* verknüpft. Massimilla Doni sprang von einer Geschichte in die andere über und rettete den alten Musiker.

Balzac hatten stets ein paar Stunden zum Verstehen einer Stadt oder einer Gesellschaftsschicht genügt. In *Massimilla Doni* hat er den venezianischen Adel geschildert, der der erste Europas gewesen und leider fast gänzlich verarmt war. Unter den Gondolieri finden sich Abkömmlinge früherer Dogen, deren Geschlecht älter ist als das der heutigen Herrscher. »Die Adligen Venedigs und Genuas«, schreibt Balzac, »nahmen keine Titel an. Quirini, Doria, Brignole, Morosini, Mocenigo zu heißen, genügte dem höchsten Stolz.« Er schilderte die Trauer seines Helden Emilio Memmi, der sein altes Venedig beweint und nicht umhin kann, »an die Tage zu denken, da der Palazzo Memmi Licht aus allen Fenstern spie; da man an den Pfählen Hunderte von Gondeln vertäut sah; da man auf den von den Fluten geküßten Stufen eine Fülle eleganter Masken sich drängen hörte; da der große Festsaal mit Tischen ausgestattet war, an denen gelacht wurde, und seine in luftiger Höhe rings umlaufenden Galerien von Musik erfüllt waren: Sie schienen im Kommen und Gehen auf den von Gelächter widerhallenden Treppen ganz Venedig zu bergen ...«

»Heute schwiegen die ihrer schönen Stoffe beraubten Wände, die düsteren Zimmerdecken, und weinten. Keine türkischen Teppiche mehr, keine Lüster mit Blumengewinden, keine Statuen, keine Gemälde, weder Freude noch Geld, dieses große Vehikel der Freude! Venedig, das London des Mittelalters, sank Stein für Stein, Mann für Mann. Das unheimliche Algengrün, das das Meer an den Fundamenten der Palazzi ausdauern läßt und liebkost, war jetzt für die Augen des Fürsten wie ein schwarzer Schlamm, den die Natur dort angeheftet hatte als Zeichen des Todes. Schließlich war ein großer englischer Dichter gekommen und hatte sich auf Venedig gestürzt wie ein Rabe auf einen Kadaver, um ihm in lyrischer Poesie, in dieser ersten und letzten Sprache der Gesellschaften, die Stanzen eines *De Profundis* zu-

zukrächzen! Englische Poesie einer Stadt ins Gesicht geworfen, die die italienische Poesie erzeugt hatte ...! Armes Venedig ...!«

Da er mit intuitiver Raschheit die Empfindungen seiner Freunde zu durchschauen vermochte, hatte er die stolze Trauer des unterdrückten Italien verstanden. Durch den Bericht über eine Aufführung von Rossinis *Moses* im Fenice stellte er dar, wie sehr das Thema der unterjochten und das Ende der Sklaverei begehrenden Hebräer mit den geheimgehaltenen Leiden der Zuhörerschaft harmonierte. »Ist eine Kunst, die in zwei Phrasen alles, was Vaterland heißt, malen kann, dem Himmel nicht näher als die andern?« Als die ersten Harfenakkorde das Gebet der befreiten Hebräer ankündigen, stützt die Herzogin den Ellbogen auf die Samtbrüstung und schmiegt den Kopf in die linke Hand. Der ganze Zuschauerraum klatscht über die Maßen Beifall und verlangt das Gebet *da capo*.

»Mir ist, als habe ich der Befreiung Italiens beigewohnt«, dachte ein Mailänder.

»Diese Musik richtet die gebeugten Köpfe auf und schenkt den am tiefsten schlafenden Herzen Hoffnung«, rief ein Romagnole ...

»Singt«, sagte die Herzogin, als sie die letzte Strophe gesungen hörte, als sei sie bereits erhört worden, mit düsterer Begeisterung; »singt, ihr seid frei ...«

Es ist bewundernswert, daß Balzac, dem alles drüber und drunter ging, als Gerichtsvollzieher und Verleger ihn hart bedrängten, in sich die Kraft fand, seine italienischen Eindrücke mit so glücklichem Gelingen auszunutzen. Die Musik hatte er von je geliebt; in Italien hatte er gespürt, wie sie durch die Erweckung von Erinnerungen an unbestimmte, vielleicht nie empfundene Regungen zur Seele spricht.

An Madame Hanska: »Gestern habe ich mir Beethovens c-moll-Symphonie angehört. Beethoven ist der einzige Mensch, der mich kennen lehren könnte, was Eifersucht ist. Ich wäre lieber Beethoven gewesen als Rossini oder Mozart. In diesem Mann ist eine göttliche Kraft ... Nein, der Geist des Schriftstellers verschafft solche Genüsse nicht, weil das, was wir schildern, endlich ist, genau umrissen, und weil das, womit Beethoven uns hinschleudert, unendlich ist ...«

Außer den italienischen Novellen hatte er in einem Monat (und nicht in vier Tagen, wie er gehofft hatte) *La Femme supérieure (Die überlegene Frau,* später *Les Employés, Die Beamten,* betitelt) geschrieben, fünfundsiebzig Spalten in *La Presse:*

»Ich habe die dreißig Nächte dieses verdammten Monats darangesetzt, und ich glaube nicht, daß ich während dieser Zeit mehr als sechzig und einige Stunden geschlafen habe. Ich habe mich nicht rasiert, und ich, der ich allem erkünstelten Wesen feindlich gesonnen bin, trage einen Bocksbart wie die von der *Jeune-France.* Wenn ich Ihnen diesen Brief geschrieben habe, will ich mein erstes Bad nehmen, nicht ohne einige Angst, da ich mich davor fürchte, die bis zum letzten Grad aufgereizten Fibern zu entspannen, und dabei muß ich doch gleich wieder von neuem anfangen, um *César Birotteau* fertigzumachen, der der Verzögerungen wegen lächerlich wird. Übrigens ist es jetzt zehn Monate her, daß der *Figaro* mir das Geld dafür gezahlt hat ...«

La Femme supérieure hatte anfangs ein wenig der Roman Laure Survilles werden sollen, der Roman der liebenswerten, ehrgeizigen Frau, die versucht, einen bescheideneren Mann auf schwierig ersteigbare Gipfel zu treiben. Célestine Rabourdin hat einen Beamten geheiratet, einen Bürochef im Finanzministerium, dessen Leben mysteriöse Eigentümlichkeiten enthält. Wie Surville hat er seinen Vater nie gekannt, einen unsichtbaren, mächtigen Mann, der Rabourdin zu Beginn von dessen Laufbahn geholfen hat, dann aber nicht mehr in Erscheinung trat, wahrscheinlich, weil er gestorben ist. Die anständige, begehrenswerte Célestine hat Mühe, ihre Ausgaben ihrem Haushaltsgeld anzupassen. Im Morgenrock, alte Pantoffeln an den Füßen, schlecht frisiert, bringt sie morgens ihre Lampen in Ordnung und hat ein Auge auf die Kochtöpfe (die bei den Morgengeheimnissen überraschte Laure sollte diese Hausfrau sein). Aber der dreiste Clément des Lupeaulx, der Generalsekretär des Ministeriums, öffnet gewaltsam Célestines Tür und findet sie in diesem Negligé pikant. Ihr durch einen Spalt der Unterjacke scheinender Körper wirkt dadurch noch verlockender. Des Lupeaulx, von dem Rabourdins Karriere abhängt, wird unternehmungslustig.

Célestine Rabourdin möchte zugleich ihre Tugend bewahren und ihrem Mann zur Beförderung verhelfen. Unglücklicherweise ist dieser ein Genie im Verwaltungswesen. Nichts ist für einen Beamten gefährlicher. Balzac kannte sich in der Welt der Beamten gut aus; Emile de Girardin, Laurent-Jan, Henri Monnier hatten sie ihm geschildert. Er inszenierte ein Ministerium und machte daraus eine brillante Komödie. Rabourdin fehlt es an Relief und einer gewissen Großartigkeit; aber die Komparsen, Bixiou, Dutocq, Poiret und zehn andere, sind in ihrem Beruf wie in ihrem Privatleben mit Meisterhand skizziert worden.

Balzac kann kein Thema anrühren, ohne es zu vertiefen. Was ein Ehedrama hatte werden sollen, wird zu einer breit ausgeführten historischen Studie. Unter Napoleon hatte der Wille des Kaisers die Allmacht der Bürokratie gehemmt, »diesen schweren Vorhang zwischen dem Guten, das getan werden soll, und dem, der es befehlen kann«. Da unter einer konstitutionellen Regierung der Minister auf unsicheren Füßen steht und sich damit befassen muß, seine Existenz vor den Kammern zu verteidigen, regieren die

Büros und schaffen einen mächtigen passiven Widerstand, Rapport genannt, und der verzögert das wirksame Handeln. »Die schönsten Dinge in Frankreich sind vollbracht worden, als es keinen Rapport gab und die Entscheidungen spontan getroffen wurden ...« Die Bürokratie bestand ganz und gar aus kleinen Geistern und stellte für das Gedeihen des Landes ein Hemmnis dar; sie hielt in ihren Mappen sieben Jahre lang ein Kanal-Projekt zurück (hier schimmert Surville durch), verewigte die Mißbräuche und verewigte sich selber.

Solcherlei Erwägungen haben Rabourdin – und Balzac – zu einer Neuordnung des Personals geführt. Beschränkung der Zahl der Ministerien auf drei, Einsatz von wenig Leuten, Verdoppelung oder Verdreifachung der Gehälter, das sind die Mittel. Die Steuern müssen persönlich und beweglich werden. Balzac und Rabourdin schaffen die indirekten Steuern ab. »Die persönlichen Vermögen finden in Frankreich auf bewundernswerte Weise Ausdruck in den Mieten, der Zahl der Diener, den Luxus-Pferden und -Wagen, die der Fiskus überschauen kann.« Die Steuern sollen hoch werden. Was kümmert mich das? »Das Staatsbudget ist kein Geldschrank, sondern eine Gießkanne; je mehr Wasser es schöpft und ausgießt, desto besser gedeiht ein Land ...« Es muß darauf hingewiesen werden, daß diese so neuen Ideen denjenigen der legitimistischen Partei widersprechen. Der Autor und seine Gestalt ruderten gegen den Strom. Aber die schöne Célestine vermochte durch ihre Treue im Unglück den in unvermeidliche Ungnade gefallenen Xavier Rabourdin zu trösten. Wer aber würde Balzac trösten?

Während er an Rabourdins Plänen arbeitete, hatten die Gerichtsvollzieher, die beauftragt waren, den Schuldner zu verhaften, Mittel und Wege gefunden, in der Wohnung der Guidoboni-Visconti bis zu ihm vorzudringen. Diese hatten ihrer Dienerschaft strikt befohlen, zu antworten, Monsieur de Balzac wohne dort nicht. Verrat und List wirkten gemeinsam. Eine »eifersüchtige Ariadne« gab das Geheimnis des Romanciers preis. Ein als Postbote verkleideter Gerichtsvollzieher behauptete, er komme nicht etwa, um von Monsieur de Balzac Geld zu verlangen, sondern ihm ein Paket und 6000 Francs zu bringen. So viel wäre gar nicht erforderlich gewesen, um den Wolf aus dem Walde hervorzulocken. Balzac kam eiligst. Der vorgebliche Postbote packte ihn am Hausrock und sagte: »Im Namen des Gesetzes, Monsieur de Balzac, ich verhafte Sie, sofern Sie mir nicht augenblicklich 1380 Francs zahlen, zuzüglich der neu entstandenen Kosten.« Das Haus war umstellt. Er mußte blechen oder ins Gefängnis wandern. Sarah Guidoboni-Visconti zahlte, obgleich sie selber arg in der Klemme saß.

Diese Kämpfe und Aufregungen brachten Balzac fast um, aber er war stolz auf die geleistete Arbeit. *Gambara, Massimilla Doni, La Femme supé-*

rieure ... »Ich hoffe, daß der Holzhauer Holz schlägt; ich hoffe, daß der Tagelöhner wacker ans Werk geht.« Und dabei fanden sich, als er es wagte, sein Versteck zu verlassen, immer noch Pariser, die ihn fragten: »Nanu? Erscheint denn nichts von Ihnen?« Auf dem Boulevard begegnete er James Rothschild, der ihn fragte: »Was tun Sie eigentlich?«, und dabei überschwemmte seit vierzehn Tagen *La Femme supérieure* die Spalten von *La Presse!* Ach, wie quälte er sich ab, den Felsblock des Sisyphus unaufhörlich den Berg hinaufzurollen! Seine Briefe an Madame Hanska taten nichts mehr, als seine ewigen Nöte immer wieder durchzubeuteln: »Muß ich Ihnen wirklich zum fünften- oder sechstenmal den Mechanismus meines Elends erklären? ...« Und abermals stimmte er seine Litaneien an: Seine Familie habe sich 1828 geweigert, ihm Brot zu geben; später Latouches Knauserei, Werdets Konkurs; die Wucherer mit 20 Prozent Zinsen; der Brand in der Rue du Pot-de-Fer; das gräßliche Fehlschlagen der *Chronique de Paris!* Eveline werfe ihm seine Ausgaben für Luxusdinge vor? Aber für jemanden, dessen Zeit fünfzig Francs die Stunde wert sei, bedeute ein Wagen doch eine Ersparnis, und überdies werde ein Schriftsteller, der nicht tue, als sei er vermögend, von den Verlegern gebrandschatzt.

»Wenn Sie nicht einen Mann bewundern, der die Bürde einer solchen Schuldenmasse trägt, mit der einen Hand schreibt, mit der andern um sich schlägt, nie eine Niedrigkeit begeht, sich weder dem Wucherer noch dem Journalismus beugt, niemanden anfleht, weder seinen Gläubiger noch seinen Freund, der im argwöhnischsten, egoistischsten, geizigsten Land der Welt, wo nur den Reichen etwas geliehen wird, nie gestrauchelt ist, den die Verleumdung verfolgt hat und noch verfolgt, von dem es hieß, er sitze in Sainte-Pélagie, während er doch bei Ihnen in Wien war, dann wissen Sie nichts von dieser Welt! ...«

Tatsächlich hatte Eve Hanska keine Ahnung von der Pariser Welt, und Balzac bedauerte heimlich, daß er nicht mehr seine kostbare Beraterin besaß, die große Laure de Berny, die den jungen Menschen ermutigt, den Schriftsteller geschaffen, seinen Geschmack geformt hatte ... Sie hatte nie gezögert, an den Rand eines Manuskripts zu schreiben: *Schlecht ... Satz neu bilden* ... Nur zu gern hätte er es gesehen, daß Madame Hanska die Ablösung übernahm.

»*Cara carina,* setzen Sie sich in den Kopf, dessen schöne Stirn von einer so sublimen Intelligenz schimmert, daß ich zu Ihrem literarischen Urteil blindes Vertrauen habe; daß ich Sie, was das betrifft, zur Erbin des Engels gemacht, den ich verloren habe; daß das, was Sie mir schreiben, sogleich zum Thema langer Meditationen wird, und daß ich also von Ihnen von Brief zu Brief eine Kritik über *La Vieille Fille* erwarte, wie das liebe Gewissen, das ich hatte und dessen Stimme noch immer in meinen Ohren nachklingt, sie zu geben wußte; das heißt, daß Sie das Werk nochmals lesen und Seite für Seite mit den genauesten Hinweisen versehen, daß Sie mir die Vergleiche, die Gedanken angeben, die Sie abstoßen, daß Sie mir sagen, was fortbleiben, ersetzt oder geändert werden muß. Seien Sie ohne Mitleid und ohne Nachsicht. Machen Sie sich kühn ans Werk ...«

Madame Hanska war weder dumm noch ohne Bildung, aber um ein literarisches Gewissen zu werden, mangelte es ihr an der großherzigen Bewunderung und der liebevollen Offenheit Laure de Bernys. Es gab im Briefwechsel Balzacs mit der »Fremden« und in allen ihren Beziehungen, ungeachtet der Liebeserinnerungen, Mißtöne. Sie tadelte, predigte, diskutierte – er seufzte, daß zwischen ihnen ebenso viele Gedanken wie Meilen lägen.

Und er nahm seine Litaneien wieder auf. Sie erinnerten bisweilen durch den Gießbach der Indikative des Präsens an den Monolog in *Le Mariage de Figaro* (Figaros Hochzeit): »Weil ich 1827 einem Druckereiarbeiter gefällig gewesen bin, sehe ich mich 1829 mit hundertfünfzigtausend Francs Schulden belastet und ohne Brot in eine Dachstube verbannt ... Im weiteren Verlauf mache ich mich zum Don Quijote der Schwachen; ich hoffe, Sandeau Mut zu machen, und überlasse diesem Kopf vier- bis fünftausend Francs, die jeden andern als ihn über den Berg gebracht hätten ... – Ich bin achtunddreißig Jahre alt; ich stecke bis an den Hals in Schulden ... Mein Kopf bedeckt sich mit weißen Haaren ... Ach, Eveline, Eveline, wieviel Kummer machst Du mir!«

Gegen Sommer 1837 läuft Balzac im Kreis umher wie ein verwundetes Raubtier. Das wunderbare Gehirn weigert sich, zu funktionieren. Eine Lunge bezeigt beim Auskultieren eine ganze Serie von Rasselgeräuschen. Der gute Doktor Nacquart, der unermüdliche Neufundländer, wird besorgt und schickt ihn nach Saché mit der Weisung, nicht zu arbeiten, sich zu zerstreuen und spazierenzugehen. Was für eine weise Verordnung ist das! Nicht arbeiten? Wenn *César Birotteau* abgeschlossen, wenn *La Maison Nucingen (Das Bankhaus Nucingen)* geschrieben werden muß!

Sich zerstreuen, spazierengehen? Wenn er »so greisenhaft« hustet! Es gibt Augenblicke, da seine Energie ihn verläßt.

»Ich bin auf einem Punkt angelangt, von wo aus ich dem Leben nicht mehr nachtrauere; die Hoffnungen liegen allzu fern, und die Ruhe ist allzu sehr von der Arbeit beansprucht. Hätte ich nur mäßig zu tun, so würde ich mich ohne Murren in mein Los schicken; aber ich habe zuviel Sorgen und zuviel Feinde! Die dritte Lieferung der *Etudes philosophiques* ist im Buchhandel erschienen; keine einzige Zeitung hat sie mit einem Wort erwähnt ...«

Vor allem Paris erschreckt ihn. Paris, das sind die Gläubiger. Das ist die gräßliche Nationalgarde, die ihn aufgestöbert und ihm mit spöttischer Perfidie geschrieben hat: »*An Monsieur de Balzac, genannt verwitwete Madame Durand, Literat, Jäger der Ersten Legion* ...« Aber Paris ist auch ein Schauspiel ohnegleichen, die asphaltierten Boulevards werden mit Kandelabern aus bronziertem Eisen beleuchtet, mit Gas! Nein, er könnte ohne diese Königin der Städte nicht auskommen, ohne diesen ewigen, sich wandelnden Jahrmarkt; allein, er will sich den drakonischen Forderungen der Nationalgarde dadurch entziehen, daß er sich um drei Meilen von der schrecklichen Königin entfernt.

Nach der Rückkehr von Saché nimmt sein Traum feste Gestalt an. Er will ein Haus kaufen, eine Hütte, die nahe genug bei Paris gelegen ist, daß er abends innerhalb einer Stunde ins Théâtre des Italiens gelangen kann, wenn er Verlangen nach Musik hat; aber weit genug von Paris entfernt, um vor den Gerichtsvollziehern und den Bürgerfeldwebeln sicher zu sein. Und wie wird dieser mit Schulden überhäufte Mann sein Haus bezahlen? Wenn Balzac etwas inständig wünscht, stellt er keine Berechnungen an. Er behandelt das Leben wie eine dichterische Fiktion und denkt sich Episoden aus. Zunächst steht ein großartiges Geschäft vor dem Abschluß; seine Sämtlichen Werke sollen erscheinen, mit Illustrationen und einer Prämie für die Subskribenten; die Ausgabe soll auf dem Prinzip der Tontine Lafarge aufgebaut werden, die Bernard-François so teuer war. Wer würde zögern, zu subskribieren, wenn die Überlebenden gleichzeitig dreißigtausend Francs Rente und Balzacs *Oeuvres complètes* erhalten sollten? Dann wird er zwei Komödien auf die Bühne bringen, oder vier, oder fünf, und man weiß ja, wieviel Geld man beim Theater verdient. Und dann kann Monsieur Hanski sterben, und in diesem Fall heiratet er die Witwe, wird Schloßherr auf Wierzchownia und wälzt sich im Golde. Und schließlich hat er auf Sardinien die römischen Schlackenberge, die nur darauf warten, für ihn Silber rieseln zu lassen. Nun er so viele Eisen im Feuer hat, *muß* er ein Haus kaufen.

Aber welches Haus? Er kannte an der Straße nach Versailles in einem Meer von Grün ein reizendes Dorf: Ville d'Avray. Olympe Pélissier hatte ihn dort oft empfangen. Dort würde er in der Nähe von Versailles sein, also in der Nähe der Guidoboni-Visconti, und mit dem »Kuckuck« in anderthalb Stunden im Théâtre des Italiens. Er mietete dort zunächst eine Wohnung (natürlich auf den Namen Surville); dann fand er im September 1837 auf einer Jardy geheißenen Örtlichkeit ein Grundstück und eine Bruchbude, die einem Weber namens Varlet gehörten. Kosten: 4500 Francs, dazu die Spesen. Am andern Tag kaufte er das Nachbargrundstück. Kosten: 6850 Francs. Insgesamt besaß er 1839 schließlich vierzig Ar. Wert: 18 000 Francs. »Der

Name meiner armen Einsiedelei ist: *Les Jardies*, der des Landstücks, auf das ich mich setze wie ein Wurm auf sein Lattichblatt ...« Er plante, das Haus des Webers seinen Freunden Guidoboni-Visconti einzuräumen (die das Unternehmen finanziert hatten) und sich durch Surville, der Ingenieur und also Architekt war, ein Häuschen bauen zu lassen. Dort würde er in Paris sein, ohne dort zu sein. Er würde weder Stadtsteuer noch übertrieben hohe staatliche Steuern zu zahlen haben und sich in Sicherheit vor den Taktlosigkeiten der Skandalblätter befinden. Das Haus würde ihn keine 12 000 Francs kosten; mit dem Grundstück und der Inneneinrichtung 40 000. Das stellte nur eine geringe Miete dar. Freilich besaß er die 40 000 Francs nicht. Aber gegen eine Anzahlung von 1500 Francs war der Bauunternehmer einverstanden, mit den Arbeiten anzufangen. Jetzt brauchten nur noch *César Birotteau* abgeschlossen und *La Maison de Nucingen* geschrieben zu werden. Sisyphus krempelte sich die Ärmel hoch und packte seinen Felsblock.

XXV

DIE SCHATZSUCHE

Balzac war nichts als der immerfort aus dem Wunsch sich neu gebärende Wunsch, als der begeisterte Lauf auf die Zukunft hin, der sich zugleich als ein Sieg über alle Hindernisse und als ein unablässiger Zwang erweist, sich mit ihnen zu messen – ein Leben, das ewig Planung ist.

Gaétan Picon

Schon 1833 hatte Balzac über *César Birotteau* an Zulma Carraud geschrieben, und schon 1834 an Madame Hanska: »Ich mache ein Hauptwerk, *César Birotteau,* den Bruder dessen, den Sie kennen, und er ist ein Opfer wie sein Bruder, aber das Opfer der Pariser Zivilisation, während sein Bruder *[Le Curé de Tours, Der Pfarrer von Tours]* nur das Opfer eines einzigen Menschen ist ... der mit Füßen getretene Engel, der mißkannte anständige Mensch. Ach, es ist ein großes Gemälde!« Damals rechnete er damit, den Roman für die *Etudes philosophiques* an Werdet zu geben; er verreiste, Werdet machte Konkurs, und *Birotteau* mußte warten. Werdet hatte für 63 000 Francs die Ausbeutung von Balzacs künftigen Werken an ein Verlegerkonsortium abgetreten. Das Konsortium hatte Balzac einen Vorschuß von 50 000 Francs zugebilligt, dazu monatlich 15 000 Francs. Der Schriftsteller durfte keinen Anspruch auf die Autorenrechte erheben, aber die Hälfte des Reingewinns bekommen. 1836 kaufte der *Figaro,* der in andere Hände übergegangen war, den *Birotteau* dem Konsortium ab, um ihn seinen Abonnenten als Prämie zu geben: »*Ankündigung:* wer den *Figaro* auf drei Monate (20 Francs) abonniert, erhält gratis als Prämie *L'Histoire de la grandeur et de la décadence de César Birotteau* (Die Geschichte von Größe und Niedergang *César Birotteaus*), des Parfümfabrikanten, Ritters der Ehrenlegion, Adjunkt des Maire des zweiten Arrondissements der Stadt Paris, eine neue ›Szene aus dem Pariser Leben‹ von Monsieur de Balzac, 2 Bände in Oktav, gänzlich unveröffentlicht.«

Balzac an Madame Hanska, 14. November 1837: »Es werden mir zwanzigtausend Francs für *César Birotteau* geboten, wenn er am 10. Dezember fertig ist; ich habe noch anderthalb Bände zu schreiben, und die Not hat mich zusagen lassen. Jetzt muß ich fünfundzwanzig Nächte und fünfundzwanzig Tage arbeiten ...«

In jenem Augenblick hatte Balzac bereits Korrekturabzüge vom *Birotteau,* aber das Buch wurde in jedem Sinne immer stärker. Die Not hatte es ihn versprechen lassen; das Glück des Schaffens ließ es ihn weiter ausgestalten. Der Birotteau war eine Studie über das Pariser Kaufmannstum, zunächst über das Familienleben, wie es die Sallambiers und der Eisenwarenhändler Dablin geführt hatten, alsdann so, wie es wird, als sein Schwerpunkt sich »von der Rue Saint-Denis verlagert und behutsam dem Faubourg Saint-Honoré entgegenrückt; dort ist der bedeutende Kaufmann schon nicht mehr *Händler,* aber noch nicht *Großkaufmann;* dort werden die Schaufenster von Ladenschildern überragt und überrieselt von Reklamezetteln; dort essen die Angestellten im Zimmer hinter dem Laden zu Abend und schlafen in Bodenkammern; dort heiratet der erste Verkäufer nach zehnjähriger Wartezeit die Tochter des Hauses, eine hybride Phase des Pariser Geschäftslebens, in der der Handel noch seine patriarchalischen Gepflogenheiten aufrechterhält, während in den Straßen die Ungeheuer und Wunderdinge erscheinen, die den kapitalistischen Wohlstand verkünden, die weißen Postkutschen (genannt *Dames blanches*), die Banken, die Aktiengesellschaften ...«

César Birotteau, ein Bauer, der »nach Paris gegangen war«, ist als Handwerker in der Parfümfabrikation erfolgreich gewesen. Er wird sich dadurch zugrunde richten, daß er dem Handwerk den Rücken kehrt und sich dem großen Laster des Jahrhunderts anbefiehlt: der Spekulation. Der Wandel wird sich auch in den Lebensgewohnheiten vollziehen. Birotteau und seine Frau, ihre Freunde Ragon und Pillerault, ihr Handlungsgehilfe Anselme Popinot waren, in Balzacs Augen, *tugendhaft.* Von einer völlig relativen Tugend. César weiß, daß sein *Haaröl* nicht den mindesten Einfluß auf die Kopfhaut hat. Um es zu propagieren, nützt er die Unwissenheit der Kunden, das Schweigen der Gelehrten, die Dummheit der alten Herren aus. Später zieht er Gefälligkeitswechsel, was, gemäß dem Richter Popinot, »der Beginn der Betrügerei« ist. Balzac verzeiht ihm. Geschäft ist Geschäft. Aber der Konkurs ist und bleibt in den Augen des Helden wie des Autors eine unerträgliche Schande. Balzacs Eltern haben sich ruiniert, um ihn ihrem Sohn zu ersparen. César Birotteau, ein bürgerlicher Ehrenmann, wird »getötet durch die Vorstellung ›Redlichkeit‹ wie durch einen Pistolenschuß«. Auf diese Weise ist dieser Roman eine *Etude de Mœurs (Sittenstudie),* die Schilderung eines Milieus, das Balzac durch und durch kennt, weil er ihm entstammt, einer Welt, »in der unsichtbare Fäden das Ladenschild der *Reine des Roses (Rosenkönigin)* mit dem der *Maison du Chat-qui-pélote (des Hauses Zum ballspielenden Kater)* verbinden, und eine *Etude philosophique (Philosophische Studie)* durch die Antithese von Laden und Bank, von der archaischen »Sauberkeit« und der modernen Korruption, und vor allem durch die Macht der fixen Idee, die den Tod gerade durch das Übermaß an Freude verursacht.

Césars schlimmster Fehler ist, dumm zu sein wie sein Bruder, der Pfarrer von Tours; naiv vertraut er sich Nucingen, Claparon, du Tillet an, wie der Abbé François sich dem perfiden Troubert anvertraut. Er ist außerstande, den Ruin vorauszusehen, dem seine Eitelkeit ihn entgegenführt, aber er rehabilitiert sich auf noble Weise dadurch, daß er seine ganzen Aktiva preisgibt, anstatt aus seinem Konkurs Nutzen zu ziehen, wie es Grandet oder Nucingen getan hätten. Es kommt in dem Buche auch, sagt Alain, »ein antiker Cato des Eisenwarenhandels vor«, nämlich Pillerault, zu dem Väterchen Dablin Modell gestanden hat. »Kein Vermögen war auf noblere Weise, keins rechtmäßiger, keins ehrenhafter gewonnen worden als das seine. Er hatte niemals zu hohe Preise gefordert und war nie den Geschäften nachgelaufen.« So war Dablin, »der Eisenwarenhändler mit dem großen Herzen«, der beständige Freund.

Auf der einen Seite also der Cato des Eisenwarenhandels und die altertümlichen Sitten; auf der andern die Geschäfte machenden Bankiers, die Wechseldiskontierer und Wucherer. Es war ein meisterhaftes Buch (Balzac hatte seine eigenen Empfindungen als gehetzter Schuldner, seine Erfahrungen mit nicht erfüllten Verbindlichkeiten und mit dem galoppierenden Konkurs hineinverarbeiten können) durch das Umfassende der historischen Bilder und durch die Strenge des Aufbaus. Dem langsamen Aufstieg Césars ist symmetrisch sein progressiver Fall gegenübergestellt worden. Größe und Niedergang. Der erste Teil endete mit dem Ball, der von den Birotteaus gegeben wird, um die Ehrenlegion des Parfümhändlers zu feiern; er hatte wohl als entferntes Vorbild einen Ball, den Dablin gelegentlich der Hochzeit der Mademoiselle Pépin-Lehalleur veranstaltet hatte. *Balzac an die »Fremde«:* »Heute abend muß ich zum Ball; ich, und zum Ball! Aber, Liebste, es muß sein; er findet bei dem einzigen Freunde statt, der mich auf ritterliche Weise verpflichtet hat.«

Um Césars Glück auszudrücken, hatte Balzac seine Zuflucht zu Beethoven und zu dem triumphalen Finale der Symphonie in c-moll genommen, das er in visuelle Vorstellungen transponierte. Am Schluß des zweiten Teils glaubt der durch seine Redlichkeit und die Treue seiner Freunde rehabilitierte César plötzlich, im Kopf und im Herzen jenen heroischen Satz zu hören: »Jene ideale Musik strahlte und wogte in allen Tonarten, ließ ihre Trompeten in den Windungen dieses erschöpften Gehirns erklingen, für das es das große Finale sein sollte ...« Nie zuvor hatte die französische Literatur ein so schönes bürgerliches, engherziges, genaues und grandioses Epos hervorgebracht. Dabei zweifelte der Schöpfer bisweilen an dem Werk: »Ich weiß nicht, was mit *César Birotteau* los ist. Sie müssen es mir sagen, bevor ich imstande bin, mich zum Publikum zu machen, um es zu lesen. Ich empfinde den tiefsten Widerwillen dagegen und bin bloß fähig, das Buch zu verfluchen, der Plackerei wegen, die es mich gekostet hat.«

Angesichts des Birotteau malt er die andere Seite des Diptychons: *La Maison Nucingen*, oder die Kunst, dadurch zu Vermögen zu kommen, daß man sich über die Gesetze hinwegsetzt; dem Opferlamm César wird der Luchs, der geldgierige Wucherer gegenübergestellt, der aus freien Stücken seine Zahlungen einstellt, um seine Schuldner ins Bockshorn zu jagen und ihre Forderungen zu niedrigem Preis aufzukaufen, der Bankier, der seine Zeit beherrscht, nicht mehr durch Arbeit, sondern durch die Idee. Nucingen verachtet die bürgerliche Unruhe, wie der Seemann den Sturm verachtet. Er weiß, daß die Werte steigen und fallen wie die Gezeiten. Ebbe und Flut tragen ihn. Die Ehrgeizigen um ihn haben das Spiel durchschaut: Rastignac und du Tillet bereichern sich dabei; die Opfer, Beaudenord und Ragon, werden ruiniert, weil sie der allgemeinen Meinung folgen, die immer blöd ist. Die ganze Geschichte wird im Nebenzimmer eines Restaurants erzählt, und zwar von vier zynischen Condottieri der Presse und der Finanz: Andoche Finot, Emile Blondet, Jean-Jacques Bixiou und Couture, einem angehenden, aber schon eingeweihten Bankier. Diese spöttelnden Zeugen stellen fest, daß da, wo Birotteau vor Erschütterung stirbt, ein Nucingen Pair von Frankreich und Großoffizier der Ehrenlegion wird. Blondet schließt mit einem Satz von Montesquieu: »Die Gesetze sind Spinngewebe, durch die die dicken Fliegen hindurchfliegen und in denen die kleinen hängenbleiben.« Was nun Balzac selber betrifft, so findet man ihn in diesen beiden prophetischen Büchern überall wieder: er ist Birotteau gewesen; er hat Nucingen verstanden; er möchte Rastignac sein, und er belebt durch seinen Schwung gleichzeitig Bixiou und Blondet. Ist er nicht »einer der kühnen Kormorane, die im Schaum auftauchen, der Krönung der Wogen« seiner Generation? Aber seine Schulden lassen ihn versinken; er fürchtet, zu enden wie Birotteau; er beruhigt sich, indem er Nucingen schafft.

Das Jahr 1837 ist sehr hart gewesen. Die Riesenmengen von Korrekturen am *Birotteau*, der zu einem bestimmten Termin abgeliefert werden mußte, haben ihn gezwungen, Tag und Nacht zu arbeiten; dabei hielt er die Füße in ein Senfbad, um dem Blutandrang zum Gehirn entgegenzuwirken. Sein Haar ist noch grauer geworden. Am 1. Januar schreibt er an Zulma Carraud: »Heil 1838, was es uns auch bringen möge! Welche Nöte es auch in seinen Kleiderfalten birgt: Was liegt daran? Es gibt ein Heilmittel für alles; und das ist der Tod, ich fürchte ihn nicht mehr.« Wenn solcherlei Gedanken ihn bestürmen, sucht er Zuflucht in Frapesle. Er hofft, dort arbeiten, an *Illusions perdues* weiterschreiben zu können; aber die Erschöpfung flößt ihm einen unbezwinglichen Abscheu vor dem Schreiben ein. Die Ungerechtigkeit der Kritik ekelt ihn an. Vergebens schafft er Meisterwerk auf Meisterwerk; sie weigert sich, ihn auf eine Stufe mit Chateaubriand, Lamartine oder Victor Hugo zu stellen. Man hält ihm Eugène Sue vor, dessen Stern aus falschen Juwelen am literarischen Himmel im Aufsteigen begriffen ist.

Und warum soll er sich bei diesem undankbaren Handwerk zugrunde richten, wenn er greifbar nahe ein gigantisches Vermögen vor sich sieht: die Silberminen Sardiniens? Er braucht nur die Konzession zu erwerben, dann ist er frei; dann ist er reich. Aber er wagt nicht, mit Finanzleuten darüber zu sprechen; irgendein du Tillet könnte ihm den Gedanken stehlen. Er schüttet deswegen dem wackeren Major Carraud sein Herz aus, einem grundanständigen, gelehrten Polytechniker, dem das Projekt nicht gerade absurd vorkam, der sich jedoch nicht entschließen konnte, an der Schürfung teilzunehmen oder das Unternehmen zu finanzieren. Er war ein Mann der Untätigkeit, einer der »unermeßlichen mathematischen Geister«, die das Leben als das beurteilen, was es ist und, »da sie darin keinen logischen Schluß erblicken, auf den Tod warten, um ihre Lebenszeit hinter sich zu haben«. Um das nötige Reisegeld zusammenzuscharren, muß Balzac sich an die letzten Getreuen wenden, an Doktor Nacquart, den Schneider Buisson. »Meine Mutter hat sich große Geldopfer auferlegt, und eine arme Kusine ebenfalls.«

Da er sich vor der Abreise in Frapesle befand, ganz in der Nähe von Nohant, verlangte ihn danach, George Sand wiederzusehen. Seit einiger Zeit hatte Sandeau die beiden auseinandergebracht; aber Balzac war dahingelangt, in bezug auf »den kleinen Jules« die Gefühle der großen George zu teilen. »Von dem kann man nur sagen: ›Mann über Bord‹«, hatte sie geäußert. Überdies wünschte sich Madame Hanska, die Sammlerin von Autographen, eins der Romanautorin. Im Februar 1838 bat Balzac von Frapesle aus um die Erlaubnis zu »einer Pilgerfahrt nach Nohant ... Ich möchte nicht heimkehren, ohne die Löwin des Berry aufgesucht zu haben, oder die Nachtigall, in ihrer Höhle oder in ihrem Nest.« Auch George mochte nicht mit Männern von Genie verkracht sein; sie lud Balzac in aller Herzlichkeit ein. Am 24. Februar langte er an.

Balzac an Madame Hanska: »Am Fastnachtssamstag abends gegen halb acht bin ich auf Schloß Nohant gelandet und habe den Kameraden George

Sand im Morgenrock vorgefunden, am Kamin eines riesigen, einsiedlerischen Zimmers nach dem Abendessen eine Zigarre rauchend. Sie hatte niedliche gelbe, mit Fransen verzierte Pantöffelchen, kokette Strümpfe und eine rote Hose an. So viel über das Moralische. Was das Physische betrifft, so hatte sie sich ein Doppelkinn zugelegt wie ein Domherr. Sie hat kein einziges weißes Haar, trotz ihrer schrecklichen Erlebnisse; ihre dunkelbraune Gesichtsfarbe ist noch immer die gleiche; ihre schönen Augen haben noch denselben Glanz; wenn sie nachdenkt, wirkt ihre Miene noch genauso dumm, denn, wie ich ihr sagte, nachdem ich sie mir gründlich angeschaut hatte: ihr ganzer Gesichtsausdruck liegt im Auge. Seit einem Jahr weilt sie auf Nohant, ist tieftraurig und arbeitet enorm. Sie führt beinahe mein Leben. Um sechs Uhr morgens geht sie zu Bett und steht um Mittag auf; ich gehe um sechs Uhr abends zu Bett und stehe um Mitternacht auf. Aber selbstverständlich habe ich mich ihren Gewohnheiten angepaßt, und so haben wir drei Tage lang von fünf Uhr nachmittags an, nach der Hauptmahlzeit, bis fünf Uhr morgens geplaudert, so daß ich sie, und sie mich ebenfalls, während dieser drei Plaudereien besser kennengelernt habe als während der vier vorhergegangenen Jahre, als sie, die damals Jules Sandeau liebte und mit Musset liiert war, zu mir kam. Sie suchte mich auf, in Anbetracht des Umstandes, daß ich dann und wann zu ihr ging.

Es war recht ersprießlich, daß ich zu ihr gefahren war; wir haben uns nämlich beide gründlich über Jules Sandeau ausgesprochen. Ich, der letzte derer, die ihr vorwarfen, daß sie sich von ihm abgewandt hat, habe heute für sie nur noch das tiefste Mitleid, so wie Sie tiefes Mitleid mit mir haben müssen, wenn Sie erst wissen, mit wem wir es zu tun gehabt haben, sie in der Liebe, ich in der Freundschaft ...

Alle Torheiten, die sie begangen hat, sind in den Augen schöner und großer Seelen Ruhmestitel. Sie ist von der Dorval, von Bocage, von Lamennais etc. etc. geprellt worden. Aus dem gleichen Gefühl heraus ist sie von Liszt und Madame d'Agoult geprellt worden; aber sie ist sich neuerdings über dieses Paar wie über die Dorval klargeworden, denn sie gehört zu den Geistern, die mächtig im Arbeitszimmer, aber auf den Gefilden der Wirklichkeit leicht auf den Leim zu locken sind ...«

Die beiden großen »Männer«, Experten in bezug auf das Weibliche, sprachen die ganze Nacht hindurch über die Ehe, über Liebhaber, über die Stellung der Frau. Balzac glaubte George bekehrt und sie von der sozialen Notwendigkeit der Ehe überzeugt zu haben. Er nahm aus Nohant ein Romanthema: *Les Galériens de l'Amour (Die Galeerensklaven der Liebe)* (die Geschichte Franz Liszts und der Marie d'Agoult, die George ihm erzählt und zum Geschenk gemacht hatte, da sie selber sie nicht schreiben konnte) und ein Laster mit: »Sie hat mich eine *Huka* mit Latakia-Tabak rauchen lassen; das ist nun plötzlich für mich zum Bedürfnis geworden. Dieser Übergang wird es mir ermöglichen, den Kaffee zu verabschieden, die Reizmittel zu variieren, deren ich für die Arbeit bedarf ...« Wenn er die *Huka* rauchte, dachte Balzac, ohne zu ermüden:

»Die schönsten Hoffnungen kommen und schwinden, nicht mehr als Illusionen, sie haben Gestalt angenommen und hüpfen wie ebenso viele Taglionis, und mit welcher Anmut! Ihr wißt es, Raucher! Dieser Anblick verschönt die Natur; alle Schwierigkeiten des Lebens schwinden hin; das Leben ist leicht, der Geist klar, die graue Atmosphäre des Denkens wird blau; aber, absonderliche Wirkung, der Vorhang dieser Oper fällt, wenn die *Huka*, die Zigarre oder die Pfeife erlöschen ...«

Im Grunde hatte Balzac die *Huka* nicht nötig, um seine Hoffnungen in Gewißheiten zu verwandeln. Die Angelegenheit mit den Silberminen Sardiniens zeigt Balzac abermals im Handgemenge mit dem Wirklichen. Seltsames Phänomen: Dieser so intelligente, an das Spiel der Geschäfte gewöhnte Mensch, der mit der Genauigkeit eines Staatsanwalts die »Coups« eines Nucingen darzustellen versteht, ergreift, wenn er zu handeln beginnt, nicht die elementarsten Vorsichtsmaßnahmen. Der hellste Kopf der Epoche ist gescheit, wenn es sich um fiktive Wesen handelt, aber nie, wenn es um ihn selber geht, »wie jene großen Advokaten, die ihre eigenen Prozesse schlecht führen«. Und dabei gab es doch bei diesem Abenteuer so viele Gründe zu Mißtrauen und Vorsicht!

Giuseppe Pezzi, der italienische Kaufmann, dem Balzac in Genua begegnet war und der ihm die Brandfackel in das entflammbare Gehirn geworfen hatte, hatte versprochen, Mineralproben zu schicken. Er hat es nicht getan. Das kann bedeuten, daß er das Geschäft selber machen will. Und wo liegen nun eigentlich die Schlackenberge? Balzac ahnt es nicht. Wie soll er, der Laie, ihren Wert und den der eingestürzten Bergwerke abschätzen? Er nimmt kein Meßinstrument mit; er weiß nicht, an wen er sich wenden muß, um das Recht der Ausbeutung zu erlangen; er kann zu wenig Italienisch, um an Ort und Stelle Auskünfte einzuholen.

Nein, er erblickt einen Roman, den er übrigens schon 1836 für die *Chronique de Paris* geschrieben hat; betitelt ist er *Facino Cane*. In dieser Novelle begegnet der Erzähler einem alten Klarinettisten, der von sich behauptet, er sei der letzte Abkömmling einer venezianischen Senatoren-Familie, und er wisse, wo der Schatz der Prokuratoren sich befinde, der aus den Millionen der Erlauchten Republik bestehe. Aber er ist blind und könnte nicht allein auf die Schatzsuche gehen. Der Erzähler ist von dieser vertraulichen Mitteilung berauscht und vom Anblick dieses greisen Hauptes erschüttert; er hält den alten Musiker für närrisch und antwortet nicht. Da nimmt Facino Cane seine Klarinette und bläst schwermütig ein venezianisches Lied, eine Barcarole, bei deren Spielen er sein jugendliches Talent, sein Talent als liebender Patrizier, wiederfand. Es klang etwa wie das *Super flumina Babylonis* ...

»›Wir fahren nach Venedig‹, rief ich, als er aufstand.

›Also bin ich einem Menschen begegnet‹, rief er, und sein Gesicht erglühte.‹«

Aber Facino Cane stirbt nach zwei Monaten des Hinsiechens, und der Erzähler vergißt den venezianischen Schatz. Der Romancier Balzac hält Facino Cane für einen Narren; der lebendige Mensch Balzac läßt sich, wie Facino Cane, von der Vision silberner Fluten zum Narren halten. »Er träumt«, sagt Théophile Gautier, »nur von Strömen Goldes, von Bergen von Diamanten.« Er läßt durch seine Hellseherinnen nach vergrabenen Schätzen forschen. Er behauptet, zu wissen, wo Toussaint-Louverture nach dem Aufstand auf Sankt-Domingo seine Beute verscharrt habe. Er beschreibt Umstände und Örtlichkeit so genau, daß er Gautier und Sandeau fasziniert. Es wurde verabredet, sie wollten Spitzhacken kaufen, eine Brigg chartern und sich heimlich einschiffen. Kurz und gut: Es war ein ganzer Roman. »Es braucht nicht gesagt zu werden, daß wir Toussaint-Louvertures Schatz nicht ausbuddelten ... Zu dritt hätten wir kaum genügend Geld zum Kauf der Spitzhacken gehabt ...«

Der Erzähler von *Facino Cane* reist nicht nach Venedig; aber Balzac reist nach Sardinien, und zwar mit so wenig Geldmitteln, daß er sich beeilen muß. Von Marseille aus schreibt er am 20. März an Zulma: »Jetzt endlich bin ich zwei Schritte vom Resultat entfernt, und ich kann Ihnen nur sagen, daß Sie mich nicht kennen, wenn Sie glauben, der Luxus sei mir unentbehrlich. Ich bin fünf Nächte und vier Tage hindurch auf einem Verdecksplatz gereist, habe täglich für zehn Sous Milch getrunken und schreibe Ihnen in einem Marseiller Hotel, wo das Zimmer fünfzehn Sous kostet, und das Abendessen dreißig! Aber wenn die Gelegenheit es mit sich bringt, Sie werden es schon sehen, werde ich grimmig.« In Marseille erfährt er, daß es keine Schiffsverbindung nach Sardinien gibt; er muß über Korsika reisen. »In ein paar Tagen werde ich leider, leider wieder eine Illusion eingebüßt haben, denn so ist es immer: In dem Augenblick, da die Lösung nahe bevorsteht, beginnt der Unglaube. Ich fahre morgen nach Toulon, und am Freitag bin ich in Ajaccio. In Ajaccio werde ich versuchen, mich nach Sardinien übersetzen zu lassen.« *An seine Mutter:* »Ich bin in einem Hotel, das einen schaudern macht; nun, mit Bädern zieht man sich schon heraus ...«

Auf Korsika wird er fünf Tage unter Quarantäne gestellt, weil in Marseille die Cholera herrscht. Er tröstet sich dadurch, daß er Napoleons Haus besichtigt, »eine armselige Baracke«, und daß er in der Bibliothek von Ajaccio englische Romane liest, *Grandisson* und *Pamela,* »grauenhaft langweilig und dumm«. Aber er liebt das Land, das prächtig ist, und den urwüchsigen Charakter der Bewohner: »Es gibt hier weder Lesekabinett, noch Huren, noch Volkstheater, noch Gesellschaft, noch Zeitungen – keine der Unzüchtigkeiten, die von der Zivilisation künden. Die Frauen haben für Fremde nichts übrig; die Männer schlendern den ganzen Tag umher und rauchen. Es herrscht eine unglaubliche Faulheit. Achttausend Seelen, viel Elend, eine übertriebene Unkenntnis der aktuellen Dinge. Ich erfreue mich hier eines absoluten Inkognito ...« Allein ein Offizier und ein Student erkennen ihn: »Ach! Wie ärgerlich! Jetzt habe ich keine Möglichkeit mehr, was Böses oder was Gutes zu tun, ohne daß es offenkundig wird!« Endlich bringen ihn Korallenfischer nach Sardinien; die Beköstigung besteht aus den unterwegs gefangenen Fischen.

Die Reise nach den Bergwerken war entsetzlich. Es gab damals auf Sardinien weder Landstraßen, noch Wagen, noch Gasthäuser. Balzac mußte zu Pferde steigen, was er seit vier Jahren nicht getan hatte. Urwälder; gigantische Steineichen; nichts zu essen. Als er in Argentiera anlangte, erfuhr er, daß eine Marseiller Firma im Einvernehmen mit dem Genueser Pezzi die Halden hatte analysieren lassen, daß die balzacischen Hoffnungen bestätigt worden waren, und daß jene Firma durch ein königliches Dekret von den Behörden ermächtigt worden sei, die Ausbeutung wieder aufzunehmen. Wie bei allen seinen Spekulationen hatte Balzac richtig gesehen, und die Durchführung war ihm fehlgeschlagen. Die Bergwerksgesellschaft von Argentiera würde ihren Gründern die zwölfhunderttausend Francs einbringen, die Balzac begehrt hatte. Balzac selber jedoch hatte Mühen und Kosten umsonst aufgewendet. Während der Kaufmann Pezzi die Präfekturen belagerte, hatte der Romancier Balzac *César Birotteau* geschrieben. Die beiden Berufe waren unvereinbar; der zweite, der schönere, hatte das Fehlschlagen auf der Ebene des ersten zur Folge. *An Madame Hanska:* »Grollen Sie mir nicht allzusehr, wenn Sie mir auf diesen Reisebrief antworten; die Besiegten muß man trösten. Ich habe während dieser abenteuerlichen Reise häufig an Sie gedacht, und ich habe mir eingebildet, Sie würden kein einziges Mal sagen: ›Was, zum Teufel, hat er auch auf dieser Galeere zu suchen gehabt?‹«

Er kehrte über Genua und Mailand zurück, wo er auf den Bankier der Visconti rechnen konnte. Diese Mailänder Rastpause war weniger angenehm als der erste Aufenthalt. Freilich bewahrte ihn der brüderliche Fürst Porcia vor dem Gasthaus und stellte ihm ein kleines Zimmer zur Verfügung, wo er in Ruhe arbeiten konnte. Diesem gastfreundlichen Fürsten und der

Gräfin Bolognini widmete er später zwei seiner schönsten Bücher: *Splendeurs et Misères des Courtisanes (Glanz und Elend der Kurtisanen)* und *Une Fille d'Eve (Eine Evastochter).* »Sie sehen: Wenn die Franzosen als leichtfertig und vergeßlich eingeschätzt werden, bin ich Italiener durch Unwandelbarkeit und Erinnerungsvermögen.«

Splendeurs et Misères des Courtisanes sollte langsam zu einem der großen Freskogemälde Balzacs gedeihen, aber im Jahre 1838 hatte er davon vorerst weder den Titel noch den Plan. In Mailand hat er, wohl ein wenig aus Heimweh nach dem Pariser Asphalt, eine erste Episode skizziert: *La Torpille (Der Zitterrochen).* Es ist die Geschichte der Liebschaft der Esther Gobseck (einer Bordelldirne von himmlischer Schönheit, die ihres elektrisierenden, betäubenden Einflusses auf die Männer wegen *torpille* genannt wurde) und des schönen Lucien de Rubempré (aus *Illusions perdues*). Als sie eines Tages Ausgang hat, begegnet sie ihm an der Porte-Saint-Martin und liebt ihn sogleich bis zum Wahnwitz. Sie macht sich frei und verlebt mit ihm drei glückliche Monate. Aber bei einem Opernball wird sie unter dem Domino von grausamen jungen Leuten wiedererkannt und denunziert. Sie fühlt, daß sie verloren ist, versucht, sich durch Kohlengas zu vergiften, wird durch einen Priester gerettet, der die Tiefe und Demut dieser Liebe begreift und beschließt, sie in ein von Nonnen geleitetes Institut eintreten zu lassen und die Prostituierte in ein wohlerzogenes junges Mädchen umzuwandeln. Die Erzählung sollte 1838 in *La Presse* erscheinen, aber Girardin fürchtete die Reaktion der Abonnenten, die bereits durch *La Vieille Fille* abgeschreckt worden waren. Die Insassin eines Bordells! Den Teufel auch! *La Torpille* wurde bei Werdet veröffentlicht, im gleichen Band mit *La Femme supérieure* und *La Maison Nucingen.* In Mailand, beim Fürsten Porcia, brachte Balzac lediglich die erste Hälfte von *La Torpille* zu Papier.

Dabei hatten seine Gastgeber ihm volle Arbeitsfreiheit gelassen. Mailand, wo der Kaiser von Österreich sich gerade zum König der Lombardei krönen lassen wollte, kümmerte sich diesmal wenig um Balzac, und er bekam Heimweh. Der wolkenlose Azur schuf ihm Herzbeklemmungen und erinnerte ihn, um des Gegensatzes willen, an den trüben Himmel Frankreichs. Er fühlte sich seelenlos und unlebendig und strebte danach, in »seine geliebte Hölle« zurückzugelangen, in das beleidigende, undankbare Paris. Am 20. Mai war er in sein vierzigstes Lebensjahr eingetreten. »Ich beginne das Jahr, an dessen Ende ich zu dem großen, zahlreichen Regiment der resignierten Seelen gehören werde, denn ich habe mir in diesen Tagen des Unglücks, des Kampfes und der Gläubigkeit, die meine Jugend zu etwas so Erbärmlichem gemacht haben, geschworen, daß ich nie wieder gegen etwas ankämpfen würde, wenn ich das vierzigste Jahr erreicht hätte ...« Zur Zeit dieses fatalen Übergangs empfand der Vierzigjährige mehr denn je das Verlangen, sich festzusetzen, ein Häuschen zu haben, das ihm gehörte, und darin »mit der Frau seiner Träume« zu wohnen.

Aber wer würde fortan die Frau seiner Träume sein? Die ihn während seiner Jugend gestützt hatten, schwanden eine nach der andern hin. Als er 1836 aus Italien heimgekehrt war, hatte er die Nachricht vom Tod Laure de Bernys erhalten; bei seiner Rückkehr im Jahre 1838 erfuhr er, daß Laure d'Abrantès gestorben sei. Die arme »Gouvernante von Paris« hatte ein recht trauriges Ende genommen. Nach ein paar Jahren literarischer Erfolge hatte sie die Bitterkeit der Fehlschläge kennengelernt. Balzac arbeitete nicht mehr für sie. Daß sie ihn als Liebhaber verlieren würde, darauf war sie gefaßt gewesen; aber sie hätte ihn gern als Freund behalten – und als Korrektor. »Meine alte Freundschaft nimmt nichts übel. Mein Gott! Alte Freundschaften und junge Lieben gehen zu Herzen.« Sie mietete ein Erdgeschoß in der Rue de La Rochefoucauld und versuchte, wiederum einen Salon zu gründen. Viele ihrer Freunde fanden sich ein: Juliette Récamier, Broglie, Noailles, sogar Victor Hugo, den Erinnerungen an das Kaiserreich getreu. Théophile Gautier gab ihr den Spitznamen »Herzogin von Abracadabrantès«. Sie leitete beim Grafen Jules de Castellane eine Truppe mondäner Schauspieler, aber sie ließ unter den Schauspielerinnen zu viele alte, adlige Witwen zu. Die Winkelblätter schrieben von der »Policinellen-Gesellschaft«. Die Spiele des Alters und des Zufalls sind traurig.

Dann kam die Armut. Der Buchhändler Ladvocat lehnte Manuskripte ab und verweigerte Subsidien. Sie mußte umziehen, sich mit einem winzigen Zimmer begnügen. Eines Tages ließen die Gläubiger das Mobiliar öffentlich versteigern, im Beisein der Herzogin, die, an der Gelbsucht erkrankt, zu Bett lag. Sie wurde in eine Klinik gebracht und, da kein Geld vorhanden war, in eine Mansarde verbannt. Dort starb sie, vierundfünfzig Jahre alt. Hugo, Chateaubriand, Dumas und Madame Récamier gingen im Trauerzug mit. Die Freunde der Toten hätten ihr gern auf dem Père-Lachaise ein Denkmal errichtet; aber der Rat der Stadt verweigerte das erbetene Gelände, und der Innenminister den erforderlichen Marmor. Warum? Victor Hugo protestierte durch schöne Verse von symmetrischer Ausgewogenheit:

> Erlauchte Muse, dir und mir, den man verneint,
> Uns ward in dieser Welt der gleichen Sendung Fron.
> Ein Band voll tiefen Sinns hält dich und mich vereint:
> Heroen-Witwe, du, und ich Soldatensohn.
>
> Drum, der ich nimmermüd' in dieses Babels Fäule
> Die Fahnen, die entweiht, bedeckt mit Küssen hab',

Ich sagte: Gebt dem Kaiser wieder seine Säule!
Und für dich fordre ich: Bewilligt ihr ihr Grab!

In der Stunde dieses Todes überschritt Balzac bei Mondschein und bei fünfzehn Fuß Schnee auf Saumpfaden den Gotthard. Zwei Monate später schrieb er an Madame Hanska: »Sie werden in der Presse von dem kläglichen Ende der armen Herzogin von Abrantès gelesen haben. Sie hat geendet wie das Kaiserreich. Eines Tages werde ich Ihnen diese Frau ausdeuten. Das wird eine schöne Abendstunde auf Schloß Wierzchownia werden ...« O Vergessen! O Lehren! Das Leben einer ehedem glühend begehrten Geliebten wird zum Gesprächsthema für eine »schöne Abendstunde«. Aber er hatte ja Laure d'Abrantès nie so geliebt wie Laure de Berny. Die eine hatte sich seiner bedient; die andere hatte ihm gedient. Ach, mit welcher Melancholie erweckte er die ihm teure Erinnerung:

15. November 1838: »Das Geistig-Seelische befriedigt weniger als das Körperliche; ich altere, ich verspüre das Verlangen nach Gemeinschaft, und alle Tage sehne ich mich nach dem angebeteten Geschöpf, das auf einem Dorfkirchhof bei Fontainebleau schlummert. Meine Schwester, die mich so gern hat, kann mich nie wieder in ihrem Haus empfangen. Es waltet da eine wilde Eifersucht, die alles verbannt. Meine Mutter und ich kommen nicht miteinander aus. So werde ich mich denn auf die Arbeit stützen müssen, es sei denn, ich hätte eine befreundete Familie in meiner Nähe; dahin möchte ich gern gelangen. Eine gute, glückliche Heirat, ach, darauf mache ich mir keine Hoffnung, obwohl keiner besser als ich für das häusliche Leben geschaffen gewesen wäre ...«

Das absolute Glück in der Liebe war für Balzac nie etwas anderes gewesen als eine Hoffnung und ein Traum. Wohl hatte ihn die *Dilecta*, die Heldin durch und durch, das engelhafte Herz von vollendeter Anmut und vollendeten Umgangsformen, mit wohltuenden Stunden und kostbaren Ratschlägen beschenkt. »*Aber* sie war zweiundzwanzig Jahre älter als ich, so daß, wenn das Ideal geistig-seelisch überschritten war, das Sinnliche, und das ist viel, unüberschreitbare Schranken errichtete. Die grenzenlose Leidenschaft, die ich in meiner Seele berge, hat also nie volle Sättigung erfahren. Es hat mir die Hälfte von alledem gefehlt ...« Madame Carraud war eine schöne Seele, gewiß, aber Freundschaft ist kein Ersatz für Liebe, »Liebe im Alltag ... die uns grenzenlose Lust dadurch gewährt, daß wir jeden Augenblick im Haus Schritte, eine Stimme, das Rascheln eines Kleides hören, was alles ich, obwohl unvollkommen, zu wiederholten Malen zehn Jahre lang gehabt habe.« Eben das würde Madame Hanska ihm haben zuteil werden lassen können, wenn sie an ihn geglaubt hätte. Aber sie ist mißtrauisch; sie kämpft gegen Windmühlen an; sie macht aus Honoré eine imaginäre Gestalt, der sie grollt, der sie Strafpredigten hält, die sie beschuldigt.

»*Cara*, ich möchte, daß Sie mir erklären, wodurch ich folgenden Satz verdient habe: *Die angeborene Leichtfertigkeit Ihres Charakters*, welcher Satz in Ihrem letzten Brief sich auf mich bezieht. In welcher Hinsicht bin ich leichtfertig? Bin ich es etwa, weil ich mich seit zwölf Jahren rastlos und ununterbrochen um ein ungeheures literarisches Werk quäle? Oder etwa, weil ich seit sechs Jahren nur eine einzige Liebe im Herzen trage? Oder weil ich seit zwölf Jahren Tag und Nacht schufte, um eine riesige Schuldenlast loszuwerden, die meine Mutter mir durch die unsinnigste aller Kalkulationen aufgepackt hat? Oder weil trotz so vielem Elend ich mich nicht mit Kohlenoxyd vergiftet, mir keine Kugel durch den Kopf gejagt, mich nicht ins Wasser gestürzt habe? Oder weil ich unaufhörlich arbeite und durch geschickt ersonnene Versuche, die stets fehlschlagen, die Zeit meiner Zwangsarbeit abzukürzen trachte? Drücken Sie sich deutlich aus! Bin ich es, weil ich jede Gesellschaft, jeden Umgang fliehe, um mich meiner Leidenschaft, meiner Arbeit, der Befreiung von meinen Schulden zu widmen? Oder vielleicht, weil ich zwölf Bände anstatt zehn schreibe? Oder weil sie nicht regelmäßig erscheinen? Oder weil ich Ihnen erbittert und in einem fort schreibe und Ihnen dadurch jedesmal ein Autogramm schicke, und zwar mit unglaubwürdiger Leichtfertigkeit ...? Bitte haben Sie keine Furcht, sprechen Sie sich aus ...

Leichtfertigkeit des Charakters! Bestimmt, Sie tun, was ein biederer Bürgersmann getan haben würde, wenn er Napoleon gesehen hätte, wie er sich nach rechts, nach links und nach allen Seiten wandte, um sein Schlachtfeld zu mustern; er hätte nämlich gesagt: ›Dieser Mann kann nicht an Ort und Stelle bleiben; er hat keinen festumrissenen Gedankenplan!‹

Machen Sie mir die Freude und schauen Sie sich dort, wo Sie es hingehängt haben, das Porträt Ihres armen Muschik an; sehen Sie den Raum zwischen den beiden Schultern an, den Thorax und die Stirn, und sagen Sie sich dann: ›Dies ist der beständigste Mann, der am wenigsten leichtfertige, der verläßlichste!‹ Das soll die Buße sein ...«

Der am wenigsten leichtfertige Mann ... Vielleicht, aber auch der am wenigsten leicht zu befriedigende. Er lebt in einem so weitgespannten Plan, daß keinerlei Kraftanstrengung, und sei sie übermenschlich, seine Vollendung gestatten würde. Was will er? Alles. »Er war«, sagt Gozlan, »der enzyklopädische Mensch aus Unvernunft und im wahrsten Sinne des Wortes; er wollte von einem für sich bestehenden Faktum nichts wissen; für ihn hing jenes Faktum mit einem andern zusammen, und dieses andere wieder mit tausend andern. »Alles, was er geschrieben hat, Artikel, Bücher, Romane, Dramen, Komödien, war nur die Vorrede dessen, was er zu schreiben rechnete ...« Daher konnte man von seinem Leben sagen, was er über jedes seiner Werke gesagt hat: daß es die Vorrede zu seinem Leben sei. Die Schatzsuche war für ihn nur eine Episode in der Suche nach dem Absoluten gewesen.

XXVI

»LES JARDIES«

Das Leben ist nur unter der Bedingung erträglich, niemals darin zu sein.
Gustave Flaubert

»Ein Häuschen mit der Frau meiner Träume ...« Die Maurer hatten während Balzacs Abwesenheit das kleine Haus gebaut, und er beschrieb voll lyrischen Überschwangs der Frau seiner Träume das Grundstück. Von der Höhe des Dorfes Ville-d'Avray hatte man eine herrliche Sicht auf »seine geliebte Hölle Paris«, in deren dunstiger Atmosphäre die berühmten Abhänge von Meudon verschwammen. »Ein Anblick von seltener Pracht und voller entzückender Kontraste.« Am Rand seines Besitzes befand sich eine Haltestelle der Eisenbahnlinie Paris–Versailles, so daß er für zehn Sous und innerhalb von zehn Minuten von Les Jardies in das Zentrum von Paris gelangen konnte, indessen er von der Rue des Batailles aus mindestens eine Stunde benötigte und vierzig Sous ausgeben mußte. Aus diesen Gründen würde das Grundstück immer von enormem Wert bleiben. »Hier will ich bleiben, bis mein Glück gemacht ist – hier will ich meine Tage in Frieden beschließen und will ohne Sang und Klang meine Hoffnungen, meine ehrgeizigen Pläne und alles übrige verabschieden ...«

Ans Haus kam eine schwarze Marmortafel mit goldener Aufschrift: »Les Jardies«. In seiner Vorstellung war dies ein Marly, ein Versailles. In den schwachen Augen seiner Freunde, doch auch in seinen eigenen, falls er sich zu genauer Betrachtung herabließ, handelte es sich nur um ein Chalet mit grünen Läden, eine richtige Papageienstange, drei übereinanderliegende Zimmer mit einer äußerst unbequemen, außen angebrachten Hühnerleiter, die Treppe genannt wurde; insgesamt war es eine »kleine, ungemütliche Behausung« auf einem nach der Straße zu mehr abschüssigen als sich senkenden Terrain; es bestand aus mehreren terrassenförmigen Stücken, die sich beim geringsten Gewitterregen anschickten, listig abzurutschen. Die mit erheblichen Kosten zur Stützung dieser gleitenden Erdmassen errichteten Mauern waren zum großen Staunen der Fachleute immer noch nicht zusammengebrochen. Kein einziger Baum konnte auf solch schrägem Boden

Wurzel schlagen. Balzac sprach davon, er wolle aus Venedig Pfähle aus Aloeholz kommen lassen, denn auf solch unzerstörbarem Balkenwerk ruhten dort die herrlichen Paläste. Ein gescheiter Bauunternehmer redete ihm diesen närrischen Plan aus. Monatelang versuchten Gärtner ihre Kunst, vermittels Quadersteinen den abgleitenden Lehm zu stützen. Als der Schauspieler Frédérick Lemaître einst zu Besuch war, hielt er während des Ganges durch das Besitztum dauernd zwei Steine in der Hand und schob sie unter die Absätze, sowie sein Gastgeber einmal stehenblieb.

Balzac allein war unerschütterlich und wankte nicht. Ihn hielt sein Glaube. Dieser Boden, so erklärte er, sei der beste auf der Welt; hier seien einst berühmte Weinstöcke gewachsen; der steile Abhang begünstige die Einwirkung der Sonnenstrahlen. Aus diesen Gründen sah er auch Exotenpflanzungen für Les Jardies vor. Er würde hier im Glashaus hunderttausend Ananassetzlinge pflanzen. Eine Ananasfrucht kostete damals in Paris 20 Francs; er würde seine für 5 Francs verkaufen, hätte also 500 000,– Einnahme. Die Kosten für das Treibhaus, für Kohlen, für die Setzlinge würden 100 000,– betragen. Jährlicher Reingewinn: 400 000,–, ohne die geringste Konkurrenz. Was für eine Erholung!

Schon suchte er mit Théophile Gautier auf dem Boulevard Montmartre einen Laden für den Verkauf seiner zukünftigen Ananas. Er mußte schwarz gestrichen sein, mit vergoldetem Netzwerk dekoriert werden und sollte auf dem Firmenschild in riesigen Buchstaben »Ananas aus Les Jardies« tragen. »Für Balzac sprießten schon hunderttausend Ananasfrüchte mit ihren gezahnten Blätterschöpfen über den karierten Goldkegeln unter den riesigen Glasdächern; er sah sie schon; er genoß die hohe Temperatur des Treibhauses; mit leidenschaftlich geweiteten Nüstern atmete er die tropischen Düfte; und wenn er, wieder zu Haus, sich zum Fenster hinausbeugte und den Schnee lautlos auf die kargen Hänge rieseln sah, ließ er sich kaum in seinen Illusionen stören ...«

Die erste in Les Jardies erstellte Wohnung war ein auf dem gleichen Grundstück gelegenes ehemaliges kleines Bauernhaus, sechzig Schritt vom Chalet Honorés entfernt. Hier sollte die Gräfin Guidoboni-Visconti mit ihrer Familie wohnen. Balzac hatte dort seine schönsten Möbel und einen Teil seiner Bibliothek untergestellt; es war weise Voraussicht gegenüber einer etwa möglichen Beschlagnahmung. Sein eigenes Häuschen enthielt außer einem Bett, einem Stuhl und einem Arbeitstisch nichts. Auf die nackten Wände hatte er mit Kohle geschrieben: *Hier eine Verkleidung aus parischem Marmor – hier ein Säulenfuß aus Zedernholz – hier ein Deckengemälde von Eugène Delacroix – hier ein Aubusson-Wandteppich – hier eine Cheminée in Cippolino-Marmor – hier Türen wie in Trianon – hier ein*

Mosaikparkett aus allen möglichen seltenen Kolonialhölzern ... Auf einem Wandbrett lagerten Manuskripte und die korrigierten Druckbogen der einzelnen Werke in verschiedenen Stadien, nach Bänden getrennt, vom ersten Entwurf bis zum endgültigen Text. In der Nähe dieser Bände entdeckte Gautier einen schwarz gebundenen, grauslich wirkenden Schmöker. »Nehmen Sie ihn nur in die Hand«, sagte Balzac, »das ist ein unveröffentlichtes Werk, recht wertvoll.« Der Titel lautete: »Melancholische Rechnungen«; das Register enthielt die Fälligkeitsdaten laufender Wechsel, Mahnschreiben von Lieferanten und eine Zusammenstellung der Schulden. Neben diesem Band standen die *Contes drolatiques*, »die aber keine Fortsetzung darstellen«, wie Balzac lachend erläuterte.

Denn er lachte »mit seiner herkulischen Jovialität« auch weiterhin. Die melancholischen Rechnungen würden schnell bezahlt sein, denn er wollte nun fürs Theater schreiben. In seinem Fall handelte es sich hierbei nicht um eine Berufung; sein Genie brillierte im Dialog nicht so sehr wie in den Beschreibungen, den Charakteranalysen oder den großen historischen Schilderungen. Ein Erfolgsstück würde jedoch hundert- bis zweihunderttausend Francs einbringen, zehnmal soviel wie ein Roman, und das Handwerk könnte er schnell lernen, wie er auch das andere gelernt hatte. Ein Stück enthält übrigens recht wenig Text; es ist schnell geschrieben. Unter der Mithilfe von befreundeten »Negern« (anonymen Mitarbeitern) könnte er drei oder vier zusammenschustern und würde gleichzeitig an seinem Hauptwerk weiterschreiben können.

Dramatische Stoffe hatte er in Hülle und Fülle. Eine ganze Seite seines Heftes *Gedanken und Fragmente* war ihnen gewidmet. Schon hatte er Pläne skizziert: ein *Orgon*, Fortsetzung des *Tartuffe*, dessen erster Akt nicht schlecht gelungen war; ein *Richard Coeur d'Eponge (Richard Schwammherz)*, vielversprechender Entwurf eines Dramas aus der ersten Zeit des Konsulats. Da er sich durch seine gedrängte Lage zu eiliger Verwirklichung getrieben fühlte, beschloß er, sofort *La Première Demoiselle (Die erste Verkäuferin)* zu schreiben, eine bürgerliche Tragödie aus der Welt des Marais; er hatte den Stoff Eve Hanska erzählt, die ihn wenig günstig, dann George Sand, die ihn enthusiastisch aufnahm; der Titel wurde zu *L'Ecole des Ménages (Ehestandsschule)*. Sein erster Einfall – Eroberung des Chefs durch die erste Verkäuferin und Wut der empörten Familie – schien ausgezeichnet. Im Verlauf der Durchführung aber verwandelte sich alles. Das Fräulein, das ein weiblicher Tartuffe gewesen war, wurde zu einem reinen Mädchen, einer »zärtlichen Angestellten«, aufrichtig in den Kaufmann verliebt; Balzac hatte leider den bejammernswerten Einfall, zur Lösung des Knotens eine ihm von Metternich erzählte Anekdote zu verwenden: zwei Liebende werden plötzlich verrückt und erkennen einander nicht mehr! Die bürgerliche Komödie endete als schlechtes Melodram; das war schade. Hier wären in den Situationen die ersten Elemente eines balzacischen Theaters gegeben gewesen.

Balzac hatte zur Arbeit an *L'Ecole des Ménages* einen völlig sterilen Schriftsteller nach Les Jardies kommen lassen, über den er sich jedoch einige Illusionen gemacht hatte: Charles Lassailly, »einen durch eine große Nase kommandierten Leib. Vorwärts, marsch! Die Nase schritt voran, der Dummkopf folgte.« Lassailly war zu Tode erschrocken, als er den Arbeitsrhythmus seines Auftraggebers entdeckte. Um ein Uhr nachts hatte ein livrierter Diener ihn geweckt: »Monsieur bittet Sie, aufzustehen.« Er wurde in ein Speisezimmer geführt, wo ein Mahl gerichtet war: Koteletts, Salat, sehr starker schwarzer Kaffee. Dann war Balzac in seiner Mönchskutte hereingekommen und hatte ihn in ein anderes Zimmer geführt. »Schreiben Sie: L'Ecole des Ménages.« Daraufhin hatte er bis sieben Uhr morgens Entwürfe für Szenen diktiert. So sah ein Tageslauf in Les Jardies aus. Wie Sandeau und wie Borget ergriff Lassailly voller Schrecken die Flucht. Einfache Menschen können mit einem Übermenschen nicht zusammenleben.

Zum wirklichen Mitarbeiter wurde der geistreiche Laurent-Jan gemacht; er war neun Jahre jünger als Balzac und hieß in Wirklichkeit Jean Laurent. Lang und mager, rundrückig und säbelbeinig war er und schritt tänzelnd mit einem Stock einher. »Sein graues Auge sprühte Flammen« und sein Mund Sarkasmen. Er war Zeichner und Schriftsteller, zeichnete jedoch wenig und schrieb selten. Gavarni bemerkte: »Balzac duldet ihn in seiner Gegenwart, damit er sagen kann: Ich habe einen unfruchtbaren Feigenbaum in Les Jardies.« Balzac behielt Laurent-Jan aber deswegen bei sich, weil er an ihm seinen Spaß hatte und weil diese Bohème-Natur treu war. Er hatte mit Léon Gozlan zu der fröhlichen Kumpanei gehört, die in der Rue Cassini geschmaust und gezecht hatte; in ihrer Gesellschaft vergaß Balzac seine Herzoginnen und »zog Pläsir und Vorteil aus dem Umgang mit der Kanallje«. Laurent-Jan tat sehr vertraulich mit Balzac und duzte ihn, nannte ihn »mein Liebling« oder »mein Lieber« und schloß seine Briefe mit: »Ich drücke mich an deinen fetten Busen«. Madame Balzac Wwe. stieß sich daran, von ihm »mein Kind« genannt zu werden. »Spräche er mit dem Papst, würde er auch ihn ›mein Kind‹ nennen«, schalt sie. Dieses wunderliche und spöttische Wesen erwies sich jedoch als die Ergebenheit in Person. Ohne Aufsehen zahlte er, wenn Balzac bei Frascati »in der Kreide stand«; lästige Besucher wimmelte er ab. Er schaltete sich ein, um *L'Ecole des Ménages* der Comédie française anzubieten; da dort jedoch Buloz Administrator geworden war, konnte Balzac von ihm, einem persönlichen Feind, nichts erwarten. Das Stück wurde dann dem Renaissance-Theater eingereicht, doch nach langen Verhandlungen abgelehnt. Es war dennoch nicht ohne Vorzüge. Gérard de Nerval stellte bewundernd fest, man finde in dieser bürgerlichen Tragödie allen Grimm der Atriden. Balzac las *L'Ecole des Ménages* einem Auditorium von Schriftstellern (Stendhal und Gautier), Botschaftern und Angehörigen der Gesellschaft vor, zuerst bei Madame Couturier de Saint-Clair, dann bei dem Marquis de Custine. Er hatte den Mut nicht verloren und war nicht verwundert, feststellen zu müssen, daß seine Karriere als Dramatiker ebenso schwierig in Gang kam wie einst seine Laufbahn als Romancier.

In Les Jardies beendete er das in Genf begonnene *Le Cabinet des Antiques (Das Antiquitätenkabinett).* Ort der Handlung war, wie für *La Vieille Fille (Die alte Jungfer),* die Stadt Alençon. Mademoiselle d'Esgrignon war ein Gegenstück zu Mademoiselle Cormon; Balzac liebte diese Mischung von Symmetrie und Kontrast. Wenn er in diesem Roman Diane de Maufrigneuse in Männerkleidern mit der Reitpeitsche in der Hand zu einem alten, blumenliebenden Richter bringt, so verwendete er hierzu eine Erinnerung an Caroline Marbouty im Gewächshaus des Advokaten Luigi Colla in Turin. Der große Regisseur weiß genau, was für ein Sammelsurium von Zubehör er in seinem Lager aufgespeichert hat und kann daher dort im gegebenen Augenblick brauchbare Requisiten und Bilder unter dem Staub hervorholen.

Ein hervorragendes Vorwort zeigt das Thema auf: wie alle überlegenen Naturen der Provinz nach Paris drängen und dort zusammenkommen:

»Das *Antiquitätenkabinett* ist die Geschichte jener armen, mit dem Gewicht eines großen Namens belasteten jungen Menschen, die nach Paris gekommen sind und dort umkommen, der eine durch das Spiel, der andere durch das Verlangen, eine große Rolle zu spielen, ein anderer durch den Sog des Pariser Lebens, ein weiterer beim Versuch, sein Geld zu vermehren, und wieder andere infolge einer glücklichen oder unglücklichen Liebe. Der Graf d'Esgrignon ist ein Gegenstück zu Rastignac, der einen anderen Typus des jungen Provinzlers darstellt, nämlich den geschickten Wagehals, der da Erfolg hat, wo der erstere unterliegt.« (Vorwort der ersten Ausgabe des *Cabinet des Antiques.*)

Da Balzac nun schon den Schwung zu großen Werken hatte, machte er sich sogleich an den zweiten Teil der *Illusions perdues: Un Grand homme de Province à Paris (Ein großer Mann aus der Provinz in Paris).* Hier hinein brachte er die Erinnerungen an seine Anfänge, er zeichnete die scharfzüngigen, schlecht bezahlten Journalisten, seine eigenen Bemühungen, aufzufallen, sowie die gehässigen Bosheiten einer bestochenen Presse. Rubemprés Sonette hatte er von Freunden erbeten, von Delphine de Girardin, Gautier,

Lassailly (»Ich stelle hier«, sagte Alain, »etwas wie professionelle Mißachtung fest«). Luciens Luxus (edelsteinbesetzte Spazierstöcke, Diamantenhemdknöpfe, allzu ausgesuchte Mahlzeiten) erinnert an den Luxus Honorés im Jahre 1835 und führt zur selben Katastrophe. Wieder einmal muß hier aber daran erinnert werden, daß ein schöner Roman niemals eine Autobiographie ist. *Illusions perdues* stellt »die grausame Taufe« jedes zur Eroberung von Paris ausgezogenen Provinzlers dar. Sicherlich hatte Balzac an Le Poitevin, an Raisson, an Sandeau gedacht; gewiß hatte er Ladvocat, Renduel und Werdet vor Augen, als er die Verleger zeichnete, denen Lucien seine Werke anbietet. Um Rubempré zu modellieren, hatte er Sandeau verwendet (der auch für Lousteau herhalten mußte); außerdem aber auch einen Schützling Zulma Carrauds, den jungen Emile Chevalet; ferner einen jungen Mann aus Grenoble, Chaudesaigues, »der voll Vertrauen auf seine Talente und seine große Schönheit nach Paris gekommen war, sich mit unbedachtem Ungestüm in den Gesellschaftstrubel warf, Liebeshändel mit Marquisen anfing und eines Tages ernüchtert und ohne Geld einen Schritt vor dem Selbstmord stand«. An lebenden Modellen fehlte es Balzac also nicht.

In den Manuskripten ist festzustellen, daß mehr als eine Spur nachträglich verwischt wurde. Die Zeitung Finots war zuerst der wirklich bestehende *Courrier des Théâtres*. In Finot selber waren Spuren von Dr. Véron, von Amédée Pichot und Victor Bohain, doch Balzac hat sich gehütet, allzu ähnliche Porträts dieser Männer zu zeichnen. Blondet, Lousteau, Nathan, Rubempré waren seine eigenen Geschöpfe, lebendiger als die Lebenden. Der große Schriftsteller des Kreises, d'Arthez, glich dem saint-simonistischen Buchez. Aber auch hier hatte Balzac mehrere reale Lebewesen in einen einzigen Charakter umgeschmolzen, und d'Arthez war in erster Linie das Beste von Balzac selbst.

»Es gibt ein italienisches Sprichwort, das diese Beobachtung in wundervoller Weise bezeichnet: Dieser Schwanz gehört nicht zu diesem Kater *(Questa coda non è di questo gatto)*. Die Literatur bedient sich eines Vorganges, der in der Malerei üblich ist: um eine schöne Gestalt zu bilden, nimmt sie die Hände des einen Modells, den Fuß von einem anderen, die Brust hier, die Schultern dort. Aufgabe des Malers ist es, diesen ausgewählten Teilen Leben zu verleihen und es wahrscheinlich zu machen. Würde er eine wirkliche Gestalt kopieren, man müßte den Blick wegwenden.« *(Vorwort* zur ersten Ausgabe des *Cabinet des Antiques.)*

Illusions perdues ist vielleicht der schönste Roman Balzacs. Der Stoff ermöglichte ihm, sich selber sehr nahe zu bleiben. Lousteau geleitet Lucien zu den Verlegern, wie Latouche Balzac bei diesen eingeführt hatte. Luciens

Hin- und Herpendeln zwischen dem »Kreis« und dem niederen Journalismus spiegelt Balzacs Schwanken wider, der die undeutlich empfundene Hoffnung hegte, er könne Republikaner und Legitimisten (Michel Chrestien und Daniel d'Arthez) vereinen und gegen den bürgerlichen Individualismus in Front stellen. Die Liebe Coralies zu Lucien, ihr Tod und die Szene, in der ihr Geliebter angesichts ihrer Leiche ein Lied dichtet, damit er mit dessen Erlös die Beisetzung bezahlen könne, reichen an den Rang höchster Dichtung heran.

Noch weitere Romane reiften in Balzacs Geist: *Le Curé de Village, Qui terre a, guerre a, Une fille d'Eve, Béatrix.* Jedes dieser Bücher sollte bald Bewunderung, Erstaunen und Begeisterung erregen und vermag dies heute noch. Dieser Mann wußte über alles Bescheid. Er kannte die in Alençon herrschenden Rivalitäten, die heimlichen Strömungen in Limoges, die Welt der Kurtisanen, die Journalisten, die Verleger, hingerissen schwärmende und bitter bereuende Frauen. Er begegnete bekannten Persönlichkeiten des Pariser Lebens und vermochte sie nicht mehr ganz genau von seinen eigenen Geschöpfen zu unterscheiden. War das nun Delacroix oder Bridau? Dupuytren oder Desplein? George Sand oder Camille Maupin? Gustave Planche oder Claude Vignon? Eine nie durchschnittene Nabelschnur verband Welt und Werk. Er war absoluter Herr und Meister eines in ihm lebenden Volkes, und er brauchte infolgedessen die Gestalten für einen neuen Roman nur einfach unter seinen Geschöpfen zu wählen. Ihre Vergangenheit würde ihre Zukunft hervorbringen.

Daß diese seine Wahl durch seine persönlichen Bedürfnisse, durch die Forderungen der Zeitungen oder durch einen abzurundenden Roman gelenkt wurde, schien ihm natürlich und notwendig. Er protestierte und nannte es Heuchelei, wenn ein Schriftsteller wie Astolphe de Custine, dem ein ererbtes Vermögen die Verachtung des durch die Feder erworbenen Geldes ermöglichte, die Armut und den Stolz Rousseaus auf Kosten der »Geldmenschen« pries, die »mit ihrem Talent Handel treiben«. Rousseau aber, antwortete Balzac, berichtet in seinen *Confessions* in aller Ausführlichkeit von den Verhandlungen, die ihm eine Lebensrente von sechshundert Francs einbringen sollten; Racine aber, wie Molière, wie Boileau, nahmen geldliche Gnadenerweise ihres Königs an.

Im Jahre 1837 steht ein Schriftsteller, falls er sich nicht ruinieren will, unter dem Zwang, die launenhaften Gesetze des Geschmacks und der Handelsgebräuche berücksichtigen zu müssen. Eine Zeitung, eine Zeitschrift verlangen einen Text »weder zu lang, noch zu kurz ... Der Autor geht in sein Warenlager, sagt: Ich habe *La Maison Nucingen!* Nun stellt sich heraus, daß *La Maison Nucingen* im Hinblick auf Länge, Breite, Preis zwar entspricht, jedoch allzu kitzlige Dinge behandelt, die in keiner Weise mit der Politik der Zeitung übereinstimmen.« Der Autor geht nochmals in sein Lager und bietet *La Femme supérieure*, *La Torpille* an. »Sind Sie nun, der Sie über diesen Tatbestand lachen, der Meinung, die Kunst verliere hierbei? Die Kunst paßt sich überall an, sie haust an allen Orten, sie kauert in den Winkeln, in den Ofenkammern, den Gewölbezwickeln; sie kann überall leuchten, in welche Form man sie auch immer gießt ...« (Vorwort zu einer *La Femme supérieure*, *La Maison Nucingen* und *La Torpille* enthaltenden Ausgabe von 1838). Der Zufall ist ein guter Arbeiter; Leonardo da Vinci und Michelangelo haben es hundertfach bewiesen. Eine nackte Wand war Anlaß zu dem »Abendmahl«, ein unförmiger Marmorblock ließ den »Gefesselten Sklaven« entstehen.

Da die Verhältnisse im Buchverlagswesen nun einmal so sind, wie sie sind, muß ein Autor mehrere Werke gleichzeitig unter der drohenden Möglichkeit beginnen, kein einziges anbringen zu können. Sein Gehirn gleicht einer Werkstatt. In irgendeiner Ecke ist eine Gruppe zu sehen: *Illusions perdues* ... Klagen Sie nicht darüber, wenn sie hier liegen bleibt, ein Bein vorgestreckt, wie ein Prellstein an den Pariser Hausmauern; der Grund ist der, daß der Verleger nur einen Band wünschte und nicht zwei. Der zweite wird zu gegebener Zeit erscheinen. Wenn *La Torpille* so langsam herauskommt, so liegt die Ursache in der Scheu der Zeitungen vor einem käuflichen Mädchen. Aus diesen Gründen stehen in den Ateliers Bilder mit dem Gesicht zur Wand. Ein Künstler ohne Zivilliste, ohne Pension aus der königlichen Kasse und ohne ererbtes Marquisat (ein Pfeil für Custine!) produziert, um essen zu können. Wenig hat es zu bedeuten, falls er während der Ausarbeitung feststellt, daß die Statuen sich unter seinen Händen verändern. Seit seiner Rückkehr aus Italien arbeitete Balzac an *La Femme supérieure;* in ihr kommen viele Angestellte vor und wenig überlegene Frauen? Natürlich, die Angestellten waren vorhanden, vorbereitet, fertig, und die überlegene Frau mußte erst modelliert werden. *La Presse* wartet auf diesen Roman; *Le Figaro* hat für *César Birotteau* zwanzigtausend Francs Vorschuß gezahlt; Erzählungen und Novellen sind zur Vervollständigung der *Etudes philosophiques* nötig. Alle diese Arbeiten müssen gleichzeitig nebeneinander herlaufen; der Maler eilt von einer Staffelei zur anderen. Was allerdings Balzac auch darüber sagen mag, gelegentlich leidet die Kunst doch unter dieser Knechtung durch das Feuilleton. Die Leserschaft einer Tageszeitung übt wirklich eine Zensur aus, wenn »ein Text überall herumliegen und in die Hände von Frauen und Kindern kommen kann.« Die Leser von *La Presse* beschweren sich über den Ernst der *Femme supérieure (Les employés)*. Die des *Siècle* hinwiederum möchten *Béatrix* gern kastrieren. Diese Puritaner des Liberalismus haben Angst vor dem Wort »Busen« und dem Wort »Wollust«! »Es ist eine Narretei aus Dummheit«, schrieb Balzac an Madame Hanska.

Seine Arbeitsweise verändert er dennoch nicht. Immer steckt sein Geist voller Stoffe, die er in wenig Worten formuliert: »Menschliche Liebe führt zu göttlicher Liebe« (das ist der nie geschriebene Roman *Sœur Marie-des-Anges*); »Ein braver Mann, der alles für seine Töchter geopfert hat und arm wie ein Hund stirbt« (das war der *Père Goriot*). »Für die *Scènes de la Vie politique* ein Minister, der Tochter, Schwiegersohn und Freunde für einen Schwindel opfert« (ein nie geschriebener Roman). Gelegentlich verwendet er dasselbe Thema zweimal, aber mit abweichenden Folgerungen. *Béatrix* ist die Gräfin d'Agoult, die ihren Mann, ihre kleine Tochter und eine glänzende Stellung in der Gesellschaft für einen Künstler, Franz Liszt, aufgibt; *Une Fille d'Eve (Eine Evastochter)* ist Marie de Vandenesse, die der gleichen Versuchung ausgesetzt ist, doch rechtzeitig durch einen geschickten Gatten gerettet wird.

Hundert Romane wimmeln in seinen Gedanken, wie Forellen im Fischkasten, und wenn er einen benötigt, fischt er ihn heraus. Gelegentlich gelingt es ihm nicht auf den ersten Anhieb. *César Birotteau* hatte sich ihm längere Zeit versagt. Kommt ein Buch »schlecht ans Licht«, wirft Balzac es in den Kasten zurück. Dann wendet er sich etwas anderem zu. Warum sich verbohren? Seine Welt ist reich. Oder aber er wird es in einer anderen Form nochmals beginnen. Betrachten wir einmal *Béatrix*. An ihrem Ursprung finden wir den durch George Sand in Balzacs Geist gelegten winzigen Keim, die Beschreibung des Paares Liszt – Marie d'Agoult. Sofort hat er einen Roman erahnt: *Les Galériens de l'Amour (Galeerensklaven der Liebe)* (oder *Les Amours forcées [Erzwungene Liebe])*. Doch um das freie Schaffen zu ermöglichen, muß transponiert werden. An Rollen sind verfügbar: die der beiden Liebenden und die von Sand, der genialen Frau, die das Abenteuer beobachtet und erzählt. Wem sollen sie zugeteilt werden? Und wo soll die Verwicklung eingesetzt werden?

Er schreibt zwei Entwürfe. Der erste hat als Rahmen Paris und beginnt mit einer Zeichnung der legitimistischen Welt nach der Revolution von 1830. Die Baronin Emma de Retzau, eine junge Frau von gutem Adel, »eine schlanke, aufrechte Gestalt mit langem, spitzem Gesicht ... blaßblauen, oft umrandeten Augen, gebogener Nase und hochgezogenen Nüstern, doch ausgesprochen fein, dazu das Gehabe einer Prinzessin, das ihr gut anstand« (das ist ein Porträt der Marie d'Agoult), liebt den Schriftsteller Nathan (eine von Balzacs beliebten Marionetten, Freund Rastignacs, Blondets, Maximes de Trailles) und rüstet alles zur Flucht mit ihm. Hier endet das

Fragment (die Idee wird später für *Une Fille d'Eve dienen*). Balzac fand einen bessern Anfang. Er wird sich dem Liebespaar (wie es in Wirklichkeit geschah) durch eine imaginäre George Sand vorstellen lassen, die als geniale Frau besser als irgend jemand anderes den Beginn dieser berühmten Liaison erzählen kann.

Allerdings kann er dann weder Schloß Nohant noch das Berry beschreiben. Das hieße George Sand bloßstellen, die den Roman nicht selber schreiben wollte, um sich mit Liszt nicht zu überwerfen. Nun erinnert sich Balzac der Reise nach Guérande, die er 1830 mit Madame de Berny unternommen hatte. Warum sollte er einer fiktiven Sand nicht ein Haus an jener Küste andichten? So entsteht ein bretonisches Nohant, der Herrensitz Les Touches. Was nun die Sand anging, so sollte sie Camille Maupin heißen, was wie eine Spitze anmuten könnte, denn Théophile Gautier hatte seiner *Camille Maupin* jene sinnlichen Geschmacksrichtungen verliehen, die der Sand zugeschrieben wurden, und *Camille* ist einer der drei einzigen androgynen Vornamen. Schließlich klingt *Maupin* an *Dupin* an, den Vatersnamen der Aurore Dudevant = George Sand. Camille Maupin kleidet sich als Mann, liebt lange Ritte und schwärmt für Musik. Sie war wie George Sand wild und frei herangewachsen; sie hat deren kleine Gestalt, den olivenfarbenen Teint, das schwarze Haar, in gewissen Momenten einen dümmlichen Ausdruck und, wenn sie leidenschaftlich bewegt ist, einen erhabenen Blick. Der Gesamteindruck ist so verführerisch, daß die Sand nicht böse sein kann. Ihr zur Seite stellt Balzac einen Liebhaber, Claude Vignon, einen berühmten Kritiker. Hierfür ist Gustave Planche das Modell, doch Claude Vignon steht bei weitem höher als Gustave Planche. Was für ein herrlicher Beruf ist doch der eines Romanciers! Wieso soll sich einer übers Maß hinaus um das sorgen, was in einer alltäglichen Welt geschieht, wenn er alles in einer Romanwelt so angenehm zurechtrücken kann?

Guérande, die alte befestigte Stadt, verlangt nach einer feudalen Gesellschaft. Balzac läßt hier also die alte Familie du Guénic wohnen. Der Baron entspringt gewappnet und gerüstet aus Lavaters Physiognomie. Diese Gestalt mutet mehr konstruiert als beobachtet an; es ist *der* bretonische Provinzkavalier. Die Baronin nun ist Irländerin und dankt sehr viel der Gräfin Guidoboni-Visconti. Madame du Guénic (noch schön mit ihren zweiundvierzig Jahren) ist älter als die 1804 geborene Gräfin, doch stehen beide »im Glanz dieses reichfarbigen Monats August«; beide sind blond, haben einen weißen Teint und türkisblaue Augen; und beide heißen sie *Fanny*. In voller Aktion ist hier in *Béatrix* wie einst in *Le Lys* die Alchimie des Romanciers zu beobachten. Dem wirklichen Abenteuer (das er dank George Sand so genau kannte) entlieh er zahllose Details. Es hieße, sich vergebens abnützen, wollte einer alles erfinden, und außerdem würde es nicht wahr werden. Die nackte Realität in einen Roman hineinzubringen, kann nicht die Aufgabe sein; es handelt sich darum, sie zu organisieren, gewisse Glanzlichter und bestimmte Schattenpunkte zu setzen, die Charaktere auf die Höhe von Typen zu bringen und schließlich die Anekdote einem System einzugliedern, in dem aufgezeigt wird, wie die kleine uralte Welt von Guérande durch die moderne Zeit zerstört wird. Übrigens kann vorkommen, daß die Natur das vom Maler benötigte Modell nicht liefert. In diesem Fall stellt Balzac seine Leinwand beiseite und wartet, bis die Inspiration oder eine menschliche Begegnung ihm weiterhilft, sie fertigzustellen. *Béatrix* muß fünf Jahre auf eine Lösung des Knotens warten, fünf Jahre, eine Spanne, in der Marie d'Agoult und ihr Double altern. Es wird sich zeigen, wie jetzt eine andere Frau zum »Träger« der Béatrix wird und auf welche Weise der naive Bretone Calyste du Guénic, der eine junge Gattin zugunsten dieser perversen Mätresse im Stich läßt, von seinen Illusionen befreit und durch die fromme Konspiration seiner Schwiegermutter (der Herzogin von Grandlieu) mit einem weisen Pfarrer und einem Abenteurer, Maxime de Trailles, zum ehelichen Herd zurückgeführt wird. Balzac kann mit seiner Truppe alle Rollen besetzen.

Wie groß das Glück aber auch immer sein mag, wenn einer »eine komplette Gesellschaft in seinem Kopf trägt«, so muß er leider doch auch wieder auf die lehmige Erde von Les Jardies hinabsteigen, und hier herrschen katastrophale Zustände. Die für dieses Haus aufgewendeten Summen haben 1839 die Höhe von fünfzigtausend Francs erreicht. Allen seinen Freunden schuldet Balzac Geld, aber auch der Portiersfrau in Chaillot, dem (von Villeparisis hergeholten) Gärtner Brouette und sogar dem Feldhüter von Ville-d'Avray. Dieser kleine Beamte hat die Unvorsichtigkeit begangen, Balzac sechshundert Francs vorzuschießen, und Gozlan überrascht Balzac dabei, daß er sich wie ein verfolgtes Tier in seinem Garten versteckt und »aus Furcht vor dem Feldhüter nicht im Wald spazierenzugehen wagt«! Dieser Mann tritt in der Liste unter den *schreienden* Schulden auf, an deren Ende Balzac naiv einen weiteren Posten notiert: *Vergessenes, insgesamt 4000,–*. Außerdem gibt es die *stillen* Schulden, darunter zehntausend an die Gräfin Guidoboni-Visconti. In seinem Rechnungsbuch steht bei dieser delikaten Schuld die Notiz: »Zurückzuzahlen vor Jahresende *ohne Zinsen*.« Er wird der schönen Engländerin die gebundenen Korrekturbogen der *Béatrix* schenken, und das Buch selbst wird die gedruckte Widmung tragen: »Für Sarah«, was wiederum eifersüchtige Befürchtungen der Madame Hanska auslösen wird.

Dennoch hegt er weiterhin die Hoffnung, ja Gewißheit, alle seine Rückstände mit Hilfe von Theaterstücken bezahlen zu können. Er hatte im Jahre 1839 ein neues Drama *Vautrin* nach dem Stoff aus seinen Romanen geplant und den Direktor Harel des Theaters Porte-Saint-Martin unverfroren gebeten, das Stück anzunehmen, noch bevor es überhaupt geschrieben war. Harel brauchte durch einen glücklichen Zufall gerade unbedingt ein Stück und hegte fast ebensoviel Illusionen wie Balzac. »Es gibt überhaupt kein Risiko«, hatte Harel überlegt, »denn die Hauptgestalt ist beim Publikum durch den *Père Goriot* bekannt; Frédérick Lemaître soll sie verkörpern; am Erfolg ist nicht im geringsten zu zweifeln.«

Théophile Gautier hat, und er ist ein ehrenhafter, freundschaftlich gesonnener Zeuge, die unglaublichen Methoden Balzacs als dramatischer Autor beschrieben. Er, der seine Romane zehnmal umschrieb, schrieb seine Theaterstücke überhaupt nicht selber. Einen Tag, bevor er seinen *Vautrin* in dem Theater Porte-Saint-Martin vorlesen sollte, rief er Gautier, Belloy, Ourliac und Laurent-Jan in die Rue de Richelieu 104 zum Schneider Buisson. Balzac hatte dort ein Absteigequartier, eine hübsche, geschmackvoll eingerichtete Mansarde mit bespannten Wänden und einem weißblauen Teppich. Gautier schilderte die Szene:

»Da ist er ja endlich, der Théo!« rief er, als er mich sah. »Faulenzer, Faulpelz, Faultier, Aï, eilen Sie sich doch! Schon seit einer Stunde sollten Sie hier sein ... Morgen lese ich Harel ein großes Drama in fünf Akten vor.«

»Und Sie wünschen unsere Meinung zu hören«, antworteten wir und setzten uns in einen Sessel wie jemand, der sich anschickt, eine lange Vorlesung über sich ergehen zu lassen.

Aus unserer Haltung erschloß Balzac unsere Gedanken und sagte mit der selbstverständlichsten Miene:

»Das Drama ist nicht geschrieben.«

»Zum Teufel!« fuhr es mir heraus. »Na schön, dann muß die Lesung eben um sechs Wochen verschoben werden.«

»Nein, wir wollen das *Dramorama* schnell zusammenschustern, damit das Geld hereinkommt. Ich habe gerade einige größere Verbindlichkeiten zu erledigen.«

»Von heute auf morgen ist das aber ganz unmöglich. Wir hätten ja nicht einmal Zeit, es abschreiben zu lassen.«

»Ich habe die Sache folgendermaßen eingeteilt: Sie werden einen Akt machen, Ourliac einen anderen, Laurent-Jan den dritten, de Belloy den vierten, ich selber den fünften, und ich werde das Ganze mittags vorlesen, wie abgemacht. Der Akt eines Dramas hat nicht mehr als vier- bis fünfhundert Zeilen; fünfhundert Dialogzeilen kann einer in einem Tag und einer Nacht schreiben.«

»Erzählen Sie mir den Stoff; erklären Sie mir Ihren Plan; zeichnen Sie mir mit ein paar Worten die Gestalten, dann will ich mich an die Arbeit machen«, antwortete ich ihm in gelindem Entsetzen.

»Ach!«, rief er mit einer Miene stolzer Niedergeschlagenheit und großartiger Geringschätzung, »wenn ich euch den Stoff erzählen soll, werden wir nie fertig ...«

Tatsächlich war der einzige, der sich ans Werk machte, der unentbehrliche Laurent-Jan. Vielleicht verfaßte er mehr davon als Balzac. Das Stück wurde am folgenden Tag natürlich nicht vorgelesen; dazu brauchte es noch viel. Der Zensur wurde es im Januar 1840 vorgelegt und zunächst aus moralischen Gründen abgelehnt; die Ähnlichkeit des Helden mit Robert Macaire, dem spöttischen, triumphierenden Dieb; der Vautrin zugebilligte straffreie Ausgang. Nach oberflächlichen Korrekturen erhielt der Autor den Sichtvermerk. Die Premiere fand am 14. März in feindlichem Klima statt. Aus Furcht vor den Journalisten (sie waren durch die *Illusions perdues* gereizt, in denen er sie so grausam gezeichnet hatte) wollte Balzac sie unter dem zahlenden Publikum unterbringen. Seine Gegner hatten aber die Majorität. Die drei ersten Akte wurden kühl aufgenommen, im vierten Akt aber rief der Auftritt Frédérick Lemaîtres als mexikanischer General mit einer Frisur, die ihn Louis Philippe gleichen ließ, einen Proteststurm hervor. Der Herzog von Orléans verließ seine Loge, fuhr ins Palais, ließ den König wecken und sagte: »Vater, Sie werden in vollbesetztem Theater karikiert. Können Sie das zulassen?« Das Stück wurde am folgenden Tag verboten. Der arme Balzac stand wie Perette vor dem umgeworfenen Milchtopf. Diese Fabel verfolgte ihn.

Der Durchfall *Vautrins* war ein harter Schlag für die ganze »heilige Familie«. Surville hatte kein Geld mehr und verlor den Kopf zwischen den Kanälen, die er nicht ziehen, und den Eisenbahnen, die er nicht bauen konnte; er wurde immer reizbarer und heftiger. »Er ist ein großes Messer und ein großer Löwe«, wie Madame Mère in ihrem pittoresken Stil schreibt. Seine Frau beleidigt er; sie tröstet sich damit, daß sie zu den Töchtern sagt, das seien »Brückenlaunen«. Nach dem Streit hat Surville Gewissensbisse und möchte, daß ihm verziehen werde; aber er ist stolz und Laure derart empfindlich, daß »das Eis nicht schmilzt«. Arme Laure! Sie ist nicht mehr zwanzig, sie wird alt, häßlich; sie wirft traurige Blicke auf die vergangene Jugend, auf die verpaßten Gelegenheiten. Glücklicherweise zeigt sich ihre Tochter Sophie bei dieser Gelegenheit reizend und zartfühlend. Auch sie sagt immer wieder: »Das ist die Brücke!« Tatsächlich verdient auch der Ingenieur Mitleid. Er arbeitet Tag und Nacht und steht doch am Rande des Ruins; er ist der Schwiegersohn von Madame Mère und der Schwager von

Honoré; das sind schwierige Stellungen. Laure weiß es genau; sie erkennt an, daß ihr guter Gatte, der »nicht im geringsten auffällig ist, mehr Feuer im Herzen hat« als jeder andere. Nach einer ehelichen Auseinandersetzung sagt sie zu ihrem Dienstmädchen: »Hier können Sie die Annehmlichkeiten einer glücklichen Ehe beobachten!« Sie verzichtet auf Tanzereien, Abendeinladungen und Theaterbesuch; sie beginnt sich Sorgen wegen der Verheiratung ihrer Töchter zu machen. Kurz: sie wird zu dem, was einst in Villeparisis Madame Bernard-François Balzac gewesen ist.

Honoré macht beiden schwere Sorgen. Nach dem Verbot des *Vautrin* leiht Laure dem Bruder sechzig Francs – von den ärmlichen fünfhundert Francs, die sie von ihrem Gatten für einen ganzen Monat als Haushaltsgeld bekommt. Wenn Surville das erführe – welche Eifersuchtsszene! Da Balzac durch diesen Mißerfolg als Dramatiker krank geworden ist, nimmt sie ihn tapfer bei sich auf; er ist bettlägerig, wird sehr gut gepflegt, muß aber etwas zu häufig hören: »Ich hatte es dir aber vorhergesagt!« Madame Mère schreibt: »Du hast noch nicht eingesehen, was *Vautrin* für eine Wirkung auf mich gehabt hat (abgesehen vom Geld). Es handelt sich um die Reputation. Ein Mann ist erledigt, wenn er bei seinem ersten Theaterstück keinen glänzenden Erfolg gehabt hat.« Man glaubt sich nach Bayeux ins Jahr 1820 versetzt. Die Mutter des größten Romanschriftstellers der Welt »giftet sich« über ihren Sohn wie zu Zeiten der *Héritière de Birague* oder des *Vicaire des Ardennes*.

XXVII

NACHHUTKÄMPFE

Für Intelligenzen hohen Formats ist es ein Unglück, zwangsläufig alles verstehen zu müssen, Laster ebenso wie Tugenden.

Balzac

Es ist ein natürlicher Vorgang, daß ein großer Schriftsteller, der darunter leidet, nicht das ihm gebührende moralische und soziale Prestige zu genießen, gelegentlich an die Apotheose Voltaires denkt. Im Jahre 1839 glaubte Balzac, seine Affäre Calas gefunden zu haben. Der Ruhm, einen Unschuldigen zu retten, ist sicherlich ebensoviel wert, wie die Erschaffung eines Banditen. Die Affäre Peytel zog Balzacs Aufmerksamkeit an, weil er den Angeklagten kannte. Er hatte ihn 1831 und 1832 in Paris gelegentlich gesehen, als Peytel, sehr jung damals, sich an *Le Voleur* beteiligt hatte, weil er dort Theaterkritiken unterbringen wollte. Der Mann dünkte ihn eitel, lebhaft, aufbrausend, aber gut. Nach seinem Weggang von Paris hatte Peytel bei einem Notar in Lyon gearbeitet, danach in Mâcon, und sich schließlich als Notar in Belley niedergelassen. Am 7. Mai 1838 hatte er Félicie Alcazar geheiratet, eine Kreolin von »unbestrittener Anziehungskraft ... Sie hatte den Teint der auf den Antillen geborenen Frauen, deren Wangen sich in der Leidenschaft röten, die doch sonst immer die Blässe fragiler Naturen bewahren. Durch ihre Launen wirkte sie schillernd.« Sogar ihre Familie hielt sie für »ein recht falsches und recht gefährliches Weibchen«.

In der Nacht des 1. auf den 2. November 1838 wurde ein Arzt von Belley, Martel, durch Peytel aus dem Schlaf geweckt; Peytel brachte aus Mâcon in seinem Wagen seine junge, tödlich verletzte Frau und bat den Arzt um Hilfe. Er erzählte, sein eigener Diener, Louis Rey, habe einen Pistolenschuß auf die Kutsche abgegeben; der Notar habe, da seine Frau getroffen worden war, den Mörder verfolgt. Auf Reisen trage er immer, wie er berichtete, als Waffe einen Bergmannshammer mit sich; mit ihm habe er auf Louis Rey eingeschlagen: »Ich weiß nicht, wieviel Schläge ich ihm auf den Kopf versetzt habe, als er vor meinen Füßen lag.«

Gendarmerie und Gericht nahmen Peytels Auslegung des Geschehens nicht an. Die öffentliche Meinung in Belley zeigte sich gegenüber dem

Notar als einem neu Zugezogenen und in der Gegend Fremden recht feindlich. Politische Haßgefühle vergifteten die Untersuchung. Die Anklage zeichnete aus ihrer Vorstellung heraus einen verschlagenen und heuchlerischen Peytel, der nach einem zügellosen Leben in Paris und nach Verschwendung seines persönlichen Vermögens eine sehr reiche, häßliche (was nicht stimmte) kleine Frauensperson geheiratet habe, um sich mit ihrem Geld eine Kanzlei zu kaufen. Balzac und Gavarni, die beide Peytel kannten, hielten es nicht für möglich, daß er das durch den Staatsanwalt gezeichnete Monstrum sein könne. Als der Notar durch das Schwurgericht von Bourg zum Tod verurteilt worden war, besuchten die beiden Freunde ihn im Gefängnis, und Balzac verfaßte zu seiner Verteidigung eine umfangreiche Schrift: *Lettre sur le procès de Peytel, notaire à Belley (Brief über den Prozeß des Notars Peytel in Belley).*

Er versuchte, ein getreueres Porträt zu zeichnen: »Peytel hat eine Erziehung genossen, wie alle Familien sie ihren Kindern geben; das Vermögen der Familie belief sich auf hunderttausend Taler; als Notar gehörte er jener Schicht des Bürgertums an, die heute in Frankreich beinahe als herrschend bezeichnet werden kann; als junger Mensch hat er sich in Paris in Kreisen der Literatur und der Presse bewegt; ist es da nicht unsere Pflicht, ihn zu verteidigen?« Balzac legte auch mit der ihm in solchen Fällen eigenen Kompetenz dar, Peytel habe in keiner Weise die Mitgift Félicies zum Kauf einer Kanzlei benötigt; die Familiengüter bestünden noch ungeschmälert in Mâcon; und endlich habe Lamartine, der große Lamartine, ihm »das einstimmige Zeugnis der Reinheit seiner Vergangenheit und seines tadelfreien Lebens« bestätigt.

Alle diese Anstrengungen blieben ergebnislos; vielleicht sogar irritierten sie die Richter. Louis-Philippe konnte nicht vergessen, daß Peytel als politischer Journalist einmal unter dem Pseudonym »Louis Benoît, Gärtner« eine *Physiologie der Birne* veröffentlicht hatte, die gegenüber dem königlichen Antlitz reichlich respektlos gewesen war; illustriert wurde sie durch Henri Monnier. Roger de Beauvoir schrieb ein bösartiges Klagelied:

> Wenn Balzac seinen Calas sucht,
> geht man ihm besser aus dem Weg.

Balzacs Kleidung hatte dem Gericht von Bourg mißfallen. »Na, sehen Sie, Balzac«, hatte Gavarni gemeint, »warum haben Sie keinen Freund, einen dieser dummen, liebevollen Spießer? Der könnte Ihnen die Hände waschen und die Krawatte binden ...«

Peytel wurde am 28. Oktober 1839 hingerichtet. Es scheint wohl möglich, daß er schuldig gewesen ist, doch anders als es die Anklage meinte und in weniger ehrloser Art. Peytel hatte sich geweigert, die Existenz einer Liaison zwischen seiner Gattin und seinem Diener zu enthüllen (eine vielleicht schon vor der Verheiratung bestehende Liaison, denn Louis Rey war in Diensten der Marquise de Montrichard, einer Schwester Félicies, gestanden). Der Totschlag, ein Verbrechen aus Leidenschaft, war kein scheußlicher, aus Gewinnsucht begangener Mord. Balzac schrieb an die »Fremde«, daß »der arme Kerl« seinen Kopf hätte retten können, wenn er die ganze Wahrheit gestanden hätte:

»Oh, die Umstände waren mehr als mildernd, aber es war unmöglich, etwas zu beweisen. Es gibt vornehme Seelenhaltungen, die von den Menschen niemals geglaubt werden. Nun, jetzt ist alles aus. Ich werde Ihnen einmal zu lesen geben, was er mir vor seinem Gang aufs Schafott geschrieben hat ... Er war der Märtyrer seiner Ehre. Was bei Calderón, Shakespeare und Lope de Vega applaudiert wird, hat man in Bourg guillotiniert!«

In großherziger Weise hatte jedoch Honoré seine Zeit, seine Feder und sein Geld zur Verfügung gestellt. Die Affäre Peytel kostete ihn an Demarchen, durch die Reise nach Bourg und den Druck der »Lettre« zehntausend Francs und, wie er naiverweise ausrechnet, verlor er dabei in seiner Arbeit dreißigtausend Francs. Dies alles zu einem Zeitpunkt, da er alle seine Mittel dringend selber gebraucht hätte. Im Juni 1840 belief sich die Gesamtsumme seiner Schulden, deren stetiges Ansteigen man sich vor Augen halten muß, auf 262 000 Francs, worunter sich 115 000 Francs Schulden »auf Freundesseite« befanden (Madame Balzac, Madame Delannoy, Doktor Nacquart, der Schneider Buisson usw.) und 37 000 Francs unbezahlte »ruhige« Wechsel (die Visconti). Zumindest ein Gläubiger aber hielt sich durchaus nicht »ruhig«: das war ein Sieur Foullon, Hausbesitzer, eine Art Gobseck, der ihm auf die Rechte von *Vautrin* 5000 Francs zu Wucherzinsen vorgeschossen hatte; er war nicht befriedigt worden und nutzte nun, wie einst Duckett, sämtliche Verfahrensmöglichkeiten einschließlich der Pfändung aus. In Les Jardies begann nun wieder das Komödienspiel. Der Gärtner Brouette sagte dem Gerichtsboten, der möblierte Pavillon gehöre dem Grafen Guidoboni-Visconti; im Haus Balzacs war nichts zu pfänden außer einer angeschlagenen Chinavase und unkompletten Bücherreihen. Der erbarmungslose, zähe Foullon ließ nun eine Immobilienbeschlagnahme der beiden Gebäude ins Werk setzen. Jetzt war also Eile geboten, Les Jardies zu verkaufen und anderswo eine Unterkunft zu suchen. Die Rue des Batailles war umzingelt; die hübschen bei dem Schneider Buisson in der Rue de Richelieu abgestellten Möbel waren auf Ansuchen und Betreiben des wütenden Gläubigers weggeholt worden.

Madame Mère in Person verhielt sich auch nicht so »ruhig«, wie ihr Sohn es gewünscht hätte. *Madame Balzac an Honoré, 22. Oktober 1840:* »Heute habe ich, mein lieber Sohn, mein zweiundsechzigstes Jahr vollendet ... Ich begann den Tag mit Gebet und segnete meine Kinder ... Alle Tage flehe ich die Vorsehung an, daß sie Dich in Deinem Kampf stärke ...« »Seit mehr als zwei Jahren« habe sie geschwiegen und ihn »aus Furcht vor einer eisigen Aufnahme« nicht besucht, aber sie leide darunter, ihrem Schwiegersohn zur Last zu sein. Könnte nicht ihr Sohn sie bei sich wohnen lassen? Dieser Vorschlag schlug Balzac zu Boden. Wenn eine impulsive Mutter im gleichen Hause wie er wohnte, welche Bedrohung wäre das für den Frieden eines Schriftstellers! Denn wie viel hat er noch zu tun! Je mehr er vorankommt, je mehr er hervorbringt, desto weiter scheint das Ziel in die Ferne zu rücken. Eines Tages schreibt er an Zulma Carraud: »Die Zukunft beginnt sich zu nähern«, doch einige Monate später: »Es ist immer das gleiche: Nächte, Nächte, und immer neue Bücher! Was ich bauen will, ist so hoch, so weit!« Freilich, freilich, da er Gott Konkurrenz machen will, könnte er sein Werk nie »vollenden«, würde er auch hundert Jahre alt werden.

Und wer, außer Zulma, kann ihn verstehen? Seine Beziehungen zu den Guidoboni-Visconti lassen an Wärme nach. Obwohl die *Contessa* Balzac geliebt hatte, wurde sie dieses immer wirbelvollen Lebens, dieser immer neuen Anleihen, dieser auch sie von allen Seiten belagernden Gerichtsvollzieher müde. Auch Balzac hatte wohl die Freuden dieser Liaison ausgeschöpft. Sarah hatte Treue niemals gefordert – und nie versprochen. Sie praktizierte ihre geheime britische Moral. Die ihr bekannte Liaison Hanska war ihr nicht im Wege. Die Korrespondenz zwischen Balzac und seiner Eve war übrigens spärlicher geworden. Die immer enttäuschte Hoffnung versank nach und nach in den Nebeln des Vergessens. Andere Frauen waren aufgetaucht, denn Balzac konnte einer Versuchung durch ein Abenteuer, das einmal zu einem Stoff werden konnte, nie widerstehen.

Im April 1839 erhielt Balzac nach Veröffentlichung des ersten Teiles der *Béatrix* in *Le Siècle*, den sein Freund Dutacq leitete, einen Brief über diesen Roman. Die Schreiberin war, wie sie sagte, ein Mädchen aus Guérande, und sie war doppelt durch den Roman berührt, weil diese Geschichte sich in ihrer Heimat zutrug und weil die Heldin einen ihrer Vornamen trug: Félicité. Sind dies zwar seltsame Gründe für die Bewunderung eines großen Buchs, so gibt es eben doch auch solche Leserinnen. Mit einer solchen zu korrespondieren machte Balzac Spaß, weil sich »die kleine Salzteicharbeiterin« (La petite Paludière) als schmachtende Liebhaberin vorstellte, die durch den großen, unnahbaren Mann völlig fasziniert sei. Da er, wie sie wußte, nach einer Knöchelverstauchung als Rekonvaleszent in Les Jardies weilte, schickte sie ihm einen mit Blumen bestickten Teppich, dessen Empfang er bestätigte.

»*3. Juli 1839.* Mademoiselle – noch ist es mir unmöglich, zu gehen, und dieser schmerzliche Umstand wird Ihnen die Verzögerung erklären, die den Austausch meiner ärmlichen rhetorischen Blumen gegen Ihre köstlichen Blumensträuße erleidet, die eine Überwindung der Arbeit darstellen und wie das Werk einer gefangenen Fee wirken.

Die in Ihrem Brief ausgedrückten Gefühle entschuldigen mich ohne Zweifel bei Ihnen dafür, daß ich auf dem Lande lebe und vor Paris, das auf gewisse Seelen tödlich wirkt, fliehe. Gegen Ende dieser Woche werde ich die Bücher, wenn sie fertig sind, der mir von Ihnen genannten Adresse übermitteln.

Da Sie Gott nachahmen, der seine Gaben, ohne sichtbar zu werden, verstreut, muß ich Ihnen also hier ausdrücken, was ich Ihnen sagen wollte: daß ich durch die Gefühle, denen ich Ihren Brief verdanke, sehr berührt bin und daß ich Ihnen nur deswegen antworte, weil ich Sie genau von jener vielfältigen Neugier trennen kann, die durch Schriftsteller erregt wird.

Denn Ihre letzten Zeilen, und was Sie mir damit aussprechen, beweisen mir, daß in der Tat in Ihrem Herzen viel Poesie liegt. Wahre Gefühle sind immer geschickt, und wenn ich an alles denke, was ich verloren hätte, finde ich, daß Sie recht taten. Ich bitte Sie, mir zu glauben, daß ich nie mehr an die Bretagne, das schöne Land, wo Sie weilen, denken werde, ohne mir Ihr geheimnisvolles Gesicht vorzustellen.

Ich habe Veranlassung zu mancherlei Verleumdungen gegeben, doch wenn auch Ihre Patentante in allgemeiner Hinsicht recht haben mag, so flehe ich Sie, Mademoiselle, trotzdem an, zu glauben, daß unter, ich will nicht sagen: den Schriftstellern, aber: den Menschen ich einer von denen bin, der Ihnen nur völlige Bewunderung entgegenbringen kann, auch wenn ich nicht der Gegenstand dessen sein sollte, was Sie »die romantische Haltung Ihres Geistes« nennen. Wir Schriftsteller, mehr als alle anderen zusammen, wissen genau, wie selten eine solch vornehme Herzensfreiheit ist, die sich vom Herkömmlichen freimacht. Verscheuchen Sie also, ich bitte Sie darum, jeden Gedanken, der bitter sein könnte. Ich bitte Sie, hierin meinen Dank und den Ausdruck meiner Erkenntlichkeit für Ihre Zartheit zu sehen...«

Die Briefe dieser neuen Unbekannten bieten die seltsamste Mischung von echten Tatsachen und schamlosem Betrug. Hélène-Marie-Félicité de Valette sprach die Wahrheit, wenn sie sich rühmte, von gutem Adel zu sein. Sie log, als sie von ihrer »noch lebenden und an ihrer Seite weilenden Mutter« sprach. Madame de Valette war seit einundzwanzig Jahren tot.

Hélène stellte sich als ledige Bretonin vor. Bretonin war sie, da sie zwar in Rochefort-sur-Mer geboren, doch in einem Kloster in Vannes erzogen worden war. Falsch aber ist, sie sei niemals verheiratet gewesen. Als einziges Kind eines Marineoffiziers, der als Witwer in einen religiösen Orden eingetreten war, hatte sie im Alter von siebzehn Jahren einen verwitweten Notar in den fünfziger Jahren mit einem heranwachsenden Sohn geheiratet. Als Hélène, eine Frau von dreißig Jahren, im Jahre 1839 Balzac zu erobern trachtete, ließ sie auf ihr Briefpapier eine Grafenkrone drucken und wollte nicht mehr »Madame Goujeon Witwe« heißen.

Ihr Eheleben war kurz gewesen: sie hatte am 18. Januar 1826 geheiratet und ihren Gatten schon am 25. November 1827 verloren. Der Verblichene hinterließ seiner überlebenden Gemahlin testamentarisch »zu vollem Eigentum ein Viertel der beweglichen Güter aus der Hinterlassenschaft, und zur Nutznießung, nur zum Nießbrauch also, ein Viertel seines unbeweglichen Besitzes«, da der Rest des Erbes dem Sohn zugewendet wurde, den der Notar von Vannes aus erster Ehe hinterließ. Eine einschränkende Klausel setzte fest, daß die junge Witwe, neunzehn Jahre alt, die Nutznießungsrechte verlieren sollte, falls sie sich wiederverheiratete. Hélène wünschte Balzac ihre Witwenschaft so wenig einzugestehen wie die Tatsache eines Liebhabers und eines natürlichen Sohnes. Aus einer festen Liaison mit einem vornehmen Schloßherrn von den Ufern des Cher, dem Grafen du Moulinet d'Hardemare, hatte sie seit 1831 einen Eugène getauften Jungen. »Sie sah den Grafen als ihren Gatten an, da sie für ihn mehr Achtung als Liebe empfand, und sie hinterging ihn ohne Gewissensskrupel.«

Es gab in ihrem Leben noch einen weiteren Beschützer. Der Baron Hippolyte Larrey, Militärarzt wie sein berühmter Vater und »charmantester Weltmann«, hegte für sie so tiefe Gefühle, daß seine Anhänglichkeit sein ganzes Leben anhielt. Im Jahre 1839 wohnte die *Belle Paludière* teils in der Bretagne, teils in Paris, wo sie ein Absteigequartier besaß, eine einfache »Künstlermansarde« in Nr. 12, Rue de Castiglione. Gegen Ende Herbst erhielt sie von Balzac die Erlaubnis, ihn in Ville-d'Avray zu besuchen. Als sie dort auftauchte, war der Schriftsteller nicht in Les Jardies; kühn drang sie ins Haus ein und wagte sogar, einen Erinnerungsgegenstand mitzunehmen: »Ich habe die volle Ungehörigkeit des *Diebstahls* gefühlt, den ich mir bei Ihnen erlaubt habe. Doch ich war toll, bis zu Tränen toll, vor Freude, vor Glück, auf diese Weise an dem Ort zu weilen, den sich zu schaffen Ihnen gefallen hat, und den Sie so schätzen. Verzeihen Sie mir also, wie man Wahnsinnigen verzeiht ...«

Hélène muß sich wohl das Schreibzeug Balzacs angeeignet haben, denn sie bot ihm »als Austausch« eines an, das ihr Madame de Lamoignon, ihre Patin, vermacht hatte. Von Brief zu Brief fuhr die Mythomanin nun fort, die Geschichte ihres Lebens romanartig auszuschmücken. Sie habe sich, sagte sie, soeben verheiratet. Da sie gezwungen sei, die Bretagne zu verlassen, verteilte sie an ihre Freundinnen »alle ihre Jungmädchenmöbel ...« »Werde ich glücklicher sein? Gott allein weiß es! Ich verlasse meine Heimat nicht ohne Bedauern, kam doch mein einziges dort erlebtes Glück von Ihnen. Ich werde es überall wiederfinden ...« Durch eine solche Übersteigerung mußte sich Balzac, da er der Anlaß hierzu war, ganz unbedingt verführen lassen. Zu Anfang des Jahre 1840 erschien Hélène in Person, bot großzügig pekuniäre Hilfe an und erwies sich nicht als spröde. Im März nannte er sie »meine liebe Marie«, was ein untrügliches Symptom ist; er leiht von ihr zehntausend Francs, ein weiteres enthüllendes Zeichen; er verspricht, sie ihr nach dem Triumph des *Vautrin* zurückzuzahlen, und da er seiner Verpflichtung nicht nachkommen kann, schenkt er ihr die von seiner Hand korrigierten Druckbogen der *Béatrix*:

»Meine liebe Marie, hier sind die Korrekturbogen und Arbeiten zur *Béatrix*, dem Buch, für welches ich durch Sie eine Neigung gewonnen habe, wie ich sie noch niemals für ein Buch empfunden habe; es ist der Ring gewesen, durch den wir Freundschaft geschlossen haben. Ich gebe diese Dinge nur denen, die mich lieben ..., und unter allen, denen ich so etwas gegeben habe, kenne ich kein reineres und kein edleres Herz als Ihres ... Ich schicke Ihnen tausend zärtliche Grüße ... Addio cara ... [1]

Diese Herzensergüsse, diese Manuskriptgeschenke gehören in Balzacs Augen zu den Liebeskonventionen. Sie verpflichten ihn nicht. Doch der Gedanke, von einem Engel an Reinheit, von einem Geschöpf der wilden Bretagne geliebt zu werden, gefällt ihm. Einen Monat später kündet er Hélène an, er bereite ein neues Theaterstück vor, und dieser *Mercadet* werde die Schulden *Vautrins* zurückzahlen. »Im Oktober werde ich zahlen, was als Hypothek auf dem Theaterstück liegt ... Ich schreibe Ihnen dies in aller Eile, um Sie zu beruhigen, lieber Schatz. Dank für Ihren Brief, liebe Liebste ...«

Doch »sehr schnell muß der bretonische Engel erleben, daß ihm die Flügel gestutzt werden«. Ein gewisser Edmond Cador (der, wie es scheint, kein anderer war als Roger de Beauvoir, ein Journalist mit wechselnden Pseudonymen) machte Balzac unwiderlegbare und unangenehme Enthüllungen: Hélène de Valette heiße Witwe Goujeon; sie habe einen außer der Ehe geborenen Bastard anerkannt; sie werde ganz offen durch zwei reiche Herren

[1] Dieser Brief ruht zusammen mit den Korrekturbogen der *Béatrix* in der Stadtbibliothek von Tours. Dreizehn Jahre nach dem Tod Hélènes de Valette schenkte der Baron Larrey, ihr Universalerbe, das Konvolut der Stadt Tours, weil Balzac dort geboren war; er traf die behutsamsten Vorsichtsmaßnahmen, damit »Madame Marie X.« nicht identifiziert werden könne.

ausgehalten, habe zahlreiche Zufallsbekanntschaften gehabt und unter anderen Liebhabern den Denunzianten selber! Balzac fühlte sich hinters Licht geführt und erbat schriftlich von der geheimnisvollen Dame (die den Sommer in der Bretagne verbrachte) Erklärungen. Sie verlor den Kopf:

Hélène de Valette an Balzac. Batz, 29. Juli 1840: »Seit dem Empfang Ihres Briefes ist mein Leben nur ein Alptraum gewesen, und als ich Ihnen antwortete, wußte ich nicht, was ich tat. Nur eines war mir wichtig: Ihnen zu versichern, daß ich Monsieur Cador nie geliebt habe. Nun fragen Sie mich nach Details und nach der Wahrheit über alles ... *Ich habe diesem Menschen in keiner Weise angehört* ... Er hat mich amüsiert; ich habe ihn aus Angst und Koketterie ertragen. Er hatte mir am ersten Tag, da ich ihn sprach, erzählt, er sei der Liebhaber von George Sand gewesen und habe sie gepeitscht! Das ließ mich schaudern. Lieber, nun wissen Sie ebensoviel wie ich ... Monsieur Cador ist maßlos eitel. Sie könnten ihm meine Briefe entreißen, aber Sie könnten ihn nicht am Sprechen hindern. Er wäre begeistert über ein Abenteuer, das ihn namentlich mit einem Mann wie Sie verbindet. Ich will ihn absolut nicht. Ich will die möglichen Folgen meines schuldhaften Leichtsinns tragen, aber Sie, lieber Geliebter, müssen neutral bleiben ...«

Doch Hélène ist als Mythomanin von ihren eigenen poetischen Lügen trunken und erfindet weiterhin ein retuschiertes Leben:

Hélène de Valette an Balzac, August 1840: »Ich hätte Sie verstehen und mehr Vertrauen haben müssen. Wir werden darüber sprechen, da Sie die Güte haben, sich für meine Lage zu interessieren. Ich werde klug sein ... Ich wollte meine Unabhängigkeit behalten. Zehn Monate im Jahr bin ich frei. Ich wohne allein ... Ich habe mit dem ehrenhaftesten Menschen der Welt zu tun; er hat mir ungeheure Opfer an Vermögen und Stellung gebracht. Um nichts in der Welt würde ich einwilligen, ihm den geringsten Kummer zu verursachen, und daher habe ich auch so gezittert, der ekelhafte E. C. könne mich kompromittieren! ... Ich hege für den Grafen nicht die Gefühle, die ich mir erträumte, daher weiß ich auch, daß ich ihn mit Beweisen meiner Zärtlichkeit umgeben muß ... Ich wollte Ihnen dies alles verschweigen und nur eine Vision für Sie sein: immer nur das wilde Mädchen aus der wilden Bretagne ... Doch nun ist dieser Monsieur Cador gekommen, hat Ihnen meinen Namen gesagt und von meinem Kind gesprochen, und Sie haben gewünscht, daß ich Ihnen Geständnisse mache. Jetzt wissen Sie das Gute und das Schlechte von mir ...«

Nun war Balzac, alles in allem genommen, nie ein Musterbild an Treue gewesen, und er zeigte selber genauso wenig übertriebenen Respekt vor der Wahrheit. Zwei Schauspieler benötigen einander für die Repliken. Hélène war eine liebenswürdige Reisegefährtin; Honoré schuldete ihr Geld: warum dann brechen? Im April 1841 machte er mit Hélène eine Reise in die Bretagne, um Guérande, Le Croisic und Batz, die er einst mit der *Dilecta* besucht hatte, wiederzusehen. Er nährte den Plan, *Béatrix* zu vollenden, deren letzter Teil noch nicht ausgedacht worden war. *Balzac an Madame Hanska, 16. Juli 1841:* »Seelische und körperliche Müdigkeit ließ mich eine kleine Reise von vierzehn Tagen in die Bretagne machen, im April und einige Tage im Mai. Krank bin ich zurückgekommen. Ich bin den ganzen Rest des Mai in der Badewanne geblieben, habe jeden Tag Bäder von drei Stunden Dauer genommen, um die Entzündung zu bekämpfen ...« Unschöne Gerüchte liefen damals über den Gesundheitszustand Hélène de Valettes um.

In dem letzten Teil des Romans verkörpert sich Hélène de Valette in stärkerem Maß als Marie d'Agoult in der Gestalt der Béatrix. Balzac zeichnet eine aus dem Gleichgewicht gekommene, vor Rachsucht tolle Kreatur, bei der plötzlich die Härte alle Koketterie besiegt. »Hélène de Valette ist vielleicht nicht unbeteiligt an dieser Strenge.« Mit Talent verstand sie eine Liebeskommödie zu spielen, und die von Maxime de Trailles gegenüber der Herzogin von Grandlieu ausgesprochenen Gedanken drücken Balzacs Meinung über sie aus: »Lieben bedeutet sich klarwerden: die Frau, die ich liebe, ist gemein; sie täuscht mich; sie wird mich wieder täuschen; sie ist ein Luder; sie riecht nach allem Fett der Hölle ... Und da soll man nachlaufen, da Himmelsblau und Paradiesesblumen wittern ...« Balzac widmete im Jahr 1841 Hélène den *Curé de Village*. Doch auf dem vom Autor verbesserten Arbeitsexemplar von 1845 strich er diese Widmung. Die beiden Liebesleute hatten sich zerstritten, und Madame de Valette forderte barsch die Zurückzahlung der geliehenen zehntausend Francs mit Zinsen. Ein ärmliches und schmutziges Abenteuer.

Unterdessen schien die vornehme Zulma völlig geopfert. Nicht nur ging Honoré nicht mehr nach Frapesle, sondern er fand nicht einmal die Zeit, Madame Carraud einen kurzen Besuch zu machen, als sie sich in Versailles, so nahe bei Les Jardies, aufhielt. Große Seelen werden in stärkerem Maß vernachlässigt, weil es ihnen widerstrebt, zu klagen und zu jammern.

»Sie nehmen sicherlich an, ich sei, da ich Sie in Versailles nicht besuchen konnte, an unaufschiebbaren Arbeiten gesessen; kaum konnte ich also die *diva* besuchen! Ich kenne auf meinen Feldzügen weder Ruhepunkte noch Biwaks. Daher machte ich die *Fille d'Eve*, *Béatrix*, den *Grand Homme de Province*, insgesamt fünf Oktavbände, und ich brachte den *Curé de Village* heraus. Urteilen Sie hieraus, was mein Leben ist ...«

Zulma machte die Liebschaften Balzacs mehr als seine Arbeit verantwortlich:

»My dear, Sie sind glücklich, ich weiß es; ich wollte keinen fremden Gedanken in die Entzückungen Ihres augenblicklichen Lebens hineinbringen ... Ich hatte erfahren, daß Sie den *Grand homme de province* herausgebracht haben, und habe ihn mir verschafft. Das ist ein Werk ganz aus Geist, aber aus gutem Geist, einfach, ohne Anmaßung; seit langem habe ich nichts mehr von Ihnen gelesen, das mir so viel Vergnügen gemacht hätte. Wir beide bewegen uns auf so auseinanderstrebenden Wegen, daß es nicht erstaunlich ist, wenn wir uns nicht einmal mehr die Hand geben können ...«

Balzac an Zulma Carraud, November 1839: »Sie halten mich für glücklich, du lieber Gott! Der Kummer ist schon gekommen, ein innerlicher, tiefer Kummer, den man nicht aussprechen kann. Was die materielle Seite angeht, so haben sechzehn geschriebene Bände und zwanzig in diesem Jahr gebaute Akte nicht genügt. Hundertfünfzigtausend erworbene Francs haben mir die Ruhe nicht gebracht! ... Les Jardies sollte auf mannigfache Weise ein Glück sein: es ist eine Ruine. Ich will kein Herz mehr haben. Daher denke ich ganz ernstlich an eine Heirat. Sollten Sie sich selbst begegnen, einem Mädchen von zweiundzwanzig Jahren, mit einem Besitz von zweihunderttausend Francs, oder sogar nur hunderttausend Francs, unter der Voraussetzung, daß die Mitgift für meine Geschäfte verwendet werden kann, so denken Sie an mich. Ich möchte eine Frau, die das sein könnte, was sie nach den Umständen meines Lebens sein muß: Botschaftergattin oder Hausfrau in Les Jardies; doch sprechen Sie mit niemand davon, es ist ein Geheimnis. Es muß ein ehrgeiziges und geistreiches Mädchen sein ...«

Zulma Carraud an Balzac, 2. Dezember 1839: »Ich kenne kein einziges Mädchen mit den von Ihnen genannten Bedingungen, und wenn ich eine kennte, so würde, um die Wahrheit zu sagen, dieser Satz: *Ich will kein Herz mehr haben, daher denke ich an eine Heirat,* mich zurückhalten. Eine Heirat ist in meinen Augen mehr denn je eine bedeutende Angelegenheit. Ich habe über die *Physiologie du Mariage* nachgedacht, und ich habe so genau alles Elend dieses Standes, das die Ehemänner selber hervorgerufen haben, kennengelernt, daß ich niemals ohne Tränen im Herzen einer Hochzeit beiwohnen kann. Erlauben Sie daher, daß ich unter keiner Bedingung etwas mit einer Angelegenheit zu tun haben will, die vielleicht einmal eine Qual für Ihr Leben bedeutet ...«

Warum nahm sie denn, da sie ihn doch so gut kannte, die Stimmungen eines Romanciers so ernst? An »diese Affäre« dachte er schon längst nicht mehr, da er mitten im *Curé de Village (Landpfarrer)* steckte, nicht zu rechnen zahlreiche Novellen. Schon seit geraumer Zeit versprach er Madame Hanska, *Le Prêtre catholique (Der katholische Priester)* zu schreiben. Nun also verwirklichte er diesen Plan, jedoch mit einem düsteren Hintergrund aus Liebe und Verbrechen (Erinnerungen an die Affäre Peytel), der erst durch die erleuchteten Ideen des Pfarrers Bonnet nach dem ersten Teil aufgehellt wird. Dieser erste Teil ist die Geschichte der Véronique Graslin, der Gattin des reichsten Bankiers von Limoges, die sich allerdings von diesem abstoßenden und despotischen Ehemann angeekelt abgewendet hat und ein geheimnisvolles Liebesverhältnis mit einem Porzellanarbeiter, Jean-François Tascheron, verbirgt. Diese Liebe verleitet Tascheron dazu, einen unvorsätzlichen Mord zu begehen. Er wird verhaftet, zum Tode verurteilt und spielt den Wahnsinnigen, damit er Véronique nicht bloßstellen muß; er führt dies bis zu dem Tag durch, da es dem Priester Bonnet, Pfarrer des erfundenen Dorfes Montégnac, gelingt, dieses ungezähmte Herz anzusprechen. Tascheron wird als Christ zur Hinrichtung gehen.

Der Leser erfährt nicht, was diese Liaison bedeutet hat, aber er wird Zeuge von Véroniques Reue. Nachdem sie Witwe geworden ist, zieht sie sich nach Montégnac auf einen Herrschaftssitz zurück, den der Herzog von Navarreins dem Bankier Graslin verkauft hatte. Vom Schloß aus kann sie das Grab ihres guillotinierten Geliebten sehen, und unter der geistlichen Führung Pfarrer Bonnets sucht sie sich durch milde Werke zu entsühnen. Die Landschaft um das Dorf verkommt mangels Wasser und methodischer Bebauung. Sie versichert sich der Mithilfe eines jungen Ingenieurs, Grégoire Gérard, dem die technischen Hochschulen und die Verwaltung kein Genüge tun konnten und der nun glücklich darüber ist, sich einer großen Aufgabe widmen zu können. (In diesem Gérard steckt manches von Surville.) Der Katholizismus und der selbstgewählte Wirkungskreis retten Véronique, die auf dem Sterbebett eine öffentliche Beichte ablegt. Kein Roman (nicht einmal *Le Lys* und *Le Médecin de Campagne*) läßt deutlicher erkennen, was die Religion für Balzac bedeutet. Er glaubt nicht an die buchstäbliche Wahrheit der Dogmen, ist aber der Meinung, daß durch karitative priesterliche Liebe wie die des Pfarrers Bonnet Menschen, die sich heillos verloren glauben, eine Neugeburt in Hoffnung erleben können. Eine echt demütige, durch Liebe, Hingabe und Karitas geformte priesterliche Seele hat die Macht, sogar den schuldigsten Menschen aufzurichten, wenn er nur selber »in der Selbstopferung mitarbeitet«.

Diese hohe Lehre wird in *Le Curé de Village* ohne Stilbruch in starker Gedankenführung vertreten. Die Wald- und Steppenlandschaft, die Zeichnung der »Schönheit von Feld und Flur« alternieren mit erstaunlichen technischen Erläuterungen über das gemeinsame Werk des Pfarrers Bonnet und des Ingenieurs Gérard. In äußerst umfangreichen Einschüben erklärt Balzac die Technik des Rodens und der Bewässerung. »Es ist eine Georgika des Polytechnikers.« Der Dorfpfarrer, wie der Landarzt, glaubt an die geistige

Frau von Hanska.

Das Schlößchen von Saché,
in dem Balzac auch mit seiner Frau wohnte.

Wirksamkeit der Tat. »Eure Gebete sollen in Arbeiten bestehen«, sagt er. Hier nähert sich Balzac dem Schluß des zweiten Teiles des *Faust*, der ja ebenfalls die geistige Haltung des Ingenieurs preist. Balzac stand immer viel näher bei Goethe, als er selber wußte.

Balzac hatte sich noch einmal zu einer Tat aufgeschwungen und gründete *La Revue parisienne*. Die vernichtende Lehre der *Chronique de Paris* hätte eigentlich genügen müssen, aber im Jahr 1839 hatte Alphonse Karr *Les Guèpes*, eine kleine Zeitschrift politisch-literarischer Kampfnatur, gegründet, von der sofort zwanzigtausend, später dreißigtausend Exemplare monatlich abgesetzt wurden. Balzac besaß mehr Talent als Alphonse Karr, hatte ein größeres Leistungsvermögen und ebensoviel Wagemut. Warum sollte er also nicht ganz allein eine Revue herausbringen? In einer Einleitung definierte er seine Ziele: »Die Komödie der Regierung« unter Aufzeigung der Kulissen des politischen Lebens schildern; auf literarischem Gebiet, wo die Kritik »der Ehrlichkeit ermangelt«, die Wahrheit sagen; und schließlich der Abdruck unveröffentlichter Fragmente aus seinen eigenen Romanen. »Die *Revue* verspricht nicht die Erzeugnisse der berühmtesten Federn, sie legt sie vor.« Tatsächlich hatte die *Revue* nur eine einzige berühmte Feder in ihren Diensten, aber es war allerdings die am besten zugeschnittene.

Ein Verwalter war nötig; das wurde Dutacq, der auch die Herstellung übernahm. Die Gewinne sollten hälftig geteilt werden. Balzac hegte die Hoffnung, er könne sich unabhängig machen, wenn er Eigentümer einer Zeitschrift werde. In den Tageszeitungen arbeiteten gefährliche Rivalen: Alexandre Dumas, Eugène Sue, Frédéric Soulié. Sie waren weniger tiefgründig als er, doch verstanden sie sich besser darauf, die Möglichkeiten der Gattung »Schnitt« und »Aufhänger« auszunutzen. Noch figurierte Balzac unter den »Marschällen des Feuilletons«, aber er hielt den Marschallstab nicht mehr allzu sicher in seiner Hand. Dies war einer der Gründe für die Planung der *Revue parisienne*, die zu einer Rückzugslinie werden sollte.

Sie brachte eine schöne Novelle von Balzac: *Z. Marcas*. Den Namen hatte er auf einem Firmenschild im Stadtviertel Sentier gefunden; er las ja immer alle Firmenschilder. »Marcas! ... Obwohl dieser Name seltsam und wild klingt, hat er ein Recht, auf die Nachwelt zu gelangen. Er ist gut zusammengesetzt, spricht sich leicht aus und besitzt die für berühmte Namen erwünschte Kürze.« Donnerwetter! Er glich dem Namen Balzac! Was nun die ärgerlich-ungewohnte Form des Z angeht, »stellt sie denn nicht das vom Zufall abhängige, schrullenhafte Zickzack eines umgetriebenen Lebenslaufs dar?« Als Kuriosum ist festzustellen: Marcas ist ein patriotischer Republikaner, und Marcas hat, genau wie Balzac, einen mächtigen, starken Kopf, eine breite, an der Spitze eingedrückte Löwennase, ein beinahe furchterregendes Antlitz, das durch zwei schwarze Augen von unendlicher Güte, ruhig, tief, gedankenvoll, aufgehellt wird. Balzac liebt ihn, wie er Michel Chrestien liebt. »Er glich Pitt, der sich England zur Frau genommen hatte, und so trug Marcas Frankreich in seinem Herzen; er betete es an ...« Hier muß wiederholt werden, daß Balzacs Bewunderung für Z. Marcas nicht in Widerspruch zu seinem Monarchismus steht. Balzac und Marcas sind beide jeder Herrschaft der Mittelmäßigkeit und des Greisentums feindlich gesonnen. Das Regime ist aus einer Revolution hervorgegangen, die von der Jugend und der Intelligenz gemacht worden war; dies gleiche Regime hat nun die Jugend und die Intelligenz ausgeschaltet. »In diesem Augenblick treibt man die gesamte Jugend dazu, republikanisch zu werden.« Sie erinnert sich an die jungen Repräsentanten des Volkes und an die jungen Generäle des Jahres 1792. In der Kammer Louis-Philippes gibt es keine dreißigjährigen Abgeordneten. Das ist die Balzac und seinem Helden gemeinsame Klage.

Balzac schrieb in seiner *Revue* auch Literaturkritiken, treffend, brillant, ungerecht streng über den unglücklichen Latouche und über Eugène Sue, und wunderbar divinatorisch über den damals so wenig erkannten Stendhal. So schreibt er über Latouche: »Eine Sarabande von Verbrechen und unmöglichen Albernheiten, das bietet uns die traurige, nicht-magische Laterne mit dem Titel *Léo. Léo* beweist, daß Monsieur de Latouche weder die Kunst beherrscht, seine Szenen vorzubereiten, noch Charaktere zu zeichnen, noch Kontraste wirken zu lassen, noch das Interesse lebendig zu halten ...« Die beiden Schriftsteller waren nicht nur verkracht, sie haßten einander. Latouche hatte Balzac allzuviel Ratschläge erteilt; so etwas ist kaum verzeihlich. Balzac war diesen Ratschlägen nicht gefolgt: das ist schlechthin unverzeihlich. »Hüten Sie sich!« sagte Balzac zu George Sand. »Eines schönen Tages werden Sie feststellen, daß Sie in ihm, ohne zu wissen warum, einen tödlichen Feind besitzen«. Tatsächlich liebte Latouche seine Füllen bis zu dem Augenblick, da sie die Rennen gewannen, die er immerfort verlor. Zuzugeben ist, daß die Füllen ihren Trainer grausam bissen.

Gegen Sainte-Beuve, der ihn immer mit Mißachtung behandelt hatte, verwendete Balzac Repressalien. Sein Artikel über *Port-Royal* war fürchterlich. »Monsieur Sainte-Beuve hat den entgeisternden Gedanken gehabt, das langweilige Genre zu restaurieren. Liest man Sainte-Beuve, so fällt Langeweile wie ein feiner dünner Regen herab, der einen schließlich bis auf die Knochen durchnäßt ... In einem einzigen Punkt verdient dieser Autor allerdings, gelobt zu werden: er wird sich selbst gerecht; er geht nämlich wenig unter Menschen und verbreitet daher nur durch seine Feder Langeweile ... Die Gedichte des Monsieur Sainte-Beuve kamen mir immer wie aus einer fremden Sprache übersetzt vor, und zwar durch jemand, der diese Sprache nur unvollkommen beherrscht.« *Port-Royal* war ein schönes Buch und Balzacs Kritik ist ungerecht.

Die einzige Entschuldigung für diese konzentrierte Bosheit liegt darin, daß Sainte-Beuve selber ein Beispiel dafür gegeben hatte. Er nannte Balzac einen Arzt für geheime Krankheiten: »In ihm steckt ein Doktor für streng vertraulich zu behandelnde Fälle, der den Alkoven nur von hinten betritt, etwas von einer Hausiererin im Toilettenzimmer, von einer Manicure-Dame und von einem Spaßmacher.« Und weiterhin: »Dem fruchtbarsten unserer Romanciers war ein Misthaufen, höher als dieses Haus, vonnöten, um darauf einige kränkliche und seltene Blüten sprießen zu lassen.« Balzac nahm in der *Revue parisienne* Rache; er verglich Sainte-Beuve mit jenen Mollusken, die »weder Blut noch Herz haben und bei denen der Gedanke, wenn überhaupt einer vorhanden, in einer weißlichen, faden Umhüllung verborgen ist«. Was den Stil angehe, so »streift sein schlaffer und weicher Satzbau kraftlos und duckmäuserisch an den Gegenständen vorbei und rutscht längs der Ideen hin«.

Die Studien jedoch über Monsieur Beyle – Frédéric Stendalh (Balzac kennt die Schreibweise von Stendhal so wenig wie die von Rothschild) sind für alle Zeiten eine Freude großherziger Geister. Ein berühmter Schriftsteller warf sein ganzes Gewicht in die Waagschale der Kritik, um einen Autor in den ersten Rang zu erheben, den vom Publikum bis dahin nicht gekannten Verfasser der *Chartreuse de Parme*, einem Werk, das schon seit zehn Monaten veröffentlicht war, ohne daß ein einziger Journalist es verstanden oder sich darum bemüht hätte. »Ich, der ich mich darin etwas auszukennen glaube, habe es in diesen Tagen zum dritten Mal gelesen: ich habe das Werk noch schöner gefunden, und ich empfand in meiner Seele jenes Glücksgefühl, das durch eine schöne Tat hervorgerufen wird ... Monsieur Beyle hat ein Buch geschrieben, in dem von Kapitel zu Kapitel das Erhabene immer mehr hervorbricht. In einem Alter, in dem die Menschen selten grandiose Stoffe finden, und nachdem er etwa zwanzig außergewöhnlich geistreiche Bücher geschrieben, hat er nun ein Werk hervorgebracht, das nur von wirklich überlegenen Seelen und Menschen gewürdigt werden kann. Er hat den *Fürsten von heute* geschrieben, den Roman, den Macchiavelli im 19. Jahrhundert schreiben würde, wenn er aus Italien verbannt wäre ... Ich weiß, wieviel Neckereien meine Bewunderung hervorrufen wird ...« Und an Madame Hanska schreibt er: »Beyle hat nach meinem Gefühl das schönste Buch geschrieben, das seit fünfzig Jahren erschienen ist.«

Balzac kannte Stendhal; er war ihm um 1830 im Salon des Malers Gérard, dann bei Astolphe de Custine begegnet. 1840 weilte der Konsul Henri Beyle auf seinem Posten in Civita-Vecchia; er dankte Balzac: »Niemals hat je ein Schriftsteller von einem anderen einen so erstaunlichen Artikel empfangen; ich habe ihn gelesen, und, ich wage es Ihnen jetzt zu gestehen, ich bin vor Lachen geplatzt. Jedesmal, wenn ich auf ein etwas starkes Lob stieß, und ich traf bei jedem Schritt auf eines, sah ich, was für ein Gesicht meine Freunde beim Lesen machen würden.«

Noch im Jahre 1857, als Stendhal schon seit fünfzehn Jahren tot war, sollte Sainte-Beuve darüber staunen, »welche Bedeutung diesen Romanen beigelegt wird, die trotz hübscher Partien immer verfehlt sind, und insgesamt doch abscheulich«. Doch zwei Männer hatten im Fall Stendhal klar gesehen: Goethe (in den *Gesprächen mit Eckermann*) und Balzac. Dessen Geste ist um so großherziger, als es Stendhal in seinem Waterloo gelang, was Balzac seit zehn Jahren in *La Bataille*, dem nie geschriebenen Napoleon-Roman, zu vollbringen nur hoffte. Es ist eine ganz reine Freude, zu sehen, wie diese drei großen, untereinander so verschiedenen Männer einander über die kleinen Geister hinweg erkannten.

Die *Revue parisienne* verstarb unglücklicherweise sehr jung, schon nach drei Nummern. Die beiden Teilhaber teilten den, übrigens kleinen Verlust von 1800 Francs unter sich. Wieder einmal hatte Balzac im Journalismus keinen Erfolg gehabt, wie in geschäftlichen Unternehmungen, wie in der Politik.

Was wurde aus den Liebesbeziehungen? Die »Fremde« lebte weit weg und war fast stumm geworden. Er wagte, sich über ihr Schweigen zu beschweren:

»Nun ist es länger als drei Monate her, daß ich einen Brief von Ihnen bekommen habe. Ach, ich muß feststellen, daß Sie außergewöhnlich klein sind, und hierdurch sehe ich ein, Sie stammen aus dieser Welt. Aha! Sie schrieben mir nicht mehr, weil meine Briefe rar geworden waren! Nun, sie sind selten geworden, weil ich nicht immer das Geld für das Porto hatte und weil ich Ihnen das nicht gestehen wollte. Ja, so weit ging meine Niedergeschlagenheit, und noch darüber hinaus. Das ist wirklich schrecklich und sehr traurig, aber es ist wahr wie die Ukraine, in der Sie leben. Ja, ich habe Tage gehabt, an denen ich stolz auf den Boulevards ein Brötchen aß ... Mein Gott, verzeih ihr, denn sie *weiß*, was sie tut ...«

Sie warf ihm Madame Visconti und die Widmung von *Béatrix* vor: *Für Sarah*. Er behauptete, daß er sich von dieser gelöst habe:

»Die Freundschaft, von der ich Ihnen sprach und über die Sie anläßlich der Widmung spotteten, erfüllt meine Erwartungen nicht. Die englischen Vorurteile sind schrecklich; sie rauben den Künstlern alles, was zu ihnen paßt: die Ungebundenheit, die Hingabe. Noch nie habe ich so deutlich bestätigt gefunden, daß ich in *Le Lys* die Frauen dieses Landes in wenig Worten sehr richtig gedeutet habe ...«

Ist hier wohl einiges auf Rechnung der Vorsicht zu setzen, so muß auch festgestellt werden, daß die *Contessa* immer mehr seiner müde wurde und ihn ermüdete. Die »wilde Tochter der Bretagne«, Hélène de Valette, bestand nur aus Lügen und Doppelspiel. Monsieur Hanski war anscheinend unsterblich, und Madame Hanska zog sich zurück. Alles verweigerte sich. Und Balzac war vierzig Jahre alt. Vierzig Jahre voller Leiden: »Ich seufze nach dem gelobten Land einer sanften Ehe, da ich es müde geworden bin, in dieser Wüste ohne Wasser, voller Sonne und Beduinen weiterzustapfen ...« Völlig mutlos spricht er davon, »seine Knochen nach Brasilien zu schleppen, in ein verrücktes Unternehmen«. Er hatte Geld, Frauen und Ruhm begehrt. Er hat kein Geld, er hat keine Frauen mehr, und Dummköpfe machen ihm den Ruhm streitig.

»Ich werde alle meine Briefe, alle meine Papiere verbrennen und nur meine Möbel und Les Jardies behalten; ich werde abreisen; vorher werde ich die kleinen Dinge, an denen ich hänge, der Freundschaft meiner Schwester anvertrauen; sie wird der treueste Drache dieser Schätze sein. Irgend jemand werde ich eine Geschäftsvollmacht erteilen; ich werde meine Werke auswerten lassen; dann will ich ausziehen und das Geld suchen, das mir fehlt. Entweder komme ich reich zurück, oder niemand wird je erfahren, was aus mir geworden ist. Es handelt sich hier um ein bis ins Letzte ausgearbeitetes Projekt, das diesen Winter mit Zähigkeit ohne Abstriche zur Ausführung gebracht werden soll. Durch meine Arbeit kann ich meine Schulden nicht bezahlen. Ich muß nach anderen Möglichkeiten Ausschau halten ...«

Das alles war nur ein Roman, wie so viele andere, und die *Reise nach Brasilien* wurde niemals geschrieben und nie unternommen.

XXVIII

»RUE BASSE«

> Kein Schriftsteller vertraut alles seinen intimen Tagebüchern an, so wenig wie seinen Briefen; allein seine Geschöpfe erzählen seine wahrhafte Geschichte, die er selbst nicht gelebt, aber zu erleben gewünscht hat.
> *François Mauriac*

In Les Jardies zu leben wurde unmöglich. Vergebens bemühte sich Balzac, kräftig von seinem Anwalt Maître Gavault unterstützt, Zeit zu gewinnen. Die hauptsächlichen Gläubiger, insbesondere der abscheuliche Foullon, setzten ihre Verfolgungen weiter fort. Die kleinen Leute: der Gärtner Brouette, der Wäscher, der Metzger, der Feldhüter geduldeten sich. Die Reichen schunden ihn erbarmungslos. Balzac hatte aber mehr als einen Knüttel in seinem Sack. Eines Tages schrieb er eine Novelle[1], in welcher man den Dandy Maxime de Trailles mit einem Gläubiger sicher, verachtungsvoll und überlegen sprechen sieht: »Falls Sie es vermögen, mir den Betrag Ihres Darlehens zu *stehlen*, wäre ich Ihnen sehr verbunden, Monsieur«, sagte Maxime, »ich werde daraus lernen, neue Vorsichtsmaßnahmen zu ergreifen ... Ihr ergebener Diener.«

Genau wie sein Held sah Balazac den Kampf zwischen Schuldner und Gläubiger als einen Krieg ohne Treu und Glauben an. Auf den Rat von Gavault hin ließ er Les Jardies versteigern. Der Besitz wurde für 17 550 Francs verkauft; mit den Bauarbeiten, der Terrassierung und den Anpflanzungen war er Balzac auf 100 000 zu stehen gekommen. Doch der Ersteigerer, ein Architekt namens Claret, war ein Strohmann und handelte insgeheim auf Rechnung Balzacs. Die fingierte Versteigerung wurde daher zu einem sehr schlechten Geschäft für die Gläubiger; sie konnten nur eine sehr magere Summe in anteilmäßigem Verhältnis ihrer Forderungen unter sich teilen, und Balzac blieb heimlicher Besitzer von Les Jardies.

Zwei Jahre früher hatte er an Madame Hanska geschrieben: »So lautet

[1] *Les Roueries d'un Créancier (Durchtriebenheiten eines Gläubigers)*, neu gedruckt in einem Band mit dem Titel *Esquisse d'Homme d'affaires (Skizze zu einem Geschäftsmann)*.

denn jetzt und für lange Zeit meine Adresse: *Monsieur de Balzac in Les Jardies, Sèvres* ... Ich glaube, hier werde ich in Frieden meine Tage enden.« Im November 1840 hat sich alles geändert: »Schreiben Sie mir an folgende Adresse: Monsieur de Breugnol, rue Basse, Nr 19, in Passy bei Paris.« Passy, damals ein Dorf innerhalb der Bannmeile, war seiner Thermalquellen wegen und durch den reizenden Landsitz des Barons Delessert, des Inhabers einer Zuckerraffinerie, bekannt. In Passy lebt Balzac näher an Paris als in Les Jardies, und vor allem wird er hier unauffindbar sein, denn er hat unter angenommenem Namen einen recht verborgen liegenden Pavillon am Abhang eines zerklüfteten Hügels gemietet. Der Geldmann, der einst das Haus in der Rue Basse hatte errichten lassen, hatte unterhalb ein zweites Gebäude angebaut, das als Festsaal und Orangerie diente; das Erdgeschoß der Rue Basse wurde auf diese Weise, von den Gärten her gesehen, zum zweiten Stockwerk des Hauses. Der tiefer liegende Festsaaltrakt, der später in fünf Räume aufgeteilt wurde, saß auf den Wirtschaftsgebäuden auf, und der Hof des Stalles ging (infolge einer neuen Niveauänderung der beiden Etagen) auf die enge Rue du Roc. Durch eine versteckte Treppe stand die von Balzac gemietete Wohnung in Verbindung mit diesem Hof. Als verfolgter und immer zur Wachsamkeit gezwungener Mensch war Balzac begeistert, eine Wohnung mit zwei Ausgängen zu haben. Sollte irgendein Gerichtsbote sich in der Rue Basse melden, so konnte Honoré auf der Rue du Roc, einem abschüssigen, geheimnisvollen Pfad, fliehen und zum Kai hinablaufen, wo die Postkutsche nach dem Palais Royal vorbeifuhr[1].

Félix Solar, Direktor der Zeitung *L'Epoque*, hat einen Besuch bei Balzac, von dem er ein Feuilleton erbitten wollte, geschildert. Der Romancier, der ihn erwartete, hatte ihm ein Kennwort mitgeteilt. Er mußte in der Rue Basse läuten, beim Hausmeister des Besitzers nach Madame de Breugnol fragen und dann zwei Stockwerke tiefer gehen. Im Gegensatz zur imaginären Witwe Durand existierte Madame de Breugnol wirklich. Sie hieß Louise Breugniol und war 1804 im Ariège geboren, von bäuerlicher Herkunft aus dem Bergland. Sie war aktiv, intelligent, energisch und hatte sich einen Beruf daraus gemacht, älteren, allein lebenden Schriftstellern den Haushalt zu führen. Bevor sie bei Balzac, dem Marceline Desbordes-Valmore sie empfohlen hatte, eintrat, war sie die Haushälterin von Latouche gewesen – Haushälterin und vielleicht noch mehr.

Sie war, berichtet Félix Solar, eine Vierzigerin mit fettem Gesicht, mön-

[1] Heutzutage heißt die Rue Basse Rue Raynouard, und die alte Nummer 19 wurde zur Nummer 47. Die Rue du Roc heißt jetzt Rue Berton; der Hof des Balzacschen Hauses hat (Nummer 24) noch das alte Tor, letzte Spur eines Bauernhofes des Dorfes Passy.

chisch, gesetzt, eine Klosterpförtnerin. Nach Madame de Berny, der Herzogin von Abrantès, der Gräfin Guidoboni-Visconti, der Madame Hanska war sie zweifellos ein armseliges Stück Wildbret. Balzac aber war der komplizierten Frauen müde geworden und glaubte, Frieden finden zu können bei dieser Person, die von Marceline Desbordes-Valmore den Übernamen »Neufundländer« bekommen hatte. Übrigens hatte Balzac sie mit der nicht auszurottenden, von seinen Eltern übernommenen Vorliebe für Adelspartikel nobilitiert.

Sie spielte in seinem Leben eine weit wichtigere Rolle, als bisher berichtet wurde. Nicht nur führte sie das Hauswesen, in dem Balzac kaum mehr als »eingeladener Gast« war; nicht nur lief sie für ihn zu den Druckereien, den Verlegern, den Zeitungen und verhandelte geschickt über Verträge, sondern sie sorgte auch für das sinnliche Wohlergehen ihres Dienstherrn. Er nahm sie sogar auf Reisen mit, wie sie 1860 (zehn Jahre nach Balzacs Tod) dem Geschäftsmann Fessart in einem Brief in Erinnerung ruft, als sie mit diesem eine Pilgerfahrt nach Baden-Baden machte, wohin sie einmal mit ihrem unvergeßlichen großen Mann gekommen war. »Ich vernahm, wie man hinter uns tuschelte: *Haben Sie ihn gesehen? – Ja, ich habe ihn gesehen! – Sehen Sie, das ist er!* Armer Freund, diese Neugier hat ihn so gelangweilt, ich aber war jung und stolz auf mein Glück. Ich bin jetzt in Baden-Baden schrecklich traurig geworden, als ich das Haus wiedersah, das wir beinahe gemietet hätten, wo wir unsere Tage enden wollten!« Louise de Breugnol war Balzac lange Zeit sehr ergeben; er hatte sie mit Versprechungen, die er so gerne verschwenderisch austeilte, überhäuft; sie glaubte, für den Rest ihres Lebens seine dienende Mätresse bleiben zu können.

Solar erzählt, daß »Madame de Breugnol« persönlich ihn in das Arbeitszimmer Balzacs geführt habe:

»Ich betrat das Sanctuarium; meine Blicke fielen auf eine Kolossalbüste des Autors der *Menschlichen Komödie*, ein prächtiges Stück aus dem schönsten Marmor, das auf einem Sockel mit einer eingelassenen Uhr stand.

Eine Glastür führte in einen kleinen, mit dürftigen Fliederbüschen bepflanzten Garten; sie erhellte auch das Zimmer, dessen Wände mit Bildern ohne Rahmen und Rahmen ohne Bilder behängt waren. Gegenüber der Glastür stand ein Bücherschrank; auf seinen Brettern standen in schönster Unordnung das *Année littéraire*, das *Bulletin des Lois*, die *Biographie universelle* und der *Dictionnaire* von Bayle. Links davon schien ein anderer Bücherschrank den zeitgenössischen Autoren vorbehalten zu sein; zwischen Alphonse Karr und Madame de Girardin entdeckte ich Gozlan.

Inmitten des Zimmers stand ein kleiner Tisch, der Arbeitstisch vermutlich, auf dem ein einziger Band ruhte: ein französisches Wörterbuch.

Balzac trug eine weite, einst weiße Mönchskutte, hatte ein Tuch in der Hand und rieb mit verzücktem Gesichtsausdruck eine Tasse aus Sèvres-Porzellan blank ...«

Da Balzac für seine Mutter sorgen mußte, überlegte er bald, es sei viel sparsamer, wenn sie, ungeachtet der Gefahren des Zusammenwohnens, gemeinsamen Haushalt führt.

Balzac an Laure Surville: »Sag Mutter, sie soll ihr Federbett, ihre Pendule, ihre Leuchter, zwei Paar Leintücher und ihre Wäsche zu Dir bringen; ich werde alles am 3. Dezember abholen lassen ... Wenn sie will, kann sie sehr glücklich sein; sag ihr aber deutlich, sie müsse dem Glück die Hand bieten und es nicht verscheuchen. Sie soll für sich allein monatlich hundert Francs bekommen, eine Frau zu ihrer Verfügung und einen Dienstboten haben. Sie soll gepflegt werden, wie sie es gern hat. Ihr Zimmer ist so elegant, wie ich es machen kann. Sie bekommt einen Perserteppich, den ich in der Rue Cassini in meinem Zimmer hatte ...«

Die Absicht war auf beiden Seiten gut; das Experiment dauerte nur sechs Monate. Zwischen Madame Balzac und Madame de Breugnol war ein friedliches Zusammenleben nicht möglich. Die wechselnden Stimmungen der Madame Mère »mußten einen Menschen wahnsinnig machen, auch wenn er nicht schon durch die Vielfalt seiner Ideen, seiner Arbeiten und seiner Sorgen nahe daran war, es zu werden«. Im Jahre 1841 beeilte sie sich selber, das Feld zu räumen.

Madame Balzac an Honoré: »Als ich einwilligte, mein lieber Honoré, bei Dir zu leben, habe ich geglaubt, daß ich dort glücklich werden könnte. Ich habe bald erkennen müssen, daß ich die Drangsal und die täglichen Gewitter Deines Lebens nicht ertragen konnte; immerhin habe ich Geduld gehabt, solange ich geglaubt habe, allein zu leiden. Als ich durch Deine Kälte feststellte, meine Gegenwart werde nur wie eine Notwendigkeit ertragen und daß ich weit davon entfernt sei, Dir angenehm zu sein, aber sehr nahe daran, Dir zu mißfallen – da ist meine Lage noch peinlicher geworden. Diese Situation hat mich Worte finden lassen, die Dich schmerzten. Im selben Augenblick habe ich den Entschluß gefaßt, Dein Haus zu verlassen. Alte Leute können sicherlich nicht mit der Jugend zusammenleben ...«

Madame Balzac an Laure Surville: »Ich will Dir noch sagen, daß ich niemand beschuldige. Madame de Brugnole (sic!) ist von Natur aus gut. Wenn sie Fehler macht, so geschieht es unwillentlich. Diese Frau ist die Rechtschaffenheit und Zartheit in Person. Ich weiche ihr ohne Angst. Sie liebt Honoré; sie wird für ihn sorgen ... Ich denke, daß die arme Madame de Breugnol in Honorés Nähe niemals gefährlich werden wird. Das arme Geschöpf hat sehr viel Leid, sehr viele Heimsuchungen erlebt ... Ich versichere

Dir, sie ist zu bedauern; ich hoffe, daß Honoré, sowie er es vermag, sie sicherstellen wird ... Das ist nur gerecht, denn sie hält Honoré von sehr vielen Ausgaben zurück und sie verhindert viele Dummheiten ...«

Madame Balzacs Fehler bestand darin, am Leben ihres Sohnes teilnehmen zu wollen. Aber, wie er ihr immer sagte, *er hatte kein anderes Leben als seine Arbeit:* »Arbeiten heißt für mich jede Nacht um zwölf Uhr aufstehen, schreiben bis acht Uhr, eine Viertelstunde frühstücken, arbeiten bis fünf Uhr, Abendessen und am anderen Tage ebenso fortfahren. Aus dieser Arbeit entstehen fünf Bände in vierzig Tagen!«

Was für Bände? Er schrieb gleichzeitig an mehreren Romanen, legte sie weg, nahm sie wieder vor. In den Briefen aus dieser Periode nennt er besonders: Die *Mémoires de deux jeunes mariées (Memoiren zweier Jungvermählter), La Fausse Maîtresse (Die falsche Geliebte), Ursule Mirouët, La Rabouilleuse (Die Fischerin im Trüben), Une ténébreuse Affaire (Eine dunkle Begebenheit).*

Wie es Übermenschen gibt, so gibt es Überschriftsteller. Balzac war ein Über-Romancier. Der Reichtum seines Vorrats schien unerschöpflich. Immer hatte er im Verlauf der langen Jahre Stoffe angehäuft. Zum Beispiel sollte *La Succession (Die Nachfolge)*, die schon 1833 auf dem Programm stand und einige Zeit *Les Héritiers Boisrouge (Die Erben Boisrouge)* hieß, in dem kleinen Haus der Rue Basse zwei Romane entstehen lassen: *La Rabouilleuse* und *Ursule Mirouët.*

Hatte er ein Thema gewählt, dann verknüpfte er es mit einem ihm gut bekannten Milieu und einem vertrauten Dekor. Hier siedelte er dann bereits konzipierte Geschöpfe an. Auf diese Weise verlegte er *La Rabouilleuse* nach Issoudun; er hatte sich die Stadt anläßlich seiner Besuche in Frapesle angeschaut. Hier hatte zur Zeit der Restauration eine Bande von auf Halbsold gesetzten Offizieren und üblen Kerlen, den Chevaliers de la Désœuvrance, die Bürger terrorisiert. Um nun den Leser zu »interessieren«, mußte unter diese arbeitslosen Spitzbuben ein energisches, bösartiges und grandioses »Ungeheuer« gebracht werden. Balzac braucht bloß aus seiner Marionettenschachtel Philippe Bridau, den Bruder des Malers, herauszunehmen. Die Geschichte wird sodann zu der eines alten, verliebten Junggesellen, des gutmütigen Rouget, eines Onkels von Philippe, der zum Sklaven der Flore Brazier, der »Fischerin im Trüben« wird, die ihn durch Sinnlichkeit an sich fesselt, und zur Geschichte des Halunken, in den sie verliebt ist: Max Gilet.

Der Oberst Philippe Bridau kommt nach Issoudun, wo er um eine Erbschaft kämpft; er tötet im Duell Max Gilet, entführt Flore seinem Onkel, zähmt ihn und das Mädchen, plündert seine eigene Mutter und seinen

Bruder aus und mißbraucht seine Stärke derart, daß er angesichts des Triumphes scheitert, »weil er übers Ziel hinausschoß«. Nun mußten nur noch die Joseph befreundeten Maler und Schriftsteller, die von Philippe abhängigen (und von Balzac schon modellierten) Schauspielerinnen und Loretten um die Brüder Bridau aufgebaut werden. Diese Mischung errang einen Erfolg, der den Autor selber in Erstaunen setzte. Er hatte gefürchtet, dieser »schreckliche Roman« werde abstoßen, da er ohne das Element der Liebe konstruiert war. Aber nein, die Brutalität Philippes, die senile Hinfälligkeit des trotteligen Rouget, sein täglicher Bedarf an käuflichen Zärtlichkeiten, die üppige Schönheit Flores, die Kraft der sinnlichen Szenen ließen das Buch zu einem Erfolg werden. Sein historischer Wert ist erstaunlich. Der auf Halbsold gesetzte Soldat oder der Held ohne Anstellung ist ein Typ, der nach allen großen Krisen auftaucht. Philippe Bridau wird durch die Restauration wieder in die Armee eingegliedert und wird zum Grafen von Brambourg, dekoriert mit der Ehrenlegion und dem Orden des heiligen Ludwig; es ist dies eine der anderen Lehren der Geschichte.

Balzac selber zog *Ursule Mirouët*, eine andere Erbschaftsgeschichte, vor, in die er Tatsachen der Vision über weite Entfernung hinweg und des Okkultismus, an die er glaubte, eingegliedert hatte. Der gute Arzt Minoret erfuhr durch eine Hellseherin von der Liebe seines Mündels, Ursule, zu einem schönen Nachbarn; gleichzeitig entdeckte er die völlige Reinheit dieses Mädchens. Vor seinem Sterben glaubte er die Zukunft Ursules gesichert zu haben. Einer der Erben, der Postmeister Minoret-Levrault, eignete sich auf betrügerische Weise das Vermögen des Arztes an. Doch der Tote erschien Ursule und enthüllte ihr das Verbrechen! Der Schuldige, ein stiernackiger Riese, fühlte sich entdeckt und siechte dahin. Das Ganze endet mit einer Rückerstattung und einer Heirat. Die Geschichte mutet an mehr als einer Stelle unwahrscheinlich an; sie ist jedoch in die Realität eingepflanzt durch alle diese untereinander verknüpften Verwandtschaften der Minoret-Levraults, der Crémière-Minorets, der Minoret-Minorets; durch die technischen Details des Postwesens von Nemours; durch die Szenerie des Gartens (»Ursule Mirouët ist ein Freiluftroman«, sagt Alain), daß man nicht umhin kann, die Geschichte schließlich zu glauben. »Die Unwahrscheinlichkeiten Balzacs sind meistens Wahrscheinlichkeiten, die unser unzureichend eindringender Blick, weniger tiefdringend als der Blick des Genies, nicht hat erreichen können. So konnten, auf anderen Gebieten, heute durch wissenschaftliche Experimente erklärbare Phänomene einst nur durch Elitegeister oder durch Seher geahnt werden« (Marcel Bouteron). Es handelt sich hier um einen Glaubensakt, aber Balzac fordert ihn – und er verdient ihn auch.

Une ténébreuse Affaire (Eine dunkle Begebenheit) ist ein Stoff aus Balzacs

Jünglingserinnerungen. Seine Eltern hatten durch den Präfekten General Pommereul viel von dem Abenteuer des Senators Clément de Ris erfahren, der auf geheimnisvolle Weise zur Zeit des Konsulats entführt worden war. Die Herzogin von Abrantès, die die Affäre gut kannte, hatte ihm wertvolle Einzelheiten berichtet. Die Polizei Fouchés hatte angeblich Schuldige gefunden und hatte drei junge, zweifellos unschuldige Adelige hinrichten lassen. Warum diese Entführung? Manche behaupteten, die Polizei habe selber die ganze Affäre erfunden, um sich gewisser Papiere bemächtigen zu können, die eine Mitwisserschaft Cléments de Ris mit Pichegru und anderen bewiesen hätten, die sich zur Zeit von Marengo rüsteten, Bonaparte im Falle seiner Niederlage abzusetzen. Hier lag also ein Stoff vor, doch Balzac wollte mehr Romanhaftes. Er bearbeitete diese unfruchtbare Materie und machte sie fruchtbar. Um die jungen Adeligen Paul-Marie und Marie-Paul de Simeuse, Zwillingsbrüder, zu rechtfertigen, erfindet er, daß Malin de Gondreville (die Clément de Ris nachgebildete Romangestalt) sich den Familienbesitz der Simeuses als nationalen Besitz hat zuteilen lassen. Aus diesem Grund betrachten die Zwillinge ihn als einen Usurpator, der ihnen ihre Ländereien gestohlen habe; hierdurch werden die leidenschaftlichen Gefühle aller derer, die die Zwillinge lieben, legitimiert, besonders die des Verwalters Michu, des treuen Dieners, der hingerichtet werden wird. Hier ersteht wieder die Atmosphäre der *Chouans*, die Düsternis, die durch die Nacht galoppierenden Pferde und der finstere Corentin mit dem limonadefarbenen Teint. Es ist Geschichte auf dem Niveau des Ausführenden, ebenso undurchschaubar wie ein Schlachtfeld für den Soldaten. Von Zeit zu Zeit erscheinen wie für die Dauer eines Blitzes jene, die Bescheid wissen: der Kaiser taucht am Vorabend der Schlacht bei Jena auf, und ganz am Ende der Minister Henri de Marsay, der mit ein paar Sätzen das dichte Dunkel zerreißt, das immer noch um diese erschreckende Affäre schwebt. Im Hintergrund dieses Dramas um Liebe und Treue stehen die mächtigen Interessen derer, die aus der Revolution Profit gezogen haben und die Güter der Emigranten behalten wollen. So befiehlt die wirkliche Geschichte der abstrakten Geschichte, und von diesem Provinzwinkel aus kann festgestellt werden, »wieso das Kaiserreich sich durchsetzte, weniger durch die Macht als durch die zugesicherte Ordnung und durch die angekündigte Dauer« (Alain). Stabilität befeuert die Treue.

Ebenso wie in *Une ténébreuse Affaire* sich noch einmal die Politik der Natur bestätigt, die einzige, an die Balzac glaubt, eine ewige, durch die Instinkte des Menschen befohlene Politik, so bekräftigt er in den *Mémoires de deux jeunes mariées (Memoiren zweier Jungvermählter)* seine Anschauungen über die Ehe und macht dem Schwarmwesen den Prozeß. Zwei

Freundinnen aus der Klosterschule, Louise de Chaulieu und Renée de l'Estorade, korrespondieren miteinander und erläutern, wie sie leben wollen, »die eine aus tollster Leidenschaft, die andere aus weisester Resignation«. Renée hat mit einem durch das Leben verwundeten Mann, der gut, aber schwierig zu lieben ist, eine Vernunftheirat geschlossen. Die vernünftige Liebe entwickelt sich aber bei diesem Paar gemäß der allgemeinen Sittenlehre, aufgrund biologischer, ökonomischer und politischer Beziehungen, unter Unterdrückung aller Träume, unter gemeinsamer Neigung zum Kind, durch die Verwaltung des Besitzes. Die Gattin verwandelt den Gatten und hebt ihn über sich hinaus. Es ist keine Wahnliebe; es ist das Glück, wenn man, wie Renée, der Meinung ist, die Wegzehrung der Ehe liege in den Worten: *Resignation* und *Ergebung*, was zwar traurig ist – und zu Balzacs Zeiten wahr. Die andere Briefschreiberin, Louise de Chaulieu, schließt eine Liebesheirat mit einem geheimnisvollen Spanier; die Ehe scheint anfänglich sinnlos, entwickelt sich aber glanzvoll. Die Frau zeigt sich hier als leidenschaftliche Geliebte und verschlingt den Mann; dann, als sie wiederverheiratet ist, verliebt sie sich und sucht infolge einer absurden, wahnwitzigen Eifersucht den Tod. Diese beiden Dramen spiegeln sich in den Briefen, die Renée und Louise wechseln (und deren einige von Laure Surville geschrieben sind). Die Moral des Romans besteht darin, daß Familienbande und gemeinsame Interessen die beständigen Werte der Ehe sind. Allerdings schreibt Balzac über dieses Buch an George Sand: »Seien Sie beruhigt; wir sind gleicher Anschauung. Auch ich möchte lieber von Louise getötet werden, als lange mit Renée leben.« Man könnte auch feststellen, Balzac habe in seinem eigenen Leben selber immer Leidenschaft gesucht; wäre das aber ein vernünftiger Einwand? Niemals wäre er damit einverstanden gewesen, durch Louise umzukommen. Die Bande zu Madame de Berny waren ebenso real wie leidenschaftlich; die *Dilecta* war ins Werk verwickelt, in die Kämpfe, sogar in die Liebesdinge. Maria du Fresnaye, die *Contessa*, Hélène de Valette waren mehr Objekte einer Liebelei denn einer Passion. Wie oft hat er zu Caroline Marbouty gesagt, er halte die Liebe, wenn sie sich nur körperlich äußere, für ein bedeutungsloses Spiel. Was er seit 1833 ausdrücklich gewünscht hatte, war die Heirat mit Eveline Hanska und damit eine unbestrittene Eingliederung in die Gesellschaft seiner Zeit, eine Eingliederung, die weder seine Geburt noch sein Genie ihm verschaffen konnten. Sein Leben widerspricht seiner Doktrin also nicht; er hat nie ein Leben geführt, wie er es sich erträumte, ein Leben nämlich im Einklang mit seinen Anschauungen.

In Wahrheit sind in Balzac zwei Wesen. Der eine Balzac ist ein dicker Mann, der in der Menschenwelt zu leben scheint; der sich mit der Mutter und der Schwester herumstreitet; der Schulden hat und sich vor Gerichtsvollziehern fürchtet; der einen Liebesbriefwechsel mit einer polnischen Gräfin pflegt und sich gleichzeitig von einer Mätresse verhätscheln läßt, die ihm auch den Haushalt führt. Der andere Balzac ist der Schöpfer einer Welt; er liebt junge Frauen mit weißen Schultern und blitzenden Augen, Schauspielerinnen oder Herzoginnen; er empfindet und versteht die zartesten Gefühle; er kümmert sich nicht um elende Geldfragen und führt ein üppiges Leben. Der menschliche Balzac erträgt die kleinen Spießbürger aus seiner Familie; der prometheische Balzac verkehrt in berühmten Familien, die er selber erfunden hat. So stark ist er durch die Geschöpfe seiner Einbildungskraft beansprucht, daß er keine Zeit mehr hat, sich um die anderen zu kümmern. Beim Tod Laure de Bernys ist er so wenig anwesend wie bei dem Laure d'Abrantès', die er doch beide in den Stunden seines irdischen Lebens geliebt hat; aber er wacht über der Agonie Henriette de Mortsaufs, Esther Gobsecks, Coralies, die alle Töchter seines Ingeniums sind. In der wirklichen Welt wirkt er manchmal undankbar und nachlässig; in *seiner* Welt, der einzigen im Grunde, an die er glaubt, der einzigen, in der sein Herz und sein Geist anwesend und intensiv tätig ist, ist er zart und voller Leidenschaft.

Am erstaunlichsten ist es, daß der irdische Balzac, der seine Romane in je zwanzig Tagen schreibt, der in Tinte und in Korrekturbogen lebt und sich dabei den Schlaf verkürzt, noch recht häufig Zeit dazu findet, über das abschüssige Sträßchen zu der Pariser Eilkutsche zu springen. Am 15. Dezember 1840 schaut er der Überführung von Napoleons Leiche in den Invalidendom zu.

»Von Le Havre bis nach Pecq waren beide Ufer der Seine schwarz von Menschen, und alle diese Scharen knieten nieder, als das Schiff auftauchte. Es war großartiger als römische Triumphzüge. Noch in seinem Sarkophag ist er kenntlich: die Haut ist weiß, die Hände sind sprechend. Bis ans Ende ist er ein Zauberer, und Paris ist die Stadt der Mirakel. In fünf Tagen wurden einhundertzwanzig Statuen errichtet, darunter sieben oder acht hervorragende; Urnen von zwanzig Fuß Höhe und Tribünen für hunderttausend Personen. Der Invalidendom war mit violettem Samt, ganz übersät mit goldenen Bienen, bespannt. Mein Tapezierer sagte mir zur Erklärung: Monsieur, in solchen Fällen ist jedermann Tapezierer!« (Brief an die »Fremde«.)

Man ahnt, daß Balzac an diesem schönen Tag glücklich ist; er liebt bis zur Besessenheit die Größe, den Kaiser Napoleon – und die Bespannungen.

Am 25. März 1841 verbrachte er einen reizvollen Abend mit Lamartine, Victor Hugo, Gautier und Karr bei Delphine de Girardin. »Seit dem Haus

Mirabaud habe ich nie mehr so gelacht.« Am 3. Juni war er im Kuppelsaal anwesend, als Victor Hugo in die Akademie aufgenommen wurde. Hugo hielt einen kaiserlichen Einzug, seine Pyramidenstirne wirkte frei, aber Balzac tadelte die Rede: »Der Poet hat seine Soldaten verleugnet; er hat die ältere Linie verleugnet; er wollte die Convention rechtfertigen. Seine Rede hat seinen Freunden den größten Kummer verursacht.« Und vergebens, denn »dieser große Dichter, dieser erhabene Erfinder von Sinnbildern ist in den Sattel gesetzt worden; von wem? Von Salvandy!«, dem Historiker und Politiker, von dem Thiers sagte: »Er ist ein Pfau voller Ehrgefühl«, und der dem Kandidaten nicht die traditionellen Pfeile ersparte: »Wir haben Ihnen Dank gewußt, daß Sie Ihre Berufung als Dichter so mutig gegenüber allen Verführungen durch politischen Ehrgeiz verteidigt haben.« Eine perfide Formulierung, denn sie galt einem Mann, dessen politischer Ehrgeiz jedermann bekannt war.

Balzac selber begehrte einen Sessel in dieser Vereinigung. Schon 1836 sagte er: »Ich will versuchen, mir die Pforten der Akademie mit Kanonenschüssen zu öffnen.« Hunderte Male hatte er berechnet, was die zweitausend Francs Ehrengehalt, was die sechstausend Francs aus der Wörterbuch-Kommission und was die Pairswürde bedeuten würden, die ganz natürlich (wie er annahm) seinem Eintritt in das Institut folgen müßte. Im Jahre 1839 hatte er sich als Kandidat aufstellen lassen, war aber zugunsten Victor Hugos zurückgetreten. Dieser besuchte ihn in Les Jardies. Balzac führte ihn im Garten auf dem gleitenden Boden herum. Hugo war allzu sehr beschäftigt, sich auf den gefährlichen Abhängen im Gleichgewicht zu halten und sprach daher kein Wort bis zu dem Augenblick, da er vor *dem* Nußbaum stand.

»Na, endlich ein Baum!« sagte er.

»Ja, und dazu ein großartiger Baum! Wissen Sie, was er einbringt?«

»Da es ein Nußbaum ist, wird er wohl, wie ich vermute, Nüsse bringen.«

»Sie haben es nicht erraten: er bringt jährlich fünfzehnhundert Livres.«

»Nüsse?«

»Nein, keine Nüsse. Er bringt fünfzehnhundert Francs.«

Und Balzac erklärte, ein alter Brauch aus der Feudalzeit verpflichte alle Bewohner von Ville-d'Avray, ihren Mist an den Baumstamm zu schütten. Das gäbe täglich einen Berg von Dung, den Balzac den Landwirten, Weinbauern und Gemüsegärtnern der Nachbarschaft verkaufen könne.

»Das ist Gold in Barren, was ich da habe! Geradeheraus gesagt: dies ist Guano!«

»Guano ohne die Vögel«, meinte Victor Hugo in olympischer Ruhe.

Die Glocke rief zum Essen. Es war die Rede von der französischen Akademie. Hugo versprach wenig; später zeigte sich, daß er viel mehr hielt. Als Les Jardies verkauft war, empfing Balzac in der Rue Basse von Zeit zu Zeit andere Akademiker. »Ich mache mich bemerkbar, einzig, damit man erfährt, daß ich nominiert werden will; das soll nämlich ein Fest werden, das ich für meine Eve aufbewahre, oder vielmehr für meinen *loup.*« Die Akademie ist eine soziale Wirklichkeit; ein Realist, auch wenn er ein Visionär ist, erkennt ihre Existenz an.

Eine andere Schriftstellervereinigung, die »Société des Gens de Lettres«, nahm ihm kostbare Stunden weg. Balzac hatte sich seit geraumer Zeit für die beruflichen Interessen der Kollegen interessiert. Schon 1834 hatte er eine *Lettre aux écrivains français du XIXe siècle (Brief an die französischen Schriftsteller des 19. Jahrhunderts)* veröffentlicht. »Das Gesetz schützt die Erde; es schützt das Haus des Proletariers, der im Schweiß seines Angesichts gearbeitet hat; es konfisziert aber das Werk des Dichters, der Gedankenarbeit vollbracht hat.« Die Pariser Theater nehmen jedes Jahr zehn Millionen ein. Und wie hoch ist das Budget der großen Literatur? Wie hoch das Einkommen von Hugo, Musset, Soulié, Sue? Nicht einmal eine Million aus ganz Frankreich. Die zehntausend reichen Familien haben nicht einmal je einen Francs für die zwanzig bemerkenswerten Bücher übrig, die unsere Nation im Jahr hervorbringt. Sie leihen die Bücher aus den Leihbibliotheken oder kaufen Nachdrucke.

Balzac verlangte, das literarische Werk müsse vererbbares Eigentum sein wie jedes andere Eigentum auch (denn damals erlosch das literarische Eigentum zehn Jahre nach dem Tode des Autors). Das literarische Eigentum müsse gegen ausländische Raubdrucke geschützt werden (die belgischen Nachdrucker benachteiligten ihn um einen großen Teil seiner Rechte), und es müsse der Schriftsteller endlich ein moralisches Recht an seinem Werk haben, an dem ohne seine Autorisation nichts verändert werden dürfe. Alles das war richtig und einleuchtend; es ging auch später in die Urheberrechtsgesetze ein. Allerdings brauchte es einen langen Kampf, bis die Gleichgültigkeit der Gesetzgeber überwunden werden konnte. Im Jahre 1838 endlich wurde eine »Gesellschaft der Schriftsteller« konstituiert. Victor Hugo, Alexandre Dumas und Frédéric Soulié waren unter den ersten Mitgliedern. Balzac war gerade abwesend, wurde aber im Dezember 1838 aufgenommen. Im folgenden Jahr wurde er zum Präsidenten anstelle von Villemain, der Unterrichtsminister geworden war, gewählt. Sein intimer Feind, Sainte-Beuve, ergriff die Gelegenheit, sich über die »Literaturindustrie« und den *Dämon des literarischen Eigentums* lustig zu machen, der nach seiner Meinung einen *Veitstanz,* eine »pindarische Krankheit« darstelle. »Der Springbrunn jedes Hochmuts fällt als goldner Regen zurück. Das geht leicht in die Millionen; niemand schämt sich, sie zur Schau zu stellen oder sie zu erbetteln.« Sainte-Beuve höhnte über die »Société des Gens de Lettres«, einen wirklichen *Arbeitsgesellenbund*, und über die *maréchaux de France (Frankreichs Marschälle)* der Literatur (eine Formulierung Balzacs), »Männer, wie man wissen muß«, schrieb Sainte-Beuve verachtungsvoll, »die gewisse kommerzielle Oberflächenerzeugnisse zur Ausnutzung anbieten«. Tatsächlich konnte es Sainte-Beuve leichtfallen, mit nachsichtiger Überlegenheit von Raubdrucken als von einem Risiko und einer Ehre zu sprechen, denn er selber lief kein Risiko, und auch diese Ehre wurde ihm nicht angetan.

XXIX

DIE MENSCHLICHE KOMÖDIE I

> Die Menschliche Komödie ist die Imitatio Gottvaters. *Albert Thibaudet*

Im Jahre 1841 konnte Balzac mit einer Gruppe von Verlegern (Dubocher, Furne, Hetzel und Paulin) einen Vertrag über die Veröffentlichung aller seiner Werke unter dem großartigen Titel »Die Menschliche Komödie« unterzeichnen. Mehrere Male hatte er schon Gruppen einzelner Werke mit Sammeltiteln versehen. Der von ihm gewünschte Eindruck eines riesenhaften Monuments konnte nur noch verstärkt werden, wenn dies Monument einen Namen trüge. Daher stammen die Titel *Scènes de la Vie privée, de la Vie parisienne, de la Vie de Province;* die *Etudes de mœurs,* die *Etudes philosophiques,* die durch die, außer der *Physiologie du Mariage,* leider im Planzustand gebliebenen *Etudes analytiques* ergänzt werden sollten. Daß diese Klassifizierungen etwas willkürlich waren, wurde durch den Übergang zahlreicher Romane von der einen in die andere Gruppe bewiesen. Einen Augenblick dachte er an *Etudes sociales* als Haupttitel. Dann rief die *Divina Commedia* Dantes den Titel *Comédie humaine* hervor, der zum ersten Mal in einem Brief an den Verleger Hetzel im Jahre 1839 erwähnt wird.

Es handelt sich hierbei keineswegs um einen verlegerischen Trick. Balzac bemüht sich, aus seiner riesigen Romansumme ein vollständiges Inventar menschlicher Typen zu machen. Wird er Zeit zur Vollendung haben? Er kann es nicht wissen; doch was im Jahr 1841 vorliegt, stellt schon eine organisierte Welt dar, die wie die wirkliche Welt aus sich selbst heraus weiterzeugt, teilweise aus Symmetrie *(Un Grand Homme de province à Paris* inspiriert den Wunsch nach *Un Grand Homme de Paris en province,* einem Stoff, der in *Modeste Mignon* und in *La Muse du Département* skizziert werden wird), teils aus Ähnlichkeit (*Le Contrat de Mariage* ruft nach *L'Inventaire après décès,* das nie geschrieben wird). Diese Methode der Selbstzeugung läßt die Schöpferkraft ungeheuerlich anwachsen. Maurice Bardèche hat aufgezeigt, daß die innere Geschichte der Menschlichen Komödie klarer erhellt wird, wenn man die in Balzacs Fischkasten gebliebenen Projekte berücksichtigt. Louis Lambert, das durch die Stärke seines Gedankens getötete Genie, sollte als Gegenstück *Le Crétin (Der Kretin)* erhalten, der aufgrund der Nichtigkeit seines Lebens Langlebigkeit erhält.

Dreiundfünfzig Titel von projektierten und nichtgeschriebenen Romanen sind von Spoelberch de Lovenjoul veröffentlicht worden. Einige haben Spuren hinterlassen: *Les Héritiers Boisrouge, Les Grands, L'Hôpital et le Peuple, Entre Savants, Le Théâtre comme il est, La Vie et les Aventures d'une Idée, L'Anatomie des Corps enseignants.* Zu dieser Liste muß man hundert Skizzen im Zustand von kurzen Notizen rechnen. Wenn eine Welt sich im Gehirn bewegt, drängen sich die Stoffe und verlangen nach Leben. Beispiele: *Ein armes Mädchen will einen Mann als Gatten unter der Vorspiegelung eines großen Vermögens einfangen und heiratet einen armen Teufel, der es wie sie gemacht hat. Ein Mädchen täuscht sich über die Bemühungen eines Mannes und glaubt sich von ihm geliebt; da es sich nicht so verhält, haßt sie ihn, der sie unterdessen wirklich liebt.* Zwei vorzügliche Szenen aus dem Privatleben. »Über dieses Titelgewimmel, über diese pilzartigen Wucherungen von Personen und Stoffen, in denen sich die Fruchtbarkeit, Verschwendung und Gleichgültigkeit des Lebens spiegeln, könnte jeder mit Einbildungskraft begabte Mensch ins Träumen kommen ...« Es stimmt traurig, zu wissen, daß wir, wäre Balzac siebzig Jahre alt geworden, wunderbare Romane über das Alter seiner Helden erhalten hätten.

Für die Ausgabe, die das Gelingen einer seit zehn Jahren unternommenen titanischen Anstrengung krönen sollte, bat der Verleger Hetzel um ein Vorwort. Balzac schlug in seinem überarbeiteten Zustand vor, die Vorreden von Davin erneut abzudrucken. Hetzel wurde ärgerlich: »Es ist unmöglich, daß eine vollständige Ausgabe von Ihnen, das größte mit Ihren Werken gewagte Unternehmen, ohne ein paar einführende Worte von Ihnen ins Publikum hinausgeht.« Balzac gab nach und versuchte in einem langen *Avant-propos (Vorbemerkung)* die Entstehung des Planes zu erzählen. Er hatte, wie er sagte, die erste Idee dieses kolossalen Ganzen zu einer Zeit, da er sich mit Geoffroy Saint-Hilaire beschäftigte. Balzacs Erleuchtung war, wie man sich erinnert, die Einsicht, daß es soziale Arten, *species*, gebe, wie es zoologische Arten gibt. Die Unterschiede zwischen einem Arbeiter, einem Kaufmann, einem Matrosen, einem Dichter sind gleicher Natur wie jene, die den Löwen, den Esel, den Haifisch, das Lamm voneinander unterscheiden.

Doch die *Comédie humaine* wird unendlich komplexer als die animalische Komödie sein. Zuerst einmal gehört bei tierischen Paaren das Weibchen immer der gleichen Art wie das Männchen an. Der Löwe lebt mit der Löwin zusammen. In der menschlichen Welt kann ein Löwe mit einem Lamm oder mit einer Tigerin zusammen leben. Außerdem verwandeln sich die Tiere erst nach Jahrtausenden zu komplexeren Tieren, während ein Grünkramhändler in einigen Jahren zu einem Pair von Frankreich werden und ein Herzog in den untersten sozialen Rang absinken kann. Schließlich produziert der Mensch als geschicktes Geschöpf mit Hand und Geist Werkzeuge, Kleider, Häuser, die sich mit der Zivilisation verändern. Der Naturforscher, der die Spezies Mensch studiert, muß also Männer, Frauen und Dinge aufzeichnen.

Walter Scott war es gelungen, den Roman zur Würde der Geschichtsschreibung zu erheben, aber er hatte nicht daran gedacht, seine Kompositionen untereinander zu verknüpfen. Hier griff die zweite Erleuchtung Balzacs ein: eine vollständige Sittengeschichte seiner Zeit zu schreiben, deren einzelne Kapitel je ein Roman sein sollen. Zwei- bis dreitausend Personen in die Welt zu setzen, bedeutet eine Konkurrenz mit dem Zivilstandsregister; er verbindet die Personen durch den sozialen Kitt der Ständeordnungen und der Berufe miteinander. Die Einheit des Gesamtwerkes ist solcher Art, daß es insgesamt gelesen werden muß, wenn sein ganzer Zauber erkannt werden soll.

Dann erst wird die gesamte Ausdehnung dieses Reiches und seine immer wache Intelligenz erkennbar. »Ich habe mehr aus Balzac gelernt«, sagte Engels, »als aus allen Büchern der professionellen Historiker, Nationalökonomen und Statistiker insgesamt.« Die *Comédie humaine* bleibt einerseits immer das wahrhaftigste Gemälde des ewigen Menschen und andererseits die beste Darstellung der Sitten in der Zeit der Restauration. Alles ist hier zu finden: Adel und Bürgertum, Verwaltung und Armee, das Funktionieren des Kreditwesens, des Handels, des Transportwesens, der Presse, der Rechtsprechung, des politischen und des gesellschaftlichen Lebens. In keiner Weise nur oberflächlich skizziert, sondern demontiert und auseinandergelegt wie die Teile eines riesenhaften Organismus mit sichtbarem Räderwerk.

Sein allumfassendes Wissen erstreckt sich auf Häuser und Städte; er kennt alle Stadtteile von Paris. »Wie ein mächtiger Homer erhellt er mit höllischer Flamme die Grüfte und Laufgänge eines fiebrigen Stadtwesens, in dem eine finstere Epopöe abrollt.« (Henri Focillon) Er drängt sich in Studentenrestaurants, in Theaterkulissen, in die Boudoirs von Herzoginnen, in die Alkoven der Kurtisanen. Seinen Geschöpfen gibt er reale Lieferanten. Der Schneider Staub kleidet Lucien de Rubempré, der Schneider Buisson (Balzacs Schneider) kleidet Charles Grandet. Der Schmuckhändler Fossin, Rue de Richelieu 76, liefert die Weintrauben aus Jett für die schöne Madame Rabourdin. In der Provinz weiß er genau Bescheid über die verschiedenen Gesellschaftsschichten von Angoulême, Le Havre, Limoges, Alençon. Keiner hat gründlicher als er die unversöhnlichen, schäbigen Antagonismen durchschaut, die in allen diesen Städten durch die Erschütterungen von 1789 bis 1830 hervorgerufen wurden. Das Frankreich der Restaurationszeit würde uneinsehbar bleiben müssen, wenn der Leser nicht erführe, vermittels welcher Wurzeln es mit der Vergangenheit verbunden ist. »Das wahrhafte Leben ist das Leben der Ursachen.« Außerdem aber ermöglicht Balzac die Technik der immer wieder auftauchenden Gestalten, diesen imaginären Personen eine vierte Dimension zu verleihen: *die Zeit.*

Eine Gesellschaft nur zu beschreiben genügt ihm allerdings nicht. In seinen Augen besitzt der Schriftsteller eine Aufgabe, die ihn auf gleiche Höhe, wenn nicht noch höher, mit dem Staatsmann stellt; das ist »die Entscheidung über menschliche Fragen«. Wenn Balzac sich für den größten Romancier hält, so nicht allein deswegen, weil er so und so vielen Geschöpfen Leben verliehen hat (man kann sich einen fleißigen Schriftsteller ohne Genie vorstellen, der eine noch größere Anzahl von Charakteren zu schildern vermöchte), sondern weil er dem von ihm bearbeiteten menschlichen Rohstoff seinen persönlichen Mythos inkorporiert hat: die auf ein einziges Objekt konzentrierte Willenskraft. Diese Willenskraft hat ihre Grenzen. Die Nationen haben wie die Menschen ihr Chagrinleder. Den Völkern kann lange Lebensdauer nur unter der Einschränkung ihrer vitalen Tatkraft zugesichert werden. Balzac spricht daher zugunsten von beständigen Regierungen und Lebensregeln. »Ich schreibe im Licht zweier ewiger Wahrheiten: der Religion und der Monarchie.« In solchen Fragen des Staatswesens gibt sich Balzac mephistophelisch. »Wollte ein Politiker ein ehrlicher Mann sein, dann müßte er eine fühlende Dampfmaschine sein, oder er wäre ein Lotse, der mit der Hand am Ruder seine Frau beschliefe.« George Sand aber, die ihn gut kennt, antwortet: »Angesichts eines betrübten Sinnes oder eines von Herzen kommenden Tadels fällt seine ganze diabolische Kraft in sich zusammen, denn im Grund seines Wesens hat er naive, gute Instinkte. Dann würde er einem die Hand drücken, oder er schwiege, oder er würde von anderen Dingen sprechen.« Sein Macchiavellismus entstand aus der Intelligenz; der Edelmut stammt aus seinem Herzen.

Politik und Religion

Das beste politische Regime ist, nach Balzacs Anschauung, jenes, das die größten Energien weckt. Daher nimmt er an, daß dieses Maximum an Energie erzielt werden kann, wenn die Autorität des Staates konzentriert wird. Hier stellt sich die Erinnerung an das von ihm erfundene Gespräch zwischen Katharina von Medici und Robespierre ein. Balzac läßt diese zwei Vertreter der Staatsraison gelten; aus den gleichen Motiven bewundert er Napoleon. Wie die Mehrzahl der Jungen seines Alters ist er ein »Kind von Austerlitz« gewesen; diese frühe Begeisterung hat er niemals vergessen.

Im Couplet über den Kaiser in *Autre Étude de femme (Zweite Frauenstudie)* heißt es: »Ein Mann, der mit gekreuzten Armen dargestellt wird, der alles vollbracht hat! Der die schönste bekannte Macht gewesen ist, die konzentrierteste Macht, die beißendste, die schärfste aller Machtfülle ... Ein Mann, der alles tun konnte, weil er alles wollte ... Jede Willkür und jede Gerechtigkeit zu ihrer Zeit, ein echter König! ...« Das ist reinster Balzac. Ohne eine Prise Willkür ist keine Gerechtigkeit möglich. Als allerletztes Mittel, wenn einen die Gesetze in Stich lassen, muß man bis zum König gehen – oder zu den »Dreizehn«.

Nach der Revolution von 1830 hätte er das Regime des Bürgerkönigs vielleicht gutgeheißen, wenn dieser stärker gewesen wäre. Doch »wir haben eine große Revolution gemacht, und sie ist unterdessen in die Hände von ein paar Männlein geraten ... Der schlimmste Fehler der Julirevolution bestand darin, daß sie Louis-Philippe nicht drei Monate Diktatur ermöglicht hat, um die Rechte des Volkes und des Thrones mit aller Stärke zu unterstreichen.« Wenn Wohlstand für die Massen gewünscht wird, ist der Absolutismus (oder die größte Summe der möglichen Macht) die einzige Möglichkeit, dieses Ziel zu erreichen. »Was repräsentative Regierung genannt wird, ist ein unaufhörlicher Sturm ... Das echte Kennzeichen einer Regierung ist aber Beständigkeit.« Nach zwei Jahren einer konstitutionellen Monarchie, deren Nachgiebigkeit und Wirkungslosigkeit Balzac sehr beklagte, hatte er sich seit 1832 dem Legitimismus genähert, nicht in gefühlsmäßiger Verehrung wie Chateaubriand und auch nicht aus mondänem Ehrgeiz, wie die wachsame Zulma glaubte, sondern weil, wie er dachte, der Absolutismus des legitimen Königs am leichtesten angenommen wird.

Diese politische Anschauung Balzacs sollte später Flaubert und Zola empören. »Und er war Katholik, Legitimist, Besitzer ... Ein großer, braver Mann, aber zweitrangig ...« Balzac zweitrangig! Wie dumm! Alain, mehr Republikaner als Flaubert, verstand Balzacs Politik. Es wurde gesagt: »Er unterstützt Thron und Altar, und dabei glaubt er weder an das eine noch an das andere.« Das ist wahr, wenn darunter ein Glaube an ihren absoluten Wert verstanden werden soll; es ist falsch, wenn es sich um ihren praktischen Wert handelt. Balzac hält zur Tradition, zur Familie, zur Monarchie, weil sie *existieren* und weil sie die Energien der Nationen bewahren. Unaufhörlich das Oberhaupt wechseln, die Beweglichkeit der Gedankenwelt in die Welt der Tat übertragen, heißt in seinen Augen den Staat schwächen. Die Dauer erscheint Balzac als etwas an sich Gutes. Das vermag ebensowohl zur Volksdiktatur wie zum Legitimismus zu führen, zu Napoleon oder Marat wie zu Ludwig XIV. Napoleons einziger Irrtum bestand darin, daß er sich nicht in der Dauer zu behaupten verstanden hat. Ein echter König kann von oben oder von unten kommen. Balzacs Verachtung gilt einer unbeständigen Regierung mittelmäßiger Menschen. Manchmal träumt er von einer Kollektivdiktatur: »Wenn fünfzehn talentvolle Männer sich in Frankreich zusammenschlössen und einen Chef vom Range Voltaires hätten, würde der ›konstitutionelle Regierung‹ genannte Witz, der eine immerwährende Inthronisation der Mittelmäßigkeit zur Grundlage hat, bald enden.«

Das soll nicht heißen, die Energie stehe immer auf derselben Seite. Balzac versteht Michel Chrestien und Z. Marcas ebensogut wie den Grafen de Fontaine oder Henri de Marsay. Horace Bianchon, eine seiner Lieblingsgestalten, sagte von der Marquise d'Espard: »Ich hasse diese Sorte von Menschen; ich wünsche mir eine Revolution, die uns für immer von ihnen befreit.« Balzac hat selber solche Wutanfälle anläßlich der Marquise de Castries erlebt, doch seine Wunden waren aus Eitelkeit, nicht aus wirklicher Not entstanden. Er konnte Revolutionär genannt werden, weil er eine verfaulte Gesellschaft zeichnet und den Wunsch zu ihrer Umformung erweckt. Allein, er zeichnet sie als Bürger und als Sohn von Bürgern, der nichts anderes verlangt, als sich in ihr einen Platz zu schaffen.

Monarchie also und Religion ... Welche Religion? In dem Vorwort zu dem *Livre mystique (Buch der Mystik)* gab er eine Antwort: Die Mystik, denn sie stellt das Christentum in seinem reinsten Prinzip dar. Er hält die Apokalypse des heiligen Johannes für eine Arche, die zwischen der christlichen Mystik und der indischen, ägyptischen, hebräischen und griechischen mystischen Lehre steht. Diese Religion ist durch Jacob Boehme auf Madame Guyon, auf Fénélon übertragen worden. Sie hatte im 18. Jahrhundert in Swedenborg einen Evangelisten, dessen Gestalt so kolossal wie die des heiligen Johannes, Moses' und Pythagoras' ist; in Saint-Martin hatte sie einen französischen Apostel. An ihnen formte sich die Religion Louis Lamberts, und sie wird von Balzac verteidigt. In einem Brief an Charles Nodier vom Jahre 1832 kam er auf seine philosophischen Studien seines zwanzigsten Jahres zurück, der Zeit, da er in seiner Mansarde Leibniz und Spinoza las. Wohin hatten ihn diese Bücher geführt? Zu folgendem Dilemma: Entweder sind Gott und die Materie gleichzeitig entstanden, dann hört Gott auf, allmächtig zu sein, da er die Koexistenz einer seiner eigenen fremden Kraft dulden muß; oder aber Gott war vor allem anderen existent, dann kann, weil Gott die Welt aus seiner eigenen Wesenheit heraus geschaffen hat, es weder in der Gesellschaft noch in der Welt das Böse geben. »Gott befindet sich«, wie Bayle gesagt hat, »in den Schlachten auf beiden Seiten und schlägt sich selber.« Jede Scholastik mündet in eine Sackgasse.

Und was dann? Dann muß man sich mit dem Pyrrhonismus beruhigen oder sich liebevoll dem Christentum in die Arme werfen und nichts mehr nachprüfen. In seiner Jugend fand Balzacs Intelligenz im Pyrrhonismus Ruhe. 1824: »Jeder Mensch hat seinen Wahn; die Religion ist nur der sublimste von allen.« 1837: »Ich habe weder konvertiert, noch bin ich zu bekehren, denn ich habe überhaupt keine Religion.« Schließlich faßt er den Entschluß, sich für das Christentum zu entscheiden. Was für ein Christentum? Das der katholischen Kirche? Balzac ist durch Kindheitsgefühle mit ihr verbunden; er schrieb zu ihrer Verteidigung schöne Erzählungen; im *Médecin de Campagne* hat er ihre kultivierende Macht gepriesen und in *Le Lys* die Liebe im Sinn des Evangeliums. Das alles genügt aber nicht, aus ihm einen orthodoxen Katholiken zu machen: »Der katholische Glaube«, sagte er, »ist eine Täuschung, die man sich selber antut.«

Doch immerhin empfindet der Schriftsteller, der ein Menschenführer sein will, die Kirche als die Hüterin der moralischen und sozialen Wahrheiten. Zum Verständnis der Rolle, die dieser Ungläubige der Religion zuerteilt, muß an die von ihm gezeichnete Gesellschaft erinnert werden, an diese böse, vom Geld beherrschte Welt, in der die Schwachen mit Füßen getreten werden und in der das Verbrechen belohnt wird, wenn es die Justiz an der Nase zu führen verstanden hat. »Was ist das Frankreich von 1840? Ein ausschließlich von materiellen Interessen besessenes Land ohne Patriotismus und ohne Gewissen, in dem die Macht ohne Gewalt ist ...« Angesichts des triumphierenden Bösen stellt der Katholizismus *»ein vollkommenes System zur Unterdrückung der lasterhaften Triebe der Menschen dar«*. Balzacs Intelligenz schreibt den Dogmen keinen absoluten Wert zu; er hält sie für erhabene, fruchtbringende Mythen. Was kann denn der Mensch überhaupt verstehen, wenn nicht Mythen? »Es ist unmöglich, Kant von einer ganzen Nation studieren zu lassen.« Gläubigkeit und Gewohnheit sind für ein Volk von größerem Wert als Studium und Urteilskraft.

»Ich vergesse nicht«, schreibt François Mauriac, »daß, wenn Balzac katholisch gewesen ist, er es auf die politische und pragmatische Weise Bonalds und de Maistres war, die sicherlich nicht die beste gewesen ist. Doch eine authentischere religiöse Strömung erkämpft sich einen Weg in den Tiefen seines Lebens wie seines Werkes ... Es genügt, *Louis Lambert* und *Le Médecin de Campagne* wieder zu lesen; dann weiß man, daß Balzac, wenn er in der Erkenntnis des Bösen sehr weit vorgedrungen ist, auch die Erkenntnis des wesentlich Guten gehabt hat.« Hier handelt es sich nicht nur um einen engen Katholizismus, wie ein Bürger des Marais ihn nötig hat, der seine Frau in ihren Pflichten unterstützen und seinen Besitz verteidigen will. In den die *Comédie humaine* vervollständigenden Bänden wollte Balzac der christlichen Caritas einen breiten Platz einräumen. Das Seelenheil entsteht in der Stille und im Geheimnis, die Caritas aber bewirkt sichtbare Wunder.

Gute Werke können für den Arzt Benassis wie für Véronique Graslin erlösend wirken.

Ein gläubiger Mensch mag die intellektuelle Herablassung dieses Glaubensverteidigers als schockierend empfinden. Immerhin zeigt er, wenn er auch nicht alles annimmt, Respekt. In der schönen Novelle *La Messe de l'Athée (Die Messe des Gottesleugners)* läßt der Chirurg Desplein, der weder an Gott noch an den Teufel glaubt, Seelenmessen für einen armen Wasserträger lesen, der ihm Wohltaten erwiesen hatte. Seinem darüber erstaunten Schüler Bianchon antwortet Desplein: »Ich sage mit dem guten Glauben des Zweiflers: ›Lieber Gott, wenn es einen Ort gibt, an den Du die Vollkommenen nach ihrem Tode versetzest, so denke an den guten Bourgeat ...‹ Das ist alles, mein Lieber, was sich ein Mensch mit meinen Überzeugungen gestatten kann. Gott muß ein guter Kerl sein, er wird mir deswegen nicht böse sein. Ich schwöre Ihnen, ich würde mein Vermögen hingeben, wenn Bourgeats Gläubigkeit mir ins Hirn dringen könnte.« Und Bianchon, der seinen Lehrer während dessen letzter Krankheit behandelt, wagt nicht zu behaupten, der berühmte Chirurg sei gottlos gestorben. In Balzac wirkten neben dem Agnostizismus Despleins einige Züge der vornehmen, von ihm selber erschaffenen Priester.

Hat Balzac eine Metaphysik? Ganz sicherlich, denn er ist nicht der Anschauung, der physikalische Determinismus genüge zur Erklärung aller Vorgänge. Balzac ist gleichzeitig Materialist und Spiritualist. Der Geist durchdringt die Materie. Die Stufenleiter der Wesen geht vom Mineral, das in schwacher Form denkt, bis zum Menschen, dessen Seele an den Körper gebunden ist, dann zum Engel, der nur noch aus Seele besteht. Balzac glaubt in etwas wirrer Weise, die Evolution, die den Marmor zum Heiligen entwickelt hat, führe den Menschen zum Engel. Er weiß, daß ein großes Geheimnis in der Welt wirkt und daß im Leben ein Prinzip, mächtiger als das Leben selber, besteht. Dieses Geheimnis, dieses Prinzip Gott zu nennen, ist er bereit. Der Mensch möchte ihn verstehen. Doch wir können ihm nur durch Allegorien, Symbole, Zeichen näherkommen. Wenn Gott schweigt, sind Wesen und Dinge voll geheimnisreicher Botschaften. Zwischen Materie und Mensch bestehen kaum feststellbare Beziehungen. Das wirklich Bedeutsame im Universum befindet sich in der Infinitesimaldimension. Aus diesem Grund ist sehr viel Sorgfalt nötig, ein Mobiliar, ein Kostüm, einen Hut, eine Geste zu beschreiben; alles liegt in allem. Ein Geschäftsreisender ist, aus dem Blickfeld des Absoluten, von gleichem Wert wie ein Kaiser.

Die Welt ist eins und ungeteilt. Eine einzige Substanz erzeugt die physische wie die geistige Welt. Balzac erinnert gern an diese Einheit, indem er die Einwirkung physiologischer Momente auf Seelenbewegungen aufzeigt. Nichterfüllte erotische Wünsche werden in Vatergefühle, in geistige Energien oder in Nächstenliebe umgeformt, wie Wärme in Licht, in Elektrizität. Wir alle besitzen eine Lebenskraft; die einen verwandeln sie in ein Werk, die anderen in ein Verbrechen. Freuden, die man sich versagt, können den Willen, dies dem Menschen verliehene kraftvolle Fluidum, auf die Welt zu wirken, stärken. Worin besteht Balzacs Traum? Diesen Willen derart zu konzentrieren, daß daraus eine magische, vielleicht sogar eine göttliche Kraft entsteht.

Ein Gott zu sein und eine Welt zu erschaffen ist das uneingestandene Streben Louis Lamberts, Balthazar Claës', Frenhofers; sie alle sind Projektionen Balzacs. Doch Menschenkräfte sind begrenzt, und auf Prometheus lauert der Wahnsinn. Balzac selber hat manchmal eine dahingehende Befürchtung geäußert. Er ist durch Arbeit und durch einige Frauen davor gerettet worden. Denn die Einheit der Natur und ihr Gleichgewicht resultieren aus der Vereinigung zweier Prinzipien: einem männlichen, das die Bewegung, den Krieg begehrt, und einem weiblichen, das Stabilität und Kontinuität durch Vererbung fordert. Die Saint-Simonisten und später Auguste Comte trugen ebenfalls diese Lehre vor. Balzac war ein ebenso tiefer Denker wie Comte, doch größer noch als Dichter, und als ein solcher drückt er seine Metaphysik durch Mythen aus. Plato steht im Hintergrund, auch Dante und Shakespeare.

Liebe und Ehe

Balzac spricht bald als Mystiker, bald als Physiologe über die Liebe. Sein Wortschatz ist immer sittsam; keine Beschreibung von Nuditäten; wenig wollüstige Szenen, aber medizinische Kühnheit; die Körperbewegungen bestimmen die des Herzens. Schon bei der ersten Begegnung mit Dinah de la Baudraye erahnt Bianchon am Tonfall einer Antwort das intime Leben der Schloßherrin: ihr Gatte, der kleine La Baudraye, ist impotent, und Dinah ist noch jungfräulich. Sie wird daher auch Lousteau zufallen, sobald dieser es will, und dem kleinen Journalisten Lousteau eher als dem großen Arzt Bianchon. »Und zwar aus folgenden Gründen: Frauen, die lieben wollen, schaudern instinktiv vor Männern zurück, die einen tyrannisch fordernden Beruf ausüben; sie sind, trotz ihrer Überlegenheit, immer Weibchen, wenn es darum geht, erobert zu werden.« Das ist die Beobachtung eines beschäftigten Mannes, für den Zeit Geld ist. Balzac beschreibt als Kenner den »roten Blick«, den zwei einander begehrende Wesen austauschen. Er weiß, was für eine Rolle die Sinne spielen und welche Zärtlichkeiten die Herzogin von Langeais nicht gewährt; durch welche perversen Geheimnisse Béatrix, eine reife Frau, gegenüber der jungen, charmanten Sabine, die Calyste geheiratet hat, im Vorteil ist; auf welche Weise Valérie Marneffe oder die Torpille die Greise an sich binden. Hat er nicht selber Madame de Berny, die älter als seine eigene Mutter war, angebetet, nicht Madame de Castries rasend begehrt und nicht mit der fetten Eveline den Wonnerausch des »unvergeßlichen Tages« genossen? Er kennt alle Rezepte aus der »Liebesküche«.

Doch jede nicht durch die Gesellschaft getragene Liebe dünkt ihm zum Scheitern bestimmt. Oft hat er die Schrecken der heimlichen Liebe gemalt. Der Mensch steht unter dem Zwang, gleichzeitig seinen Sinnen, seinem Stolz und seinen Interessen Genüge tun zu müssen. An einer geliebten Frau liebt man alles: ihren Körper, ihren Geist, ihre Schönheit, ihre Spitzen und den Rahmen ihres Lebens. Madame Hanska gefällt Balzac, weil sie »gut zu lieben« ist, doch auch ihrer Lektüre, ihrer dreitausend Muschiks, ihres Gräfinnentitels, ihres Schlosses, ihrer Gläubigkeit wegen. George Sand, seiner Freundin, gegenüber hat er die Ehe verteidigt, weil zwei Liebende nur in der Ehe alles teilen können: Bett, Erfolg, Vermögen; und nur in der Ehe hat ihre Verbindung die Religion, die Gesellschaft, die Familie zu Bundesgenossen. Wohlverstanden bringt eine Vernunftehe, falls sie sich nicht zu einer Neigungsehe entwickelt, auch kein Glück. Balzac wünscht sich nicht »eine Hütte und ein Herz«, sondern »ein Schloß mit der Herzallerliebsten«. Das ist gerade das Gegenteil einer romantischen Haltung. In der Liebe wie in der Politik schwimmt Balzac gegen die Zeitströmung.

Immer hat Balzac den Unterschied zwischen Leidenschaft und Liebe unterstrichen: »Leidenschaft ist eine Hoffnung, die vielleicht enttäuscht wird ... Männer und Frauen können, ohne ehrlos zu werden, mehrere Leidenschaften erleben; es ist so natürlich, nach dem Aufschwung zum Glück zu trachten! Aber es gibt nur eine einzige Liebe im Leben.« Er selber gab das Beispiel einander ablösender Leidenschaften, doch zumindest in der Theorie klammert er sich an die Auffassung von einer Religion des Herzens. »Im Leben eines Mannes gibt es keine zwei Lieben; es gibt nur eine einzige Liebe, so tief wie das Meer, aber ohne Ufer.« Das erotische Leben und das mystische Leben müssen sich in einem einzigen Wesen vereinigen; zwei Geschöpfe sollen sich auf den Flügeln der Lust in die Höhe schwingen und zu einem Engel verschmelzen. In *Séraphita* ist es nur ein Symbol; es ist das Bild einer möglichen Vervollkommnung in den Augen Camille Maupins; es ist eine Hoffnung, die er Eve Hanska verheißt. Doch wenn er in sein Werk versunken diesen engelhaften Zustand zeichnet, lebt er selber ihn nicht: ein großer Mann kann sich keine große Liebe erlauben; er darf keiner Frau angehören. Wohl könnte er lieben, zuerst aber muß er erschaffen. Das sind Wahrheiten, die er seiner Allerliebsten nicht anvertraut.

Einige Male hat er die leidenschaftliche Liebe auf die Szene gebracht. Eugénie Grandet liebt ihren Vetter; Louise de Chaulieu, Ursule Mirouët lieben ihre Gatten; Henriette de Mortsauf empfindet für Félix eine Mischung von Liebe, Leidenschaft und mütterlicher Umhegungslust; Diane de Cadignan hängt nach ungezählten Abenteuern an d'Arthez und versteckt ihr Glück. Esther liebt Lucien, allerdings mit etwas Heimweh nach dem verlassenen Sündenpfuhl; Dinah *(Die Muse)* ist einer selbstlosen Hingabe an den Geliebten fähig. Doch die größere Zahl der Frauen in der *Comédie humaine* sucht entweder Reichtum oder die Glückseligkeiten der Eitelkeit. Rosalie de Watteville möchte ihren Hochmut und ihre hinterlistigen Rachegefühle stillen; Modeste Mignon spielt mit ihren Bewerbern wie mit Figuren auf dem Schachbrett des Glücks; Renée de l'Estorade erstaunt ihren Gatten durch ihre Berechnungen. Alle diese Jungfrauen wissen, daß sie auf dem Altar des Goldenen Kalbes geschlachtet werden sollen. Hierdurch werden die Frauen zur Ware auf dem Sklavenmarkt: die einen verkaufen sich auf Dauer (das ist die Ehe), die anderen verleihen sich auf Zeit (das ist die Prostitution). Ehe ohne Liebe ist eine legale Prostitution. »Wir erziehen unsere Töchter wie zukünftige Heilige«, sagt George Sand, »und wir geben sie wie Stutenfüllen her.« Diese harten Wahrheiten werden jedoch von der Gesellschaft getarnt: »Wir bereiten unsere Gerichte und richten sie auf Gold, Silber und Porzellan an; das gleiche Gefühl läßt uns die Liebe unter Stickerei und Schleiern verstecken.«

Balzac und seine Heldinnen gehen jeden Handel ein. Schöne Mädchen geben sich dazu her, einen alten Pair von Frankreich zu ehelichen, damit sie ihren Rang behalten; oder einen alten Bankier, damit sie zu Gelde kommen. Umgekehrt verkaufen sich hübsche junge Männer an ältere Frauen, die ihnen Geld oder Macht bringen. Rastignac ist durch Delphine de Nucingen in den Sattel gesetzt worden, Maxime de Trailles durch die Gräfin Restaud. Lucien de Rubempré erhofft zuerst von Coralie, dann von Esther Reichtümer. La Palférine *(Un Prince de la Bohème) (Ein Fürst der Bohème)* nimmt von seiner Geliebten eine »beträchtliche Summe« an. Wieso sollte Balzac empört tun? Er hat noch viel beträchtlichere Summen von seinen Mätressen geliehen. In der *Comédie humaine* verheiratet sich ein Mann manchmal aus Ehrgeiz, fast immer aus Gewinnsucht.

»Weil es Handel gibt, gibt es auch eine Konkurrenz. Die Erbin ist der Einsatz für eine erbitterte Schlacht, bevor sie dem Sieger als Mittel seines Aufstiegs dient; Cruchot und Grassin kämpfen um Eugénie Grandet; du Bousquier und der Ritter von Valois um Mademoiselle Cormon; Philippe Bridau und Maxence Gilet wollen La Rabouilleuse kapern ... Mann kämpft gegen Mann um die Mitgift, Frau kämpft gegen Frau, um den Mann zu erobern. Und weil es Handel, Konkurrenz und Interessenkämpfe in der Ehe gibt, sind die Kampfregeln kodifiziert. ›Du siehst, liebe Närrin‹, schreibt Renée de l'Estorade, ›daß wir das Gesetz und seine Beziehungen zur ehelichen Liebe studiert haben! ...‹ Ehebeziehungen sind Vermögensbeziehungen.«

Sollte sich ein Kritiker über den der Frau in der *Comédie humaine* eingeräumten Platz wundern, so hat er, wie Balzac ihm antwortet, nicht genügend über die Schwierigkeit nachgedacht, ein Werk, umfangreicher als Tausendundeine Nacht, zu schreiben, das mehr als hundert unter sich verschiedene Werke enthält. Da die Frau im Orient gewissermaßen hinter Schloß und Riegel lebt, konnte der dortige Erzähler in seinen Geschichten nur den Bazar, den Palast des Kalifen und die Schusterbude beschreiben. Daher brauchten die arabischen Erzähler das Wunderbare, Zauberei und Talismane zur Wachhaltung des Interesses. Im Europa des Mittelalters waren der Krieg, der Kampf des Sklaven gegen seinen Herrn, des Klerus gegen das Königtum die Triebfedern der epischen Handlung. Den in der Vergangenheit einzig möglichen Roman hat Walter Scott bis zur letzten Möglichkeit ausgeschöpft. »In Frankreich und im 19. Jahrhundert«, schrieb Custine, »bietet die Gesellschaft nichts Malerisches, die Kaste verleiht dem Einzelnen keine Physiognomie mehr. Da die Form fehlte, mußte der Autor sich auf die Zeichnung der Idee verlegen und die zartesten Regungen des Menschenherzens aufsuchen ...« Einzig Balzac besaß die Fähigkeit, diese zarten Regungen zu empfinden und sie zu erraten. Er faltet die Frauenseelen auseinander, ohne sie zu verletzen; er ist ein unerbittlicher Beobachter, läßt sich nie durch Liebes- und Geldkomödien blenden und kann, wenn er will, die feinsten Gefühlsregungen darstellen. Immer werden Frauen seine treuesten Leser sein, weil kein Schriftsteller sie so wie er versteht. Mehr als eine fühlt sich durch ihn demaskiert, und im geheimsten Herzen findet sie auch noch Gefallen daran.

Er hat Kurtisanen genau kennengelernt und hält sie infolgedessen leidenschaftlicher Liebe für fähig. Er liebt ihren Körper und ihr Blut, ihren Luxus, ihre Kenntnis des Mannes, ihre Bejahung des Risikos und ihre Poesie schließlich, die aus den raschvergänglichen Teilen ihres Lebens entsteht. Die Kurtisanen bilden in seinem Werk eine ganze Welt für sich mit ihrer eigenen Sprache, ihren Gesetzen, den jungen Liebhabern, den reichen Greisen und den ihnen eigenen Tragödien (der Tod Coralies, das Opfer Esthers). Beim Mann ist die »Liebe nie etwas anderes als ein Hunger, als ein durch unsere Vorstellungskraft verschönter Durst«, oder die Hoffnung auf eine Unterstützung in seiner Verachtung der Gesellschaft. Rastignac braucht Delphine de Nucingen für sein Spiel; Blondet verdankt seine Rettung Madame de

Montcornet. Er sagt: »Die Liebe ist die einzige Chance für die Dummköpfe, über sich hinauszuwachsen.« Warum aber für die Dummköpfe? Was wäre aus Balzac ohne Madame de Berny geworden? Rechnet er nicht mit der Verbindung Rzewuska-Hanska, um über sich und die anderen hinauszuwachsen? Und warum die einzige Chance? Denen, die keine Liebe einzuflößen vermögen, stehen nur Freundschaft und Verbandsgruppe offen. Der balzacische Held träumt, in gleichem Maß wie von einer Frau, auch von einem bedingungslos ergebenen Freund oder einer Gruppe. Der Adel fasziniert ihn, denn das ist ein geschlossener Clan, der seine Angehörigen stützt. An seinem Lebensbeginn war Balzac ein alleinstehender Mensch, den vor der Einsamkeit schauderte. Er suchte Kampfgenossen. Die Kameraden aus dem Restaurant Flicoteaux, die Dreizehn, das Rote Pferd, Vautrin und seine Mannschaft, alles hat etwas von Gruppenmystik, dem Ersatzmittel der Liebe.

Das Geld

Das Geld und die Arten seines Erwerbs, die Mitgiften und Erbschaften, der Handel, die Banken, die Wucherer, die Testamentsfälscher und die Hochstapelei nehmen in der *Comédie humaine* ebensoviel Platz ein wie die Liebe. Mehr Platz sogar. Denn zahlreiche Romane Balzacs sprechen nicht von Liebe, und er ist erstaunt, daß in Stendhals *La Chartreuse de Parme* (die er bewundert) »inmitten von so viel Ereignissen« niemals von Geld die Rede ist. Für die Hauptrolle des Königs »Geld« sind zwei Gründe wichtig: der Autor, die Epoche.

Zunächst der Autor. Balzac wurde in einer Familie geboren, die mit dem Geld Götzendienst trieb. Zu erinnern ist an das Wort der Mutter: »Das Vermögen, das große Vermögen ist alles.« In seiner Umgebung fehlte es allen an Geld: den Survilles, den Montzaigles, seinen Eltern, ihm selbst. War das ihr Fehler? Ja; seine Eltern hatten zu leben; die Survilles hätten anständig mit dem Ingenieursgehalt auskommen können; Honoré wäre sehr gut gestellt gewesen, wenn er nicht so verschwenderisch gewesen wäre. Sicherlich, aber er war eben verschwenderisch, aus Frustration. Und wo beginnt er? In einem Anwaltsbüro ist ihm der schmutzige Gestank schlecht erworbenen Geldes in die Nase gestiegen. Hier erfährt er von den realen Zusammenhängen zwischen Gesetzbuch und Justiz; er sieht, daß anständige Menschen hineingelegt werden, daß Hochstapler triumphieren und daß Richter gefällig sind. Er entdeckt eine parteiische Justiz, die den kleinen d'Esgrignon, einen Fälscher, zu retten versucht, weil eine hübsche Frau aus großer Familie es verlangt und weil der gnädige Willen, das »bon plaisir«

einer Madame Camusot, den Ausgang des Prozesses in der Hand hat. Balzac wird diese Fälle zur Sprache bringen, weil er sie beobachtet hat.

Er konnte sie beobachten, weil die Epoche korrumpiert ist. Unter dem Ancien régime hatte die Ehre ebensoviel Verhaltensweisen diktiert wie die Habsucht; unter der Revolution und dem Kaiserreich hatten Enthusiasmus und Ruhmesliebe eine Rolle gespielt. Doch der Verkauf des nationalen Besitzes, die Kriegslieferungen, die riesigen Spekulationen auf Regierungsänderungen, die für dreißig Francs käuflichen Rentenpapiere hatten eine Schicht von neuen Herren zur Macht gebracht, für die einzig und allein das Prinzip der Bereicherung Geltung besaß. Da, wo der von Ideen überquellende Bernard-François Balzac scheiterte, erwarb der schweigsame Grandet ein ungeheures Vermögen. Taillefer kam durch ein Verbrechen in die Höhe, andere durch Konkurse, wieder andere durch verächtliche Heiraten. Die allerorten schwelende Immoralität steckte schließlich die ganze Gesellschaft an. Philippe Bridau wäre bei andauernden Kriegszeiten ein braver Soldat geblieben; jetzt tötet er um einer Erbschaft willen. Birotteau spekuliert; Gobseck wäre noch der anständigste von allen, weil er offen ist. »Sollte ich beim Tod Kinder hinterlassen«, sagt der Anwalt Derville, »so müßte er ihr Vormund werden.« Das bedeutet, »daß das Vermögen der minderjährigen Dervilles auf anständige, ehrenhafte Weise verwaltet würde, und zwar auf Kosten jener Menschen, die Gobseck im Namen der Waisen ausbeuten würde«.

Die Julimonarchie ist die Epoche, in der der Großkapitalismus (ein noch unbekanntes Wort, obwohl »Kapital« und »Kapitalist« schon gebraucht werden) entsteht. Die Grundstücke in Paris erhalten ungeheuern Wert. Die Aktiengesellschaften entwickeln sich. James de Rothschild finanziert die Nordbahn, und Balzac, der an ihre Zukunft glaubt, hetzt Madame Hanska zu früh (wie immer) auf dieses Spekulationsobjekt. Die billige Tagespresse ist im Aufschwung begriffen; Balzac ist mit allen ihren Schöpfern befreundet. Das Buchverlagswesen, bis dahin in den Kinderschuhen, versucht neue Methoden, die Balzac schon voraussah. »Bereichert euch!«, sagte Guizot. Balzac möchte gerne an der Beute teilhaben, aber man kann nicht gleichzeitig die *Comédie humaine* schreiben und sie auch leben. Das Geld lenkt die Welt; Balzac beschreibt die Welt.

Er beschreibt sie, ohne sie zu beurteilen. Man hat ihm das vorgeworfen; man hielt ihn seines Schweigens wegen für einen Komplicen. Er aber fühlt instinktiv, daß jedes ausdrückliche Urteil ein Kunstwerk verunstaltet. Die Rolle der Kunst besteht darin, eine unbeteiligte Betrachtung zu ermöglichen. Wenn ein Autor predigt und tadelt, verliert das Werk seine Schönheit; nimmt der Autor Abstand, wird der Leser bewegt und gewinnt Einsichten. »Der Moralist muß sich kunstvoll unter dem Mantel des Historikers verstecken.« Balzac weiß, daß es nicht seine Aufgabe ist, Recht zu sprechen. »Das ist Sache der Gerichte«, wird später Tschechow sagen. Balzac ist Geschichtsschreiber und Sekretär einer Gesellschaft; er stellt keine Strafanträge gegen sie. Der einzige Vorwurf, den man ihm machen kann, ist der, er habe sie nicht in ihrem ganzen Umfang gekannt. In der *Comédie humaine* treten wenig oder gar keine Arbeiter auf, und wir werden feststellen, daß er die Bauern so beschrieben hat, wie Wenzeslas Hanski oder der General de Montcornet sie sehen würden. Das ist das Unglück der den Reichtum liebenden Künstler, daß sie hauptsächlich reiche Leute sehen. Victor Hugo wird seine *Les Misérables* Juliette Drouet verdanken; Madame de Berny und Madame Hanska, die Herzogin von Abrantès und die Marquise de Castries erhellten Balzac nur die Hälfte der Szene.

XXX

DIE MENSCHLICHE KOMÖDIE II

> Manchmal geschieht es uns, daß wir das Menschsein verfluchen, und zwar im Vergleich mit einer nicht existierenden abstrakten Vollkommenheit. Es muß aber im Gegenteil die Menschheit selbst als gegebene Größe genommen werden, hingeflegelt, wie sie ist, und lauthals brüllend, wie sie sich gibt. Und wenn dies kein Schmuck für die Welt ist, muß man sich ersäufen. Balzac heilt Menschenfeindschaft; dafür ist er gut. *Alain*

Die Werkstatt

Wie arbeitet Balzac? Was für Material verwendet er? Er sagt gern: »All is true« (Alles ist wahr); er betont seine »erschreckende Genauigkeit« und fügt hinzu: »Die Schrecknisse, die die Romanschriftsteller zu erfinden glauben, bleiben noch weit hinter der Wirklichkeit zurück.« Zweifellos ist auch die Natur reicher als die Kunst, aber die Wahrheit der Natur ist nicht die künstlerische Wahrheit. Man kann sie weder ausschöpfen noch wahrnehmen. Das Wahre scheint uns selten wahrscheinlich; es fehlen Harmonie und Einheitlichkeit. Der große Schriftsteller sucht die Einheit der Komposition. Balzac nennt sich selber vorzugsweise einen Dichter, und das heißt einen Mann, der die Essenz der Dinge noch einmal schafft. »Was ist Kunst? – Konzentrierte Natur.« Das Imaginäre stützt sich auf das Wirkliche, doch es befiehlt ihm. Für den Künstler handelt es sich immer darum, zu vereinfachen, die Ideen in Gestalten zu verkörpern, Geschöpfe zu zeugen, die der Leser als lebendig empfinden kann. Im Mittelpunkt eines balzacischen Romans steht eine Leidenschaft; der Roman ist das *crescendo* dieser Leidenschaft, die ansteigt, alles vor sich herwirbelt und bis zum Töten überbordet.

Ein balzacischer Romancier, eine balzacische Gestalt sind gleichzeitig wahr und größer als die Natur. »Ich liebe die außergewöhnlichen Wesen«, schrieb er an George Sand, »und ich bin selber eines. Das ist mir nötig, damit ich meine vulgären Wesen schärfer hervortreten lassen kann, und ich opfere sie nie ohne zwingenden Grund. Doch diese vulgären Wesen sind mir von größerem Interesse als Ihnen. Ich vergrößere sie, ich idealisiere sie im umgekehrten Sinn, in ihrer Häßlichkeit oder in ihrer Dummheit. Ich verleihe ihren Deformationen erschreckende oder groteske Dimensionen.« Durch diese Prozedur des Verstärkens würde Balzac den Romantikern nahestehen, doch wo diese Gefallen daran finden, ohne Rücksicht auf die Wahrscheinlichkeit Ungeheuer zu modellieren, strengt sich Balzac an, durch wahre Einzelheiten innerhalb des menschlichen Bereiches zu bleiben.

Innerhalb der Erschaffung einer balzacischen Gestalt sind drei Stadien zu unterscheiden. Im ersten Stadium geht er von bekannten Wesen oder von literaturfähigen Charakteren aus. Er denkt zum Beispiel an Dablin und macht daraus einen Pillerault, oder an Marie d'Agoult und macht daraus Béatrix. Danach verändert er alles und reichert das Porträt mit verschiedenen, von anderen Modellen entliehenen Elementen an. Im zweiten Stadium läßt er sich »nicht mehr durch den Wunsch nach einer literarischen Transposition, sondern durch die inneren Erfordernisse des Werks leiten«. Wie der Maler sein Werk besser überblicken kann, wenn er einige Schritte zurücktritt und dann erst einen Tupfer oder einen Farbton anbringt, so berücksichtigt Balzac das schon Vorhandene, wenn er dem Werk noch mehr Relief geben will. Im dritten Stadium schließlich »formt er die Gestalt halluzinatorisch um«, damit daraus die Verkörperung einer Idee entstehe. So wird Gobseck zur Macht des Goldes; César Birotteau wird zur Rechtschaffenheit und Goriot zur Vaterliebe.

Doch bis zu diesem Übergang in die Abstraktion bleibt er mit den Füßen auf der Erde. Nichts kann interessanter sein, als in allen seinen Büchern winzige Spuren seines Alltagslebens zu finden. Grandet nennt seine Frau »ti-mère«, wie Laure die eigene Mutter benannte, und spricht vom *Großmogul*, wie Bernard-François. Survilles Kanäle tauchen in den grünen Kartonmappen von Rabourdin auf. Das Gegebene wird in Stücke zerlegt und in neuer Weise angeordnet. Natürlicherweise benutzt Balzac hauptsächlich sich selber, seine Erinnerungen, seine traurigen Erlebnisse. Viele seiner Romane sind Kompensationsromane; er gibt sich, was das Leben ihm verweigert hat: de Marsay verleiht ihm die Schönheit und Macht, Rastignac die reiche Heirat und die große Karriere; d'Arthez die Reinheit. Oder aber er befreit sich, durch einen menschheitsalten magischen Vorgang, von seinen Mißerfolgen dadurch, daß er sie auf eine Gestalt verlagert, die darunter zusammenbricht. So befreit Rubempré ihn von seiner schwierigen Jugend; Birotteau von den Erinnerungen an den Zusammenbruch seiner Druckerei; Nathan von seinen Ängsten als Schriftsteller. Er weiß, daß er durch seine Arbeitskraft und sein Genie diese armen Schächer beherrscht; er weiß es, findet es aber recht angenehm, es sich zu sagen – und es auch zu zeigen. Z. Marcas, Albert Savarus sind seiner würdig, sind Brüder im Genie; gehen sie dennoch zugrunde, so haben sie die Funktion des Sündentilgers. »Jede balzacische Gestalt ist auf diese Weise das Double ihres Schöpfers: ob sie triumphiert oder versagt, sie erfüllt ihr Leben zur Abwendung eines Schicksals.«

Alle diese Geschöpfe lebten in seinen Augen auf derselben Ebene wie die der realen Welt, »deren Gestalten ihm wie abgeschwächte Kopien seiner eigenen Geschöpfe vorkommen«. Da er in dieser zweiten Realität so fest verankert war, vermochte er mit ihnen in die Zeit zu springen. Er gab seinem Leser hierüber Erläuterungen: »Hier stellt sich die große Gestalt de Marsays als Premierminister vor, während er in *Le Contrat de Mariage* erst in seinen Anfängen stand; weiterhin erschien er dann, mit achtzehn oder dreißig Jahren, als der seichte, untätige Dandy.« Ist es nicht ebenso in der sozialen Welt? Man trifft einen Menschen, den man aus den Augen verloren hatte; er war arm, jetzt ist er reich; man geht in eine andere Ecke des Salons, und hier erfährt man durch einen liebenswürdigen Plauderer innerhalb einer halben Stunde die Geschichte der vergangenen zwanzig Jahre dieses einem nicht bekannten Lebens. In solchen Gesprächen, in denen man durch eine Abschweifung eine Tatsache nebenbei enthüllt bekommt, ist Balzac Meister. Oft wird einem eine Geschichte mehrere Male zu Gehör gebracht: »Es gibt nichts in der Welt, was aus einem einzigen Block besteht; alles ist Mosaik ... Der Autor hat als Modell das 19. Jahrhundert vor sich, ein außerordentlich unruhiges, schwer an seiner Stelle festzuhaltendes Modell ...« Es kann vorkommen, daß er drei Jahre warten muß, bis er die Lösung weiß *(Béatrix)*, und manchmal vergißt er auch die Vergangenheit seiner Gestalten – oder er kennt sie gar nicht. *La Torpille* ist vor *Un Grand Homme de province à Paris* geschrieben worden; es führt uns die Freunde und Feinde Luciens vor, wie sie von ihm sprechen, als hätten sie ihn aus der Erinnerung verloren. Der Autor wird das später in Ordnung bringen, falls er die Zeit dazu hat. Das Wunderbare des Abenteuers besteht darin, daß Balzac in *seiner* Welt spazierengeht, wie man sonst in Gesellschaft geht; er erwartet, daß eine Begegnung oder eine vertrauliche Mitteilung ihm die Fortsetzung berichte; geht er aber in der wirklichen Welt in Gesellschaft, so sieht er auch hier nur seine eigenen Helden und instruiert sich über sie.

Sein Ton und sein Verfahren sind die eines Historikers. Braucht er Beispiele, um eine Situation zu erklären, so sucht – und findet – er sie in der *Comédie humaine*. Will er eine Abendgesellschaft mit Gästen ausstatten, so ruft er *seine* Gestaltenwelt, entweder bürgerlich und offiziell oder mondän, zusammen. Die Erinnerungen seiner Gestalten sind ganz natürlicherweise aus den vorhergehenden Romanen geschöpft. Die *Comédie humaine* ist eine Geschichte im Innern der Weltgeschichte. Balzac kündet in dem Vorwort zu *Une fille d'Eve* scherzend an, man könne später für die *Etudes de Mœurs* ein biographisches Register aufstellen, und schreibt selber dafür den Artikel *Rastignac*. Er glaubt zu scherzen; es ist aber eine Vorwegnahme.

Hierdurch wird verständlich, wieso er ohne weiteres bereit ist, falls ein Verleger noch sechzig Seiten zur Abrundung eines Bandes benötigt, in aller Eile eine Novelle zu schreiben. Er braucht nur seine Truppe zusammenzurufen und aus ihr die paar notwendigen Akteure zu entnehmen. Die zahllosen Artikel und Monographien, die er da und dort veröffentlicht hat, liefern ihm »Morceaux«: »Der Angestellte, Der Kleinhändler« – oder »Couplets«, die er aufsetzt, um ein Loch zu stopfen; in einem Neudruck kann es wieder entfernt werden (zum Beispiel das Couplet über den Bois de Boulogne, das im Original des *Illustre Gaudissart* zu lesen war und später aus dieser Novelle verschwand). Den strengen Gesetzen des Handwerks legt er nicht mehr Bedeutung bei als ein Regisseur einem Scheinwerfer, den er je nach Bedarf ein- oder ausschaltet. Skrupellos entnimmt er aus einer Fachzeitung einen Ingenieursbericht, oder er verwendet ein Gedicht von Delphine Gay oder Théophile Gautier. Was hat das zu besagen, wenn die Einheit durch die starke Persönlichkeit des Autors gewährleistet bleibt und wenn das Tempo eingehalten wird?

Baudelaire stellt in Balzacs Stil »ein gewisses Etwas von Weitschweifigkeit, unklarem Hin und Her und Unfertigem fest«. Nein. Balzac schreibt als Briefschreiber und als Journalist sehr gut, mit Schwung, Bewegung und Stil; Balzac als Kulturhistoriker, Balzac als Geograph beschreibt mit Intelligenz und Präzision. Ob es sich um einen Küfer oder einen Parfümfabrikanten handelt, um Theaterkulissen oder das Laboratorium eines Chemikers, sein technischer Wortschatz ist immer untadelhaft. Als Moralist verstreut Balzac über seinen Text wahllos Aphorismen, die La Rochefoucaulds oder Chamforts würdig wären: *Einzig Greise haben Zeit für die Liebe ... Resignation ist ein täglicher Selbstmord ... Interessen fressen schließlich oft einander auf; Laster verständigen sich immer* ... Balzac hat sich, wie zu spüren ist, bei den Klassikern des 17. und 18. Jahrhunderts die geistige Nahrung geholt. Außer solchen genialen Funden (und es gibt sehr viele) ist er mit einem »Automatismus des Stils« einverstanden. Er ist ein wundervoller Nachbildner; er kann wie Rabelais oder wie Sainte-Beuve schreiben. Glänzend versteht er ein wissenschaftliches und philosophisches System darzulegen. Balzac ist kein »anmaßender Feuilletonist«, der seine Erzählungen mit allgemeinen Betrachtungen zu spicken brauchte, um Eindruck zu schinden; seit seiner Jünglingszeit hat sich sein Geist immer zu den Ideen aufgeschwungen. Wahr ist, daß er keinen guten Geschmack besaß und daß er gelegentlich lächerlich oder aufgebläht wirkt, wenn er einen Ausdruck für Erhabenes oder Hübsches sucht. »Sie hätte mit ihrem himmlischen Lächeln sogar Schmutz vergoldet« ... »Die keusche Umschrankung ihrer verschleierten Herzen« ... »Bist also auch Du in einem Abgrund, mein Engel?« ... In den Romanen wimmelt es gar zu viel von Engeln. Hier ist die Epoche zu berücksichtigen, die Rhetorik der Romantiker und auch Balzacs Lektüren. Massillon, an sich schön, kann einen Liebesbriefwechsel verhunzen. Henriette de Mortsauf hat wie ihr Schöpfer zu viel Saint-Martin gelesen. Da Balzac an die Einheit der Schöpfung glaubt, erlaubt er sich manchmal glückliche, manchmal komische Metaphern: Madame Matifat, »diese Katharina II. des Kontors«; »Nucingen, dieser Elefant der Finanz«; Goriot, »der Christus der Vaterschaft«. Das ist eine Manie Balzacs, wie das *Voici pourquoi (Und zwar aus folgenden Gründen);* hat aber nicht auch La Bruyère seine Manie, den Schlußstrich, und hat nicht Marcel Proust die ihm eigenen Manien, die Adjektiv-Girlanden, die ausgesponnene Metapher?

Und außerdem sind die Meister im Besitz aller Rechte: »Sie haben es nicht nötig, Stilkunststücke zu machen, die Meister; sie sind stark trotz allen Fehlern und wegen ihrer Fehler. Wir aber, wir Kleinen, bedeuten nur infolge einer vollzogenen Fertigstellung etwas ... Ich riskiere jetzt eine Behauptung, die ich nie irgendwo auszusprechen wagen würde: daß nämlich die großen Männer oft schlecht schreiben und daß das für sie nur gerade recht ist. Nicht bei ihnen soll man die Kunst der Form suchen, sondern bei den in zweiter Linien Stehenden (Horaz, La Bruyère).« (Gustave Flaubert, Correspondance III, 31–32).

Nach dieser Feststellung ist aber zu betonen: Kein Schriftsteller hat mehr als er gearbeitet. »Er fand seine Ausdrucksmittel nur unter unendlichen Mühen«, sagte Théophile Gautier. Er setzt jedoch hinzu, daß »Balzac einen Stil, und zwar einen sehr schönen Stil gehabt hat, den schicksalsmäßig notwendigen und mathematisch genauen Stil seiner Idee«. Wie Chateaubriand sammelte er altertümliche Wörter, die er wieder zu Ehren bringen wollte (*virvoucher*, ein Latour-Mézeray teures Wort, das »eine Menge von ziellosen Bewegungen, wie Mücken vollführen« bedeutet); oder seltene Wörter: *Flavescent, turquin;* oder Eigennamen, diese wundervollen Namen der *Comédie humaine*, Gobseck, Birotteau, Sérisy, die er Firmenschildern oder Adreßbüchern entnahm oder in seiner Erinnerung vorfand. Er war in *Le Curé de Tours* der Erfinder der »Sous-conversation«, eines Vorganges, die wahren Gedanken eines Menschen als Wasserzeichen sozusagen durchschimmern zu lassen, während man die Worte notiert, hinter denen diese

Gedanken sich verstecken. Auch seine Briefe (vor allem die an Madame Hanska) enthalten, wie man feststellen könnte, eine »Sous-correspondance«. Der Leser mag sich die Mischung von Gutgläubigkeit, naiver Verschmitztheit und Romantechnik vorstellen, die in seinem Geist brodelt, während er an die Vielgeliebte schreibt.

Beobachter oder »Seher«

Das Vorwort zur *Comédie humaine* legte ein Weltsystem dar, das für Balzac ein nützliches Sprungbrett für die Aufschwünge seines Genies bereithielt. »Er will«, schrieb Musset, »nach einem Faden greifen, der alles vereinen und alles konzentrieren kann ... Es ist sein Ehrgeiz, allein den einzigen Schlüssel zu seiner Epoche zu besitzen ...« Das stimmt: das Leben ist für Balzac ein System von Ursachen, doch das Genie in ihm war vor dem System und außerhalb seiner schon vorhanden. Ein großer Künstler weiß nicht, auf welche Weise er arbeitet; er versucht es zu verstehen, wenn er das vollendete Werk betrachtet; er bemüht sich, durch ein System die Einheit zu erläutern, die doch nur durch sein Temperament entstanden ist. Balzac retuschierte die Welt, damit aus ihr eine balzacische Welt entstehe. Obwohl er noch der Realitäten zur festen Verbindung seiner Gestalten mit dem Leben benötigt, paßt kein gewöhnlicher Schlüssel in das Schloß seiner Charaktere. Rastignac ist nicht Thiers; Joseph Bridau ist nicht Delacroix; die Marquise de Castries ist nicht die Herzogin von Langeais; Madame de Berny ist nicht Madame de Mortsauf. Doch Züge von Thiers, der Brüder Delacroix gehen in die Komposition Rastignacs und der Brüder Bridau ein. Rastignac heiratet, wie Thiers, die Tochter seiner Mätresse. Sandeau ist weder Lousteau noch Rubempré; jede dieser beiden Gestalten verdankt ihm einen Lebensfunken. Camille Maupin würde nicht ohne George Sand existieren, aber Camille Maupin ist nicht George Sand, und wenn Balzac zu Eve Hanska das Gegenteil sagt, verkennt er seine eigene Erfindungskraft. Die wahre Formel jeder Kunst, sagt André Gide, ist: »Gott denkt und der Mensch lenkt.« Die Natur bietet die Elemente an; der Künstler verfügt darüber.

Es kann dennoch vorkommen, daß das Leben dem Schriftsteller durch mirakulöse Fügungen Lebensläufe liefert, die, so wie sie sind oder nur mit kaum merklichen Retuschen, direkt in einen Roman eingehen können. Anne-Marie Meininger hat aufgezeigt, daß Tausende von Einzelheiten der Ehe und der Liebeserlebnisse Cordelia de Castellances (der Freundin Chateaubriands) Zug für Zug den Abenteuern Diane de Maufrigneuses gleichen, die wir in *Le Cabinet des Antiques* kennengelernt haben und die zur Heldin der *Secrets de la Princesse de Cadignan* werden wird. Gleicher hoher Adel: die Castellanes sind wie die Cadignans Fürsten mit Grundbesitz gewesen. Gleicher Niedergang: Cordelia de Castellane, von ihrem in entlegenen Garnisonen stationierten Gatten getrennt, bewohnt ein kleines Stadtpalais im Faubourg Saint-Honoré, wie Diane ein Erdgeschoß in der Rue Miromesnil. Gleicher Reiz, gleiche seraphische Schönheit, gleiche blaue Augen, und dennoch die gleiche Sittenlosigkeit, die gleiche Kollektion brillanter offen eingestandener Liebhaber. Die gleiche unerhörte Kunst »schöner Toiletten für Leib und Seele«; die gleiche Geistesfrische, gleicher Mut in den schwierigsten Situationen.

Das alles ist schreiend ähnlich. Wie die Fürstin von Cadignan die Marquise d'Espard als gefährliche Freundin besitzt, war die Gräfin von Castellane intim mit einer Rivalin liiert, der Herzogin von Dino. »Freilich hatten sie alle beide wichtige Geheimnisse voreinander, und sicherlich zählten sie den einzelnen Mann und eine zu leistende Gefälligkeit nicht so genau ... Wenn zwei Freundinnen sich gegenseitig töten können und einander anblicken, den vergifteten Dolch in der Hand, so bieten sie das rührende Schauspiel einer Harmonie dar, die erst in dem Augenblick gestört wird, da die eine der beiden aus Versehen ihre Waffe sinken läßt.« Dieser Satz Balzacs läßt sich ebenso richtig auf die beiden wirklichen wie auf die imaginären Frauen anwenden. Sogar der Name Cadignan stammt wohl auf echt balzacische Weise von einer Fürstin von Carignan (deren Robe auf einem Ball Feuer gefangen hatte, wie es einmal Cordelia de Castellane geschah)[1]. Diane bewahrt die Briefe Rubemprés auf, wie Cordelia die Chateaubriands. In der Umgebung Cordelias sind die namentlichen Entsprechungen von Michel Chrestien, Henri de Marsay und Daniel d'Arthez anzutreffen. Kurz, hier hatte die Natur einmal ein Kunstwerk geschaffen. Aufgabe des Genies war es gewesen, das Meisterwerk zu entdecken.

Solche Glückszufälle sind aber äußerst selten. Als Balzac *La fille aux yeux d'or* veröffentlichte, wurde er gefragt, ob die Geschichte wahr sei. Er antwortete: »Die Episode ist wahr ... Der Sittenschilderer ist verpflichtet, alle durch die gleiche Leidenschaft hervorgerufenen Fakten, die in mehreren Gestalten gewirkt haben, dort zu nehmen, wo sie sich ereignen, und er muß sie zu einem vollständigen Drama zusammenfügen.« Sicherlich, doch der Romancier, der Dichter verklären die durch den Sittenhistoriker berichtete Skizze. Wie Rembrandt seine sanften und wilden Lichter in den dunkelsten Winkelbuden aufleuchten ließ, so illuminierte Balzac die schmutzigsten und alltäglichsten Dramen durch golden glänzenden Brodem und rief damit

[1] Eine andere mögliche Herkunft des Namens: M. de Savary, ehemaliger Kavallerieoffizier, hatte unter dem Befehl eines Baron de Cadignan gestanden.

eindrucksvolle Gegensätze von Licht und Schatten hervor. Er wurde bald Realist, bald Visionär genannt. *Beide Thesen sind falsch*, oder sie sind vielmehr nur dann richtig, wenn die eine durch die andere ergänzt wird.

»Ich war oft erstaunt darüber, daß Balzac für einen Beobachter gehalten wird und daß hieraus sein großer Ruhm entstanden ist; immer hatte ich den Eindruck, im Mittelpunkt seines Verdienstes stehe die Tatsache, daß er ein Visionär gewesen ist, und zwar ein leidenschaftlicher Visionär. Alle seine Gestalten haben als Mitgift eine vitale Glut, die ihn selber beseelte. Seine Dichtungen sind allesamt von so tiefgründiger Färbung wie Träume. Alle handelnden Gestalten der Comédie, auf den Gipfeln der Aristokratie wie in der untersten Hefe des Volkes, sind gieriger auf das Leben, aktiver und gerissener im Kampf, geduldiger im Unglück, unersättlicher im Genuß und engelhafter in der Demut, als die Komödie der wahren Welt sie uns zeigt. Kurz, jegliche Gestalt bei Balzac, selbst die der Hausbesorgerinnen, besitzt Genie. Alle diese Seelen sind bis zum Hals mit Willen vollgepfropft. Genau wie Balzac selber ...« (Charles Baudelaire, L'Art romantique).

Dies trifft aber nur unter der zusätzlichen Bestimmung zu, daß der Visionär seine Bilder der Wirklichkeit verdankt. »Bis zur Übertreibung wurde festgestellt, Monsieur de Balzac sei ein Beobachter, ein Analytiker; es ist jedoch besser oder schlimmer: er war ein Seher.« (Chasles, zitiert von Sainte-Beuve, Causeries du Lundi II, 450.) Das Wort ist berühmt; es ruft aber nach Einschränkungen. Balzac sieht über das Reale hinaus, doch sieht er *auch* das Reale. Er lauschte den Gesprächen der Menschen auf der Straße, er befragte Soldaten und Offiziere, er aß mit dem Henker zu Mittag, schloß mit einem entlassenen Zuchthäusler Freundschaft und nahm Frauen, wie es sich gehört, die Beichte ab. Er las alles und fand oft den Ausgangspunkt für einen schönen Roman in einem Buch, das ihn verfehlt dünkte. Sein Werk wächst aus einem reichen Humus hervor, der aus einer Mischung von klassischer Kultur, endloser Lektüre und einer erstaunlichen Kenntnis seiner Zeit besteht. Aus diesem Überfluß an Elementen mußte ein Kunstwerk gemacht werden. Diese Umsetzung ist sogar für ihn selber immer geheimnisvoll geblieben. Der Schmelzvorgang vollzieht sich in langen arbeitsreichen Nächten in einer Ekstase, einem »sublimen Paroxysmus der gepeitschten Intelligenz; die Ängste des Gebärens vergehen unter den Entzückungen des überreizten Gehirns.« Ein Gedanke zuckt wie ein Blitz auf, fährt in eine menschliche Form oder einen Lavatertyp, und mit einem Male lebt die Gestalt, Michu mit seinem schon von der Guillotine gezeichneten Hals, Vautrin mit seinem fuchsroten Pelzkragen, Corentin mit der kleinen braunen Perücke.

Die Häuser, die Städte der *Comédie humaine* sind aus Steinen und Gedanken aufgebaut. Jeder Stoff braucht seinen Rahmen. Balzac benützt die Städte, die er kennt: Tours, Besançon, Saumur, Angoulême, Issoudun, Guérande, Alençon, Limoges, Fougères, und er zaudert nicht, im Bedarfsfall ein Saumur zu bauen, wie es ihm paßt, mit Elementen von Tours oder Vouvray. Seine Akteure bringt er mit. Die Truppe wird verlegt. Philippe Bridau, der Pariser, bringt Verwirrung nach Issoudun; Bianchon, der wie Lousteau aus Sancerre stammt, macht seine Karriere in Paris. Von 1842 an wächst die balzacische Welt so gewaltig, daß sie aus sich selbst heraus ihre eigenen Schicksalsfügungen hervorbringen kann.

Manche Erzählungen sind »Wegkreuzungen«, auf denen dem Leser schon vertraute Gestalten sich treffen, die für die Zeitdauer einer Novelle in irgendeine Intrige verwickelt sind. *Un prince de la Bohème, Un Homme d'Affaires, Les Comédiens sans le savoir* gehören zu dieser Gattung »Wegkreuzung«. Sie entsteht, gleichgültig wie, indem einige Sittenstudien um eine Anekdote herum zusammengefädelt werden; mit der *Comédie humaine* wird sie durch Eigennamen verknüpft. Den Staatsrat Claude Vignon haben wir schon als Literaturkritiker gekannt; der berühmte Maler Léon de Lora war einst der Malerlehrling Treffbube (Mistigris). Balzac hat kein Bedenken, in Klammern beizufügen: »(siehe *Béatrix*)«, »(siehe *Le Cabinet des Antiques*)«. In diesen Wegkreuzungsgeschichten bedeutet das Sujet beinahe nichts; dem treuen Balzacleser sind sie teuer, weil er hier Balzacs gesamte Welt antrifft. So wird die *Comédie humaine* wie das Leben aus dem Tag heraus geboren. Der Autor ist viel zu sehr von Verlegern und Zeitungen sklavisch abhängig, als daß er nach seiner eigenen Wahl bauen könnte; er rennt von einer Baustelle zur anderen. Kein Zweifel, daß dies für ihn gut ist. Die solcherart unter Zwang entstandenen Treffer sind ein Spiegelbild des echten Lebens. Zuerst mußte er mogeln, Namen verändern und Jahreszahlen verbessern, damit widersprüchliche Elemente in den einheitlichen Rahmen paßten. An diesem Punkt unserer Darstellung hat die balzacische Gesellschaft eine eigene Existenz, und sie veranlaßt von sich aus ihre Dramen. Das Ganze ist unendlich viel größer als die Summe der einzelnen Teile.

Trotz aller Vorbehalte der Pariser Presse, deren bevorzugtes Angriffsobjekt er immer noch war, setzte sich dieses prometheische Unterfangen infolge seines Umfangs und seiner Schönheit nach und nach durch. Der Mensch Balzac selber überraschte weiterhin seine Bewunderer und schokkierte sie sogar. Wenn Baudelaire auch nicht wie Sainte-Beuve von einer literarischen Industrie sprach, so war er doch erstaunt, daß dieses Poetengehirn wie das Arbeitszimmer eines Finanzmanns mit Zahlenreihen tapeziert war.

»Genauso war er, der Mann mit den mythologieverwandten Konkursen, den maßlos übertriebenen, phantastischen Unternehmungen, deren Laternen anzuzünden er immer vergißt; der unaufhörlich auf Träume Jagd macht, immer *A la recherche de l'Absolu, Auf der Suche nach dem Stein der Weisen* – er, dieses im Leben ebenso unerträgliche wie in seinen Schriften hinreißende Original, dieses dicke, bis zum Platzen durch Genie und Eitelkeit aufgeblähte Kind, so voller Vorzüge und so voller Fehler, daß keiner wagen kann, die einen auszumerzen, weil zu befürchten ist, daß die anderen dann vernichtet werden ...« (Charles Baudelaire, L'Art romantique).

Ja, die Fehler Balzacs sind auch seine Vorzüge. Wenn es ihm gelungen ist, aus dem Sittenroman, »dieser unfeinen Gattung, etwas Wunderbares zu machen, immer merkwürdig und oft auf großer Höhe, so war dies nur möglich, weil er sich mit seinem ganzen Wesen dafür eingesetzt hat«. Er hat dem Kampf zweier Notare die Bedeutung einer Schlacht zwischen Nationen zu verleihen verstanden, weil er selber durch die Höllenmaschine der Finanz und des Gesetzes zerquetscht worden war. »Es erweist sein Genie, daß er das Mittelmäßige vergeistigte, ohne es zu verändern« (Alain, Avec Balzac).

Wer die *Comédie humaine* als maßlos und übertrieben beurteilt, zeigt, daß er sie nicht erlebt hat. Für Balzac ist sie nur allzu wahr; sie vernichtet ihn. Mit einem Blick sieht er dreitausend Gestalten in seinem Umkreis; hinter ihnen »eine rückläufige Apokalypse«; in ferner Zukunft, »wenn der Globus sich wie ein träumender Kranker umwendet und wenn die Meere zu Kontinenten werden«, die Gebeine von zwanzig Welten, unter ihnen die unsrigen. Welch menschliches Gehirn könnte solche Mühen und solche Visionen ertragen? Er weiß während der Ausschweifungen seiner Arbeit, daß er sein Leben zum Tausch für seine Werke gibt. Wie der Raphael aus *La Peau de Chagrin* kann er nicht aufhören, zu begehren und zu erschaffen. Mit den Füßen steckt er im Schmutz des Alltagslebens, doch durch seinen Geist wirft er sich ins Universum, dessen Schöpfer er ist.

Balzacs Weisheit

Die praktische Lebensweisheit der *Comédie humaine* hat zwei Aspekte: einer ist aus dem Lehrbrief zu entnehmen, den Henriette de Mortsauf an Félix de Vandenesse schreibt. Sie rät ihm, wie erinnerlich, *Respekt vor den sozialen Spielregeln und Unbeugsamkeit in Ehrenfragen*. Eine andere hiervon durchaus abweichende Lebensphilosophie taucht in den Lehren Vautrins für Lucien de Rubempré und Eugène de Rastignac auf. »Es gibt zwei Arten, Geschichte zu schreiben«, lehrt Vautrin. »Die offizielle Geschichte besteht nur aus Lügen: edle Gefühle sollen die Taten erklären. Die geheime Geschichte ist die einzig wahre; hier rechtfertigt das Ziel die Mittel. Die Menschen in ihrer Gesamtheit sind Fatalisten; sie beten das Ereignis an und schlagen sich auf die Seite des Siegers. Ihr müßt Erfolg haben, dann seid ihr gerechtfertigt. Eure Handlungen bedeuten in sich nichts; sie sind die Idee, die die anderen aus ihnen ablesen. Kümmert euch um eine schöne Fassade; versteckt die Kehrseite eures Lebens und weist eine glänzende Außenseite vor. Alles liegt in der Form ...«

Balzac stattet also den Zyniker Vautrin mit derselben überzeugenden Beredsamkeit wie die engelhafte Henriette de Mortsauf aus. Mit seinem ganzen Wesen vertritt er zur gegebenen Stunde auch diese angreiferische Schmährede. Nun verlangt die Dialektik, daß jede Idee nach einer Gegenidee ruft; sicherlich muß sich jede Gestalt ihrem eigenen Charakter gemäß ausdrücken. Doch dieser Dualismus wird außerdem durch einen Konflikt zwischen der originalen Natur Balzacs und den Erfahrungen seines Lebens erklärt. Seiner Naturanlage nach war er großherzig und empfindungszart. Hierüber sind sich alle Zeugen, sofern sie keine Neider sind, von Gautier bis zu Gozlan, einig. Die Zyniker selber verwandeln sich in der *Comédie humaine* gerne in Rächer. Mit George Sand muß noch einmal gesagt werden, daß Balzac »naiv und gut« gewesen ist. Er hatte jedoch zwei sehr gewichtige Gründe, sich pessimistisch zu geben: einen persönlichen (seine unglücklichen materiellen Umstände) und einen historischen (die Laster seines Zeitalters).

Es kann daher die Zeichnung der Gesellschaft nur schwarz ausfallen. Er will sie auch schwarz. »Die großen Werke haben durch ihre leidenschaftlichen Stellen Bestand.« Leidenschaft nun aber »ist die Übertreibung, ist das Böse«. Gelegentlich unterstreicht er, daß in der *Comédie humaine* die Verfehlungen, die Verbrechen ihre Strafe finden. Doch die Schlechten triumphieren in seinen Romanen oft. »Balzacs Schauerszenen und seine dem Bösen unterworfenen Gestalten wachsen zu solcher Größe an, daß sie nur ein Gemisch aus Bewunderung und Schrecken hervorrufen, wie es Odysseus angesichts der Zyklopen und Sindbad der Seefahrer gegenüber den Ungeheuern der unbekannten Inseln empfand.« Balzac findet ein Gefallen daran, seine Menagerie mit solch schwefligem Licht zu beleuchten. Er springt auch mit den Engeln hart um, härter vielleicht als mit den Dämonen, weil er beobachtet hat, daß das Leben den Besten grausam mitspielt. Eine glückliche Lösung der Konflikte ist in seinen Augen einer der Aspekte der »Heuchelei des Schönen«. Madame d'Espard will ihren Gatten, einen bewundernswerten Mann, entmündigen lassen; dieses schlechte Weib findet einen schlechten Richter und gewinnt den Prozeß. Rastignac und de Marsay, deren Ehrgeiz auf frivoler Grausamkeit beruht, werden eines Tages Frankreich regieren; große und ernste Geister aber, wie Louis Lambert, d'Arthez und Rabourdin, müssen dabei scheitern.

Laurence *(Une ténébreuse Affaire)* empört sich in ihrer vornehmen, jugendlichen Gesinnung, daß Michu unschuldig aufs Schaffot muß. Auf dem Schlachtfeld von Jena weist Napoleon die junge Frau mit einer Handbewegung auf die Armee. »Hier sind dreimalhunderttausend Männer«, sagte der Kaiser, »auch sie sind unschuldig. Nun, morgen werden dreißigtausend dieser Männer tot sein, gefallen für ihr Land ... Merken Sie sich, Mademoiselle, daß man für die Gesetze seines Landes muß sterben können, wie man für dessen Ruhm stirbt.« Balzac äußert in keiner Weise einen Vorwurf; er stellt nur fest. Ändert die Formen der Gesellschaft; die Individuen am Hebel der Macht werden ausgewechselt werden; die Gattungen werden unveränderlich gleich bleiben. Es wird weiterhin Arbeiter, Bürokraten und Schufte in der Sänfte geben. Es werden andere Schufte sein, und die Sänften haben sich unterdessen in Kutschen verwandelt, das ist alles.

Sind Peyrade und Corentin hassenswert? Was für eine törichte Frage! »Warum«, sagte der Kaiser, »soll ich mich über den Spion empören? Er ist kein Mensch mehr, er braucht keine menschlichen Gefühle mehr zu haben; er ist ein Rädchen in einer Maschine. Der da hat seine Pflicht getan. Wären Instrumente dieser Art nicht das, was sie sind, jedes Regieren wäre unmöglich.« Sogar die ehrenhaften Leute Balzacs, wie der große Anwalt Derville, sind Spitzbuben gegenüber nachsichtig. Es handelt sich nicht darum, sie zu verdammen, sondern, wenn man Künstler ist, sie darzustellen; sie zu kennen, damit man sich vor ihnen hüten oder sich ihrer bedienen kann, falls man ein Mann der Tat ist. »Es gibt Tugenden, die man sich abgewöhnen muß, wenn man regiert.« Schließlich aber hängt die Moralität eines Buches von der Moral des Lesers ab. Wenn ein junger Mensch nach der Lektüre der *Comédie humaine* einen Lousteau, einen Rubempré nicht ablehnt, verurteilt er sich selber durch diese Entscheidung.

Erstaunlich ist, daß dieser Romancier, der mehr als irgendeiner die Fähigkeit besitzt, ungeheuerliche Menschen zu beseelen, sich einen solchen Respekt vor den sozialen Werten bewahrt hat. Tatsächlich denkt er sich seine Scheusale nur mit dem Rückhalt einer Gesellschaft. Das Individuum existiert für ihn nur in Zusammenhang mit einer Umwelt, einer wirtschaftlichen Situation, und aus diesem Grund steht er, trotz seiner Plaidoyers für Thron und Altar, in Gunst bei den Marxisten. Er leitet Wasser auf ihre Mühle. Sie ziehen den Royalisten und Realisten Balzac dem Republikaner und Utopisten Eugène Sue vor, der »an das Verständnis der guten Reichen« appelliert. Lieber Gobseck und Vautrin als den Prinzen Rodolphe aus den »Mystères de Paris«. Damit ein soziales Gewitter inszeniert werden kann, sind Riesen »von der untersten Ruderbank zur Aufwühlung der Fluten nötig«. (Balzac, Brief an Hippolyte Castille.)

Und wie bringt der Autor so viele widersprüchliche Morallehren unter einen Hut? Er macht sich sehr wenig Gedanken darüber. Er malt mit dem Pinsel in der Hand, wie es jeder Künstler tun muß. Später wird sich die Kritik mit Balzacs Philosophie befassen und Abbé Bertault mit seinem Seelenheil. »Der wahre Dichter muß wie Gott im Mittelpunkt seiner Welten verborgen bleiben und soll nur durch seine Schöpfung sichtbar werden.« Balzac transzendiert seine Gestalten, die in ihren besten Augenblicken jenseits menschlicher, schnell verziehener Schwächen in den Höhen des Erhabenen zusammenkommen. Diese Einsicht jenseits aller Vorurteile und Leidenschaften macht aus Balzacs Werk trotz so vieler Düsterheiten eine Quelle der Kraft und heiterer Gelassenheit. »Ich habe festgestellt«, sagt Alain, »daß man, um wahr von den Menschen zu denken, sie auf die rauhe Art lieben muß, die Balzac uns lehrt.«

Vierter Teil

SCHWANENGESANG

Die Zärtlichkeiten einer Frau bringen die Muse zum Schweigen und erweichen die wilde, brutale Entschlossenheit des Arbeiters. *Balzac*

XXXI

TANTALUSQUALEN

Es gibt keine leeren Räume in meiner Gedankenwelt, in denen ich allein wäre; ich habe Dich in mir, wie ich meinen Kummer, meine Arbeit und mein Blut habe. *Balzac*

Abwesenheit begünstigt die Kristallisation, solange die Erinnerungen noch lebhaft sind; eine verlängerte Abwesenheit entleert manchmal die Liebe jeder Substanz. Auch 1841 betete Balzac weiterhin fünf- oder sechsmal im Jahr die Litaneien für seine Eve, schickte ihr seine Bücher und schrieb seine Briefe, nicht ohne Behutsamkeit, denn Monsieur Hanski konnte wünschen, diese Korrespondenz zu lesen. Madame Hanska las Bücher und Briefe, antwortete nach langen Pausen (sechs Monate, zehn Monate), und es machte den Eindruck, als seien Geist und Herz weit weg. Mehr als mit diesem fast mythisch gewordenen Geliebten beschäftigte sie sich mit der Erziehung ihrer angebeteten Tochter Anna, die sie recht fromm haben wollte; sie unterwies sie in den Schriften Massillons und des heiligen François de Sales. Voller Trauer spürte Balzac, daß die »Fremde« immer tiefer in unzugängliche Fernen entschwand. »Ich kann Ihr Schweigen nicht verstehen. Seit Tagen warte ich nun schon auf Antwort ...« Voller Unruhe ging er zu einer Hellseherin, dann zu »einem sehr bekannten Hexenmeister« Balthazar, der ihm weissagte, sein Leben sei bis zu diesem Tage eine lange Kette von siegreichen Kämpfen gewesen und jetzt würde er innerhalb der kommenden sechs Wochen einen Brief erhalten, der sein Leben umkrempeln würde.

Nicht immer täuschen sich die Hexenmeister. Am 5. Januar 1842 kam aus der Ukraine ein schwarz gesiegelter Brief. Wenzeslaus Hanski war am 10. November 1841 gestorben. Das war für Balzac ein glücklicher Schlag, doch zu der Witwe sprach er von diesem Ereignis so geziemend, wie es ihm möglich war:

»Was mich angeht, liebe Angebetete, so kann ich, obwohl mich dieses Ereignis nun das erreichen läßt, was ich seit bald zehn Jahren glühend begehre, mir vor Ihnen und vor Gott die Gerechtigkeit widerfahren lassen, daß ich in meinem Herzen nie etwas anderes als völlige Unterwerfung gehegt und daß ich nicht einmal in meinen grausamsten Stunden meine Seele mit bösen Wünschen befleckt habe. Gewisse ungewollte Ausbrüche waren nicht zu unterdrücken. Oft habe ich mir gesagt: ›Wieviel leichter wäre mein Leben mit *ihr.*‹ Man kann seinen Glauben, sein Herz, sein ganzes innerstes Wesen nicht ohne Hoffnung lebendig erhalten. Diese Beweggründe, die die Kirche zu Tugenden macht, haben mich in meinem Kampf aufrecht gehalten. Aber ich begreife Ihren Kummer, von dem Sie mir schreiben ...«

Doch er, der so viele Dinge erahnte, er ahnte nicht, daß Eve ihren alten Gatten aufrichtig betrauerte. Hanski war für sie ein aufmerksamer Beschützer, ein verständnisvoller Gatte gewesen. Nun er tot war, standen ihr widerwärtige Schwierigkeiten bevor. Die Bewirtschaftung der Herrschaft ging keineswegs reibungslos vor sich, ganz im Gegenteil. Schon beim Abschluß des Ehevertrages hatte Monsieur Hanski seiner Frau die lebenslängliche Nutzung des Vermögens zugestanden; jetzt aber protestierte seine Familie dagegen. Ein angsterregender Onkel, den Balzac »Onkel Tamerlan« getauft hatte und der eine Art von feudalem Grandet war, erhob sofort Einspruch dagegen, daß sie in den Besitz der Güter komme. Der Zar aller Reußen liebte den ukraino-polnischen Adel durchaus nicht, und so konnte ein ungeschicktes Vorgehen dazu führen, daß Madame Hanska in Ungnade falle und alles verliere. Balzac solle also, wie sie schrieb, auf keinen Fall zu ihr kommen; sein Erscheinen zu diesem ungünstigen Zeitpunkt würde die Familie und den Zaren aufs gefährlichste reizen.

Angstvoll erkundigte sie sich, wo sich ihre an Balzac gerichteten Briefe befänden. War diese umfangreiche Korrespondenz in sicherer Verwahrung für den Fall, daß er plötzlich sterbe? Er schwor, er habe auf dem Briefkoffer eine für seine Schwester Laure bestimmte Mitteilung befestigt und ihr darin befohlen, »alles zu verbrennen, ohne es anzusehen«. Warum aber schaffe sie sich solche Beunruhigungen, da doch jetzt niemand mehr ein Recht habe, eifersüchtig zu sein? Ihrer beider Leben sei doch von nun an ganz einfach; sie könnten es wie Philemon und Baukis beenden. Ein altes Ehepaar mit weißem Haar, einander im Ofenwinkel anbetend ... »Schon ließ ihn diese Glückseligkeit in Tränen ausbrechen.« Was befürchte sie denn? Daß er von ihr wünschen könne, sie solle sich mit ihm in eine bedrängte Lage schicken? Nein, er habe schlagartig nacheinander so viele Werke beendet, daß er es sich *auf seine eigenen Kosten* leisten könne, für vier Monate nach Rußland zu reisen. Es fehle ihm, um Mitglied dreier Akademien und zum Abgeordneten gewählt zu werden, nur noch ein ihn unabhängig machendes Vermögen, und dies werde er durch seine Arbeit schaffen. Doch in diesem Januar 1842, dem ersten Jahr ihrer Witwenschaft, arbeitete er trotz kontraktlicher Abmachungen wenig und dazu noch schlecht, weil Eve, seine nun von jeder Beaufsichtigung befreite Eve, ihn in diesem für sie beide so bedeutenden

Augenblick ohne Nachricht ließ! »Nun ist es schon ein Monat her, daß ich den beseligenden Brief erhielt, und Sie konnten diesen Monat vergehen lassen, ohne mir zu schreiben?« Den *beseligenden* Brief ...! Sie mußte ihn wohl für sehr taktlos halten. Schon gab er ihr wie ein Ehemann Ratschläge für die Verwaltung ihres Erbes: Sie solle so schnell wie möglich Anna (die damals knapp vierzehn Jahre alt war) verheiraten, und zwar mit einem Mann mit Köpfchen, einem reichen Mann vor allem, und sie solle gegen Zahlung einer festen Summe ihre Nutzungsrechte an ihre Tochter, die ja doch schon alleinige Besitzerin aller Güter sei, abtreten.

Solange die Post keine Nachricht brachte, lebte Honoré in allen Ängsten; als aber am 21. Februar der erwartete Brief einlief, war er zu Boden geschmettert. »Mit eisiger Ruhe« schrieb ihm die »Fremde«: *»Sie sind frei.«* Von ihrer Verheiratung sprach sie überhaupt nicht mehr; sie hatte die Absicht, sich uneingeschränkt ihrer einzigen Tochter zu widmen. Ihre schreckliche Tante Rosalie hatte sie vor den Franzosen gewarnt: »Paris niemals!« Diese Tante Rosalie (die übrigens eine Kusine war) hatte allerdings Gründe, Frankreich zu hassen und zu fürchten. Ihre Mutter, eine Fürstin Lubomirska, war dort 1794 geköpft worden, und sie selber hatte schauerliche Erinnerungen an die in den Gefängnissen des Terrors verbrachten Wochen. Vor allem aber wandte sich diese hochmütige Familie gegen eine »vulgäre« Verbindung. Die ältere Schwester Eves, Caroline Sobanska, hatte zwar ebenfalls Liebhaber gehabt, doch vermeinten sie, sie brauchten sich Puschkins, der anerkanntem, altem russischem Adel entstammte, weniger zu schämen als Balzacs, der Bürger und dazu ein Bohemien war, was in den Augen der Rzewuskis die verdammenswerteste Kombination darstellte.

Hätte Madame Hanska gesagt: »Ich hege die gleiche Hoffnung wie Sie, aber wir müssen noch ein Jahr, zwei Jahre warten«, dann hätte Balzac resigniert. »Selbstlosigkeit, Hingabe, Glaube, Beständigkeit sind die vier Ecksteine meines Charakters, und zwischen diesen Ecksteinen wirken nur Zärtlichkeit und unbedingteste Güte ... Ich will also nach diesem grausamen Brief warten ... Immer bin ich, ganz für mich allein, des Glaubens gewesen, Petrarca sei größer als Laura. Hätte Hugues de Sade ihr die Freiheit gegeben, sie hätte Gründe zur Bevormundung dem Verfasser der ›Sonette‹ gegenüber gehabt, spinnwebfeine, aber sie hätte stählerne Drähte daraus gemacht, Erwägungen und Rücksichtnahmen, auf die ganze Versammlungen von Verwandten sich berufen hätten ...« Der Ton wurde bitter; der Liebhaber, der künftige Gatte, hatte schmerzliche Schläge in Fülle erlitten.

Was konnte sie ihm vorwerfen? In Wien hatte sie im Jahre 1835 zu ihm gesagt: »Sie sollen sich in keiner Weise gebunden fühlen. Ich will nur Ihre Treue und Ihr ganzes Herz.« Diese Bitte, sagte er, war leichter zu erfüllen, als sie glaubte. Einem Dummkopf, der ihn über seine angeblich guten Vermögensverhältnisse ausfragen wollte, hatte er folgendermaßen geantwortet:

»Monsieur, habe ich zu ihm gesagt, ich habe in diesem Jahr zwölf Bände und zehn Dramenakte geschrieben; das bedeutet, sollen Sie wissen, daß ich dreihundert Nächte von den dreihundertfünfundsechzig, die Gott gemacht hat, dafür aufgewendet habe. Das Jahr 1841, wohlverstanden, ist in allen seinen Punkten den zehn vorhergehenden Jahren gleichzusetzen. Ich stelle durchaus nicht in Abrede, daß sich die Frauen in einen imaginären Monsieur de Balzac verliebt haben und daß sie bis zu dem dicken, pausbäckigen Soldaten vorgedrungen sind, der die Ehre hat, Ihnen zu schreiben. Doch die Frauen wollen alle (die größte wie die kleinste, die Herzogin wie die Grisette), daß man sich nur mit ihnen allein beschäftigt; sie ertragen keine zehn Tage lang, ohne aufzubegehren, einen mit etwas Außerordentlichem beschäftigten Mann. Und dies ist der Grund, warum alle Frauen Dummköpfe lieben. Ein Dummkopf gibt ihnen seine ganze Zeit und beweist ihnen, daß sie geliebt werden, indem er sich ausschließlich mit ihnen beschäftigt. Mag ihnen ein Genie sein Herz und sein Vermögen schenken, so wird auch die Edelste sich nicht geliebt glauben, falls er ihr nicht auch seine Zeit schenkt.«

Ja, das »zärtlichste aller Lebewesen« lebte seit dem Tod Laure de Bernys »vereinsamt an Herz und Sinnen«. Gewiß habe er einen Augenblick lang etwas Frieden und Zärtlichkeit bei Madame Visconti zu finden gehofft, doch sei dies (behauptete er) eine ebenso grausame Enttäuschung gewesen wie im Falle der Marquise de Castries. Außerdem wünsche er keine Mätressen; er wolle die Ehe, die Gewißheit, nicht mehr getrennt zu werden, die Zuversicht, gemeinsam leben und sterben zu dürfen. »Ich flehe Sie an, denken Sie daran: ein ganzes Leben liegt noch vor Ihnen ...«

Nun schrieb er ihr die allerschönsten Liebesbriefe, und sie waren ehrlich. Ein großer Romancier identifiziert sich mit seinem Spiel. Konnte sie an diese Aufrichtigkeit glauben? Sie wußte genau, daß »Treue und Beständigkeit« gar nicht immer die »Ecksteine dieses Charakters« gewesen waren. Da sie nun durch den Tod ihres Gatten jeder Stütze beraubt war, mußte sie die Reaktionen ihrer Familie, die sich gegen eine »Mesalliance« richtete, in ihre Überlegungen einbeziehen; schließlich hatte sie doch vor allem zu befürchten, daß man ihr die Tochter wegnehme, wenn sie sich wieder verheirate, und eine solche gewaltsame Trennung sei ihr Tod; schließlich sei sie auch älter als in den Wiener Tagen, und sie fühle sich, nach sieben Jahren, doch nicht mehr sicher genug, einem Liebhaber gefallen zu können, der ihr nach wie vor glühend sinnlich geblieben zu sein scheine. Aus kluger Überlegung schickte sie eine in neuester Zeit angefertigte Profilzeichnung mit. »Die Zusendung Ihres Profils, angebetete Liebste, ist ganz bestimmt Koketterie, denn man könnte glauben, ein junges Mädchen zu sehen.«

Die wesentliche Ursache des Mißverständnisses: er, der die französische Gesellschaft so genau kannte, konnte sich die verwickelte Struktur der slawischen Welt einfach nicht vorstellen. Auf den in der Ukraine lebenden Polen lastete als auf rebellischen wie als auf römisch-katholischen Untertanen ein schweres Joch. Der Generalgouverneur von Kiew wirkte als Potentat und konnte in Konfliktsituationen durch eine einfache Anordnung alle Güter des Erbes unter Sequester stellen. Nun hatte der Gerichtshof von Kiew sich schon geweigert, die Gültigkeit eines für die Witwe so vorteilhaften Testamentes anzuerkennen. Madame Hanska hatte sich deswegen an den Senat und vermittels dieser Körperschaft an den Zaren gewandt. In ihrer Ratlosigkeit konnte sie nur auf ihren Bruder, den General Adam Rzewuski, rechnen, der als Adjutant des Zaren am Hofe lebte; sie beschloß deswegen, nach St. Petersburg zu reisen und dort ihre Sache zu betreiben. Balzac riet ihr zu dieser Reise:

»Gehen Sie nach St. Petersburg und setzen Sie alle Ihre Intelligenz und alle Kräfte ein, damit Sie diesen Prozeß gewinnen. Verwenden Sie alles dafür; gehen Sie zum Zaren; bedienen Sie sich, falls es möglich ist, des Einflusses Ihres Bruders und Ihrer Schwägerin. Alles, was Sie mir über diesen Fall geschrieben haben, ist sehr sinnvoll.« Er war seinerseits bereit, sie zu unterstützen: »Ich werde Russe werden, wenn Sie keine Hindernisse darin erblicken, und ich werde vom Zaren die für unsere Verheiratung nötige Einwilligung erbitten. Das ist gar nicht so töricht! ...«

Russe werden! Wie konnte nur ein so französischer Schriftsteller plötzlich vermittels einer so seltsamen und ungewohnten Chimäre zum Ziel gelangen wollen? Er hatte nämlich in Frankreich gerade seine größte Schlappe erlitten. Seit zwei Jahren hatte er alle Erwartungen, schnell zu Geld zu kommen, aufs Theater gesetzt. Victor Hugo hatte ihm in entgegenkommender Weise »mit der Salbung des Vaters Grandet und mit der Bestimmtheit eines Rechnungshofbeamten die finanziellen Vorteile der dramatischen Literatur« vorgerechnet. Begierig hatte Balzac gelauscht. Er hatte dem Odéon-Theater eine spanisch aufgezogene Komödie voller Meriten eingereicht: *Les Ressources de Quinola (Quinola weiß sich zu helfen).* Hier waren die Leiden des Alfonso Fontanarès (eines Spaniers, der vor Fulton das Dampfschiff erfunden hatte) und die pfiffigen Kniffe seines Dieners Quinola, eines Figarotyps, zu sehen. Balzac hatte den Schauspielern das Stück, oder genauer gesagt, die ersten vier Akte des Stückes in wundervoller Weise vorgelesen. Dann hatte er seinen Darstellern verkündet, der fünfte Akt sei noch nicht geschrieben, er werde ihn ihnen aber erzählen. Er hatte mit seiner Improvisation kein Glück; in seiner Ermüdung hatte er versagt. Kaum hatte er geendet, erklärte Marie Dorval, mit der er gerechnet hatte, sie sehe hier keine Rolle für sich.

Balzac an Marie Dorval: »Als ich Ihnen von den Bedingungen schrieb, die ich den Gesellschaftern des Second Théatre entrissen hatte, meine liebe Faustina[1], sagte mir Merle [Madame Dorvals Gatte] ein Wort, das diesen Brief hier nötig macht. ›Ich glaube‹, hat Monsieur Merle gesagt, ›daß Madame Dorval nicht annehmen wird, ohne die Rolle gesehen zu haben.‹ Das hieße, den Vertragsabschluß bis zu Ihrer Rückkehr aufzuschieben, also bis in zehn Tagen. Hätten Sie nicht das Vertrauen zu mir, das ich zu Ihnen habe, wäre es unnütz zu warten, denn *sie* im Odéon können nicht warten ...

Ich bitte Sie also, mir zu schreiben, daß Sie meine Bedingungen annehmen, und daß, wenn es ein Erfolg ist, Sie erst nach Ausschöpfung dieses Erfolges die Rolle in meinem Stück abgeben werden. Bleiben Sie mir treu! Wenn es sich um Ihr Herz handelte, wäre ich nicht so töricht, Ihnen dies zu sagen, es handelt sich aber um Ihr Talent.

Insgesamt werden Sie, im Fall eines sehr großen Erfolges, ungefähr 10 000 Francs bekommen, falls wir zu einer durchschnittlichen Einnahme von 2500 Francs bei hundert Vorstellungen kommen. Und wenn wir einen Reinfall erleben, haben Sie immer noch die Holländer, von denen Merle mir sprach ... Wir können diese Sache nicht in der Schwebe lassen; ich erwarte daher ein paar Zeilen von Ihnen. Schreiben Sie mir in die Rue Richelieu 112.

Sie sagten mir einst: ›Ich werde mit Ihnen überallhin gehen‹, und ich habe auf Ihr Wort gezählt, nicht auf Ihr Wort als das einer ehrenhaften Frau, sondern als Bohemienne, und Sie sehen, daß ich ausgezeichnete Bedingungen für Sie habe. Tausend gute Grüße ...«

Trotz der verpatzten Vorlesung und trotz dem Abspringen Marie Dorvals nahm der Direktor des Odéon, Lireux, das Stück an, lobte es, sprach von Calderón, Lope de Vega und kündete sofortige Proben an. Balzac hatte seine Forderungen aufgestellt; sie waren außergewöhnlich. Keine Claque; alle Plätze der ersten drei Vorstellungen sollten ihm zur Verfügung gestellt werden, damit er sie *selber verkaufe*.

»Im Parterre will ich nur Ritter des heiligen Ludwig ... Auf den Orchestersesseln nur Pairs von Frankreich. Botschafter in die Logen vor der Szene. Die Abgeordneten und hohen Staatsbeamten auf den zweiten Rang.«

»Auf den dritten Rang?«

»Die Hochfinanz.«

»Vierten Rang?«

[1] Faustina Brancadori ist der Name der Gestalt in *Les Ressources de Quinola*, die Marie Dorval nach Balzacs Wunsch spielen sollte.

»Ausgewählte reiche Bürger.«

»Ja, aber wohin wollen Sie die Journalisten setzen?«

»Sie sollen ihre Plätze bezahlen, wenn welche übrig sind – aber es werden keine übrig bleiben!« (L. Gozlan, *Balzac chez lui*)

Zwischen den Journalisten und Balzac herrschte seit den *Illusions perdues* Krieg wie zwischen Wilden. »Sie wollen mich skalpieren«, sagte er, »und ich will aus ihren Hirnschalen trinken.« Er stellte sich diese Premiere wie eine Romanszene vor; es sollte die verblüffendste Vorstellung sein, die Paris jemals erlebt hätte, ein dramatischer und gesellschaftlicher Triumph, und ein finanzieller Erfolg obendrein. Nicht allein machte er sich selber zum Verkäufer seiner Eintrittskarten, sondern er spekulierte auch noch unverfroren damit:

»Erschien man und wollte eine Loge im ersten Rang haben, so antwortete er hinter seinem Schalterfenster: ›Zu spät, zu spät!! Die letzte ist an die Prinzessin Augustina Augustini von Modena verkauft worden.‹ – ›Aber, Monsieur de Balzac, wir würden einen tollen Preis zahlen.‹ – ›Wenn der Preis noch toller als toll wäre, könnten Sie trotzdem keine Erste-Rang-Loge bekommen, weil keine mehr frei ist.‹ Und so ging man eben ohne Loge weg. Dieses Spielchen gelang während der ersten Tage des Kartenverkaufs ganz gut; man bezahlte recht viel, um unter größten Schwierigkeiten wenigstens einen Platz zu bekommen. An den folgenden Tagen aber beruhigten sich die Wünsche. Alles beruhigt sich auf der Welt; man wurde sogar der Schwierigkeiten überdrüssig; man wurde müde, und in der Woche vor der Erstaufführung war Balzac schließlich glücklich, wenn er zum regulären Theaterpreis verkaufen konnte, was er vorher zu den fabelhaftesten, durch seine blühende Phantasie hochgetriebenen Preisen zu verkaufen geträumt hatte...« (L. Gozlan)

Endlich wurde das Stück am 19. März 1842 vor einem fast leeren Zuschauerraum gespielt. Die Pariser waren durch die Verkaufsprozeduren ungehalten und blieben fern. Die wenigen Zuschauer höhnten, lärmten, schrien. Es wurde eine Katastrophe. »Vergebens«, schrieb der Kritiker Hippolyte Lucas, »hatte Monsieur de Balzac den größten Teil des Zuschauerraums einem Publikum seiner Wahl (zu sehr überhöhten Preisen) verkauft; die öffentliche Meinung hat übereinstimmend im Namen der Literatur, die hier durch eines ihrer hervorragendsten Mitglieder beleidigt wurde, protestiert.« In Wirklichkeit war allerdings nicht die Literatur beleidigt worden, sondern Monsieur Hippolyte Lucas.

Balzac an Madame Hanska, 8. April 1842: »*Quinola* ist zum Gegenstand einer denkwürdigen Schlacht, ähnlich der anläßlich von *Hernani*, geworden. Sie pfiffen das ganze Stück von Anfang bis Ende aus, wollten es überhaupt nicht anhören und dies in sieben aufeinanderfolgenden Aufführungen. Jetzt sind wir bei der siebzehnten Aufführung, und das Odéon macht Geld ...« Sehr wenig Geld: »Quinola bringt mir keine fünftausend Francs ... Alle meine Feinde, und sie kamen in sehr großer Zahl, haben sich auf mich gestürzt ... Alle Zeitungen bis auf zwei Ausnahmen überschütteten mich mit Beleidigungen und verrissen das Stück, eine schlimmer als die andere.«

Wahrhaftig, das Theater lag ihm nicht, und vielleicht war dieser Durchfall providentiell zu werten. Er machte sich wieder an seine gewohnte Arbeit, »um leben zu können, um Verträge zu erfüllen«, wie er sagte, tatsächlich aber, weil er schöne Romane hervorbringen mußte, wie ein Apfelbaum seine Äpfel. »Nun, ich will es schließlich machen, wie ich es seit fünfzehn Jahren mache: ich will mich in die Abgründe der Arbeit, der Schöpfung einwühlen, was den Vorteil hat, daß ich durch deren Schmerzen andere Schmerzen vergesse. Ich muß mit meiner Feder von heute bis in einem Monat dreizehntausend Francs verdienen.« Jetzt ist er weit davon entfernt, einzugestehen, welche Freude er an seiner Kunst findet; er stellt sich jetzt als einen Galeerensträfling dar: »Erschaffen, immer erschaffen! Gott hat nur sechs Tage lang erschaffen! ...«

Er sehnte sich ehrlich danach, diese Existenz eines geschundenen Schöpfers aufgeben zu können, und er wollte in irgendeinem Winkel Rußlands oder Frankreichs in Gesellschaft seiner Allerliebsten leben und nichts mehr von Gläubigern und Verlegern hören. Dieser Aufschrei drückt echte Verzweiflung aus, doch was sollte er in einem solchen Winkel anderes tun als immer weiter arbeiten? Allerdings ist der Arbeitsrhythmus sogar für ihn zu rasch geworden. »Gestern habe ich *Le Voyage en coucou* fertiggemacht ... Ich beende *Albert Savarus;* mit Geschrei und Getön werden *Les Paysans* reklamiert; *La Presse* verlangt das Ende von *Deux Frères (Un ménage de Garçon),* dessen Anfang vor zwei Jahren erschienen war. Man könnte den Kopf verlieren! ...«

Doch er verlor ihn nicht und ließ von einem Werk erst dann ab, wenn es vollendet war. *Le Voyage en coucou (Un début dans la Vie) (Ein Lebensbeginn)* wurde von seiner Schwester Laure und sogar von seinen Nichten Surville angeregt. Mit Interesse folgte er dem Unterricht von Sophie und Valentine; er ließ sich ihre Schulaufsätze zeigen. Hatten sie ein Lob ihres Onkels verdient, sagte er, sie seien für ihre Mühen durch die Zustimmung eines »so berühmten Mannes wie er« genugsam entlohnt. Besser noch war es, wenn er ihnen die Ehre antat, einen ihrer Stoffe zu bearbeiten. *Un début dans la Vie* wurde nach einer von Laure verfertigten kleinen Novelle, die wiederum auf einer Erzählung ihrer Töchter beruhte, geschrieben; Laure veröffentlichte späterhin die erste Fassung.

Es ist die Geschichte von jungen Leuten, die vermeinen, in einer Postkutsche ungestraft einen Bluff inszenieren zu können; ohne es zu ahnen, reisen sie aber in Gesellschaft des mächtigen Mannes, über den sie unvorsichtigerweise dumme Reden führen; er kann ihre Zukunft vernichten. Der Beginn des Lebensweges ist der Oscar Hussons, eines großmäuligen jungen Mannes, der durch seine Dummheit und Eitelkeit mit einem Schlag seine Laufbahn ruiniert. Etwas »von Oscar« steckte in dem jungen Balzac, wie in jedem jungen Mann eine Spur Oscar ist. Dieser Gymnasiastenerzählung verlieh Balzac mehr Gehalt durch Einführung von Gestalten, deren Schicksale uns schon bekannt sind: der Graf von Sérisy, Pair von Frankreich, der Anwalt Desroches, der Maler Joseph Bridau. Die winzige Anekdote Laures wurde auf diese Weise durch das Gewicht einer reichen Vergangenheit bedeutender gemacht. Des weiteren gliederte Balzac die Weltgeschichte ein. Alle diese Lebensläufe waren durch die großen Ereignisse miteinander verschweißt. Daß Balzac gerade 1799 geboren worden war, hat ihm wunderbare Dienste geleistet. Seine innige Vertrautheit mit drei Regierungsepochen gibt ihm die Möglichkeit, die Zukunft wie die Vergangenheit mit unerwarteten Scheinwerferstrahlen auszuleuchten. In schwierigen Zeiten geleistete Dienste rechtfertigen, Bernard-Françcois wußte es genau, überraschende Duldsamkeit. Der Vater des Verwalters Moreau hatte während der Revolution den Besitz der Sérisys gerettet; die Erinnerung hieran ermöglicht es dem Sohn, den Grafen fast ungestraft zu bestehlen. Oscar Husson wird später an den Julikämpfen von 1830 teilnehmen, danach verliert er einen Arm in Algerien. Der Held sühnt die Fehler des jungen Lügners. So kann ein Romancier Clio ins Spiel bringen.

Dies Buch widmete Balzac Laure: »Auf daß der glänzende und bescheidene Geist, der mir den Stoff zu dieser Erzählung gab, auch die Ehre davon habe! Sein Bruder.« Dies ist auch tatsächlich der besondere Wert dieser kurzen Erzählung, ein Denkstein für die Schwester zu sein, doch ist es ein gut gearbeitetes, amüsantes Stück; außerdem stellt es einen Kodex der balzacischen Moral dar: »Arbeit, Rechtschaffenheit, Diskretion«. Oscar lernt, etwas spät allerdings, daß diese drei Begriffe das Geheimnis jeden Erfolgs darstellen. Was Arbeit anging, so fürchtete Balzac niemand; über Rechtschaffenheit hatte er eigene Anschauungen; für Diskretion war er unbegabt.

Sind in Oscar Husson einige Spuren des Jünglings Balzac zu finden, der sich bei Laure de Berny »danebenbenahm«, so brachte *Albert Savarus* den reifen Balzac auf die Szene. Hier handelt es sich (mit *Louis Lambert, Le Lys* und einigen Novellen) um eine der am engsten mit dem persönlichen Leben des Autors verknüpften Erfindungen. Der Werkmeister erbaute seine Kathedrale ohne andere als die der Kunst dienenden Gesetze, doch gelegentlich stellte er sich in einem Glasfenster als Stifter dar. Albert Savarus ist genau Balzac selber im Jahr 1842, und außerdem ein herzzerreißender Anruf an die »Fremde«: »Inmitten von tausend Leiden dieses wieder aufflackernden Kampfes schnitt dieser Gedanke ›Wenn sie ermattete‹ mir ins Herz, und ich empfand bei diesem Gedanken mehr Schmerzen als unter allen auf mich geschleuderten Steinen ... In meinem Leben besteht ein weiteres wunderbares Leben, aber ich habe dafür keinen anderen Vertrauten als dieses Papier! ...« (Brief an die Fremde). Keinen anderen Vertrauten? Doch, den geschmeidigsten aller Vertrauten: einen Roman.

»Wenn sie ermattete ...« dies ist der Stoff von *Albert Savarus*. Ein ehrgeiziges Genie läßt sich nach verdrießlichem Mißgeschick in Besançon nieder; Balzac hatte das Geheime der Stadt durch ein bei ihm mögliches Wunder in den wenigen Stunden erahnt, die er hier anläßlich eines Papierankaufes am 24. September 1833 verbracht hatte. Savarus' Porträt ist das des Autors in seinem dreiundvierzigsten Jahr, so wie er sich selber damals sah: »Ein stattlicher Kopf, schwarzes, schon leicht mit einigen weißen Fäden durchzogenes Haar, wie es Sankt Peter und Sankt Paul auf unseren Gemälden tragen, mit dichten, glänzenden Locken, ein Haar hart wie Roßhaar; ein weißer runder Frauenhals; eine prächtige Stirne, durchpflügt von einer kräftigen Furche, wie große Pläne, große Gedanken, tiefe Meditationen sie in die Stirnen großer Männer einzeichnen.« Albert ist in wahnsinniger Liebe zu einer vornehmen Italienerin entflammt, der Herzogin von Argaiolo, geborenen Prinzessin Soderini. Damit er ihr ein ihrer würdiges Dasein bieten kann, will er einen politischen Triumph erringen. Als bewundernswerter Advokat erobert er sich Besançon; er durchschaut die dortigen Gesellschaftsschichtungen, erhält die Unterstützung eines hintergründigen Generalvikars, wird dessen Freund und würde seinen Triumph erleben, wenn er nicht das Unglück hätte, daß eine junge Bisontinerin, Rosalie de Watteville, in geistiger Liebe zu ihm und zu seinem geheimnisvollrätselhaften Leben entflammte. Sie fühlt sich von Albert mißachtet, und da sie ein hartes, dickköpfiges, mysteriöses Mädchen ist, will sie sich dafür rächen; sie unterschlägt Briefe und fälscht die Handschrift in der Absicht, den Anwalt und seine schöne italienische Witwe auseinanderzubringen. Die gekränkte Italienerin verheiratet sich überstürzt mit dem Herzog von Rhétoré, worauf Savarus in seiner Verzweiflung in der Grande Chartreuse, dem Reich des Schweigens, Mönch wird. Er ist des Wollens müde geworden, gibt sich selbst auf und legt sein Leben in die Hände seines geistlichen Oberen. *Fuge, tace, late.* Balzac zeichnet gerne solche plötzlichen Zusammenbrüche, in denen ein Mensch Leib und Seele aufgibt. Wie oft hat er selber in Augenblicken der Verzweiflung sich ein solches Ende gewünscht!

Der Savarus-Roman ist eine chiffrierte Botschaft, und sie ist leicht zu dechiffrieren; sie ist an Eve Hanska gerichtet: »Ich bin am Ende meiner Kräfte; wenn auch Sie mir noch genommen würden, müßte ich irgendwie zugrunde gehen ...« In den Briefen an Eve verhehlt Balzac die Verwandtschaft mit seiner Romangestalt keineswegs. Die Anfänge dieser Roman-Liebe hat er in die Schweiz verlegt; damit beschwört er teure Erinnerungen. Die Liebenden treffen sich in Genf, aber »ich will die Prinzessin Gandolphini nicht in die Maison Mirabaud versetzen, denn es gibt überall Leute, die uns daraus einen Strick drehen würden ...« Noch weniger allerdings in die Villa Diodati. Das wäre zu durchsichtig gewesen, und diese vier Silben lassen noch jetzt sein Herz schneller schlagen. Wie Balzac hat Savarus immer das Bild seiner Freundin und eine Ansicht ihres Schlosses vor Augen. Das grausame, die Liebenden entzweiende Mädchen heißt Rosalie wie die verhängnisvolle Tante Rzewuska. In diesem Buch wird dem Verfasser alles zum Hilfsmittel, seine schwarzen Teufel zu bannen.

Der Roman enthält noch ein weiteres Thema, das Balzac ebenfalls Madame Hanska erläutert hatte:

»Ich will in meinem ersten Band der *Comédie humaine* eine große Lehre für den *Mann* aufstellen, ohne damit eine Lehre für die *Frau* zu verquicken; ich will aufzeigen, wie einer, wenn er dem sozialen Leben ein allzu weites Feld einräumt und damit Herz und Verstand zu sehr anstrengt, schließlich dazu kommen muß, überhaupt nicht mehr das zu wollen, was anfänglich Aufgabe des ganzen Lebens gewesen war. Das wird ein *Louis Lambert* in anderer Form werden.«

Diese Lehre ist für Balzac, der sich manchmal ein zu weit gespanntes Programm vornahm, so wichtig wie für Albert Savarus. Warum alles wollen? »Nur noch für das Glück bringe ich Kraft und Stärke auf, und wenn es mir nicht einen Kranz von Rosen aufs Haupt drückt ... würde ich zu einem zerstörten Etwas ... Am Ziel anlangen und den Geist aushauchen wie ein Läufer des klassischen Altertums ... Der Fähigkeit zum Genuß nicht mehr teilhaftig zu sein, wenn man das Recht erworben hat, glücklich zu leben! ... Oh, wie vieler Menschen Schicksal ist dies gewesen!« So spricht Albert Savarus. Honoré aber, sein Schöpfer: »Ich fürchte, ich bin nur noch ein leerer Sack, wenn das Glück zu mir kommt.«

Dies war ein Mahnruf für die »Fremde«, doch sie hat anscheinend weder die Lehre noch den Roman verstanden. »Ich bin erstaunt, daß Sie *Albert Savarus* nicht mögen«, schreibt Balzac traurig. Es stimmt allerdings, daß sie in der Fürstin Gandolphini einige Züge der Gräfin Guidoboni erkennen konnte; ebenso richtig, daß der Gatte (Emilio Gandolphini) den gleichen Vornamen wie der Graf trägt. Aus diesen oder anderen Gründen kritisierte sie das dem Autor so teure Buch abfällig. Sie sagte, es sei »ein Werk für Männer«. Hierin täuschte sie sich nun freilich nicht. Es war das Werk eines geängstigten Baumeisters, der inmitten weit ausgedehnter Baustellen steht und weiß, was er noch alles zur Vollendung seiner Paläste errichten müßte; der jeden Tag einen »Fetzen seines innersten Lebens« und seiner Lebensdauer dahinschwinden sieht; der spürt, wie das Chagrinleder in seiner Tasche immer kleiner wird; der davon träumt, seine übermenschlichen Planungen im Stich zu lassen, damit er nach so vielen Arbeiten endlich bei einer mütterlichen Geliebten Ruhe finden kann; der die Befürchtung hegt, er könne, wenn diese Hoffnung ihm durch ein Unglück entrissen würde, nicht mehr die Kraft zum Leben haben.

XXXII

ZUSAMMENKUNFT IN ST. PETERSBURG

Hoffnung ist begehrende Erinnerung.
Balzac

In jeder Existenz entstehen Pausen. Man wartet auf ein Ereignis, auf eine Entscheidung; das Leben geht weiter; das Lebensglück ist aufgehoben. Seit dem Tod Wenzeslaus Hanskis lebte Balzac nur aus Erwartung. »Ich hege jetzt viel Mißtrauen vor dem Leben und allem, was auf mich zukommt«, schrieb er angstvoll an seine Eve. Diese hyperboräische Liebe, die einige Jahre lang gedämpft gewesen war, war durch die neue Hoffnung angefacht worden und flammte wieder auf. Doch Balzac war durch sein rasendes Arbeiten erschöpft: »Meine Augenlider zucken unaufhörlich, was mich sehr belästigt, denn ich sehe darin den Vorboten irgendeiner nervösen Erkrankung.« Wieder einmal steckte ihn Dr. Nacquart, der natürlichen Behandlungsmethoden vertraute, für vierzehn Tage ins Bett. »Vierzehn Tage im Bett, ohne etwas zu tun! Und ich bin doch von einer Aktivität ohnegleichen! Ich habe mich infolgedessen daran erlabt, an uns zu denken, Pläne zu schmieden, Projekte zu machen, Erfolgskarten zu legen, um einen Kartenschlägerausdruck zu gebrauchen.«

Fiebernd versuchte er in seinem Bett, sich eine schöne Zukunft vorzustellen. Sein Anwalt und sein Strohmann würden ihm beistehen, Les Jardies zu halten; er würde es für Eve einrichten. Mit etwas Zeit, Geduld und Geld könnte man daraus einen entzückenden Schlupfwinkel machen. »Das, und ein Haus in Paris, dazu achtzigtausend Francs Staatsrenten ergäben das schönste Leben der Welt. Denn ich werde auch die fünfzehntausend Francs des Instituts bekommen, und wenn meine Feder auch nur sechs Stunden täglich arbeitet, wird das jährlich immer zwanzigtausend Francs bringen, und das noch zehn Jahre lang, was ermöglichen wird, etwas als Kapital anzulegen.« Baumeister des Glücks im Land der Wahnbilder! Maître Gavault konnte nicht daran denken, sich für die Rettung von Les Jardies einspannen zu lassen, und ersuchte um die Genehmigung, das Gut zu verkaufen; dieses Mal aber unwiderruflich!

»Es ist der Anlaß dauernden Schadens, und er nimmt es auf sich, sagt er, mich mit dem Geld, das er noch daraus ziehen kann, besser zu stellen ... Er mag mich ganz aufrichtig ... Er hegt für mich ein Ehrgefühl, wie ich es selber nicht besser haben könnte, aber er ist ein kleinlicher Trödler. Er möchte gewisse scheußliche Schulden abzahlen, und ich zahle meinerseits schreckliche Schulden von dem Geld, das ich mir zum Leben bestimmt habe. Aber Geld erwerben bedeutet arbeiten, immer arbeiten. Ich fange an zu fürchten, daß diese Fähigkeit zur Arbeit mir verlorengehen könnte ...«

In diesem Punkt brauchte er keine Angst zu haben. Seine Produktion blieb ungeachtet aller Mißhelligkeiten und Krankheiten weiterhin überströmend reich. *Honorine*, die er in drei Tagen geschrieben haben wollte (solch eitle Selbstbespieglung kam bei ihm vor), war eine im Ton reine wie im Stoff kühne Novelle, so zart und so reizend wie *La femme abandonnée* oder *Une Fille d'Eve*. Honorine hat den schätzenswertesten aller Gatten, den Grafen Octave Bauvan, zugunsten eines ihrer unwürdigen Liebhabers verlassen, der seinerseits sie sofort im Stich ließ. Sie lebt nun allein und versucht, ihren Lebensunterhalt mit Herstellung künstlicher Blumen zu gewinnen, obwohl ihr Gatte sie wieder zu sich nehmen möchte. Sie hat jedoch physischen Horror vor ihm und zieht ein beschwerliches, einsames Leben einem gesellschaftlichen Königreich vor, in dem sie zur Duldung seiner Liebkosungen verdammt wäre. Aus der Ferne wacht er über sie und hilft ihr ohne ihr Wissen; er läßt die von ihr hergestellten künstlichen Blumen sehr teuer aufkaufen. In der Liebe Octaves zu der abwesenden und rebellischen Honorine kann man Befürchtungen Balzacs erkennen, der Eve Hanska begehrt und doch nicht weiß, ob sie je zu ihm kommen wird. Ihr schildert er (durch seinen Octave) die Ängste seiner Nächte:

»Können Sie mich sehen, wie ich die leidenschaftlichsten Verzweiflungsanfälle durch die Betrachtung eines Miniaturbildes besänftige, wobei mein Blick seine Stirn sucht und küßt, die lächelnden Lippen, den Umriß des Gesichts, wo ich die Weiße seiner Haut eratme und wobei ich beinahe die schwarzen Dolden des gelockten Haares fühlen und betasten kann? Haben Sie mich überrascht, als ich vor Hoffnung aufsprang, als ich mich unter den tausend Pfeilen meiner Verzweiflung wand, als ich durch den Straßenkot von Paris wanderte und meine Ungeduld durch Ermüdung zähmen wollte? ... In manchen Nächten vernehme ich das Schellengeklingel des Wahnsinns; ich habe Angst vor den heftigen Übergängen einer schwachen Hoffnung, die sich manchmal glänzend aufschwingt, zu der völligen Verzweiflung, die so tief niedersinkt, wie Menschen nur sinken können ... Drei Tage schon vor der Ankunft Marie-Louises hat sich Napoleon in seinem Hochzeitsbett in Compiègne gewälzt ... Alle riesigen Leidenschaften haben den gleichen Schwung. Ich liebe auf diese Weise eines Dichters und eines Kaisers! ...«

Die Erzählung war schön und ergreifend. Balzac allerdings hegte Zweifel: »Honorine ist wohl gut, aber die Knappheit des Stils ist beunruhigend, für mich zumindest, denn es gibt Menschen, die das großartig finden, und vielleicht ist es ärmlich ...« Wenn er an sich zweifelt, so deswegen, weil man ihm gegenüber grausam ist. Die Kritik hatte *Albert Savarus* schlecht aufgenommen: »Schwerer, dickflüssiger Stil ... weist auf Ermüdung.« Der neue Gott des Feuilletons ist Eugène Sue. Ganz Frankreich wartet auf die Fortsetzung der *Mystères de Paris.* Der Kritiker der *Revue des deux Mondes* schreibt, der Verfasser von *Louis Lambert* und *Eugénie Grandet* überlebe sich augenblicklich selbst. Das ist ungerecht bis zur Lächerlichkeit. Was anders als überleben tat der Geist, der beinahe zu gleicher Zeit das Ende der *Illusions perdues* verfaßte, *La Muse du Département (Die Muse des Départements), Esther* oder *La Torpille, L'Envers de l'Histoire contemporaine (Die Kehrseite der Zeitgeschichte),* und das alles aus Fragmenten aufgebaut, in aller Eile, weil *Le Musée des Familles* oder irgendeine Zeitung das Manuskript verlangt, wobei er unterdessen nach Lagny in eine Provinzdruckerei eilen mußte und monatlich zweihundert Stunden lang Korrekturbogen der *Comédie humaine* las! Denn, obwohl er so geplagt war, korrigierte er doch seine Texte zehn- bis elfmal, was weder Dumas noch Sue taten.

Er lebte damals wie ein gleichzeitig an vier oder fünf Häusern bauender Maurer, oder wie ein Schachspieler, der simultan zehn Partien spielt und alle gewinnt. Mit Leichtigkeit schreibt er an einem Roman weiter, der vor mehreren Jahren abgebrochen worden war. *La Muse du Département* schmorte so schon lange auf dem unsichtbaren und langsam brennenden Herde Balzacs. Der Ausgangspunkt war eine grausige Erzählung *La Grande Bretèche* aus dem Jahre 1832. Dann erschien 1837 in den *Scènes de la Vie de province* eine Novelle *La Grande Bretèche ou les Trois Vengeances;* hier sieht man, wie in Sancerre die tugendhafte, unbefriedigte Gattin eines Provinzmännchens von einem Staatsanwalt geliebt wird; ihr erzählen zwei Pariser, der Arzt Bianchon und der Journalist Lousteau, mit der Absicht, ihr einen Schrecken einzujagen, drei entsetzliche ehemännische Racheakte. Die stürmischen Bekenntnisse Caroline Marboutys waren, allerdings unvollständig, verwendet worden, und Balzac hatte an Stelle von dem Limoges der »Muse« die kleine Stadt Sancerre gesetzt, die er durch seinen Freund, den Arzt Emile Regnault, kannte.

Im Jahre 1843 hatte er den Einfall gehabt, den *Adolphe* von Benjamin Constant »zu wenden«, nämlich das gleiche Drama aus der Sicht der Frau darzustellen; er nahm Caroline Marbouty aus seinem Zubehörlager und machte aus ihr (mit Zusätzen und Umdeutungen) die *Muse du Département.* Dinah Piédefer, protestantischer Herkunft (wie Caroline), war durch ihre Eltern einem reichen »insektenförmigen« Gatten ausgeliefert worden, dem kleinen La Baudraye; sie hat (wie Caroline) einen literarischen Salon, wo sie den erstaunten oder widerspenstigen Notabeln ihre Verse vorliest. Wieder genau wie Caroline ist Dinah, obgleich sie sehr umschwärmt wurde, ihrem Kümmerling lange Zeit treu geblieben.

Eines Tages kommen anläßlich einer politischen Wahlversammlung in Sancerre, wie einst Dupuytren zu den Marboutys, die zwei Herren aus Sancerre, die in Paris große Männer geworden sind: der Arzt Bianchon und der Feuilletonist Etienne Lousteau, ein geschwätziger, fauler Wichtigtuer. Dinah läßt sich durch seine Suada verblüffen, wird seine Geliebte und stellt nach seiner Abreise fest, daß sie schwanger ist. »Dinah ist ein Fall weiblicher Donquichoterie; hierdurch wird ihr Schicksal bestimmt ... Zehn Jahre ihres Lebens hatte sie nutzlos damit vertan, den fahrenden Intelligenzritter zu spielen ... Den gleichen Fehler begeht sie in Sachen der Liebe ...« Sie geht nach Paris, lebt dort mit Lousteau, und nun wird der Roman grausam. Die Mätresse mit dem großen Herzen war auf einen ihrer nicht werten Mann hereingefallen, der ihr mit seinem Anhang von Loretten und Bohemiens eine Komödie vorspielte, um sie loszuwerden. Die edle Dinah (*Didine* nennt Lousteau sie) glaubt alles, versteht nichts und reagiert mit bewunderungswürdiger Hingabe. Doch als sie nach sechs Jahren endlich der Nichtigkeit ihres Geliebten innewird, weigert sie sich, obwohl sie *Adolphe* gut gelesen hat, die Rolle der Ellénore zu spielen. Anstatt zu jammern, kehrt sie zu dem insektenförmigen Gatten zurück, der sie aufnimmt und sich sogar die zwei Söhne Lousteaus aufbürdet. Dieses bittere, starke Buch zeigte, was sehr balzacisch ist, auf, wie jegliche Liebe, die sich den Gesetzen der Gesellschaft nicht anpaßt, schicksalsmäßig entwürdigt wird.

Caroline Marbouty war über *La Muse du Département* sehr aufgebracht; sie fürchtete Auswirkungen in Limoges, wo sie vielleicht in den Verdacht käme, heimlich Bastarde auf die Welt gebracht zu haben. Könnten die kleinen Marboutys nicht für Töchter Sandeaus gelten? Würde die geflüchtete Muse nicht angeklagt werden, sie halte mit den Groschen ihres Mannes einen zweitrangigen Schriftsteller in Paris aus? Doch nichts dergleichen geschah. In Limoges wurden wenig Bücher gelesen.

Caroline hätte durch den Charakter der Didine angenehm berührt werden müssen, denn Didine ist eine mutige Frau, die den Zusammenbruch übersteht, Herrin der Situation bleibt und großherzig sogar nach dem Bruch Lousteau zu Hilfe kommt, weil er für sie immer der Mann bleibt, der ihr den »roten Blick« des Begehrens gedeutet hat. Doch nein: Caroline Marbouty empfand das Bedürfnis, selber unter dem Pseudonym Claire Brunne ein Roman-Plaidoyer mit dem Titel *Une Fausse Position* zu schreiben. Sie stellt sich darin unter ihren einander folgenden zwei Aspekten dar: die ernüchterte Gattin in der Provinz; die deklassierte Bürgersfrau in Paris. Caroline, die sich selber unter dem Namen Camille darstellt, ist »eine Elitenatur«. In Paris gelangt diese Provinzlerin in Literatenkreise und macht hier die Bekanntschaft von Ulric (einem Double von Balzac), den die Autorin schonungslos zeichnet: »Er war populär und sehr begehrt, doch war sein später Erfolg ihm derart zu Kopf gestiegen, daß er nicht wußte, wie er ihn tragen sollte; seine Träume, Pläne und Hoffnungen hatten so gigantische Formen angenommen wie die Meinung, die er von sich hatte. Diese Eitelkeit wurde schließlich lächerlich und monoman; sie rief bei ihm eingebildete Bedürfnisse hervor ... Als genialer Mann marschierte Ulric mit seinem Jahrhundert. Er verstand alles einzig durch das Geld, mit dem Geld und vom Gelde her. Nur besaß er auch die Naivität, es noch zuzugeben ... und dadurch schaffte er sich viele Feinde ...« Die Veröffentlichung von *Une Fausse Position* im Jahre 1844 sollte Caroline-Claire Brunne die Freundschaft aller jener Menschen kosten, die sich in diesem Buch erkannten und beleidigt fühlten. Sie bekam Balzac nicht wieder zu sehen, sogar die Widmung von *La Grenadière* strich er. Die vornehme Didine aber genießt noch immer unsere Achtung. Das Porträt ist unendlich sympathischer als das Modell. Niemals hat Balzac mehr Meisterschaft bewiesen. Und dennoch ...

Und dennoch schlichen sich damals Unzufriedenheit und tiefe Müdigkeit in ihn ein. Einst hatte er geschrieben: »Die großen Ereignisse meines Lebens sind meine Werke.« Nun vollzieht sich eine seltsame Wendung. Nicht mehr ist sein Leben in seiner Ganzheit der literarischen Schöpfung gewidmet; es ist, wie er der »Fremden« wiederholt versichert, vom Herzen beherrscht, von dem Wunsch, auf ein ebenso lebhaftes Gefühl zu stoßen, wie es sein eigenes ist, von der Erinnerung an vollkommene Augenblicke: »Ich sehe wieder den Pfad der Villa Diodati vor mir, oder die Kiesel der mittleren Gartenallee der Maison Mirabaud, auf der wir spazierengingen; oder ich höre einen gewissen Tonfall, ich spüre einen bestimmten Händedruck, als wir Stiche betrachteten. Und noch viele andere Dinge, die mich jetzt erbleichen lassen ...« Er explodiert vor zusammengeballter Liebe: »Mein Gott! Eines Tages werden Sie meine kindliche, wahre, aufrichtige Natur, meine unerschöpfliche Zärtlichkeit und die immerdauernde Anhänglichkeit meines Herzens kennenlernen, wenn Sie erleben, wie ich für den Rest meiner Tage an Ihrem Rock hängen werde. Wissen Sie, was meine Furcht ist? Sie zu langweilen; eines Tages das ›Weg!‹ zu hören, das man dem Hund zuruft, der sich immer vor einen hinsetzt.« Stundenlang atmet er den Duft der Briefe Eves ein; er arbeitet nur für sie. *Una fides*.

Er verstand, »die anderen zu vielen Dingen zu überreden und sich selber zu gleichgültig was«; daher glaubte er auch ganz fest daran, er habe seit 1832 nur diesen einzigen Glauben, nur diese einzige Liebe, nur diese einzige Hoffnung gehegt. Wer außer Eve hatte ihn geliebt? »Wenn Sie wüßten, was meine Mutter ist! Sie ist gleichzeitig ein Monstrum und eine Monstrosität! In diesem Augenblick ist sie gerade dabei, *meine Schwester zu töten*, wie sie meine arme Laurence und meine Großmutter getötet hat. Ich war nahe daran, mit meiner Mutter zu brechen; es wäre eine Notwendigkeit. Ich will aber lieber weiterhin leiden. Das ist eine Wunde, die durch nichts geheilt werden kann. Wir haben vermutet, sie sei wahnsinnig; wir haben den Arzt befragt, der ihr seit dreiunddreißig Jahren befreundet ist, und er hat uns geantwortet: ›Wahnsinnig ist sie nicht, sie ist leider nur böse.‹« Hier verrät sich durch die Heftigkeit des Ressentiments ein kleiner Teil Wahrheit, ein breiter Teil Undankbarkeit und ein unersättliches Bedürfnis, sich bedauern zu lassen. »Ich habe weder eine Mutter noch eine Kindheit gehabt.« Er vergaß die heiteren Tage von Villeparisis, die Scherze der »heiligen Familie« und die Hingabe der armen alten Frau.

Madame de Berny? Ja, sie hatte an ihm Mutterstelle vertreten; ja, sie hatte ihn geformt; doch wie hätte sie ihm das geben können, wonach er solche Sehnsucht hatte: die Liebe einer jungen, schönen Frau? Die Gräfin Guidoboni-Visconti? »Versailles? Seien Sie ganz beruhigt, quälen Sie sich nicht ... *Versailles ist seit langem für immer verflucht; Undank und Leichtsinn, das ist die Geschichte von Versailles.* Ludwig XIV. hatte eine Laune für Versailles, es ist ein kalter, herzloser Ort ...« Diese ungerechten Äußerungen hatten keinen anderen Grund, als die eifersüchtige Eveline zu besänftigen. Tatsächlich aber unterschrieb Balzac weiterhin zärtliche Briefchen an die *Contessa* mit *Bally*, und, allerhöchster Freundschaftsbeweis, er pumpte Geld von ihr. Damit war es, wie er der »Fremden« feierlich versicherte, aus mit der Liebe für die »Engländerin«. Caroline Marbouty? Er schnauzte sie an, wenn sie ihn besuchen wollte. »Monsieur de Balzac hat die Freundlichkeiten Madame Marboutys nicht vergessen. Doch Madame Marbouty hat vielleicht die Bedingungen vergessen, unter denen die unglücklichen Schriftsteller stehen, deren Bestimmung es ist, zu arbeiten, wenn sie leben wollen ...«

Nein. Nichts existierte für ihn auf aller Welt als sein Engel, seine liebe Liebste, seine Blume aus Licht. Er nannte sie *Madame Demütig*, weil sie weder Ruhm noch Rang begehrte. Doch seinen Ruhm und seine Ehren zu teilen, würde er sie wohl einmal zwingen. Die Mitgliedschaft der Académie française wurde zur Gewißheit. Er hatte mit Charles Nodier, einem sehr einflußreichen Akademiker, in der Arsenalbibliothek gesprochen, und Nodier hatte zu ihm gesagt: »›Mein lieber Balzac, die Akademie ist einmütig für Sie. Doch die Akademie, die einen in der Geschichte einmal mit Schmach überhäuften politischen Verbrecher sehr gerne aufnimmt, die sogar einen Spitzbuben erwählen wird, der es aufgrund seines großen Vermögens fertigbringt, nicht vor Gericht zu erscheinen, diese Akademie fällt bei dem Gedanken an einen fälligen Wechsel, der nach Clichy führen könnte, in Ohnmacht. Sie hat weder Herz noch Mitleid für ein Genie, das kein Geld hat oder dessen Geschäfte schlecht gehen ... Verschaffen Sie sich also eine Position, entweder durch eine Heirat, oder unter dem Nachweis, Sie schuldeten niemand etwas, oder durch einen Haus- und Grundbesitz – dann können Sie gewählt werden.‹ Bin ich nun einmal gewählt, dann werde ich zum Mitglied der Wörterbuchkommission ernannt werden; das bedeutet eine nicht aufhebbare Stelle mit sechstausend Francs; dazu zweitausend Francs als Akademiker, und ganz sicherlich werde ich in die Académie des Inscriptions et Belles Lettres berufen, und ich werde lebenslänglicher Sekretär werden ...«

Seiner Gewohnheit entsprechend geht er von der Zukunft zur Gegenwart über:

»Auf diese Weise habe ich, außer den Aktien der Regierung, vierzehntausend Francs durch lebenslängliche Würden, die von niemand abhängig sind ... Gewinnen Sie also Ihren Prozeß, Sie gewinnen damit meinen ...«

Die »Fremde« ihrerseits schickte ihm klagende Briefe über ihre Sorgen als alleinstehende, mit komplizierten Geschäften belastete Frau. »Drei Jahre lang warten, das ist der Tod«, schrieb sie ihm; das konnte als Versprechen gedeutet werden. Aber nein, antwortete Honoré, »ich stehe Ihnen für die Zukunft; nichts kann mich verändern, nicht einmal Sie. Nun, wie Gott will.« Doch immerhin flatterten diese beiden blessierten Turteltauben mit ihrem zerzausten Gefieder ganz lustig durch ihre zwei so weit voneinander entfernten Welten. Balzac dinierte recht zufrieden bei Madame de Castries (die Herzogin geworden war) mit Victor Hugo und Gozlan; es war ein Fest des Geistes. In Sankt Petersburg nahm Madame die Huldigungen eines liebenswürdigen Greises entgegen, des originellen, kultivierten Herrn von Balck. Dieser reife Adonis schöpfte aus diesen Gesprächen Hoffnungen, die sich bis zu einer Heirat verstiegen. Sie besänftigte ihn in aller Zartheit, ließ ihn die Unmöglichkeit einer Verbindung spüren und gab sich Mühe, ihn zu Gott zu führen. Er gestand ihr, daß er jedesmal, wenn er das Glück einiger mit ihr verbrachter Augenblicke genossen habe, sich besser und frömmer fühle. Eine recht kluge Taktik, die schon Valmont angewandt hatte, um Frömmlerinnen herumzukriegen. Sie wiederum stellte ihm die Weichen auf die Mystik hin und erzählte Balzac diese Geschichte; er nun aber bekam Angst. »Mein Gott, ich wage Ihnen kaum zu sagen, wie ich darunter leide, daß Sie für irgend jemand, sei es auch nur ein armer, alter mit Ihnen korrespondierender Mann, das Glück bedeuten ...«

Dieser Romancier, der so genau die Männer, die Frauen und die Überrumpelungen durch die Liebe kannte, beging jetzt mit einer bei ihm überraschenden Unvorsichtigkeit eine große Dummheit; er schickte seiner Vielgeliebten einen Empfehlungsbrief für Franz Liszt, der gerade als berühmter Virtuose zu einem Konzert nach St. Petersburg reiste.

»Mein lieber Franz ... falls Ihnen daran liegt, mir einen persönlichen Dienst zu erweisen, so verbringen Sie doch einen Abend bei der Dame, die Ihnen dieses Billet von mir zuschicken wird, und spielen Sie etwas für den kleinen Engel, den Sie sicherlich bezaubern werden: Mademoiselle Anna de Hanska ...«

Ganz Europa war bekannt, welche Macht Liszts Genie, seine Schönheit und seine berühmten Eroberungen auf Frauen ausübten. Madame Hanska vertraute ihrem geheimen Tagebuch an, in welche Verwirrung der Besuch des Musikers sie stürzte. Mit Anna nahm sie an dem ersten Konzert teil und war wie trunken. Liszt kam mehrere Male zu ihr; als er nach Moskau weiterreiste, nahm er mit derart tiefen Blicken Abschied, daß sie Feuer fing. Sie ließ sich durch ihr *Rzewuskisches* Temperament, das heißt durch den Reiz des Risikos, den Kult für große Männer und die Lust zu schönen Worten, verführen, ihm zu schreiben. Eine Korrespondenz mit Liszt hätte sehr weit führen können, doch der Don Juan der Musik kam hell verliebt in eine junge Frau aus Moskau zurück, die dort tausend tolle Streiche seinetwegen verübt hatte. Madame Hanska hielt ihm erbost die Lehren seiner Vergangenheit vor, sprach von seiner Flucht mit Marie d'Agoult und dem darauffolgenden Bruch. »Seien Sie beruhigt«, erwiderte er ernst. »Ich bin vernünftiger geworden. Wenn ich jetzt eine Frau entführe, nehme ich den Gatten mit.« Liszt war durchaus der Mann dazu, ein moskowitisches Abenteuer mit einer Petersburger Liebelei unter einen Hut zu bringen. Er machte Eveline nachdrücklichst den Hof; sie fühlte sich ihrer selbst nicht ganz sicher.

»Liszt ist von mittlerer Gestalt ... Seine Nase ist gerade und gut geformt, doch das Beste an ihm ist die liebliche Zeichnung des Mundes; es liegt etwas ganz besonders Sanftes, ich möchte sogar sagen Seraphisches in diesem Mund ... Es handelt sich um eine außergewöhnliche Formung, die ich gerne studiere. Es gibt ganz erhabene Seiten in ihm, aber auch sehr bejammernswerte; das ist der menschliche Reflex der Natur in seinen überwältigenden – aber leider auch in seinen abscheulichen – Formen. Er ist erhabener Aufschwünge fähig, aber er hat auch Abgründe und bodenlose Klüfte in sich ... sie werden ihm selber und anderen noch viel Unglück verursachen ... Die Gesellschaft Liszts hat wirklich ihre gefährlichen Seiten. In ihr wird liebenswert, was eigentlich getadelt werden müßte, und wenn er seine so erschrekkend unmoralischen Reden führt, lächelt man ... man sagt sich, daß ein

Künstler seiner genialen Art das Recht hat, unvernünftig zu reden ... und man entschuldigt ihn, man applaudiert ihm sogar und hat ihn gern ...«

Sehr schnell wurde dies plätschernde Geplauder zum Sturmangriff im Liebesgefecht. Eve gab sich die größte Mühe, Liszt in respektvoller Distanz zu halten; er warf ihr Prüderie vor. Als er Rußland verlassen mußte, machte er einen Abschiedsbesuch. »Er nahm meine Hand, küßte sie und hielt sie lange. Ich entzog sie ihm sanft und sagte: ›Monsieur Liszt, glauben Sie mir, kommen Sie nicht mehr; dies soll unsere letzte Begegnung sein.‹« Das war sehr klug, doch der entsetzte Balzac sprach zu seiner Liebsten nur noch von dem »armen Liszt«, dem Madame d'Agoult nach einer zehnjährigen Liaison und der Geburt von drei Kindern Emile de Girardin vorgezogen hatte. »Sei in Deinen Briefen an Liszt vorsichtig, falls Du ihm schreibst, denn Du weißt nicht, in welchem Mißkredit er steht ...« Der große Analytiker der Liebe war manchmal in allzu durchsichtiger Weise naiv.

Nichts bindet so sehr wie Eifersucht. Mehr als je wollte Balzac jetzt nach St. Petersburg, vor allem um endlich seine Eve zu sehen, die er nun wieder stärker begehrte, seit er sie frei und für sich erreichbar wußte; außerdem wollte er ihr helfen, den Prozeß zu gewinnen. Er wußte, daß er in Rußland berühmt war, hielt sich für einen guten Anwalt und bildete sich ein, seine Intervention beim Zaren könne entscheidend wirken. Eveline Hanska legte nicht den geringsten Wert darauf, ihren Fall durch ihren Geliebten vertreten zu lassen: »Bleiben Sie ruhig, wo Sie sind, und lassen Sie mich machen.« Sie war viel mehr Polin als Russin und weit davon entfernt, die Tyrannei des Zaren zu bewundern; in ihrem geheimen Tagebuch sprach sie von dem »verstohlenen Blick des Sklaven«.

Am Montag, 16. Mai 1843, wurde Honoré vierundvierzig Jahre alt.

»O großer heiliger Honoré, der man dir eine so schöne häßliche Pariser Straße verdankt, schütze mich in diesem Jahr ganz besonders! Mach, daß das Schiff nicht untergeht! Mach, daß ich beim Herrn Bürgermeister oder dem Herrn Konsul kein kleiner Junge mehr bin, denn Du weißt, daß ich seelisch seit bald elf Jahren verheiratet bin!«

Er war des Schutzes durch seinen heiligen Namenspatron dringend bedürftig. Das Übermaß an Arbeit brachte ihn um. In der Druckerei von Lagny mußte er auf einem Gurtbett schlafen; vor dem Sprung nach Rußland mußte er die seinen Verlegern gegebenen Versprechen einlösen und außerdem noch seine Reisekosten verdienen.

»Und ich bin bei täglich drei Tassen schwarzen Kaffees angelangt, und die Magenkrämpfe gehen weiter, und mein Blut verbrennt, und mein Gesicht hat eine Farbe wie Holz. Oh, wie will ich mich ausruhen, Tier spielen, an nichts denken, nur *cokney* von St. Petersburg in diesen glückseligen Monaten Juni, Juli, August, September und Oktober sein! Vier Monate ohne Zeitungen, ohne Bücher, *ohne Korrekturbogen*, ausgenommen jene, die Sie für mich reservieren! Ich möchte einzig mich ruhig verhalten, nicht zu viele Menschen sehen, nur ein paar Schritte weit von Ihnen sein und wie eine Auster leben ...«

Im Juni 1843 beendete er den dritten Teil der *Illusions perdues: Les souffrances de L'Inventeur (Die Leiden des Erfinders)*. »Ich muß nun den wunderbaren Kontrast des Lebens von David Séchard mit Eve Chardon in der Provinz und alle Fehler Luciens in Paris darstellen. Es handelt sich um die Unglücksfälle der Tugend im Gegensatz zu den Unglücksfällen des Lasters.« Eine ungemein schwierige Arbeit. Balzac erhoffte das Interesse des Lesers für die Verhandlungsstreitigkeiten zwischen David Séchard, Erfinder eines umwälzend neuen Stoffes zur Papierherstellung, und den Gebrüdern Cointet, reichen, rückständigen Druckereibesitzern. Er war sich nicht sicher, ob es ihm gelungen war. Die Schönheit dieser beiden Provinzlerseelen wirkte nach dem Pariser Gemälde der zweiten Partie blaß. Er verbesserte daher fünfzehn- bis sechzehnmal die Bogen von *David Séchard*, das später *Eve et David* und schließlich *Les Souffrances de l'Inventeur* hieß.

Die Fortsetzung von *La Torpille* wurde zu einem schrecklichen Bild (der bis zur Sinnlosigkeit verliebte und geprellte Nucingen), doch das »wahre Paris« mußte unbedingt dargestellt werden; es hatte aber, wie immer bei Balzac, der Schrecken auch seine komischen Seiten (wie der dicke, durch aphrodisiakische Mittel aufgepeitschte Bankier in grotesker Weise Esther den Hof macht) und wies sublime Züge auf (das plötzliche Aufblühen jünglingshafter Vorstellungen bei einem Greis). »Da begann die Liebe zu blühen wie ein vergessenes Samenkorn, dem eine späte Sonne prächtige Blumenfülle entlockt.« Balzac konnte sich nicht einmal mehr als ermüdet bezeichnen: »Ich bin im Zustand einer Satzbau-Maschine und glaube, aus Eisen zu sein.« Die Setzer in »diesem infamen Lagny« gingen hierbei nahezu drauf, doch der Autor hielt durch, und Anfang Juli war alles beendet. Nur standen allerdings die beiden Zeitungen, die *David Séchard* und *Esther* als Feuilleton veröffentlichten, dem Zusammenbruch nahe, und Balzac lief Gefahr, nicht bezahlt zu werden. »Von seiner Feder zu leben ist ein an teuflischen Wahnsinn grenzendes Unternehmen.« Endlich bekam er dank dem väterlich besorgten Anwalt Gavault das Geld zur Reise. In der Russischen Botschaft mußte er um sein Visum vorsprechen. Ein Sekretär, Viktor de Balabin, empfing ihn; er schreibt in seinem Tagebuch: »›Lassen Sie ihn hereinkommen‹, sagte ich zu dem Bürodiener. Sofort erschien ein kleiner, dicker, fetter Mann, Gesicht wie ein Bäcker, Zuschnitt wie ein Schuster, Umfang wie ein Küfer, Haltung wie ein Strumpfwirker, Aufmachung wie ein Kneipenwirt – das war er. Er hat keinen Sou, deswegen geht er nach Rußland; er geht nach Rußland, also hat er keinen Sou ...«

Sainte-Beuve, immer ungerecht, wenn es sich um Balzac handelt, schrieb an Juste Olivier:

»Balzac ist ruiniert und mehr als das, und ist nun nach St. Petersburg abgereist; er ließ in den Zeitungen verkünden, daß er nur seiner Gesundheit wegen hingehe und entschlossen sei, nichts über Rußland zu schreiben. Es ist mit der Gastfreundschaft dieses Landes ein solcher Mißbrauch getrieben worden, daß er wahrscheinlich glaubt, dies Versprechen sei eine Möglichkeit, gut aufgenommen zu werden und sich, von seiten des Meisters, aller möglichen Vorteilchen zu versichern. Zählen jedoch die Versprechungen dieses Romanciers heute noch? ...«

Der russische Geschäftsträger in Paris, P. D. Kisselew, hatte seine Regierung informiert:

»Da dieser Schriftsteller immer in finanziellen Nöten ist und augenblicklich mehr als je in Verlegenheit, ist es durchaus möglich, daß eines der Ziele seiner Reise eine literarische Spekulation ist ... In diesem Falle wäre es vielleicht möglich, den pekuniären Bedürfnissen des Monsieur de Balzac entgegenzukommen und Profit aus der Feder dieses Autors zu ziehen, der hier wie allgemein in Europa noch eine gewisse Popularität genießt, und durch ihn eine Widerlegung des verleumderischen Buches des Monsieur de Custine schreiben zu lassen ...«

Dies war jedoch nur eine Anregung, und Balzac ist nicht aufgefordert worden. Er kam am 17./29. Juli 1843 in St. Petersburg an. In das Heft, das Eves intimes Tagebuch enthielt, schrieb er ein:

»Ich bin am 17. Juli (polnischen Stils) angekommen und habe das Glück gehabt, ungefähr um Mittag meine liebe Gräfin Eve in ihrem Hause Kutaizoff in der Großen Millionnaja zu sehen und zu begrüßen. Seit Wien hatte ich sie nicht mehr gesehen, und ich fand sie ebenso jung und ebenso schön wie damals. Immerhin sind seither sieben Jahre vergangen, und sie war in ihrer Weizenwüste geblieben, wie ich in der weiten Menschenwüste von Paris. Wie einen alten Freund hat sie mich empfangen, und ich empfand alle vergangenen Stunden, die ich nicht bei ihr verbracht habe, als unglücksvoll, kalt, traurig. Von 1833 bis 1843 sind zehn Jahre dahingeflossen, während denen alle meine ihr dargebrachten Gefühle, entgegen dem allgemeinen Gesetz, über allen Trennungsschmerz und über alle erlittenen Enttäuschungen hinausgewachsen sind. Weder die Zeit noch die Zuneigung können doppelt gelebt werden.«

Aus Schicklichkeitsgründen war er nicht im Hause Kutaizoff untergebracht, das seine Allerliebste bewohnte, sondern im Haus Titroff. Er schlief dort der Wanzen wegen schlecht. Doch was hatte das zu bedeuten? Er hatte seine Eve wiedergefunden, die ihn endlich ohne Rückhalt liebte. Sofort erlebten sie die schönen Tage von Genf und Wien noch einmal, noch schöner sogar, denn Madame Hanska, verwitwet und frei, schuf eine innige, glühende Vertraulichkeit. Ihr Prozeß schien in gutem Gang, und sie bangte nicht mehr um ihren Grundbesitz. Balzacs Briefe, die er in das Haus Kutaizoff bringen ließ, waren voller Zärtlichkeit und bezeugten lebendigstes Glück: »Liebe Minette – meine angebetete Loulou – tausend zärtliche Aufmerksamkeiten von Loulou an die Louloue – in einer Stunde bin ich bei Dir ...« Die Gegenwart der Vielgeliebten machte seinen Geist so springlebendig, daß er ohne Kaffee schreiben konnte!

Jeden Tag kommt er gegen Mittag zu ihr. Mit »der übrigen Welt« befaßt er sich kaum. Die Anwesenheit des berühmten Franzosen erregt aber natürlich Neugier. Die Fürstin Razumowska schreibt aus Peterhof an Eveline, sie habe durch den *Zaren* gehört, daß »eine bestimmte Persönlichkeit, die das Herz der Frau am besten verstanden und geschildert hat, soeben angekommen sei«. Eine andere Dame: »Werden wir den berühmten Mann zu schätzen und zu empfangen verstehen? Gebe Gott, daß er einen günstigen Eindruck von Rußland mitnimmt.« Alle flehten Madame Hanska an, ihnen doch ihren großen Mann zu bringen. Der Graf Benckendorff ließ ihn zur Truppenrevue nach Krasnoje-Sselo einladen. Hier sah Balzac in fünf Schritt Entfernung den Zaren: »Alles, was man über die Schönheit des Zaren sagt und schreibt, ist wahr; in Europa existiert kein Mann ... der mit ihm verglichen werden kann.« Bei dieser Revue erlitt er einen Sonnenstich, gleicherweise echt und sinnbildlich.

Eine Woche nach der Ankunft Balzacs schrieb die Gattin des Kanzlers Nesselrode an ihren Sohn: »Balzac mißbilligt Custine, das liegt in der Natur der Sache, aber man muß ihn nicht für aufrichtig halten.« In einer russischen Zeitung *Biene des Nordens* war zu lesen: »Rußland kennt seinen eigenen Wert und kümmert sich wenig um die Meinung von Ausländern.« Kurz, die Regierung verlangte nichts von Balzac, und er selber dachte nicht mehr daran, Custine zu widerlegen. Er suchte in St. Petersburg weder offizielle Unterstützung noch eine Befriedigung seiner Eitelkeit. Das Glück bestand darin, Eveline zu sehen, mit ihr endlos zu plaudern, umgeben vom Samowar, dem »stupiden Elefanten«, dem kleinen Teppich, dem Kaminschirm im Stil Louis Quatorze, dem Sessel, auf dessen Lehne sie ihren geliebten Kopf ausruhte, dem »Efeu mit Glanzblättern«, von dem er ein Blatt mitnahm; er dünkte ihn ein Sinnbild ihres Schicksals: »Ich sterbe da, wo ich mich festklammere.« In dem Salon stand auch eine »Causeuse« mit zwei Lehnen und ein blaues Kanapee, geeignet zum *farniente*, auf welchem er das seidige

Rauschen eines Gewandes erwartete, das Knarren der Türe, das ihn immer von Kopf bis Fuß erzittern ließ. Ach, das blau-gelbe Gewand des ersten Tags!

Anna sollte später in einem Brief an ihre Mutter die Erinnerung an das zurückrufen, was Balzac ihnen damals in ihrem Salon vorgelesen hatte, den feinsinnigen Roman *Une Fille d'Eve*, in dem er aufzeigte, daß der gefährliche Gedanke oder die fixe Idee, die beim Mann den Plan zu einer Tat darstellt, bei der Frau die Form eines Liebestraumes annimmt. Marie de Vandenesse, die den Félix aus *Le Lys* geheiratet hat, verliebt sich wahnsinnig in den bedeutenden, häßlichen Schriftsteller Raoul Nathan. Félix aber, durch die wunderbare Henriette de Mortsauf geformt, erweist sich als scharfsichtiger Gatte und vereitelt das Drama. Mutter und Tochter Hanska waren von dem köstlichen, rührenden und empfindungsstarken Buch sehr begeistert und fühlten sich einig in der Bewunderung für den Zauberer und seine wunderbaren Erzählungen. Balzac hatte seine Eveline wieder erobert. Sie hatte gerade den *Briefwechsel Goethes mit einem Kinde* der Bettina Brentano, der Gattin Achim von Arnims, gelesen. Das romantische, an einen ihr unbekannten, berühmten Mann schreibende Mädchen rief Madame Hanska die schwärmerische junge Frau ins Gedächtnis, die sich einst an Balzac gewandt hatte. Durch diese geistige Liebe war ihr sogar eine Novelle eingegeben worden, die sie aber ins Feuer geworfen hatte; jetzt erzählte sie Balzac die Geschichte, und er wünschte, Bettinas Briefwechsel zu lesen. »Leihen Sie mir den ersten Band von *Goethe* und *Bettina.*« Er machte daraus eine stürmische Abhandlung. »Dies Buch ist für die Guten und nicht für die Bösen«, hatte Frau von Arnim in ihrer Vorrede gesagt, anders ausgedrückt: »Honni soit qui mal y pense.« Balzac reihte sich unter die Bösen ein. Warum? Weil »das die Literatur hinter sich läßt und in die Pharmazeutik eingeht ...«

»In der Tat, damit der Ausdruck (der literarische wohlverstanden) der Liebe zu einem sublimen Kunstwerk werde – denn hier ist allein das Sublime erträglich –, muß die sich selbst darstellende Liebe umfassend sein; sie muß sich in ihrer dreifachen Form darstellen. Kopf, Herz und Körper müssen zu einer göttlichen und sinnlichen Liebe zugleich werden, im Ausdruck voll Geist, voll Poesie ...«

Bettina (sagt Balzac) liebt Goethe nicht; er ist für sie ein Vorwand für Briefe; sie stickt ihm warme Westen und Pantoffeln. »Um Goethe zu kleiden, hoffte ich ... Aber nein; die Westen waren, wie die Prosa, antielektrisch ...« Er wollte zu verstehen geben: Die einzig schöne Liebe ist unsere, weil *wir* uns mit Herz und Körper lieben. Doch während er sich über Goethe und Bettina lustig macht, merkte er sich doch das Thema, durch das seine intelligente Geliebte interessiert worden war, und er kam später darauf zurück.

»Ihre Novelle ist so hübsch, daß es ein ungeheures Vergnügen für mich wäre, wenn Sie sie nochmals schreiben und mir schicken wollten. Ich werde sie verbessern und unter meinem Namen veröffentlichen. Sie werden das Weiße Ihrer Strümpfe nicht beeinträchtigt haben und doch die Freuden eines Autors genießen, wenn Sie sehen, was ich von Ihrer schönen, charmanten Prosa bewahrt habe. Zuerst muß eine Provinzlerfamilie gezeichnet werden, in der sich, inmitten der Gewöhnlichkeiten eines solchen Lebens, ein exaltiertes, romanhaftes Mädchen befinden muß; durch den Briefwechsel muß zu der Darstellung eines Pariser Dichters übergewechselt werden. Der Freund des Dichters, der die Korrespondenz weiterführen soll, muß einer jener geistreichen Männer sein, die sich zum Schleppenträger des Ruhms machen. Das wird hübsch, diese dienstbeflissenen Kavaliere zu zeichnen, die den Verkehr mit den Zeitungen pflegen, Gänge machen usw. Die Lösung des Knotens muß zugunsten dieses jungen Mannes ausfallen, gegen den großen Poeten, und muß die Manien und rauhen Seiten einer großen Seele zeigen, die den kleinen einen Schrecken einjagt. Machen Sie das; Sie werden mir helfen. Sie werden mich damit einige Tausend-Francs-Scheine verdienen lassen. Was für ein Ruhm ...«

Aus dieser Zusammenarbeit sollte (1844) *Modeste Mignon* hervorgehen, die letzte der *Scènes de la Vie privée*. »Es handelt sich um den Kampf zwischen der Poesie und den Tatsachen, zwischen Illusion und Gesellschaft; es ist der letzte Unterricht vor dem Übergang in die Szenen des reifen Alters ...« Der Wunsch, über einen anderen Schriftsteller einen Sieg zu erringen, hatte Balzac oft inspiriert. *Le Lys* war ein *Anti-Volupté* gewesen; *La Muse du Département* ein *Anti-Adolphe*. Balzac war der Anschauung, seine Kunst, zu leben und zu lieben, stehe höher als die Goethes, denn statt mit olympischer Überlegenheit die Huldigungen eines kleinen Mädchens anzunehmen, wußte er um den Preis des Leidens – und der Lust. Die von Eve kaum skizzierten Gestalten werden durch das von Prometheus eingeblasene Feuer Lebenskraft erhalten. Modeste Mignon wird Eveline als junges Mädchen sein, ein wenig auch ihre Kusine Calixte Rzewuska. Er wird seiner Heldin das Aussehen Eves verleihen, wo »die auf der Stirne beinahe mystisch herrschende Poesie gleichsam durch den wollüstigen Ausdruck des Mundes Lügen gestraft wurde«. Der Vater Modestes nannte sie »seine kleine Babusche«, wie der Graf Rzewuski seiner Tochter Eveline den Übernamen »Babuschka« gegeben hatte. Modeste Mignon, wie einst Eveline, will die Gefährtin eines Künstlers, eines Poeten sein. Sie schreibt an Canalis, Dichter und Staatsmann (Lamartine?), wie Eveline an Balzac. Ihre Briefe sind etwas pedantisch, wie die Evelines. Die Hanska-Ursprünge des Romans schaden seiner balzacischen Kraft; das Drama wurde an manchen Stellen zur Salonkomödie. Doch Balzac konnte, wie Alain festgestellt hat, einen Roman nun nicht mehr verfehlen, und Canalis ist ebenso wirklich wie d'Arthez. Der Notarschreiber Jean Butscha, ein geheimnisvoller Zwerg, der Modeste schützt, gleicht einem Vetter Tadeusz, der voller Ergebenheit immer um Eveline weilte. Der Hintergrund stellt Le Havre dar, das wie Angoulême einen hochgelegenen Teil (La Côte) und eine Unterstadt hat. Alles muß mithelfen – und alles wird umgeformt.

Madame Hanska fühlte sich durch eine Szene zwischen Modeste und ihrem Vater beleidigt, in der dieser seine Tochter tadelt, weil sie an einen Unbekannten geschrieben habe. »Wieso haben deine Vernunft oder dein Geist, wenn du schon kein Schamgefühl hast«, sagt Charles Mignon zu dem unvorsichtigen Mädchen, »dir nicht gesagt, daß derart handeln bedeutet, dich einem Mann an den Hals zu werfen? Meine Tochter, mein einziges Kind, sollte ohne Stolz und ohne Zartgefühl sein?« Eve glaubte hierin eine Kritik ihres eigenen Verhaltens sehen zu müssen, aber Balzac verteidigte sich gut. Ein Romancier muß allen seinen Gestalten unter die Haut schlüpfen können, in die des Vaters wie in die der Tochter. Ein Streit verliebter Leute. Madame Hanska hegte wundervolle Erinnerungen an den russischen Aufenthalt ihres Geliebten. In ihrem intimen Tagebuch schrieb sie:

»Wie süß sind doch diese flüchtigen Augenblicke des Lebens, wo ein vor Freude überflutetes Herz weit wird und aufblüht im Widerschein des heiteren, blauen Himmels, der von unsterblicher Jugend zu strahlen scheint. Doch wie lang sind die vorhergehenden Jahre, und wie bitter und drückend schwer sind die darauffolgenden Stunden. Es war ein köstlicher Traum, und noch immer war das Leben schön, glücklich, vollkommen, ein Paradiesesleben vor dem Sündenfall, denn das von jedem gewöhnlichen Interesse befreite Herz fühlte sich weich in den reinsten, ätherischsten Regionen gewiegt, und zwar in der süßen Hingegebenheit, die an das Alter der Unschuld erinnert ... Wonnerausch, Verzauberung, echtes Glück, Ekstase des Idealen, reine Freuden, naive Freuden, intimste, reizvollste Stimmen, die ihr mir das alles wieder vor die Seele stelltet, das Echo der Seele, den klangvollen, bebenden Widerklang der geliebten Stimme – tröstet die Vereinsamung und nährt die Hoffnung ...«

Sie geruhte anzuerkennen, daß sie einen der größten Männer aller Zeiten als Geliebten habe. Was nun ihn angeht, so träumte er auf der Rückreise über Berlin und Frankfurt unaufhörlich von den Abenden in St. Petersburg. »Ausschließlich zarte, wollüstige Seelen treiben einen Kult mit ihren Erinnerungen, und die an den lieben Minou ist immer in meinem Herzen und auf meinen Lippen ...« Die Trennung machte ihn stupid, verschaffte ihm einen »Spleen des Herzens« und ein »schwieriges Leben«. Bei der Heimkunft fühlte er sich so schlecht, daß er Dr. Nacquart konsultierte, der, wie immer, eine Entzündung des Gehirns diagnostizierte. Es war vielmehr, wie Balzac meinte, »Melancholie nach dem lieben Minou«.

»Ich war wie Beethoven taub, wie Raffael blind, wie Napoleon an der Beresina ohne Soldaten; ich war aus meiner Umwelt herausgerissen, aus meinem Leben, aus der sanften Gewöhnung meines Herzens, meiner Gedankenwelt. Weder Wien noch Genf noch Neuchâtel hatten diesen unaufhörlichen Ausdruck der Empfindungen geboten, eine so lange Liebesversenkung, solche Stunden des Gesprächs ...«

Von diesem Aufenthalt ohne Gewitter brachte er die angenehme Gewißheit mit nach Hause, daß das ganze Leben solcherweise in sinnlichen Entzückungen verlaufen könne. Die Zeitungen kündigten bevorstehende Verfolgungen der Katholiken in der Ukraine an. Madame Hanska solle doch so schnell wie möglich einen Übertragungsvertrag unterzeichnen und zu ihm kommen.

Natürlicherweise wurde in Paris weiterhin verbreitet, Balzac sei vom Zaren großzügig bezahlt worden, damit er eine Entgegnung auf das Buch »dieses Teufels von einem französischen Marquis« schreibe.

Balzac an Madame Hanska, 7. November 1843: »Man hat in unendlich schmeichelhafter Weise vermutet, meine Feder sei für das Russische Reich notwendig und ich hätte als Preis für diesen Dienst Schätze nach Hause gebracht. Dem ersten, der mir das gesagt hat, habe ich geantwortet, man kenne weder Euern großen Zaren noch mich.« Und später (31. Januar 1844): »Man behauptet, ich hätte enorme Summen für die Verfassung einer gewissen Widerlegungsschrift zurückgewiesen ... Was für eine Dummheit! Ihr Herrscher ist zu geistreich, um nicht zu wissen, daß eine gekaufte Feder nicht die geringste Autorität besitzt. Man wird verstehen, daß ich *weder für noch gegen Rußland* schreibe. Schafft man sich in einem Alter, wo man frei jeder politischen Meinung ist, Präzedenzfälle?«

In Paris hatte Louise de Brugnol während des Wartens auf seine Rückkehr an einer Wandbespannung gearbeitet, mit der sie ihn überraschen wollte. Was für Hoffnungen hegte sie? Die haushaltführende Mätresse unterhielt gute Beziehungen zur »heiligen Familie«, wirkte als Zwischenträgerin der gegenseitig geäußerten Beschuldigungen und vergiftete die schon vorher schwierigen Beziehungen. Mehr als mit seinen Angehörigen beschäftigte sich Balzac mit Henriette Borel, genannt »Lirette«. Die einstige Hauslehrerin Anna Hanskas war vom Protestantismus zum Katholizismus übergetreten und begehrte, in Frankreich ins Kloster zu gehen. Da sie die vorgeschriebene Altersgrenze überschritten hatte, mußte ein besonderer Dispens beim Erzbischof von Paris eingeholt werden. Balzac nahm es auf

Und Les Jardies? Es hatte sich noch niemand finden lassen, der es übernehmen wollte. Wieder spielte Balzac mit dem Gedanken, es für seine Liebste einzurichten. Ungeachtet des tückischen Lehms hatte Les Jardies doch Vorteile. Mit der Eisenbahn war es nur eine Viertelstunde bis zur Chaussée d'Antin. Eines Tages könnte das Gütchen Milch, Butter und Obst liefern; es würde ein Anlaß sein, den Akademikern zu sagen: »Sehen Sie: ich habe Grundbesitz, bin also wählbar.« Denn wieder einmal machte er bei Akademikern Besuche in dieser Hinsicht.

»Ich bin einzig deswegen so geschäftig, um deutlich zu machen, daß ich gewählt werden möchte; ich will dies Fest für meine Eve, oder vielmehr für meinen ›loup‹, reservieren. Solange ich außerhalb der Akademie stehe, bin ich an der Spitze der davon ausgeschlossenen Literatur, und lieber bin ich ein Caesar dieser Art als der vierzigste Unsterbliche. Außerdem will ich diese Ehre erst im Jahr 1845 ...«

Sein Freund Charles Nodier lag im Sterben: »Er hat zu mir gesagt: ›Nun, mein Freund, Sie bitten mich um meine Stimme, ich gebe Ihnen aber meinen Platz. Ich habe den Tod auf der Zunge‹ ...«

Andere Akademiker brachten immer wieder den absurden Klagepunkt von Balzacs Schulden vor, als ob Reichtum das Talent schaffe!

»Daher dachte ich über einen Brief an jeden einzelnen der vier Akademiker nach, die ich gesprochen habe, denn ich wäre ja ein Dämlack, wollte ich mich mit diesen sechsunddreißig Kadavern beschäftigen; meine Aufgabe ist es, mein Monument zu beenden, nicht aber Stimmen nachzulaufen! Gestern sagte ich zu Mignet: ›Ich möchte lieber ein Buch machen als mit einer Wahl scheitern ...‹ Mein Entschluß ist gefaßt. Ich will nicht *aufgrund* eines Vermögens in die Akademie. Die hierüber in der Akademie herrschende Meinung, vor allem seit sie in die Öffentlichkeit getragen worden ist, sehe ich als eine Beleidigung an. Als reicher Mann, und das werde ich durch eigene Kraft, werde ich mich niemals zur Wahl stellen ...«

An die Wohlgesinnten schrieb er vier Briefe: Victor Hugo, Charles Nodier, Dupaty und Pongerville; sie waren stolz und würdig. Er strich »das Wort *Akademie* aus seinem Gedächtnis« – für einige Monate. Daraufhin kaufte er zu sehr teuerm Preis ein altes Möbelstück, das, wie ihm der Antiquar versicherte, »die Kommode der Maria von Medici« gewesen sei. Das Leben in Paris fing wieder an. Aber die Abende von St. Petersburg waren ein köstliches Zwischenspiel gewesen.

XXXIII

DIE SYMPHONIE DER WÖLFE

> Hat ein Künstler das Unglück, voll jener Leidenschaft zu sein, die er ausdrücken will, wird er sie nicht zu zeichnen vermögen, denn er ist die Sache selber, anstatt daß er ihr Abbild wäre. *Balzac*

Balzac hatte vorausgesehen, daß er gleich nach seiner Rückkehr eine schwere Partie werde zu spielen haben. Die Sitten der Literaturrepublik waren kommerzieller als je. Ein Schriftsteller lebte jetzt hauptsächlich von den Feuilleton-Veröffentlichungen seiner Romane. Nun entsprachen aber Balzacs lange Einführungen, seine Beschreibungen, seine Analysen keineswegs der Feuilletontechnik. Seit dem pfeilgeraden Aufstieg der Dumas und Sue sehen die Zeitungsdirektoren Balzac nicht mehr als unersetzlich an. Der »gestürzte König« ahnt aber doch noch eine Chance, »sein Zepter wieder in die Hand zu bekommen«. Bertin, Direktor des hochangesehenen Blattes *Journal des Débats*, das *Les Mystères de Paris* veröffentlicht hat, unterzeichnet mit Balzac einen Vertrag über zwei Romane: *Modeste Mignon* und *Les Petits Bourgeois (Die Kleinbürger)*. Dieser Volltreffer bedeutet einen Triumph über die Rivalen; da er aber im *Débats* zum ersten Mal in einem Augenblick auftritt, wo seine Feinde »glauben, sein Sack sei leer«, *muß* er ein Meisterwerk hervorbringen. Was für eine Freude, daß der »Siegesroman« gerade der ist, dessen Stoff er seiner Eve verdankt! *Modeste Mignon* beginnt am 4. April 1844 im *Débats* zu erscheinen. *Widmung:* FÜR EINE FREMDE. *Tochter eines versklavten Landes, Engel aus Liebe, Dämon durch Phantasie, Kind im Glauben ... Mann durch das Gehirn, Frau durch das Herz und Poet im Träumen ...* usw. Sofort behauptete der grausame, falsch informierte Sainte-Beuve, diese Fremde sei die Fürstin Belgiojoso; die Widmung bringt ihn außer sich: »Hat man jemals einen solchen Schwulst gelesen? Wie ist es möglich, daß die Lächerlichkeit solche Schriftsteller nicht unmöglich macht? Durch welche Konzessionen öffnet ihnen eine auf sich haltende Zeitung mit Getöse ihre Spalten?«

Daß die Widmung emphatisch ist, muß zugegeben werden. Sobald es sich um Eveline handelt, kann Balzac seine lyrische Begeisterung nicht zurückdämmen. Die von Rußland mitgebrachten Erinnerungen setzen ihn in Flammen. Zum ersten Mal hat er sich dieser Frau, deren Temperament so gut mit seinem zusammenstimmte, in voller Freiheit erfreut. »Ich liebe, wie ich im Jahre 1819 geliebt habe, ich liebe zum ersten und einzigen Mal in meinem Leben.« Sie schickt ihm ein Stück eines schwarzen Kleides, das sie getragen hatte. »Wie ein Tier habe ich bei dem Gedanken aufgeschrien, daß ich einmal das zum Auswischen meiner Feder benutzen könnte, was eine Zeitlang die Schläge des vollendetsten Herzens gezählt hat, und das als Hülle diente ... Nein, es muß einer sehr tief lieben, der dies wagen kann. Dieser Gedanke muß meine Seele peinigen, sooft ich mich des Stoffes bedienen werde ...« Mutet das naiv an? Balzac *ist* naiv, wenn er liebt; das ist seine Stärke und sein Reiz. Er berauscht sich am Wein seiner eigenen Rhetorik. Ist es nur Spiel? Vielleicht, aber ein Spiel, das ihn fesselt: ein Spiel toller Liebe. Als Fetischist hat er auf seinem Schreibtisch ihr Miniaturporträt von Daffinger, an der Wand ein Bild von Wierzchownia, am Ringfinger der linken Hand den Ring mit dem Hyazinthstein und den Ehering.

Mit einem durch die St. Petersburger Nächte neugestärkten Enthusiasmus stimmt er wieder einmal die Eve-Litaneien an: »Sie sind der Leuchtturm, der Glücksstern ... Sie sind die Fülle der Lust und die Ehre ... Bei Ihnen gibt es nie Sättigung ...« Doch sie soll sich nicht beunruhigen; die Treue ist vollkommen: »Was den Bengalifink angeht, so seien Sie ganz beruhigt; er ist beispielhaft brav ... Auch die Vögel kennen Dankbarkeit. Die gesamte Naturgeschichte dieses Inders ist Ihnen aber nicht bekannt: er singt nur für eine einzige Rose.« Es handelt sich um die Bravheit der Erwartung: »Oh, guter und reizender Minou! Weiß er, daß der Bengalifink allein durch das Schreiben dieses Briefes aufgewacht ist, daß ich durch alle Erinnerungen der Vergangenheit erregt bin? Armer Liebling, regt er sich auch auf?«

Manchmal allerdings stöhnt er auch über die schmachtenden, lustvollen Bilder, die ihn nächtelang bedrängen und am Arbeiten hindern. Er hat Mühe, die übernommenen Verpflichtungen zu erfüllen. *Modeste Mignon*, der einzige in raschem Gang vorangeführte Roman, weil das Thema von der Vielgeliebten stammte, hat als Feuilletonveröffentlichung keinen Erfolg gehabt, da er zu wenig Handlung aufweist. Die Abonnenten haben ihn kalt aufgenommen, und die *Débats* begannen sofort mit dem Abdruck des *Comte de Monte-Christo* von Alexandre Dumas. Balzac schrieb an Madame Hanska: »Ich habe das Bewußtsein, ein Meisterwerk geschaffen zu haben, für mich, für Sie; was gehen mich die anderen an?« Doch *Les Petits Bourgeois*, Schiff erster Klasse mit fünfundzwanzig oder dreißig Mann Besatzung, liegt fest. Nicht einmal mehr der Kaffee hält ihn wach; es ist, als ob er Wasser trinke. *Les Paysans (Die Bauern)*, vor sechs Jahren auf eine noch früherliegende

Anregung des seligen Grafen Hanski hin begonnen – der Roman sollte ursprünglich *Le Grand Propriétaire (Der Großgrundbesitzer)* heißen –, sind zwanzig Mal verkauft, zurückgekauft, liegengelassen worden; eine ungeheure, undankbare, schwierige Arbeit. In der ersten Fassung war der Grundbesitzer ein Marquis de Grandlieu, ein ultrakonservativer Schloßherr, dem eine Gruppe von liberalen Bürgern entgegensteht. Diese Skizze hatte Balzac aufgegeben, und er wünschte, sie in abweichender Form wieder aufzunehmen. Vorher mußte er aber noch *Splendeurs et Misères des Courtisanes* vollenden.

Wie erinnerlich, hatte der dritte Teil der *Illusions perdues* die Palissy-Leiden David Séchards zum Gegenstand, doch in den Augen der Leser bestand die wichtigste Episode in der Landstraßen-Begegnung des über seinen Pariser Mißerfolg verzweifelten und vor dem Selbstmord stehenden Rubempré mit einem geistlichen Reisenden, dem Kanonikus Carlos Herrera, der niemand anderer ist als der Sträfling Vautrin. Der falsche Priester ist durch Luciens Schönheit fasziniert; er entflammt in wilder Leidenschaft für ihn und beabsichtigt, ihm eine glänzende Möglichkeit der Rache an Paris zu verschaffen. Lucien muß aber erst lernen, das Lebensspiel zu begreifen, und muß aufhören, sich wie ein Kind zu betragen. »Wenn Sie Coralie Monsieur Camusot überlassen und Ihre Beziehungen zu ihr geheimgehalten hätten, wären Sie heute der Gatte der Madame de Bargeton, Präfekt von Angoulême und Marquis de Rubempré.« Das ist der Zynismus Vautrins.

Das Thema der Rache leitet *Splendeurs et Misères des Courtisanes* ein. Dieser Romanzyklus spielt zwischen 1838 und 1847, und die einander folgenden Teile sind: *Comment aiment les filles (Wie leichte Mädchen lieben)* (wozu die schon früher geschriebene *La Torpille* gehört), *À combien l'amour revient aux Vieillards (Was alte Herren sich die Liebe kosten lassen)*, *Où mènent les mauvais chemins (Wohin schlechte Wege führen)* (zuerst *Instruction criminelle* genannt) und *La dernière incarnation de Vautrin (Vautrins letztes Abenteuer)*. Das Ganze ist eine erstaunliche Mischung von romantischen Themen, melodramatischen Unmöglichkeiten und wahren Beobachtungen. Romantisch ist die geläuterte Kurtisane, die dann aus Liebe wieder dem Laster anheimfällt; romantisch ist der satanische Einfluß Vautrins; romantisch die verdächtige Liebe des Sträflings zu Lucien; romantisch das Schwärmen Vautrins, als er am Haus, wo Rubempré lebte, vorbeigeht, diese »*Tristesse d'Olympio* der Päderastie« (Marcel Proust); melodramatisch ist der Gedanke einer Verbindung eines der bedeutendsten großen Herren des Königreichs (des Herzogs von Grandlieu) mit einem verdächtigen Parvenü; melodramatisch das Duell des Sträflings Vautrin mit dem Polizeibeamten Corentin; melodramatisch der nutzlose Tod des Polizeibeamten Contenson;

realistisch ist die molièrehafte Komödie des alten, durch seine Begierden geblendeten Nucingen; realistisch die animalische Verzweiflung Leontines de Sérisy bei der Nachricht vom Tode Luciens; realistisch die Zeichnung der Welt der Kriminalverbrecher und des Gefängnishofes in der Conciergerie. »Ich schreibe reinsten Sue«, gestand Balzac Madame Hanska. Ganz sicherlich hat der Marschall des Feuilletons die Absicht, gegen »die Generale Dumas und Sue« zu kämpfen, besonders aber überläßt er sich jetzt in älteren Jahren seiner Vorliebe für extravagante Peripetien, für das Geheimnisvolle, für die pariserischen Tausendundeine Nacht, für die düsteren Reflexe des *Ferragus*. Balzac war seinen Rivalen durch die Genauigkeit der Umweltzeichnung und durch die ernsthafte Verurteilung einer verfaulten Gesellschaft unendlich überlegen; durch die Einsicht, welches Band die Prostitution zwischen Abenteurern und Hoffärtigen darstellt; durch den »gezielten Peitschenschlag, sämtliche auf die Wunden gelegten Hüllen und Lumpen wegzureißen«. Doch er warf Lucien in Katastrophen hinein, die nicht mehr dessen Maß hatten und uns daher viel weniger bewegen als sein erster, so menschlicher Zusammenbruch.

Splendeurs et Misères ermöglicht Balzac, seinen eigenen inneren Dualismus in zwei Gestalten zu verkörpern: Lucien stellt die feminine Seite des Autors dar, »eines der unvollständigen Genies, die wohl einige Fähigkeit des Strebens und Ersinnens haben, doch nicht die geringste Kraft, etwas auszuführen«. Und Vautrin »ist das virile Gegenstück zu Lucien. Sie beide, Lucien und Herrera zusammen, machten eine Politik«. In dem Brief, den Lucien an den falschen Kanonikus schreibt, bevor er sich in seiner Zelle aufhängt, beschreibt er, der unglückliche junge Mann, klarsichtig diese Verbindung: »Es gibt die Nachkommenschaft Kains und die Abels ... Kain ist im großen Drama der Menschheit die Opposition.« Die Söhne Kains, böse und hart, beherrschen die Söhne Abels. »Sie sind mit einer ungeheuren Macht über zarte Seelen begabt; sie locken sie an und zermalmen sie. Das ist in seiner Art groß und schön ... Es ist die Poesie des Bösen ... Sie haben mich dieses gigantische Leben erleben lassen, und ich habe meinen Anteil am Dasein gehabt. So kann ich denn den Kopf aus dem gordischen Knoten Ihrer Politik zurückziehen und ihn in die gleitende Schlinge meiner Krawatte stecken ...« Balzac selber stammte sowohl von Kain wie von Abel ab. Hat er einige der Schwächen Luciens, so hat er auch das Genie Séchards und die Kraft Vautrins. Um ein großer Schriftsteller zu werden, braucht es nicht nur Talent (Lucien hatte es), sondern auch Willen. Das Gesetz der Arbeit ist immer reichlich bitter. Balzac nimmt es an; Lucien lehnte es ab. Hieraus entstehen zwei in verschiedene Richtungen verlaufende Schicksale.

Seit 1843 trägt Balzac das Gerüst zu diesem riesengroßen Werk in seinem mächtigen Haupt. Seine Gesundheit ermöglichte ihm nicht, es zu vollenden. Woran leidet er? Nach seiner Rückkehr von Rußland hatte er Gelbsucht, danach litt er an entsetzlichen Kopfschmerzen. Nacquart betont, es sei nichts Ernstes. Doch andere Übel, Koliken, ein Juckreiz, belasten ihn. Was die Familie betrifft, »Ekel über Ekel«. Madame de Berny hatte Honoré vorhergesagt, Laure werde schließlich ihrer Mutter gleichen. Er war bei der Feststellung entsetzt, die *Dilecta* habe, wie immer, recht gehabt. Bruder und Schwester sehen sich nun seltener. Übrigens ist er über diese Entfremdung nicht verärgert, denn sie wird die Lage erleichtern, wenn Gräfin Eveline seine Frau sein wird. Er empfindet wahren Schauder bei der Vorstellung, welchen Eindruck seine Familie auf die Schloßherrin von Wierzchownia machen muß. Sicherlich ist das kein schönes Gefühl, aber er empfindet es, und die Familienbande lockern sich.

Dafür hat er aber nun Henriette Borel, die erste Vertraute seiner Liebe, auf dem Hals. Wie erinnerlich, hatte Balzac für sie Schritte beim Pariser Erzbischof unternommen. Im Juni 1844 kam sie nach Frankreich. Er brachte sie in der Rue Basse unter, gab ihr sogar als besondere Ehre sein eigenes Schlafzimmer. Sehr bald beurteilte er sie als stupide. Auf Empfehlung eines Priesters aus dem erzbischöflichen Ordinariat, des Abbé Eglée, erklärte sich die Superiorin der Visitatio bereit, Lirette von der üblichen Pflicht einer Mitgift zu befreien. »Doch die dumme Person spielte, aus *Demut*, die Stolze.« Und mußte sie nicht doch einige Hilfsmittel für den Fall zurückbehalten, daß sich ihre Berufung nicht bestätigte?

Schließlich legte Balzac nach Beratung mit James de Rothschild das Geld der Mademoiselle Borel an und versprach, sie könne die Mitgift (achttausend Francs) mit den erzielten Gewinnen bezahlen. Sie wurde als Postulantin in einem Orden ohne Klausur angenommen, und Balzac besuchte sie oft. War Lirette auch wenig interessant, so war sie für ihn doch mit Reliquien beladen; er atmete bei ihr das Fluidum der Vielgeliebten ein. Ach, wann fände er seine Liebste wieder? Die »Fremde« hatte ihren Prozeß gewonnen und war über die Gleichgültigkeit ihres zukünftigen Gatten anläßlich dieses großen Sieges empört. Stolz antwortete er, er wolle ein Vermögen nur seiner eigenen Arbeit verdanken. Der günstige Bescheid des Zaren war augenscheinlich, meinte Balzac, eine Galanterie:

»In der Justiz gibt es Gunsterweise. Madame de Sévigné hat einen Prozeß, er wird vor den Großen Rat gezogen. Ludwig XIV., dem das Schriftstück durch seine Minister vorgelegt wird, schreibt darauf: Wenn es sich um Madame de Sévigné handelt und das Urteil für sie günstig ist, will ich es nicht nachprüfen. Ich bestätige es mit geschlossenen Augen. Sicherlich, schöne Dame, Sévigné Polens, hätte Ihre Ahne im Geist an ihre Tochter geschrieben, Ludwig XIV. sei der größte, der zartfühlendste aller Zaren. Das ist meine Meinung ...«

Eine Meinung, die Mißfallen erregte. Die Dame schrieb ihren Sieg den Verdiensten ihrer Taktik und keineswegs einem Gunsterweis des Hofes zu. Balzac gab nun kluge Ratschläge. Sie müsse beim Gericht in Kiew die sofortige Einsetzung in den Besitz beantragen. »Was für verliebte Leute sind doch diese ›louloups‹! Sie schreiben einander Briefe, die mit Zahlen vollgestopft sind und von Geschäften starren! Doch die Zahlen, *louloup*, sind die Grundlagen unseres Glücks.« Sie war von St. Petersburg nach Wierzchownia zurückgekehrt. Er riet ihr, ihr eigener Verwalter zu werden, die Französin zu spielen, das heißt, sich vor jeder Verschwendung zu hüten. Sie solle sich sofort hart zeigen. »Daß Ludwig XIV. die Kanaille nicht sofort zu Beginn der Generalstände erschossen hat, ist Ursache aller Blutbäder der Revolution geworden. *Wiederholen* Sie also, das heißt: verlangen Sie die Rückstände Ihrer Nutznießung, lassen Sie sie liquidieren und feststellen, Sie seien nicht verpflichtet, sie unverzüglich in Empfang zu nehmen, ebenso wie alle Ausgaben für den Prozeß und Ihren Aufenthalt. Wecken Sie die Apathie des Onkels, wenn Sie können. Tun Sie alles, was eine so große Frau und Mutter wie Sie tun kann, ohne sich zu kompromittieren, damit es Ihnen gelingt, ihn anzufeuern. Er ist alt; er wird bei der Religion enden, dessen können Sie sicher sein; Sie wissen nicht, was der Geruch des Grabes für diese Ungläubigen bedeutet. Sie niesen alle ihre Laster hinein und fühlen sich befreit. Er wird seine Muschiks entlassen und wird sich allen Unrechts entsinnen, was er Ihnen und seiner Nichte angetan hat. Kapitalisieren Sie vor allem alles, und ahmen Sie die Dame nach, die ihr Kapital vor jedem Zufall gesichert angelegt hat. Werden Sie geizig. Was für einen Brief schreibe ich da!«

Sie aber hatte es vor allem eilig, nun der Prozeß gewonnen war, Rußland zu verlassen. Einen Paß für eine Reise nach Frankreich zu erhalten, war unmöglich; sie fuhr deshalb sofort nach Dresden, wo sehr viele polnische Flüchtlinge lebten. Balzac war ausgehungert nach ihr und bat sie, ihm in Dresden ein Zimmer zu bestellen. Allerdings mußte er vor der Reise noch unbedingt *Les Paysans* beenden. *La Presse* hatte schon mit dem Abdruck begonnen, das Buch war aber noch nicht fertig. An Madame Hanska schrieb er von einem unverhofften, blendenden Erfolg. Théophile Gautier, immerhin ein zuverlässiger Freund, schreibt im Gegenteil dazu, daß bei der Zeitung jeden Tag Briefe mit der Bitte eingelaufen seien, endlich mit diesem langweiligen Werk aufzuhören. Der Roman war für ein stückweises Erscheinen in einer Tageszeitung wenig geeignet, und außerdem arbeitete Balzac ohne Begeisterung daran. Er litt an Neuralgien: »Den *Birotteau* schrieb ich mit den Füßen in Senf, und *Les Paysans* mache ich mit Opium im Kopf.«

Am 6. Dezember kündigte *La Presse* den bevorstehenden Abdruck von *La Reine Margot* von Alexandre Dumas an. Girardin wollte sich durch einen anziehenden Feuilletonroman die Erneuerung der Abonnements ab 1. Januar sichern. Nach diesem Termin verlangte er die (schon im voraus bezahlte) Fortsetzung der *Paysans*, aber »die Spannkraft war gebrochen«. Die ersten Rezensionen waren unverhohlen schlecht gewesen. »Wieder einmal ein Buch«, sagte eine Kritik, »das begonnen worden ist, um abgebrochen zu werden; wann und wie es beendet werden soll, weiß niemand ... Das ist ein Figaro, der einmal nicht die Reichen schlecht macht, sondern die Armen verleumdet ... Er verbeißt sich darein, das ganze bäuerliche Leben zu entehren ... Die Bauern stehen darin wie Barbaren an den Türen der Gesellschaft ...« Balzac selber sagte, er sei von dem Buch angeekelt. »Niemals werde ich mir verzeihen können, daß ich mich in *Les Paysans* verbohrt habe.« Daß Girardin sein Pfund Fleisch verlangen werde, wußte er; doch jedesmal, wenn er sich wieder an diesen verfluchten Roman machte, verzerrten sich seine Gesichtsmuskeln zu einer äffischen Grimasse.

Er wäre gern zur Stillung seines Verlangens nach Dresden geeilt. Eve aber war absolut dagegen. Nun bemächtigte sich seiner ein wahrhafter Lustwahn. Warum verdammte sie ihn zu dieser Hölle? Warum stieß sie ihn in solche Selbstmordtrauer? Warum zeigte sie derartiges Entsetzen bei der Aussicht, ihn in Dresden zu sehen? Spürte sie dort Feindschaft gegen ihn? War es in St. Petersburg nicht ebenso gewesen? Was waren das für »russische Fürstinnen«, die auf solche Weise das Herz Evelines »vergifteten«? Und wenn die *»Liddida«* (hebräisch: die Vielgeliebte) ihn nicht in Dresden haben wollte, warum konnte sie ihn nicht anderswo treffen?

Da er wenig und schlecht arbeitete, verbrachte er jeden Tag einige Stunden damit, in Paris ein Haus für die *louloups* zu suchen (seit der russischen Reise war er *le loup [der Wolf]*, sie der *louloup* und ihr Vermögen *le trésor louloup*). Den Gedanken, Les Jardies herzurichten, gab er auf. Die Wohnung des Paares mußte, damit sie der Schloßherrin von Wierzchownia und auch der Kommode der Maria von Medici würdig sei, sehr schön sein, mit Hof und Garten, und sie mußte auf einem Grundstück stehen, dessen Wert *steigen* würde. »Und warum eine solche Spekulationssucht?« fragte sie. Weil ein großes Vermögen nötig war, wenn das Leben in Paris in dem Stil geführt werden sollte, an den sie gewöhnt war. »Ich verzeihe Dir, mein *louloup,* denn Du weißt nicht, was Du sagst.« Und was für einen Rahmen wird er für seine Frau schaffen! Die Kommode der Maria von Medici stellt für sich allein schon ein Vermögen dar. Mit ihren Perlmutt- und Goldintarsien wären seine sämtlichen Schulden zu bezahlen, wenn er wollte; aber er würde sie höchstens einem Rothschild oder Sir Robert Peel verkaufen.

Haus um Haus besichtigt er also: in Passy; in Paris ein Haus in der Rue Neuve-des-Mathurins; beim Park Monceau; in der Allée des Veuves, in den Champs-Elysées (einem Stadtviertel von Zukunft, wo, wie er voraussagt, der Quadratfuß Land eines Tages hunderttausend Francs kosten wird). Die Gesamtkosten des künftigen ehelichen Domizils mit Reparaturen und Umbauten schwanken um zweihunderttausend Francs, und Balzac stellt optimistische Rechnungen auf: Verkauf von Les Jardies plus *Les Paysans* plus *La Comédie humaine* plus einem Zuschuß von seiten der Madame *Louloup* in Höhe von zwanzigtausend Francs ... Darauf wird es hinauslaufen. Warum aber hat sie nicht mehr Geld aus dieser Ukraine herausgeholt, wo man eines Tages doch alle ihre Güter konfiszieren wird? Warum zeigt sie sich hinsichtlich der finanziellen Projekte ihres *loup* so mißtrauisch? In Geschäften ist sie doch ein kleines Mädchen und er ein alter abgebrühter Kater.

Sie soll doch übrigens nach Paris kommen und selber nach dem Rechten sehen. Nichts leichter als das. Anna und Madame Hanska werden in den Paß von Balzac eingetragen; er wird sie für seine Schwester und Nichte ausgeben. In Chaillot oder in Passy wird er für sie eine kleine möblierte Wohnung mieten. Inkognito werden sie die Stadt besichtigen. Für Anna gibt es die Ausstellung, zwölf Theater, die Konzerte im Conservatoire usw. Ein zweimonatiger Aufenthalt in Paris wird monatlich mit Köchin, Kammerfrau und einem kleinen Groom nicht mehr als dreitausendfünfhundert Francs kosten. Aber die Liddida soll sich endlich entscheiden, denn Balzac fühlt sich durch die Trennung gezwickt, gefoltert und gelähmt. »Ich kann meinem Gehirn keine einzige Zeile abgewinnen. Ich habe keinen Mut, keine Kraft, keinen Willen.« Um nicht in Irrsinn zu verfallen, hat er jetzt angefangen, Karten zu spielen (Lansquenet) und abends in Gesellschaft zu gehen! Es ist nicht zu bezweifeln, daß in dieser Beschreibung des ihn lähmenden Erschöpfungszustandes und der Sehnsucht nach Lust ein Teil Wahrheit steckt. Doch er malt seine Übel in Über-Lebensgröße; dies geschieht aus Gründen seiner Kunstlehre wie aus persönlichem Interesse. Er will seine grausame Geliebte weich stimmen. Sicherlich fühlte er sich an jenem Tage nicht abgestumpft, als er, um *Béatrix* zu beenden und um die Leiden einer jungen, von ihrem Gatten betrogenen Frau schildern zu können, Delphine de Girardin besuchte und sie gründlich über die peinlichen Anfänge ihres ehelichen Lebens ausfragte. Die Biene besitzt einen unveränderlichen Instinkt, Honig zu sammeln, und die ganz neue Liaison Girardins mit Madame d'Agoult ermöglichte es Balzac, sich in pikanter Art um das weitere Leben der Gestalt Béatrix zu kümmern. Das Schweigen Madame Hanskas in Dresden war einesteils durch Familienangelegenheiten zu erklären. Als polnische Patriotin wollte Anna nur einen Polen heiraten, und sie hatte den Grafen Georg Mniszech »ausgezeichnet«, einen sanften, mythischen Käfersammler mit seidigem blondem Vollbart, der außerdem die Kunst liebte und ebenso reich war wie Anna. Hegte Madame Hanska vielleicht, solange die Verlobung nicht unwiderruflich ausgesprochen war, die Befürchtung, der junge Graf könne seine Meinung ändern, falls er entdecken sollte, daß seine zukünftige Schwiegermutter einen Franzosen zu heiraten gedachte? Wurde sie aufgescheucht, als Balzac sich unterfing, die geplante Verlobung nachdrücklich zu mißbilligen? »Als reiche Polin«, schrieb Balzac, »befindet sich Deine Tochter in einer außergewöhnlichen, gefährlichen Lage.« Was will der Zar? Die Einheit seines Reichs, infolgedessen also die Auslöschung des polnischen Nationalismus und des römischen Katholizismus. An seiner Stelle würde Balzac als macchiavellistischer Politiker ebenso handeln. Alles was aufrecht, reich und polnisch ist, muß zur Zielscheibe werden, und dieser Fall träte bei einer Heirat mit Mniszech ein. Eine »Mischehe« (mit einem deutschen oder österreichischen Aristokraten) könnte noch alles retten. Anna findet ihren Bewerber schön? »Sie weiß nichts von physischem Widerwillen, der immer erst nach der Hochzeit zutage tritt«, antwortet der Verfasser der *Physiologie du Mariage* als kompetenter Spezialist.

Was nun ihn selber angeht, so zerstören ihn diese endlosen Wartezeiten, diese peinliche Ungewißheit gänzlich. »Es gibt daher nur einen Ausdruck zur Schilderung meiner Lage: *ich verzehre mich.*« Kann er überhaupt wissen, ob sie ihrem entzückenden Plan noch Treue bewahrt? Sie schreibt wenig, kurz und kaum ein zärtliches Wort. So weit ist es mit ihm gekommen, daß er, um von ihr zu sprechen, Lirette ans Gitter des klösterlichen Sprechzimmers bitten lassen muß. Riskiert er einen Tadel, erklärt Eveline sich für beleidigt. Er hat sie »Kosakenfrau« genannt (und das ist nicht einmal so absurd); da schlägt sie zurück, sagt, sie wolle auch ins Kloster gehen, endet den Brief aber mit *Ich verzeihe Dir*, worauf er, wie er schreibt, diese drei Wörter auf dem Briefpapier küßt, die ein Beweis so großer Sanftmut sind.

Endlich wird am 18. April 1845 das Interdikt aufgehoben. »Ich möchte Dich sehen«, schreibt sie, und schon eilt er nach Dresden. »Ich komme mit Parfüms, mit einer Wolke von Parfüm.« Sie hatte ihm ein nicht zu teures Zimmer im Hotel *Stadt Rom* bestellt; sie selber wohnte mit der Tochter im Hotel Sachsen. Ausgehungert nach ihr kam er an: »Dresden, das ist Hunger und Durst, das ist Elend im Glück, das ist ein Armer, der sich auf ein reiches Fest reicher Leute stürzt.« In Dresden erfuhr er, daß seine Auszeichnung mit dem Orden der Ehrenlegion gerade in Paris bekanntgegeben worden war; anscheinend hat er kein großes Aufsehen davon gemacht. Chevalier ...

Das war zu wenig, und es kam zu spät. Konnte er sich aber gestatten, Villemain die Beleidigung einer Ablehnung zuzufügen? Die Karikaturisten, deren beliebtes Ziel er immer war, stellten ihn dar, wie er das Kreuz am Knauf seines riesenhaften Spazierstockes befestigt.

Den Verlobten Annas fand Balzac zwar voller guter Eigenschaften, aber doch ein wenig ungeschlacht. »Er hat weder«, sagte er zu Eve, »die zu seinem Namen und Rang passende feine Lebensart noch die Freundlichkeit eines Grandseigneurs.« Das ist zwar bedauerlich, doch wer, außer Eve und Anna, ist schon vollkommen? »Georg fehlt es an Erziehung durch eine Frau, durch eine alte Frau, die einem jungen Mann beibringen könnte, was Welt, Leben und Formen bedeuten.« Wenn einer verlobt ist, ist es zu spät, ihm eine Madame de Berny zu suchen.

Die *louloups* reisten, um dem Tratsch von Dresden auszuweichen, sofort nach Homburg und Cannstadt, wo Eveline Bäder gebrauchen wollte. Die folgenden vier Monate waren eine Zeit tollster Bummelei, wenn man sie mit dem gewöhnlichen, so außerordentlich arbeitsamen Leben Balzacs vergleicht. Nach dem Vorbild einer damals modernen Schau, *Les Saltimbanques (Die Seiltänzer)*, von Dumersan und Varin nannte Balzac sich *Bilboquet*, Eve Hanska *Atala*, Mniszech *Gringalet* und Anna *Zéphyrine*. Andauernde Fröhlichkeit, deren Quelle Balzac war, belebte die vier Seiltänzer. Erneut vermochte er die fröhliche Seite seines Wesens aufzuzeigen, seit er wieder mit einer »so gut zu liebenden Frau« seine Lust genießen konnte. Er fand nuancierende Bezeichnungen für die erotischen Erinnerungen an Aufenthalte und Umarmungen in jeder Stadt: »Cannstadt – alle Leckereien eines Nachtischs; das ist der Feinschmecker im unzureichenden Versuch, sich an die feine Küche zu gewöhnen. Karlsruhe – das einem Armen überreichte Almosen. Aber Straßburg, oh, das ist schon die gelehrte Liebe, Reichtum des vierzehnten Ludwig; die Gewißheit gegenseitiger Beglückung ...«

In Straßburg hatte er für den Postwagen am 7. Juli drei Plätze nach Paris bestellt. Georg sollte später in Belgien mit ihnen zusammenkommen. Madame de Brugnol hatte genaue, in Lobsprüchen verpackte Anweisungen erhalten: »Soeben erhielt ich Ihren Brief; er ist, wie Ihre Seele, sehr sanft und charmant. Sie sind doch immer die gleiche.« Das waren sehr unvorsichtige Komplimente; sie konnten ungeheuer gefährliche Hoffnungen erwecken. Sie sollte eine möblierte Wohnung in der Gegend der Madeleine mieten (aber nicht teurer als monatlich dreihundert Francs), »doch auf *Ihren* Namen, denn die Damen haben keine Pässe ... Madame Hanska will jetzt, daß ich auch ein Zimmer zum Wohnen haben soll ... Unbedingte Geheimhaltung ist erforderlich ... Ich habe alle Sicherheiten für die Zukunft, in jeder Richtung. Anna mag mich sehr gern, und ich bin eines wunderbaren, herzlichen Einverständnisses sicher ...« Die Haushälterin und Mätresse war also in offensichtlicher Willfährigkeit mit dem Gedanken an eine reiche Heirat und sogar mit pränuptialer Kohabitation einverstanden. Sie hatte den Auftrag, einen blauen Teppich in das Schlafzimmer dieser Damen zu legen und ein Monatsabonnement (auf den Namen einer Mademoiselle de Polini, Rue de la Tour 18) des *L'Entracte* zu bestellen, damit Anna als Theaterliebhaberin gut informiert sei.

Die Symphonie der Liebesbegegnungen und der Städte geht weiter:

»Und Passy, Fontainebleau! Das ist Beethovens Genie, das ist das Allerhöchste. Orléans, Bourges, Tours und Blois sind *concertos*, vielgeliebte Symphonien, jede von mehr oder weniger lächelnder Natur, in die allerdings das Leiden eines *loup* ernste Töne bringt. Paris, Rotterdam, den Haag, Antwerpen sind Herbstblumen. Brüssel aber ist Cannstadts und unserer würdig. Das ist der doppelte Triumph eines einzigartigen Liebesglücks.«

Alle diese musikalischen Liebkosungen hatten eine viermonatige, außer einigen »Häkeleien«, vollkommen glückliche Reise unterstrichen. In Holland nur hatte Madame Hanska Balzac lebhafteste Vorwürfe wegen seiner ruinösen Einkäufe bei Antiquitätenhändlern gemacht. In Rotterdam hatte sie ein um 375 Gulden erstandener Ebenholzschrank sehr geärgert. »Ach, die einzigen Streitereien der *loups* entstanden wegen Schränken.« Keinen Streit hatte es wegen Louise de Brugnol gegeben, doch einen Ukas kosakenhaftester Art seitens der »Fremden«. Gleich bei ihrer Ankunft in Paris hatte sie die Vertraulichkeit dieser Haushälterin mit deren Dienstherrn als äußerst verdächtig empfunden. Die beiden Frauen hatten einander gegenseitig mißfallen, und Madame Hanska hatte die Entlassung der Bergbauerntochter gefordert. Diese reichlich schwierige Exekution sofort nach der Rückkehr von der Reise in die Wege zu leiten, hatte Balzac versprochen. Damit Eveline friedlich werde, wurde die Haushälterin fortan »die Dirne«, »das liederliche Frauenzimmer«, »die Megäre«, »die höllische Kreatur« benamst. Als er ihr im September bedeutete, sie habe höchstens sechs Monate Zeit, eine andere Stellung zu suchen, brach sie in Tränen aus.

Nun Balzac von seinen lieben Seiltänzern wieder getrennt war, verfiel er erneut in Trauer; die Trennung, obwohl sie nur kurz sein sollte, warf ihn um; doch nach der Regelung einiger Geschäfte sollte er ihr nachreisen.

»Niemals hatte ich bisher so recht Herz an Herz mit meiner Evelette gelebt; alle guten Angewohnheiten des Lebens, alle unerwarteten, für mich entstehenden Freuden haben mich aufgewühlt. Ich erlebte die unterbrochene Wiedergeburt meiner Jugend, eine unverhoffte, anbetungswerte Gemeinsamkeit, die alle meine Wünsche übersteigt.«

Es wurde, ohne daß es bewiesen werden konnte, behauptet, daß sie ihrerseits Balzac nicht geliebt habe. Ihre Briefe liegen nicht mehr vor, doch können wir aus Balzacs Antworten entnehmen, daß sie oft sehr zärtlich gewesen sind. »Deine letzten drei Briefe sind ein Vermögen für mein Herz. Du erfüllst alle Wünsche, alle Träume dessen, was ich mir unter Liebe vorstellte. Ich fühle mich glücklich, derart geliebt zu werden ... Deine drei Briefe sind in der Trennung das gewesen, was meine Eve in Baden war: eines der Meisterwerke des Herzens! ...« Und dieser Schrei: »Oh, *louloup*, Liebe, heftige, dauernde Liebe hält uns aneinandergekettet.«

Alle Seiltänzer stimmten sich auf Balzac ein und erwiesen ihm herzliche Freundschaft. Gleich nach seiner Rückkehr hatte er in Paris eine Zeichnung für eine Medaille von der Hand Georgs erhalten: *Für Bilboquet die dankbaren Seiltänzer*, und begleitet war sie von einem reizenden Brief *Atala* Hanskas. So steht es, was die Liebe angeht, beim besten der Seiltänzer zum allerbesten. In Passy allerdings zeigt sich das Leben von einer weniger reizvollen Seite. Madame de Brugnol ist augenblicklich wütend und fordert für ihre Verabschiedung einen Schadenersatz von 7500 Francs und eine Tabakverkaufsstelle. Doktor Nacquart ist mit dem Generaldirektor der Tabakregie befreundet und vermittelt, doch als er kurz vor dem Erfolg steht, will die störrische Haushälterin nichts mehr von Tabak hören (»Das ist unter meiner Würde«, behauptet sie). Sie verlangt jetzt ein Stempelmarken-Büro. Madame Mère und Laure bedauerten sie, unterstützten sie sogar, und nun unternimmt sie eine letzte Anstrengung, den Platz zu halten. »Doch ich habe ihr gesagt: ›Wenn Sie noch ein einziges Mal einen Namen aussprechen, den ich wie den Gottes verehre, verlassen Sie augenblicklich das Haus. Sie werden Geld bekommen, damit Sie sich irgendwo einmieten können, und ich werde im Gasthaus essen.‹ Sie schwieg und seither sagte sie nichts mehr.« Zu ihm vielleicht, aber sie trug ihre Klagen »zur Familie«. Madame Mère schreibt an Laure: »Madame de Brugnol hat mir gesagt, mit Honoré sei nicht auszukommen. Aber ich habe ihr gesagt: ›Madame, so ist er immer, wenn er viel arbeitet; er hat so viel im Kopf, daß man ihm nicht böse sein darf.‹«

Auch der Anwalt Gavault fällt in Ungnade. »Er ist scheußlich teilnahmslos«, er ist zu nichts mehr zu gebrauchen. Zum neuen Schuldenliquidator wird Auguste Fessart gemacht; er ist Geschäftsmann und vollbringt Wunder; er erreicht, daß die Gläubiger sich mit 50 für 100 abfinden, vom Schneider Buisson abgesehen, der Vertrauen in die Zukunft seines genialen Kunden hat und einen Wechsel auf die künftigen Erfolge annimmt. Die eheliche Behausung der *louloups* gibt schwere Probleme zu lösen auf. Anscheinend ist es unmöglich, in Paris eine Eves würdige Residenz zu finden. *Atala* und *Bilboquet* allerdings hätten die Mittel, sich ein schönes Haus zu leisten. Wieder einmal stellt Balzac Berechnungen mit elastischen Zahlen auf. Bei Rothschild liegt der *Trésor louloup*. Die *Comédie humaine* schwankt von hunderttausend Francs zu Null, je nach Verkauf und Stimmung. An Werken, die geschrieben werden könnten, fehlt es nicht. Der polnische Verleger Chlendowski tobt und droht, weil er endlich die *Petites misères de la Vie conjugale (Kleine Nöte des Ehelebens)* haben will, doch diese Arbeit langweilt Balzac, und man kann es verstehen. Diese Artikelsammlung wird weit unter der *Physiologie* seiner jungen Jahre stehen.

Zum Teufel mit der Arbeit! Vor sechs Monaten wurde die *Comédie humaine* über Bord geworfen. Wieso hat denn schließlich der Schöpfer so vieler imaginären Höllen nicht ein Anrecht auf seinen Anteil am irdischen Paradies? »Ich denke nur an Dich, Geist ist keiner mehr da.« Leidenschaftliche Liebe regt das Genie an; Exzeß im Begehren stumpf es ab. Im Oktober 1845 fährt Balzac mit der regulären Post auf einen Sprung nach Baden-Baden und kommt erschöpft nach Passy zurück. Madame Hanska möchte den Winter mit Anna und Georg in Italien verbringen. Balzac soll sich in Chalon-sur-Saône mit ihnen treffen; von dort wollen sie auf dem Wasserweg nach Marseille. Dort schiffen sich die Seiltänzer auf einem französischen Schiff *Léonidas* nach Neapel ein. Diese Fahrt wird der Höhepunkt seiner Liebe sein. »Doch Lyon, oh! Lyon hat mir gezeigt, daß meine Liebe noch durch Holdseligkeit, Zärtlichkeit, vollendete Liebkosungen und Liebessüße übertroffen werden konnte, wodurch für mich Lyon zu einem besonderen *Schiboleth* meines Lebens als Mann wird; spreche ich es aus, so wirkt es wie ein heiliges Wort, das den Himmel eröffnet.« Seit sechs Monaten hat er, und das geschieht zum ersten Mal in seinem Leben, nichts als das Ende der *Béatrix*, einige Seiten für die *Paysans* und eine Skizze für den letzten Teil der *Splendeurs et Misères* geschrieben. »Das will ich im Handumdrehen hinhauen. Wozu brauche ich Geld? Ich brauche Glück, und ich komme wieder.« Armer großer Mann! Er vergißt, daß Glück für einen Künstler verhängnisvoll ist und daß die großen Männer nur ihren Werken angehören.

XXXIV

PERRETTE UND DER MILCHTOPF[1]

> Wir Frauen, wir müssen die Männer von Talent bewundern, sie genießen wie eine Theateraufführung; aber mit ihnen leben? Nie!
> *Balzac*

Im Jahre 1845 hat Balzac Passy zum erstenmal von Mai bis September den Rücken gekehrt; zum zweitenmal Ende September für »den Sprung nach Baden-Baden«; zum drittenmal im Oktober und November um der unvergeßlichen Reise von Chalon nach Neapel willen. Welch schönes Jahr der Liebe, des Schlenderlebens, des Stöberns in Antiquitätenläden! Am liebsten wäre er mit den »Seiltänzern« in Italien geblieben ohne eine andere Verpflichtung, als Eveline zu herzen und von einem Antiquitätenladen zum andern zu laufen; aber er mußte zurück nach Paris, um den finanziellen Gefahren zu begegnen, die Bemühungen Fessarts zu verfolgen, den Verleger Chlendowski zu beschwichtigen, die *Comédie humaine* zu erweitern, seine Stellung in der Presse wiederherzustellen und um endlich ein Haus zu finden.

Am 12. November fuhr er nach »acht Tagen abscheulicher Seereise« in den Hafen von Marseille ein. Alles an Bord war seekrank gewesen, bis auf die Matrosen und ihn: eine für ihn typische Formel. Er kommt verliebter zurück denn je, und spricht mit dem Marseiller Poeten Joseph Méry, der die Geliebte kennt, voller Leidenschaft von ihrer *Jupiterstirn*, die etwas Göttliches, Engelhaftes und Dämonisches habe.

»Oh, mein Kätzchen, ich küsse Deine hübschen Lider, ich koste genüßlich Deinen lieben Hals an der Stelle, die wie das Nest der Küsse ist; und ich halte Deine Maulwurfspfötchen in meinen Händen, und ich rieche das Parfüm, das einem verrückt macht, und ich sage Dir und genieße dabei in Gedanken von den tausend Köstlichkeiten, von denen schon eine einzige genügen würde, eine dumme Frau hoffärtig zu machen: ›O *louloup*, o meine Evelette, meine Seele liebt noch weit mehr Deine Seele ...‹«

[1] Siehe La Fontaine »La Laitière et le Pot au Lait« (Fables VII, 10).

Natürlich schleppt er Méry zu einem Antiquitätenhändler und kauft dort einen pompösen Korallenschmuck für die Dame seines Herzens, eine unschätzbare indische Arbeit! »Es ist darin das Rot des Sieges, der Purpur der glücklichen Liebe ... Mir werden die Augen feucht, nun ich Dir schreibe. Überquellende Dankbarkeit, die Liebe eines Jünglings bedrängt mich innerlich ...« Die letzten Gluten der Liebe sind ebenso süß wie die ersten Strahlen des Ruhms.

Jede Heimkehr ist für ihn stets eine Katastrophe gewesen. In Paris steht er wiederum vor Daseinsnöten. Für eine gewisse Zeit fehlt es nicht an flüssigem Geld. Madame Hanska hat ihm eine ansehnliche Summe (etwa 100 000 Goldfrancs) anvertraut, damit er ihrer beider Haus kaufen und ausstatten kann. Dieser »Trésor louloup« soll heilig sein. Aber der verstockte Spekulant glaubt sich ermächtigt, »ihn Früchte tragen zu lassen«; er weiht ihn dem Ankauf von Aktien der Nordbahn, die nur steigen können. Der Baron de Nucingen hätte ihn zu belehren vermocht, daß die Börse bereits die Hausse ausgenützt habe; aber es gehört nicht zur Politik Nucingens, die Aktionäre zu unterrichten. Jedenfalls läßt sich Ende 1845 ein klarer Fortschritt in Balzacs geschäftlichen Angelegenheiten feststellen. Unter dem Einfluß der Madame Hanska und Fessarts hat er sich an eine systematische Begleichung seiner Schulden gemacht: 40 000 Francs sind bezahlt worden; das brave Väterchen Dablin erklärt sich bereit, seine Ansprüche von 8000 auf 5000 Francs herabzusetzen. Balzac behauptet, das Väterchen sei sogar zu einem Darlehen von 200 000 Francs bereit gewesen, damit die gesamten Passiva aus der Welt geschafft werden könnten; aber Madame Balzac und Laure Surville hätten ihn daran gehindert. Das ist recht unwahrscheinlich.

Madame Mère ihrerseits behauptet, Honoré schulde ihr durch Anhäufung unbezahlter Zinsen 57 000 Francs. »Phantastische Zahlen«, sagt der Sohn. »Tragische Undankbarkeit«, entgegnet die Mutter. Der Vetter Sédillot schaltet sich ein und setzt einen billigen Vergleich durch. Die gute Madame Delannoy wird ihm nie Schwierigkeiten machen. Die Guidoboni-Visconti verlangen nicht nur nicht die Rückerstattung ihrer 10 000 Francs, sondern werden 1846 weitere 12 000 Francs leihen, was Balzac nicht hindert, in seinen Briefen an Madame Hanska zu verbrennen, was er angebetet hat, und Sarah als »die alte Engländerin« zu bezeichnen. Freilich hat er ihr als Pfand Nordbahn-Aktien geben müssen, die, nebenbei gesagt, der Polin gehören, und es kommt vor allem darauf an, diese zu beruhigen. Das läßt sich »zwischen den Zeilen« machen.

Nun Eveline und Fessart helfen, wäre die Geldfrage nicht so brennend wie zuvor gewesen, wenn Balzac ein klein wenig mehr Vernunft angenommen hätte. Aber man könnte meinen, er habe den Abgrund gesucht. Er kann von keiner Spekulation reden hören, möge sie noch so riskant sein, ohne sich hineinzustürzen. Ein Reeder tauft ein Schiff auf den Namen »Balzac«? Sogleich zeichnet er zwei Anteile, macht 10000 Francs. Das bringt, sagt er, 40 Prozent. Tatsächlich jedoch hört und sieht er davon nichts wieder. Den lieben langen Tag feilscht er um Häuser und Grundstücke, und da die hypothetische Wohnung mit orientalischem Luxus ausgestattet werden muß, kauft er ein Service aus altem China-Porzellan: »Ich habe für dreihundert Francs etwas erstanden, das Dumas mit viertausend bezahlt hat und das gut und gern sechstausend wert ist.« Er reist eigens nach Rouen, um sich dort Türfüllungen aus Ebenholz anzusehen, »die für nichts zu haben sind«. Er erwirbt als Gelegenheitskauf Stühle für den kleinen Salon im ersten Stock, den er den »grünen Salon« nennt (und der gar nicht existiert), ferner ein hübsches Schreibpult für die Geliebte und zwei entzückende Schränke mit liebreizender Einlegearbeit.

»Drei Stunden lang bin ich herumgebummelt und habe gekauft: *Primo*, eine gelbe Tasse (fünf Francs), die gut und gern hundert Francs wert ist; eine wahre Köstlichkeit. *Secundo*, eine Tasse, die Talma angeboten worden ist, blaues Sèvres, Empire, von unschätzbarem Reichtum; es ist nämlich ein Blumenstrauß darauf gemalt, der sicher fünfundzwanzig Louis gekostet hat (zwanzig Francs); *tertio*, sechs Stühle von fürstlicher Pracht, Intarsien, Blumen, Sträuße, für den grünen Salon. Vier behalte ich, aus zweien lasse ich eine Causeuse machen. Ein glänzendes Geschäft, goldwert ...«

Und zudem: Kommt es denn auf die Kosten an? Die Nordbahn kann für den, der ihre Aktien ein Jahr zu halten vermag, »und das ist ja bei uns der Fall, pro Aktie dreihundert Francs Dividende geben. Für hundertfünfzig Aktien wären das fünfundvierzigtausend Francs Dividende ...« Damit allein schon würden sich Haus und Mobiliar bezahlen lassen.

Aber es bleiben noch einige Haare in der Suppe. *Primo:* die »Donzelle«, Madame de Brugnol. Sie weiß nicht, was sie will; jetzt möchte sie einen ziemlich bekannten Bildhauer heiraten: Elschoët! Mit dem Stempelmarkenbüro ist es aus; sie braucht eine Mitgift. Des Namens Elschoët (und auch der gräßlichen Megäre in *Les Mystères de Paris, Die Geheimnisse von Paris)* wegen tauft Balzac sie »La Chouette«, die Schleiereule. Dann wird sie abermals anderer Ansicht. Dieser verdammte Bildhauer, so sagt sie, ist ein Ungeheuer an Häßlichkeit und liebt kleine Mädchen unter dreizehn Jahren! Die Schleiereule greift wieder auf die Idee mit dem Stempelmarkenbüro zurück, das zu bekommen sehr schwierig ist. Balzac will James de Rothschild um Unterstützung dabei bitten.

»Rothschild ist, seiner Gewohnheit entsprechend, ganz ›Régence‹ gewesen. Er hat mich gefragt, ob *sie* hübsch sei, ob ich sie gehabt hätte? ›Hunderteinundzwanzigmal‹, habe ich ihm gesagt, ›und wenn Sie sie haben wollen, trete ich sie Ihnen ab.‹ – ›Hat sie Kinder?‹ hat er gefragt. – ›Nein, machen Sie ihr doch eins.‹ – ›Ich bedaure sehr, ich helfe nur Frauen, die Kinder haben.‹ Das hat er gesagt, um sich aus der Klemme zu ziehen. Hätte sie Kinder gehabt, so würde er gesagt haben, er setze sich nicht für die Unmoral ein. ›Na, hören Sie mal, Baron‹, habe ich ihm gesagt, ›glauben Sie etwa, Sie könnten es an Gewitztheit mit mir aufnehmen? Ich bin Aktionär der Nordbahn! Ich schreibe Ihnen eine Notiz auf, und Sie befassen sich mit meiner Angelegenheit wie mit einer Eisenbahn für vierhunderttausend Francs.‹ – ›Wieso denn?‹ hat er gefragt. ›Wenn Sie mich dazu bringen, bewundere ich Sie noch sehr viel mehr.‹ – ›Sie werden es tun‹, habe ich ihm gesagt, ›ich lasse einfach Ihre Frau auf Sie los, und die wird dann schon auf Sie aufpassen.‹ Da hat er zu lachen angefangen, sich in seinen Sessel plumpsen lassen und zu mir gesagt: ›Ich erliege meiner Erschöpfung; die Geschäfte bringen mich um. Schreiben Sie eine Notiz ...‹«

Die Angelegenheit Schleiereule ist also nicht geregelt, und die gehässige, um ihre Hoffnungen betrogene Haushälterin und Geliebte stößt Drohungen aus.

Secundo: die Familie. Laure hat Surville dazu getrieben, an Ort und Stelle, in Spanien, eine geschäftliche Möglichkeit zu überprüfen, und während der Abwesenheit des Ingenieurs ist eine Brücke, die er über den Doubs gebaut hatte, von den Wassern weggerissen worden! Diese überlegene Frau begeht aus Ehrgeiz nichts als Irrtümer. Am 1. Januar 1846 weiteres Miniatur-Drama: Es ist Brauch, daß am Neujahrstag Madame Balzac, Laure, Valentine und Sophie Honoré besuchen. Diesmal sind bloß die Nichten zu ihm gekommen.

»Ich habe irgendeinen Streich meiner Mutter gewittert und mich angezogen. Ich habe ihr meine Aufwartung gemacht und bin auf die unangenehmste Weise empfangen worden ... Sie will mich mit aller Gewalt ins Unrecht setzen. Gestern hat sie hundertmal zu meiner Schwester gesagt: ›Du wirst schon sehen: dein Bruder kommt nicht und macht mir seine Aufwartung.‹ Ihre gehässige Bewillkommnung ist darauf zurückzuführen, daß ich ihre Mutmaßungen getäuscht habe ... Was nun mich betrifft, so bin ich fortan fest entschlossen, meine Mutter nur noch am Neujahrstag, an ihrem Namenstag und ihrem Geburtstag zehn Minuten lang zu besuchen. Was dagegen Dich betrifft, so genügt zwischen Dir, meiner Mutter und meiner Schwester ein Kartenwechsel ...«

Tertio: Lirette Borel. Sie verlangt ihre Mitgift und bittet, Balzac möge ihrer Einkleidung beiwohnen. Das nun aber ist eine sehr lange Zeremonie, mindestens vier Manuskriptseiten. »Diese Frauenzimmer von Nonnen glauben, die Welt drehe sich lediglich um sie.« Aber er schickt sich darein. Es geht nicht anders: »Seine liebe Frau« und Anna müssen bei »der Beerdigung der Henriette Borel« vertreten sein. Überdies bedauert er nicht, daß er teilgenommen hat:

»Da ich nie Zeuge einer Einkleidung gewesen bin, habe ich alles angeschaut und bis ins einzelne beobachtet, und zwar mit einer solchen Aufmerksamkeit, daß ich wohl für einen sehr frommen Mann gehalten worden bin ... Übrigens ist die Zeremonie eindrucksvoll und sehr dramatisch. Sogar ich war erschüttert, als die drei Novizinnen sich zu Boden warfen, als sie mit einem Leichentuch bedeckt worden sind und als über diese drei noch Lebenden die Totengebete gesprochen worden sind, und als man sie danach dann als Bräute mit Kränzen aus weißen Rosen hat wiedererscheinen sehen, worauf sie das Gelübde ablegten, sie wollten fortan Jesus-Christus angehören ...«

Nach der Zeremonie konnte er mit Lirette sprechen; sie war fröhlich wie ein Fink. »Jetzt sind Sie *›Madame‹*«, sagte er ihr lachend.

Quarto: die Arbeit. Vor kurzem noch war sie das Glück; jetzt versagt die Phantasie. »Das Schreiben fällt mir über die Maßen schwer; mein Denken ist nicht frei; es gehört nicht mehr mir ... Gestern habe ich den ganzen Tag eine grausige Trauer in mir verspürt ... Dennoch muß ich die sechs Seiten fertigmachen, die einen Band von *La Comédie humaine* abschließen ...« Die Augen flackern ihm; sie sind so übermüdet, daß Balzac seinen dreikerzigen Nachtleuchter durch einen Kandelaber mit fünf Lichtern ersetzen muß. »Aber das verbrennt in zwei Nächten für einen Franc fünfzig Centimes an Kerzen, haben Sie verstanden, Madame? Hinzukommen zwei Francs für Feuerung und fünfzig Centimes für Kaffee, das macht vier Francs die Nacht. Also die Märchen aus *›Tausendundeiner Nacht‹* zu arg erhöhtem Preis ...«

Da es mit *Les Paysans* nicht vorangeht, versucht er, den dritten Teil von *Splendeurs et Misères des Courtisanes* zu schreiben: *La Dernière Incarnation de Vautrin, Vautrins letztes Abenteuer.* Fünfundzwanzigmal fängt er die erste Seite an, ohne daß er befriedigt ist. Übrigens schießt das Buch ins Kraut; es wird aus vier Teilen bestehen, da der dritte zu *Une Instruction criminelle* (später: *Wohin schlechte Wege führen* betitelt) geworden ist, was den Autor dazu zwingt, die Conciergerie zu besichtigen. Man wird in diesem Romanschluß große Schönheiten bewundern; aber die werden erst später geboren. Im Jahre 1846 kommt Balzac nur mühsam weiter. Die Zeitungsschreiber behaupten, er sei vergessen: »Was ist eigentlich aus den Herren Soulié und de Balzac geworden?« Er wird sein Talent erst an dem Tag wiederfinden, schreibt er an die Dame in Neapel, da die Hochzeit ihn aus seiner Ungewißheit erlöst. »Dies ist keine Liebe; es ist ein Wahnsinn.« Jedenfalls ist es eine Besessenheit, und nichts ist einem Ausweichen ins Schöpferische hinderlicher.

Wäre diese Heirat wenigstens eine Gewißheit! Aber der Briefwechsel ist weder frei von Ungewittern noch von Vorwürfen. Eine Schwester der Madame Hanska, Aline Moniuszko, hat an Eve geschrieben, Balzac sei »ein Verschwender, ein Unsinniger, ein *Liebhaber von frischem Fleisch«*. Die Fremde ziert sich und gibt vor, sie fürchte, viel zu alt für ihn zu sein. Auf die Frage: »Brauchst Du junge Mädchen?« antwortet Balzac: »Das geht nun aber wirklich zu weit; das mir, der ich nur *eine* Furcht habe, die nämlich, nicht mehr jung genug für Dich zu sein! Ich wollte, ich wäre fünfundzwanzig. Sei so alt wie Du willst, aber liebe mich ...« Auch die Schleiereule zerbricht sich den Kopf, wie sie ihn quälen kann:

»Die Haushälterin sagt: ›Ach! Sie lieben, Sie lieben ... Dabei lieben Sie nur sich selber (sie stellt mich als einen Egoisten hin, weil sie geht), und wenn man Ihnen ein zwanzigjähriges Mädchen mit hunderttausend Francs Einkünften und einem großen Namen anböte, dann würden Sie sie heiraten und recht daran tun ...‹ – ›Zunächst‹, habe ich geantwortet, ›ist das junge Mädchen nicht da, und das tut mir leid, denn auf diese Weise kann ich nicht beweisen, was ich sage. Und das würde lauten: Auch wenn sie so schön wäre wie Mademoiselle de Dino (die jetzige Madame de Castellane); auch wenn sie, wie jene, eine geborene Talleyrand wäre; auch wenn sie, wie jene, hundertfünfzigtausend Francs Einkünfte hätte, würde ich sie nicht heiraten, weil Bigamie unters Strafgesetz fällt ...‹«

Sogar der Bengali hat alle Munterkeit eingebüßt:

»Der Bengalivogel ist tot. Er ist der Kärrnerarbeit erlegen, den Grübeleien, den Laufereien, den Sorgen, dem Kaffee. Übrigens ist das nun mal so bei dergleichen Tierchen: ein großer Aufruhr, eine Periode des Singens; und wenn sie dann merken, daß es unnütz ist, gehen sie schlafen und geben keinen Laut mehr von sich, wie die Hunde, die erstmal einen höllischen Lärm vollführen, wenn ihr geliebter Herr weggegangen ist, und sich hernach ganz ruhig verhalten ...«

Madame Hanska an Balzac, Februar 1846: »Kommen Sie nach Rom, von da nach Florenz; von Florenz aus reisen wir durch unsere geliebte Schweiz, über Genf und Neuchâtel; dann lassen Sie uns in Baden, fahren nach Paris und bringen Ihre Angelegenheiten zu Ende, während wir Kur machen ...«

Das ist ein Ruf, dem er nur zu gern nachkommen möchte. Aber ach! An dem Tag, da Balzac den Entschluß gefaßt hat, nach Italien zu reisen, mit dem Nebengedanken: »Man hat immer noch Zeit, ein Buch zu schreiben, *das man nicht schreiben kann«*, an ebenjenem Tag hat er ein ungemeines Pech: Als er aus dem Laden des berühmten Schneiders Buisson an der Ecke der Rue de Richelieu und des Boulevard herauskommt, springt er über einen Rinnstein und zerreißt sich einen Muskel. Schreckliche Schmerzen: Verzögerung der Abreise um vierzehn Tage. Endlich, um den 20. März, kann er durch die Behandlung des wunderbaren Nacquart wieder gehen. Dank dem Baron Rothschild und anderer Helfer hat die Schleiereule ihr Stempelmarkenbüro bekommen. Die Truppe der »Seiltänzer« will ihre Tournee fortsetzen. Mit neuer Kleidung ausgestattet eilt Bilboquet nach Rom, fährt mit seinen Freunden über die Borromeischen Inseln nach der Schweiz, nach Heidelberg, nach Frankfurt, schöpft mit der Wollust neue Hoffnung und schmiedet mit »seiner Frau« tausend Zukunftspläne. Sie scheint ganz und gar zur Heirat entschlossen. Sie wollen ein Schloß in der Touraine kaufen, einen großen Teil des Jahres auf dem Lande wohnen und ein Pied-à-terre in Paris, im Faubourg Saint-Germain mieten, um dort den Winter zu verleben.

Sowie er wieder daheim ist, geht er an die Ausführung. Folgendes will er tun: 80 000 im voraus vom »Trésor louloup« abgehobene Francs in Nordbahn-Aktien anlegen; mit Jean de Margonne nach Vouvray fahren und dort ein Grundstück kaufen, das Haus summarisch mit seinen Junggesellenmöbeln ausstatten und alle die unlängst erworbenen schönen Dinge für die Pariser Wohnung aufbewahren. Auf diese Weise wird er ein Gut und zweihundert Nordbahn-Aktien besitzen! »Wenn Du dieses Resultat liest, bewunderst Du dann nicht Deinen *louloup?*« Und wenn er nun in Vouvray das Schloß Montcontour erwerben könnte, das zu verkaufen ist ...? Montcontour, der Traum von dreißig Lebensjahren; bezauberndes Herrenhaus mit Türmchen, reizend auf seinen beiden Terrassen hingelagert, hoch über der Loire, in der es sich spiegelt; »Montcontour, schöne Aussicht, schattige Spazierwege, und Obst, und zu unsern Füßen ein Strom ...« Schon denkt er sich eine neue Glückseligkeit aus: Sie wollen sechs Jahre auf Montcontour leben und dort Ersparnisse machen, aber den Winter in Paris verbringen, um nicht einzurosten. Die Haltestelle der Eisenbahn nach Tours liegt beim Jardin des Plantes, also muß am Ende der Boulevards gewohnt werden. Die Place Royale ist ganz das Richtige. Er sucht dort eine Wohnung nach Süden hinaus, eine mit drei Dienerzimmern. Nein, wie klug seine Pläne sind, und wie vernünftig er ist!

Aus Deutschland kommen zwei Nachrichten, die ihn in helles Entzücken versetzen. Georges Mniszechs Vater ist gerade gestorben. Friede seiner Asche, selbstverständlich! Aber dieser Todesfall macht die Heirat der Verlobten leichter und sogar zu etwas Dringendem. Eve soll sich doch beeilen, die beiden zu vereinigen! Dann ist sie frei. Die zweite Nachricht erfüllt ihn mit

Freude und Stolz. Die »liebe Gräfin« ist in andern Umständen, durch ihn. So also wird Balzac einen Sohn haben; Victor-Honoré soll er heißen. Wahrscheinlich ist er in Solothurn zwischen dem 20. und 30. Mai gezeugt worden, als die Reisenden die Schweiz durchquerten. Balzac stimmt einen Lobgesang an: »Kinder der Liebe verursachen kein Übelbefinden; man trägt sie ohne Beschwerden. Aber sei äußerst achtsam. Der arme kleine Victor-Honoré ...« Welch neuer Mut wird Balzac überkommen, nun er für drei *loups* arbeitet, für »seinen Hosenmatz«! (Man muß bedenken, welch ungeheuren Platz er von je dem Vatergefühl eingeräumt hat.) Die Schulden? Da wird sein Erfolg Rat schaffen. »Ich habe gerade überlegt, was ich in bezug auf Romane tun kann, und ich will Manuskripte übereinander stapeln, bis die Höhe der Schuldsumme erreicht ist.« Hier braucht er 2500 Francs; dafür genügt eine Novelle. Dort braucht er 7500 Francs; da muß ein Roman für *La Presse* hingehauen werden. Dem Laien muß diese Art, Werke entsprechend den Forderungen der Gläubiger und der Zeitungen zu gestalten, als schamlos erscheinen. Balzac ist darüber anderer Ansicht. Die Ansprüche an das Genie? »Denkt man an so was, wenn man ein Vermögen aufbauen und sein Brot verdienen muß? Hat Rossini an den Ruhm gedacht, als er für hundert Taler den *Barbier* schrieb? Er hat getan wie ich, als ich die *Physiologie du mariage* zu Papier brachte: er hat an sein täglich Brot gedacht. Wir haben es einander gestanden.«

Das embryonale Vorhandensein Victor-Honorés verlangt, daß seine Eltern rechtzeitig heiraten, wenn sie ein legitimes Kind haben wollen (und nicht einen »durch nachträgliche Eheschließung anerkannten« Bastard). Aber aus mannigfachen Gründen (vermutliches Datum der Niederkunft, die nach wie vor obwaltende Bedrohung der Güter in der Ukraine, übles Gerede) muß die Eheschließung heimlich vollzogen werden. Auf diese Weise kann sie dann später als vor der Schwangerschaft erfolgt angezeigt werden. Balzac hat eine Idee: Der Präfekt des Mosel-Département, Germain, ist in Vendôme sein Schulkamerad gewesen, und Delacroix, der Generalstaatsanwalt in Metz, mit ihm befreundet. Wenn man in Lothringen einen ahnungslosen oder gefälligen Bürgermeister auftriebe, müßte es möglich sein, die Verkündigung des Aufgebots durch andere Bekanntgaben von Hochzeiten zu überdecken. Lediglich die Zivilstandspapiere sind unerläßlich. Balzac fordert die seinen sogleich in Tours an. Die Fremde hat als einzigen Personalausweis einen in russischer Sprache ausgestellten Paß. Dann soll sie doch unter dem Vorwand der unmittelbar bevorstehenden Hochzeit Annas die Sterbeurkunde Wenzeslaus Hanskis kommen lassen.

»Die Sterbeurkunden Deiner Eltern sind überflüssig«, schreibt Balzac. »Aber *Dein Geburtsschein ist unerläßlich*. Du mußt ihn anfordern und unbedingt bei Dir haben. *In keinem Land kann man ohne diesen Schein heiraten.«* Nun aber hat die 1800 geborene Hanska sich ihr Leben lang um sechs Jahre jünger gemacht. Sie wagt es nicht, Balzac ihr wahres Alter einzugestehen. Es handelt sich da um eine Lüge, die eine sechsundvierzigjährige Frau nicht lachend zugibt, es sei denn, sie verfüge über einen heiteren Zynismus, und der liegt nicht in Madame Hanskas Charakter. Sie trommelt zum Rückzug, beschließt, heimlich niederzukommen, das Kind Balzac anzuvertrauen und heim nach Wierzchownia zu reisen.

Der Geburtsschein ist nicht die einzige Ursache dieses Entschlusses. Nun Eve ihr Schicksal im guten und schlimmen dem ihres großen Mannes vereinen sollte, hatte sie gespürt, wie ihre Ängste wiedererstanden. Den Liebhaber hat sie geliebt, daran läßt sich nicht zweifeln; die Narrheiten des Gatten hat sie gefürchtet. »Bin ich kein guter Buchhalter?« hat er sie immer wieder gefragt. Nein, er war kein guter Buchhalter. Er redete viel von dem geweihten Charakter des *Trésor louloup,* aber er nahm auf diesen Schatz gehörige Darlehen. Er rühmte sich seiner wunderbaren Börsenspekulation mit den Nordbahn-Aktien, aber diese Aktien sanken senkrecht. Stolz verkündete er in einem Brief, seine Schulden seien geregelt worden; im nächsten Brief waren sie wieder da.

Der große »Verlorene Sohn« versichert, es werde alles durch seine Einnahmen beglichen werden, und an den Nordbahn-Aktien werde der *Trésor louloup* 50 000 Francs verdienen. Und wenn diese sich darauf versteifen, auch weiterhin zu fallen, wird er ein paar nachkaufen, um durch Durchschnittsberechnung die früher teurer erworbenen billiger zu machen. Der Graf Ernst Rzewuski schuldet seit längerer Zeit seiner Schwester Eveline 25 000 Francs; er bezahlt wohl schließlich einmal, und diese Summe vergrößert dann den *Trésor louloup*. Und auf diese Weise wird Balzac bei Winterbeginn 20 000 Francs für sich selber und sämtliche Schulden bezahlt haben. Also geht für den ängstlichsten aller Buchhalter alles gut. Worauf er in einem Augenblick der Hellsicht hinzufügt: »Ach, guter La Fontaine, was für eine Fabel ist doch *Perrette et le pot au lait!«* Das ist ganz reizend, aber nicht eben beruhigend. Er hat gut schwören:

»Ich flehe Dich an, stopf Dir weder Herz noch Kopf mit Sorgen voll. Nie werde ich ein Geschäft abschließen, ohne Dich gleichzeitig dazu zu bringen, daß Du sagst: ›So ist es mir recht‹; Dein Brief macht mir Kummer der Furcht wegen, die Du um meinetwillen hast. Ich bin der Zukunft so sicher, daß ich über Deine Ängste lache; aber ich leide darunter, daß Du so unnütz leidest ...«

Unnütz oder nicht: sie leidet. Und sie hat dabei nicht unrecht; denn nachdem er im August vernünftigerweise gesagt hat: »Jeder Grunderwerb muß vertagt werden«, kauft er im September ein Haus, Rue Fortunée Nr. 14, im Stadtviertel Roule. Rue *Fortunée:* dieser Name, der ihm gefällt, ist der Vorname der Fortunée Hamelin, der schönen *Merveilleuse*, die ehedem Aktionärin dieser Baugründe war, über die ein Privatweg geführt worden ist [1]. Der Verkäufer hieß Pierre-Adolphe Pelletreau. Der Gedanke eines »Unter der Hand« entzückt Balzac:

»Wenn der Preis 50 000 Francs beträgt, setzen wir, Monsieur Pelletreau und ich, nur 32 000 Francs in den Kaufvertrag, und ich zahle ihm in drei Monaten 18 000 Francs. Um diese im Vertrag nicht erwähnte Summe sicherzustellen, hinterlege ich bei ihm fünfzig Nordbahn-Aktien ...«

Eve darf keine feindliche Kritik machen, es ist nämlich ein großartiges Geschäft! Die Kosten für Reparaturen betragen bloß 10 000 Francs; das Haus kommt sie also auf 60 000 zu stehen, und in vier Jahren ist es 150 000 wert! Es ist übrigens, sagt er mit geheuchelter Bescheidenheit, nur eine »Hundehütte für Liebesleute«. Tatsächlich jedoch hat das Haus nach vorn neun Fenster. Es soll fürstlich möbliert werden. »Du kannst darin getrost Deine Kusine, die Fürstin von Ligne, empfangen. In keinem Schloß irgendeines Ligne wird sie so gut aufgehoben sein; es ist wirklich ›hors ligne‹ ...« (unvergleichlich).

Das Haus, das an die Saint-Nicolas-Kapelle (der Pfarrkirche Saint-Philippe du Roule unterstellt) stieß, war ein Teil eines weitläufigen Gebäudekomplexes gewesen, der Chartreuse Beaujon. Dort hatte unter der Regierung Ludwigs XVI. der Generaleinnehmer der Finanzen Nicolas Beaujon, ein Freidenker und Philantrop, der bereits das Palais de l'Elysée besaß, eine »Folie«, ein Lusthaus, und ein Mausoleum mit Kuppel erbauen lassen. Das kleine Haus hatte für galante Feste gedient; in der Kapelle, die den Namen seines Schutzheiligen trug, hatte Beaujon seine Grabstätte herrichten lassen; er war dort beigesetzt worden.

»Ganz Paris zieht nach den Champs-Elysées«, schrieb Balzac an Eve, »wenn ich ein halbes Jahr warte, ist das, was ich heute für fünfzigtausend Francs kaufe, hunderttausend wert, vor allem, wenn Louis-Philippe am Leben bleibt. Hier gibt es kein Zögern ... Ich habe die Kapelle besichtigt, sie ist hübsch. Eine Miniaturausgabe des Panthéon. Darin ruht Beaujon ...«

Das »neue Viertel Beaujon« beginnt in dem aufgeteilten Park errichtet zu werden. Maler: Gudin, Giraud, Lehmann, suchen dort Schatten und Kühle. Das künftige »Hôtel Bilboquet« hat eine seltsame Gestalt. Seine zweistöckige Fassade erstreckt sich in einem langen, geschlossenen Hof; es hat nach der Straße hin nur zwei Fenster. Die Zimmerdecken sind niedrig,

[1] Eben die Rue Fortunée, die 1850 den Namen Rue Balzac erhielt.

der Garten winzig klein. Aber Balzac hat sich durch das romanhafte Aussehen dieser so wohlverborgenen Behausung verlocken lassen.

»Sie ist ebenso geheimnisvoll und unauffindbar wie meine Wohnung in Passy. Eine Frau kann inkognito darin verweilen, denn es ist eine verborgene, geheime Wohnung vorhanden, die Monsieur de Beaujon sich eigens ausgedacht hat, um darin insgeheim eine Frau unterzubringen. Sie kann dort ungesehen wohnen und alles sehen und alles hören ...«

Der Finanzmann Beaujon wechselte gern vom Profanen zum Heiligen über. Das Schlafzimmer seiner »Folie« stand in unmittelbarer Verbindung mit einer Galerie, von wo aus er, wenn er aus dem Alkoven kam, eine in der Kapelle Saint-Nicolas begangene Messe anhören konnte. Balzac verfehlte nicht, seine fromme Geliebte auf diesen von der Vorsehung eigens geschaffenen Vorteil hinzuweisen:

»Ich kann Dir sagen, was mich zu dem Kauf bewogen hat: eine Überraschung, die ich Dir hatte machen wollen. Deine religiösen Gepflogenheiten und Deine Frömmigkeit sind für mich das Schönste an Deiner lieben, geliebten Seele, und das Haus, das ich gekauft habe, stößt an die Kapelle Saint-Nicolas, die zur Pfarrei von Saint-Philippe-du-Roule gehört. Beaujon hatte sie erbaut und sie testamentarisch der Pfarrei vermacht, aber sich dabei unten einen Eingang für seine Dienerschaft vorbehalten, und oben eine herrliche Galerie für sich selber, in die man sich begibt, ohne Treppen steigen zu müssen. Du kannst von Deinem Schlafzimmer aus unmittelbar auf die Tribüne gelangen.

Das, mein Engel, hat mich zum Kauf jenes Hauses veranlaßt. Es liegt zwischen einem Garten und einer hübschen kleinen Kirche. Jenes Recht ist vertraglich festgelegt worden, das heißt also, daß es in ganz Paris das einzige Haus ist, das es genießt ...«

Der überhastete Kauf eines Hauses, ehe die Schulden beglichen waren; die kostspielige Wiederherstellung dieses verkommenen Gebäudes, das sein Vorbesitzer, der Spekulant Pelletreau, niemals bewohnt hatte; die Notwendigkeit, unter großen Kosten eine Zentralheizung einzubauen, um gegen die Feuchtigkeit anzukämpfen, die den reizenden Wandmalereien schadete; das Fehlen eines Stalls, eines Wagenschuppens und einer Pförtnerloge (die Nebengebäude der Chartreuse Beaujon waren schon früher an den Marinemaler Théodore Gudin verkauft worden), alle diese Absurditäten boten Madame Hanska Anlaß zum Unwillen. Um seine *Eva furiosa* zu beschwichtigen, redete ihr Balzac abermals etwas von der Kapelle vor. Jene unvergleichliche Galerie wird in den Briefen an die Fremde zu einem immerfort wiederkehrenden Thema werden:

4. Oktober 1846: »Weißt Du, daß Du, wenn Du Dich davon überzeugt hast, abgesehen von der königlichen Familie, die einzige Frau in Paris sein wirst, die eine Galerie mit unmittelbarem Zugang in eine Kapelle haben wird? Es muß Beaujon Millionen gekostet haben, dieses königliche Vorrecht zu erlangen. Madame de Margonne hätte zu ihren Lebzeiten hunderttausend Francs dafür bezahlt.«

8. Dezember 1846: »Wenn ich bedenke, daß meine geliebte Frau von ihren Gemächern oben und unten in eine ihr gehörige Galerie zu einer Kapelle gehen und dem Gottesdienst beiwohnen kann und daß ihr Haus das einzige in Paris ist, das dieses königliche oder fürstliche Vorrecht genießt, dann verschlägt es mir die Sprache ... «

Balzac gab zu, daß sein von außen schauderhaftes Haus »abscheulich nach Kaserne aussehe«, aber daß er darin so viele Wunderdinge anhäufen wolle, daß es zu einem Palast aus Tausendundeiner Nacht würde. Schon schickt er seiner Briefpartnerin, die entsetzt ist, daß er zehn Zimmer ausstatten will, die Pläne des Architekten Santi und unendliche Listen von Wandbespannungen, Stutzuhren, Porzellanen, Deckenkronen, Gemälden: »Es ist die Phantasie eines Noré, der alles um sich her schön haben will, wie alles in seinem Herzen schön sein soll, an seiner Frau, an seiner Eve, die seit vierzehn Jahren sein Traum ist ...!«

Alles schön! Man schreckt davor zurück, sich einen Gatten zuzulegen, der solcherlei ebenso bedrückende wie unzeitige Entschlüsse faßt. Und ferner: Wird dieser Gatte treu sein? Er ist es nicht immer gewesen. Die Vielgeliebte fragt an, ob die Schleiereule noch immer in der Rue Basse sei. Balzac protestiert. Die Schleiereule führt den Haushalt; sie bezeigt sich geschickt bei Transaktionen; sie dient als Strohmann. Freilich ist es nur zu wahr, daß sie droht, soviel Schaden wie nur möglich zu stiften. Die Sache ist nur die, daß man, um sie hinauszuwerfen, ihr 7500 Francs an den Kopf werfen muß, und die hat Balzac nicht. »Ich komme nie unter die Haube! Sie rücken mich an die letzte Stelle«, stöhnt die Schleiereule. Dann bekommt sie die Cholera, weil sie zuviel Melonen gegessen hat, und verliert Blut aus allen Körperöffnungen. Balzac muß sie pflegen. Das Junggesellenleben hat seine schlimmen Seiten. Aber Eve wäre ungerecht, wenn sie ihm die Haushälterin zum Vorwurf machte. Da er Tag und Nacht arbeitet, hat er sich in den Kindheitszustand zurückversetzen müssen und bedarf einer Amme. Deshalb ist »die Hure« unersetzlich gewesen, und durchaus nicht aus dem Grund, den Eveline im Sinn hat: »Ich wollte, sie wäre verheiratet und aus dem Hause heraus; das wird bei meiner Rückkehr geschehen.«

Bei seiner Rückkehr: denn er rechnet damit, in Deutschland der Hochzeit Zéphyrines und Gringalets beizuwohnen, kann Paris aber erst verlassen, wenn er die zahllosen Manuskriptblätter geschrieben hat, auf die so viele

Zeitungen warten. Die Fortsetzung der *Paysans* ist *La Presse* versprochen worden, und um einen Aufschub zu erlangen, macht er der dicken Delphine de Girardin den Hof. Zusammen mit Lamartine lud er sie zum Abendessen ein; ihn beglückwünscht er zu seiner politischen Tätigkeit. »Aber welch ein Verfall im Physischen! Dieser sechsundfünfzigjährige Mann sieht aus, als sei er mindestens achtzig. Er ist aufgerieben, am Ende; er hat kaum noch ein paar Jahre zu leben. Der Ehrgeiz hat ihn zernagt, und seine schlechten Geschäfte haben ihn aufgefressen ...« Lamartine hatte damals noch dreiundzwanzig Lebensjahre vor sich; Balzac vier.

Was er zu vollenden hat, ehe er abreisen kann, würde jedem andern Schriftsteller Entsetzen einjagen:

»Folgendes muß ich schreiben: *Primo,* die *Histoire des Parents pauvres (Die Geschichte der armen Verwandten),* den *Bonhomme Pons (Der biedere Pons),* der zwei bis drei Lieferungen der *Comédie humaine* ergibt; dann *La Cousine Bette (Tante Bette),* die sechzehn ausmacht; dann *Les Méfaits d'un Procureur du Roi (Die Missetaten eines Staatsanwalts),* sechs Lieferungen; Gesamt: fünfundzwanzig Lieferungen, oder zwanzigtausend Francs, Zeitungen und Buchhandel inbegriffen. Dann *Les Paysans* abschließen. All das bringt mehr ein, als ich zu zahlen habe ... Übrigens machen mir die Themen, die ich behandeln will, Spaß, und ich werde sie mit äußerster Schnelligkeit niederschreiben. Ich suche Geld. Dem Verlagswesen geht es schlecht ...«

Es müssen auch einige Pflichten der Familie gegenüber erfüllt werden. Mit der Madame Mère gibt es keine Kabbeleien mehr, seit der wackere Sédillot als Dämpfer dient. Er begegnet ihr in der Rue Vivienne, und sie küßt ihn auf offener Straße mit ungewohnter Herzlichkeit. Laure hat ihr gerade mitgeteilt, es habe sich für Sophie der Phönix unter den Ehemännern gefunden:

»Als Mitgift begnügt er sich mit Aktien auf die Jura-Brücke, die Surville gegenwärtig zu Ende führt. Er ist reich; er findet Sophie über die Maßen reizend. Aber er ist ja auch ein großer Zimmereiunternehmer, der Landbesitz, Häuser und Kapital hat. Ich habe gesagt: ›Greif zu; in dieser Bürgerzeit werden mehr Holzköpfe in die Kammer geschickt als Lamartines. Nur macht rasch; verschleppte Ehen gehen schief‹ ... Also vier auf einen Streich! *Primo:* die Schleiereule; *secundo:* Anna; *tertio:* wir; *quarto:* Sophie. Ist *das* ein Jahr ...!«

Ja, ist *das* ein Jahr! Reich an Eheschließungen, mager an Arbeit. Balzacs Schweigen freut seine Gegner. Die hat er von je gehabt; die einen hassen ihn aus Eifersucht; die andern nehmen ihm sein Auftreten übel; andere sein Genie. Boshafterweise schreiben sie das Versiegen seiner Schöpferkraft der

Überarbeitung zu, und auch den vielen Feuilletons: »Monsieur de Balzac hat bei dieser undankbaren und banalen Arbeit sein Talent als kühner und durchdringender Beobachter verbraucht, durch das er mehr als einmal die Unsicherheit seines Geschmacks und die Unvollkommenheit seines Stils hat vergessen lassen; und nun hat er in der Impotenz geendet ...« Die einzige unwiderlegliche Antwort wäre ein Meisterwerk. Hat er noch die Kraft, es zu schreiben? Er hätte sie, wenn ...

XXXV

DIE AUSSENWELT

Die Welt ist ein mit Messern gespicktes Faß. *Balzac*

Geraume Zeit hindurch hat er die Fähigkeit besessen, wochenlang die Außenwelt zu vergessen und sich ganz und gar seinen Visionen hinzugeben. Wenn es ihm besonders schlecht ging, hatte er sich seiner Sorgen dadurch entledigt, daß er entweder auf Saché oder La Bouleaunière, oder aber in Frapesle Schutz gesucht, wo er dann stets in das Glück des Schaffenkönnens zurückgefunden hatte. Gegen Ende 1846 hörte sogar die Zuflucht auf, wirksam zu sein. Der Strom der Ideen floß nicht mehr; die Manuskriptblätter blieben leer. »Wir müssen vereint sein«, schrieb er an Eveline. Er hat »eine Nebelschicht auf der Seele«. Die »Folie Beaujon« ist den Architekten und Bauunternehmern ausgeliefert und erfordert Überwachung. Das Dasein Victor-Honorés schafft Pflichten: »Man kann nichts blindlings tun, wenn man Vater ist.« Daher weiht er ganze der *Comédie humaine* gestohlene Tage der Überprüfung von Kostenanschlägen und Plänen. Alles in allem wird die Instandsetzung des kleinen Stadthauses 12 000 Francs verschlingen. Rechnet man den Kaufpreis und die Kosten des Mobiliars hinzu, so ergeben sich 77 000 Francs. Eine elende Summe, wenn man dafür das hübscheste Haus in ganz Paris haben kann! Selbstverständlich ist damit nur das Innere gemeint; denn das Äußere ist und bleibt »ein bißchen kasernenhaft«. Aber in vier Jahren ist das Ganze ein Vermögen wert. Gottseidank, jetzt ist die Katastrophe von Les Jardies ausgeglichen.

Einen Wohnsitz zu haben ist nichts. Man muß ihn ausstatten und ausschmücken. Er kann dazu alle Möbel, alles Porzellan, alle Fayence-Schüsseln verwenden, die er im Lauf seiner Reisen angehäuft hat. »Alles, wovon Du gesagt hast, es sei Narretei, ist Weisheit.« Er ist »zu vernünftig«, einen schönen Bücherschrank zu bestellen, aber er sieht sich »gezwungen«, Smyrnateppiche zu kaufen: »Das Gute und Solide ist stets eine Ersparnis; das ist mir nur zu sehr klargeworden.« Ersparnisse, Vernunft, Klugheit: nichts als diese Wörter hat er im Munde; sie rechtfertigen seine sinnlosen Ausgaben. »Wir haben neunzehn Fenster zu dekorieren, und bedenk bitte, wohin das bei dreihundert Francs je Fenster führt! Wenn man es aber provisorisch macht, so kostet es zwei Drittel dessen, was es richtig gemacht kosten würde.« Also müssen Vorhänge und Gardinen für die Ewigkeit angeschafft werden. Ist das etwa Narretei? Es handelt sich dabei schließlich weder um Loretten noch um Tabak, noch um Orgien. Wieso nicht Bettzeug, Wäsche kaufen? »Wenn Du gute Kopfkissenbezüge findest: Wir brauchen zwölf für jedes Bett. An den Ecken und den Kanten müssen sie bestickt sein. So etwas wird besser in Deutschland als in Frankreich gefertigt. Die Deinen werden dann hier mit Spitzen garniert.« Laken, Handtücher, Wischtücher: Dieser gute Familienvater denkt an alles, kauft alles, häuft alles auf. »Der Handgriff an der Kette der Wasserspülung in unserm Örtchen ist aus grünem böhmischem Kristall.«

Eins ist ihm unbegreiflich, nämlich daß sein Idol sich Sorgen zu machen scheint. Warum nur? Er fährt auf einen Sprung nach Metz, um den Präfekten aufzusuchen; alles klappt. Es ist ein diskreter, gefügiger Bürgermeister ausfindig gemacht worden. Bei dem wird die Trauung vollzogen, und zwar nachts. Der junge Nacquart und der Präfekt Germeau sollen Trauzeugen sein. Danach erbitten dann die Gatten die Einsegnung der Ehe durch den Bischof von Metz oder den Pfarrer von Passy. »Wir sind gerettet! Aber wenn Du wüßtest, welche Schwierigkeiten es zu überwinden galt und was für wackeren Leuten ich begegnet bin ...! Die Regelwidrigkeiten fallen kaum ins Gewicht, und die Heiratsurkunde wird einwandfrei.« Freilich, wenn sie eine Trauung in Wiesbaden oder in Mainz in die Wege leiten könnte, so vollzöge sich alles noch geheimer. Wovor hat sie eigentlich Angst? Ihre Briefe enthalten eine unbestimmte Mißbilligung für alles, was er unternimmt. Das macht ihn schauderhaft traurig. Zielt sie damit etwa auf Gelddinge? Ein Monat Arbeit bringt das alles in Ordnung.

Balzac bleibt vertrauensvoll; aber die Tatsachen, diese eigensinnigen Dinge, widersetzen sich. Die Bücher sind unvollendet; die Verleger wollen Manuskripte sehen, ehe sie sie honorieren; die Unternehmer lassen sich nicht hinhalten; die Mutter stöhnt und jammert, und die Schleiereule stößt ihren Unkenruf aus. Für den Hauskauf hat der *Trésor louloup* angezapft werden müssen. Er besteht jetzt nur noch aus den Nordbahnaktien. Wenn sie auf 1000 stiegen, würden sie ein Vermögen darstellen; aber die Sache ist leider die, daß sie mit diabolischer Beharrlichkeit fallen. Jetzt stehen sie 200 Fancs unter Kaufpreis, und Balzac lehnt es ab, sie mit Verlust zu Bargeld zu machen. Freilich hätte er besser getan, sie zu verkaufen, als sie auf 750 standen, und sie dann, als sie auf 600 standen, zurückzukaufen. Nicht, daß der Unfehlbare sich geirrt hätte; nur ist die Nordbahn, an sich ein großartiges Geschäft, in eine allgemeine Krise geraten. Die Leute haben Angst vor Krieg und vor dem Tod Louis-Philippes. Balzac hat für diesen König nie viel übrig gehabt; in bezug auf das Finanzielle aber ist er jedenfalls der Meinung, daß sein Hinscheiden eine Katastrophe bedeuten würde. Überdies sind die Aktien noch nicht voll bezahlt; er wird 28 000 Francs daranwenden oder mit Verlust verkaufen müssen. Er bittet Eveline inständig, diesen Hieb zu parieren und ihm die zu zahlende Summe zu schicken. Sie antwortet ziemlich brüsk, das sei ihr unmöglich und werde ihr auch in Zukunft unmöglich sein. Was tun? Er leiht die Summe bei Rothschild und hinterlegt Aktien als Pfand. Das Leben ist traurig.

Ach, ach! Madame Hanska hat kein Vertrauen mehr. Sie schreibt: »Bau mit dem, was ich Dir gegeben habe, Kohl und Rüben an, lieber Noré; aber vertu nicht mein Erbteil.« Welch eine Ungerechtigkeit! Seiner Meinung nach hat er keine einzige Transaktion getätigt, die er bereuen müßte. »Grolle mir, wenn ich etwas falsch gemacht, aber grolle mir nicht, wenn ich richtig gehandelt habe.«

Dabei tut sie nichts als grollen. Die Eheschließung, die in Metz oder Mainz hatte stattfinden sollen, flößt ihr jetzt Schrecken ein. Sie wünscht sie um mindestens ein Jahr zu verschieben. Victor-Honoré soll heimlich zur Welt gebracht werden; notfalls können seine Eltern ihn ja im Ehevertrag anerkennen. Welch ein Schlag! »Dein Entschluß verändert meine Pläne auf seltsame Weise. Ich habe von einem Glück geträumt, und nun rückt es um fünfzehn Monate oder doch wenigstens um ein Jahr in die Ferne ...« Warum dieser unglückliche Entschluß? Abgesehen von den gesetzlichen, familiären und gesellschaftlichen Schwierigkeiten bangt es Eve davor, ihr Schicksal an das eines Mannes zu binden, der, obwohl er sich für den verkörperten gesunden Menschenverstand hält, aller Vernunft oft gänzlich bar zu sein scheint. Hat er ihr nicht mitten im tollsten finanziellen Desaster mitgeteilt, er wolle für 24 000 Francs die schönste Sammlung von Büchern über das Theater kaufen? Ein Geschäft, das goldwert ist, und dabei kann der Betrag in vier Jahresraten bezahlt werden, das macht 6000 Francs jährlich, eine Bagatelle. Eine Bagatelle freilich, die er nicht hat. Als er »seine liebe Gräfin« bittet, für das Hochzeitssäulenbett eine Decke aus russischem Hermelin mitzubringen, weigert sie sich. Die Großgrundbesitzerin stellt sich angesichts solcher Narrheiten auf die Hinterbeine. »Weißt Du«, schreibt er ihr, »daß ich den Springbrunnen besitzen werde, den Bernard Palissy für Heinrich II. geschaffen hat?« – »Warum, zum Teufel, eigentlich solch ein Museum?« fragt *Liddida*. Warum Heinrich II. nach Maria von Medici?

Alles verschwört sich gegen die unmittelbar bevorstehende Hochzeit. Am 5. Oktober erhält Balzac den Besuch Germeaus; der Präfekt von Metz legt ihm dar, daß das Geheimnis einer im Département Mosel geschlossenen Ehe nicht lange gewahrt werden könne. Der freundschaftlich gesonnene, aber kluge und vorsichtige Präfekt hat sich wohl Gedanken über das Risiko gemacht, das er selber bei diesen Umgehungen der gesetzlichen Vorschriften läuft. Überdies sind sämtliche Juristen in Anbetracht der Gefahren, die den Gütern in der Ukraine drohen würden, falls der Zar von der heimlichen Eheschließung seiner Untertanin mit einem Ausländer erführe, der Meinung, man müsse warten, bis Madame Hanska nach Polen zurückgekehrt sei, um die Erbfolge ihres verstorbenen Gatten ins reine zu bringen; bei ihrer Rückkehr sei sie dann endlich frei für eine Wiedervermählung. Balzac selber gibt schließlich zu: »Es ist Deine Ansicht; jetzt ist es auch die meine.«

Um alles zu vereinfachen, möge sie doch ihren Besitz an Anna Mniszech abtreten: »Was mich betrifft, so lege ich nicht den mindesten Wert auf diesen Grundbesitz ... Ich werde aus eigener Kraft genug Vermögen für uns beide zusammenbringen. Im Jahre 1847 werde ich hunderttausend Francs verdienen, und zwar mit, *primo:* dem Abschluß des *Vautrin; secundo: Les Vendéens (Die Vendéer); tertio: Le Député d'Arcis (Der Abgeordnete von Arcis); quarto: Les Soldats de la République (Die Soldaten der Republik);* und *quinto: Une Famille (Eine Familie);* die *Comédie humaine* wird neu gedruckt werden. In sechsjähriger Arbeit will ich schaffen, was ich in Passy geschafft habe. Nämlich fünfhunderttausend Francs ...«

Aber diese große Schufterei muß er für ein paar Tage unterbrechen, um in Wiesbaden als Zeuge der Trauung von Georges und Anna beizuwohnen. Das ist eine Gelegenheit, in Frankfurt mit seiner »weißen, fetten Liebeswollust« eine unvergeßliche Nacht zu verleben. Er setzt eigenhändig eine Heiratsanzeige auf, die er nach der Rückkehr nach Paris zum *Messager* und zu fünf anderen Zeitungen trägt:

»13. Oktober. Aus Wiesbaden wird berichtet:

Heute ist in der katholischen Kirche dieser Stadt die Trauung einer der reichsten Erbinnen des russischen Kaiserreichs, der Comtesse Anna de Hanska, mit dem Repräsentanten der alten, erlauchten Familie Vandaline, dem Grafen Georges Mniszech, vollzogen worden. Monsieur de Balzac war einer der Trauzeugen ...

Durch ihre Mutter (geborene Gräfin Rzewuska) ist die Braut die Urgroßnichte der Königin von Frankreich Maria Leczinska; und Graf Georges, der Großneffe des letzten Königs von Polen, stammt in direkter Linie vom Vater der berühmten, unglücklichen Zarin Marina Mniszech ab, deren Geschichte von der Herzogin von Abrantès geschrieben worden ist[1].«

[1] Die Notiz ist am 18. Oktober 1846 in »Le Messager« erschienen.

Diese für den Dünkel des Trauzeugen so schmeichelhafte Notiz erregt die ironische Gereiztheit Aline Moniuszkos, der Schwester der Madame Hanska; sie hat sie in Paris gelesen: »Sie hat mir gesagt, Ihr seid eine zerfallene, verarmte, abgesunkene Familie usw., und so etwas gehöre sich nicht ... Schauerlich, wie die *Deinen* den *Meinen* ähneln ...« Jene »narkotisierende Aline« sucht herauszubekommen, ob es wahr sei, daß ihre Schwester mit Balzac eine zweite Ehe eingehen wolle. Balzac antwortet klug und vorsichtig, er wünsche es, aber es sei noch nichts entschieden, doch wenn es geschehe, bringe er dreihunderttausend Francs mit in die Ehe, ohne dabei Schulden zu machen, und durch seine Feder jährlich hunderttausend Francs. Worauf die untröstliche Aline seufzt: »Dann würde meine Schwester also eine glänzende Geldheirat machen?« Die reinste Komödienszene. Dabei sieht dieser so reiche Mann keine Möglichkeit, das Haus zu bezahlen, die Reparaturen, die Möbel, die Restaurierung der bemalten Holztäfelungen und der Korduan-Ledertapeten. Und die Nordbahnaktien fallen unablässig!

An diesem gewitterschweren Himmel leuchten Lichtblicke auf. Georges und Anna schreiben an Balzac, und ihr Glück stimmt ihn weich:

An den Grafen und die Gräfin Georges Mniszech, 23. Oktober 1846: »Meine vortrefflichen, anbetungswürdigen Liebesleute, Ihr netten, lieben kleinen Seiltänzer, der Papa Bilboquet reicht seinen Abschied ein: Gringalet ist herangewachsen; Zéphyrine ist selbständig geworden. In dem Stück heiratet sie einen ekelhaften Ducantal; aber wir haben das alles abgeändert, wie Molière sagt. Sie ist glücklich mit Gringalet, einem sphinxisch-lepidopterisch-coleopterisch-antediluvianischen Gringalet, von dem ich hoffe, daß er nicht fossil ist ...

Ich will Euch sagen, wie empfänglich ich für die Bezeigung der Liebe und Zuneigung bin, die Euer Brief mir schenkt, und noch dazu in Stunden, da zwei reizende Menschen wie Ihr nicht genug Zeit haben, sie einander selber zu bezeigen ...«

Ein weiterer Sonnenstrahl: Rothschild hat achtzehntausend Francs für Ratenzahlungen des Hauskaufs vorgestreckt. Und letztlich und vor allem: Balzac kann wieder mit voller Kraftentfaltung arbeiten. *La Cousine Bette (Tante Bette)* und *Les deux Musiciens (Die beiden Musiker)* schreiten rasch fort; *Les Paysans (Die Bauern)* und *Les Petits Bourgeois (Die Kleinbürger)* werden folgen. Diese Kraft gibt ihm ein herrlicher Gedanke: der nämlich, daß er bald seine Schulden und das Haus bezahlt und »die Kasse bewahrt« haben wird. Aber was für ein Unterfangen ist das!

»Ach, lieber *loup*, Du weißt nicht, was es heißt, Bände schreiben! Die lesen sich hübsch, wenn sie hübsch sind; aber es ist eine größere Plackerei als der Feldzug von Jena, acht davon zu Papier zu bringen ...! Bitte den lieben Gott für mich, daß ich an der Spitze meines Federhalters stets Einfälle habe, wie Tinte daran ist. Und wenn es sich nur um Einfälle handelte! Aber da ist ja auch noch der Stil ...!«

Er wird Einfälle *und* Stil haben. Die Gesamtpublikation der *Comédie humaine* hilft ihm, sein Publikum wiederzugewinnen. Der Erfolg der *Instruction criminelle (Wohin schlechte Wege führen)* trägt ihn. Er hat Achterwind. Überdies hat *La Cousine Bette* als Feuilletonabdruck zu erscheinen begonnen, und nun schreit alles: »Ein Meisterwerk!« Er selber ist überrascht. »Ich hatte keine Ahnung, was an *La Cousine Bette* dran ist. Du wirst die schönsten Szenen lesen, die mir bis jetzt in meiner literarischen Laufbahn eingefallen sind ... Es ist ein ungeheurer Umschwung zu meinen Gunsten eingetreten. Ich habe gesiegt ...!«

Es wird schon alles gutgehen. Die *louloups* werden zu Glück und Reichtum gelangen. »Oh, es steht mir ein fürchterliches Jahr 1847 bevor.« Ein paar Monate lang ist er von den Korrekturen und Überarbeitungen der *Comédie humaine* völlig beansprucht gewesen. Jetzt kann er seine ganze Zeit dem Schaffen widmen; er wird jährlich zwanzig Bände und noch zwei oder drei Theaterstücke schreiben.

Ein Donnerschlag. Die sehr leidende Eveline hat sich in Dresden hinlegen müssen. Die Ärzte verordnen ihr, sie müsse im Bett bleiben, wenn sie Victor-Honoré retten wolle. Balzac ist wie von Sinnen und hastet zu Doktor Nacquart. Der beruhigt ihn: Madame Hanska hat falsch gehandelt, daß sie reiste, ehe der fünfte Monat hinter ihr lag. Es kann noch alles gut werden. Aber leider ist das nicht der Fall. Das Kind, eine Frühgeburt, stirbt gleich danach. Balzac, ein in seinen Hoffnungen getäuschter Goriot, weint. Seine erste Regung hätte sein müssen, zu ihr zu eilen. Aber wie? Eine neue, auf die Nordbahnaktien zu zahlende Rate befiehlt ihm, seinen Arbeitstisch nicht zu verlassen. Große Hoffnungen sind zu Ende gegangen:

»Ich hätte ein Kind von Dir so liebgehabt! Es war ein ganzes Leben. Glaub mir, das katastrophale Fehlschlagen unserer geschäftlichen Dinge, das ist nichts. Aber ... diese Vereinigung, dieser Lohn für ein ganzes Leben der Arbeit und der Entbehrungen, dieses begonnene Glück, all das stockt, verzögert sich, ist vielleicht verloren! Aber wenigstens Du bleibst mir bewahrt, Du bist noch immer da und liebst mich. Dafür muß ich Gott danken, mich wieder an die Arbeit machen und warten. Abermals warten ...!«

Seit dreizehn Jahren wartet er jetzt. Und dabei muß er sich sagen, daß er die unwillentliche Ursache dieses großen Unglücks gewesen ist, erst in Solothurn, als er dieses Kind zeugte, und dann durch seinen Rat, Eve solle die Mniszechs nach Dresden begleiten:

»Nie werde ich es mir verzeihen, denn da schaltet jeder Zweifel aus, das

Gerüttel auf der Eisenbahn hat den furchtbaren Schlag herbeigeführt, der so viele Hoffnungen, so viel Glück mordet, ganz abgesehen von dem, was Du hast durchmachen müssen. Pfleg Dich gut, denn dergleichen Krankheiten sind die gefährlichsten, *ihre Folgen* sind die grausamsten, die am schwierigsten zu besänftigenden! Hör gut auf den Arzt, geh nicht aus, reg Dich nicht auf, mach Dir keine Sorgen ...«

Keine Sorgen! Warum befolgt er seine eigenen Ratschläge nicht! »Nichts beschäftigt mich mehr, nichts lenkt mich ab, nichts fesselt mich noch. Ich hätte nie geglaubt, daß ich ein erst keimendes Leben so lieben könne! Aber es war ja Du, war ja wir.« Ein düsterer Gedanke überwiegt alle anderen, nämlich daß er, nachdem er sich gesagt hat: »Ich kann nicht auf einen Sprung nach Dresden, weil das den Verlust von zwölf Arbeitstagen bedeuten würde«, jene zwölf Tage mit Grübeleien verbracht hat. Sein Gehirn, das sich hingelegt hat wie ein abgetriebenes Pferd, spürt weder Peitsche noch Sporen. Eveline hat ihm durch Anna schreiben lassen, daß die »Erregung, die sein Besuch mit sich brächte, ihr verhängnisvoll sein würde«. Um zwei Uhr morgens starrt er in sein Kaminfeuer, denkt an sie und fragt sich: »Warum keine Nachricht?« Als sie ihm endlich schreibt, beschert sie ihm einen Trost: es war kein Victor-Honoré. Es war ein Mädchen:

»Du hast den Schmerz nicht gelindert, den das schreckliche Geschehnis und alles, was Du erlitten hast, mir zugefügt haben, aber Du hast meine Reue gemindert. Ich hatte mir so sehr einen Victor-Honoré gewünscht. Ein Victor-Honoré verläßt seine Mutter nicht, und wir hätten ihn fünfundzwanzig Jahre bei uns haben können. So lange haben wir noch zu leben ...«

Liddida schreibt jetzt von der Rückkehr nach Wierzchownia; sie will dort sparen und den *Trésor louloup* auf die alte Höhe bringen. Nein! Der einzige Schatz ist sie selber. Wenn sie im Juli 1847 nicht verheiratet sind, kann Balzac nicht mehr für sich einstehen: »Der Kummer würde mich aufzehren, oder ich würde mit einem solchen Leben Schluß machen.« Es ist schon so: die Angst höhlt ihn aus, er magert schreckenerregend ab.

Nicht nur, daß er leidet; der Neid von Paris stürzt sich wild auf sein Glück. Die Welt »ist eine mit Messern gespickte Tonne«, wie sie in Perraults Märchen geschildert werden. Die Herzogin von Castries, »mit einem Fuß im Grab, ein Kadaver, der sich ankleidet«, dreht eines jener Messer in der Wunde um. Mit Perfidie berichtet sie Balzac von einer gewissen Gräfin Mniszech, einer Polin, die unter dem Kaiserreich Bälle gegeben und mit dem Herzog von Maillé kokettiert habe. Ob Balzac sie kenne? Er heuchelt Ahnungslosigkeit, und bei dem Namen der Madame Hanska schreit er auf: »Aber die ist doch achtundfünfzig und Großmutter!« Da fragt Henriette de Castries ihn über die Chartreuse Beaujon aus:

»Es heiße, das Haus sei sehr häßlich. – ›Schauderhaft!‹ habe ich geantwortet. ›Es sieht aus wie eine Kaserne, und davor liegt ein Gärtchen, dreißig Fuß breit und hundert lang. Wie ein Gefängnishof. Aber lassen Sie nur! Ich habe dort Einsamkeit und Stille gefunden, und es war billig.‹ ... Und als sie dann meinte, ich sei nicht gerade gut dran, ich würde mich niemals verheiraten und ich würde immer von neuem Dummheiten machen, da hat sie ganz reizend getan. Und das ist nun eine alte Freundin ...«

Was nun aber Delphine de Girardin betrifft, so hat ihre Reaktion auf die umlaufenden Gerüchte in einem Anfall von Koketterie bestanden. Eine Eroberung im Ausland steigert in ihren Augen Balzacs Prestige. Als er sie aufgesucht und lange aus beruflichen Gründen über die schwierigen Anfänge jedes ehelichen Zusammenlebens hat sprechen wollen, da hat sie gemeint, er interessiere sich für sie, weil er in sie verliebt sei. Sie hat *Etude de Femme (Frauenstudie)* gespielt. Dabei hatte er lediglich Stoff für *Béatrix* haben wollen; Delphine dagegen hat geglaubt, er sei hinter ihr her. Eve kann ganz ruhig sein; der Geist des Vicomte de Launay ist reizvoll; aber Madame de Girardin ist abschreckend häßlich geworden. Dennoch begleitet er sie ins Theater, und auch sie redet ihn auf die Ehe mit der Hanska an:

»Folgendes habe ich ihr geantwortet: ›Madame, es wäre so schön für mich, *daß ich es hoffe, ohne daran zu glauben.* Seit vierzehn Jahren lieb ich diese Frau ausschließlich, nobel und rein. Ich bin vor allem ihr Freund, und zwar so sehr, daß ich über fünfzehnhundert Meilen herbeieilen würde, um einen ihrer kleinen Wünsche zu befriedigen, und ich wollte, sie hätte deren viele. Wenn ich sie nicht heirate, weiß ich, daß sie sich nicht wieder vermählen wird. Ihr Freund zu sein, genügt dem Stolz meines Lebens. Ach, wenn sie mir schriebe (denn nur von ihr selbst würde ich es erfahren): ›Ich heirate diesen oder jenen Prinzen‹, wäre ich innerhalb von zehn Tagen tot ... Das ist keine Geckenhaftigkeit, sondern es ist so, weil sie seit vierzehn Jahren mein Leben ist. Das besagt alles: Schon seit langem haben Vermögen, Name usw., alles, was die Männer gemeinhin verlockt, nichts mehr damit zu schaffen. Ich liebe ritterlich und nobel, und ich glaube, das ist auch bei ihr der Fall. Das tiefe Mitgefühl jener Dame ist mein Garant. Wenn sie meine Freundschaft belöge, würde Gott für mich nicht existieren. Das ist die Wahrheit über die Romane, die die Gesellschaft ausheckt; ich weiß nämlich, daß darüber geschwatzt wird, ohne daß man etwas darüber weiß.‹

Sie war völlig zu Boden geschmettert; sie hat mich merkwürdig angeblickt.

›Ich wirke sehr heiter, geistvoll, leichtsinnig, wenn Sie wollen; aber all das ist nur ein Wandschirm, der eine aller Welt, *sie* ausgenommen, unbekannte Seele verbirgt. Ich schreibe *für sie,* ich will den Ruhm *um ihretwillen. Sie* ist alles: Publikum, Zukunft!‹

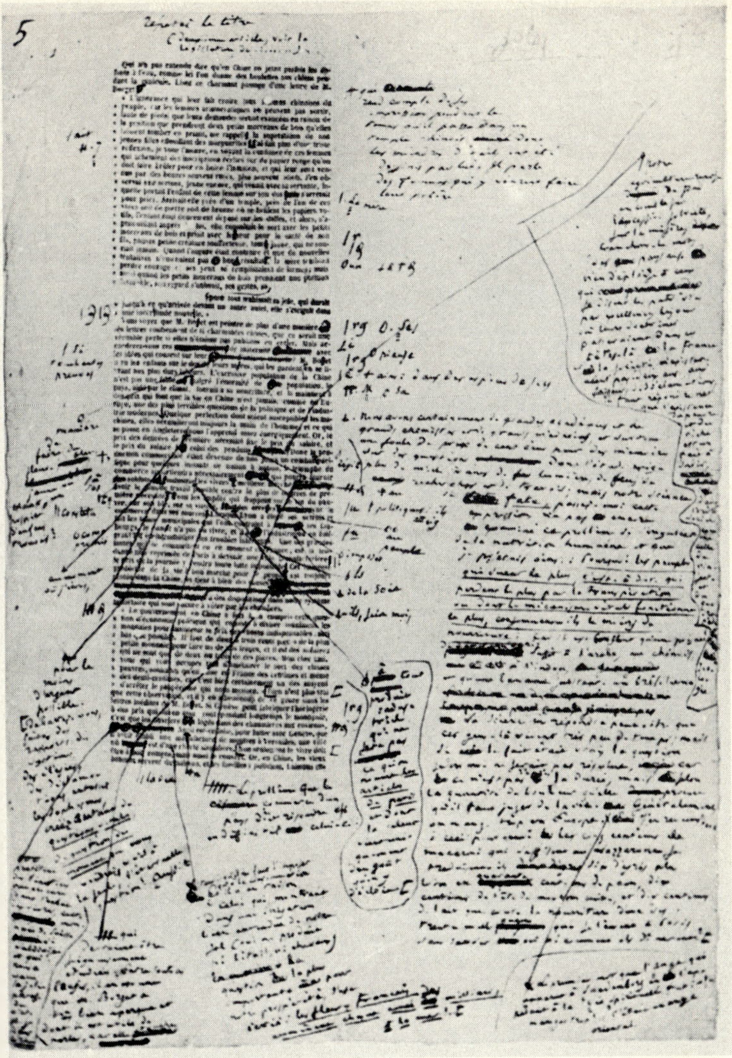

Druckfahne einer Seite aus »La Chine et les Chinois« mit eigenhändigen Korrekturen Balzacs.

Balzac im Jahre 1848

›Sie erklären mir da‹, hat sie gesagt, ›die *Comédie humaine*. Nur auf diese Weise wird ein solches Monument errichtet ...‹«

Sicherlich hat der Romancier für den Gebrauch der Geliebten dieses Gespräch korrigiert. Übrigens wirken Delphine und *La Presse* heimlich für ihn bei der Académie; das ist ein Grund, sie zu schonen. Aber er scheut Indiskretionen, durch die die Gläubiger in ihren Forderungen aufgestachelt werden könnten. Zu Théophile Gautier, der über den Glanz der Chartreuse Beaujon Mund und Nase aufsperrt, sagt er: »Ich bin ärmer denn je; nichts von alledem gehört mir. Ich habe das Haus für einen Freund möbliert, der erwartet wird. Ich bin bloß der Hüter und Pförtner seines Palais.«

Seit Eve Plänen für ihre Rückkehr nach der Ukraine nachhängt, ist der Schwung abermals erlahmt; Balzac kann keine Zeile mehr schreiben; er bleibt den ganzen Tag lang an seinem Tisch hocken wie ein Schüler, der nachsitzen muß, ohne aus seinem Hirn auch nur den geringsten Gedanken zutage zu fördern. Zwar hat er Unmengen von Kaffee getrunken, aber das Ergebnis ist bloß das traurige Extrem, daß er jetzt die Romane anderer liest, darunter *La Mare du Diable (Der Teufelssumpf)* von George Sand, ein Meisterwerk. »Ich hoffe von einer Minute zur andern, daß der Kork, der den Gehirnstrom hemmt, endlich herausspringt ...« Das Wetter (Dezember 1846) ist schauderhaft; es regnet, es schneit. Man kann nichts erfinden, wenn einem das Herz schwer ist. Balzac tut nichts, als von »seinem Nest« zu träumen; er glaubt nicht, daß es in Paris einen Salon gebe, der dem des »Hôtel Bilboquet« vergleichbar sei; »alles geschnitztes Holzgetäfel von letzter Pracht«; durch den Ankauf hat er eine Wandbespannung eingespart. »Wir werden bloß ein bescheidenes *Häuschen* für zwei Verrückte wie uns beide haben. Aber alles darin wird entzückend sein ...«

»Wie Du wohl lachen mußt, wenn Du *den grrroßen Autor* der *grrrrrroßen Comédie humaine* dabei ertappst, daß er sich für Möbel und dergleichen Dinge so sehr begeistert, daß er unaufhörlich davon redet und in einem fort von neuem dieselben Berechnungen anstellt, wie der Schuhflicker bei La Fontaine mit seinen hundert Talern. Aber so ist es nun mal, *louloup!* Das Haus, das sind wir beide ...«

Nur: Damit das Haus »wir beide« sei, müßte Eve nach Paris kommen. In Beaujon kann sie nicht wohnen; er will ihr eine möblierte Wohnung mit Garten an den Champs-Elysées mieten. Sie kann das Inkognito wahren, wenn sie will, aber kommen muß sie! Er geht an diesem Getrenntsein zugrunde. Sie jedoch fährt mit ihren Klagen über seine wahnwitzigen Ausgaben fort. Wenn er aus Dresden einen »niederschmetternden Brief über die Sparsamkeit« erhält, überlegt er, welches die boshaften und dummen Leute sein mögen, deren klugen Ratschlägen Eve folgt:

»O *louloup,* wenn Du in Deinem Brief nicht auf so köstliche Weise Mutter, und noch dazu eine verliebte Mutter wärst, würde ich mich über das kränkende Mißtrauen beschweren, das Du mir gegenüber hegst. Ich bin achtundvierzig Jahre alt, und mein Haar fängt an, weiß zu werden. Ich will ein Vermögen und verschaffe mir die Mittel und Wege dazu. Ich will nicht wieder mit etwas wie Les Jardies anfangen oder etwas anderem, das falsch war, und Du glaubst, ich erginge mich mit gesenktem Kopf in den gleichen Dummheiten! Du machst aus mir ein altes Kind, einen in Illusionen befangenen Dichter ...! Sei getrost, o geliebter *loup*; es gibt mehr Leute, die mich für geizig, als solche, die mich für verschwenderisch halten ...«

Sie ist nicht überzeugt: »Nach Beaujon kommt Montcontour dran; es geht wieder von vorn los. Ich liebe einen unverbesserlichen Verschwender!« Er antwortet: »Und ich liebe eine kleine Dame, die nur zu sehr an das Schlechte glaubt und nur zu rasch mit Vorwürfen bei der Hand ist! Aber ich habe verläßliche Rachemöglichkeiten: nämlich die Zukunft, die es erleben wird, daß ich Schätze horte ...« Überdies: Wenn sie in die Ukraine zurückreist, dann wird er ihr folgen. Was hält ihn denn in Frankreich zurück? Weder der Ruhm noch das Mobiliar. In einem Monat könnte er flott sein und mit ungeheurer Freude abreisen, einer tiefen Gleichgültigkeit gegenüber allem, das nicht sie ist: »Ich würde nicht einmal mehr *Les Paysans* zu Ende führen; ich würde, du lieber Himmel, kein einziges ›a‹ mehr schreiben. Ich würde als Träumer und als der glücklichste Mensch der Welt leben, als der Hund, der Muschik meines *loup,* immer bei Dir, und ohne Dich je zu verlassen ...« Worauf wartet sie denn? Bis er ein alter Mann ist? Aber dennoch, es wäre schade, wenn sie Beaujon nicht sähe:

»Alles gewinnt ein Aussehen; der gepflasterte Teil des Gartens ist fertiggestellt; es wird am Gehsteig, an den Asphaltwegen gearbeitet; der äußere plastische Schmuck wird angebracht ... Unsere Außenseite wird sich nicht so häßlich ausnehmen, wie ich glaubte. Wir werden pflanzen, säen, einen Rasen anlegen, dann grüne Lattengerüste an den Mauern anbringen, damit das Paradies dieser Eva vollkommen sei und sie mir nicht sagen kann, ich habe etwas vergessen. Der Maler restauriert die Kuppeln; Hédouin frischt die verblaßten Wandbilder auf. In drei Wochen ist es nicht wiederzuerkennen ...

Wenn Du wüßtest, wie es um unsere Wäsche bestellt ist! Geradezu erschreckend: achtzig Paar Laken für die Dienerschaft, hundert Bettücher, zwölf Dutzend Handtücher, usw. usw. ...«

Über die Bezahlung aller dieser Herrlichkeiten möge sie sich nicht länger den Kopf zerbrechen. In Sankt-Petersburg hat sie ihm mit ein bißchen aufgeblasener Miene gesagt: »Sei unbesorgt, du heiratest keine Bettlerin.« Na, heute kann er ihr antworten: »Sei unbesorgt, du heiratest keinen Hungerleider.« 1850 wird er alle seine Schulden bezahlt haben; dann ist der *Trésor louloup* intakt, und das kleine Stadtpalais ist dreihunderttausend Francs wert; Balzac wird sechzehntausend Francs feste Einkünfte haben, davon allein sechstausend von der Académie Française. Sie hat oft den Kopf geschüttelt; sie hat sich über sein albernes Gebaren als Finanzmann lustig gemacht; aber diesmal ist es Ma-the-ma-tik. *Le Siècle* will seine berühmtesten Romane nachdrucken; der *Constitutionnel* lanciert seinerseits einen Neudruck der erfolgreichen Werke; die *Comédie humaine* verkauft sich sehr gut; es ist ein Triumph. Einziges Hindernis: Seiner Heißgeliebten wegen kann er nicht mehr arbeiten, er verliert sogar das Wortgedächtnis. Die Ungewißheit richtet in ihm unberechenbare Verheerungen an. »Ich möchte wissen, ob ich nach Rußland übersiedeln soll, oder ob Du in Paris leben willst.«

Jetzt jäher Umschwung der Madame Hanska: Sie verspricht, sie wolle zwei Monate in Paris verbringen, ehe sie ihre Kinder in der Ukraine in den Beruf als Großgrundbesitzer einweiht. Urplötzlich ist Balzac geheilt. Er wird diese göttliche Frau bei sich haben, »zwei schöne Monate lang, ein ganzes Leben ...! Ach, nur *das* zählt noch für mich. Hernach mag ich meinetwegen verrecken! Alles ist mir egal, wenn ich zwei Monate lang meinen Traum als etwas Wirkliches habe! Ich will arbeiten; ich mache dann *Les Paysans* unter Deinen Augen fertig.« Und sogleich wirkt dies seelische Heilmittel. Er schreibt jeden Tag zwanzig, dreißig Seiten. *La Dernière Incarnation de Vautrin* ist vollendet. Von heute bis zum 25. Januar wird *Le Cousin Pons* fertig sein, den der *grrroße* Véron, Véron der Schwierige, für ein noch größeres Meisterwerk als *La Cousine Bette* hält. »*Louloup*, das sind so Deine Stückchen, Deine Mirakel.«

»Hör mal, spürst Du eigentlich das Glück, das Du mir gespendet hast? Nein, Du wirst weder zugrunde gerichtet noch gequält, wenn Du meinen Ratschlägen folgst, das heißt: in Deiner möblierten Wohnung in den Champs-Elysées ankommen und sie nicht verlassen, nur mit mir in den Stunden der Dunkelheit ausgehen und das Leben der *Esther* führen, als sie glücklich war, in den ersten Tagen der Rue Taitbout, mit niemandem vergleichbar, denn womit ließe sich eine solche Liebe in einem reinen Herzen vergleichen? Es ist das Paradies auf Erden, das Paradies ohne jemand anders darin und mit der Erkenntnis ...«

Anfang Februar 1847 ist der Weg frei. Er will sie in Frankfurt abholen. Er hat für die Zeit vom 15. Februar bis zum 15. April eine Wohnung in der Rue Neuve-de-Berry gemietet, das Erdgeschoß eines prächtigen Stadtpalais: Vestibül, Salon, Eßzimmer, drei Schlafzimmer, ein Bedientenschlafzimmer, alles in einer Flucht, mit Ausblick auf einen Garten. Madame Hanska wird »einen vortrefflichen Wagen haben, durch einen Vermieter, der sich sehen lassen kann«.

»Ich kann mich noch gar nicht an den Gedanken gewöhnen, daß ich am Samstagabend meine Heißgeliebte in den Armen, an meinem Herzen halten werde. Es kommt mir vor wie ein Traum. Ich habe Angst, wie wenn ich ins Theater ginge, zu spät zu kommen. Wenn ich daran denke, überläuft es mich kalt. Für zwei Monate vereint! Verheiratet für zwei Monate, in einem Winkel ungekannt, glücklich, mit kleinen Eskapaden ins Conservatoire, in die Oper, ins Théâtre-Italien usw. Verrückt könnte Dein Noré darüber werden ...!

Sei unbesorgt: 330 Francs für die Wohnung, 370 Francs für die Küche, das macht die 700 Francs Deiner Schwester. Rechnen wir 500 Francs für Vergnügungen, Wagen usw., so macht es 1200 Francs, also 2400 für Deine beiden Monate. Ferner 2400 Francs für Deine Rückreise; insgesamt also 5000 Francs. Nimm zur Vorsicht 2000 Francs mehr mit; dann macht es also 7000 Francs für Deinen Februar, März, April und Mai. Na, ist das etwa zu viel? Du hattest das Doppelte gerechnet. Mein Gott, wie hungert und dürstet mich nach Dir ...«

XXXVI

DER SCHWANENGESANG

> Liebe und Haß sind Gefühle, die sich aus sich selbst nähren, aber der Haß hat von beiden das längere Leben. *Balzac*

Es ist ein wahrhaft balzacisches Schauspiel, wenn ein großer Mann gleichzeitig vom schmerzenden Verlangen nach Lust, von der fixen Idee der Heirat und einem kindischen Kunstsammlerdrang besessen ist und durch dieses Geplagtsein in seiner Produktion gehemmt wird. Dabei blieb die Schöpferkraft unbeeinträchtigt und die Intelligenz hellwach. Sowie er sich in bezug auf die Zukunft ein wenig beruhigt fühlte und die Möglichkeit eines Aufenthalts der Geliebten in Paris gewahrte, flammte sein Feuer plötzlich wieder auf, und es ergab sich eine lodernde Reihe von Meisterwerken. Er brachte es sogar fertig, sich wieder an die so rebellischen *Paysans* zu machen und dem Roman seine ihm gebührenden Dimensionen zu geben.

Wir haben gesagt, das Buch sei einer Idee entsprossen, die Balzac im Jahre 1834 durch Wenzeslaus Hanski suggeriert, und dessen erste Skizze verworfen worden war. Es gilt, sich unter Einbeziehung einer größeren Zahl von Einzelheiten nochmals diesem Roman von unvergleichlicher historischer Bedeutsamkeit zuzuwenden. Balzac hatte mehrmals Gelegenheit gehabt, die Welt der Landleute zu beobachten: in der Touraine bei Jean de Margonne und Joseph de Savary; in L'Isle-Adam bei Villers-La Faye; in der Umgebung von Villeparisis; vielleicht sogar in Les Jardies. Er war dabei auf eins der ernstesten sozialen Probleme gestoßen. Die Französische Revolution hatte einen Teil des Bürgertums dadurch beschwichtigt, daß sie ihm die Wege zur Macht auftat; aber die Bauernschaft hatte sie nicht beruhigt. Der Großgrundbesitz war rasch wiederhergestellt worden, bisweilen zum Nutzen der Generale des Kaiserreichs; später, mit der Restauration, zum Nutzen der ehemaligen Herren. Die Landbevölkerung schickte sich nicht in diese Wiederkehr der Vergangenheit, und Balzac, der Sittenhistoriker, erkannte die mannigfachen Bande, die das kleine ländliche Bürgertum: die Notare, die Gütermakler, die Verwalter und dörflichen Bürgermeister mit der Bauernschaft verbanden, die von ihnen gegen den neuen Feudalismus aufgestachelt wurde.

Obgleich Monsieur Hanski ihn um das Buch gebeten hatte und obgleich Balzacs künftige Frau »Großgrundbesitzerin« war, wußte er nur allzusehr in die Gefühle aller seiner Gestalten einzudringen, um nicht die Nöte und Beschwerden der Bauern zu verstehen. »Die Bourgeois stehlen am Kamin«, sagt einer seiner Helden, der alte Fourchon, »das ist einträglicher, als an sich zu raffen, was am Rand der Wälder herumliegt ... Ich habe die alten Zeiten erlebt und sehe jetzt die neuen, mein lieber gelehrter Herr; zwar ist das Etikett ausgewechselt worden, das stimmt schon, aber der Wein ist nach wie vor derselbe.« Und wenn der Grundbesitzer nicht mehr ein adliger Herr, sondern ein Bourgeois war? »Haben Sie denn noch nicht gemerkt«, sagt Fourchon, »daß die Bourgeois noch schlimmer als die adligen Herren sind ...? Was sollte aus ihnen werden, wenn wir alle reich wären ...? Würden sie ihre Felder bestellen ...? Würden sie die Ernte einbringen ...?« Balzac sagt voraus, daß ein aus der Revolution hervorgegangenes Volk von Unzufriedenen »eines Tages das Bürgertum einsaugen wird, wie das Bürgertum den Adel verschlungen hat ...«

Wenn der Grundbesitzer die Hände in den Schoß legt und den Nachbarn erlaubt, auf seinem Grund und Boden zu wildern, dann wird er geduldet. Wenn nicht, dann ... Balzac hat ein Gut geschildert, das Schloß Les Aigues in der Nähe von Ville-aux-Foyes (der Name ist eine Nachbildung von Villers-la-Faye; das Gut liegt irgendwo in Burgund, nach Joigny zu, wo Lautour-Mézeray Unterpräfekt ist). Zuerst war das Gut Les Aigues von einer schönen »Unreinen« des Directoire, Sophie Laguerre, gekauft worden, dann aber ist es unter dem Kaiserreich an den General Graf de Montcornet gelangt, den Helden von Essling, einen cholerischen Riesen, dessen schwächliche Gattin die Geliebte Emile Blondets ist, eines hübschen, geistvollen Condottiere der Feder. Der Verwalter Gaubertin hat anfangs gemeint, er könne unter der Herrschaft des Generals die einträglichen Geschäfte unter der Hand fortsetzen, die er zu Zeiten der Sängerin getätigt hatte. Aber der General, der das Land nicht kennt und als guter Soldat an die Tugenden der Disziplin glaubt, beabsichtigt, das Gesetz anzuwenden:

»Sie leben von meinem Grund und Boden«, sagt der Graf zu Gaubertin.

»Meinen Sie etwa, ich hätte vom Himmel leben können?« entgegnet Gaubertin lachend.

»Raus, Sie pöbelhafter Lump, ich entlasse Sie!«

Der gekündigte Gaubertin wird durch den redlichen Michaud ersetzt. Aber der General hat in einen schrecklichen Ameisenhaufen getreten. Gaubertin, der Verkäufer und Käufer von Gütern, hat durch seine verwandtschaftlichen Beziehungen die ganze Gegend in der Hand. Der Gerichtspräsident ist sein Vetter und Bundesgenosse. Es gibt in diesen ländlichen

Bezirken, wo das Begehren (nach Mädchen oder nach Grund und Boden) nach wie vor von roher Gewalt ist und wo der Feldhüter weiß, wann er ein Auge zudrücken muß, keine Gesetze. Der müßige Großgrundbesitzer ist dort stets der Unterlegene. Er wird seine Prozesse im Hauptort gewinnen und sie an Ort und Stelle, wo das Netz der gegenseitigen Interessen sich über ihm schließt, sämtlich verlieren. Michaud wird ermordet, und der Mörder wird nie gefunden, denn die Zeugen halten dicht. Dieser Fall erinnert an die Ermordung Couriers, die im Jahre 1825 in der Nähe von Tours stattgefunden hatte und deren Hintergründe Balzac kannte. Der Unterpräfekt rät Montcornet, sein Gut zu verkaufen und das Geld in Staatspapieren anzulegen.

»Ich, und vor Bauern zurückweichen, wo ich nicht mal über die Donau zurückgewichen bin?«

»Ja, aber wo sind Ihre Kürassiere?« fragte Blondet.

Acht Tage nach diesem seltsamen Gespräch ist das ganze Département und sind sogar die Pariser Notarsbüros gespickt mit riesigen Plakaten, in denen die Aufteilung des Guts Les Aigues angezeigt wird. Der ortsansässige Wucherer Grégoire Rigou bringt das Ganze an sich, behält die Rebberge, überläßt die Waldungen Gaubertin und das Schloß der Schwarzen Bande (einer Spekulantengruppe). Abermals ist das Etikett ausgewechselt worden; der Wein bleibt derselbe.

Lange nach diesen Geschehnissen erhält Blondet, der hinter der Fassade eines glänzenden Lebens ins letzte Stadium der Not geraten ist und unmittelbar vor dem Selbstmord steht, einen schwarz gesiegelten Brief. Die Gräfin de Montcornet zeigt ihm den Tod des Generals an; er hat sie als seine Erbin eingesetzt. Die vierzigjährige Frau bietet ihrem Jugendgeliebten »eine schwesterliche Hand und ein ansehnliches Vermögen« an. Der zum Präfekten ernannte Emile Blondet heiratet Virginie de Montcornet (Tochter des Vicomte de Troisville und einer Russin, der Prinzessin Scherbellow). Man könnte meinen, Balzac habe bei diesem Romanschluß an die so sehr gewünschte Lösung seines eigenen Abenteuers gedacht: die Heirat des Autors mit einer russischen Gräfin, die sich ihn seit langen Jahren zum Liebhaber erwählt hatte.

Um jedoch im Roman zu diesem glücklichen Abschluß zu kommen, hatte der Romancier tausend Hindernisse zu überwinden. Die bäurische Gesellschaft, die noch geheimer und in sich abgeschlossener als die des Faubourg Saint-Germain ist, war ihm nicht ohne weiteres zugänglich. Zwar hatte er sich bereits eingehend in *Le Médecin de Campagne* und *Le Curé de Village* mit der ländlichen Welt befaßt. Im *Catéchisme social* hatte er das Problem der Preise landwirtschaftlicher Erzeugnisse behandelt und erklärt, warum

Frankreich ein Interesse daran habe, jene Preise niedrig zu halten, »damit die Industrie mit England ringen kann, das der große Ordner ist«. Balzac räumte ein, daß der Wohlstand Frankreichs sich nur auf die »äußerste Mäßigkeit« der Bauern gründen könne, was, als Kennzeichnung ihres furchtbaren Elends, ein pharisäischer Euphemismus war. In Balzacs Augen war das eine soziale Gegebenheit wie in der Zoologie die der untergeordneten Gattungen. Tatsächlich jedoch hatte der Landmann keinerlei Grund, ein solches Opfer auf sich zu nehmen. Balzac fühlte, daß er sich tiefer in das Problem hineinwühlen müsse; das war hochwichtig für einen Denker, der der Historiker seiner Zeit sein wollte.

Daher gelang es ihm nicht, *Les Paysans* zu bewältigen. Girardin hatte den Anfang in *La Presse* veröffentlicht und neuntausend Francs für den verheißenen Schluß des Feuilletonabdrucks vorausbezahlt. Aber der Schluß traf niemals ein, und Balzac mußte jenen Vorschuß teilweise zurückzahlen. *Les Paysans*, ein posthumes Werk, konnten erst 1855 erscheinen. Die Balzacs Frau und danach Balzacs Witwe gewordene Madame Hanska versuchte, den unvollendeten Roman erst durch Champfleury, dann durch Rabou abschließen zu lassen. Da diese ablehnten, machte Eve de Balzac sich selber ans Werk, indessen vergebens; danach begnügte sie sich damit, den von Balzac um 1838 skizzierten Plan erscheinen zu lassen, dem sie lediglich »ein paar Körner Sand und Kies« hinzufügte. Womit sie recht hatte. Das Buch ist eins der schönsten, von unerschöpflicher Wahrheit, noch heute genauso gültig wie im 19. Jahrhundert. Der Grundgehalt bleibt klar: Man leitet weder die Bauern noch die Völker durch Rechte, die sich auf Vernunfterwägungen gründen. Stets wird auf dem Lande ein Montcornet seinen Gaubertin finden. Hier wie überall will Balzac Gesetze für die Menschen, so wie sie sind, geben. Aber es ist ihm vielfach vorgeworfen worden, er habe aus politischem Vorurteil das Bauerntum entstellt (und sogar diffamiert).

Der Schwanengesang des noch jungen, aber vor der Zeit durch quälende Ängste, Enttäuschungen und Nachtarbeit verbrauchten Balzac sollte *Les Parents Pauvres (Die armen Verwandten)* zum Diptychon ergänzen. Er wußte, daß er ein Spiel mit hohem Einsatz spielte.

Balzac an Madame Hanska, 16. Juni 1846: »Die augenblickliche Lage erfordert, daß ich ein paar Hauptwerke schaffe, die die falschen Götter dieser Bastard-Literatur stürzen und beweisen, daß ich jünger, frischer und größer denn je bin. *Le Vieux Musicien* [später *Vetter Pons* betitelt] ist der arme, mit Schmähungen überhäufte, an Herz reiche Verwandte. *La Cousine Bette* ist die arme, von Schmähungen überhäufte Verwandte, die nur im Hinblick auf drei oder vier Familien lebt und sich für all ihr Leid rächt ...«

Diese Fortsetzung durch Symmetrie gefiel ihm. Ursprünglich hatte er nur an die Gestaltung zweier Novellen gedacht. Eine davon, *Le Cousin Pons*, entsprang einer Novelle von Albéric Second: *Les Deux Bassons de l'Opéra (Die beiden Opern-Bassisten).* »Sie werden schon sehen«, hatte Balzac dem jungen Autor gesagt, »was ich aus Ihrem Thema machen werde.« Er tat so viel Eigenes hinzu, daß aus der Novelle ein langer Roman wurde.

Die Gemäldesammlung des biederen Pons ist diejenige, die Balzac gern besessen hätte (und zu besitzen glaubte). Wie Pons hat er die Manie, bei den Antiquitätenhändlern zu stöbern, und die Todesangst vor Besuchern, die auf seine Schätze profane Blicke werfen könnten. Es fehlte ihm nicht an weiteren Modellen: Väterchen Dablin sammelte kostbare Dinge; ein erster Geiger der Oper, Sauvageot, vereinte in sich den Hang zur Musik und zum *bric-à-brac,* und jener Sauvageot stand mit Balzac in Briefwechsel. Bei der Ausarbeitung rückte das Thema »arme Verwandte« in den Hintergrund. In Wahrheit handelt der Roman von der liebenden Freundschaft Schmuckes, des armen Musiklehrers der Demoisellen de Granville *(Une Fille d'Eve, Eine Evastochter)* zu Silvain Pons; die Tragödie Pons', eines Leckermauls von Parasiten, der plötzlich seiner guten kleinen Essen beraubt und von Madame Camusot, seiner Kusine, davongejagt und verhöhnt wird (wie der Abbé Birotteau von Mademoiselle Gamard); die wüsten Tücken der schrecklichen Pförtnersfrau, der Cibot, mit den orangenen Augen, und der fürchterliche Rémonencq, Ungeheuer aus den Höllentiefen; das unverdiente Glück der Camusots, die, nachdem sie ihrem Vetter Pons arg zugesetzt haben, auf Kosten des armen Schmucke seine Erbschaft eskamotieren, kurzum, das Drama der von allen Seiten angegriffenen Unschuld, die vor dem Netz erschrickt, das sich um sie immer enger zusammenzieht, und die keine Verteidiger findet. Man staunt, was das auf ein System gestützte Genie aus Albéric Seconds schmächtiger Novelle gemacht hat. »Es ist, für mich jedenfalls«, schrieb Balzac, »eins der Meisterwerke von äußerster Schlichtheit, die das ganze menschliche Herz enthalten. Es ist ebenso groß und klarer als der *Curé de Tours*; es geht einem auch ebenso nahe. Ich bin entzückt davon ...« Dazu war er berechtigt. *Le Cousin Pons* erschüttert den Leser auch heute noch.

Außerdem bleibt das Buch bedeutsam als Schilderung eines sehr kleinen Bürgertums und recht unterschiedlicher Typen aus dem Pariser Milieu, das Balzac am häufigsten beschrieben hat, nämlich dem der schönen Viertel, die er um 1822 von der Höhe des Père-Lachaise aus begehrlich betrachtet und in die er endlich Eingang gefunden hatte. Man begegnet in der *Comédie humaine* mehr Herzoginnen als Grisetten. *César Birotteau, Les Employés (Die Beamten), Les Petits Bourgeois (Die Kleinbürger)* sind Ausnahmen. Die Journalisten und Künstler der *Illusions perdues* leben von der Zeitung, dem Theater und der Galanterie am Rand der eigentlichen Gesellschaft, derjenigen der Restauration. *Le Cousin Pons*, ein Louis-Philippescher Roman, beginnt ebenfalls 1843 in der Rue de Hanovre bei den Camusots de Marville, aber der Schauplatz wechselt sehr schnell in die Rue de Normandie im Marais über, in ein armseliges drittes Stockwerk, aus dem die Meisterwerke der Sammlung Pons ein Museum gemacht haben. Man erblickt in einem aussätzigen Haus einen furchtbaren Dschungel, in dem düstere Gestalten umherstreifen; eine Wahrsagerin und ihre Kröte Astaroth; ein verdächtiger Armenanwalt, wogegen das Licht einer zärtlichen Freundschaft (einer der Träume Balzacs) diese düstere Geschichte mit Poesie überströmt. Ja, er hatte seinen Verleumdern bewiesen, daß er »größer denn je« war.

Auch *La Cousine Bette* wuchs riesig während der Ausarbeitung. Die erste Idee stammte, wie es schon einmal der Fall gewesen war, aus einer Erzählung Laure Survilles: *La Cousine Rosalie*, die 1844 im *Journal des Enfants* erschienen war. Ein Hand-in-Hand-Gehen der Phantasie hatte seit der Kindheit Bruder und Schwester vereint. Aber während Laure auf flache Weise »eine schlichte, klare Geschichte voll ehrenhafter Absichten und guter Gefühle« erzählte, arbeitete Honoré »eine komplizierte, anstößige und grausame Intrige« aus. Bette, eine infernalische Gestalt, wand sich »wie eine rotglühende Rebranke« in den Flammen des Hasses. Dieser abstoßende Charakter entschlüpfte Balzac, der die Ekstase des spontanen Schaffens wiedergefunden und der *Comédie humaine* neue Gestalten hinzugefügt hatte: Lisbeth Fischer, Valérie Marneffe, den Brasilianer Montès, Adeline und Hector Hulot.

Die Technik blieb diejenige der *Illusions perdues:* Er verknüpfte eine Idee mit Elementen des Wirklichen, die seine Vision ausspann, um unvergeßliche Scheusäler zu schaffen. Von der Tante Bette hat er geschrieben, sie sei gleichzeitig seine eigene Mutter (bei der er, wohl zu Unrecht, unter einer zur Schau getragenen Herzlichkeit einen geheimen Haß gegen sich zu entdecken glaubte), Marceline Desbordes-Valmore und die Tante Rosalie, seine schlimmste Feindin in der Familie Rzewuski. Es wird auch vermutet, daß Madame de Brugnol, der tollwütig gewordene Neufundländer, ebenfalls einige Züge beigetragen habe. Lisbeth Fischer, die Häßliche, Arme, Gedemütigte, schmiedet satanische Pläne, um die Hulots zugrunde zu richten und zu entehren, gerade wie die Schleiereule sich gegen Eveline ereiferte.

Der Baron Hulot (Bruder des Marschalls, den wir früher in *Les Chouans* kennengelernt hatten), Heeresintendant, Staatsrat, Großoffizier der Ehrenlegion, ist ein alter Schürzenjäger, der immer tiefer in die Hölle der Fleischeslust hinabsteigt. Es ist gemeinhin gemunkelt worden, das Ehepaar Hulot könne eine Transposition des Liebespaars Victor Hugo (Hector Hulot) und Adèle Foucher (Adeline Fischer) sein. Über die seltsame Ähnlichkeit der Namen hinaus war Hugo, Pair von Frankreich, das Jahr zuvor *in flagranti* mit Léonie Biard ertappt worden wie Hulot mit Valérie Marneffe. Freilich ist Balzacs Einstellung zu Hugo stets zweideutig gewesen; Balzac lobte den Dichter und redete, ziemlich ungerechterweise, schlecht von dem Menschen. Der Zwischenfall Biard wurde im Grunde benutzt wie alles und jedes.

Bernard Guyon meint, daß der damals in seine erotischen Besessenheiten verstrickte Balzac möglicherweise in sich selbst einige Züge des Barons Hulot habe finden können. Man hat auch gesagt, dieser ähnele einem im Jahr zuvor gestorbenen Staatsrat Graf d'Aure. Im Bereich der künstlerischen Gestaltung ist alles möglich. Männer, Frauen, Freunde, Geliebte, Ausschweifungen, Entzückungen und der Autor selber werden in den Schmelztiegel geworfen. Spricht er von sich oder von Hector Hulot, wenn er schreibt: »Bei täglicher Selbstprüfung gelangt man schließlich, wie der Baron, dahin, zu glauben, man habe sich wenig verändert; man sei jung geblieben, während die andern auf unsern Köpfen graumeliertes Haar sehen, *accents circonflexes* auf unserer Stirn und dicke Kürbisse in unserm Bauch.« Das Hauptthema des Buchs erinnert an *Goriot, Grandet* und *La Recherche de l'Absolu:* Zerstörung einer Familie und ihres Erbes durch eine Leidenschaft (hier die Geilheit eines alten Mannes). Die Familie Hulot leistet einen langen, schönen Widerstand, dann schwillt die Leidenschaft »im Aufruhr wider die Natur« über »wie eine ungeheuerliche Welle« und überflutet alles.

Nach Valéries Tod lebt Hulot mit einer Statistin, einer Arbeiterin und schließlich mit einem kaum der Kindheit entwachsenen Mädchen, das ihm von dessen Eltern verkauft worden ist. Vergebens versuchen die Seinen, ihn einzusperren. Er entweicht nachts und trifft sich mit einem unflätigen Frauenzimmer in einer Mansarde. Nicht nur, daß er sich gemein macht und verkommt: Er schleppt auch seine heiligmäßige Frau bei diesem Rennen dem Abgrund entgegen mit sich: »Sag mir, wie sie es anstellen, diese Frauen, dich so zu verlocken. Dann will auch ich es versuchen ...« Allein »die Besessenen sind nun mal glücklich auf ihren Misthaufen«. Balzac hat nichts Wüsteres und nichts Schöneres geschrieben. Aber bei dieser übermenschlichen Anstrengung (*La Cousine Bette* ist in zwei Monaten geschrieben worden) verzehrt er sich vollends.

Endlich meldet Eve sich an; er will sie in Frankfurt abholen. Dank seinem Arbeitsanfall hat er ein bißchen Geld. Die *Comédie humaine* wird neu gedruckt; er hat *Le Cousin Pons, La Dernière Incarnation de Vautrin* und sogar *Le Député d'Arcis (Der Abgeordnete von Arcis)* verkauft, der kaum begonnen ist. In Paris wird Madame Hanska die Kosten des Hausstands auf sich nehmen; Honoré wird Wäsche und Tischsilber liefern. Aber die Miete muß bezahlt werden (sechshundertsechzig Francs für zwei Monate); es muß eine Köchin engagiert, und die Schleiereule muß weggeschickt und abgefunden werden. Alles nicht so wichtig! »Geld bedeutet wenig gegenüber der Liebe!« Die Zukunft ist schön.

»Du mußt wissen, ich lebe nur durch *einen* Gedanken, nämlich daß ich Dich diese Woche sehe, daß ich Deinen Hauch atme, daß ich mich auf Deine geliebte Person stürze, daß ich Dein Kleid fühle! Ich glaube, ich werde Dich einen ganzen halben Tag lang immer nur anschauen, um mich an dem Glück zu ergötzen, Dich zu sehen ...«

Aber er fügt noch hinzu:

»Jetzt kommt das erste Mal, daß wir allein beisammen sind, ohne jemandes Dabeisein. Wir wollen, nun kein Zwang mehr obwaltet, beide unsern schlechten Charakteren freien Lauf lassen. Du wirst geprügelt, und ich werde ausgescholten ...!«

Am 4. Februar reist er nach Frankfurt und führt seine »gute, fette, zärtliche und wollüstige Eve« heim. Wollüstig? Ja, bestimmt. Zärtlich? Nicht immer. Sie bricht ihm das Herz, als er sie das Haus in der Rue Fortunée besichtigen läßt. Er hatte Aufschreie der Bewunderung erwartet; sie kritisierte alles. Zu viel Holzgetäfel, zu viel Bronzen, zu viel Marmor, zu viele Schränke mit Einlegearbeit von Schildpatt und Messing. Und warum ein Vermögen, um ein »unheimliches, lächerliches« Haus auszustatten? Welch eine Belohnung nach so viel verlorener Liebesmüh! Und wie kann sie eine Wohnung beurteilen, in der noch Gerüste stehen und Gipsbrocken herumliegen?

Während dieses Aufenthalts ließ er alle Arbeit nahezu gänzlich liegen, um Madame Hanska zu Véry im Palais-Royal zu führen (wo Lucien de Rubempré nach seiner Ankunft in Paris ein Abendessen verzehrt hat, das so viel kostete, daß er in Angoulême einen Monat davon hätte leben können) und in andere damals in Mode befindliche Restaurants; in die Ausstellung der schönen Künste, in Les Variétés, wo sie schallend lacht. Die daheim genossenen Mahlzeiten waren sehr schlicht: »Ich, der ich es zwei Monate lang erlebt habe, daß ein entzückendes Geschöpf täglich das Ragout aß, das aus den Resten des frischen Fleischs vom Vortage bereitet wurde, und dabei das neue Fleisch seinem ›loup‹ ließ, ohne daß ich deswegen auch nur ein einziges zärtliches Wort verloren hätte! Aber ich habe es gesehen, und ich war gerührt ...«

Nach zweieinhalb Monaten des engen Beisammenseins in Paris geleitet er Eve wieder nach Frankfurt und kehrt allein zurück, wie ein Körper ohne Seele:

»Lebwohl, mein lieber, heißgeliebter Schatz! Hoffnung! wie Du gesagt hast. Dies wird unser letzter Sturm, unser letzter Verdruß sein ... Tausend Küsse, tausend liebe Grüße, mein guter, kleiner geliebter Evelino. Ich liebe Dich mehr, als ich Dich je geliebt habe. Ich will Dich zur Frau, oder ich will nicht mehr leben ...«

Die Werke, die er fortan schreibt, werden durch diese Wolke der Angst verdunkelt. Von 1829 bis 1842 haben ihn die Erinnerungen getragen; er hat seine Jugend erzählt und seine Rache ausgekostet. Nach Monsieur Hanskis Tod verblaßt das Imaginäre. Voller Scheinwerferstrahl auf das Wirkliche. An die Stelle der vagen Pläne, der Träume von Ruhm und Liebe, die ihn aufrecht erhielten und inspirierten, tritt ein einziger, bestimmter Plan und hält ihn im Bann: die Heirat. Die Romane *(Honorine, Albert Savarus)* spiegeln die Angst eines Mannes wider, der daran zweifelt, ob er geliebt wird, oder den Pessimismus des Ernüchterten *(Les Paysans, Les Parents pauvres).* Er hegt die Hoffnung, seine Kathedrale zu vollenden. »Jetzt arbeite ich sechzehn Jahre daran und brauche noch acht weitere Jahre, um zum Ende zu kommen!« Der Moralist, der er ist, möchte der *Comédie humaine* (durch die *Etudes analytiques,* die *Analytischen Studien*) einen vernünftigen Sinn geben und nicht das Bauwerk in einem undeutbaren Zustand hinterlassen. Wird er die Kraft und die Zeit dazu aufbringen?

XXXVII

EIN KÖRPER OHNE SEELE

> Haben Sie je den Löwen im Jardin des Plantes gähnen sehen? Ein herzzerreißender Anblick.
> *Balzac*

Es muß zugestanden werden, daß sich in dem seiner Geliebten beraubten Balzac ein wenig vom Baron Hulot findet. Aufreizende und laszive Erinnerungen hindern ihn am Arbeiten. Der Aufenthalt der Heißgeliebten in Paris ist nicht ganz so verlaufen, wie er es sich gewünscht hatte; sie hat ihm peinliche Szenen gemacht, an die er noch auf seinem Sterbebett zurückdenken wird. Aber er kann nicht mehr ohne sie sein: »Mein guter *louloup,* wenn ich Dich nicht bis zur Anbetung liebte, würde ich schon seit langem nicht mehr existieren ... Ich tue nichts, was nicht für Dich und durch Dich geschähe! Ich führe kein eigenes Dasein mehr ...« Er fühlt sich einsam, ohne Freunde, ohne Familie. Als er in seinen Sachen kramt, findet er gestickte Pantoffeln und darin einen mit Bleistift geschriebenen Zettel: »Ich habe diese Pantoffeln während der Stunden gemacht, da ich allein war, und Sie unterwegs.« Worauf er in Tränen zerschmilzt und zwei Stunden in seinem Arbeitszimmer sitzt und weint! Das sind keine Geschichten, die dazu bestimmt sind, die »Gréphine« zu rühren: So sagt er, um den deutschen Diener zu parodieren, der immerfort von der »Gräfin« redet; das sind die Reaktionen eines Kranken, den die Erschöpfung sentimental macht.

Dabei muß er noch immer in Paris »unterwegs« sein. *Primo* (denn Balzac hat nach wie vor eine Vorliebe für Aufzählungen), hat die Schleiereule, ehe sie aus der Rue Basse verschwand, Evelines Liebesbriefe an Balzac gestohlen und will sie nur zurückgeben, wenn sie ihr sehr teuer bezahlt werden. Sie droht, sie werde der Tochter und dem Schwiegersohn (die wieder in Polen sind) schreiben und ihnen Abschriften der entwendeten Briefe schikken. Das würde für Madame Hanska eine grausige Demütigung sein. Der Anwalt Gavault rät, sich auf gütlichem Wege wieder in den Besitz dieser kompromittierenden Briefe zu setzen. Balzac unterhandelt; er bietet fünftausend Francs, eine ungeheure Summe für ihn, der schwer in Schulden steckt. Der Staatsanwalt, der Polizeikommissar wirken ebenfalls auf ihn ein, daß er die eingereichte Klage wegen Diebstahl und Erpressung zurückzieht.

Der Prozeß würde mehr als fünftausend Francs kosten und eine schmutzige Reklame sein. Die Gerechtigkeit der Justiz ist übermäßig teuer; die Ungerechtigkeit ebenfalls.

Diese giftige Kreatur aufsuchen, mit ihr unterhandeln zu müssen, trägt ihm Fieber ein. Endlich, im Juli, will sie die Briefe gegen klingende Münze aushändigen. Wahrscheinlich wird sie versuchen, mindestens einen oder zwei, die Victor-Honoré betreffenden, zu behalten. Balzac seinerseits wird den Brief des schuftigen Frauenzimmers aufbewahren, in dem es *gesteht*, Briefe gestohlen zu haben, was sie zu einer Verbrecherin stempelt. Sowie die Briefe ausgehändigt worden sind, verbrennt er sie und wirft einen letzten Blick auf die geliebten gelben Blätter, die aus der Ukraine, aus der Schweiz, aus Italien und Deutschland zu ihm gekommen sind; dann betrachtet er die Aschenreste und bricht abermals in Tränen aus: »Ich erbebe, wenn ich sehe, wie wenig Platz fünfzehn Jahre einnehmen. Nun, das Feuer der Seele hat sie geschrieben; das Feuer der Erde hat sie wieder an sich genommen ...« Nach dem peinlichen Zwischenfall mit der Schleiereule hatte Eveline die restlose Vernichtung ihrer Briefe verlangt.

Secundo: Er siedelt in die Rue Fortunée über; er stellt eigenhändig das Meißener Porzellan, die Seladon-Vasen, die großen chinesischen Vasen auf die Wandbretter, die Etageren; und diese mechanische Arbeit ermüdet ihn zwar, bewahrt ihn indessen vor der Verzweiflung. Überdies ist die Stille in der Rue Fortunée unvergleichlich; man fühlt sich dort völlig auf dem Lande. Er hat Eve versprochen, nichts mehr zu kaufen; er hält sein Versprechen; aber schließlich: was sein muß, muß sein. Die Küche war nicht eingerichtet, ebensowenig die Anrichte. »Schwindelerregende« Geschäftsmöglichkeiten bieten sich; die kann man nicht versäumen. So zum Beispiel findet er eine Kommode von Riesener mit abnehmbarem, eingelegtem Aufsatz; daraus ließe sich ein Tisch fertigen. Unglücklicherweise scheint diese prächtige Kommode ein- bis zweitausend Francs wert zu sein. Er geht hinein und fragt nach dem Preis. »Dreihundertvierzig Francs.« Wie kann man da widerstehen? Der Wahnsinn hätte darin bestanden, sie *nicht* zu kaufen. Nebenbei gesagt: Als er die Kommode erstanden hat, entdeckt er (wie er sagt), daß sie Elisa Bonaparte gehört hat: »Sie ist einzigartig, originell und fürstlich.«

Aber Eve soll sich doch beruhigen! Er ist klug und vorsichtig geworden. Vielleicht allzusehr. Er hat zwei herrliche Vasen gesehen, die gut in sein Arbeitszimmer passen würden; er verzichtet darauf. Dafür erwirbt er ein Porträt, das eine Skizze von Tizian zu sein scheint; eine Vase aus altem, dunkelblauem Chinaporzellan; eine Boule-Konsole; eine holzgeschnitzte Karyatide. »Sie halten mich für ruiniert, für gänzlich erledigt? Das Ganze habe ich für dreihundertfünfzig Francs bekommen.« Und er schöpft daraus für sechstausend Francs Glück. »Ich brauche noch ein paar Kleinigkeiten für das Water-closet; es ist ein Juwel ...« Ach, dies Water-closet!

»Für das gewisse Örtchen habe ich anschaffen müssen: *Primo*, ein hübsches Ruhebett; *secundo*, eine Konsole für fünfzig Francs, um die kleine Dose, Sie wissen schon welche, unterzubringen und um eine Schale darauf zu stellen; *tertio*, eine weitere Konsole für den Leuchter; *quarto*, drei Konsolen aus Palisander für die Blumenvasen. In Mainz haben Sie mich gefragt, was ich mit dem Deckel aus Chinaporzellan anfangen wolle? Der kommt in eine Ecke, damit die Bürste abtrocknen kann. Die Örtlichkeit ist übrigens eine Vergnügungsstätte; sie ist hübsch wie ein Boudoir, aber Sie können sich wohl denken, was das gekostet hat ...!«

Aus Wierzchownia kommt eine strenge Strafpredigt. »Jetzt ist es aber genug!« schreibt *Eva furiosa*. Na, schön. Er braucht einen Wecker; der seine geht nicht mehr; er hat einen entdeckt, einen guten und schönen; er kostet nur hundert Francs; er verzichtet darauf! »Ich werde nicht für zehn Sous kaufen, was tausend Francs kosten müßte ... Schluß damit.« Da Ihre Göttlichkeit glaubt, er kaufe aus Leidenschaft, aus Lasterhaftigkeit, und nicht aus weiser Überlegung, wird er zu einer »quäkerischen Einfachheit« zurückkehren. Er wird keinen Laden mehr betreten.

»Nehmen Eure Majestät von dem Verbot ein Möbel aus gemeinem Mahagoni aus, in das ich meine Schuhe und Stiefel stellen kann, und ein weiteres für meine Wäsche im Toilettekabinett? Wenn das eine Übertretung ist, werde ich nach wie vor meine Schuhe in die Jardinièren auf der Treppe stellen, denn Blumen versage ich mir; die sind zu teuer. Ich schreibe nicht; ich verdiene nichts; ich habe nicht das Recht, Geld auszugeben ...«

Tertio: Mit den Finanzen ist es schlecht bestellt. Die Nordbahnaktien fallen ständig, trotz der wunderbaren Einnahmen. Balzac (oder vielmehr Eve) verliert 60 000 Francs auf seine Erwerbung. Als Ausgleich müßten zweihundertfünfundziebzig Aktien *al pari* hinzugekauft werden; dann hätte man fünfhundert billig erworben; das heißt, bei einem Kurs von 650 (jetzt stehen sie 560) würde man 25 000 Francs gewinnen, anstatt 50 000 zu verlieren. So können es reiche Leute machen. Aber die armen *louloups* ohne Kapital müssen ihre Verluste einkassieren. »In dieser Hinsicht«, sagt er, »fehlt es mir an Gelassenheit.« Die Angelegenheit mit den Nordbahnaktien, mit den Einzahlungen kommt sie auf 130 000 Francs zu stehen. »Daher werde ich wohl den Verlust des Hauses in der Rue *infortunée* bedauern, auf das weitere Zahlungen geleistet werden müssen.« Und dabei steckt dieses kleine, über die Maßen bescheidene Haus voll von Kunstdingen. »Die beiden Hermelin-Bettdecken sind unerläßlich ... Einzig so etwas paßt zu so viel künstlerischer, babylonischer und sogar orientalischer Pracht ...« Es werden zehn *Lys de la Vallée* erforderlich sein, um all diese Wunder zu bezahlen. Er wird sie im nächsten Winter auf Wierzchownia schreiben.

Er verspricht, in der Ukraine zu arbeiten; aber in Beaujon tut er nicht eben viel. »Mein Geist kann sich auf nichts fest einstellen. Ich greife alle Themen auf und empfinde vor ihnen Ekel ... Ganze Stunden sitze ich da, verirre mich in meinen Erinnerungen und bin völlig verstört.« Das Gehirn bleibt untätig Dabei hat er Verpflichtungen zu erfüllen, gegebene Versprechen: den Abschluß von *Les Paysans*, den *Député d'Arcis*.

»Wie schwierig ist es, sich ans Werk zu machen! Und dabei müssen 18 000 Francs Zinsen verdient und 55 000 Francs Schulden bezahlt werden; das erfordert ein Kapital von 600 000 Francs. Arbeite, du kleiner Autor der *Comédie humaine*, schreib *L'Education du Prince (Die Lehrjahre des Prinzen)*, schreib Romane, schreib Bühnenstücke ... zu hundert Sous. Bezahl deinen Luxus, büße deine Narrheiten, und warte in der Hölle von Tinte und weißem Papier auf deine Eve ...«

Er muß *Les Paysans* an *La Presse* schicken, aber es wird ihm übel, wenn er versucht, sein Manuskript nochmals zu lesen. Die einzige Arbeit, die ihm noch Freude macht, ist die Niederschrift von Briefen, die ganze Bände bilden, an seine ferne Prinzessin. »Und dann, was soll ich tun? Meine Gedanken folgen meinem Herzen, und wie soll ich da *Les Paysans* schreiben ...?« Es kommt ihm eine andere Idee, die zu einem Bühnenwerk *Orgon*, eine Fortsetzung des Molière, in der das ganze Haus sich nach Tartüff zurücksehnt, der im Triumph zwischen Marianne, Eliante und Madame Pernelle wiederkehrt. Die Sache muß bloß in Versen geschrieben werden, und Théophile Gautier lehnt es ab, mitzuarbeiten. »Da bin ich auf den Gedanken gekommen, einen Akt an Charles de Bernard zu geben, zwei an Méry, und die beiden andern Akte auf zwei andere Dichter zu verteilen.«

Diese Gemeinschaftsarbeit erweist sich als unmöglich. Man kann sich nur auf sich selber verlassen. Balzac greift wieder auf den Kaffee zurück. Ein ganzes Pfund trinkt er in acht Tagen. Keine Zeile. Sogar unter Strömen von Mokka verweigert das Gehirn jeden Dienst. Er stirbt buchstäblich an einer undefinierbaren Krankheit, die auf der Entbehrung des flüchtig genossenen Glücks beruht. Sein über seine Erschlaffung beunruhigter Freund Laurent-Jan bringt ihm ein Buch von Dickens *(Das Heimchen am Herd)* zur Ablenkung. »Dies kleine Buch ist ein Meisterwerk ohne den mindesten Makel. Dickens sind dafür vierzigtausend Francs gezahlt worden. In England wird besser gezahlt als hier ...!« Ein harter Schlag: Girardin schreibt ihm einen unverschämten Brief. Wenn er darauf besteht, den Schluß von *Les Paysans* zu veröffentlichen, so nur, weil Balzac *La Presse* noch einen Restbetrag schuldet. »Wenn Sie an *La Presse* zurückzahlen können, was sie Ihnen vorgestreckt hat, verzichte ich gern auf *Les Paysans* ...« Balzac bäumt sich unter diesem Peitschenhieb: »Ich halte, gegen Ihre Meinung, mein Werk für ausgezeichnet.« Er erklärt sich Girardins brutales Vorgehen durch die Veröffentlichung eines Feuilletons von Daniel Stern (Pseudonym der Madame d'Agoult) in *La Presse;* sie ist ein »Blaustrumpf« und haßt ihn seit *Béatrix.* Die einzige peremptorische Antwort würde ein schönes Buch sein. Aber »mein Haus ist widerwärtig, die Literatur blöd, und ich schlage die Arme unter, wenn ich arbeiten müßte«.

Warum diese langanhaltende Impotenz? Literarische Schöpfung verlangt vor allem ständige Achtsamkeit. Wenn er früher, in der Rue Cassini, der Rue des Batailles, der Rue Basse und besser noch auf Saché, in Frapesle, in der Bouleaunière so viel produzierte, dann hatte er die Außenwelt vergessen. Aber abgesehen davon, daß sein Inneres durch eine unruhige, fast morbide Liebe verwirrt ist, erlegt die Rue Fortunée ihm tausend ärgerliche Pflichten auf. Er muß sich um Hausbedienstete kümmern. Er kündigt Millet und ersetzt ihn durch den Elsässer François Münch, den künftigen Kutscher der »lieben Gräfin«. Zanella, die wieder in Gunst Gekommene, empfiehlt ihm eine ausgezeichnete Zofe: eine fromme Belgierin, die nähen, waschen und bügeln kann. Drei Bedienstete, 90 Francs Gehälter im Monat, dazu die Beköstigung, das setzt 12 000 Francs feste Einnahmen im Jahr voraus. In seinem Alter, bei seiner Berühmtheit scheint diese Lebenshaltung durchaus vernünftig. Aber kaum glaubt er sein Personal vollständig, da bekommt er heraus, daß Zanella, die Falsche, ihn hintergeht. Sie hat dem Nachbarn, dem Maler Gudin, versprochen, ihn in Balzacs Abwesenheit das ganze Haus besichtigen zu lassen, wie Madame Cibot Rémonencq die Sammlung des Vetters Pons zeigt. Abermals kopiert das Leben das Werk. Traurige, schauerliche Erfahrung! »Ich glaube nur noch an Gott und an mein liebes kleines Mädchen.«

Und dann taucht jemand auf, der ihn viel Zeit kostet. Aline Moniuszko, Eve Hanskas feindliche Schwester, die ihr in ihrer beider Kindheit mit einem Fausthieb die Nase eingeschlagen hat, zieht ihr Verweilen in Paris in die Länge und findet Balzac, wenn Eve nicht dabei ist, sehr liebenswürdig. Ihre Rzewuskische Majestät selber hat befohlen: »Blenden Sie meine Schwester.« Aline ist mehr als geblendet; sie ist zu Boden geschmettert, sie sperrt Mund und Nase auf. Bei der Besichtigung des »Nests« in der Rue Fortunée äußert sie etwas, das der Tante Bette würdig gewesen wäre:

»Sie war wütend bei dem Gedanken, daß dies *Palais,* wie sie sich ausdrückte (wo, so heißt es, bis zum schäbigsten Nagel alles davon kündet, daß es für eine vergötterte Frau hergerichtet worden ist), derjenigen gehören soll, deren Nase ehedem mit der Faust braun und blau geschlagen wurde. ›Was ist Wierzchownia‹, hat sie gesagt, ›gegenüber dieser köstlichen Behausung? Ich habe nirgendwo etwas Ähnliches gesehen. Wierzchownia, Monsieur de Balzac, ist der Gipfel des schlechten Geschmacks; denn gerade dadurch hat mein lieber verstorbener Schwager gesündigt.‹

Nein, Liebe, ich habe mich nicht eines gewaltigen Auflachens über diese postume Rache enthalten können; denn bei dieser wütenden Bemerkung habe ich alles durchschaut. Konnte denn ein Mann, der Eve Aline vorgezogen hatte, irgendwelchen Geschmack besitzen?

Als wir in die Bibliothek kamen, hat sie gesagt: ›Aber das allein muß ja hunderttausend Francs kosten. Die Bibliothek von Neuilly und die von Saint-Cloud sind nichts dagegen.‹ – ›Wir mögen nun mal Bücher‹, habe ich gesagt. Ganz betäubt vor Bewunderung ist sie gegangen und hat eingesehen, daß ich allein schon durch die Tatsache dieses Hauses Millionär sei.«

Aline ist zusammengezuckt, als sie auf Balzacs Bett sein Kopfkissen gesehen hat. Alle, die ihn kennen, wissen, daß er, damit der Kopf hoch liegt, immer auf zwei Kopfkissen schläft. Aber Aline hat geglaubt (und gehofft), daß er eine Frau bei sich im Haus versteckt halte. »Warum denn zwei Kopfkissen?« hat sie gefragt. »Ach ja, das ist Voraussicht.«

Jedenfalls aber genügen Hausbedienstete, Besucherinnen, Käufe und Träumereien nicht zur Erklärung von so viel Trägheit. Die Wahrheit ist, daß Balzac sich krank fühlt und es auch ist. Sein Freund Frédéric Soulié stirbt an einer Hypertrophie des Herzens; das Blut zirkuliert nicht mehr, und die Beine sind sehr geschwollen. »Das hat mich betroffen gemacht, denn nun glaube ich, ich habe ebenfalls Herzerweiterung.« Sein Anwalt Gavault, der sieht, wie es mit ihm bergab geht, rät ihm, Paris zu verlassen. »Reisen Sie ab«, sagt Gavault, »oder Sie sind ein toter Mann.« Ein toter Mann? Noch nicht, aber ganz bestimmt geistig angegriffen, und er hat stets gepredigt, der Geist baue sich den Körper. Er sieht alles schwarz. In Frankreich scheint ihm die Bürgermonarchie zu wanken; binnen kurzem wird in Italien der Aufstand ausbrechen; und dieser Brand wird ganz Europa in Flammen setzen. »Sie können sich nicht vorstellen«, schreibt er an Eve, »welche Fortschritte der Kommunismus macht, eine Lehre, die anstrebt, alles umzustürzen, alles, sogar die Lebensmittel und die Waren, zwischen den Menschen, die als Brüder angesehen werden, aufzuteilen ...« Eve weiß, wie er darüber denkt, aber man kann sich nicht seinem Jahrhundert entgegenstellen.

Um wieder zu sich zu kommen, versucht er es mit einer Pilgerfahrt nach L'Isle-Adam, zu Villers-La Faye, wo er als Jüngling gewesen ist. Die Rückkehr zu den Quellen ist manchmal heilsam.

»Ich habe den Wald und das Tal nach dreißig Jahren wiedergesehen, und diese halbe Heimat, die mir vor achtzehn Jahren die Gesundheit wiedergegeben hatte, hat nichts bei mir vermocht. Wie ein Traum ist es gewesen. Ich bin mit der Nordbahn gefahren. Sieben Stunden hintereinander bin ich marschiert, wie ein Soldat zum Rastplatz, und dann habe ich wieder die Eisenbahn bestiegen und bin zurückgefahren. Nichts hat mich ergriffen. Ich habe es ohne Erschütterung, ohne das Angerührtsein gesehen, das ich mir davon versprochen hatte. Ach, wenn ich meine Line bei mir gehabt und ihr hätte sagen können: ›Unter diesem Baum habe ich vom Ruhm geträumt; hier habe ich an eine Frau gedacht, die mich lieben würde; dort bin ich von der mütterlichen Tyrannei genesen, usw. ...‹, dann hätte alles einen Sinn gehabt...!«

Er wird wieder zu einem Kind, das danach trachtet, den Kopf an eine mütterliche Brust zu lehnen. In seiner Eve, der fernen Geliebten, hofft Balzac zugleich die Liebe und die Nachsicht zu finden, die die *Dilecta* an ihn verschwendet hatte. Ach! Eve bezeigt sich als eine strenge Richterin, und noch dazu als eine wenig erleuchtete, die die Gesetze der Not mißversteht. Er spürt: Sie ist verletzt, bitter, fast feindselig. Er möchte alle geschäftlichen und finanziellen Fesseln durchschneiden und zu ihr eilen. »Und dann erlebe ich es, daß Sie nichts von mir wissen wollen, und falle einer doppelten Verzweiflung anheim: derjenigen, nicht mehr erwartet zu werden, und derjenigen, keine Zeile geschrieben zu haben ... O mein Geist, wo bist du? In Berditscheff, in den Ebenen der russischen Beauce, die ich vor mir sehe, ohne sie je gesehen zu haben...« Er stöhnt: »Seien Sie ganz sanft mit dem Fernen; geruhen Sie ihn besser zu kennen, als Sie ihn kennen.« Warum schmäht sie ihn, er sei faul, und das sei die Folge einer Liebesausschweifung? »Schreiben, schreiben, mein lieber Herr«, sagt der spöttische *Louloup*. Ja, aber ein Manuskript mit der Signatur Schmerz und bitterer Kummer, »und das sind zwei Mitarbeiter, die das Leben zerstören«.

Warum wird ihm von der, die er anbetet, der Aufenthalt in der Ukraine verboten? Weil sie Angst vor der öffentlichen Meinung hat, weil sie bis zum Hals in Geschäften steckt, weil sie alt ist (sagt sie), weil er junge, frische Frauen braucht, weil der *Dab* (das heißt: der Zar) die Reise mit mißbilligenden Blicken ansehen würde? In begründeter Verzweiflung wendet Balzac sich an die nette Anna:

»Ihre liebe Mama schreibt mir sehr wenig und verbietet mir die Ukraine. Beides kommt mir wider die Natur vor ... Ich habe mich so an Euch drei gewöhnt, daß das Leben mir unerträglich geworden ist und daß nichts mich zerstreuen kann. Ich bin jetzt wie ein herrenloser Hund, der nur will, was er verloren hat...«

Diese Demut, dieser grausige Blick eines auf Zärtlichkeit begierigen und zurückgestoßenen Hundes hat etwas Herzzerbrechendes; seine Eveline, die ihn im Grunde liebt und der es nicht an Güte fehlt, ringt schließlich ihre Befürchtungen nieder und läßt sich erweichen. Dann soll er doch zu ihr kommen! Sogleich schüttelt er seine Stumpfheit ab, läßt seinen Paß visieren und trifft Reisevorbereitungen. Der Verleger Souverain wird ihm das nötige Geld geben, oder er wird es sich durch die Veröffentlichung einiger Novellen verdienen. »Ich nehme sechzehn kleine Roggenbrote und eine Zunge mit, damit ich von Krakau bis Wierzchownia zu leben habe.« Ach, wie glücklich ist er, daß er reisen kann! Ohne die Heißgeliebte ist er kein lebendiger Mensch mehr. »Mit meinem *Loup* ist *alles* möglich. Ohne ihn ist alles unmöglich, und ich lasse alles liegen. Mein Mut hat sich im Warten erschöpft... Ich jammere nicht, beachten Sie das; denn kein Mensch auf Erden ist glücklicher gewesen... Sie tragen Unendliches in sich...«

Daher hastet er jenem Unendlichen entgegen. Schneller kann man schlechterdings nicht reisen. Am 5. September 1847 fährt er mit der Nordbahn ab, die ihn so teuer zu stehen gekommen ist, und dann wird er mit Schnellpost, Extrapost und Kibitka am Montag, dem 13., in Wierzchownia sein. Man hatte ihm mit den schlimmsten Verdrießlichkeiten auf einer Reise durch Länder gedroht, deren Sprache er nicht kenne. Er hatte sich mit einem kleinen Henkelkorb versehen, der Schiffszwieback, konzentrierten Kaffee, Zucker, eine geräucherte Zunge und eine Flasche Anisette enthielt. Tatsächlich aber verschafft sein berühmter Name ihm überall herzliche Bewillkommnung. Der Direktor des Grenzdienstes, Herr von Hackel, ein Beamter mit liebenswürdigen, geistvollen Zügen, der ihn gleich persönlich begrüßt hat, bittet ihn, »la fortune du pot«, das, was gerade da ist, mit ihm zu teilen. Die Vortrefflichkeit jener Mahlzeit entzückte Balzac.

Natürlich wurde er, da er eine solche Gönnerschaft genoß, von den fürchterlichen Zollbehörden, vor denen man ihm so viel Angst gemacht hatte, mit größtmöglicher Rücksicht behandelt. Die russische Disziplin machte auf den Reisenden den günstigsten Eindruck. Dafür schätzte er nicht eben die Kibitka, einen Wagen aus Holz und Weidenrohr, »der einem die leichtesten Unebenheiten des Wegs in sämtliche Knochen überträgt ... Die Nacht war prächtig; der Himmel ähnelte einem blauen Schleier, der mit silbernen Nägeln befestigt ist. Diese tiefe Einsamkeit wurde durch das Glöckchen belebt, das immer am Hals des Pferdes klingelt und dessen heller, eintöniger Klang einem schließlich unendliche Freude macht ...« Endlich fährt er durch die *hochberühmte* Stadt Berditscheff in die Ukraine ein. »Sie ist die Wüste, das Reich des Weizens, die Prärie Coopers und ihre Stille. Dort beginnt der Humus der Ukraine, schwarzer, fetter, fünfzig Fuß tiefer und häufig noch tieferer Boden, der nie gedüngt wird ...« Er fiel in einen tiefen Schlummer und wurde durch einen Ruf geweckt. »Ich gewahrte eine Art Louvre, einen griechischen Tempel, den die sinkende Sonne vergoldete.« Es war Wierzchownia.

XXXVIII

BEI DER MARQUISE VON CARABAS[1]

> Eine bemerkenswerte Tatsache ... ist es, wie häufig wir unsere Gefühle einem Willen unterwerfen, in welchem Maß wir eine Verpflichtung uns selbst gegenüber eingehen, und wie wir uns unser Schicksal erschaffen. *Balzac*

Er hatte sich viel erhofft; er war überwältigt. Die Luftschlösser, die er seit so langer Zeit erbaut hatte, waren zu einem Schloß in der Ukraine geworden, und zwar zu dem wirklichsten der Welt.

Balzac an Laure Surville: »Dieses Domizil ist haargenau ein Louvre, und das dazugehörige Land ist groß wie unsere Départements. Man kann sich die Ausdehnung und die Fruchtbarkeit dieser Ländereien nicht vorstellen; sie werden nie gedüngt, und es wird alljährlich Weizen gesät. Wenngleich der junge Graf und die junge Gräfin für sich allein so an die zwanzigtausend Bauern, Männer, haben, was zusammen vierzigtausend Seelen ausmacht, bedürfte es an die vierhunderttausend zur Bestellung aller dieser Felder. Es wird nur gesät, was geerntet zu werden vermag ...«

Nachdem er ein Menschenalter lang sich das Glück ausgemalt hatte, der Marquis von Carabas zu sein, sah er sich jetzt als den künftigen Gatten der Marquise.

Tage der Verzauberung. Atala, Zéphyrine und Gringalet bewillkommneten ihn mit wahrer Herzlichkeit. Er wurde in einer entzückenden Wohnung einquartiert: Schlafzimmer, Salon und Arbeitszimmer. Das Tischsilber, das Porzellan und die Teppiche, zumal die Teppiche, die dick und fürstlich waren, befriedigten diesen anspruchsvollen Liebhaber. Aus allen seinen Fenstern sah er die unendlichen Weizenfelder der Ukraine. Und es waren im Schloß »fünf oder sechs solcher Wohnungen zu vergeben«!

»Dies Land ist sonderbar, insofern als einerseits die üppigste Prachtentfaltung herrscht, und anderseits die einfachsten Dinge unseres Komforts fehlen. Das Gut ist das einzige im ganzen Land, das eine Carcel-Lampe

[1] Siehe das Märchen »Der gestiefelte Kater«.

und ein Spital besitzt. Man hat Spiegel von zehn Fuß Höhe und keine Bespannungen an den Wänden ... Geheizt wird hier (und Wierzchownia ist ein Louvre) mit Stroh. Es wird wöchentlich in den Öfen das gesamte Stroh verbrannt, das man in Paris auf dem Markt Saint-Laurent sehen kann ...«

Die Liebenswürdigkeit der Gastgeber läßt den Mangel an Komfort und den rauhen russischen Winter vergessen. Die olympischen Götter führen ein schlichtes Familienleben. Anna liest Capefigue; das ist ein Marseiller Historiker und Autor von zehn Bänden *Europa zur Zeit Louis-Philippes*. Neben ihr sitzt ihre Mutter und fertigt Gobelinstickerei. Bilboquet bespricht mit dem Grafen Georges, genannt Gringalet, eine *grrroße* Spekulation; denn er wittert in der Ukraine, wie überall, glänzende Geschäftsmöglichkeiten.

Über dieses Thema bittet er Surville um eine Auskunft. Um folgendes handelt es sich: Georges Mniszech besitzt gemeinsam mit seinem Bruder André eins der schönsten Güter des Zarenreichs: Wisnowiec, in der Nähe von Brody; dazu gehören zwanzigtausend Morgen Eichenhochwald. Nun aber hat Frankreich jetzt, für Eisenbahnschwellen, einen riesigen Bedarf an Eichenholz. Es handelt sich darum, festzustellen, zu welchem Preis die Bäume von Wisnowiec an die französischen Eisenbahngesellschaften verkauft werden könnten, unter Berechnung der Transportkosten: 1. auf der Landstraße von Brody nach Krakau; 2. von Krakau nach Paris, eingeschlossen den Übergang über den Rhein bei Köln und über die Elbe bei Magdeburg; da es nämlich noch keine Eisenbahnbrücken gab, waren Umladungen unvermeidlich. Wir wollen provisorische Ziffern einsetzen. Wenn der Balken zehn Francs kostet und zwanzig Francs Transportkosten hinzukommen, so daß sich also dreißig Francs ergeben: zu welchem Preis kann man dann in Paris sechzigtausend Balken verkaufen? Wenn sich pro Balken nur ein Verdienst von zwanzig Francs ergibt, so könnte man sich zwölfhunderttausend Francs teilen. Hinzu käme eine unberechenbare Menge von Brennholz. Das wären Berechnungen für Félix Grandet.

Das Erstaunliche ist, fügt Balzac hinzu, daß ein so großartiges Geschäft noch nicht getätigt worden ist; aber das findet seine Erklärung in der Sorglosigkeit der Grundbesitzer dieses Landes, einer Art Kreolen, deren Neger die »Muschiks« wären. Surville möge ihm auf der Stelle antworten, denn seine Gastgeberin wolle ihn auf die Krim, den Kaukasus und bis Tiflis mitnehmen.

»Man kann sich die ungeheuren, in Rußland aufgespeicherten und aus Mangel an Transportwegen unausgewerteten Reichtümer nicht vorstellen ... Neulich bin ich zum ›follwark‹ [wohl: Vorwerk] von Wierzchownia gegangen; das ist die Stätte, wo der Weizen mit Maschinen gedroschen wird, und es waren allein für dies Dorf zwanzig Schober von sechsunddreißig Fuß Höhe auf fünfzig Fuß Länge und zwölf Fuß Breite ... Aber die Diebstähle der Verwalter und die Unkosten mindern die Einkünfte stark. Es müssen in Wierzchownia alle Gewerbe an Ort und Stelle betrieben werden: es gibt einen Konditor, einen Tapezierer, einen Schneider, einen Schuster usw., die alle zum Haus gehören. Ich verstehe jetzt die Notwendigkeit der dreihundert Diener, von denen der verstorbene Monsieur Hanski mir in Genf erzählt hat; er unterhielt ein ganzes Orchester ...«

Seine Gastgeber besitzen in Wierzchownia auch eine Fabrik, wo sehr gute Stoffe hergestellt werden; sie produziert jährlich zehntausend Stück. Ein Franzose ist ganz betroffen ob dieses »kolossalen Reichtums«.

Alle diese irdischen Güter sollen von Eve auf Anna übertragen werden, gegen eine lebenslängliche Rente. »Ich wußte von dieser Absicht«, schreibt Balzac an Laure Surville. »Übrigens bin ich nur zu froh, daß das Glück meines Lebens frei von allen materiellen Interessen ist.« In Wahrheit jedoch macht einzig diese Eigentumsübertragung die Ehe möglich. Aber es bleiben noch mancherlei Hindernisse zu bewältigen: die nicht erhaltene Einwilligung des Zaren; der Widerstand der Familie Hanski. »Ich habe mich hierher begeben müssen, um mir über die Schwierigkeiten aller Art klarzuwerden, die sich der Erfüllung meiner Wünsche entgegenstemmen.«

Es ist behauptet worden, auf Wierzchownia hätten zwei leichtlebige Frauen Balzac am Schreiben gehindert. Die Tatsachen beweisen das Gegenteil. Er hat dort zwar nur, im Dezember 1847, die zweite Episode von *L'Envers de l'Histoire contemporaine (Die Kehrseite der Zeitgeschichte)* vollendet, aber er hat am *Député d'Arcis* gearbeitet, einem riesigen Wälzer mit hundert Gestalten, an den *Petits Bourgeois*, am *Théâtre comme il est*, an *La Femme auteur (Die Schriftstellerin)*, deren verheißungsvoller Anfang zu hoffen gestattet, Balzac werde künftig »die Entwicklung der balzacischen Gesellschaft« aufzeigen. Claude Vignon, in *La Cousine Bette* Sekretär des Marschalls von Weißenburg, des Kriegsministers, hat in *Les Comédiens sans le savoir (Die Komödianten wider ihr Wissen)* einen Lehrstuhl an der Sorbonne inne und verfügt zudem über ein Feuilleton im *Journal des Débats*; in *La Femme auteur* wird er Mitglied des Instituts, ist nach wie vor Staatsrat und bringt es auf fünfzehntausend Francs an Gehältern. Joseph Lebas, der ehemalige Kommis des Tuchhändlers Guillaume, dann der Chef des *Hauses Zum ballspielenden Kater*, ist, nachdem er fünf Jahre lang Präsident des Handelsgerichts war, zum Pair von Frankreich ernannt worden. Der berühmte Gaudissart ist Bankier und Direktor einer Eisenbahngesellschaft: Er hat den Handelsreisenden, der er einmal war, vergessen. Andoche Finot (der in einem *Mémento* Balzacs als Graf Finot de la Caillerie figuriert [1]) erinnert sich bestimmt nicht mehr der Zeiten, da die jungen Revolverjournalisten ihn impertinent behandelten. Diese Fähigkeit zum Vergessen kann bei der Gesellschaft wie bei den Individuen beobachtet werden. Die Gesellschaft, die Balzac im Kopf trägt, »ist gleichzeitig autonom und getreu der historischen Wahrheit«.

Nicht nur, daß Eve Hanska ihn an der Weiterführung seines Werks nicht gehindert hätte: sie hat ihn dazu angetrieben. Auf der Heimreise schrieb er ihr: »Werfen Sie mir nicht vor, daß ich so wenig gearbeitet habe. Sagen Sie sich, daß ich ein Wunder vollbrachte, indem ich *L'Initié (Der Aufgenommene)* schrieb ...« Es handelte sich um die zweite Episode eines der Wohltätigkeit gewidmeten Werks, das er *Les Frères de la Consolation (Die Brüder vom Trost)* zu betiteln gedachte, das er aber später *L'Envers de l'Histoire contemporaine (Die Kehrseite der Zeitgeschichte)* nannte. Dieser Roman sollte das Gegenteil der *Histoire des Treize (Die Geschichte der Dreizehn)* sein: eine Gruppe allmächtiger, über die Maßen reicher Männer stellt sich in den Dienst der Tugend. Das erste Fragment *Les Méchancetés d'un Saint (Die Boshaftigkeiten eines Heiligen)* war 1842 in *Le Musée des Familles* erschienen, einer rechtsgerichteten Zeitschrift. Es war vom Geschlecht des *Médecin de Village* und des *Curé de Campagne*, ein Buch, das den Prix Montyon hätte gewinnen können. Die Ausführung schien schwierig: »Ein Drama ohne einen einzigen Wolf im Schafsstall interessant zu machen ist ein Kraftstück.«

Lösung: Es wird ein reuiger Wolf eingeführt. Godefroid, ein junger Dandy mit gelben Handschuhen, der verarmt ist, entdeckt in der Rue Chanoinesse, im Schatten von Notre-Dame, eine alte Baronin de la Chanterie, die von vier Unbekannten, unwandelbar wie Bonzen, umgeben ist, und die vom erzbischöflichen Palais und zugleich vom höchsten Adel mit tiefster Ehrfurcht behandelt wird. Diese geheimnisvolle Gruppe verfügt über riesige Kapitalien und wendet sie zur Rettung Gescheiterter an. Die Verschwörung der Tugend soll ebenso aufregend werden wie die Verderbnis der *Torpille*. Um das fertigzubringen, beschwört er eine (wahre) Chouan-Geschichte.

Unter dem Kaiserreich war in Rouen eine alte Marquise de Combray dazu verurteilt worden, zweiundzwanzig Jahre in Eisenfesseln an einen Pfeiler geschmiedet zu werden, weil sie Verschwörer beherbergt hatte. Ihre Tochter, Caroline Acquet de Férolles, war auf dem Schafott gestorben. Balzac macht aus Madame de la Chanterie ein Double jener historischen Dame: eine *Mater dolorosa*, über der schauerliche Erinnerungen schweben. Er hat sich

[1] Unter den Namen Finot de la Caillerie hat Balzac in seinem *Mémento* geschrieben: M. de Savary.

von Vimard, dem Schreiber des Appellationsgerichts in Rouen, den Text der Anklageakte kommen lassen, den er nachbilden will, wobei er sich sehr wenig davon entfernt. Warum erfinden? Dies ist eine Routinearbeit. Aber tausend Einzelheiten lassen erkennen, daß sie sich in Evelines Schatten vollzieht. Die Unbekannten aus der Rue Chanoinesse lesen alle die *Nachfolge Christi*. Warum? Weil im Jahre 1833 die *Nachfolge* das erste Geschenk Eves an Honoré gewesen ist. Er bewahrte darin gepreßte Blumen und Bänder auf, Liebeserinnerungen. Eben jenes fromme Buch schenkt Madame de la Chanterie dem Neophyten Godefroid. »Denn bei Balzac ist die Religion wie die Politik ihrem Wesen nach sentimental und romanhaft.« Abends, am Ofen, las er der Schloßherrschaft von Wierzchownia die Abschnitte vor, die er tagsüber geschrieben hatte. Sogar Georges, der weit mehr Insektensammler als Liebhaber von Romanen war, schien interessiert, »einer von Bilboquets größten Triumphen«.

Obwohl von einem Erschöpften geschrieben, hatte *L'Initié* seine Verdienste. Zwecks Erzielung dramatischer Effekte ist die Familie, die zu retten Godefroid (der Aufgenommene) beauftragt ist, ausgerechnet die des Generalstaatsanwalts Bourlac, der damals den Strafantrag gegen die Damen de la Chanterie gestellt und eine von ihnen zum Tode hat verurteilen lassen. Die Gestalt des Bourlac deckt sich mit dem Modell, dem Baron Chapais-Marivaux, kaiserlichem Generalstaatsanwalt am Kriminal- und Sondergericht zu Rouen; sein Vorname Bernard wird in *L'Initié* derjenige des Barons de Bourlac. Die Rolle des rührenden Opfers, die in jedem volkstümlichen Roman unentbehrlich ist, wird von Bourlacs Tochter Vanda übernommen, die an einer geheimnisvollen Krankheit leidet: dem polnischen Weichselzopf. Der Doktor Knothé, der Gutsarzt von Wierzchownia, kann gleichzeitig genauere Angaben über dieses absonderliche Leiden und gewisse Züge der Romangestalt des Doktors Halpersohn liefern, den Balzac auf den Plan treten läßt, um die Kranke zu heilen. Diese, ein »lachlustiges, verwöhntes Kind, musikalisch, eifrige Romanverschlingerin, verschwenderisch und kokett«, erinnert an Anna Mniszech. Balzac war in ein völlig polnisches Haus aufgenommen worden; er benutzte, was sich ihm darbot.

Der Türvorhang in Gobelinstickerei, im Roman eine Handarbeit Vandas, war die, an der Madame Hanska arbeitete. Der Gedanke, aus Bourlac trotz seiner unversöhnlichen Härte als Staatsanwalt einen Vater *à la* Goriot zu machen, der seinem Kind einen vorgespiegelten Luxus beschert, während im Nebenzimmer nur nacktes Elend und Verfall herrschen, entzückte Balzac. Er dankte ihn wohl seiner unmittelbar vorhergegangenen Lektüre des *Heimchens am Herd* von Charles Dickens. Er selber hatte sich in der Rue des Batailles den Spaß gemacht, seine Besucher durch einen schmutzigen

Korridor und leere Zimmer zu geleiten, ehe er sie in ein Boudoir aus Tausendundeiner Nacht führte. Der Schluß des Buches sollte melodramatisch oder erhaben wirken, je nach der Einstellung des Lesers. In dem Augenblick, da der alte Justizbeamte, gerührt ob solcher Güte, zu Boden sinkt, erscheint Madame de la Chanterie wie ein Gespenst, und Bourlac hebt die Augen auf und flüstert: »So rächen sich Engel.« Sogar die Religion nimmt bei Balzac etwas Magisches an und wird zum Werkzeug einer ungeheuren, dunklen Macht. Im Gesamtbau der *Comédie humaine* ist das Thema weniger ein persönliches Drama als die Schilderung des wohltätigen Paris, das ebenso geheim ist wie das lasterhafte.

Man kann sich vorstellen, daß während des Vorlesens im Salon von Wierzchownia viele Tränen flossen und daß die Damen, die ihren Freund Bilboquet manchmal bloß als einen spaßigen Unterhalter ansahen, erkannten, daß er zu allen Formen der Größe Zugang habe. Für ihn war Verzeihen etwas Selbstverständliches; die Menschen sind nun mal, wie sie sind. Man muß sie unnachsichtig schildern aber auch ihre edlen Seiten achten; sie fehlen kaum je, nicht einmal bei den schlimmsten.

Seine Gastgeber nahmen ihn mit nach Kiew:

Balzac an Laure Surville: »So habe ich denn das Rom des Nordens gesehen, die Tartarenstadt mit den dreihundert Kirchen, und die Schätze der Lawra, und die Hagia-Sophia der Steppen. Es ist ganz gut, das mal zu sehen. Ich bin mit Liebenswürdigkeiten überschüttet worden. Würdet Ihr es glauben, daß ein reicher Muschik alle meine Werke gelesen hat, daß er dem heiligen Nikolai jede Woche für mich eine Kerze opfert und daß er der Dienerschaft einer Schwester der Madame Hanska Geld versprochen hat, damit er erfährt, wann ich wiederkomme, damit er mich besuchen kann ...?«

Madame Mère schrieb zu Neujahr. Sie hatte in der Rue Fortunée eine Inspektion vorgenommen:

»Ich habe alles in bester Ordnung vorgefunden, und so sauber, daß auch die kleinlichste Frau nichts dagegen zu sagen gehabt hätte. Du hast zwei brave Hüter; ich halte sie für sehr ehrlich; sie wünschen Deine Heimkehr. Sie haben mir gesagt, Dein Kommen sei ihnen mehrmals in Aussicht gestellt worden, und sie hätten sehr wohl gemerkt, daß das geschehen sei, damit sie immer die gleiche Sorgfalt auf ihre Arbeit verwendeten. Dein Architekt, haben sie mir gesagt, sieht allwöchentlich einmal nach dem Rechten.

Ich halte mich wie stets zu Deiner Verfügung, lieber Junge; Du weißt es ja, ich bin überglücklich, wenn ich denen, die ich so sehr liebhabe, zu etwas nütze sein kann. Du kannst auf mich in allem und für alles in jedem Augenblick meines Lebens zählen.

Altem Brauch folgend, will ich Dir vom Neujahrstag erzählen. Mein erster Besuch hat Gott gegolten, und nachdem ich zu ihm gebetet hatte, habe ich in seinem Tempel nur noch einen einzigen Gedanken gehabt: nämlich euch – und nur eine einzige Bitte an ihn gerichtet: um das Glück meiner lieben Kinder ...«

Balzac genoß innig die Gesellschaft seiner vielgeliebten Seiltänzer, und sein Erschöpfungszustand hätte ihn wohl dazu getrieben, in der Geborgenheit des Hafens zu verweilen, den Wierzchownia für ihn darstellte; aber eine auf die Nordbahnaktien zu leistende Zahlung zwang ihn, schon im Januar, also mitten im Winter, nach Frankreich zu reisen. Madame Hanska schenkte ihm einen Fuchspelz. Es fror so stark, daß er über den Pelz noch einen Mantel ziehen mußte. Er nahm 90 000 Francs mit heim; die »Fremde« hatte sie ihm geschenkt, damit er jene Zahlung leisten und die laufenden Ausgaben decken konnte.

Es ist ein wohltuender Gedanke, daß Balzac während dieses Aufenthalts in der Ukraine glücklich gewesen ist. Zum erstenmal in seinem Leben hatte er in einem der Paläste mit zahllosen, willfährigen Dienern geweilt, von denen er seit seiner Kindheit geträumt hatte. Er hatte sich nicht entrüstet im Wissen, daß jene Willfährigkeit ihre Erklärung in der Strenge der Züchtigungen fand, die der geringste Verstoß gegen die Disziplin nach sich zog. Zulma Carraud hätte leichtes Spiel gehabt, ihm seine Fühllosigkeit gegenüber den Leiden des Volkes vorzuwerfen. Sie hatte recht, sich zu wundern, daß eine Phantasie, die so kraftvoll Menschen der eigenen Klasse zu schildern verstand, versagte, wenn es galt, Elend und Unterdrückung heraufzubeschwören. Aber er hatte sich, zum erstenmal, drei Monate lang befreit gefühlt von der täglichen Sorge um abzuliefernde Manuskripte, von der bohrenden Angst vor fälligen Wechseln und unbezahlten Rechnungen. Das war für den Menschen tröstlich; aber dem Schöpfer kam es nicht zugute. Wenn er auf Wierzchownia nicht im Rhythmus seiner großen Zeiten produziert hat, so beruht das teilweise darauf, daß der Druck der Notwendigkeit in dem polnischen Louvre nachließ; aber auch darauf, daß die *Comédie humaine* ihm neue Probleme stellte.

Das Volk seiner Gestalten ist mit ihm gealtert; viele sind gestorben. Man kann jetzt auf dem Père-Lachaise das prächtige Grabmal sehen, unter dem Esther Gobseck und Lucien de Rubempré ruhen. Vautrin ist Polizeipräfekt; Rastignac zum zweitenmal Minister. Sicherlich wäre es schön, wenn der Dichter noch einmal die Schatten zum Leben erwecken könnte, die, wie die Toten bei Homer, nichts inständiger verlangen würden, als sich um ihn zu scharen. Jene Gestalten auf der Suche nach ihrem Schöpfer drängen sich im Vorraum der unvollendeten Romane. Balzac heißt sie willkommen; er weiß, was er aus ihnen machen könnte; aber er fürchtet, es gebreche ihm an Kraft zum Abschluß seiner Epopöe. Das sind seine Gedanken, während er – um die Schultern den Pelz, den Eve Hanska ihm übergeworfen hat – im Schlitten über die trübselig-düstern, eisigen Ebenen dahinfährt.

XXXIX

UMWÄLZUNGEN, HERZBEKLEMMUNGEN, AUFFÜHRUNGEN

O welch ein blindes, dumpfes Meer
Stellt doch ein Volk im Aufruhr dar!
Victor Hugo

Februar 1848. Er findet Frankreich im Gewoge der Leidenschaften vor. Es war die Zeit der Reformisten-Bankette, bei denen die Redner zum Dessert das allgemeine Wahlrecht forderten. Thiers verglich das Ministerium einem lecken Schiff, das man von Minute zu Minute tiefer sinken sieht. Lamartine verkündete nach der Revolution der Freiheit die Revolution der Verachtung. Sogar die Nationalgarde schrie: »Es lebe die Reform!« Das Erkalten der Bourgeoisie bedrohte ernstlich eine bürgerliche Regierung. Balzac hatte nie allzuviel für die Juli-Regierung übriggehabt; er wünschte eine stärkere Macht. Aber er fürchtete die Krampfzuckungen, die jede Wandlung begleiten.

Am 22. Februar aß er bei Margonne, der eine Wohnung in Paris innehatte, zu Abend. Die Hälfte der Geladenen war des Aufstands wegen weggeblieben. Balzac mußte zu Fuß heimgehen; sein vor Angst schlotternder Wagenverleiher weigerte sich, sein Haus zu verlassen. Die Menge trug bei Fackelschein Leichen durch die Straßen. Am 23. hatte Balzac die Revolution vergessen und fühlte sich erfüllt von »streichelnden Gedanken«. Der Bengali träumte »auf den Rosen seiner Präbende«. *Präbende* war der neue Name für *Minou.* Abends erfuhr er, der König habe nachgegeben und das Ministerium geopfert. »Das ist der erste Schritt Louis-Philippes ins Exil oder zum Schafott«, schrieb Balzac an Madame Hanska. Seine Befürchtungen machten ihn zum Ultra. »Die Politik muß erbarmungslos sein, damit die Staaten gesichert sind, und ich gestehe Ihnen, daß ich beim Anblick dessen, was ich gerade gesehen habe, wie von je den *carcere duro* Österreichs, Sibirien und die Gepflogenheiten der absoluten Macht billige. Meine absolutistische Lehre gewinnt jeden Tag an Boden; mein Schwager pflichtet ihr bei.« Der arme Surville! Auch er hatte Angst.

Am 24. Februar folgt Balzac aus Neugier einer Kolonne Aufständischer und sieht, wie sie in den Tuilerien die Spiegel und Kronleuchter zerschlagen, die roten Samtvorhänge mit den goldenen Fransen zerfetzen und die Bücher verbrennen. Diese Saturnalien, sagt er, ekeln ihn an. Dabei nahm er Ornamente und Draperien vom Thron und die Schulhefte der kleinen Prinzen mit[1]. Der Sammler tröstete den Bewahrer.

Victor Hugo und seine Freunde hätten nur zu gern die Dynastie durch eine Regentschaft der Herzogin von Orléans, einer intelligenten und liberalen Fürstin, gerettet. Aber das Volk in Waffen erteilte der Kammer die Macht. Eine Republik wurde geboren; das würde, meinte Balzac, Anarchie, Not und Plünderung ergeben. Daß sein Freund Lamartine der provisorischen Regierung angehörte, stimmte ihn nicht zuversichtlicher; er hielt ihn für einen hochanständigen Menschen, mißtraute aber seinen lyrischen Ergüssen. Das Geld lief davon; die Nordbahnaktien erreichten ihren tiefsten Stand; die dreiprozentige Staatsanleihe sank jeden Tag. Der biedere Grandet hätte welche gekauft; Balzac schrieb an die Mniszechs, sie sollten Kapitalien nach Frankfurt überweisen und ihm zur Verfügung stellen; sie taten es nicht. Die Panik war so groß, daß es unmöglich wurde, einen Artikel oder ein Feuilleton unterzubringen. Verleger und Zeitungen wagten nicht, sich festzulegen.

In den Tuilerien war Balzac am 24. Februar einem jungen Schriftsteller, Feuilletonisten und Bohemien begegnet: Champfleury. Er lud ihn für den 27. nach der Rue Fortunée und empfing ihn in dem berühmten weißen Mönchsgewand. Champfleury fand ihn sehr schön: »Seine lebhaften, schwarzen Augen, sein üppiges, mit Weiß untermischtes Haar, die kräftigen, rein gelben und roten Tönungen, die einander auf seinen Wangen hart ablösten, die eigenartigen Barthaare liehen ihm das Aussehen eines aufgekratzten Ebers ... Er lachte oft und geräuschvoll; sein Bauch wackelte vor Freude, und hinter seinen von rotem Blut geschwellten Lippen kamen ein paar spärliche Zähne zum Vorschein, die fest und gesund waren wie Fangzähne...«

Balzac behielt Champfleury drei Stunden bei sich und gab ihm Ratschläge. Der junge Mann schrieb Erzählungen. »Bei Erzählungen kommt nichts raus«, sagte Balzac. »Ihre Novellen sind zu kurz; auf die Dauer muß das den Geist einengen.« Es fiel ihm ein, daß er in Cambrai einen gewissen Berthoud gekannt habe, der jede Woche in *La Presse* eine Novelle veröffentlichte. »Das ging ein, zwei Jahre gut. Und was ist seither aus ihm geworden ...? Schreiben Sie Novellen und Erzählungen, wenn Ihnen das Spaß macht, aber nicht mehr als drei im Jahr. Schreiben Sie diese Dinge nur zu Ihrer eigenen Freude; bei dreien im Jahr haben Sie dann in zehn Jahren dreißig Novellen veröffentlicht. Wenn dann von dreißig zwanzig Meister-

[1] Des Grafen von Paris und des Herzogs von Chartres, des Enkels Louis-Philippes.

werke sind, können Sie sich glücklich schätzen. Dann widmen Sie zehn Monate des Jahres dem Schreiben von Bühnenstücken, damit Sie Geld verdienen, viel Geld, denn der Künstler muß ein glänzendes Leben führen.« Um der Lehre das Beispiel zuzugesellen, zeigte er seine Gemäldegalerie und behauptete, Monsieur de Rothschild habe ihn sehr darum beneidet. Während des ganzen Besuchs sah der junge Besucher sich überrascht: »Aber diese Galerie kenne ich doch! Wo habe ich sie nur gesehen?« Plötzlich erkannte er sie wieder; es war die des Vetters Pons.

Champfleury hat das Glück gehabt, Balzac bei guter Laune anzutreffen; aber nur zu schnell tauchten die Ereignisse ihn wieder in seine Besorgnisse. Zwischen Bürgertum und Arbeiterschaft schien eine Kraftprobe unvermeidlich. Blusen gegen Gehröcke. Für den April wurden Wahlen nach dem allgemeinen Wahlrecht festgesetzt. Balzac schrieb dem *Constitutionnel*, er werde kandidieren. Keiner, sagte er, dürfe sich »dem Augenblick entziehen, da Frankreich alle seine Kräfte und die gesamte Intelligenz« aufrufe. Über seine Chancen war er ohne alle Illusionen. »Da die Mehrzahl der Menschen mittelmäßig ist«, sagte er zu Alexandre Weil bei einer Begegnung auf dem Boulevard, »stimmen sie im allgemeinen für das Mittelmaß, für ihresgleichen ... Glauben Sie etwa, Lamartine sei das Haupt der Republik? Solange er sich im Schlepptau der Rädelsführer mitziehen läßt, mag es gehen. An dem Tag aber, da er einem einzigen dieser Leute eine einzige seiner Ideen auferlegen will, wird er zerbrechen wie Glas.« Er selber, Balzac, wolle, wenn er nicht gewählt werde, Frankreich den Rücken kehren. Aber würde das überhaupt möglich sein? Die Revolution hatte auf Deutschland, Österreich und Polen übergegriffen.

Seine fixe Idee blieb: Zurück nach Wierzchownia. Was sollte er in Paris anfangen? Seine beiden Nährbrüste, die Literatur und das Theater, waren versiegt, und außerdem lehnte er es ab, Bürger einer Republik zu sein. Solange Lamartine Minister war, konnte er mit Leichtigkeit einen Paß erhalten. Nur mußte er, ehe er abreiste, sich seiner Schulden entledigen. Woher Geld nehmen? Es wurde ihm angeboten, den ehedem verbotenen *Vautrin* wieder aufzuführen, aber unter entehrenden Bedingungen: Frédérick Lemaître sollte den entthronten König parodieren. »Das ist eine Infamie, zu der ich mich nicht bereitfinde, und sollte ich achtzigtausend Francs dabei verdienen ...« Ein kleiner Trost: Louise de Brugnol, *die Kreatur*, heiratete; zwar nicht den Bildhauer Elschoët, aber einen reichen Industriellen, Charles-Isidore Segaut; das war eine unverhoffte Heirat, und sie machte aus dieser Intrigantin die Schwägerin eines Pairs von Frankreich! »Ist dieser Mensch denn wahnsinnig?« Aber »welch ein Glück, nur die Gewißheit zu haben, daß diese Bremse nie wieder meinen lieben *loup* stechen wird ...!« Es war zu hoffen, daß eine gut versorgte Dame der Gesellschaft nicht wieder erpressen und endlich die letzten der gestohlenen Briefe zurückgeben würde.

Die Rückwirkungen in Paris überraschen durch ihre Jäheit. Schon Anfang März gaben die Girardins eine glänzende Abendgesellschaft. Alle um Balzac, Bürger und Finanzleute, spekulierten; man kaufte zu niedrigen Preisen Grundstücke und Häuser auf. Geldleute sind Spieler; sie glauben immer, daß der nächste Einsatz vom Glück begünstigt sei. »Da die Republik sich nicht länger als allerhöchstens drei Jahre halten wird, muß man versuchen, sich keine Gelegenheit entgehen zu lassen ... Wir bekommen gezwungenermaßen einen Diktator oder eine Diktatur, und wir fallen in eine heuchlerisch konstitutionelle Monarchie zurück ...« Vorerst aber galt es, Arbeit zu finden.

In den Theatern sproßte wieder Hoffnung. Marie Dorval suchte ein Stück für das von Hostein geleitete Théâtre Historique. Nun aber hatte Balzac in seinen Mappen den Anfang eines Dramas, *La Marâtre (Die Stiefmutter)*, das passen und das er rasch vollenden können würde. Da das Verlagswesen schlummerte, blieb das Theater die letzte Hoffnung, und Balzac litt so sehr unter Geldmangel, daß er eine ganze Woche lang von einem Stück geschmortem Rindfleisch leben mußte!

An Madame Hanska: »Ich fühle mich gealtert. Die Arbeit wird schwierig, und ich habe höchstens noch genug Öl in der Lampe, um die letzten Manuskripte zu beleuchten, die ich machen will. Fünf oder sechs Theaterstücke bringen alles in Ordnung, und mein Gehirn lebt, so daß ich sie schreiben kann. Aber die letzten Dinge werden von meinen Tränen und meinen Abschiedsgrüßen durchtränkt sein. Ja, ich erhoffe mir nichts Gutes mehr ... Es gibt Menschen, die dazu geboren werden, nur die Bitternisse des Lebens kennenzulernen; andern dagegen lächelt alles, und ich bescheide mich. Ich danke Ihnen, und ich danke Gott für alles Glück, das Sie mir geschenkt haben ...«

Ach, könnte Balzac doch beim Theater den Weg machen, den er in der Literatur hinter sich gebracht hat, dann wäre er gerettet und reich. Aber wie in diesem Durcheinander arbeiten? »Es kommt zu einer Schlacht, und die Republik verliert sie.« Dann werden alle Werte steigen. Wenn doch nur Zorzi (Georges Mniszech) ihm 100 000 Francs anvertraute! Für 27 000 Francs bekäme man soviel Nordbahnaktien wie unlängst noch für 120 000 Francs! Die Gegenrevolution war sicher: »Wir leben nicht *auf* einem Vulkan; wir leben *in* einem Vulkan.« Als er diese Zeilen schrieb, hörte er in der Ferne die Menge die *Marseillaise* singen.

Obgleich seine Augen krank waren (er sah doppelt, und Nacquart befürchtete eine Lähmung des Sehnervs), machte *La Marâtre* Fortschritte. Er hoffte, das Stück am 9. April den Schauspielern vorlesen zu können. »Wir spielen es am 29. ... Habe ich Erfolg, ist alles gut. Ich werde der Scribe des Dramas und mache jährlich hunderttausend Francs.« Aber wie in dieser Atmosphäre schreiben? Die Baronin de Rothschild, das Barometer des politischen Drucks, hatte sich »die düstere Ruhe, die dem Sturm vorhergeht«, zugelegt. Balzac meinte, nach den Wahlen zur Nationalversammlung werde der Bürgerkrieg ausbrechen. Dennoch hielt er seine Kandidatur für die Nationalversammlung aufrecht; er konnte nicht Zeuge einer Lotterie sein, ohne ein Los zu nehmen. Vielleicht würde in sechs Wochen in ganz Europa kein Thron mehr aufrecht stehen. »Und, sehen Sie, man darf sich nicht täuschen. Der König war das Symbol des Eigentums. Ich fürchte, daß zur gegebenen Zeit gegen das Eigentum Sturm gelaufen wird ...« Damit wäre alles aus. Madame Hanska dürfe nie vergessen, daß sogar in Rußland das Eigentum bedroht sein werde. Wenn sie je aus der Ukraine fliehen müsse, warte ihrer eine Zufluchtsstätte in Paris; denn in drei Monaten werde Paris die sicherste Stadt der Welt sein. Der Aufstand werde dort die Diktatur gebären.

Am 9. April konnte er zwei Akte von *La Marâtre* Marie Dorval und Hostein vorlesen; sie schienen entzückt. Am 16. las er trotz seiner kranken Augen den dritten Akt. Der Direktor Hippolyte Hostein, der eine Liaison mit der Schauspielerin Marguerite Lacressonière hatte, bat Balzac inständig, dieser eine Rolle zu geben. Was für ein Mischmasch! Wie ärgerlich! »Theaterstücke schreiben, müssen Sie wissen, heißt, sich in ein Leben zum Tollwerden schicken.« Und dabei hat er sechs Stücke in Arbeit! »Aber das Theater wird mir die fünf- bis sechshunderttausend Francs einbringen, die ich brauche, oder ich verrecke dabei!« Übrigens lernt er bei diesen Herkulesarbeiten die Technik und wird bald Stücke ebenso leicht schreiben wie Romane. Was die Politik betrifft, so wird Paris von Gerüchten durchbraust. »Die Karlisten, diese Hohlköpfe, bilden sich ein, Heinrich V. werde durch Madame de Lamartine zurückgeführt werden, diese alte Engländerin, die Tochter eines Käsehändlers. Man könnte sich darüber totlachen.« Allein, wer weiß? Es ist nichts unmöglich. Dann würde Balzac mindestens Präfekt des Département Indre-et-Loire, oder Direktor der schönen Künste, oder Tabakhändler.

Einstweilen blieb Paris unheilverkündend traurig; auf den Champs-Elysées gab es fünfzig Wagen gegen zehntausend im Vorjahr. Die Regierung knebelte die Presse. »Wir haben die *Freiheit*, Hungers zu sterben, die *Gleichheit* im Elend, die *Brüderlichkeit* an der Straßenecke.« Die Erdarbeiter zogen über den Boulevard. Am 19. April, unmittelbar vor den Wahlen, trat Balzac in einem Brief an den *Constitutionnel* für eine standfeste Regierung ein:

»Von 1789 bis 1848 hat Frankreich, oder Paris, wenn Sie wollen, alle fünfzehn Jahre die Form seiner Regierung geändert. Ist es für die Ehre unseres Landes nicht an der Zeit, eine Form, eine Herrschaft, eine Beherrschung von Dauer zu finden oder zu gründen, damit unser Wohlstand, unser Handel, unsere Künste, die das Leben unseres Handels sind, der Kredit, der Ruhm, kurzum, alle Glücksumstände Frankreichs nicht periodisch in Frage gestellt werden? Im Grunde vermöchte unsere Geschichte der letzten sechzig Jahre das historische Problem des Verschwindens der dreißig Paris zu erklären, von denen an einigen Stellen der Erdkugel nur Trümmer übriggeblieben sind, die die Reisenden dann entdecken, um damit die Museen zu schmükken, und dabei sind sie doch die Ahnen des gegenwärtigen Paris!

Möge die neue Republik mächtig und weise sein, denn wir brauchen eine Regierung, die einen Pachtvertrag auf länger als fünfzehn oder achtzehn Jahre unterzeichnet, wie es dem Pächter gerade recht ist! Das ist mein Wunsch, und er hat den gleichen Wert wie alle Glaubensbekenntnisse ...«

Frankreich wählte am 23. April. Balzac erhielt bloß an die zwanzig Stimmen! Lamartine hatte (allein in Paris) 259 800. Im Grunde mutet es ganz natürlich an, daß Balzacs absolutistische Gedanken nicht den Beifall der wählenden Massen finden konnten. Obwohl die Wahlen gemäßigt ausgefallen waren, blieb die Zukunft in seinen Augen besorgniserregend. Paris würde die Nationalversammlung nicht annehmen, die die Provinz ihm beschert hatte. Mehr denn je wünschte Balzac, Frankreich zu verlassen. Lamartine versprach ihm den Paß; es galt nur noch, das russische Visum zu bekommen. Vorerst vollendete er *La Marâtre,* aß bei der Herzogin de Castries zu Abend (»Sie ist gräßlich; ein Kadaver ist sie«), und empfing seine künftige Schwägerin Aline, die ihre Tochter Pauline mitbrachte.

Am 3. Mai nimmt er bei der Herzogin de Castries an einer Aufführung von Mussets *Un Caprice (Eine Laune)* durch eine Liebhabertruppe teil. Roger d'Aldenburg (der natürliche Sohn der Herzogin und Victor von Metternichs) war in der Rolle des Chavigny »lächerlich«. Madame de Contades spielte die der Mathilde sehr schlecht. »Wie kommt es nur, daß eine Frau von Welt, die in einem Salon eine Frau von Welt darstellt, alle ihre Qualitäten einbüßt und erbärmlich wird ...? Wie groß werden dadurch die Schauspieler, wie offenbart sich dadurch ihr Talent ...!« Er geht von der Rue du Bac zu Fuß zurück nach der Rue Fortunée. Welch ein Fußmarsch! Während des ganzen langen Weges träumte er von Wierzchownia: »Wie gern gäbe ich alle meine Dramen hin, um auf der glatten Leinendecke des großen Tischs in Ihrem Salon Tee zu trinken, anstatt den Vorhang vor einem Publikum von Gaffern aufgehen zu lassen, die mich auspfeifen werden! Tausend liebe Dinge und anderes für die liebe Präbende ...«

Am Sankt-Honorius-Tag (dem 16. Mai) wurde in den Straßen von Paris Generalmarsch getrommelt und zum Sammeln geblasen. Marie Dorval (deren Enkel Georges Luguet gerade gestorben war) hatte die Rolle der Gertrude in *La Marâtre* abgegeben; sie wurde, Hosteins Wunsch entsprechend, von der Geliebten des Direktors gespielt. Dennoch hatte das Stück einen eklatanten Erfolg, den ersten, der Balzac auf der Bühne zuteil wurde. Endlich war es ihm gelungen, einem Drama die Kraft seiner Romane zu injizieren.

Die Handlung: Gertrude de Meilhac, Hauslehrerin beim Grafen de Grandchamp, einem alten General des Kaiserreichs, der nach der Restauration Tuchfabrikant in Louviers geworden ist (was als Ende einer Karriere seltsam anmutet), hat es fertiggebracht, sich von diesem ruhmbedeckten Wrack heiraten zu lassen, dessen Tochter Pauline sie erzogen hat. Sie liebt einen jungen Mann, denselben wie ihre Stieftochter, und versucht, diese zu vergiften. Balzac hat den Ursprung des Stückes angegeben. Als er sich eines Tages in einer dem Anschein nach einträchtigen Familie befand, hatte er grimmige Blicke aufgefangen und erraten, daß Stiefmutter und Stieftochter einander haßten. Er hatte nicht danach getrachtet, wie es ein realistischer Romancier getan hätte, mehr über die beiden Frauen zu erfahren, sondern es vorgezogen, seiner Intuition zu vertrauen. Dem häuslichen Drama hatte er, in bester Tradition der *Comédie humaine*, ein Bild der Epoche eingefügt. Der junge Marcandal, der Bewerber um Paulines Hand, ist der Sohn eines Generals, der 1815 den Kaiser verraten hat. Grandchamp, ein fanatischer Bonapartist, der den Eidbruch bis in die zweite Generation verfolgt, würde ihm nie seine Tochter geben. Es ist ein Fall Montecchi-Capuletti.

Théophile Gautier schrieb einen enthusiastischen Artikel: »Das Théâtre Historique hat trotz der Zeitumstände und der Hitze einen Erfolg errungen, auf den wir stolz sind, denn er wird einen Mann von Genie dazu ermutigen, die seltenen Qualitäten, die er im Roman bewiesen hat, dem Drama und der Komödie zu widmen ...« Gautier fragte sich, warum der tiefste Kenner des Menschenherzens nicht schon früher dem Theater die wunderbaren Gaben zunutze gemacht habe, die aus ihm ein für die Physiologen und die Dichter gleichermaßen erstaunliches Phänomen machten, und fand die Antwort: »Die heute faktisch abgeschaffte Zensur war nur der geringste Hinderungsgrund; wir wollen von inneren Schwierigkeiten sprechen, von verborgenen Fallstricken, von heimlichem Ekel, von beliebig erstandenen Unmöglichkeiten, von Hindernissen jeder Art, die die Konzeption des Werkes von seiner Darstellung vor der Rampe trennen ...« Der Stolz des Genies wird ungeduldig über diese Hemmnisse: »Der einzige Gedanke des Direktors, des

Regisseurs, der männlichen und weiblichen Darsteller, der Statisten ..., des Maschinenmeisters, des Bühnenmalers und des Beleuchters zielt darauf ab, einem ein anderes Drama aufzuerlegen, als man es geschrieben hat ... Man gibt nach, und dann werden unter unserm Namen alle diese ausgemachten Dummheiten ausgepfiffen.«

Diesmal hatte Balzac Ellbogenfreiheit gehabt, und die Kritik war einstimmig positiv. Auf Théophile Gautier, den befreundeten Beurteiler, folgte der oftmals feindlich eingestellte Jules Janin: »*La Marâtre* war ein voller Erfolg; abermals hat der vortreffliche Romancier gezeigt, daß er im höchsten Maß Anmut und Kraft ..., Natur, Kunst und Talent zu vereinen wußte.« Unglücklicherweise sind die politischen Gewitter den Schauspielen verhängnisvoll. Aufstände ließen Paris fiebern. Viele Leute wagten nicht mehr, ihre Häuser zu verlassen. Bei der zweiten Aufführung war der Zuschauerraum zu zwei Dritteln leer. Hostein teilte dem Autor mit, er gehe mit seiner Truppe nach England. Später, wenn die Aufregung sich gelegt habe, wolle man das Stück wiederholen. *La Marâtre* hatte Balzac noch nicht fünfhundert Francs eingebracht! Aber die Lobesworte ermutigten ihn, auf diesem Weg zu beharren. Er hatte weitere Pläne für die Bühne: *Les Petits Bourgeois, Mercadet, Orgon, La Folle épreuve (Die tolle Probe), Richard Coeur d'Eponge (Richard Schwammherz), Pierre et Catherine.* Madame Hanska teilte er mit, er wolle alle diese Stücke schreiben, um sein Gewissen zu entlasten: »Und wenn die Lage für mein Herz und mein Leben im Dezember noch die gleiche ist, gebe ich den Kampf auf; ich lasse mich dann ganz langsam von der Strömung treiben wie ein Ertrunkener. Dann werden Sie nichts wieder von Bilboquet hören ...«

Dieser elegische Ton findet seine Erklärung in neuen Ängsten um Eve. Solange er auf Wierzchownia weilte, war sie aufmerksam und zärtlich gewesen; seit der Rückkehr ihres Liebhabers nach Paris schien sie gleichgültig und beinahe hart. Diese sehr sinnliche Frau bedurfte eines steten, aktiven Naheseins, während der imaginative Balzac auch im Getrenntsein »kristallisierte«. Er schrieb endlos lange Briefe; als Antwort bekam er nur ganz kurze. Sie riet ihm, eine junge Person zu heiraten! Aline Moniuszko, der er diesen unglaublichen Brief zeigte, bot ihm auf der Stelle ihre Tochter Pauline an, was ihn noch unglaublicher dünkte. Ein junges schönes Mädchen einem Fünfzigjährigen in die Arme werfen ... Aber es handelte sich ja um feindliche Schwestern.

Margonne, der merkte, wie bekümmert und einsam Balzac war, bot ihm in seinem gewohnten, abgezirkelten und kühlen Stil an, nach Saché zu kommen. Balzac wollte *Les Petits Bourgeois* abschließen; er fühlte sich durch das Schweigen der Fremden wie zermalmt; er nahm an.

Anfangs bekam Saché ihm gut; er fand dort seine Touraine wieder, ihre Wälder, ihre schönen Täler, die kleinen Herrenhäuser aus *Le Lys*. Indem er Tag für Tag das Glück in Wierzchownia beschwor, verglich er sich mit Louis-Philippe, der in seinem englischen Exil Claremont sicherlich voller Heimweh an die Tuilerien zurückdachte. Die Februar-Revolution hatte am Schloßleben nichts geändert. Madame de Margonne, die trübselige Bucklige, war tot; der ewige Whist mit den Krautjunkern der Nachbarschaft wütete nach dem Mittag- und Abendessen weiter. Der Vouvray-Wein stieg zu Kopfe, und *Les Petits Bourgeois* kamen kaum weiter. Trotz Margonnes strikter Sparsamkeit wurde gut bei ihm gegessen, zu gut für Balzac, dessen Erstickungsanfälle und Herzbeklemmungen immer schlimmer wurden. Auf ansteigenden Wegen und mehr noch beim Ersteigen der steilen Schloßtreppe geriet er außer Atem. Er glaubte, ein Lungenödem zu haben; das erweiterte Herz »quoll über von Blut«.

Dem müssen verhängnisvolle Gemütsbewegungen hinzugefügt werden: die blutigen Pariser Junitage; fünfundzwanzigtausend Tote; Lamartines Sturz »in die letzte Verachtung«; die Theater geschlossen; Margonne drauf und dran, Saché zu verlassen, das im Fall einer Erhebung wenig Sicherheit bot. Obwohl Balzac Paris für noch weniger sicher hielt, gab es keine andere Lösung, als in die Rue Fortunée zurückzukehren. Jedenfalls aber war er froh, nicht während des Aufstands in Paris gewesen zu sein; er hätte sonst mit der Nationalgarde die Barrikaden der Insurgenten angreifen müssen, denen sein massiger Körper ein erlesenes Ziel geboten hätte. Zum Glück hatte seine Abreise schon vor geraumer Zeit stattgefunden, und die Nachbarn konnten ihn nicht verdächtigen, er habe sich seinen Pflichten als Bürgersoldat entzogen.

In Paris wartete seiner eine köstliche Überraschung: mehrere lange Briefe der Heißgeliebten. Er hatte sich geirrt, als er sie beschuldigte, ihn vergessen zu haben. Die Post, und nicht Gleichgültigkeit, hatte schuld. O diese Liebesbriefe! »Es ist Mittag; seit zehn Uhr lese ich sie ...! Haben Sie je die graue Weinbergdrossel bei der Lese beobachtet ...? Das reinste Paradies. Sich einfach volltrinken, ohne abzusetzen, am Quell Ihrer Seele, innerhalb zweier Stunden zwei Monate Ihres Lebens zu erleben, das ist unbeschreiblich ...« Sogleich antwortet er auf das *Grollen*. Wie hat sie sich trübe Gedanken über Alines *absurden* Vorschlag machen können, als diese Balzac die Hand ihrer Tochter anbot? Seit er vor siebzehn Jahren in Neuchâtel ein gewisses stiefmütterchenfarbenes Samtkleid gesehen, hat er nur noch von einer einzigen Frau geträumt. »Lassen Sie nur, wir werden in *aeternum* zusammen leben und ausruhen, auch wenn ich von meinem Kokadaver in der Ewigkeit gescholten werden sollte ...! Mitten im trüben und öden, von einem Drittel seiner Einwohner verlassenen Paris bin ich heiter; Sie wissen, warum. Es ist so, weil ich sehe, daß Sie mich ebenso lieben wie ich Sie ...«

Dabei ist in seinem Haus alles durcheinandergeraten. Zanella kocht schlecht und räumt nicht auf. »Ach, wenn Sie wüßten, wie sehr ich eine *phâme* [femme, Frau] brauche!« Bis die glückliche Zeit, da *seine* Frau die Zügel des Haushalts ergreifen wird, angebrochen ist, beauftragt er seine Mutter und seine Nichten Sophie und Valentine mit einer Inventaraufnahme. Wenn er wieder nach der Ukraine reist, soll seine ihm immer zu Gebote stehende Mutter in die Rue Fortunée übersiedeln. Zum Glück hat er einige Einnahmen. Die Comédie-Française gibt ihm fünftausend Francs Tantiemenvorschuß auf *Les Petits Bourgeois,* und das Odéon bietet fünftausend Francs auf *Richard Coeur d'Eponge* an. Wer weiß? Vielleicht findet er, wenn er lange genug lebt, die Zeit, nochmals eine *Comédie humaine* in dramatischer Form zu schreiben? Das wäre ein herrliches Abenteuer. Überdies erlaubt ihm eine Überweisung von zehntausend Francs durch Madame Hanska, die neue Einzahlung auf die Nordbahnaktien zu leisten, die um jeden Preis behalten werden müssen, denn das Netz wird bald völlig ausgebaut sein, und dann steigen die Aktien auf tausend Francs. So viele gute Nachrichten haben seine Herzbeklemmungen geheilt. Die Heißgeliebte schickt ihm in einem Brief eine rosa Immergrün-Blüte. Plötzlich fühlt er sich jung und zweifelt an nichts mehr.

Am 4. Juli starb Chateaubriand. »Paris war wie verblödet durch die Junitage, und all der Lärm durch das Geknall bei Erschießungen, durch Sturmläuten und Kanonendonner, der ihm noch in den Ohren dröhnte, hinderte es daran, die Stille zu hören, die rings um große, hingeschwundene Männer entsteht ...« Balzac folgte dem Leichenzug. Um ihn her schwatzen die Pariser: »Dies Trauergeleit ist eine Lehre gewesen. Es war kalt, im voraus organisiert, gleichgültig. Man fühlte sich dabei wie auf der Börse.« Am Abend speiste er bei den Survilles und spielte Whist. In den Straßen war zu vernehmen: »Platz da! – Stillgestanden! – Wer da?« Die Schwerhörigen oder die Geistesabwesenden, die nicht gleich antworteten, wurden niedergeschossen.

Balzac plante sofort, sich für Chateaubriands Fauteuil vorzustellen. Bedurfte die Akademie nicht eines großen Lebenden, um einen großen Toten zu ersetzen? Hugo, mit dem er darüber sprach, sagte ihm seine Stimme zu. Er bewunderte Balzac und hatte ihn durch Vacquerie um ein Feuilleton für die Zeitung bitten lassen, die er gerade gegründet hatte: *L'Evénement.* Ein unverhoffter Gewinn in diesen chaotischen Tagen. Zwischen Auguste Vacquerie und Balzac spann sich eine Freundschaft an. Vacquerie, dessen Versdrama *Tragaldabas* demnächst aufgeführt werden sollte, lud Balzac zu den

Proben ein. Danach wurde dann zu Fuß von der Porte-Sainte-Martin zum Faubourg Saint-Honoré zurückgegangen. Balzac mochte *Tragaldabas* ganz und gar nicht (»Ein schauderhaftes Stück, etwas wie Hugo auf heiter«), aber er machte seinem jungen Gefährten vertrauliche Mitteilungen. Er begann an die Rückkehr Heinrichs V. zu glauben; dann würde er um einen Gesandtenposten einkommen: London oder Sankt-Petersburg. »Wie schade«, sagte er, »daß Victor Hugo sich kompromittiert und sich der Republik angeschlossen hat ...! Jede Art von Ehrgeiz hätte er sich gestatten können.« Vacquerie bemerkte schüchtern, auch Balzac habe eifrig einen Sitz als Abgeordneter angestrebt. »Oh, das ist doch ganz was anderes«, sagte Balzac, »ich bin ja nicht gewählt worden.«

Am 17. August las er *Mercadet* (neuer Titel: *Le Faiseur, Der Aufschneider*) bewundernswert den Darstellern der Comédie-Française vor. Théophile Gautier, der ihn das Stück schon vorher hatte lesen hören, hatte gestaunt über Balzacs Schauspielertalent:

»Das kreischte, das miaute, das grollte, das brummelte, das heulte in allen möglichen und unmöglichen Tonarten. Zuerst sang die Geldschuld ein Solo, untermalt von einem gewaltigen Chor. Dann kamen von überallher Gläubiger heran, hinter dem Ofen, unter dem Bett, aus den Kommodenschubfächern; der Rauchfang des Kamins spie welche aus; andere krochen durchs Schlüsselloch; wieder andere kletterten zum Fenster herein wie Liebhaber; diese sprangen aus einem Koffer heraus wie Spielzeug-Teufel aus einem Kästchen; jene glitten durch die Wände wie durch eine Klapptür; es war ein lärmender Haufen, ein Gepolter, eine Invasion, eine wahre steigende Flut. Mercadet mochte sie abschütteln, soviel er wollte, es fielen immer neue über ihn her, und bis in die fernsten Weiten zitterte ein düsteres Gewimmel heranrückender Gläubiger; sie nahten wie Legionen von Ameisen, um ihre Beute zu verschlingen.«

»Niemals«, hat Jules Claretie, ein Schauspieler, der der Vorlesung beigewohnt hatte, gesagt, »niemals hat ein Mensch mich so sehr spüren lassen, was es mit der unwiderstehlichen Macht, dem Genie, auf sich hat.« Das Stück war einstimmig angenommen worden; aber auch auf die Gefahr hin, seine Chancen beim Theater wie bei der Akademie aufs Spiel zu setzen, hatte Balzac nur *einen* Wunsch, den nämlich, wieder nach der Ukraine zu reisen. Er entsprang weniger der Furcht vor der Revolution als dem Verlangen nach Nähe:

»Ich habe den ganzen Tag *gew* [illegible] *howniet*, und bei solcherlei Versunkenheiten bin ich dermaßen in Wie[illegible]wnia, daß ich die winzigsten Einzelheiten vor mir sehe. Mein Geist m[illegible]cht den Schrank mit dem Zuckerwerk auf, der unter der Fensterbank Deines Schlafzimmers ist, neben der Mahagonitür zum Toilettenkabinett; er zählt die Kerzenflecke auf der Plüschdecke, auf der wir Schach gespielt haben ... er schaut sich im Wäscheschrank die Taschentücher des geliebten *loup* an ... und dann wohnt er um halb neun dem Tee im Schlafzimmer der Madame Eveline bei. In Ehren, und wie ich Dich liebe, lebe ich dort ...«

Ja, das ist wirklich Liebe. Die ferne Gräfin besitzt kein unermeßliches Vermögen mehr; sie ist achtundvierzig Jahre alt. »Wenn ich also ein unstillbares Dürsten verspüre, bei meinem *loup* zu sein, wenn ich nur lebe, um meinen *minou* zu fühlen, wenn Deine Stimme zu hören, von Dir ausgescholten zu werden, das Rascheln Deines Kleids zu hören ein Wunsch ist, der mich zernagt, dann muß es wohl wahr sein ...«

Er bereitet schon Reise und Hochzeit vor. Er sucht den Pfarrer der Gemeinde Saint-Philippe-du-Roule auf, der sich ganz reizend bezeigt und ihm das *Demissorium* gibt, das es ihm ermöglicht, seine Ehe in einer polnischen Diözese einsegnen zu lassen. Die Russische Botschaft bewilligt das Visum, aber es werden geheime Instruktionen durch den Gouverneur von Kiew an den Militärgouverneur von Odessa geschickt: »Seine Majestät der Zar haben gnädigst geruht, dem französischen Literaten Balzac, der schon letztes Jahr hier gewesen, die Rückkehr nach Rußland zu gestatten ... Ich habe die Ehre, Eure Exzellenz zu bitten, ihn einer strengen Bewachung zu unterstellen und mich freundlicherweise über die Ergebnisse jener Überwachung zu unterrichten.«

Er war entschlossen, alles im Stich zu lassen und notfalls seine Naturalisierung in Rußland zu beantragen, wenn der Zar sie forderte; und so reiste er am 19. September ab, »seinem Polarstern entgegen«. Er bevollmächtigte Laurent-Jan mit der Wahrnehmung seiner literarischen und das Theater betreffenden Interessen. Madame Mère mußte in der Rue Fortunée die Regentschaft ausüben. Er verließ dies Nest, obwohl es »so würdig zweier Engel war«, ohne Bedauern. Der neuen Welt gegenüber, die in Paris und Frankreich entstand, fühlte er sich fremd. Zur Schilderung einer gewandelten Gesellschaft fehlte ihm der Abstand und die geistige Freiheit. Und wie sollte er arbeiten, wenn ihn der immer getäuschte Wunsch nach einer Heirat verzehrte, die das Heil bedeuten würde? Er war erschöpft, er keuchte; es drängte ihn, den Kopf an eine weiche, mütterliche Schulter zu legen. Daß die Mutter und Geliebte den verlorenen Sohn, den verschwenderischen, bisweilen schulmeisterte, tat der Liebe keinen Abbruch. Im Gegenteil. Und ferner, wenn die Kraft seiner Phantasie auch ungeschwächt geblieben war (die damals skizzierten Romananfänge beweisen es), so gebrach es an der physischen Kraft zum Bauen und Vollenden; er hoffte, sie an seiner ukrainischen Zufluchtsstätte wiederzugewinnen.

XL

DER NACHEN IM NEBEL

Ich gehöre der Opposition an, die sich das Leben nennt. *Balzac*

Balzac verlebte das Ende des Jahres 1848 und das ganze Jahr 1849 auf Wierzchownia. Nach dem Tumult und den Schrecken von Paris fand er dort einen friedlichen Hafen. Er hatte seine schöne Wohnung, einen ihm persönlich zugeteilten Diener, den Koloß Thomas Gubernatschuk, der manchmal einen Kniefall vor ihm tat. Wenn er morgens *sein* Arbeitszimmer betrat, hatte *sein* Muschik bereits ein großes Holzfeuer angezündet. Balzac trug pelzgefütterte Hausschuhe und hüllte sich in seinen Schlafrock aus Termolama, einem wunderbar warmen und leichten zirkassischen Stoff. Er kam sich vor »wie mit Sonne bekleidet«. Silberleuchter beleuchteten seinen Tisch. Er schrieb, ein Ermatteter, an *Mademoiselle du Vissard ou la France sous le Consulat*, *La Femme auteur*, oder auch an *Le Théâtre comme il est*. Aber es war nicht mehr die rasende Arbeit, wie damals, als ein zu bezahlender Wechsel ihn gezwungen hatte, in einer Nacht eine Novelle zu schreiben. Wenn während seines Verweilens auf Wierzchownia in Paris ein dringendes Geldbedürfnis spürbar wurde, wandte er sich an seine Gastgeberin, die durch die Mittlerschaft eines russischen Bankiers die betreffende Summe an Rothschild überweisen ließ. Das Freisein von Zwang tötet die Fruchtbarkeit.

Nicht, daß der Schloßherrin solcherlei Forderungen stets willkommen gewesen wären. Da sie ihre Güter an ihre Tochter abgetreten hatte, besaß sie nur noch eine Leibrente, und das schränkte ihre Hilfsmittel ein. Als letzte Hoffnung blieb der Graf Georges, aber die Gräfin Anna war sehr verschwendungssüchtig, und Mniszech selber steckte in Schulden. Die unermeßlichen Ländereien warfen einen lächerlichen Ertrag ab. Die Ehe ihrer Mutter mit einem verschwenderischen Franzosen, auf dem so schwere Passiva lasteten, schuf ihnen Unruhe. Sie waren voller Freude bereit, den genialen Gast, der Leben ins Haus brachte, zu beherbergen; aber sie fürchteten, zu erleben, daß Madame Hanska in Frankreich Lasten auf sich nahm, die ihre Mittel überstiegen. Das schöne Haus in der Rue Fortunée, von dem Balzac mit so viel Stolz sprach, war nicht bezahlt; gehörige Summen waren noch für das

Mobiliar zu entrichten. Und würde die künftige Madame de Balzac nicht die ganze Familie ihres Mannes durchfüttern müssen? Die Schwiegermutter besaß keinen roten Heller mehr; Madame Hanska hatte bereits zugesagt, ihr eine Pension von jährlich zwölfhundert Francs zu zahlen. Auch der Schwager Surville klagte und stöhnte; seine Geschäfte gingen schlecht, wie stets; der Verlobte Sophies hatte sich eines Besseren besonnen, und Laure hatte zwei Töchter auszustatten. Die Bande des Herzens und des Geistes zwischen Balzac und seinem Polarstern waren verläßlich; aber sie zögerte noch, den Eheknoten zu knüpfen. Zumindest sollte gewartet werden, bis Bilboquet alle seine Schulden bezahlt habe. Aber wie sollte man, darüber hinaus, einem Mann Glauben schenken, der nie das Falsche vom Wahren hatte unterscheiden können?

Dieses Zögern, das er ahnte und das häufig offen ausgesprochen wurde, quälte ihn. Er war am Ende seiner Kräfte; er rechnete nur noch mit dieser märchenhaften Heirat zur Festigung seiner Situation und zur Sicherung seines Glücks. Die Akademie? Er hatte seine Mutter beauftragt, bei sämtlichen Unsterblichen »Karten abzugeben«, aber Karten wiegen nicht leibhaftige Gegenwart auf. »Du hast mir ganz richtig die Karten für die Akademiker vorgezählt; bald wird abgestimmt; hätten nicht noch weitere Schritte unternommen werden müssen ...?« regte sie schüchtern an. Am 11. Januar sollte über Chateaubriands Fauteuil verfügt werden. Als Victor Hugo Platz genommen hatte, neigten sich Empis und Pongerville (zwei dem tödlichsten Vergessenwerden geweihte Unsterbliche) seinem Ohr zu und fragten: »Nicht wahr, Balzac?« Entgegnung: »Bei Gott, ja!« Es gab nur zwei Kandidaten: den Herzog von Noailles und Balzac. Der Herzog von Noailles bekam fünfundzwanzig Stimmen; Balzac vier; zwei Zettel waren ungültig, einer unbeschrieben. Acht Tage später neue Wahl für den Fauteuil Vatout. Balzac hatte zwei Stimmen: Hugo und Vigny. Hätte man die Stimmen gewogen, so wäre er gewählt worden; sie wurden indessen gezählt, und so kam der Graf de Saint-Priest durch. Der Autor der *Histoire de la conquête de Naples (Geschichte der Eroberung Neapels)* trug den Sieg über den Autor der *Comédie humaine* davon. »Jede Versammlung ist Pöbel«, hat der Kardinal de Retz gesagt. Laurent-Jan schrieb an Balzac: »Es scheint, daß schlechte Grafen gute Akademiker ausmachen.«

Inzwischen regiert in der Rue Fortunée Madame Mère, belagert vom Notar, dem Steuereinnehmer, den Lieferanten. Sie hat Befehl, den Tapezierer anzuspornen, Leuchtereinsätze aus Kristall zu kaufen; *einen einzigen* Silberteller im Leihhaus einzulösen und ihn als Muster dem Goldschmied Froment-Meurice anzuvertrauen, damit dieser das silberne Tafelservice komplettieren kann; sie soll zwei sehr hübsche Konsolen in Boule-Einlegearbeit, geschmückt mit Chimären (ein redendes Wappen), anfertigen lassen; darauf sollen zwei chinesische Vasen zu stehen kommen; sie muß sie beim Tragen *unten anfassen;* denn faßte sie sie oben an, so würden sie zerbrechen. Hundert Aufträge werden ihr erteilt; das ist eine ermüdende Tätigkeit für eine alte Dame von zweiundsiebzig Jahren, aber sie wird damit fertig. Der Sohn ermächtigt sie, Wagen zu benützen (und nicht den Omnibus, obwohl dieses Beförderungsmittel nur sechs Sous kostet). Sie bekommt gutes Essen, hat es warm und genießt nach Herzenslust dieses wundervolle Haus, und zwar um so mehr, als sie die Dürftigkeit kennengelernt hat und der Not nahe gekommen ist.

Sie wacht fast stets morgens um vier auf, dann beginnt sie den Tag damit, daß sie ihre Seele zu Gott erhebt, darauf »döst« sie bis sechs. Sie zieht sich allein an, geht zur Messe und gibt danach ihre Weisungen für den Tagesablauf; zu François sagt sie: »Es ist feuchtes Wetter; die Dampfheizung muß angesteckt werden«; zu Zanella: »Suppe, gedämpfte Maronen, etwas Fisch.« Abends liest sie die *Nachfolge* und strickt an einer Bettdecke für ihre Enkelin Sophie. Ganz entschieden ist das ein etwas strenges Leben; kein armseliges Trick-track-Spiel, keine kleine Schachpartie; aber dies Wohnen »in Deinem hübschen Zauberpalast, die treffliche Bedienung darin, das erinnert mich an gute Tage. Hätte Dein Vater ein paar Jahre länger gelebt, so würde ich zwar keinen so vollkommenen Luxus, aber eine meinem Alter und meinem Rang entsprechende Behaglichkeit gehabt haben ...! Gott sei gelobt für alles; ich beuge mich seinem Willen ...«

Honoré macht ihr einige kleine Geschenke, was nur recht und billig ist, da sie sich seinetwegen soviel Mühe macht; aber er behandelt sie hart, wenn sie irgendeinen Irrtum begeht. Angesichts einer Einzahlung für die Nordbahnaktien und verschiedener Schulden wegen hat er durch seine Eve 31 000 Francs an seine Mutter überweisen lassen. Rothschild sollte diese Summe in der Rue Fortunée Nr. 14 auszahlen, und zwar auf den Namen *Madame Sallambier*. Warum? Weil Balzac selber bei dem Bankhaus Schulden hat und nicht Gefahr laufen will, daß ein übereifriger Kassierer zwecks Kontoausgleich einen Teil der Summe abzapft, wenn der Name *Balzac* erscheint. Als nun aber der Bankbote sich mit dem Geld in dem »Zauberpalast« einfindet, sagen die Bediensteten, eine Madame Sallambier kennten sie nicht! Natürlich alarmiert das Bankhaus Rothschild, dem geantwortet worden ist: »Madame Sallambier? Unbekannt«, den russischen Bankier der Madame Hanska: Halperin. Dieser erbittet in Wierzchownia neue Instruktionen. Welche Demütigung für Honoré! »Es war dasselbe wie ein Dolchstich. Wie habe ich gelitten!«

Und wie kann seine Mutter so unklug sein, in ihren Briefen offen über

Laures Geldsorgen zu schreiben? Wie kann sie es wagen, zu schreiben, Surville sei ruiniert, wenn die Sache in Capestang erfolglos bleibe (es handelt sich um die Trockenlegung eines Teichs im Hérault)? Hat denn Madame Balzac keine Vorstellung davon, was die Ankunft der Post an einem Ort bedeutet, der so weit ab von allem liegt wie Wierzchownia? Ein berittener Kosak bringt sie von Berditschew her. Begierig wird nach ihm Ausschau gehalten; man teilt einander die Briefe, die Nachrichten mit. Törichterweise hat Balzac angefangen, jene ungeschickte Epistel laut vorzulesen. Nun ist er gezwungen, einzugestehen, daß Surville von den Gläubigern gehetzt wird wie er selber vor zwanzig Jahren. Also herrscht auf Wierzchownia endloses Gejammer: »Hätten wir nicht auf so kostspieliger Basis das Haus in der Rue Fortunée übernommen, so hätten wir heute ein Barvermögen und könnten die Leiden des Erfinders lindern.« Ferner hätte es sich erübrigt, von den Schulden bei den Guidoboni-Viscontis zu sprechen, oder, wenn schon, dann doch wenigstens unter dem Namen von Schulden bei Fessart. Wieso hat die Mutter nicht genügend Vorstellungskraft zum Vermeiden solcher Pannen?

Die arme Alte gerät ihrerseits in Harnisch: »Wenn Sie freundlicher zu Ihrer armen Mutter sind, dann sagt sie Ihnen, daß sie Sie liebhat. Ich bete für Ihre Ruhe; die unsere ist ein Problem ...« Er bricht los:

Wierzchownia, 22. März 1849: »Wenn jemals jemand erstaunt gewesen ist, dann ganz bestimmt der kleine fünfzigjährige Junge, an den Dein Brief mit dem Gemisch von *Sie* und *Du* gerichtet war; er trägt das Datum des 4. dieses Monats und traf gestern ein ... Und um nicht einen andern gleicher Art zu bekommen, möchte ich Dir sagen, daß ich darüber gelacht hätte, wenn es mir nicht tief zu Herzen gegangen wäre, daß ich darin einen absoluten Mangel an Gerechtigkeitssinn und eine grausame Ahnungslosigkeit von Deiner und meiner Lage erblickt hätte. Dabei solltest Du in Deinem Alter wissen, daß, wenn man schon nicht Fliegen mit Essig, man noch viel weniger Frauen mit dieser unangenehmen Säure fängt. Das Schicksal will es, daß dieser Brief mit seiner erklügelten Schroffheit und seiner übersteigerten Dummheit mir nun im gleichen Augenblick in die Hände fällt, da ich gesagt hatte, Du müßtest in Deinem Alter alle Dir zukommende Behaglichkeit haben, und Zanella solle immer bei Dir bleiben; daß ich nicht zufrieden sein würde, bis Du nicht außer Deiner Pension von monatlich hundert Francs Deine Miete bezahlt und 300 Francs für Zanella bekämest ... Und nun muß ausgerechnet im Zusammenhang mit Dingen, deren Wahrheit Du selber anerkennst ... ein Brief zu mir kommen, der, moralisch gesprochen, die gleiche Wirkung tut wie die gereizten, starren Blicke, mit denen Du Deine Kinder erschrecktest, als sie fünfzehn waren, und die bei den fünfzig, die ich jetzt leider bin, völlig verpuffen.

Überdies ist die Frau, von der ich alles Glück meines Lebens erwarte, und zwar *das einzige* eines stürmischen, arbeitsamen, gehetzten, von oben bis unten in beständigen Notlagen hingebrachten Lebens, diese Frau ist kein Kind mehr; sie ist kein achtzehnjähriges Mädchen, das vom Ruhm geblendet oder von einem Vermögen verlockt oder von den Reizen der Schönheit angezogen worden ist. Ich biete ihr nichts von alledem dar. Sie ist eine Frau, die die vierzig hinter sich hat, und mancherlei Schweres. Sie ist sehr mißtrauisch, und was sie erlebt hat, hat ihr Mißtrauen gesteigert ... Es ist ganz natürlich, daß ich in der Stimmung, in der ich sie seit zehn Jahren weiß, ihr gesagt habe, *sie werde nicht meine Familie heiraten;* es sei gänzlich ihr überlassen, ob sie die Meinen sehen oder nicht sehen wolle, denn die Redlichkeit, der Takt und der gesunde Menschenverstand schrieben es vor, so zu handeln. Deswegen habe ich Laure und Dir diese Bedingung nicht verheimlicht. Schon das allein, was übrigens ganz natürlich ist, ist Euch verdächtig vorgekommen, und Ihr habt gemeint, es seien bloß Vorwände, oder eine schlechte Absicht meinerseits: Verlangen, mich zu erhöhen, Aristokratie, Abkehr von den Meinen, usw. ... Dabei ist es die reine, schlichte Wahrheit ... Glaubst Du, daß Deine Briefe, in denen Du mir kaum je ein paar knappe, herzliche Worte sagst, mir, auf den Du stolz sein müßtest, und daß vor allem ein Brief wie der gestern empfangene einer Frau dieses Charakters und dieser Lebenserfahrung eine neue Familie zu etwas *Verlockendem* machen könnte ...?

Ich bitte Dich bestimmt nicht, Gefühle zu heucheln, die Du schwerlich hast, denn Gott und Du wissen ganz genau, daß Du mich, seit ich auf der Welt bin, nicht gerade mit Liebkosungen überschüttet hast. Und daran hast Du recht getan, denn wenn Du mich geliebt hättest wie den armen Henry, wäre ich wohl, wo er ist, und in diesem Sinn bist Du mir eine gute Mutter gewesen. Aber was ich wollte, daß Du es hättest, wäre *Verständnis für Deine Interessen;* das hast Du nämlich nie gehabt; das wäre, daß Du mir nicht nochmals meine Zukunft vermauerst; denn mein Glück will ich Dir gegenüber lieber unerwähnt lassen ...«

Balzac wunderte sich über die Blindheit der Seinen. Wie? Er besaß nach wie vor die größten Chancen, eine reiche, edle Frau von erlesener Güte zu heiraten, die von ganz Rußland begehrt wurde; die, sobald sie in Paris lebte, dort eine Macht darstellen und sich in einer begünstigten Stellung befinden würde, so daß sie den beiden Surville-Töchtern zur Ehe verhelfen könnte. Und um ihren hochmütigen Charakter zu bekunden, verdarb seine Mutter alles! War Laure sich denn nicht bewußt, daß für Madame Hanska nichts leichter sei, als Balzac und seine erhabene Familie einfach sitzenzulassen? Wenn sie das nicht tat, dann nur deswegen nicht, weil ihre Kinder und sie selber für Balzac eine ständig wachsende Bewunderung hegten. Da dem so war, wie würden sie sich da nicht vor den Kopf gestoßen fühlen, wenn seine eigene Familie ihm nicht die gleiche Hochachtung bezeigte?

An Laure Surville: »Nimm mir nicht übel, was ich Dir jetzt sage. Es kommt aus gutem Herzen und aus dem Verlangen, Dich darüber aufzuklären, wie Du Dich bezüglich der Hochzeit zu verhalten hast. Also, liebes Kind, es muß wie auf Eiern gegangen, jedes Wort muß überlegt werden, und ebenso alles, was man tut. Kurz und gut, wenn ich bei irgend etwas in diesem langen Brief unrecht haben sollte, dann darfst Du mir deswegen nicht böse sein; halte Dich an das, was richtig ist, und vor allem, verbrenn ihn, und dann soll nicht mehr davon die Rede sein. Eben das empfehle ich auch meiner Mutter ... Vergiß vor allem nicht, daß ich nicht die mindeste Lust verspüre, *meine Familie zu gängeln, unnachsichtig* zu sein, oder auf *Gehorsam* erpicht ... Ich möchte nur, daß sie keine Fehler begeht; wenn der gesunde Menschenverstand mir unrecht gibt, wollen wir fortan darüber schweigen ... Das einzige, wonach mich dürstet, ist absolute Ruhe, ein Leben innerhalb meiner vier Wände und maßvolle Arbeit, um die *Comédie humaine* zu beenden.

Ich glaube, die Dinge richtig zu sehen, und ich hoffe, wenn sich zufällig meine Pläne hier wieder aufgreifen lassen, wie man so sagt, ein gutes Haus zu führen. Wenn alles gänzlich scheitert, nehme ich die Bibliothek, und was mir sonst noch in der Rue Fortunée gehört, wieder an mich und beginne nochmals in philosophischem Gleichmut mein Leben und den Aufbau meines Vermögens ... Aber diesmal gebe ich mich in irgendeinem Etablissement in Pension und nehme mir bloß ein möbliertes Zimmer, damit ich in jeder Beziehung, auch was das Mobiliar betrifft, absolute Ruhe habe ... Für mich geht es bei der augenblicklichen Angelegenheit, das Gefühl beiseitegelassen (das Mißlingen würde mich seelisch umbringen), um alles oder nichts; ich wage alles. Geht die Partie verloren, so führe ich kein Leben mehr, sondern begnüge mich mit der Mansarde in der Rue Lesdiguières und mit hundert Francs im Monat. Herz, Geist und Ehrgeiz wollen bei mir nichts anderes, als was ich seit sechzehn Jahren erstrebe; wenn dies ungeheure Glück fehlschlägt, brauche ich nichts mehr und will ich nichts.

Niemand soll glauben, ich sei auf Luxus versessen; ich liebe den Luxus der Rue Fortunée mit allen seinen Begleitumständen – als da sind: eine schöne Frau aus guter Familie in guten Verhältnissen und mit den schönsten verwandtschaftlichen Beziehungen; aber um seiner selbst willen habe ich keinerlei Neigung für den Luxus; die Rue Fortunée ist lediglich *für* und *durch sie* geschaffen worden ...«

Ein weiterer Beschwerdepunkt, freilich ein geringfügiger. Zu Beginn seines Aufenthalts in der Ukraine hatte er ein paar Briefe seiner Nichten bekommen, Briefe »sehr kätzchenhafter«, geistreicher junger Mädchen, die der Gräfin Anna Spaß gemacht hatten. Dann hatten Sophie und Valentine aufgehört zu schreiben, weil, so hatte Madame Mère gesagt, der Onkel Honoré aufgehört hatte, ihnen zu antworten: »Wie, *Du*, meine Mutter, findest, Dein ältester, fünfzigjähriger Sohn sei verpflichtet, an seine Nichten zu schreiben? Meine Nichten sollten sich sehr geehrt und sehr glücklich vorkommen, wenn ich ein paar Worte an sie richte ...« Unter diesem Tornado beugte sie sich. Sophie und Valentine machten sich wieder daran, zu »sévignanisieren«.

Die reizende Sophie führte auch Tagebuch. Die ganze Familie hatte eben Tinte im Blut. Am 1. Januar 1849 schildert Sophie das Abendessen, das Valentine und sie in der Rue Fortunée »bei Großmutter« gegeben haben ... »Die arme Großmutter! Wie hat sie sich gefreut, daß sie uns empfangen, daß sie die große Dame spielen konnte *wie in früheren Zeiten* ... In dem gemeißelten Kamin loderte ein mächtiges Feuer ... Was für ein gutes kleines Abendessen war das, alles, was wir gern mochten. François und Zanella eifrig um uns bemüht! Nur mein Vater ist mir traurig und trübsinnig vorgekommen ... Mein Onkel ist in Rußland. Nicht mal geschrieben hat er uns! Er, der in Luxus und Geld schwelgt, denkt nicht an seine armen kleinen Nichten ...« Sophie hat sich in Ivan Carraud verliebt, Zulmas Sohn; es ist eine hoffnungslose Liebe. Und Väterchen Dablin, der seinen Neujahrsbesuch macht, bringt keine Geschenke mit: »Pfui, wie häßlich das ist! Ein alter Junggeselle, der seine vierzigtausend Francs Zinsen und eine Leidenschaft für Antiquitäten hat; wenn er wenigstens eine Porzellantasse zu zwei Francs mitgebracht hätte. Na ja, bei seinem Alter kann man schon Nachsicht mit der Knauserei haben ...«

Endlich schreibt Onkel Honoré. Sein Brief klingt traurig. Er ist seiner Heirat »mit dieser schönen, edlen Gräfin Hanska« noch nicht sicher. »Ob er glücklich wird? Sie ist recht stolz; sie glaubt, er stehe unter ihr, so berühmt er auch ist. Vielleicht täusche ich mich. Daher wünsche ich glühend, daß ihm alles nach Wunsch geht. Und dabei wird uns das trennen. Wir werden gedemütigt werden; aber was liegt daran? Ich will heute abend für die Heirat meines Onkels beten ... Ich will ihn so wie er ist liebhaben ... Er kündigt meiner Großmutter eine Pension von monatlich hundert Francs an. Welch ein Glück ...! Man muß zugeben: Bei der großen Dame schwingen seine Gefühle sich auf, und sein Herz wird neu geboren. Er ist gütig. Er liebt sie also wahrhaft ...« Kluges Kind, die kleine Sophie; sie hat schon verstanden, daß wahre Liebe Güte erzeugt. Sie bedauert ihre Eltern und spricht sie davon frei, daß sie sich ihr Leben verdorben haben: »Mein Gott, was für ein durchbohrender Anblick ist es, wenn ein so tapferer Vater mutlos wird! Er hat so viel gearbeitet...! Er geht zu Bett, aber er schläft nicht...« Dann nimmt sie Papa mit in die Tuilerien und nach Neuilly. »Wie schön ist doch Paris! Wie schön die Sonne! Wie frisch und mild war die Luft...!«

Den Naturalisten macht es Freude, in Sophie und Valentine die Züge der »Heiligen Familie« in der folgenden Generation wiedererscheinen zu sehen. Sie besitzen den Hang zum Schreiben, einen Anflug von Eitelkeit, einen Fundus an Güte. In der Ausdrucksweise und den Umgangsformen sind sie bürgerlich; aber von den Großeltern her haben sie eine instinktive Hochachtung vor dem Adel und blicken auf Kaufleute herab. Bei Monsieur Dablin ist das ein bißchen anders; er liebt schöne Kunstdinge und die Musik. Er lauscht voller Freude, wenn Sophie Klavier spielt. »Ich schätze ihn, aber mein Stolz hindert mich, es ihm zu zeigen. Er ist reich, und ich möchte mich nicht in den Haufen Leute mischen, die auf seine Erbschaft versessen sind...« Wenn übrigens Dablin »von diesen Satelliten umgeben ist, läßt er sich auf die Seite der Vulgarität hinüberziehen und verfällt wieder auf seine fürchterlich plumpen Späße und lacht wie ein Ladenbesitzer...« Die Balzacs sind, wie jedermann weiß, Künstler. Sie vergessen, daß diese und jene ihrer Vorfahren ebenfalls im Marais Läden gehabt haben. Maman hat gerade ein Stück geschrieben: *La Femme heureuse (Die glückliche Frau).* Papa hat es gelesen und kritisiert. »Bei Kunstwerken«, schreibt Sophie, »darf man nie auf die Urteile der Familie hören; wenn sie nicht zu mild sind, sind sie zu streng.« Man könnte sich in das Villeparisis von 1820 versetzt glauben.

Balzac an Laure Surville, 25. Juni 1849: »Die Briefe Deiner Kleinen machen unsagbare Freude. Man hat sich über ihre Charaktere klarzuwerden versucht, über ihre besondere Art der Schönheit, ihr Wesen, und zwar all das nach dem Stil, der Handschrift und den Briefen. Immer wird unter großem Geschrei nach *ihren* Briefen verlangt, wenn ein dicker Packen ankommt, auf dem ich Deine Handschrift erkenne. Wenn Gräfin Anna je nach Paris kommt, wird sie ihnen häufig Plätze im Théâtre-Italien, der Oper oder der Opéra-Comique anbieten. Aber Capestang wird die beiden kleinen *quinquins* in Paris neu beleben! Durch das, was Du mir über Capestang geschrieben hast, hast Du mir Balsam ins Blut geträufelt. Surville hat seinen Nachen sehr gut gelenkt...«

Balzacs Nachen hingegen war noch immer im Nebel. Der betriebsame Taps Laurent-Jan war damit beauftragt worden, in Paris mit den Verlegern und den Zeitungsredakteuren zu unterhandeln. Madame Mère sollte die Verträge unterzeichnen, aber ohne alles Gerede darüber. Der Geschäftsträger bezeigte Eifer und Klugheit, aber er brachte es nicht fertig, *Le Faiseur* auf die Bühne zu bringen. Er berichtete nach Wierzchownia über das französische Theaterleben. Hostein hatte in seinem Théâtre Historique volle Häuser dank »den nicht totzukriegenden Musketieren«[1]. Als einziges Theater auf dem Boulevard hatte das seine gegenwärtig Einnahmen. Eine andere Bühne hatte mit einem kleinen Stück gegen die Republik Erfolg. Laurent-Jan hielt diesen Ausweg für überaus schäbig: »Seit einem Jahr eine Regierung dulden, die man verabscheut, sich jeden Tag vor ihr verneigen, ihr das Geld in den Rachen werfen und dann seine Ehre gerettet glauben, weil man sie am Abend ein bißchen auspfeift, das ist doch die Altersschwäche des Muts.« Laurent-Jan drängte Balzac, er solle ihm ein Meisterwerk schicken: »Ohne Dir einen Vorwurf zu machen: Seit bald einem halben Jahr ist Frankreich die Witwe Deines Genies, und, wie Schwester Anne, verspreche ich mir nicht allzu viel ... Dein Diener: Laurent-Jan.«

Madame Hanska, Anna und Georges Mniszech waren nach wie vor »sublim in ihrer Zuneigung zu ihm«, ihrer Herzlichkeit, ihrem Verlangen, das Unkraut auszujäten, das seinen Lebensweg ungangbar machte, aber das Wichtigste, die Heirat, blieb ärgerlichen Hemmnissen unterworfen. Die »Hoffnungen machten keine Fortschritte«. Gräfin Eveline war vom Zaren abhängig; für die gesetzliche Übertragung der Liegenschaften an Anna, für die Festsetzung einer Leibrente und sogar für die kirchliche Trauung bedurfte es kaiserlicher Ermächtigungen, und diese waren noch nicht erteilt worden, trotz aller Eingaben und unternommenen Schritte.

Balzac an Seine Exzellenz den Grafen Uwaroff, Minister für Unterrichtswesen in Sankt Petersburg, 5. Januar 1849: »Seit bald sechzehn Jahren liebe ich eine edle, tugendhafte Frau ... Jene Dame ist russische Untertanin, deren vollkommene Unterwürfigkeit nicht in Zweifel gezogen werden kann. Sicherlich wird sie so eingeschätzt, denn Sie wissen alles in Rußland ... Ohne die Einwilligung ihres erhabenen Herrschers will sie keinen Ausländer heiraten. Dennoch hat sie sich herabgelassen, mich zu ermächtigen, jene Einwilligung zu erbitten. Ich bin weit davon entfernt, gegen diesen Gehorsam zu murren, finde ihn vielmehr ganz natürlich. Es gehört zu meinen politischen Überzeugungen, die Gesetze keines Landes zu kritisieren und, noch weniger, dagegen zu verstoßen. Das Schicksal derer, die sich nicht nach diesen Prinzipien richten, wäre Grund genug, mich zu ihnen zurückzuführen, wenn sie nicht schon seit langem die meinen wären. Übrigens habe ich nicht die mindeste Furcht, das Glück meines Lebens heute einzig und allein von Seiner Majestät dem Kaiser von Rußland abhängen zu sehen, und mein Vertrauen auf einen glücklichen Ausgang ist beinahe Freude, so sehr glaube ich an seine ritterliche Güte, die seiner Macht gleich ist ...«

[1] *La Jeunesse des Mousquetaires (Die Jugend der Musketiere)* von Alexandre Dumas und Auguste Maquet.

Der junge Balzac hätte gebrummt: »Pah ... pah ... pah ...«

Ob er die Heirat noch erleben würde? Er war schwer erkrankt. Seit langem schuf sein Herz ihm Unruhe. Im Jahre 1849 wurde die Unruhe Angst. Er konnte nicht mehr gehen, sich nicht einmal frisieren, ohne Erstickungsanfälle zu bekommen. Mehrmals war ihm die Luft gänzlich weggeblieben. Es gehörten zu dem Gut Wierzchownia der Doktor Knothé und sein Sohn, Schüler des berühmten Franck, eines deutschen Arztes von europäischem Ruf, der in Sankt Petersburg praktiziert hatte. Balzac wußte sich bei ihnen in sehr guter Hand. Ihre Diagnose: einfache Herzerweiterung. Ihre Behandlung bestand »in der Förderung des Kreislaufs, um die nervöse Stauung zu beseitigen und das Blut zu reinigen«, das zu dickflüssig war. Doch als er auf nüchternen Magen reinen Zitronensaft trinken mußte, bekam er einen schrecklichen Brechanfall und glaubte sich am Ende. »Lediglich meine stierhafte Leibesbeschaffenheit gibt der Herrscherin des Menschengeschlechts noch Faden zum Weiterzwirnen. Ich gehöre der Opposition an, die sich das Leben nennt ...« Madame Mère erinnerte ihn daran, daß sie selber und die Großmutter Sallambier niemals Zitrone hätten vertragen können.

Sein Zustand machte seine Rückkehr nach Frankreich unmöglich. Er hatte anfangs vom September 1849 gesprochen, aber zu jener Zeit hatte er sich zu schlecht gefühlt, um reisen zu können: »Es sind noch sechs bis acht Monate Behandlung nötig, damit meine Herzklappen ihre Elastizität wiedergewinnen ...« Er hatte den Doktor Knothé gern: eine hoffmanneske Gestalt, ein Mischer von geheimen Pülverchen und Sammler von Violinen. Die Mniszechs stimmten ohne Schwierigkeiten und sogar herzlich dieser Verlängerung von Bilboquets Aufenthalt zu (der jetzt seit länger denn einem Jahr auf Wierzchownia residierte). Dabei hatten auch sie ihr Päckchen zu tragen: zwei Brände, drei Prozesse, Gebäudeeinstürze, Mißernten. Graf Georges, der bis jetzt die Bebauung seiner Ländereien selber geleitet und fünfhundert Leute beschäftigt hatte, erwog, seinen gesamten Besitz zu verpachten und für sich nur Schloß und Park zu behalten.

Balzac hatte fast in jedem Winter eine Bronchitis. Sein Katarrh vom Januar 1850 war furchtbar. Er glaubte, sich die Lungen aus dem Leib zu husten und daran zu sterben:

»Ich habe immer in meinem Zimmer bleiben müssen, ohne es je zu verlassen, und sogar im Bett, aber die Damen haben die anbetenswerte Güte besessen, mir Gesellschaft zu leisten, ohne sich durch meine Art, zu husten, abgestoßen zu fühlen – die ist nämlich wahres Erbrechen wie bei der Seekrankheit. Ich habe geschwitzt, daß man hätte meinen können, ich hätte das Schweißfieber. Kurz und gut: Ich habe arg gelitten; aber jetzt ist es überstanden, und ich habe mich sogar akklimatisiert ...«

Was nun »das Wichtigste« betraf, so konnte sich noch alles in dem so sehr gewünschten Sinn regeln. Es würde seitens der Madame Hanska sehr viel Selbstverleugnung dazu gehören, einen schwerkranken Mann zu heiraten, der physisch kein Liebhaber mehr sein konnte, und einen Schriftsteller, der, allem Augenschein nach, nur noch sehr wenig arbeiten würde. Zudem war die politische Situation in Frankreich nach wie vor alarmierend und verworren. Louis-Napoléon war Präsident der Zweiten Republik; Balzac und seine Mutter erwarteten nicht viel von diesem schwachen Mann:

»Und der arme Präsident? Man merkt überall seine intellektuelle Mattigkeit und seine Voreingenommenheit. Anscheinend versteht er sich nicht darauf, sich die undurchdringliche Maske zuzulegen, die jeder Politiker annehmen muß, und er wirkt so offensichtlich gequält, daß er häufig *ja* statt *nein* antwortet und zu drei Vierteln der Zeit gar nicht weiß, was ihm gesagt wird. Es liegt noch immer Undank in der Luft. Jedermann sagt: ›Wie wird das alles enden ...?‹«

Wäre es vernünftig, einen ukrainischen Palast, eine herrscherliche Stellung aufzugeben, um sich dem Aufstand auszusetzen und womöglich Lazarettgehilfin werden zu müssen?

Der Winter 1849/50 war sehr hart. Balzac blieb drei Wochen lang in sein Zimmer eingesperrt; seine getreue Pflegerin war Madame Hanska, und seine einzige Abwechslung bestand darin, daß er Anna Mniszech in Toiletten von fürstlicher Pracht zu Schloßbällen aufbrechen sah. Endlich, im März 1850, waren alle kaiserlichen Bewilligungen eingetroffen, waren alle Dokumente in Ordnung, und er konnte sich nach Berditschew begeben, wo die Trauung stattfinden sollte. Bis zum letzten Augenblick zweifelte er an seinem Glück. Allein schon jetzt überhäufte er seine Mutter mit bis ins einzelne gehenden Anweisungen für den Augenblick, da er mit »Madame Honoré« in die Rue Fortunée heimkehren würde. Er wollte »schöne, schöne Blumen« in den Jardinièren und kleine Kap-Heide-Stücke in den Blumentöpfen. Vor der Ankunft der Jungvermählten sollten alle Bücher gebunden sein. Balzac war ebenso peinlich genau in der Führung seines Hauswesens wie bei den Schilderungen in seinen Romanen.

Drei Tage vor der Trauung hat er noch immer keine Gewißheit. Am 11. März schreibt er an seine Mutter: »Alles ist für die bewußte Angelegenheit vorbereitet, aber ich will Dir erst darüber schreiben, wenn alles vorüber ist. Hier wie überall sind dergleichen Dinge erst vollzogen, wenn die Zeremonie hinter einem liegt.« Das Zünglein der innerlichen Waage, auf der Eve das Für und Wider abwog, schwankte bis zum letzten Augenblick. Im gleichen Maß wie Liebe und Ruhm brachte Mitleid die Entscheidung.

Endlich, am 14. März, um sieben Uhr morgens, wurde die Ehe in der

Pfarrkirche Sankta Barbara zu Berditschew (»sie war ganz überrieselt von geschmolzenem Schnee und brauste vor Glockenklang«) durch den Priester Grafen Ozarowski, den der Bischof von Schitomir dazu delegiert hatte, eingesegnet. Georges Mniszech war einer der Trauzeugen. »Gräfin Anna begleitete ihre Mutter, beide auf dem Gipfel der Freude.« Nach der Trauung machte die Familie sich wieder auf den Weg nach Wierzchownia, wo sie erst um zehn Uhr abends, völlig erschöpft, eintraf. Die Winde Asiens rüttelten am Schloß. Balzac war am Ersticken. Die fünfzigjährige Braut litt an einem Gichtanfall: »Füße und Hände sind so geschwollen, daß sie weder die Finger bewegen noch gehen kann ...« Doktor Knothé ließ die arthritische Schloßherrin eine seltsame, sadistische Kur befolgen: »Alle Tage taucht sie die Füße in ein Milchschwein, dem der Bauch aufgeschnitten wird, denn die Füße müssen zwischen die zuckenden Eingeweide gesteckt werden. Es erübrigt sich, Dir zu sagen, wie gellend das Schweinchen quiekt; es versteht ja nichts von der Ehre, die ihm angetan wird, und möchte sich ihr entziehen ...« Weder der herzkranke Ehemann noch die rheumatische Frau waren imstande, zu reisen. Ihr Aufbruch nach Paris wurde auf Ende April festgesetzt. »Ich hoffe, daß dieser Monat nicht hingeht, ohne daß ich in Paris bin ... Ach, meine Gesundheit bedarf recht sehr der heimischen Luft, und ich verspreche mir von ihr viel für die Gesundheit meiner Frau, die sich ebenfalls in einem jämmerlichen Zustand befindet ...«

Der vermählte Balzac schrieb vier triumphierende Briefe: an seine Mutter, an seine Schwester, an Doktor Nacquart und an die Freundin in schlimmen Tagen: Zulma Carraud. *Balzac an Madame Carraud, 17. März 1850:* »Wir sind so alte Freunde, daß Sie nur durch mich selber die glückliche Lösung des großen, schönen Herzensdramas erfahren können, das seit nun sechzehn Jahren spielt. Vor drei Tagen also habe ich die einzige Frau geheiratet, die ich je geliebt habe, die ich mehr denn je liebe und die ich bis zum Tode lieben werde. Diese Vereinigung ist, glaube ich, diejenige, die Gott für mich als Vergeltung für so viel Widerwärtigkeiten, Jahre der Arbeit, erlittene und überwundene Schwierigkeiten in Reserve gehalten hatte. Ich habe weder eine glückliche Jugend noch einen Blütenfrühling gehabt; jetzt wird mir der strahlendste Sommer, der sanfteste aller Herbste zuteil ...«

Dem Doktor Nacquart schrieb er gleichzeitig von seinen blendenden verwandtschaftlichen Beziehungen und seiner kläglichen Gesundheit. Was werden die Neidhammel sagen, wenn sie erfahren, daß er der Mann der Großnichte der Maria Leczinska, der Schwager eines Adjutanten des Zaren, der Neffe der ersten Hofdame der Zarin ist? Aber was wird der Arzt sagen, wenn er seinen Patienten wiedersieht, außerstande, zwanzig Stufen hinaufzusteigen, und wie er im Sitzen ohne jeden Anlaß Erstickungsanfälle bekommt? Balzac ist zwar berauscht ob des völligen Gelingens seines Plans, aber ohne Illusionen über die Zukunft. Der *Beduk* hat ihm die Ehre beschert, die er sich lebenslang erträumt hat, aber er weiß: das Ehebett wird ein Sterbebett sein. Gleich Marie de Verneuil in *Les Chouans* könnte er sagen: »Sechs Stunden zu leben.« 1834 hatte er geschrieben: »Es würde seltsam sein, zu erleben, daß der Autor von *La Peau de Chagrin* jung sterben müßte.« Seltsam? Nein: unvermeidlich. Kann man alt werden, wenn man Nacht für Nacht sein Leben verzehrt? Aber »koste es, was es wolle, es muß am heimischen Herd gestorben werden«. Er hat große Eile, seine Frau heim in die Rue Fortunée zu geleiten.

Dabei muß er sich noch nach Kiew begeben, um dort Madame de Balzac in den Paß ihres Gatten eintragen zu lassen und ein Visum zum Verlassen des Russischen Kaiserreichs zu bekommen. Bei dieser Reise zieht er sich eine Augenentzündung zu. Er kann nicht mehr lesen noch schreiben: Ein schwarzer Fleck scheint immer wieder das Papier zu bedecken. Endlich, nach einer neuen Kur, läßt Doktor Knothé am 25. April das Paar nach Paris abreisen. Die Fahrt, über Krakau und Dresden, war entsetzlich. Auf den schlechten Wegen sank der Wagen bis an die Türen in den Kot. Der keuchende, halb blinde Balzac mußte aussteigen und sich in den Schmutz setzen, während die mit Hebewinden bewaffneten Bauern daran arbeiteten, den Reisewagen flottzumachen. Er versuchte zu atmen, indem er sich beide Hände aufs Herz preßte.

Eve de Balzac an ihre Tochter Anna, Brody, 30. April 1850: »Ich bin ganz und gar nicht zufrieden mit seiner Gesundheit; seine Erstickungsanfälle werden immer häufiger; er ist in einem Zustand äußerster Schwäche, ohne den mindesten Appetit, und er hat übermäßige Schweißausbrüche, die ihn immer mehr schwächen. Auf Radziwilow haben sie ihn so verändert gefunden, daß es ihnen schwergefallen ist, ihn wiederzuerkennen ... Ich kenne ihn seit siebzehn Jahren, und täglich werde ich mir bewußt, daß er eine neue gute Eigenschaft besitzt, die ich noch nicht an ihm kannte. Wenn er doch nur gesund wäre! Bitte sprich doch darüber mit Monsieur Knothé. Du kannst Dir nicht vorstellen, wie er letzte Nacht gelitten hat. Ich hoffe, die Heimatluft wird ihm wohltun, aber wenn diese Hoffnung mich täuscht, bin ich sehr zu bedauern, da kannst Du sicher sein. Es ist so wohltuend, so geliebt und beschützt zu werden. Auch seinen armen Augen geht es sehr schlecht. Ich weiß nicht, was all das bedeutet, und in manchen Augenblicken bin ich sehr traurig und sehr besorgt ...«

Und schließlich: »Bilboquet sagt, es werde ihm tadellos gehen, sobald er den Boden Frankreichs betreten habe.« Am 10. Mai langen sie in Dresden an. Balzac schreibt, ohne die Zeilen zu sehen, die er hinkritzelt, an Laure Surville: »Endlich sind wir hier, zwar lebendig, aber krank und erschöpft. Bei einer solchen Reise verbraucht man für zehn Jahre Leben, denn stell Dir vor, was es heißt, miteinander oder durcheinander umzukommen, wenn man sich vergöttert ...« Er bestand darauf, in Briefen an Laure wie an die Mutter, daß die letztere sie nicht in der Rue Fortunée erwarte. Das würde unschicklich sein. »Meine Frau muß ihr in ihrer Wohnung einen Besuch abstatten und ihr ihre Aufwartung machen. Ist das geschehen, so kann sie sich so hilfreich bezeigen wie sie ist; aber ihre Würde müßte darunter leiden, wenn sie uns beim Auspacken hülfe.« Madame Balzac die Ältere (höfliche Übersetzung von *Witwe*) solle die Schlüssel François Münch, dem elsässischen Diener, übergeben und bei sich daheim in Suresnes schlafen.

Die Reisenden verweilten einige Tage in Dresden, wo Eves Bekannte sie feierten. Das Paar machte Einkäufe; Honoré erstand eine prächtige Toilette-Garnitur, und für seine Frau »ein köstliches Perlenkollier, geeignet, eine Heilige verrückt zu machen«. An ihre Kinder schrieb Madame de Balzac: »Meister Bilboquet schickt Euch Küsse.« Das Ehepaar schien so glücklich, wie man es sein kann, wenn im Dunkel der Tod umherschleicht.

Endlich langen sie eines Abends in Paris an. Am selben Morgen hatte eine alte Dame das Haus in einer Droschke verlassen; zuvor hatte sie, den ergangenen Weisungen entsprechend, die Blumenkrippen mit frischen Blumen geschmückt und Töpfe mit Kap-Heide aufgestellt. Bei Dunkelheit hielt ein Reisewagen in der Rue Fortunée. Ein Mann, der kaum noch atmen konnte, der fast blind und erschöpft von zwei mühseligen, schlaflosen Tagen war, entstieg ihm; ihm folgte eine noch schöne Frau. Der Kutscher läutete. Keine Antwort. »Dabei war jemand im Haus, denn durch die Fensterscheiben konnte man sehen, daß alle Zimmer erleuchtet und mit Blumen geschmückt waren.« Trotz widerhallenden Läutens der Schelle machte niemand auf. Die Ankunft, die Balzac triumphal hatte haben wollen, glich einem Alptraum. Mitten in der Nacht mußte der Kutscher den Schlosser Grimault holen; er wohnte Rue du Faubourg-Saint-Honoré 175. Als endlich das Ehepaar das so liebevoll hergerichtete Haus betreten konnte, stellte es fest, daß ihr Diener François Münch plötzlich wahnsinnig, tobsüchtig geworden war. Er hatte im Haus alles durcheinandergeworfen und sich dann verbarrikadiert. Um ihn in eine Anstalt zu bringen, mußte bis zum Tagesanbruch gewartet werden. Der Schlosser und der Kutscher wurden bezahlt und weggeschickt; dann zog Eve sich in das rote, Honoré sich in das blaue Schlafzimmer zurück. In seinem Geldtäschchen war der letzte Fetzen des Chagrinleders klein wie ein rosa Immergrün-Blütenblatt geworden.

XLI

DER WETTLAUF MIT DEM TOD

Wenn das Haus fertig ist, tritt der Tod herein. *Türkisches Sprichwort*

»Bilboquet ist hier in einem sehr viel übleren Zustand angekommen, als Du ihn je miterlebt hast; er kann weder sehen noch gehen und hat immerfort Ohnmachten«, schrieb Eve an ihre Tochter Anna. Da Balzac außerstande war, aufzustehen, wachte sie bei ihm. Am Tag nach der Heimkehr stattete Doktor Nacquart seinem Patienten und Freund einen Besuch ab. Der Zustand des Kranken erschreckte ihn, er verlangte sofort eine Konsultation, die am 30. Mai stattfand. Die Ärzte verordneten Aderlässe oder Schröpfköpfe, Abführmittel und harntreibende Mittel; jede Erregung müsse vermieden werden; Balzac dürfe nur wenig und leise sprechen.

Eine Aufzeichnung des Doktors Nacquart läßt seinen persönlichen Eindruck erkennen. Er hatte keine Hoffnung mehr. Die Veränderung von Balzacs Gesichtszügen entging niemandem. »Um so begründeter waren die düsteren Vermutungen, die dieser Zustand im Geist des Arztes entstehen ließ, der ihn seit seiner Kindheit genau beobachtet, studiert und geliebt hatte.« Nacquart stellte fest, daß die Herzkrankheit eine neue, unheilvolle Entwicklung genommen hatte. Der Kranke keuchte; er sprach stoßweise und abgehackt. Indessen konnte man ein paar Tage lang glauben, die Behandlung und die Ruhe würden seinen Zustand bessern.

Madame de Balzac bewahrte die olympische Ruhe, wie sie ihrer junonischen Stirn entsprach. In einem Brief vom 7. Juni an die »vielgeliebte Herzenstochter« beklagt sie sich mit merkwürdiger Losgelöstheit, »sie könne nicht aus diesem Provisorium herausfinden, das auf die langweiligste Weise ihre ganze Zeit durcheinanderbringe«. Balzac, der die Sehkraft so gut wie gänzlich eingebüßt hat, diktiert Eve seine Korrespondenz. Diese Arbeit, die medizinische Betreuung, die Erfordernisse des Haushalts beanspruchen die Herrin so sehr, daß sie kaum in der Abenddämmerung eine Minute findet, um ein paar Schritte in dem Gärtchen zu tun, »zwischen der Serynga [sic], die blüht, und dem Frühginster, der welkt«, und dabei an ihre Kinder zu denken »und sich in die fernsten Fernen der Zukunft zu versenken«.

Ist sie sich, als sie davon spricht, sie wolle sich »mit ihren beiden Lieben zurückziehen«, schon gewiß, daß ihr Mann nicht länger leben kann? Sie macht nicht den Eindruck. »Die Behandlung«, schreibt sie, »hat die glücklichsten Wirkungen. Die Bronchitis ist verschwunden; die Augen beginnen wieder zu sehen; die Ohnmachten haben aufgehört; die Erstickungsanfälle werden immer seltener.« Aber Madame de Balzac kann nicht von der Seite ihres Kranken weichen. Sie hat nicht einmal die Muße gehabt, Lirette Borel, als Nonne Schwester Marie-Dominique, in ihrem Kloster zu besuchen. Eve ist eine getreue Krankenpflegerin.

Getreu und voller Stärke. Heiter erträgt sie die Veränderung ihres Lebens, das Erschöpfende und die Ängste. »Niemals«, schreibt sie, »ist meine Gesundheit besser gewesen. Die Bäder durch die Luft Frankreichs genügen mir ... Endlich habe ich die *Schwiegermama* kennengelernt; da mein Amt als Pflegerin mich am Ausgehen hindert, hat sie ihren Sohn besucht; ihre Gesundheit ist völlig wiederhergestellt ... Sie muß einmal sehr schön gewesen sein ... Glücklicherweise wird sie nicht allzu viel Bezeigungen der Ehrerbietung von uns verlangen, da sie den Sommer über nach Chantilly gegangen ist. Ihre Tochter ist mir lieber, eine kleine Kugelrunde, die indessen Geist und Herz hat. Der Gatte ist ein vortrefflicher Mann, und die beiden Töchter sind reizend ...«

Zwischen Eve de Balzac und Laure Surville spinnt sich ein freundschaftlicher Briefwechsel an. *Eve an Laure, 1. Juni 1850:* »Unser armer Honoré ist heute morgen zur Ader gelassen worden ... Unser liebenswürdiger Doktor hat ihn besucht ... Wir haben heute morgen viel von Ihnen gesprochen, und er ist ganz gerührt gewesen ... Ich teile Ihnen nichts Neues mit, wenn ich Ihnen sage, daß er die schönste Seele ist, die je aus den Händen des Schöpfers hervorging.« Doktor Nacquart steht bei ihr in hoher Gunst: »Unmöglich kann man gelehrter und gleichzeitig natürlicher, liebenswürdiger, reizender sein.« Sophie Surville gewinnt ihre neue Tante für sich; sie nennt sie (ebenfalls) *die Anbetenswerte*, und die Nichten meinen von ihr, sie übe einen vortrefflichen Einfluß auf ihren genialen Mann aus. »Nun der Onkel krank und verheiratet ist, ist er nett und zärtlich zu den Seinen geworden.« Die ganze »Heilige Familie« fühlt sich trunken vor Stolz, und alle Freunde und Bekannten werfen sich in die Brust, weil der Prinz-Präsident der Republik (Louis-Napoléon) sich nach Balzacs Befinden erkundigt hat.

Aber Eve findet das Leben »*in dieser maison infortunée* (diesem Unglückshaus)« recht traurig ... »Wird der große liebe Gott endlich Mitleid mit uns haben? Haben wir nicht genug gelitten?« Balzac selber ist zuversichtlich. Der berühmte, mit goldenen Pünktchen durchsternte Blick schimmert noch; das Gesicht in seiner Totenblässe straft diesen Rest von Jugend Lügen. »Er war nur noch der Schatten seiner selbst«, schreibt Laurent-Jan, den der Anblick seines Freundes erschreckt. Und Théophile Gautier: »Nichts ist furchtbarer als ein erfüllter Wunsch ... Die erträumte Ehe war vollzogen worden; das Nest für das Glück mit Daunen ausgepolstert; *Les Parents pauvres* genossen ungeteilten Beifall. Es war zu schön; ihm blieb nichts übrig als zu sterben ... Aber niemand war einer unheilvollen Lösung gewärtig ... Wir glaubten fest, er werde uns alle begraben ...« Er hatte ihnen so viel und so gut von der durch den Hexenmeister Balthazar verheißenen Langlebigkeit vorgeredet, daß sie am Ende daran geglaubt hatten.

Der gute Théo, der nach Italien reisen mußte, kam am 19. Juni in die Rue Fortunée. Ein unglücklicher Zufall wollte es, daß Balzac mit dem Wagen weggefahren war, eine wahnsinnige Unvorsichtigkeit, um vom Zollamt seine Dresdener Käufe abzuholen. Wie Vetter Pons trotzte der Sammler der Krankheit, um seine Schätze zu verteidigen. Es betrübte ihn tief, daß er Gautier verfehlt hatte, und er diktierte seiner Frau ein paar Zeilen: »Wenn ich bei Ihrem Kommen nicht daheim war, so bedeutet das nicht, daß es mir besser gehe. Ich habe mich nur bis zum Zollamt geschleppt und dabei das Verbot der Ärzte übertreten ... Man macht mir große Hoffnungen auf Genesung, aber ich muß nach wie vor im Mumienzustand verbleiben und darf nicht sprechen und mich nicht bewegen. Ich bin diese Zeilen Ihrer Freundschaft schuldig, die mir in der Einsamkeit, in der die Ärzteschaft mich hält, noch kostbarer erscheint.« Unter diesen Brief hatte Balzac mit eigener Hand in fast unentzifferbaren Lettern gekritzelt: »Ich kann nicht mehr lesen noch schreiben.« Wie hätte er in einem seiner Romane diesen lebenden Tod und dieses tragische Unvermögen geschildert!

Mehrmals hatten der Kranke und seine Frau die Illusion einer Genesung. Doktor Nacquart, der jeden Tag kam, hatte eine weit fortgeschrittene Albuminurie festgestellt und erblickte in diesen augenscheinlichen Windstillen nur ein zeitweiliges Schwächerwerden der Symptome. Der alte Arzt hatte von Madame Hanska den besten Eindruck: »Sie ist nobel, edelmütig und hat Herzensbildung.« Balzac empfing Paul Meurice und Auguste Vacquerie im Schlafrock; er saß halb liegend in einem großen Lehnsessel. Die Besucher drückten ihm die Hand und versuchten ihre Traurigkeit zu verhehlen. »Redet mit meiner Frau«, sagte er zu ihnen. »Mir ist es heute verboten, aber ich höre euch zu.«

Victor Hugo kam, würdevoll, freundschaftlich, strahlend vor Gesundheit. Er traf Balzac an einem guten Tag: heiter, hoffnungsvoll, nicht an seiner Heilung zweifelnd; lachend zeigte er seine geschwollenen Beine. Hugo hat diese Unterhaltung später erzählt:

»Wir hatten über vielerlei geplaudert und über Politisches gestritten. Er hatte mir meine ›Demagogie‹ vorgeworfen. Er war nämlich Legitimist. ›Wie haben Sie so heiter auf den Titel Pair von Frankreich verzichten können? Der ist doch der schönste neben dem Titel König von Frankreich!‹ hatte er zu mir gesagt. Und auch: ›Ich habe Monsieur de Beaujons Haus, bis auf den Park, aber mit der Galerie nach der kleinen Kirche an der Straßenecke hin. Ich habe da unter meiner Treppe eine Tür, die in die Kirche führt. Ich brauchte nur aufzuschließen, dann bin ich in der Messe. Auf die Galerie lege ich mehr Wert als auf den Park.‹ Beim Abschied hatte er mich bis zu jener Treppe begleitet, obwohl das Gehen ihm Mühe machte, und seiner Frau zugerufen: ›Vergiß nicht, Hugo alle meine Bilder zu zeigen.‹«

Balzac hatte sich häufig, wenn die Rede auf Hugo kam, ungerecht und gehässig bezeigt, aber im Grunde hatte er ihn geliebt und bewundert. Sie waren die beiden größten Männer ihrer Zeit; beide wußten es.

Die damals in Rußland von Anna Mniszech geschriebenen Briefe scheinen das Echo auf beruhigendere Nachrichten zu bilden: »Gott sei tausendmal gelobt und gesegnet, weil die kostbare Gesundheit meines geliebten Vaters eine merkliche Besserung erfahren hat ... O Rue Fortunée meiner Seele, du millionenfach glückliche! O Straße, die mit Recht diesen Namen führt ...!« Sie berichtet, Doktor Knothé habe ihr gesagt: »Ach, wenn ich Monsieur de Balzac noch einen Monat hätte hierbehalten, und vor allem, wenn ich ihn hätte überzeugen können, täglich eine Zitrone zu essen, dann wäre er zu dieser Stunde schon fast wiederhergestellt gewesen ...« Heilige Einfalt!

Im Juli nahm alles eine Wendung zum Schlimmeren. Einer der zugezogenen Ärzte, Doktor Louis, sagte zu Victor Hugo: »Er hat keine sechs Wochen mehr zu leben.« Die Schwellung war ungeheuerlich geworden. Laure schrieb an ihre Mutter:

»Der Doktor hat wacker in drei Raten einem Wassersüchtigen hundert Blutegel angesetzt ... Aber trotz der Heiterkeit, die sie nie verläßt, trotz der Wortspiele Honorés und der Scherze dem Tod ins Gesicht war er so sterbenselend, daß meine Schwägerin gestern, in der Nacht, da die Bauchfellentzündung auftrat, gelassen zu Sophie gesagt hat: ›Ich hatte geglaubt, ich würde ihn verlieren.‹ Aber das wunderbare Vertrauen, das sie kaum je verläßt, hat sie bald wieder überkommen, und am Morgen hat sie, ohne mit der Wimper zu zucken oder Angst zu haben, die letzten dreißig Blutegel abgenommen ... Meine Schwägerin kommt mir vor wie eine Hieroglyphe. Weiß sie um die Gefahr? Weiß sie nicht darum? Wenn sie sie kennt, ist sie heroisch ...«

Sie kannte sie ganz bestimmt. Nacquart war nicht der Mann, einer Frau etwas vorzureden, deren Mut er ermessen hatte. Er hieß die Festigkeit ihrer Seele gut. Was wären auch Klagen nütze gewesen? Es war weit besser, gewissenhaft die Blutegel anzusetzen und das Vertrauen ihres Mannes nicht zu beeinträchtigen, dessen Geist in guten Augenblicken seine Kraft wiedergewann. Er sprach von künftigen Romanen. Er berechnete die Zeit, die er brauchen würde, sie zu schreiben. »Gott allein weiß«, hat Doktor Nacquart geschrieben, »wieviel dadurch verlorengegangen ist, daß die neuen Eingebungen, die geschaffenen Charaktere, die ersonnenen Pläne ..., die, zum erstenmal, seine Feder nicht mehr mit kraftvollen Zügen schildern konnte, nicht aufgezeichnet worden sind.«

»Inmitten von solcherlei organischen Störungen wünschte Monsieur de Balzac, der sich jederzeit in die Geschicke des Menschen eingefühlt hatte, sich mit einem würdigen Diener Gottes zu besprechen, in dessen Mund die Religion nur der höchste Ausdruck des Weltgeistes war. Wie herzzerreißend war die Heiterkeit eines Mannes, der, noch jung, sah, wie die Bahn eines mühselig um den Preis von dreißig Jahren der Nachtwachen und der Studien erworbenen Ruhms für ihn abbrach; wie die Hoffnung zunichte wurde, sein Werk als Ganzes betrachten zu können und, mehr als das, das innere Glück, das er sich gerade erst erobert hatte ...« (Dr. Nacquart)

Jener Priester war der Abbé Ausoures, der Pfarrer von Saint-Philippe-du-Roule, der Vikar der berühmten Beaujon-Kapelle. Balzac hatte in seinen Romanen oftmals das Sterben geschildert: das des Vaters Goriot, das der Madame de Mortsauf, das des Vetters Pons, das der Valentine Graslin und vieler anderer. Man kann gewiß sein, daß seine letzten Gespräche mit einem Priester groß und seiner würdig waren. Die Ärzte hatten darauf verzichtet, Punkturen zu machen; die Wassersucht in ihrer schwartigen Form verwandelte das Fleisch in Speck. Als jedoch am 5. August der Kranke sich das Bein an einem Möbelstück verletzte, strömten Fluten von Wasser heraus. Am gleichen Tag schrieb Madame de Balzac nach seinem Diktat einen Brief an Fessart: »Ich habe arge Schmerzen durch einen Abszeß am rechten Bein. Das möge Ihnen sagen, in welchem Maß meine Leiden zugenommen haben. All das ist, wie ich glaube, der vom Himmel geforderte Preis für das unermeßliche Glück meiner Heirat.« Er unterschrieb mit eigener Hand, und darunter schrieb Eve noch: »Sie fragen sich sicher, *cher Monsieur*, wie die bekümmerte Sekretärin die Kraft aufbringt, einen Brief zu schreiben; das geschieht, weil dies arme Wesen am Ende und weil man in diesem Zustand nur noch eine Maschine ist, die funktioniert, bis die Vorsehung in einer Regung des Mitleids ihre Feder zerbricht.«

Sie hatte also keine Illusionen mehr. Hatte sie bei der Trauung in Berditschew welche gehabt? Das ist wenig wahrscheinlich. Ihr Entschluß war spät gekommen, aber, wie Laure gesagt hatte, er war heroisch gewesen, denn Madame de Balzac hatte gewußt, daß sie einen Sterbenden pflegen müsse und daß sie, wenn sie zum zweitenmal Witwe geworden war, sich einer katastrophalen Lage gegenübersehen werde. Manchmal unterbrachen »vorübergehende, aber noch seltene Abweichungen« diese hohe Intelligenz »und wunderten ihn selber, denn – er suchte zu sich zurückzufinden«. Dann nistete sich der durch die Arthritis verursachte Brand in den zerstörten Geweben ein, deren Geruch entsetzlich wurde. Die letzte Weisung des Arztes, nachdem er absolute Ruhe und eine Dosis Bilsenkraut und Digitalis verordnet hatte, war der Rat, Türen und Fenster offenzuhalten und »an mehreren Stellen des Sterbezimmers« gut gefüllte Schüsseln mit einer Karbollösung aufzustellen. Da Nacquart, während sein Freund noch atmete, von einem *Sterbezimmer* sprach, mußte er überzeugt gewesen sein, daß das Ende nahe. Die rote, trockene, glühend heiße Wunde ließ keine Hoffnung mehr. Es wird erzählt, Balzac habe, ehe er das Bewußtsein verlor, gesagt: »Nur Bianchon hätte mich retten können.« Wahrscheinlich hat er in dem vagen Fieberwahn, der dem Koma vorangeht, nur noch in der Welt der *Comédie humaine* gelebt.

Am Sonntag, dem 18. August, um neun Uhr morgens, ließ Eve den Abbé Ausoures holen. Balzac empfing die letzte Ölung und deutete durch schwache Zeichen an, er habe verstanden. Am Nachmittag kam Madame Victor Hugo, um sich nach ihm zu erkundigen. Nach dem Abendessen nahm Victor Hugo, obwohl er an jenem Abend seinen Onkel Louis Hugo zu Gaste hatte, eine Droschke und ließ sich nach der Rue Fortunée fahren, um zum letztenmal den einzigen zu sehen, der seinesgleichen war:

»Ich schellte. Es war heller, von Wolken verschleierter Mondschein. Die Straße lag verlassen da. Niemand kam. Ich schellte zum zweitenmal. Die Tür tat sich auf. Eine Magd mit einem Leuchter erschien. ›Was will der Herr?‹ fragte sie. Sie weinte.

Ich sagte meinen Namen. Ich wurde in den Salon geführt, der im Erdgeschoß lag und in dem auf einer Konsole dem Kamin gegenüber Davids marmorne Kolossalbüste Balzacs stand. Eine Kerze brannte auf einem prunkvollen ovalen Tisch in der Mitte des Raums; sein Fußgestell bildeten sechs vergoldete Statuetten edelsten Stils.

Es kam eine andere Frau, die ebenfalls weinte und zu mir sagte:

›Er stirbt. Madame hat sich zurückgezogen. Er hat eine offene Wunde am linken Bein. Das ist der Brand. Die Ärzte haben ihn seit gestern aufgegeben ...‹«

Eve hatte sich ein paar Stunden Ruhe gegönnt. Die Agonie konnte lange dauern, und der Sterbende bedurfte der Pflege nicht mehr. Die Pflegerin sagte zu Hugo:

»Seit heute morgen um neun spricht Monsieur nicht mehr ... Seit elf

Stunden röchelt er und kann nichts mehr sehen. Er wird die Nacht nicht überleben. Wenn Sie wollen, hole ich Monsieur de Surville, er ist noch nicht zu Bett.«

»Die Frau ging weg. Ich wartete ein paar Augenblicke. Die Kerze erhellte notdürftig das prächtige Ameublement des Salons und die wundervollen Gemälde von Porbus und Holbein, die an den Wänden hingen. Die Marmorbüste ragte verschwommen im Dämmerdunkel auf wie das Gespenst des Mannes, der jetzt sterben sollte. Leichengeruch erfüllte das Haus.

Monsieur de Surville kam herein und bestätigte alles, was die Magd gesagt hatte. Ich bat ihn, Balzac sehen zu dürfen.

Wir durchschritten einen Flur, wir stiegen eine mit einem roten Läufer belegte, übervoll mit Kunstwerken, Vasen, Statuen, Bildern, Kredenzen, auf denen Schmelzarbeiten standen, ausgestattete Treppe hinauf, dann kam ein weiterer Flur, und ich gewahrte eine offene Tür. Ich vernahm lautes, unheilverkündendes Röcheln. Ich befand mich in Balzacs Schlafzimmer.

Mitten in jenem Zimmer stand ein Bett. Ein Mahagonibett mit Querstangen und Gurten am Fuß und Kopfende, einer Hängevorrichtung, die dazu diente, den Kranken zu bewegen. In diesem Bett lag Balzac, den Kopf auf einen Stapel von Kopfkissen gestützt, auf die überdies noch die roten Damastkissen von dem im Zimmer befindlichen Sofa gelegt worden waren. Sein Gesicht war violett, fast schwarz, nach rechts geneigt, unrasiert, das Haar grau und kurz geschnitten, die Augen offen und starr. Ich sah ihn im Profil, und so glich er dem Kaiser.

Eine alte Frau, die Krankenwärterin, und ein Diener standen an beiden Bettseiten. Eine Kerze brannte hinter dem Kopfende auf einem Tisch, eine zweite auf der Kommode neben der Tür. Auf dem Nachttisch stand eine silberne Vase. Der Mann und die Frau verhielten sich in einer Art Entsetzen völlig still und lauschten dem geräuschvollen Röcheln des Sterbenden.

Die Kerze am Kopfende beleuchtete grell ein neben dem Kamin hängendes Bildnis eines jungen, rosigen, lächelnden Mannes.

Dem Bett entströmte ein unerträglicher Geruch. Ich hob die Decke und ergriff Balzacs Hand. Sie war schweißbedeckt. Ich drückte sie. Er erwiderte den Druck nicht ...

Die Pflegerin sagte zu mir: ›Bei Tagesanbruch wird er sterben.‹

Ich stieg hinab und nahm in meinen Gedanken das erlöschende Gesicht mit mir; als ich den Salon durchschritt, sah ich abermals die starre, fühllose, entrückte, unbestimmt leuchtende Büste, und ich verglich den Tod mit der Unsterblichkeit.

Daheim – es war Sonntag – fand ich mehrere Leute vor, die auf mich warteten, darunter Riza-Bay, den türkischen Geschäftsträger, Navarrette, den spanischen Dichter, und den Grafen Arrivabene, den italienischen Verbannten. Ich sagte zu ihnen: ›Meine Herren, Europa steht im Begriff, einen großen Geist zu verlieren.‹«

Balzac starb im Lauf der Nacht. Der wunderliche, treu ergebene Laurent-Jan eilte herbei. Eve de Balzac mochte diesen Bohémien nicht; sein schlampiges Äußeres stieß sie ab, und ebenso »sein übler Ton«. Aber in diesen düsteren Stunden erwies er ihr tausend Gefälligkeiten. Er nahm die Meldung des Todesfalls in der Mairie auf sich, die Nachrufnotizen, die die Zeitungen veröffentlichen sollten, und er holte auch den Maler Eugène Giraud, der ein Pastell von Balzac auf dem Totenbett malte. Auf jenem mit Talent und Liebe gezeichneten Porträt wirkt der Kopf schön, mächtig und friedlich. Ein Gipser namens Marminia formte die Hand ab und schickte seine Rechnung an *Madame Balsaque*. So ist es mit dem Ruhm.

Balzacs Leben ging zu Ende wie ein Roman der *Comédie humaine*. Wie oft hatte er von den Liebschaften erzählt, von denen ein Mensch sein ganzes Leben lang träumt, deren Genuß er endlich nahe glaubt und die sich ihm in dem Augenblick entziehen, da er die Hand ausstreckt, um sie zu ergreifen. So endeten *Les Chouans*, *Louis Lambert*, *Albert Savarus*.

»Am Ziel aushauchend anzulangen wie der antike Läufer! Zu sehen, wie das Glück und der Tod gleichzeitig auf der Türschwelle erscheinen! Die Geliebte in dem Augenblick erlangen, da die Liebe erlischt! Nicht mehr die Fähigkeit zum Genießen besitzen, wenn man sich das Recht erworben hat, glücklich zu sein ...! Oh, wie vieler Menschen Schicksal ist das gewesen.«

Da er seit langem die Vorahnung gehabt hatte, dieses Schicksal sei das seine, und bei seiner hellsichtigen Intelligenz, die sich darin gefiel, so viele geheime Ursachen der Geschehnisse ans Licht zu ziehen, mußten in ihm in diesen letzten Tagen die verschiedenen Triebkräfte seines Lebens in ihrer rigorosen Einfachheit erscheinen. Er starb als ein von seinen Wünschen Verbrannter, erschöpft von den imaginären Handlungen seiner Geschöpfe, als ein Opfer seines Werks. Daß er um Kindheit und Jugend betrogen worden war, hatte übermenschlichen Ehrgeiz in ihm entfacht. Er hatte alles gewollt: Liebe, Reichtum, Genie und Ruhm. Trotz der dem Anschein nach unüberwindbaren Entfernung zwischen Startlinie und Ziel hatte er alles erreicht. Am Abend des Sonntags, des 18. August 1850, ruhte er in einem Dekor, das er erschaffen hatte, und das seinen Träumen aus Tausendundeiner Nacht glich; nahe der zauberhaften Fremden, die um seinetwillen ihren Palast und ihre Ozeane von Weizenfeldern aufgegeben hatte; im Mittelpunkt einer Welt, die durch ihn bevölkert, dann belebt worden war, und die ihn überleben sollte. Aber der Tod, der ihm seit Jahren auf den Fersen war, erreichte gleichzeitig mit ihm die Ziellinie.

EPILOG

Freundschaft und Ruhm sind die einzigen Bewohner der Gräber. *Balzac*

Der Pfarrer von Saint-Philippe-du-Roule hatte erlaubt, daß der Sarg zwei Tage lang in der Kapelle Beaujon ausgestellt werde. So ging der tote Balzac »durch jene Tür, deren Schlüssel allein schon ihm kostbarer war als alle Paradiesesgärten des ehemaligen Generalsteuerpächters« (Victor Hugo). Der Trauergottesdienst wurde am Mittwoch, dem 21. August, mit nur wenig Aufwand begangen; der größte Romancier des Jahrhunderts besaß keinen Anspruch auf offizielles Gepränge. Sein Reich war nicht von dieser Welt. Keine Insignien auf dem schwarzen Tuch, keine umflorten Trommeln, weder Uniformen noch bestickte Fräcke; aber von elf Uhr an drängte sich »alles, was denkt und bewundert«, um die Kirche und um die Kapelle Saint-Nicolas. Die Setzer, die so viel mit und für Balzac gearbeitet hatten, waren in der Menge in besonders großer Zahl vertreten. Der Innenminister Baroche vertrat die Regierung. Die Schnüre des Bahrtuchs wurden von der Trauerkapelle bis zur Pfarrkirche von dem Minister und Victor Hugo, von Alexandre Dumas und Francis Wey von der Société des Gens de Lettres (Autoren-Vereinigung) gehalten. Als der Minister neben Victor Hugo vor dem Katafalk saß, sagte er zu ihm: »Er war ein hervorragender Mann.« Hugo antwortete: »Er war ein Genie.«

Der Weg des Trauerzugs über die Boulevards schien unendlich. Dumas und Hugo legten ihn zu Fuß zurück. Auf dem Père-Lachaise, wo der Zug spät anlangte, hielt Victor Hugo, der ums Haar zwischen dem Leichenwagen und einem Grabdenkmal zerquetscht worden wäre, eine Trauerrede, die mit frommer Rührung angehört wurde. »Während ich sprach«, notierte er, »sank die Sonne. Ganz Paris lag in der Ferne vor mir, im durchleuchteten Dunst des Sonnenuntergangs. Fast zu meinen Füßen rutschte immerfort Erdreich auf den Sarg nach.« Von der Höhe dieses Friedhofhügels aus hatte Rastignac Paris herausgefordert; an diesem Tage ehrte Paris den Schöpfer Rastignacs.

»Monsieur de Balzac«, sagte Victor Hugo, »war einer der Ersten unter den Größten, einer der Höchsten unter den Besten. Es ist hier nicht der Ort, um bis ins letzte darzustellen, was dieser glänzende, souveräne Geist war.

Alle seine Bücher bilden nur ein einziges Buch, ein lebendiges, lichterfülltes, tiefes, in dem man unsere gesamte zeitgenössische Kultur kommen und gehen, einherschreiten und sich regen sieht, wobei irgend etwas Bestürzendes und Furchtbares sich dem Wirklichen zugesellt; ein wunderbares Buch, das der Dichter ›Komödie‹ betitelt hat und das er auch ›Historie‹ hätte betiteln können; das alle Formen und alle Stile aufgreift, das über Tacitus hinausgeht und an Sueton heranreicht, das Beaumarchais durchquert und sich Rabelais nähert; ein Buch, das Beobachtung ist und Phantasie ist; das das Wahre verschwendet, das Intime, das Bürgerliche, das Triviale, das Stoffgebundene, und das bisweilen mitten durch alle Wirklichkeiten hindurch, die es jäh und breit zerreißt, unvermittelt das düsterste und tragischste Ideal erblicken läßt.

Das macht das Werk aus, das er uns hinterläßt, ein hohes, verläßliches Werk, eine unerschütterliche Anhäufung von Granitblöcken, ein Monument! Ein Werk, von dessen Höhe künftig sein Ruhm erstrahlen wird. Große Menschen erschaffen sich selber ihren Sockel; des Standbilds nimmt sich die Zukunft an ... Ach! Dieser mächtige, unermüdliche Arbeiter, dieser Philosoph, dieser Denker, dieser Dichter, dieses Genie hat in unserer Mitte sein Leben der Gewitterstürme, des Ringens, des Streits, der Kämpfe gelebt, wie es allen großen Männern aller Zeiten eigen ist. Heute, jetzt, ruht er in Frieden. Er ist dem Haß und dem Hader entrückt. An ein und demselben Tag geht er ein in den Ruhm und ins Grab. Fortan wird er leuchten über allen Wolken, die über unseren Köpfen sind, leuchten unter den Sternen des Vaterlandes ...«

Am gleichen Tag schrieb Barbey d'Aurevilly:

»Dieser Tod ist wirklich eine geistige Katastrophe, der sich nichts unter all den Todesfällen, die unser Zeitalter verdüstert haben, vergleichen läßt als der Tod Lord Byrons. Ja, Byron ist, wie Balzac, am Ende der Jugend gestorben, in der Reife seiner Entfaltung, und er hat, wie Balzac, sein Werk unvollendet hinterlassen. Die Dichtung *Don Juan* ist so wenig abgeschlossen worden wie jene andere, vielleicht noch größere Dichtung: *La Comédie humaine,* von der wir kaum die Hälfte haben ... Walter Scott ist erloschen wie eine ruhige Sonne am Ende eines klaren, langen Tages ... Goethe, der Liebling des Schicksals, ist zu seinen Lebzeiten Marmor geworden, in einem Alter, das wie die Vorstufe seiner Unsterblichkeit war. Aber Balzac ist in der Mitte seines Lebens hinweggerafft worden, im wachsenden Reich seines Könnens und seiner Pläne ...«

Der beharrlichste Gegner, Sainte-Beuve, kündigte in den ersten Zeilen seines *Lundi* vom 2. September an, er werde fortan das Werk frei von allen unangenehmen persönlichen Gefühlen werten:

»Wer hätte besser als er die Alten und die Schönen des Kaiserreichs geschildert? Wer vor allem hätte auf köstlichere Weise die Herzoginnen und Vicomtessen vom Ende der Restaurationszeit gerührt, jene Frauen von dreißig Jahren, die sich schon eingefunden hatten und mit unbestimmter Angst ihres Malers harrten ...? Wer schließlich hat besser die Gattung Bürger, die unter der Juli-Dynastie triumphierte, erfaßt und in ihrem Überfluß dargestellt ...? So schnell und so groß der Erfolg Balzacs in Frankreich auch gewesen ist, er war vielleicht noch größer und unbestrittener in Europa ... Es hat eine Zeit gegeben, da, in Venedig beispielsweise, die Gesellschaft, die sich dort befand, auf den Gedanken gekommen ist, sich die Namen seiner Hauptgestalten beizulegen und deren Spiele zu spielen. Eine Zeitlang sah man nur Rastignacs, Herzoginnen von Langeais, Herzoginnen von Maufrigneuse, und es wird versichert, mehr als ein Schauspieler oder eine Schauspielerin dieser Gesellschaftskomödie hätten Wert darauf gelegt, ihre Rolle bis zum Ende durchzuführen ...«

Nun Sainte-Beuve, wie er dachte, sich des Lobes entledigt hatte, konnte er sich nicht enthalten, aus seinem Geheimschrank ein paar Dosen dezent verdünnten Gifts zu holen. Nicht einmal nach dem Tod des Autors, sagte er, könne er »diesen so oft heiklen und auflösenden, entnervten, rosigen und mit allen Farbtönen geäderten Stil« bejahen, »diesen auf eine köstliche Weise verderbten, ganz asiatischen Stil, wie unsere Meister sagten«, und ebensowenig Balzacs erklärte Schwäche für die Swedenborg, Mesmer und Cagliostro jeder Art. Sainte-Beuve lege, so fuhr er fort, Wert darauf, diese Dinge zu sagen, »damit unsere Bewunderung und unsere trauernde Huldigung für einen Mann von wunderbarem Talent nicht über die erlaubten Grenzen hinaus ihr Spiel trieben«. Nebenbei behauptete er, George Sand sei eine größere schriftstellerische Begabung als Balzac. Wir hoffen – und glauben –, daß das George Sand schockiert hat.

* * *

Wir müssen kurz vermelden, was aus den Komparsen dieses Dramas geworden ist. Madame Mère (*Bomaman* für ihre Enkelinnen) konnte noch vier Jahre lang ihre liebe Laure verhätscheln und ihren Schwiegersohn Surville aufziehen. Sie besuchte die Tochter am liebsten, wenn der Ingenieur durch irgendeinen Teich, einen Kanal oder eine Brücke in der Ferne festgehalten wurde. »Der alte Kater ist weg; jetzt kann die alte Maus tanzen«, schrieb sie in ihrem bilderreichen Stil. Sie fuhr beharrlich damit fort, sich grün und blau zu ärgern, Whist zu spielen, überreichlich mit Zucker bestreute Orangenschnitten zu essen, zu allen Festtagen Glückwünsche zu verschicken und ihre Schwiegertochter anzuflehen: »Sagen Sie mir, daß Sie im Gedenken an den, der uns so teuer gewesen ist, Ihre arme Schwiegermutter immer liebhaben werden ... Ich habe den Arzt, das Feuerholz, die Miete zu bezahlen, und ich habe nur mit genauer Not das Lebensnotwendige bis zum 1. Februar ...« Tatsache ist, daß Madame Honoré de Balzac es ihr nie an etwas hat fehlen lassen.

Der Familientradition entsprechend hatte Laure »große Nervenkrisen«. Ihre hübschen Erzählungen wurden kaum gekauft; ihr Mann, der allzu erfinderische Ingenieur, plante mehr, als er ausführte. Die letzten Zeilen der »lieben Großmutter« drückten »einen dicken mütterlichen Kuß auf die Stirn ihrer guten Tochter«. Wonach Madame Balzac die Ältere am 1. August 1854 von der Bühne dieser Welt abtrat. Die Finanzlage der Familie wurde dauernd schlechter. Eugène Midy de la Greneraye, genannt Surville, starb 1867 und hinterließ Aktiva in Höhe von 111 918 Francs, aber die Passiva sind wohl höher gewesen, denn seine Witwe und seine Töchter verzichteten auf die Erbfolge. Die liebenswürdige Sophie heiratete einen Witwer, der zwanzig Jahre älter als sie war, einen gewissen Jacques Mallet, der aus dem ehelichen Heim verschwand und nie wieder ein Lebenszeichen gab; die Verlassene mußte eine Stellung als Hauslehrerin in der Familie des ehemaligen Abgeordneten Martin du Nord antreten. Valentine Surville heiratete den Advokaten Louis Duhamel (der später der Sekretär des Präsidenten Jules Grévy wurde) und starb 1897. Der bedauernswerte Henry de Balzac erfuhr niemals, daß sein ehebrecherischer Vater ihm testamentarisch 200 000 Goldfrancs hinterlassen wollte, denn er starb in höchster Not am 11. März 1858 im Lazarett in Dzaoudzi, auf den Tag zwei Monate vor Jean de Margonne.

Väterchen Dablin, der Eisenwarenhändler mit dem großen Herzen, blieb bis zum Ende mit den Survilles befreundet. Er vermachte: Laure eine silberne Suppenschüssel und fünfzig Miniaturen; Sophie eine Dose aus Meißener Porzellan und (wie sie es vorausgesehen hatte) eine chinesische Tasse; Valentine zwei Vasen in Schmelzarbeit, die Balzac sehr geliebt hatte. Vielleicht wäre ihnen »ein bißchen richtiges Geld« lieber gewesen, aber Dablin hatte an alle Welt gedacht: an die Armen seines Stadtviertels, an die Armen in Rambouillet, an seine ehemaligen Hausbediensteten, seine zahlreichen Vettern, an zahllose Freunde und an das Louvre-Museum. Solange es Menschen gibt, die lesen, wird sein Name mit dem Balzacs verbunden bleiben, und zumal mit *Les Chouans (»Dem ersten Freunde das erste Werk«)*.

Der schweigsame, tiefsinnige Major Carraud starb 1864. Die verarmte Zulma mußte Frapesle verlassen und zog sich in »ein kleines *cottage*« bei Nohant-en-Graçay zurück; sie veröffentlichte Kinderbücher: *Le Goûter de la Grand-Mère (Großmutters Imbiß), La Petite Jeanne ou le Devoir (Die kleine Jeanne oder die Pflicht)* und andere Erfolgstitel der Bibliothèque Rose. Sie lebte bis 1889; ihre beiden Söhne hatte sie verloren: Yorick, Hauptmann bei den Jägern zu Fuß, fiel 1870 bei Sedan; Ivan, Generalinspekteur der Wasser- und Forstverwaltung, starb 1881. Madeleine Carraud, Ivans Tochter, heiratete Georges Payelle, der Erster Präsident des Rechnungshofes wurde; dieser Ehe entstammt Raymond Payelle – in der Literatur: Philippe Hériat.

Balzac hatte in seinem Testament seine Frau als Universalerbin eingesetzt und ihr gegenüber eine Schuld von 130 000 Francs anerkannt. Sie hatte ihm mehr als das Doppelte dieser Summe geliehen. Marie du Fresnay vermachte Balzac seinen »Christus« von Girardon, der nicht von Girardon war, mit dem Rahmen von Brustolone, der nicht von Brustolone war. Doktor Nacquart, Alexandre de Berny und Zulma Carraud erhielten verschiedene Dinge als Zeichen herzlichen Dankes für ihre Treue.

Madame Honoré de Balzac hätte eine so ausgiebig mit einem Defizit abschließende Erbfolge ablehnen können. Das Gegenteil trat ein: Sie legte Wert darauf, sämtliche Schulden zu bezahlen. Dank Eve wurde die Schwiegermutter vor aller Not bewahrt, aber die Fremde ließ sie mitunter die Last dieser Wohltaten hart spüren. Auf eine Bitte um Erhöhung der Verpflegungsgelder antwortete sie trocken: »Ich glaube nicht, daß ich Ihnen andere Versprechungen gemacht habe als die, Ihnen Ihre Rente pünktlich zu zahlen, und Sie können sicher sein, daß mir das nicht leicht fällt. Sie wissen besser als irgend jemand sonst, daß mein ganzes Vermögen den Gläubigern Ihres Herrn Sohns anheimgefallen ist ...« *Eve de Balzac an den Notar Delapalme:* »Ich bin vier Monate lang nicht die Frau, sondern die *Krankenpflegerin* Monsieur de Balzacs gewesen. Dadurch, daß ich meinen Mann bei seiner unheilbaren Krankheit betreute, habe ich meine Gesundheit ruiniert, wie ich mein persönliches Vermögen dadurch ruiniert habe, daß ich eine Erbschaft an Schulden und Verdrießlichkeiten antrat, die er mir gemacht hatte ...« All das stimmte.

Evelines Schmerz war aufrichtig, heftig und kurz. Aber Doktor Nacquart schrieb sie, sie sei nur noch ein Körper ohne Seele, welcher Ausdruck ebenfalls zur Erbmasse gehörte. »Nein, lieber Doktor, trotz Ihrer schönen, ungeheuer großen Intelligenz können Sie nicht ahnen, was in mir vorgeht. Sie wissen nicht, welch ein Mut dazu gehört, weiterzuleben, wenn das Leben nur noch Leiden ist ...« Als Andenken an Honoré schenkte seine Witwe dem Doktor Nacquart den berühmten Spazierstock mit den eingelegten Türkisen.

Der Tod ihres lieben Bilboquet wirkte auf die Mniszechs niederschmetternd. »O meine angebetete, meine unvergleichliche, abgöttisch geliebte Mutter, welch ein furchtbarer, unerwarteter Schlag!« schrieb Anna ...

»Unser ganzes Leben wird nicht hinreichen, Ihnen die Bitterkeit dieses Schmerzes, dem nichts gleichkommt, zu lindern.« Zéphyrine und Gringalet verkauften den Großteil ihrer russischen Güter und behielten nur Wierzchownia, dessen Verwaltung sie dem Doktor Knothé anvertrauten. Sie fuhren zu Eveline nach Paris, beschlossen, sich dort niederzulassen und ließen sich neben der »Maison infortunée« auf einem dem Maler Gudin abgekauften Bauplatz ein luxuriöses Stadtpalais erbauen. Glasschränke beherbergten darin die Käfersammlung.

Madame Honoré de Balzac war mit ihren fünfzig Jahren noch immer begehrenswert und entflammbar. »So, wie sie war«, sagte Barbey d'Aurevilly, »lohnte es sich, um ihretwillen jede Torheit zu begehen ... Sie war von einer imposanten, noblen, ein bißchen massigen, ein bißchen aus den Fugen gegangenen Schönheit, aber sie hatte es verstanden, in ihrer Beleibtheit einen sehr lebhaften Reiz zu bewahren, der noch gewürzt wurde durch einen köstlichen ausländischen Akzent und ein äußerst eindrucksvolles sinnliches Gebaren ...« Das alles machte, wider seinen Willen, tatsächlich Eindruck auf den jungen Champfleury, der bei Balzacs Tod nicht in Paris gewesen war und nun die Witwe besuchte. Sie empfing ihn gut, viel zu gut, und bat ihn, ihr beim Ordnen der Papiere ihres berühmten Mannes behilflich zu sein.

»Ich hatte Kopfschmerzen«, erzählt er, »und während wir plauderten, legte ich mehrmals die Hand auf die Stirn.

›Was haben Sie?‹ fragte sie.

›Ich weiß nicht – wohl eine Neuralgie.‹

›Die will ich Ihnen wegnehmen.‹

Darauf trat sie hinter mich und legte mir beide Hände auf die Stirn. Es gibt in dergleichen Situationen gewisse magnetische Ströme, die bewirken, daß es nicht dabei bleibt ...«

Auf diese Weise begann eine Liebschaft. Champfleury war zwanzig Jahre jünger als »die schöne Sarmatin«, die ihm am 13. Mai 1851 schrieb: »Ich gehe jeden Abend in ein Tingeltangel und amüsiere mich ... Vorgestern habe ich gelacht wie in meinem ganzen Leben nicht. – Oh, wie glücklich ist man, wenn man keinen kennt, sich um niemanden zu kümmern braucht, seine Unabhängigkeit hat, frei ist wie auf hohen Bergen, und noch dazu in Paris.« Fest steht, daß Eve Geschmack am Pariser Leben fand, da sie nie in ihre Heimat zurückgekehrt ist.

Pflicht jeder Schriftstellerwitwe ist es, dem Andenken ihres Gatten getreu zu dienen. Eve beauftragte Dutacq mit der Vorbereitung einer Ausgabe der *Oeuvres complètes*, der Sämtlichen Werke, oder, um genauer zu sein, der vervollständigten Werke; denn es lag ihr daran, *Le Député d'Arcis* und *Les Petits Bourgeois* erscheinen zu lassen, die im Zustand von Skizzen verblieben waren. Zur Beendigung der beiden unvollendeten Romane wünschte sie, ihrem Mann als anonymen und postumen Mitarbeiter ihren Liebhaber zu geben. Aber Champfleury weigerte sich, eine Arbeit zu übernehmen, die er mißbilligte. Um also den Liebhaber wider Willen festzuhalten, setzte die Fremde völlig andersgeartete Mittel ein.

Eve de Balzac an Champfleury: »Ich muß Dir sagen, daß ich gestern eine kleine Rückzahlung erhalten habe, mit der ich wirklich nicht gerechnet hatte, und es finden sich darunter neue republikanische Geldstücke, die so gelb und so blank sind, daß ich sie beiseite gelegt habe, weil sie mir zu jung und zu fröhlich für mich vorkommen ...«

Balzacs Petschaft, mit dem er seine Briefe an die Fremde gesiegelt hatte, findet sich 1851 auf der Rückseite eines Briefes von Champfleury eingepreßt! Also hatte die Spenderin der Goldlouis diese und jene Reliquie des großen Mannes hinzugefügt. Wahrscheinlich hätte sie in Champfleurys Leben gern die Rolle gespielt, die die reifende *Dilecta* ehedem bei dem jungen Balzac innegehabt hatte. Aber die »kosakische« Mischung von Mystizismus und Fleischeslust, die Balzac so sehr gefallen hatte, stieß Champfleury nur zu bald ab. Eve bezeigte sich als bis zur Wut eifersüchtig und sehr autoritär. Ihm war, als habe er die Große Katharina zur Geliebten, und er wollte auf und davon. Doch bei jedem Fluchtversuch wurde er durch den Vorwand zurückgerufen, er solle doch wenigstens Ordnung in Balzacs Nachlaß bringen. Schließlich führte im November 1851 eine Eifersuchtsszene zu dem so sehr erwünschten Bruch.

Da Champfleury ausfiel, nahm Madame de Balzac ihre Zuflucht zu Charles Rabou, und ihm vertraute sie die Vollendung der *Comédie humaine* an.

Eve de Balzac an Armand Dutacq: »Sagen Sie, meine Wahl für die Vollendung dieses Werks sei einzig deswegen auf Monsieur Rabou gefallen, weil sie mir durch meinen Mann selber im Verlauf der Unterhaltungen gewiesen worden ist, die wir in seiner letzten, unheilvollen Krankheit über das Thema der Vollendung seines abgebrochenen Werks geführt haben ...«

Bemerkungen, die kein anderer hören konnte, dienen gewissen Witwen oft als unwiderlegbare Argumente.

Balzac hatte als Feuilletonabdruck in *L'Union monarchique* (vom 7. April bis zum 3. Mai 1847) die siebzehn ersten Kapitel des *Député d'Arcis* veröffentlicht. Nach seinem Tod fand sich die Fortsetzung in seinen Schubfächern nicht vor, aber Eve nahm es auf sich, Rabou den Schluß des Romans zu erklären, den ihr Mann ihr angedeutet habe.

»Ihm sagen«, notierte sie, »was ich von den Gedanken meines Mannes über *Le Député d'Arcis* weiß ... Ich habe weit mehr mit den Gestalten der

Comédie humaine gelebt als mit denen der wirklichen Welt, und wenn man Einzelheiten über die Lebensgewohnheiten, die Sitten, die Beziehungen, das Tun und die Gesten einiger Mitglieder der zahlreichen, unvergänglichen Familie wissen möchte, die dieser große Geist und dieser kraftvolle Wille geschaffen haben, so muß man sich stets an mich wenden ...«

Rabou inspirierte sich an den Hinweisen, die der Witwe und Mittlerin hinterlassen worden waren, und machte sich an die Arbeit. Der Roman schoß so ins Kraut, daß er, als er 1853 im *Constitutionnel* erschien, 101 Feuilletons füllte, von denen 31 der Nachdruck des Prologs waren, der zu Lebzeiten des Autors in *L'Union monarchique* veröffentlicht worden war. Jener erste Teil des Buches (das einzige, was daran von Balzac stammt) war von ihm *L'Election (Die Wahl)* betitelt worden. Im *Constitutionnel* erschien der Zyklen-Roman unter dem Titel *Le Député d'Arcis* und zerfiel in drei Teile: *L'Election, Le Comte de Sallenauve* und *La Famille Beauvisage*. Die Mitarbeit Rabous wurde unerwähnt gelassen.

Ein Brief Eves an Dutacq spricht von den *Petits Bourgeois:*

»Ich bin recht froh, daß Monsieur Rabou sie abschließen kann, weil ich fest überzeugt bin, daß mein Mann für die Beendigung dieses Werks nur ihn erwählt haben würde. Das ist keine bloße Vermutung, sondern eine Gewißheit, denn während seiner Krankheit hat er zu mir gesagt: ›Ich möchte so gern Rabou sehen; vielleicht übernimmt er den Abschluß der *Petits Bourgeois* ...‹«

Der erste Teil (1856 veröffentlicht) zerfällt in siebenundzwanzig Kapitel, von denen die ersten zweiundzwanzig von Balzac sind. Der zweite Teil der *Petits Bourgeois* (1857) stammt ganz und gar von Rabou. Der Verleger De Potter, bei dem die Originalausgabe des *Député d'Arcis* erschienen war (vor der aufsehenerregenden Ausgabe der *Oeuvres complètes* in 24 Oktavbänden bei Michel Lévy), brachte den Mut auf, auf die Titelseite zu drucken: *Beendet von Charles Rabou.*

Im Jahre 1851 malte Jean Gigoux, der aus der Franche-Comtée stammte und der Sohn eines Hufschmieds war, ein Maler, dessen »maskulines Talent« die Zeitungen bei jedem Salon lobten, wo er seine »großen Schinken«, historische und melodramatische, ausstellte, das Porträt der Gräfin Mniszech. Anna nahm ihre Mutter mit in das Atelier des Künstlers, bei dem Madame de Balzac ihrerseits ein Pastell bestellte. Dieser derbe, männliche, konventionelle Maler eroberte sie. Um 1852 knüpfte sich zwischen ihnen eine beinahe eheliche Bindung an; denn sie dauerte bis zu Evelines Tod am 10. April 1882. Gigoux, »ein Veteran, reich an Jahren und Ruhm«, mit einem Gallierschnurrbart, überlebte sie um zwölf Jahre. Das Schloß Beauregard bei Villeneuve-Saint-Georges, das Madame de Balzac gekauft hatte, als sie Witwe geworden war, hat dem seltsamen, so handfest vereinten Paar als Obdach gedient.

Die letzten Jahre der Fremden wurden durch das Unglück ihrer Kinder verdüstert. Anna, an der Balzac ehedem einen unwiderstehlichen Hang für kostspielige Toiletten und prunkvolle Schmuckstücke festgestellt hatte, unterlag den Versuchungen von Paris. Schals aus Chantilly-Spitzen, Kopfkissenbezüge mit Point d'Alençon, Kleider von Worth, Lack-Wandschirme, Chinaporzellan, Brillantschmuck richteten die Erbin von Wierzchownia zugrunde. 1875 erlitt Georges, dessen sanftes Heiligengesicht mit den mystischen Augen sie liebte, den ersten Bluterguß im Gehirn; er erholte sich nie wieder und verlor den Verstand. Seine kostbare Käfersammlung wurde verkauft; Wierzchownia war seit langem vom Grafen Adam Rzewuski, Evelines Bruder, erworben worben.

Nach dem Tode ihres geisteskranken Mannes (1881) und dem der Mutter (1882) verkaufte die von allen Geldmitteln entblößte Anna Schloß Beauregard und zog sich in das Kloster der Damen vom Kreuz in der Rue de Vaugirard zurück. »Sie bezeigte sich im Unglück ebenso bezaubernd und gütig, wie sie im Reichtum gewesen war, mit derselben liebenswürdigen Klugheit, derselben vogelhaften Kindlichkeit, die vormals Balzac entzückt hatten.« Als Anna 1915 starb, hinterließ sie der Haushälterin, von der sie gepflegt worden war, die mit altrosa Samt gefütterte, mit Elfenbein inkrustierte Malachitschatulle, in der Balzac ehedem die Briefe der Madame Hanska aufbewahrt und auf die er die Buchstaben H. L. (*Heva Lididda*, Eva die Heißgeliebte, auf hebräisch) hatte gravieren lassen. Das Kästchen wurde von der Haushälterin zu einem hohen Preis Marcel Bouteron angeboten, dem »Papst der Balzacverehrer«. Die geforderte Summe überstieg bei weitem Bouterons bescheidene Mittel, aber er lief zu einem Schrank, in dem er seine Ersparnisse aufbewahrte, packte, ohne sie zu zählen, die Banknotenbündel, warf sie der Haushälterin in die Hände und behielt die geweihte Schatulle.

Caroline Marbouty, »die Poesie der Reise«, fuhr unter dem Namen Claire Brunne mit dem Schreiben autobiographischer Romane fort. In *Une Fausse Position (Eine schiefe Lage)* hatte sie von den Mißlichkeiten einer großen Provinzdame in Paris erzählt. Ihre Liaison mit dem Marquis de Pastoret (einem der Sache Heinrichs V. ergebenen Edelmann, den der Prätendent zu seinem Geschäftsträger in Frankreich ernannt hatte) inspirierte sie zu *Le Marquis de Précieux, ou les Trois Epoques (Der Marquis de Précieux, oder Die drei Epochen)*. Die Lösung dieses Abenteuers erregte einen Skandal. Amédée de Pastoret hatte seiner Geliebten die Hut einer verschlossenen Kassette anvertraut, in der er kompromittierende Papiere aufbewahrte, unwiderlegbare Beweise seiner legitimistischen Betätigung. Hat Caroline am Ende einer verkümmernden Liebe aus diesen Dokumenten Werkzeuge ihrer Rache gemacht? Mehrere Memoirenschreiber jener Zeit behaupten, sie habe die Kassette an die Polizei Louis-Philippes verkauft. In ihrem wirren, ungestümen Tagebuch widerlegt Claire Brunne den Vorwurf einer Erpressung. Nach ihr hat es sich lediglich um das Eintauschen von Liebesbriefen gegen eine Entschädigungssumme für den Bruch gehandelt. Wie dem auch sei: Die Sache mit der Kassette machte aus Madame Marbouty eine übel beleumundete Abenteurerin. Die noble Didine war mehr wert.

Am 16. Februar 1890 fiel Caroline (als Siebenundachtzigjährige) hin, als sie die Champs-Elysées überquerte. Ein Omnibus fuhr über sie weg. Sie wurde ins Krankenhaus Beaujon gebracht (das sich damals in der Rue du Faubourg-Saint-Honoré 208 befand, zwei Schritt von Balzacs Sterbehaus entfernt); dort starb sie am gleichen Tag, ohne das Bewußtsein wiedererlangt zu haben; erst später wurde sie identifiziert. Da sie für die Grabstätte ihrer (mit dreiundzwanzig Jahren gestorbenen) Tochter auf dem Père-Lachaise eine Konzession auf ewige Zeiten erworben hatte, traf sie wieder mit Balzac und der Fremden zusammen. Sie ruht dort ganz in der Nähe der beiden.

Hélène de Valette, verwitwete Goujeon, folgte auch weiterhin der Linie ungehörigen Lebens, die sie sich vorgezeichnet hatte. Zwei nachsichtige Beschützer überhäuften sie gleichzeitig mit Beweisen ihrer Zuneigung. Der adlige Schloßherr, von dem sie einen Sohn hatte, erkannte den Jungen gesetzlich an; er schloß später eine reiche Heirat. In Paris wohnte Hélène Rue de Lille 91 wie in einer Ehe mit Hippolyte Larrey zusammen und starb in dessen Wohnung am 14. Januar 1873. Die »kleine Salzteicharbeiterin« hatte es fertiggebracht, während ihres ganzen Lebens zwischen dem Grafen und dem Baron ein heikles Gleichgewicht aufrechtzuerhalten. Da sie vorübergehend eine der »Marien« Balzacs gewesen war, machte ihr Universalerbe, der Baron Larrey, der Stadtbibliothek von Tours korrigierte Fahnenabzüge von *Béatrix* und einen handschriftlichen Brief des Autors zum Geschenk, wobei er naive und peinlich genaue Vorsichtsmaßnahmen traf, daß die Empfängerin, Madame Marie X***, nicht identifiziert werden konnte.

Wie Balzac und die Fremde, wie Anna und Georges Mniszech, wie Caroline Marbouty ist Hélène de Valette auf dem Père-Lachaise bestattet worden, wo unter Erdreich und Marmor so viele balzacische Schicksale sich vollendet haben.

Nachdem die Toten bestattet worden sind, ziemt es, sich den Lebenden zuzuwenden. Sie sind unvergänglich und heißen: Goriot, Grandet, Hulot, Bette, Pons, Rastignac, Rubempré, Popinot, Birotteau, Gobseck; sie sind um uns, suchen uns heim und lehren uns die Menschen kennenlernen, denn die ändern sich nie. Die Fürstin von Cadignan und die Marquise d'Espard spielen nach wie vor ihre feinen, grausamen Szenen; die Töchter Goriots haben nie aufgehört, ihren Vater auszuplündern; mehr als ein Bénassis versucht, ein französisches Dorf zu retten, und ganz in unserer Nähe hat General de Montcornet sein Gut zum Verkauf ausgeboten. Gaubertin wird es kaufen.

In allen Ländern werden die Leser von Jahr zu Jahr treuer und zahlreicher. Jeder Verleger, der die *Comédie humaine* neu druckt, erlebt es, daß die Auflage schnell vergriffen ist. Balzacs Ruhm leuchtet mit sehr viel strahlenderem Glanz als an dem Tag, da Hugo auf dem Père-Lachaise angesichts der Dunstschleier des Sonnenuntergangs ihm eine so schöne Huldigung darbrachte. »Die Zeit der unparteiischen Beurteilung ist für mich noch nicht gekommen«, hatte Balzac 1842 geschrieben. Jene Ungerechtigkeit hielt zäh an. Lange nach seinem Tod dauerte sie in der Zurückhaltung der Kritik an. »Alle großen Monumente werfen Schatten; es gibt Leute, die nur den Schatten sehen.« Die Naturalisten erkannten in ihm (zu Unrecht) einen ihrer Ahnen, obgleich Zola in Balzacs Politik und Mystik wahrzunehmen glaubte, es sei »im Genie eine Schraube los«. 1887 warf Faguet ihm seine Gedanken »eines Notarsschreibers in der Provinz« und die Vulgaritäten seines Stils vor.

Aber die Größten hatten als erste seine Größe erkannt. Nächst Hugo bewunderte ihn Baudelaire; dann Dostojewski, Browning, Marx, Strindberg; dann Proust und Alain; dann die ganze Welt. Die kritisierenden Universitätslehrer, Faguet und Brunetière, gaben schließlich ihren Irrtum zu. Taine und nach ihm Bourget zeigten auf, daß in Balzac der Denker dem Beobachter gleichkam und ihn leitete. Inzwischen hat die Historie für ihn gearbeitet. Er hatte in einer Zeit der Ernüchterung gelebt. Im Schutz der Revolution und des Kaiserreichs hatte sich in den Seelen eine übermenschliche Energie angesammelt. Die antiheroischen Regierungen der Restauration und der Bürgermonarchie erwiesen sich als unfähig, diese Kraft auszunützen. Schwächliche Explosionen wie die von 1830 und 1848 absorbierten nur einen winzigen Teil davon. Der beträchtliche Überschuß zeitigte große Dinge, die industrielle Revolution und die *Comédie humaine*.

Das ziemlich platte Ende des 19. Jahrhunderts in seinem Vertrauen auf den Fortschritt durch die Wissenschaft leugnete oder vernachlässigte die harten balzacischen Wahrheiten. Unsere Zeit dagegen, die durch zwei Kriege hindurchgegangen ist und, wie Balzac, erstaunliche Umwälzungen der Lage, jähe Stürze und unglaubwürdige Erhöhungen kennengelernt hat, fühlt sich ihm sehr nahe. Wie hätte Faguet Philippe Bridau verstehen können? Ihm war in seinem Leben eine solche Figur nie begegnet. Wir dagegen haben unsere auf Halbsold Gesetzten, unsere Attentate, unsere Verschwörungen, unsere dunklen Begebenheiten. Unsere Gelehrten bestätigen die Gedanken Balzacs über die Einheitlichkeit der Materie und widmen sich der Suche nach dem Absoluten. Sie glauben, gleich ihm, daß ein Gedanke eine physische Auswirkung haben kann. Die gesamte psychosomatische Medizin bestätigt die Intuitionen Louis Lamberts. »Die als Serie eingesetzten Zufälle bilden eine Vorsehung«, liest man in *César Birotteau;* das ist eine Vorwegnahme der statistischen Gesetze.

Proust, der ebenso groß wie Balzac war und die *Comédie humaine* bis in alle Einzelheiten kannte, wäre der letzte gewesen, sich zu wundern, daß dieses ungeheure Werk seine Stätte in einem kurzen, schwierigen und oftmals dürftigen Leben hatte haben können. Villeparisis kam Illiers gleich; die Tante Léonie hätte der »heiligen Familie« angehören können; die Mansarde in der Rue Lesdiguières war nicht einsamer als das Zimmer mit den korkverkleideten Wänden am Boulevard Haussmann. »Diejenigen, die geniale Werke hervorbringen, sind nicht die, die im erlesensten Milieu leben.« Von dem Tag an, da Honoré de Balzac dadurch, daß er sie transponierte, der Welt die starren, harten Augen seiner Mutter zu zeigen wußte, seine nachtragende Gehässigkeit als ungeliebtes Kind, seine Lesewut unter der Treppe in Vendôme, sein erstes »Erwittern der Frau«, die Fehlschläge seines Schwagers, die schmutzigen Machenschaften der Wucherer, seine verlorenen Illusionen und seine schöpferischen Ekstasen konnte er mit seiner Substanz ein ganzes Volk von Gestalten nähren. Dann, nachdem er die eigene Dauerhaftigkeit aufgezehrt hatte, starb er jung. Aber wer möchte nicht Balzac sein?

ANHANG I

Im Jahre 1907 hatte Octave Mirbeau in *La 628–E–8* ein abscheuliches, skandalöses Kapitel über Balzacs Tod erscheinen lassen. Er behauptete unter Aufwand einer Fülle obszöner und grotesker Einzelheiten, Eve de Balzac habe während der Agonie ihres Mannes im Nebenzimmer in den Armen des Malers Jean Gigoux gelegen. Ein Artikel im *Temps* hatte diese »Enthüllung« angekündigt. Anna Mniszech protestierte auf das energischste gegen eine solche erbärmliche Verleumdung: »Zur Zeit von Balzacs Tod hat meine Mutter Monsieur Gigoux *noch nicht einmal gekannt;* er ist ihr erst zwei Jahre nach dem Tod meines Stiefvaters vorgestellt worden, und zwar durch mich selber.« Alles, was Anna aussagte, stimmte, und Mirbeau. der behauptet hatte, die Geschichte stamme von Gigoux selbst (der sie Rodin erzählt haben sollte), mußte kläglich zum Rückzug blasen und unterdrückte das Kapitel, »um nicht«, wie er schrieb, »die letzten Lebensjahre einer alten Frau zu verbittern«.

In Wirklichkeit hat er das Kapitel ausgeschieden, weil er sonst zwei Prozesse wegen übler Nachrede hätte auf sich nehmen müssen, die er verloren haben würde, da er nicht einmal über den Schatten eines Beweises verfügte, und weil sein Buch beschlagnahmt worden wäre. Er hatte sich auf die Zeugenschaft Victor Hugos berufen, aber dieser hatte in *Choses vues* lediglich angemerkt, daß um die Zeit seines Besuchs »Madame de Balzac sich in ihr Zimmer zurückgezogen« habe, was etwas ganz Natürliches ist, da sie völlig erschöpft sein mußte. Paul Lapret, der Konservator des Jean-Gigoux-Museums in Besançon, schrieb an den *Gil-Blas:* »Vierzig Jahre lang bin ich Monsieur Gigoux nicht von der Seite gewichen, und ich erkläre Ihnen ehrenwörtlich, daß ich ihn während dieser langen Jahre nie die Geschichte habe erzählen hören, von der Monsieur Mirbeau spricht ... Überdies hat er die Bekanntschaft der Madame de Balzac erst gemacht, nachdem diese verwitwet war, was ich mittels beider Korrespondenz beweisen kann, die sich in meinem Besitz befindet.« Ein anderer Freund Gigoux', Ulric Richard-Desaix, äußerte ebenfalls, es handele sich um »eine unqualifizierbare Schändlichkeit«. Der einzige Autor, der nach Anna Mniszechs Tod »die gräßliche, in allen Stücken von Mirbeau erfundene Erzählung« (Marcel Bouteron) zu verteidigen wagte, war der sehr leichtfertige Charles Léger, dem wir so viele falsche Auskünfte über die Gräfin Guidoboni-Visconti und andere verdanken.

ANHANG II

Arsène Houssaye erzählt, der Direktor des Krankenhauses Beaujon habe kurz nach der Rückkehr Balzacs im Jahre 1850 ihn zu sprechen verlangt:

»Monsieur de Balzac, ich habe Ihnen eine schlechte Nachricht zu überbringen. Bereits seit ein paar Tagen haben Sie eine Schwester im Spital Beaujon.«

»Niemals!« rief Balzac, der Angst hatte, daß seine Frau lauschen könne. »Ich habe nur *eine* Schwester, nämlich Madame de Surville.«

»Nun, Monsieur de Balzac, ich verbürge mich dafür, daß Sie im Spital eine Schwester haben.«

Der Direktor verbeugte sich und ging.

Aber (so fährt Houssaye fort) zwei Monate später, auf dem Sterbebett, ließ Balzac durch seinen Diener den Direktor des Spitals holen.

»Monsieur Annocet! Ich habe Sie rufen lassen, weil ich Buße tun muß ... Sie haben recht; es ist meine Schwester ... Sie sind ein Ehrenmann; ich muß Ihnen gegenüber meine Schuld eingestehen ... Ich könnte Ihnen sagen, es sei eine uneheliche Schwester; ich könnte Ihnen sagen, ich hätte mein Herz verhüllt, weil ich nicht wollte, daß meine Frau an ihrem Ankunftstag erführe, eine ihrer Schwägerinnen sterbe im Armenspital ... Aber nein, ich vertraue Ihnen das Abscheuliche meiner schlechten Tat in vollem Umfang an.«

Annocet drückte dem Sterbenden die Hand:

»Was Sie da tun, ist gut und richtig ...«

Balzac fragte mit erstickter Stimme:

»Ist sie tot?«

»Ja, aber sie hat Ihnen verziehen, denn sie ist in Gott gestorben.«

Edmond de Goncourt berichtet eine ein wenig abweichende Geschichte. Der Direktor des Beaujon habe zu dem Maler Giraud gesagt: »Bei mir liegt eine ganz besondere Sterbende; sie behauptet, sie sei Balzacs Schwester.« Worauf er Balzac um einen kleinen Betrag für den Sarg bittet, den Balzac verweigert, indem er behauptet, er habe außer Laure keine Schwester. Mehrere Jahre gehen hin. Der sterbende Balzac läßt Annocet zu sich bitten und gesteht, jene Frau sei seine Schwester gewesen: »Ich habe Ihnen das eingestehen wollen, ehe ich sterbe.«

All das mutet recht unwahrscheinlich an. Arsène Houssaye war ein notorischer Fabulierer. Was nun aber Goncourts Erzählung betrifft, so setzt sie voraus, daß Balzac den Direktor des Beaujon schon mehrere Jahre vor seinem Tod gekannt habe, was wenig wahrscheinlich ist. »Wer ist diese Schwester?« fragt sich Edmond de Goncourt. »Etwa eine natürliche Schwester? Oder vielleicht eine Schwägerin?« Daß Bernard-François in Villeparisis oder anderswo eine natürliche Tochter gehabt hätte, ist nicht völlig unmöglich; aber es ist von ihr keine Spur entdeckt worden. Es handelt sich also wohl um eine der zählebigen Fabeln, die sich an die Schatten großer Männer heften.

ANHANG III

Nicht ganz ein Jahr nach Balzacs Tod zeigte (am 28. Juli 1851) *La Mode* an:

»In *La Mode* erscheint: *Briefe an Louise,* von H. de Balzac. Diese Briefe, dreiundzwanzig an der Zahl und samt und sonders unveröffentlicht, sind vom Autor der *Eugénie Grandet* an eine der elegantesten Damen der heutigen Gesellschaft gerichtet worden. Sie bilden eins der merkwürdigsten Kapitel in dem, was man als den Herzensroman des berühmten Romanciers bezeichnen könnte; in der *Comédie humaine* kann man den Schriftsteller bewundern, aber in diesen Briefen kann man den Menschen studieren. Die Originale der dreiundzwanzig Briefe sind in unserer Hand.«

Die bestürzte Eve de Balzac schrieb an ihre Schwiegermutter: »Ich habe einen neuen Prozeß auf dem Hals, nämlich gegen die Zeitschrift *La Mode,* die *intime* Briefe unseres armen Honoré an eine schöne Dame angekauft hat, die, nachdem sie ehedem ihre Gunst verkaufte, jetzt seine Briefe verkauft ...« Man erinnert sich, daß die Beziehungen Balzacs zu Louise der Geheimnisvollen rein brieflicher Natur geblieben waren und daß die beiden Briefpartner einander nie gesehen hatten. Louise konnte also nicht beschuldigt werden, sie »habe ihre Gunst verkauft«. Aber »ein gewisser Sieur Lefebvre«, der Besitzer der dreiundzwanzig Briefe, des Manuskripts von *L'Interdiction* und der korrigierten Fahnen von *Le Lys* (die Balzac ehedem an seine rätselhafte Bewunderin geschickt hatte), hatte diese Dokumente mir nichts, dir nichts für dreitausend Francs an Philias Nivard, den Chefredakteur von *La Mode,* verkauft.

Der Anwalt Picard wurde von Eveline beauftragt, Einspruch gegen die geplante Veröffentlichung zu erheben. Der Fall Louise wurde am 14. Mai 1852 vor der Ersten Kammer des Zivilgerichts des Seine-Departements verhandelt. Die Witwe des Romanciers widersetzte sich als Universalerbin der Veröffentlichung intimer Briefe und verlangte die Rückerstattung der Autographen. Das Gericht erklärte in seinem Urteil, »daß ein abgesandter Brief das Eigentum der Person sei, die ihn empfangen habe, und daß folglich die Erben des Unterzeichners besagten Briefs keinesfalls dessen Rückerstattung verlangen könnten; wohl aber könnten sie es verbieten, daß jener Brief veröffentlicht werde ...«

La Mode durfte also die *Briefe an Louise* nicht drucken, und Lefebvre wurde dazu verurteilt, die erhaltenen dreitausend Francs zurückzuzahlen. Jener Lefebvre hieß in Wirklichkeit Louis Lefèvre. Gustave Desnoiresterres, der die Briefe in *La Mode* hatte einleiten sollen, ist 1887 vom Vicomte de Lovenjoul darüber befragt worden und hat ihm geantwortet: »Der Verkäufer war der Ehemann der Dame in Person ... ein gerissener, bedürftiger Mensch, der in dieser taktlosen Abtretung ein Geschäft erblickte, das er sich nicht entgehen lassen dürfe.« Louis Lefèvre, geboren 1808 in Lisieux, hatte alle möglichen Berufe ausgeübt: verantwortlicher Herausgeber von *L'Europe littéraire*, Theaterdirektor, Dramatiker. Er starb tatsächlich ohne einen Sou 1866 im Armenspital an den Folgen eines Schlaganfalls. Seine Frau, die er ein paar Wochen nach Balzacs Tod geheiratet hatte (11. September 1850), hat ihn nur um zwei Jahre überlebt.

Ein pikantes Detail: Schließlich war es Eve, die die Veröffentlichung der Briefe an Louise begünstigte. In der Zwischenzeit hatte Spoelberch de Lovenjoul sie gekauft. Als Michel und Calman Lévy der Erstausgabe der *Oeuvres complètes* zwei Bände Briefe (1876) anzufügen wünschten, übermittelte die Fremde ihnen einige der Briefe, die sie von »ihrem armen Honoré« erhalten hatte (sie waren übrigens von ihr selbst keusch gereinigt worden), und ermächtigte sie außerdem, die Korrespondenz Balzacs mit Louise der Geheimnisvollen zu veröffentlichen.

Im Jahr zuvor hatte ein ähnlicher Konflikt die Fremde und Hélène de Valette einander gegenübergestellt. Madame de Balzac machte sich, kaum daß sie Witwe geworden war, daran, die Manuskripte der *Comédie humaine* zu sammeln. Mehrere Tage lang suchte sie vergeblich das von *Béatrix*, aber dafür fand sie einen Brief Hélène de Valettes, in welchem die »kleine Salzteicharbeiterin« Balzac geschrieben hatte: »Ich bin mir der Ungehörigkeit des *Diebstahls*, den ich bei Ihnen zu begehen mir erlaubt habe, vollauf bewußt ...« Sofort wurde Fessart, der Vertrauensmann, von dieser Entdeckung unterrichtet.

Eve de Balzac an Fessart, 31. August 1850: »Ich schicke Ihnen hier einen Brief der Dame, die das Manuskript von *Béatrix gestohlen* hat und es eingesteht ... Das kann uns dienlich sein. Man müßte es ihr zu verstehen geben ... Sie könnten ihr auch sagen lassen, daß ich die Briefe von M. E. Cador besitze und daß, wenn die Dame eine Schwäche für Autographen hat, diese sie interessieren könnten ... Ich habe auch merkwürdige Einzelheiten über *den Gesundheitszustand* jener Dame ...«

Am 7. September 1850 abermals ein Brief Eves an Fessart:

»Ich lege Ihnen die Sache mit dem Manuskript, dem Porträt und den Briefen ans Herz, aber bezeigen Sie sich nicht zu großzügig, denn ich gestehe Ihnen, daß ich in diesem Augenblick in arger Bedrängnis bin, und daß ich mich eher in der Lage derer befinde, die verkaufen möchten, als in der Lage derjenigen, die kaufen können ...«

Im November 1850 fand Madame de Balzac, die in der Rue Fortunée den wichtigen Vertrag über die Veröffentlichung der *Comédie humaine* suchte, zusammen mit jenem Vertrag das Manuskript von *Béatrix*. Sogleich benachrichtigte sie ihren Schwager Surville:

»Wenn Sie Monsieur Fessart sehen, sagen Sie ihm doch bitte, daß ich das Originalmanuskript von *Béatrix* wiedergefunden habe. Das, um das so viel Lärm gemacht worden ist, dürfte nur ein Band Korrekturen sein ...«

Eine Notiz vom 2. September 1850 besagt, daß Hélène de Valette damit gedroht hatte, ihre gesamte Korrespondenz mit Balzac zu veröffentlichen, falls die Witwe sich zu zahlen weigern sollte, was ihr Mann Hélène bei seinem Tode noch schuldig gewesen sei. Es handelte sich um zwanzigtausend Francs.

Der Vicomte de Lovenjoul hat auf den Aktendeckel, der in Chantilly die Dokumente über die schmierige Angelegenheit Valette einschließt, geschrieben: »Diese Drohung hatte keine Folgen.« Aber wie peinlich wirkt die Habgier dieser Harpyen. Nur die große Madame de Berny hat sich ihrer Rolle stets würdig gezeigt.

ANHANG IV

Am 20. Dezember 1924 publizierte die *Revue hebdomadaire* elf *Unveröffentlichte Briefe der Madame Hanska* an den Grafen Adam Rzewuski, ihren jüngeren Bruder. Das Recht zur Wiedergabe dieser Texte war der Zeitschrift von der Prinzessin Katharina Radziwill, geborener Komtesse Rzewuska, erteilt worden, der Nichte und Tochter der beiden Briefpartner.

Die Prinzessin war siebzig Jahre alt und nach der russischen Revolution in die Vereinigten Staaten geflüchtet; sie habe, wie sie sagte, nichts mitgenommen als die Abschriften dieser kostbaren Briefe; ihre sämtlichen Familienpapiere seien nach dem Weltkriege irgendwo in Europa und unauffindbar geblieben. Sie hätte gern der Öffentlichkeit ein paar Photographien und Manuskriptblätter zugänglich gemacht, aber jene Autographen seien leider außerhalb ihrer Reichweite, und so sei ihr das materiell unmöglich.

Drei Jahre zuvor hatte die Presse der Columbia University eine Doktorarbeit *Die Frauen im Leben Balzacs* gedruckt. Deren Verfasserin, die junge Amerikanerin Juanita Helm Floyd, wünschte in Paris eine französische Ausgabe ihrer Arbeit zu veröffentlichen. Die Prinzessin Katharina Radziwill hatte sich nicht nur erboten, ihre Übersetzerin zu sein, sondern eine Einleitung und an zusätzlichen Einzelheiten reiche Anmerkungen zu schreiben. Sie hatte sogar vorgeschlagen, dem Buch der Miß Floyd einen blendenden

Anhang beizufügen: siebzehn Briefe ihrer verstorbenen Tante Madame de Balzac an den Vater der Fürstin, den General Grafen Adam Rzewuski, Adjutanten des Zaren Nikolaus I.

Als das Buch, von Katharina Radziwill eingeleitet, ergänzt und mit Anmerkungen versehen, 1926 bei Plon erschien, wurden die siebzehn der Madame Hanska zugeschriebenen Briefe als über die Maßen interessant erachtet. Mangels der verbrannten Antworten der Fremden an Balzac hatte man jetzt ein ergreifendes Porträt Balzacs *von* der Fremden. Der Eindruck, den 1833 in Neuchâtel ein bürgerlicher, vulgärer, naiv auf Adel erpichter Schriftsteller auf eine ein wenig mißtrauische große Dame gemacht hatte, war hellsichtig geschildert worden: »Endlich habe ich die Bekanntschaft Balzacs gemacht ... Du weißt wohl noch, daß Du mir prophezeit hattest, er werde mit dem Messer essen und sich in die Serviette schneuzen. Nun, das zweite Verbrechen hat er zwar nicht begangen, aber des ersten hat er sich ganz bestimmt schuldig gemacht.« Eve analysierte ihr Zögern vor der Eheschließung, verteidigte indessen Balzac gegen das unversöhnliche Übelwollen der Rzewuskis. Bald schrieb sie mit Humor, bald besorgt; auf ironische Bemerkungen folgten verzweifelte Seiten. Nie war ein Briefroman besser gelungen.

Es scheint, als habe die Prinzessin Katharina Radziwill sich im voraus gegen die Beschuldigung verteidigen wollen, sie habe auf betrügerische Weise ihre Tante imitiert. »Der Stil dieser Briefe«, so schrieb sie, »kann kundigen Lesern als verschieden von den gewissen Briefen Eve de Balzacs erscheinen, die früher veröffentlicht worden sind; aber man muß bedenken, daß es sich im gegenwärtigen Fall um familiäre Briefe handelt, die eine Schwester ihrem Bruder schrieb.« Um ihre Glaubwürdigkeit noch stärker zu betonen, erklärt die Prinzessin Radziwill: »Diese Briefe sind ursprünglich französisch geschrieben worden, und der nachfolgende Text ist absolut den Originalen konform.« Sie habe die Absicht, fügte sie hinzu, eine Biographie ihrer Tante zu schreiben, auf Grund unveröffentlichter Dokumente, die sie hernach dem Institut de France vermachen wolle, »zur Vervollständigung der Sammlung Spoelberch de Lovenjoul«. Die geplante Biographie ist niemals geschrieben worden, und die besten Balzac-Kenner halten heute die unveröffentlichten Briefe der Madame Hanska für apokryph. Und zwar aus folgendem Grund:

Kein Mensch hat je die Originale zu sehen bekommen; die Prinzessin Radziwill behauptet, die Papiere ihrer Tante Eve seien in Sicherheit; sie habe testamentarisch ihre ungekürzte Veröffentlichung verfügt, aber sie dürften erst 1957 zur Publikation freigegeben werden. Warum 1957 ...? Vielleicht, weil am 30. März 1957 Katharina Radziwill hundert Jahre alt geworden wäre. Sie posierte für die Nachwelt; diese jedoch ging 1957 leer aus.

Am 15. Februar 1927 ließ die Prinzessin in der *Revue mondiale* einen langen Artikel erscheinen, der den Balzac-Verehrern große Hoffnungen gab. Sie konnten glauben, die Briefe der Fremden seien nicht vernichtet, sondern von ihr im Hinblick auf eine spätere Veröffentlichung aufbewahrt worden. Katharina Radziwill versicherte es: »Vor ihrem Tod hat meine Tante noch Zeit gehabt, eine allerletzte Vorsichtsmaßregel zu ergreifen ... Sie hatte einige Dokumente beiseite geschafft, die die ganze Geschichte ihres Romans mit Balzac in einem neuen Licht erscheinen lassen sollten; unter diesen Dokumenten fanden sich viele der Briefe, die sie an ihn geschrieben hatte ... Sie übergab sie mit genauen Instruktionen einem ihrer Freunde. Jene Papiere sollten einer ausländischen Bank zur Aufbewahrung übergeben werden, von wo jener Freund sie fünfundsiebzig Jahre nach ihrem Tod abholen und der National-Bibliothek in Paris übergeben sollte, der die Aufgabe zufiel, sie zu veröffentlichen.« In dieser neuen Version der Geschichte ist also nicht mehr die Nichte, die Erbin ihrer Tante, im Besitz der Papiere. Madame de Balzac selber hat darüber testamentarisch verfügt; sie sollen nicht der Sammlung Lovenjoul zukommen (die damals noch völlig embryonal war und von deren Existenz sie wohl nicht gewußt hat), sondern der National-Bibliothek. Ein geheimnisvoller Freund, *»der nicht der Familie der Madame de Balzac angehörte«*, ist allein beauftragt, im Jahre 1957 die Autographen aus dem Ausland zu holen und sie der National-Bibliothek zu überbringen. Kurzum: Die Prinzessin Radziwill konnte nicht für ein Päckchen Briefe verantwortlich gemacht werden, dessen Aufbewahrerin sie ja nicht war.

In den Anmerkungen, die sie zu dem Buch der Miß Floyd beigesteuert hatte, kann man sie mehrmals in flagranti beim Lügen ertappen. So zum Beispiel schildert sie den Glanz des Schlosses Wierzchownia und fährt dann fort: »Dieses Domizil, in dem die Erinnerungen an Balzac sowie sein Porträt von Boulanger von der Familie seiner Frau sorgsam gehütet wurden, ist mit allen Kunstwerken, die es barg, von den Bolschewiken völlig zerstört worden ...« Das stimmt nicht. Ein erst vor kurzem aufgenommenes Foto von Wierzchownia befindet sich auf Schloß Saché in dem von Monsieur Métadier geschaffenen Balzac-Museum. Der ukrainische Louvre existiert nach wie vor; eine Kolchose bewohnt und unterhält ihn.

Ein weiterer überraschender Zug in den vorgeblichen Briefen der Madame Hanska widerspricht allem, was wir von dieser frommen Frau wissen. Sie bekundet darin religiöse Zweifel und einen schwankenden Glauben, was einen Mißton ergibt.

Als das Werk der Miß Floyd in Frankreich erschien, wies der Kritiker der *Revue bleue* auf den verdächtigen Charakter der im Anhang abgedruckten Briefe hin. »Briefe, die einen verwirrt machen«, schrieb er, »verwirrt durch ihren Stil, der so gar nicht dem der Fremden ähnelt; verwirrt auch durch gewisse Irrtümer in Fakten und Daten, die schwerlich einer Gedächtnisschwäche der Briefschreiberin zuzuschreiben sind«. Die gelehrte Sophie de Korwin-Piotrowska drückt ihrerseits Zweifel aus, die sich auf ihre umfassende Kenntnis der Rzewuskis gründen. Nichts von allem, was die Mitglieder jener Familie betrifft, ist ihr fremd. Madame Hanska hatte drei Schwestern und drei Brüder. Es wäre unwahrscheinlich, wenn sie zum intimen Vertrauten gerade denjenigen unter ihnen erwählt hätte, der von jungen Jahren an ihr räumlich fern war. Adam war zunächst Interner bei den Jesuiten in Lemberg, setzte dann seine Studien auf der Wiener Militärakademie fort und trat dann als Kavallerieoffizier ins russische Heer ein. Noch ganz jung, heiratete er die sehr vermögende und einflußreiche Witwe Gerebzov, die ehemalige Favoritin des Kaisers Alexanders I. Es war eine Heirat aus Ehrgeiz, denn diese mächtige Frau war zweiundzwanzig Jahre älter als er. Die einzige Tochter der Gerebzov, selber ein wenig älter als Adam Rzewuski, war, als dieser ihr Stiefvater wurde, bereits mit dem Fürsten Orlov verheiratet.

Adams glänzende militärische Laufbahn, alsdann seine Dienststellung als Adjutant des Zaren Nikolaus I., die ihn an den kaiserlichen Hof band, hatten ihn stets fern von Eve leben lassen. Im Wissen, daß sein Souverän weder Frankreich noch die Schriftsteller mochte, mißbilligte er die Liebschaft seiner Schwester mit dem »Literaten Balzac«, und mehr noch den Plan einer Mesalliance. Im Jahre 1843 hat Honoré lange in St. Petersburg geweilt; er hat nie die Ehre gehabt, seinem künftigen Schwager vorgestellt zu werden. Als Madame Hanska 1847 zu ihrem Liebhaber nach Paris reiste und als danach Balzac vier Monate lang Gast auf Schloß Wierzchownia war, machte der General Rzewuski seiner Wut auf taktlose Weise Luft. Das Echo dieses Familienkonfliktes hallt in zwei Briefen der Gräfin Mniszech an ihre Mutter nach: *25. Januar 1847:* »Das Verhalten Onkel Adams spottet jeder Beschreibung, aber ich wage nicht, mich näher darüber zu äußern, da ich sonst allzu starke Dinge sagen könnte ... und ich darf doch nicht vergessen, daß es sich um meinen Onkel handelt, und vor allem um den Bruder meiner unvergleichlichen, vielgeliebten, lieben Mama. Ach, wenn ich an alles denke, was er Ihnen schon an Leid zugefügt hat ...!« *15. Februar 1847:* »Das Verhalten des Herrn Generals Adam ist in einem Maß unqualifizierbar, daß man besser nicht darüber spricht. O meine unvergleichliche, angebetete Mama, die Sie zu ihm immer so vollkommen, so wundervoll gewesen sind, die Sie ihm so oft das schwere Unrecht, das er Ihnen angetan hat, mit soviel Zartgefühl und Vergessen der Kränkungen verziehen haben, hat er tatsächlich immer noch die Stirn, Sie mit seinen platten, plumpen Witzeleien zu verfolgen ...? Ich bete Sie mit zu glühender Liebe an, als daß ich diesen Mann nicht verabscheuen müßte, der Ihnen immerfort Schmerz bereitet hat ...« Madame de Korwin-Piotrowska, die jene Briefe zitiert, fügt noch hinzu: »Es kommt uns völlig unwahrscheinlich vor, daß Madame Hanska in der Zeitspanne zwischen diesen beiden Briefen ihrer Tochter – in Anbetracht der Gefühle, die sie alle beide zu hegen scheinen –, ihrem Bruder die Briefe hat schreiben können, die uns zugemutet werden, und zumal den vom 5. Februar ebenjenes Jahre 1847.«

Um die amerikanischen Balzac-Verehrer hinters Licht zu führen, stellt die Prinzessin Radziwill sich so dar, als »habe sie ihre Kindheit und Jugend unter dem Dach und dem Schutz der Madame de Balzac verbracht«. Auch das stimmt nicht. Katharina Rzewuska, geboren am 30. März 1858 in St. Petersburg, kam zu einer Zeit auf die Welt, da ihre Tante sich endgültig expatriiert hatte. Der General, dessen Frau mit siebzig Jahren gestorben war, hatte sich mit der Tochter des Justizministers wiederverheiratet; sie starb, als sie die kleine Katharina zur Welt brachte. Diese war erst fünfzehn, als sie am 26. Oktober 1873 den Prinzen Wilhelm Radziwill heiratete; er war Major im preußischen Heer. Die Hochzeit wurde auf Schloß Wierzchownia gefeiert (das Madame de Balzac vor dreiundzwanzig Jahren verlassen hatte, und zwar für immer). Worauf das junge Paar nach Berlin zog, in ein Palais, das für Wilhelms Großmutter erbaut worden war, die königliche Prinzessin Louise von Preußen, die Frau Anton Radziwills. Drei Generationen wohnten dort zusammen, zwischen vergoldeten Wandtäfelungen, unter Kristallkronleuchtern, aber ohne den elementarsten Komfort. Die Jungvermählte wurde in »der Wohnung mit den Mansardenfenstern« untergebracht und bezeichnete sie als »Speicher«.

Katharina, Gräfin Rzewuska, Prinzessin Radziwill, Balzacs angeheiratete Nichte, sollte aus ihrem Leben einen sonderbaren balzacischen Roman machen. Glanz und Elend einer Mythomanin.

Sie schenkte ihrem Gatten vier Kinder; dann verließ sie ihn und ging in verschiedenen Ländern auf Abenteuer aus. Im Jahre 1899 reiste sie von England nach Südafrika; bewußt hatte sie sich dazu das Dampfschiff ausgesucht, auf dem Cecil Rhodes sich einschiffen wollte. Da sie schön, geschickt und durchtrieben war, rechnete sie damit, die müßigen Stunden einer langen Seefahrt zur Eroberung dieses berühmten Mannes auszunutzen, der *De Beers* gegründet und danach einem Land seinen Namen gegeben hatte. Rhodes, ein verstockter Frauenfeind, galt weiblicher Koketterie gegenüber als unempfänglich. Ihr jedoch gelang es, sein Interesse zu gewinnen, weil sie sich darauf verstand, sachkundig über internationale Politik zu sprechen. Obgleich die deutsch-polnische Ehe nie aufgelöst worden war, gab die intrigante Katharina sich als geschieden aus.

In Kapland wurde sie in Groote Schur empfangen, dem Besitz, auf dem der Herr der Diamantenminen sich ein »schlichtes und barbarisches« Haus im batavischen Stil hatte erbauen lassen. Sie war stolz auf diese Intimität, rühmte sich ihrer und brachte das Gerücht von ihrer bevorstehenden Vermählung mit Cecil Rhodes in Umlauf. Daraufhin bat dieser die Freunde seines Hauses, ihn niemals »mit der fürchterlichen Prinzessin Radziwill« allein zu lassen. Die in Ungnade gefallene, ihres einzigen Beschützers beraubte Katharina schlug sich irgendwie durch und steckte bald bis zum Hals in Schulden. Um sich zu rächen (und zu bereichern), bemühte sie sich mit diabolischer Geduld, Rhodes' Schrift nachzuahmen; sie hatte von ihm ein paar Briefe bekommen. Als der »Napoleon des Kaplandes« nach Ägypten und Italien gereist war, wagte sie es, der Kasse einen Scheck auf 29 000 Pfund Sterling vorzulegen, gezeichnet: Cecil Rhodes, und ausgestellt auf die Order der Prinzessin Katharina Radziwill. 1902 wurde sie wegen Fälschung und Benutzung einer Fälschung strafrechtlich belangt. Cecil Rhodes, der als Zeuge vorgeladen wurde, mußte aus England herkommen, obwohl er dort erkrankt war. Seine Aussage war für die Angeklagte niederschmetternd.

Nach einem solchen Skandal reichte Prinz Wilhelm Radziwill, der sich lange Zeit in die tollen Streiche seiner Frau geschickt hatte, die Scheidung ein; sie wurde 1906 ausgesprochen. Von all den Ihrigen verleugnet, in Europa in Mißkredit geraten, in Südafrika entehrt, versuchte die ungestüme Katharina ihr Glück in Nordamerika. Sie entdeckte in den Vereinigten Staaten ein ganzes Volk von Balzac-Verehrern und beschloß, den Zauber ihrer rzewuskischen Abkunft in bare Münze umzusetzen. Als sie die Bekanntschaft der Miß Floyd machte, war es ihr bereits gelungen, zahlreiche Artikel in *The Bookman, The Critic* und anderen Zeitschriften unterzubringen. Sie waren betitelt: *Honoré de Balzacs Frau; Ein neues Licht auf Balzacs Ehe; Die wahre Geschichte der Balzacs; Balzacs Stadtpalais*, usw.

Da Prinz Wilhelm Radziwill 1911 in Wien gestorben war, stand es seiner Witwe frei, sich zum zweitenmal kirchlich trauen zu lassen; sie heiratete den Zivilingenieur Karl Emil Kolb und lebte mit ihm in München. 1914 veröffentlichte sie ihre »Lebenserinnerungen aus vierzig Jahren«; 1918 eine Cecil-Rhodes-Biographie. Das letztere Werk ist eine »romanhafte Lebensbeschreibung«, ein Plädoyer *pro domo*, in dem eine unschuldige Prinzessin das Opfer eines ungeheuerlichen Egoisten und einiger dunkler Intriganten wird.

Ihre letzte Adresse findet sich im *Gotha* von 1929, denn im *Gotha* figurierte sie nach wie vor im Kapitel »Radziwill«, da sie ja die Mutter von vier Prinzen war. In jenem Jahr wohnte die Zweiundsiebzigjährige in Leningrad, Ligowska 63. Woraus zu ersehen ist, daß diese Sowjetgegnerin, die angeblich gezwungen gewesen war, ins Ausland zu emigrieren, kein Aufenthaltsverbot für die UDSSR hatte, da sie sich ja in ihrer Geburtsstadt aufhielt! Im Leben der Katharina Rzewuska ist alles nur Betrug und Lüge. Die Abenteurerin, die die Geschicklichkeit besaß, die Unterschrift Cecil Rhodes' zu fälschen, war sicher auch imstande, die *Unveröffentlichten Briefe der Madame Hanska* zu schreiben.

Als sie die Schamlosigkeit beging, sie drucken zu lassen, waren die beiden angeblichen Briefpartner längst tot: Eve seit 1882, Adam seit 1888. Der letztere war von Nikolaus I. zum Militärgouverneur von St. Petersburg ernannt worden, aber die Thronbesteigung Alexanders II. (der der Umgebung seines Vaters feind war) machte der Laufbahn des Generals Rzewuski ein Ende. Da die schreckliche Katharina sein einziges Kind war, stand er ohne männliche Erben da; er war beinahe sechzig, als er in dritter Ehe eine junge Frau heiratete, von der er drei Söhne hatte. Er zog sich auf seine Güter zurück und verbrachte seine letzten zwanzig Lebensjahre auf Schloß Wierzchownia, in den Weizenwüsten, die Balzac so geliebt hatte.

BIBLIOGRAPHIE

Die wichtigsten Veröffentlichungen in deutscher Sprache

Balzac, Honoré de, *Die menschliche Komödie*, hrsg. und eingeleitet von Ernst Sander. Erste deutsche Gesamtausgabe, München

Benjamin, R., *Balzac, Sein wunderbares Leben* (Aus dem Französischen) Freiburg i. Br. 1927

Bettelheim, A., *Balzac, Eine Biographie*, München 1926

Curtius, E. R., *Balzac*, Bonn 1923, 3. Aufl., München 1966

–, –, *Balzac und die Religion* in *Hochland*, Juni/Juli 1922

–, –, *Wiederbegegnung mit Balzac* in *Kritische Essays zur europäischen Literatur*, München 1950

Erné, N., *Balzac* in *Das Ideal und das Leben. Dichterschicksale*, Hamburg 1960

Friedrich, H., *Drei Klassiker des französischen Romans. Stendhal, Balzac, Flaubert*, 4. Aufl., Frankfurt 1961

Gozlan, L., *Der intime Balzac. Anekdoten*, (Aus dem Französischen) Hannover 1922

Haas, J., *Balzacs ›Scènes de la Vie privée‹ von 1830*, Halle 1912

Heiss, H., *Balzac. Sein Leben und sein Werk*, Heidelberg 1913

Hofmannsthal, H. v., *Honoré de Balzac* (Einleitung zu Balzac *›Die menschliche Komödie‹*, Leipzig 1908–1911 in *Berührung der Sphären*, 1931 und in *Prosa II*)

–, –, *Das Mädchen mit den Goldaugen* in *Ges. Werke 3* und in *Prosa II*

–, –, *Über Charaktere im Roman und im Drama. Ein imaginäres Gespräch.* (Balzac und Hammer-Purgstall), in *Ges. Werke 3* und in *Prosa II*

Lukács, G., *Balzac und der französische Realismus*, Berlin 1952 und in *Werke, Bd. 6, Probleme des Realismus III*, 1965

Murtfeld, R., *Balzac*, München 1956 (Dalp-Taschenbücher, Band 326)

Picon, G., *Balzac*, Hamburg 1959 (Rowahls Monographien, Band 30)

Schopbach, I., *Deutschland und die Deutschen im Urteil H. de Balzacs*, Gießen 1923

Taine, H., *Balzac. Ein Essay* (Aus dem Französischen), Leipzig 1913

Weigand, W., *Honoré de Balzac* in W. W., *Stendhal und Balzac. Essays*, Leipzig 1911 und in Balzac, *Menschliche Komödie*, Deutsche Ausgabe in 16 Bänden, 1908–1911

–, –, Einleitung zu Balzac *›Briefe an die Fremde‹*, Leipzig 1911

Zweig, St., *Balzac* (Essay) in *Drei Meister*, Leipzig 1921

–, –, *Balzac* (Aus dem Nachlaß hrsg. von R. Friedenthal) Stockholm 1946, Leipzig 1958

–, –, *Die unterirdischen Bücher Balzacs* in *Inselschiff*, Leipzig 1920

Die wichtigsten Veröffentlichungen in französischer Sprache

Balzac, Honoré de, *La Comédie humaine*, tomes I-X publiés par Marcel Bouteron. – *Oeuvres ébauchées, Préfaces, Contes drolatiques*, suivis de *l'Index de la Comédie humaine* par Fernand Lotte, tome XI publié par Roger Pierrot, (Paris, Gallimard, 1935–1959)

–, –, *Oeuvres complètes:* édition nouvelle établie par la *Société des Etudes balzaciennes*, accompagnée de fragments inédits, de notices historiques et critiques, et d'une documentation iconographique contemporaine, avec des caractères et ornements de l'imprimerie de Balzac (Paris, Club de l'Honnête Homme, 1956–1963)

–, –, *Correspondance*, Textes réunis, classés et annotés par Roger Pierrot. Trois volumes (sur cinq) ont paru. – *Tome* I: *1809-juin 1832* (Paris, Garnier frères, 1960). – *Tome* II: *juin 1832–1835* (*id.*, 1962). *Tome* III: *1836–1839* (*id.*, 1964)

–, –, *Correspondance inédite avec Zulma Carraud*, publiée par Marcel Bouteron (Paris, Armand Colin, 1935). – *Correspondance avec Zulma Carraud*, édition revue et augmentée (Paris, Gallimard, 1951)

–, –, *Lettres à l'Étrangère*, 4 volumes (sur cinq) ont paru. *Tome* I: *1833–1842* (Paris, Calmann-Lévy, 1899). – *Tome* II: *1842–1844* (id., 1906). – *Tome* III: *1844–1846* (id., 1933). – *Tome* IV: *1846–1847* (id., 1950). – *Lettres à l'Étrangère* extraites du futur *Tome* V: *Revue de Paris*, numéros de novembre 1949, août 1950, août 1952, septembre et octobre 1954, novembre 1956, août 1959

–, –, *Lettres à sa famille*, publiées par Walter Scott Hastings (Paris, Albin Michel, 1950)

Alain, *En lisant Balzac* (Paris, Martinet, 1935). – *Avec Balzac*, pages 931–1021 dans *Les Arts et les Dieux* (Paris, Bibliothèque de la Pléiade, Gallimard 1958). – *A travers Balzac*, pages 9–39 de *l'Hommage à Balzac* publié par l'U.N.E.S.C.O. (Paris, Mercure de France, 1950)

Baudelaire (Charles), *Curiosités esthétiques*, *l'Art romantique* (Paris, Garnier frères, 1962)

Bouteron (Marcel), *Apologie pour Madame Hanska* (*Revue des Deux Mondes*, numéro du 15 décembre 1924, pages 811–829). – *Muses romantiques* (Paris, Le Goupy, 1926). – *La Véritable Image de Madame Hanska* (Paris, Lapina, 1929). – *Études balzaciennes* (Paris, Jouve, 1954)

Cahiers balzaciens (Les), 8 volumes publiés par Marcel Bouteron. I: *Correspondance avec le lieutenant-colonel Périolas.* – II: *Les Fantaisies de la Gina.* – III: *Lettres de femmes adressées à Honoré de Balzac, 1832–1836.* – IV: *Les Cent Contes drolatiques, Quatrième dizain*, fragments inédits. – (Paris, A la Cité des Livres, 1923 bis 1925). – V: *Lettres de femmes adressées à Honoré de Balzac, 1837–1840.* – VI: *Correspondance avec la duchesse de Castries.* – VII: *Lettre sur Kiew.* – VIII: *Correspondance avec le docteur Nacquart* (Paris, Editions Lapina, 1927–1928)

Champfleury, *Balzac*, pages 11–108 des *Grandes Figures d'hier et d'aujourd'hui* (Paris, Poulet-Malassis et de Broise, 1961). – *Balzac propriétaire* (Paris, A. Patay, 1875). – *Balzac au collège* (*id.*, 1878). – *Balzac, sa méthode de travail* (*id.*, 1879).

Delacroix (Eugène), *Correspondance générale*, tome Ier (Paris, Plon, 1935)

Faguet (Émile), *Balzac* (Paris, Hachette 1913)

Fargeaud (Madeleine), *Laurence la Mal Aimée*, pages 3–27 de *l'Année balzacienne 1961* (Paris, Garnier frères, 1961). – *Sur la route des Chouans et de la Femme abandonnée*, pages 51–59 de *l'Année balzacienne 1962* (*id.*, 1962). – *Le Premier Ami de Balzac: Dablin, quincaillier au grand cœur*, pages 3–24 de *l'Année balzacienne 1964* (*id.*, 1964)

–, –, et Roger Pierrot, *Henry le Trop Aimé*, pages 29–66 de *l'Année balzacienne 1961* (*id.*, 1961)

Gautier (Théophile), *Honoré de Balzac* (Paris, Poulet-Malassis et de Broise). – *His-*

toire de l'Art dramatique, tome V. (Paris, Hetzel 1859). – *Portraits contemporains: Balzac* (Paris, Charpentier 1874)
Goncourt (Edmond et Jules de), *Journal*, tome Ier (Paris, G. Charpentier 1887)
Gozlan (Léon), *Balzac chez lui* (Paris, Michel Lévy, 1863). – *Balzac en pantoufles*, édition définitive. Présentation de Louis Jaffard (Paris, Delmas 1949)
Houssaye (Arsène), *Les Confessions, Souvenirs d'un demi-siècle*, 6 volumes (Paris, E. Dentu 1885–1891)
Hugo (Victor), *Les Rayons et les Ombres*, tome *Poesie II* de l'edition en 45 volumes, édite de l'Imprimerie nationale (Paris 1909). – *Choses vues. Mort de Balzac.* Tome II des *Choses vues* (*id.*, 1913). – *Avant l'Exil. Funérailles de Balzac.* Tome I d'*Actes et Paroles* (*id.*, 1937)
Lotte (Fernand), *Dictionnaire biographique des personnages fictifs de la Comedie humaine*, avec un avant-propos de Marcel Bouteron (Paris, José Corti 1952)
Lovenjoul (Vicomte de Spoelbergh de), *Histoire des Oeuvres de H. de Balzac*, Troisième édition, entièrement revue et corrigée (Paris, Calmann-Lévy, 1888). – *Un Roman d'amour* (*id.*, 1896). – *Autour de Honoré de Balzac* (*id.*, 1897). – *La Genèse d'un roman de Balzac: les Paysans* (Paris, Ollendorff 1901). – *Une Page perdue de Honoré de Balzac* (*id.*, 1903)
Mauriac (Claude), *Aimer Balzac* (Paris, éditions de la Table Ronde 1945)
Mauriac (François), *Préface* d'*Aimer Balzac* par Claude Mauriac, pages 11–28 (*id.*, 1945). – *Actualité de Balzac*, pages 321–337 de *l'Hommage à Balzac* publié par l'U.N.E.S.C.O. (Paris, Mercure de France 1950)
Pommier (Jean), *Créations en littérature*, Pages 33–53, *Balzac* (Paris, Hachette 1955). – Edition critique de *Louis Lambert*, établie par Marcel Bouteron et Jean Pommier, avec la collaboration de Mme Siohan (Paris, José Corti 1954). – *L'Invention et l'Ecriture dans la Torpille d'Honoré de Balzac* (Genève, Librairie Droz 1957)
Prioult (A.), *Balzac avant la Comédie humaine, 1818–1829* (Paris, Librairie Georges Courville 1936)
Sainte-Beuve (Charles-Augustin), *Correspondance générale* recueillie, classée et annotée par Jean Bonnerot. 8 volumes (tomes I–VI, Paris, Stock, Delamain et Boutelleau, 1935–1949; tomes VII et VIII, Toulouse, Edouard Privat, 1957). – *Causeries du Lundi*, tome II, pages 443–463: *Monsieur de Balzac* (Paris, Garnier frères, s. d.). – *Mes Poisons* (Paris, Plon, 1926)
Sand (George), *Histoire de ma vie*, 10 volumes (Paris, Michel Lévy 1856)
Taine (Hippolyte), *Nouveaux Essais de Critique et d'Histoire. Balzac* (Paris, Hachette 1865)
UNESCO (*Hommage à Balzac*, publié par l'), à l'Occasion du centenaire de sa mort. Ce recueil contient des textes d'Alain, d'Albert Béguin, de Marcel Bouteron, de Francis Bull, de Ventura Garcia Calderon, d'Ezequiel Martinez Estrada, de Gustaf Freden, de Jaroslaw Iwaskiewicz, de Harry Levin, de Mahmoud Teymour Bey, de Francois Mauriac, de Raymond Mortimer, de Pedro Salinas et de Wladimir Weidlé. (Paris, Mercure de France, 1950)
Vigny (Alfred de), *Lettres inédites*, publiées dans la *Revue des Deux Mondes*, numéro du 1er janvier 1897, pages 78–120
Wurmser (André), *La Comédie inhumaine* (Paris, Gallimard 1964)

ERGÄNZUNGSBIBLIOGRAPHIE*

Adamson, D., The Genesis of »Le cousin Pons«. (= Oxford Modern Languages and Literature Monographs). London 1966.

Allemand, A., Honoré de Balzac. Création et passion. (= La Recherche de l'absolu. 19). Paris 1965.

—, Unité et structure de l'univers balzacien. (= Histoire des mêntalités). Paris 1965.

Amblard, M.-C., L'œuvre fantastique de Balzac. Sources et philosophie. (= Etudes de littérature étrangère et comparée. 66). Paris 1972.

Arrault, A., La Touraine de Balzac. Préf. par H. Hennion. Tour 1947.

Atkinson, G., Les idées de Balzac. La Comédie humaine. 5 Bde. Genève 1949/50.

Honoré de Balzac. Mit einem Essay v. F. d'Eaubonne. Aus d. Franz. übertr. v. J. Tardy-Marcus. (= Porträt des Genius. 2). Hamburg 1965.

—, 1799—1850. (Ausstellungskatalog). Paris 1950.

Balzac et l'administration. (Ausstellungskatalog). Paris 1974.

Barbéris, P., Balzac et le mal du siècle. Contribution à une physiologie du monde moderne. (= Bibliothèque des idées). Paris 1970.

—, Balzac. Une mythologie réaliste. (= Thèmes et textes). Paris 1971.

—, Le monde de Balzac. Paris 1973.

—, Mythes balzaciens. (= Etudes romantiques). Paris 1972.

—, Le Père Goriot de Balzac. Ecriture, structures, significations. (= Coll. Thèmes et textes). Paris 1972.

—, Aux sources de Balzac. Les romans de jeunesse. Préf. par J. A. Ducourneau. (= Le Cabinet romantique). Paris 1965.

Bardèche, M., Balzac, romancier. La formation de l'art du roman chez Balzac jusqu'à la publication du »Père Goriot« (1820—1835). Genève 1967 (^{1}Paris 1940).

—, Une lecture de Balzac. Paris 1964.

Barrière, P., Honoré de Balzac. Les romans de jeunesse. Paris 1928.

—, Honoré de Balzac et la tradition littéraire classique. Paris 1928.

Béguin, A., Balzac lu et relu. (= Langages). Neuchâtel 1965.

Benjamin, R., La prodigieuse vie d'Honoré de Balzac. (= Le Roman des grandes existences). Paris 1958.

Bérard, S. J., La genèse d'un roman de Balzac »Illusions perdues«, 1832. 2 Bde. Paris 1961.

Berry, M., Balzac. Paris 1972.

Bertault, P., Balzac. Nouv. éd., revue et augm. (= Connaissance des lettres. 19). Paris 1966 (^{1}1947).

---

* Auswahlbibliographie neuerer Literatur zu Person und Werk Balzacs. Weitere Literaturhinweise bringen die genannten Werke von Amblard, Barbéris (Père Goriot), Berry, Besser, Bolster, Fargeaud, Lacroix, Maccormick, Pritchett, Pugh und Yücel (Figures).

Die älteren Arbeiten über Balzac verzeichnen:

— Blanchard, M., Témoignages et jugements sur Balzac. Essai bibliographique, recueil de jugements. Paris 1931.
— Royce, W. H., Indexes to a Balzac Bibliography. Chicago 1930.

Über den neuesten Forschungsstand unterrichten jeweils

— Rancœur, R., Bibliographie de la littérature française du Moyen Age à nos jours. Paris 1967 ff.
— Klapp, O., Bibliographie der französischen Literaturwissenschaft. Frankfurt a. M. 1960 ff.

Einzelfragen behandeln besonders auch die Zeitschriften

— Les Etudes balzaciennes. Nouvelle série. Paris 1951 ff.
— L'Année balzacienne. Paris 1960 ff.

Bertaut, J./Beck, B. (Hg.), Balzac. (Génies et réalités). Paris 1965.
Bertaut, J., Le Père Goriot de Balzac. (= Les grands événements littéraires). Paris 1947 (früh. Ausg. Amiens 1928).
—, La vie privée de Balzac. (= Coll. Les vies privées. 3). Paris 1950.
Besser, G. R., Balzac's Concept of Genius. The Theme of Superiority in the »Comédie humaine«. Genève 1969.
Billy, A., Vie de Balzac. 2 Bde. (= Les grandes biographies). Paris 1947.
Bolster, R., Stendhal, Balzac et le féminisme romantique. (= Bibliothèque de littérature et d'histoire. 12). Paris 1970.
Bonard, O., La peinture dans la création balzacienne. Invention et vision picturales de »La maison du chat-qui-pelote« au »Père Goriot«. (= Histoire des idées et critique littéraire. 99). Genève 1969.
Borel, J., Le Lys dans la vallée et les sources profondes de la création balzacienne. Paris 1961.
—, Médecine et psychiatrie balzaciennes. La science dans le roman. Paris 1971.
—, Personnages et destins balzaciens. La création littéraire et ses sources anecdotiques. Paris 1958.
—, Déraphîta et le mysticisme balzacien. Paris 1967.
Bouvier, R., Balzac. Homme d'affaires. Paris 1930.
Bowen, R. P., The Dramatic Construction of Balzac's Novels. (= University of Oregon Monographs. Studies in Literature and Philology. 3). Eugene 1940.
Buttke, E., Balzac als Dichter des modernen Kapitalismus. (= Denkform und Jugendreihe. 3. Romanische Studien. 26). Berlin 1932.
Canfield, A. G., The Reappearing Characters in Balzac's Comédie humaine. Ed. by E. B. Ham. (= University of Carolina. Studies in Romance Languages and Literatures. 37). Chapel Hill 1961.
Cesare, R. de, Balzac nel giugno 1836. (= Memorie dell' Istituto lombardo. Accademia di scienze e lettere. Cl. di lettere. 29, 1). Milano 1965.
Césari, P., Etude critique des passions dans l'œuvre de Balzac. Diss. Paris 1938.
Chapman, J. J., Greek Genius and Other Essays. (= Essay Index Reprint Series). Freeport, N. Y. 1967.
Charlton, D. G./Gaudon, J./Pugh, A. R. (Hg.), Balzac and the Nineteenth Century. Studies in French Literature Presented to H. J. Hunt. Leicester 1972.
Courville, L., Stendhal et Balzac à Nantes et au pays nantais. (Ausstellungskatalog). Nantes 1971.
Dagneaud, R., Les éléments populaires dans le lexique de la Comédie Humaine d'Honoré de Balzac. Diss. Quimper 1954.
Dargan, E. P./Weinberg, B., The Evolution of Balzac's »Comédie humaine«. Repr. (= University of Chicago Studies in Balzac). New York 1973 (^{1}1942).
Dargan, E. P. u. a., Studies in Balzac's Realism. Repr. (= University of Chicago Studies in Balzac. 3). New York 1967 (^{1}1932).
Delattre, G., Les opinions littéraires de Balzac. Paris 1961.
Descaves, P., Balzac dramatiste. Paris 1960.
—, Les cent-jours de M. de Balzac. Paris 1950.
Des Loges, S., L'Art structural de la narration dans la nouvelle de Balzac. (= Prace Komisij historycznoliterackiej. 17). Wrocaw 1967.
Duron, J.-R. u. a., Balzac. Le livre du centenaire. Paris 1952.
Edwards, S. (d. i. N. B. Gerson), The Prodigal Genius. The Life and Times of Honoré de Balzac. Garden City, N. Y. 1972.
Eigeldinger, M., La philosophie de l'art chez Balzac. (= Collection d'études et de documents littéraires. 11). Genève 1957.
Faillie, M.-H., La femme et le Code civil dans la »Comédie humaine« d'Honoré de Balzac. (= Essais et critiques. 6). Paris 1968.

Fanger, D., Dostoevsky and Romantic Realism. A Study of Dostoevsky in Relation to Balzac, Dickens and Gogol. (= Phoenix Books). Chicago 1967. dass. (=Harvard Studies in Comparative Literature. 27). Cambridge, Mass. 1965.
Fargeaud, M., Balzac et »La recherche de l'absolu«. Paris 1968.
Forest, J., L'aristocratie balzacienne. Paris 1973.
Forest, H. U., L'Esthétique du roman balzacien. Paris 1950.
Fosshammar, L., Les maladies dans quelques romans d'Honoré de Balzac. Comparaison avec des romans contemporains. Diss. Stockholm 1971.
Giraud, R., The Unheroic Hero in the Novels of Stendhal, Balzac and Flaubert. New Brunswick, N. J. 1957.
Gozlan, L., Balzac in Pantoffeln. Dt. v. U. Seyffarth u. F. Knöller. (= Deutscher Taschenbuch-Verlag. 602). München 1969 (geb. Ausg. München 1967, frz. Originalausg. Paris 1941).
Gribble, F., Balzac. The Man and the Lover. London 1930.
Grossman, L. P., Balzac and Dostoevsky. Ann Arbor, Mich. 1973.
Gun, W. H. van der, La courtisane romantique et son rôle dans la comédie humaine de Balzac. (= Bibliothèque littéraire van Gorcum. 12). Assen 1963.
Guyon, B., La création littéraire chez Balzac. La genèse du médecin de campagne. Paris 1951.
—, La pensée politique et sociale de Balzac. Paris ^{2}1967.
Hemmings, F. W. J., Balzac. An Interpretation of La comédie humaine. (= Random House Studies in Language and Literature. 14). New York 1967.
Hoffmann, L.-F., Répertoire géographique de la Comédie humaine. Paris 1965.
Hunt, H. J., Honoré de Balzac. A Biography. London 1957.
—, Balzac's Comédie Humaine. London 1959.
Jaloux, E., Visages français. Avant-propos par H. Mondor. Paris 1954.
Lacroix, H., Honoré de Balzac 1799—1850. (Ausstellungskatalog). Mainz 1950.
Laubriet, P., L'Intelligence de l'art chez Balzac. D'une esthétique balzacienne. Paris 1961.
Lecour, C., Les personnages de la »Comédie humaine«. 2 Bde. (= Essais d'art et de philosophie. 7, 1. 2). Paris 1966.
Lecuyer, M., Balzac et Rabelais. (= Etudes françaises. 47). Paris 1956.
Léger, C., A la recherche de Balzac. Paris 1927.
Litto, V. del (Hg.), Stendhal et Balzac. Actes du 7e Congrès international stendhalien, Tours 26—29 sept. 1969. (= Coll. stendhalienne. 12). Aran 1972.
Lock, P. W., Balzac. »Le père Goriot«. (= Studies in French Literature. 11). London 1967.
Longaud, F., Dictionnaire de Balzac. (= Les Dictionnaires de l'homme du XXe siècle. 30). Paris 1969.
Lorant, A., Les parents pauvres d'Honoré de Balzac. 2 Bde. (= Publications romanes et françaises. 97). Genève 1967.
Lowrie, J. O., The Violent Mystique. Thematics of Retribution and Expiation in Balzac, Barbey d'Aurevilly, Bloy and Huysmans. (= Histoire des idées et critique littéraire. 143). Genève 1974.
Lukács, G., Balzac, Stendhal, Zola. Budapest 1945. (ungar.)
Maccormick, D. F., Les nouvelles de Balzac. Paris 1973.
Macherey, P., Zur Theorie der literarischen Produktion. Studien zu Tolstoi, Verne, Defoe, Balzac. (= Collection Alternative. 7. Sammlung Luchterhand. 123). Darmstadt/Neuwied 1974.
Marceau, F., Balzac et son monde. Ed. ref. et augm. (= Collection Soleil. 284). Paris 1970.
Mayer, G., La qualification affective dans les romans d'Honoré de Balzac. Paris 1940.

Métadier, P., Balzac au petit matin. Note liminaire par A. Maurois. Paris 1964.
Nykrog, P., La pensée de Balzac dans la »Comédie humaine«. (= Scandinavian University Books). Kopenhagen 1965.
Oliver, E. J., Honoré de Balzac. (= Masters of World Literature Series). New York/ London 1964.
—, Balzac the European. London/New York 1959.
Perrod, P. A., En marge de la Comédie humaine. Préf. de J. Pommier. Lyon 1962.
Ponceau, A., Paysages et destins balzaciens. Préf. de R. Kemp. Burins de H. de Beauvoir et P.-Y. Trémois. Paris 1960.
Les portraits de Balzac connus et inconnus. (Ausstellungskatalog). Paris 1971.
Preston, E., Recherches sur la technique de Balzac. Paris 1926.
Pritchett, V. S., Balzac. London 1973.
Proust, M., Le Balzac de Monsieur de Guermantes. Neuchâtel/Paris 1950.
Pugh, A. R., Balzac's Recurring Characters. (= University of Toronto Romance Series. 24). Toronto, Buff. 1974.
Reboussin, M., Balzac et le mythe de Foedora. Paris 1966.
Richard, J.-P., Etudes sur le romantisme. (= Coll. Pierres vives). Paris 1971.
Riedel, H., Struktur und Bedeutung des Zeitgerüstes im traditionellen französischen Roman. (= Humanitas-Studien. Studien zur Romanistik). Frankfurt a. M. 1973.
Rogers, S., Balzac and the Novel. Madison 1953.
Sander, E. (Hg.), Honoré de Balzac. Sein Leben und Werk. Mit Beiträgen von V. Hugo u. T. Gautier, sowie dem Plan und der Vorrede Balzacs zur »Menschlichen Komödie«. (= Goldmanns gelbe Taschenbücher. 1600). München 1966.
Schilling, B. N., The Hero as Failure. Balzac and the Rubempré Cycle. Chicago/ London 1968.
Trost, S., Die Persönlichkeit im Umschwung der politischen Macht nach Balzacs Comédie humaine. (= Europäische Hochschulschriften. XIII, 2). Bern 1969.
Välikangas, O., Les termes d'appellation et d'interpellation dans la »Comédie humaine« d'Honoré de Balzac. (= Mémoires de la Société neophilol. de Helsinki. 28). Helsinki 1965.
Vannier, B., L'inscription du corps. Pour une sémiotique du portrait balzacien. (= Bibliothèque française et romane. C, 41). Paris 1972.
Vouga, D., Balzac malgré lui. Paris 1957.
Yücel, T., Bernanos et Balzac. In: Interférences. (= Archives Bernanos. 6. Archives des lettres modernes. 154). Paris 1974.
—, Figures et messages dans La Comédie humaine. (= Univers sémiotiques). Tours 1972.

ZEITTAFEL

Zeitübersicht mit chronologischem Werkverzeichnis. Bei den Werken der »Comédie humaine« wurden für die Reihentitel die folgenden Abkürzungen gebraucht:

EA	Etudes Analytiques
EM	Etudes des Moeurs
EP	Etudes Philosophiques
VCamp	Scènes de la Vie de Campagne
VPar	Scènes de la Vie Parisienne
VPol	Scènes de la Vie Politique
VPriv	Scènes de la Vie Privée
VProv	Scènes de la Vie de Province

1799	*20. Mai: Honoré Balzac als Sohn von Bernard-François Balzac (eig. »Balssa«) und seiner Frau Laure, geb. Sallambier in Tours geboren. Er kommt zu einer Amme in Saint-Cyr-sur-Loire.* 9. November: Staatsstreich Napoleons. Dezember: Napoleon Bonaparte wird Erster Konsul auf zehn Jahre.
1799—1802	Zweiter Krieg der Koalition gegen Frankreich.
1800	Gründung der Bank von Frankreich. *29. September: Balzacs Schwester Laure geboren. Sie wächst mit ihm in Saint-Cyr-sur-Loire auf.*
1801	9. Februar: Friede von Lunéville zwischen Frankreich und Österreich.
1802	26. Februar: Victor Hugo geboren. 27. März: Friede von Amiens zwischen Frankreich und England. 8. April: Konkordat zwischen Frankreich und der katholischen Kirche. *18. April: Balzacs Schwester Laurence geboren.* August: Napoleon wird Konsul auf Lebenszeit. Neuordnung Italiens durch Napoleon.
1803	*Balzac kehrt mit Laure ins Elternhaus nach Tours zurück.* 25. Februar: Reichsdeputationshauptschluß. Neugestaltung des Reiches. 28. September: Prosper Mérimée geboren.
1804	2. Dezember: Kaiserkrönung Napoleons. Code civil (»Code Napoléon«) veröffentlicht. 23. Dezember: Charles-Augustin Sainte-Beuve geboren.
1805	Dritter Koalitionskrieg gegen Frankreich. 21. Oktober: Nelson besiegt bei Trafalgar die französisch-spanische Flotte. 2. Dezember: Napoleon siegt in der Schlacht bei Austerlitz. 15. Dezember: Vertrag zu Schönbrunn. 26. Dezember: Friede von Preßburg. Gebietsverluste Österreichs. Italien wird Königreich. Napoleon König der Langobarden.
1806	12. Juli: Gründung des Rheinbundes unter französischer Vorherrschaft. August: Franz II. dankt als römisch-deutscher Kaiser ab. Als Franz I. Kaiser von Österreich. Vierter Krieg der Koalition gegen Frankreich. 14. Oktober: Schlacht von Jena und Auerstedt. Sieg der französischen Truppen über die preußischen Armeen. November: Kontinentalsperre gegen England.

1807 *Balzac tritt ins Oratorianerkolleg von Vendôme ein.*
Völlige Isolierung von den Eltern.
Balzacs Bruder Henry geboren.
7.—9. Juli: Friede von Tilsit. Das Königreich Westfalen und das Großherzogtum Warschau werden gebildet.

1808—1814 Krieg Napoleons gegen Spanien und Portugal.

1808 September: Fürstentag zu Erfurt.
2. November: Barbey d'Aurevilly geboren.

1809 Krieg Österreichs gegen Frankreich.
Mai: Schlacht von Aspern. Niederlage Napoleons.
Juni: Annektion des Kirchenstaates.
Oktober: Friede von Schönbrunn.

1810 11. Dezember: Alfred de Musset geboren.

1812 24. Juni: Napoleons Rußlandfeldzug beginnt.
Oktober/November: Rückzug der Großen Armee.

1813 *22. April: Balzac kehrt nach Tours zurück.*
16.—19. Oktober: Niederlage Napoleons in der Völkerschlacht bei Leipzig.
31. Oktober: Auflösung des Rheinbundes.

1814 31. März: Die Verbündeten ziehen in Paris ein.
6. April: Napoleon dankt ab. Verbannung nach Elba.
10. April: Rückkehr der Bourbonen. Ludwig XVIII. König von Frankreich.
30. Mai: Erster Friede von Paris.
4. Juni: Der König erläßt die »Charte constitutionelle«.
Juli: Balzac tritt als Externer ins Gymnasium von Tours ein.
November: Die Familie Balzac übersiedelt ins Pariser Marais-Viertel. Balzac wird Interner der Pension Lepitre.
Beginn des Wiener Kongresses.
Stephenson baut die erste Dampflokomotive.

1815 1. März: Rückkehr Napoleons von Elba. Die Herrschaft der Hundert Tage beginnt.
1. April: Bismarck geboren.
8. Juni: Wiener Kongreßakte. Gleichgewicht der fünf europäischen Großmächte wiederhergestellt.
18. Juni: Schlacht von Waterloo.
22. Juni: Napoleon dankt zum zweiten Mal ab.
Juli: Zweite Restauration. »Weißer Terror« gegen Jakobiner und Anhänger Napoleons.
7. Juli: Die Alliierten nehmen Paris erneut ein.
Herbst: Balzac wechselt in die Pension des Abbé Ganser über.
September: Der Herzog von Richelieu wird Ministerpräsident.
26. September: Heilige Allianz.
20. November: Zweiter Friede von Paris zwischen den Alliierten und Frankreich.

1816 *Balzac kehrt ins Elternhaus zurück.*
4. November: Balzac schreibt sich in der juristischen Fakultät ein. Daneben arbeitet er in der Anwaltskanzlei Guillonnet-Merville.

1817 14. Juli: Madame de Staël gestorben.

1818 Kongreß von Aachen. Vorzeitiger Abzug der Besatzungstruppen aus Frankreich.

	Elie Herzog von Decazes wird Nachfolger Richelieus im Amt des Ministerpräsidenten. 5. Mai: Karl Marx geboren.
1819	*Januar: Balzac beendet sein Studium mit dem »bachelier en droit«.* *Nach der Pensionierung des Vaters zieht die Familie Balzac nach Villeparisis. Honoré bleibt in Paris.* Erste Fahrt eines Ozeandampfers. *»Traité sur l'immortalité de l'âme«.* *»Cromwell«.*
1820	13. Februar: Ermordung des Herzogs von Berry. Ausbruch der Revolution in Spanien und Portugal. *18. Mai: Laure Balzac heiratet Eugène-Auguste-Louis Allein dit de Surville.* *Balzac kehrt nach Hause zurück.* *»Falthurne«.* *»Sténie ou Les erreurs philosophiques« (unvollendet).*
1821—1829	Griechischer Unabhängigkeitskrieg.
1821	*Laurence Balzac heiratet Armand-Désiré de Saint-Pierre de Montzaigle.* *Balzac lernt Madame de Berny kennen.* 7. April: Charles Baudelaire geboren. 5. Mai: Napoleon auf St. Helena gestorben. 12. Dezember: Gustave Flaubert geboren. Joseph Graf von Villèle nach dem Rücktritt Decazes' Ministerpräsident. Revolution in Piemont-Sardinien. *»L'Héritière de Birague«.* *»Clotilde de Lusignan ou Le beau juif«.* *»Jean-Louis«.*
1822	*Mai: Beginn des Verhältnisses mit Madame de Berny.* *November: Die Familie Balzac übersiedelt wieder ins Pariser Marais.* Erfindung der Fotografie durch Niepce. *»Wann-Chlore ou Jeanne la Pâle« (1825 beendet).* *»Le Vicaire des Ardennes«.* *»Le Centenaire«.*
1823	Französische Intervention in Spanien. Hinrichtung der spanischen Revolutionsführer. *21. Januar: Balzacs Großmutter Madame Sallambier gestorben.* *Ab April: Balzac wohnt zeitweise in Paris, um Madame de Berny treffen zu können.* *»Le Nègre«.* *»La Dernière Fée ou La Nouvelle Lampe merveilleuse«.*
1824	16. September: Ludwig XVIII. gestorben. Karl X. wird König von Frankreich. *»Les Martyrs ignorés«.* *»Traité de la Prière«.* *»Le Droit d'aînesse«.* *»Histoire impartiale des Jesuites«.*
1825	*11. August: Balzacs Schwester Laurence nach der Geburt des zweiten Sohnes gestorben.* *Herbst/Winter: Verhältnis Balzac—Laure d'Abrantès (Witwe von General Junot).*

	Balzac plant eine Gesamtausgabe von Molières und La Fontaines Werken.
1826	*Balzac kauft die Druckerei Laurens in Paris und gründet die Firma Balzac und Barbier. Dritter Teilhaber wird 1827 Jean-François Laurent.*
1827	26. März: Ludwig van Beethoven gestorben.
1828	*Konkurs von Balzacs Firma. Balzac zieht in die Rue Cassini, seine Familie lebt in Versailles.* Frankreich greift in den griechischen Unabhängigkeitskrieg ein. 21. April: Hippolyte Taine geboren. *»Le Capitaine des Boute-Feu« (Entwurf).*
1829	*April: Wiedersehen mit der Herzogin von Abrantès.* *19. Juni: Balzacs Vater gestorben.* *Balzac wird in die Salons von Victor Hugo, Madame Recamier und Sophie Gays eingeführt.* *Beginn der Comédie Humaine mit »Le dernier Chouan«. Publikumserfolg.* *»Le dernier Chouan«. EM, VPol.* *»Physiologie du mariage«. EA.*
1830—1831	Polnische Revolution.
1830	*Mai: Balzacs Freund Auguste Sautelet begeht Selbstmord.* *Mai/Juni: Balzac besucht mit Madame de Berny Saint-Cyr-sur-Loire.* 26. Juli: Julirevolution. Karl X. dankt ab und flieht nach England. Louis Philippe zum »König der Franzosen« proklamiert. Frankreich erobert Algerien. 8. Dezember: Benjamin Constant gestorben. *»La Maison du chat-qui-pelote«. EM, VPriv.* *»Le Bal de Sceaux«. EM, VPriv.* *»La Vendetta«. EM, VPriv.* *»Une double Famille«. EM, VPriv.* *»La Paix de ménage«. EM, VPriv.* *»Etude de Femme«. EM, VPriv.* *»Gobseck«. EM, VPriv.* *»Un Episode sous la Terreur«. EM, VPol.* *»Une Passion dans le desert«. EM, VPol.* *»Adieu«. EP.* *»El Verdugo«. EP.* *»L'Elixir de longue vie«. EP.*
1831	*Balzacs erster großer Erfolg mit »La Peau de Chagrin«.* *Freundschaft mit Eugène Sue und Olympe Pélissier, Delphine und Emile de Girardin, Zulma Carraud.* *21. März: Balzacs Bruder Henry schifft sich nach Mauritius ein.* *»Sarrasine«. EM, VPar.* *»La Peau de Chagrin«. EP.* *»Jésus Christ en Flandre«. EP.* *»Le Chef-d'œuvre inconnu«. EP.* *»Le Réquisitionnaire«. EP.* *»Maître Cornelius«. EP.* *»L'Auberge rouge«. EP.* *»Les Proscrits«. EP.*
1832	*Balzac lernt die Marquise de Castries kennen.*

Briefbekanntschaft mit Eveline de Hanska.
Balzac kandidiert erfolglos bei den Parlamentswahlen.
22. März: Johann Wolfgang von Goethe gestorben.
21. September: Sir Walter Scott gestorben.

»La Bourse«. EM, VPriv.
»Madame Firmiani«. EM, VPriv.
»Le Message«. EM, VPriv.
»La Femme abandonnée«. EM, VPriv.
»Le Colonel Chabert«. EM, VPriv.
»Le Curé de Tours«. EM, VProv.
»Les Marana«. EP.

1833 *Oktober: Balzac trifft Madame de Hanska in Neuchâtel.*
Verhältnis mit Marie-Louise-Françoise Daminois, verh. Du Fresnay, die von Balzac ein Kind erwartet.
Freundschaft mit Marceline Desbordes-Valmore.
Dezember: Balzac trifft Madame de Hanska in Genf.

»Louis Lambert«. EP.
»L'Illustre Gaudissart«. EM, VProv.
»Eugénie Grandet«. EM, VProv.
»Ferragus«. EM, VPar.
»Le Médecin de campagne«. EM, VCamp.

1834—1839 Karlistenkriege in Spanien.

1834 Gründung des Deutschen Zollvereins.
Januar/Februar: Balzac hält sich in Genf auf.
Juni: Balzacs Bruder Henry kehrt mit seiner Familie nach Paris zurück.
Madame Balzac muß ihren letzten Besitz verkaufen.
Herbst: Balzac lernt Frances (»Fanny«) Sarah Lovell, verh. Gräfin Guidoboni-Visconti kennen.

»La Duchesse de Langeais«. EM, VPar.
»La Recherche de l'absolu«. EP.

1835 *Verbindung mit der Gräfin Guidoboni-Visconti.*
März: Kaiser Franz I. von Österreich gestorben. Ferdinand I. wird Nachfolger.
Mai: Balzac besucht in Wien die Familie Hanski. Empfang bei Metternich.
11. Dezember: Das dritte Zehent der »Contes drôlatiques« wird durch Brand vernichtet.
24. Dezember: Balzac übernimmt gemeinsam mit Max de Béthune und William Duckett die Zeitung »Chronique de Paris«.

»Le Père Goriot«. EM, VPriv (1834/35).
»La Fille aux yeux d'or«. EM, VPar (1834/35).
»Le Contrat de mariage«. EM, VPriv.
»Le Lys dans la vallée«. EM, VCamp.
»Melmoth réconcilié«. EP.
»Une drame au bord de la mer«. EP.
»Séraphita«. EP.

1836 Putschversuch Louis Napoleons in Straßburg.
23. April: Balzac muß für einige Tage ins Gefängnis, da er sich der Nationalgarde durch Flucht entzogen hatte.
*26. Juni: **Balzac überarbeitet**. Er bricht im Park von Saché zusammen.*
10. Juli: Liquidation der »Chronique de Paris«.

Balzac lernt Caroline Marbouty kennen.
25. Juli: Balzac fährt in Erbschaftsangelegenheiten der Familie Guidoboni-Visconti nach Turin.
27. Juli: Madame de Berny gestorben.
Dezember: Balzacs Bruder Henry kehrt auf die Antillen zurück.

»L'Enfant maudit«. EP (1831—36).
»L'Interdiction«. EM, VPriv.
»La Messe de l'athée«. EM, VPriv.
»Facino Cane«. EM, VPar.

1837 *Balzac entgeht dem Schuldgefängnis nur durch finanzielle Unterstützung der Gräfin Guidoboni-Visconti.*
Er begibt sich wiederum in Erbschaftsfragen nach Mailand und Venedig.
Bekanntschaft mit Clara Maffei.
Königin Victoria besteigt den englischen Thron.
September: Balzac kauft Les Jardies bei Ville d'Avray.
Daguerre erfindet sein fotografisches Verfahren.

»Contes drôlatiques«. (1832—37).
»La Vieille fille«. EM, VProv.
»Les Employées«. EM, VPar.
»Histoire de la grandeur et de la décandence de César Birotteaux«. EM, VPar.
»Gambara«. EP.

1838 *Frühjahr: Balzac reist nach Sardinien, um römische Silberminen auszubeuten.*

»Le Cabinet des antiques«. EM, VProv (1836—36).
»La Maison Nuncingen«. EM, VPar.

1839 *Vergebliche Verteidigungsrede für Peytel, Notar von Belley.*
April: Briefe der »Petite Paludière« Hélène-Marie-Félicité de Valette an Balzac.
Balzac wird Präsident der »Société des Gens de lettres«.

»Une Fille d'Eve«. EM, VPriv (1830—39).
»Le Curé de village«. EM, VCamp (1838/39).
»Béatrix«. EM, VPriv.
»Les secrets de la Princesse de Cadignan«. EM, VPar.
»Massimilla Doni«. EP.

1840 Erneuter Putschversuch Louis Napoleons in Boulogne.
März: Balzac beginnt die Freundschaft mit Madame de Valette. Er gründet die »Revue parisienne«, die nach drei Nummern ihr Erscheinen einstellt.
Les Jardies wird von Balzacs Strohmann Claret ersteigert.
Balzac zieht nach Passy. Louise de Breugnol führt sein Haus.
2. April: Emile Zola geboren.
13. Mai: Alphonse Daudet geboren.
15. Dezember: Balzac ist Zuschauer bei der Überführung Napoleons in den Invalidendom.
Madame Balzac zieht für ein halbes Jahr zu ihrem Sohn.

»Pierrette«. EM, VProv.
»Pierre Grassou«. EM, VPar.
»Un Prince de Bohème«. EM, VPar.
»Z. Marcas«. EM, VPol.

1841	*Balzac schließt einen Vertrag, sein Gesamtwerk unter dem Titel »Comédie humaine« zu veröffentlichen.* *10. November: Wenzeslaus Hanski gestorben.* *»Sur Cathérine de Médicis«. EP (1831—41).* *»La Fausse maîtresse«. EM, VPriv.* *»Ursule Mirouet«. EM, VProv.* *»Une Ténébreuse affaire«. EM, VPol.*
1842	18. März: Stéphane Mallarmé geboren. 23. März: Stendhal (= Henri Beyle) gestorben. *»Mémoires de deux jeunes mariées«. EM, VPriv (1841/42).* *»La Rabouilleuse«. EM, VProv (1841/42).* *»Albert Savarus«. EM, VPriv.* *»Un Début dans la vie«. EM, VPriv.* *»Autre Etude de Femme«. EM, VPriv.*
1843	Englisch-französische Allianz. Queen Victoria besucht Frankreich. *Juni: Freundschaft mit Henriette Borel.* *Juli: Ankunft in St. Petersburg.* *»Les Illusions perdues«. EM, VProv (1837—39, 43).* *»Honorine«. EM, VPriv.* *»La Muse du département«. EM, VProv.*
1844	30. März: Paul Verlaine geboren. 16. April: Anatole France (Anatole Thibaut) geboren. *18. April: Balzac trifft Madame de Hanska in Dresden. Sie reisen zusammen nach Paris in die gemeinsame Wohnung.* *»La Femme de trente ans«. EM, VPriv (1831—44).* *»Modeste Mignon«. EM, VPriv.* *»Gaudissart«. EM, VPar.* *»Les Paysans«. EM, VCamp.*
1845	*Oktober/November: Balzac und Madame de Hanska reisen nach Neapel.* *»Petites misères de la vie conjugale«. EA (1830/40/45).* *»Un Homme d'affaires«. EM, VPar.*
1846	*März: Balzac und Madame de Hanska unternehmen gemeinsame Reisen durch Italien, die Schweiz und Deutschland.* *Ihr gemeinsames Kind stirbt kurz nach der Geburt.* *September: Hauskauf an der Rue Fortunée (Rue Balzac).* *»L'Envers de l'histoire contemporaine«. EM, VPar (1842—46).* *»Les Comédiens sans le savoir«. EM, VPar.* *»La Cousine Bette«. EM, VPar.*
1847	*4. Februar: Balzac holt Madame de Hanska in Frankfurt ab. Sie wohnen in Paris.* *September: Balzac fährt in die Ukraine zu Madame de Hanska.* *»Splendeurs et misères des courtisanes«. EM, VPar (1839—47).* *»Le Cousin Pons«. EM, VPar.* *»Le Député d'Arcis«. EM, VPol.*
1848	*Januar: Rückkehr Balzacs nach Paris.* Februar: Kommunistisches Manifest von Karl Marx und Friedrich Engels.

22.—24. Februar: Februarrevolution. Der Bürgerkrieg dankt ab. Ausrufung der Republik.
4. März: Allgemeines und gleiches Wahlrecht verkündigt.
März—Mai: Aufstände in Wien, Berlin und München.
16. Mai: Erfolgreiche Uraufführung des Theaterstücks »La Marâtre«.
18. Mai: Deutsche Nationalversammlung in der Paulskirche eröffnet.
Balzacs Gesundheitszustand verschlechtert sich.
Er bemüht sich vergeblich um eine Aufnahme in die Académie française.
23.—26. Juni: Pariser Juni-Aufstand der Arbeiter.
28. Juni: General Eugène Louis Cavaignac Ministerpräsident.
4. Juli: François René Auguste de Chateaubriand gestorben.
19. September: Balzac reist wieder in die Ukraine zu Madame de Hanska.
4. November: Neue Verfassung von der Nationalversammlung beschlossen.
2. Dezember: Kaiser Ferdinand I. dankt ab. Franz Joseph I. besteigt den Thron.
10. Dezember: Louis Napoleon siegt bei der Präsidentenwahl über Cavaignac.

1849 *Balzac in Wierzchownia/Ukraine.*
Seine Gesundheit verschlechtert sich zunehmend.
Aufstände in Dresden und Baden.
28. März: Deutsche Reichsverfassung in Frankfurt angenommen. Friedrich Wilhelm IV. von Preußen zum deutschen Kaiser gewählt.
28. April: Der preußische König lehnt die Kaiserwürde ab.

1850 31. Januar: In Preußen tritt die vom König oktroyierte Verfassung in Kraft.
März: Die Trauung zwischen Balzac und Madame de Hanska wird vom Zar bewilligt.
14. März: Balzac heiratet Madame de Hanska in Sankta Barbara zu Berditschew.
Balzac kann wegen eines Augenleidens weder lesen noch schreiben.
25. April: Das Ehepaar Balzac reist über Krakau und Dresden nach Paris.
2. Juli: Friede von Berlin zwischen Preußen und Dänemark.
5. August: Guy de Maupassant geboren.
18. August: Balzac empfängt die Letzte Ölung. Er stirbt im Laufe der Nacht.
21. August: Balzac wird auf dem Friedhof Père-Lachaise beerdigt.

Register